To mom
From DAD

D0583476

T. MAGAY–L. KISS

ENGLISH-HUNGARIAN
DICTIONARY

AKADÉMIAI KIADÓ, BUDAPEST

ANGOL–MAGYAR KIS...
ENGLISH-HUNGARIAN DIC...

MAGAY TAMÁS–KISS LÁSZLÓ

ANGOL–MAGYAR KISSZÓTÁR

AKADÉMIAI KIADÓ, BUDAPEST

ISBN 963 05 6942 6

Kiadja az Akadémiai Kiadó, Budapest

Első kiadás: 1995
Változatlan lenyomat: 2000

Printed in Hungary

Előszó

Ez a szótár mintegy 18 000 címszót és 8 000 állandósult szókapcsolatot valamint példát tartalmaz. A szóanyag kiválogatásában az vezérelt, hogy megfeleljen a ma élő új generáció nyelvhasználatának. Korszerű és gyakorlatias kíván tehát lenni, messzemenően figyelembe véve a mai köznyelvben is használt műszaki – és általában szaknyelvi – szavakat, fordulatokat is.

A szótár használatáról

A könnyen elérhetőség érdekében a szótár CÍMSZAVAI szigorú ábécérendben követik egymást. A különírt összetételek is a maguk ábécérendi helyén találhatók, így pl. **black spot** címszóként **blacksmith** után található a címszavak sorában, nem pedig a **black** szócikkében.

A brit és amerikai helyesírás között mindenütt, ahol szükséges, különbséget tesz a szótár, pl. **colour** (*US* **color**), beleértve a tővégkettőző angol igék eseteit, ahol az amerikai nem kettőz, pl. **level -ll-** (*US* **-l-**).

Mint nagyobb társai, ez a szótár is megkülönbözteti a HOMONIMÁKAT, vagyis az alakjukra nézve azonos, de gyökeresen eltérő jelentésű szavakat, pl. **bank**^{1}, **bank**^{2} vagy **fly**^{1}, **fly**^{2} stb.

Az angol címszavak KIEJTÉSÉT a már ismert nemzetközi kiejtési jelekkel jelöli szótárunk (l. ezek táblázatát a 11. lapon). Minden egyszerű szó és egybeírt szóösszetétel kap kiejtést, a különírt összetételek kiejtését azonban a használónak kell megoldania oly módon, hogy megnézi az összetételt alkotó szavak kiejtését. Így tehát **blackleg**-nek van kiejtése: ['blækleg], **black eye**-nak nincs. Meg kell tehát néznie a használónak előbb a **black**, azután az **eye** kiejtését.

Az IGÉK RENDHAGYÓ MÚLT IDEJŰ alakjai és a FŐNEVEK RENDHAGYÓ TÖBBES SZÁMÚ ALAKJAI mind a maguk ábécérendi helyén mint utalócímszavak, mind az ige, illetőleg főnév szócikkében részletesebben kidolgozva megtalálhatók. Pl. **bore** → **bear**, **feet** → **foot** stb.

A legtöbb angol szó több SZÓFAJBAN is előfordul (főnév, ige, melléknév, határozó stb.). Ezeket félkövér arab számokkal különbözteti meg a szótár, pl. **last** ... **1.** *a* **2.** *adv* **3.** *n* ... **4.** *v* ... (l. a Rövidítések és jelek jegyzékét a 12–14. lapon).

Az angol szavak túlnyomó többségének egynél több jelentése van. Az egyes JELENTÉSEKET, illetőleg azok magyar MEGFELELŐIT (egyenértékeseit, ekvivalenseit) szótárunk gondosan megkülönbözteti egymástól zárójelbe tett dőlt betűs angol *irányítószavakkal*, mutatószavakkal, ill. szaknyelvi *rövidítésekkel*. Egy-egy ilyen "egységet" pontosvessző választ el egymástól. Itt újra hangsúlyoznunk kell, hogy ez a szótár elsősorban az angol ajkú használókat veszi figyelembe, ezért szerepelnek angolul a használót eligazító irányítószavak, ill. rövidítések. Ne ijedjen meg tehát ettől a magyar használó, s ha számára ismeretlen szóra bukkan, keresse ki a szótárból. Ne tekintse ezt a kis többletmunkát fölöslegesnek, hiszen ebből is tanulhat. Pl. **admission** ... *n* (*entrance*) belépés; (*fee*) belépődíj; (*to university*) felvétel; (*confession*) beismerés.

Az IGÉK TÁRGYAS ÉS TÁRGYATLAN HASZNÁLATÁT is megkülönbözteti a szótár ott, ahol szükséges, pl. **blow** ... *vi* fúj; (*fuse*) kiolvad | *vt* fúj; (*fuse*) kiéget ... A cezúra (|) választja szét ezt a két fontos igei használatot egymástól.

Méretének arányában ez a szótár is szép számmal szótároz ÁLLANDÓSULT SZÓKAPCSOLATOKAT, vagy népszerűbb szóval "kifejezéseket". Az egyes számozott szófaji kategóriákon belül a jelentések, ill. azok magyar megfelelői után, || jellel elválasztva következnek ezek az angol nyelvre oly jellemző többszavas egységek, pl. **easy** ... **1.** *a* könnyű; (*manner*) fesztelen || **be ~ about** ... **2.** *adv* könnyen; fesztelenül || **take it/things ~** ...; **take it ~!** ... A szókapcsolatok mindig félkövér szedésűek, és esetükben mindig a tilde (~) képviseli az angol címszót.

A VONZATOS ANGOL IGÉK, az ún. PHRASAL VERBS is kellő mennyiségben és kiemelten szerepelnek ebben a szótárban is, mindig a szócikk végén, az igei egység folytatásaképpen.

Preface

This dictionary contains the basic vocabulary (about 18,000 words and 8,000 expressions) of the English language including also words known and spoken by speakers of American English. All English items have been selected on the basis of a careful word-frequency study, with their Hungarian equivalents representing the "core" language spoken especially by the present generation of Hungarians.

Using the dictionary

The layout of the dictionary is simple, so that users may find information in it with ease. The HEADWORDS are strictly in alphabetical order. Compounds – even the spaced ones – are entered separately. Thus, for example, if you want to look for **black spot**, you will find it after **blacksmith** in the list of headwords, rather than under the entry **black**.

Differences in SPELLING between British and American English are duly indicated, e.g. **colour** (*US* **-or**). Verbs doubling their final consonants and the reverse, i.e. non-doubling of some verbs in American English, is likewise shown, e.g. **level -ll-** (*US* **-l-**).

Words spelt in the same way but radically different in meaning, called HOMOGRAPHS, appear as separate headwords with superior numbers, e.g. **bank**[1], **bank**[2], **fly**[1], **fly**[2] etc.

PRONUNCIATION of headwords is indicated by means of the symbols of the International Phonetic Association (IPA) (see

Phonetic Symbols, p 11). Only simple words or solid compounds (i.e. compounds written as one word) are given pronunciation. Thus, **blackleg** is supplied with pronunciation ['blækleg] whereas **black eye** is not. The pronunciation of this two-word entry is to be fitted together by looking up the pronunciation of each of the component words.

IRREGULAR past tenses of VERBS and plurals of NOUNS are found at their own entries as cross-references as well as at the main verb or noun entry, cf. **bore → bear**, **feet → foot** etc.

Most English words figure in two or even more WORD CLASSES or PARTS OF SPEECH (e.g. nouns or verbs, adjectives or adverbs etc.). The various word classes are indicated by means of Arabic numerals, e.g. **last** ... **1.** *a* ...**2.** *adv* ... **3.** *n* ... **4.** *v* ... (see Abbreviations and Signs on pp 12–14).

The overwhelming majority of English words have more than one meaning. Within each part-of-speech category, the various MEANINGS or SENSES of the headword and their Hungarian TRANSLATIONS or EQUIVALENTS are carefully differentiated by means of *English guide words* (in brackets) or *subject labels*, always in italics, and a semicolon (;) separating each unit. Once again it has to be emphasized that the English-Hungarian part of the dictionary is intended mainly for users whose native language is other than Hungarian. It is for this reason that all labels and italicized guide words have been given in English. E.g. **admission** ... *n* (*entrance*) belépés; (*fee*) belépődíj; (*to university*) felvétel; (*confession*) beismerés.

In addition, the TRANSITIVE or INTRANSITIVE use of verbs are distinguished, if necessary, e.g. **blow** ... *vi* fúj; (*fuse*) kiolvad |

vt fúj; (*fuse*) kiéget. As can be seen, the vertical stroke helps to make this important distinction.

No (bilingual) dictionary can be complete without a due number of PHRASES AND IDIOMS, or "EXPRESSIONS" by its popular name. These important elements of living speech have also been carefully selected and entered under the various part-of-speech categories, separated from the translation part by means of the sign ‖, e.g. **easy** ... **1.** *a* könnyű; (*manner*) fesztelen ‖ **be ~ about** ... **2.** *adv* könnyen; fesztelenül ‖ **take it/things ~** ... **take it ~!** ... Such multi-words lexical units are always printed in bold type , with the title (~) representing the headword.

Special treatment is given to English PHRASAL VERBS always following the verb part of the entry, forming sub-entries as it were.

Kiejtési jelek
Phonetic Symbols

Magánhangzók és kettőshangzók
Vowels and Diphthongs

[ɑ:]	plant [plɑ:nt]
[aɪ]	life [laɪf]
[aʊ]	house [haʊs]
[æ]	man [mæn]
[ʌ]	but [bʌt]
[e]	get [get]
[eɪ]	name [neɪm]
[ə]	ago [ə'gəʊ]
[ɜ:]	bird [bɜ:d]
[eə]	there [ðeə]
[ɪ]	wish [wɪʃ]
[i:]	see [si:]
[ɪə]	here [hɪə]
[əʊ]	no [nəʊ]
[ɒ]	not [nɒt]
[ɔ:]	law [lɔ:]
[ɔɪ]	boy [bɔɪ]
[ʊ]	push [pʊʃ]
[u:]	you [ju:]
[ʊə]	sure [ʃʊə]

Mássalhangzók
Consonants

[b]	bad [bæd]
[d]	did [dɪd]
[dʒ]	June [dʒu:n]
[f]	father ['fɑ:ðə]
[g]	go [gəʊ]
[h]	how [haʊ]
[j]	youth [ju:θ]
[k]	keep [ki:p]
[l]	lamb [læm]
[m]	make [meɪk]
[n]	nail [neɪl]
[ŋ]	sing [sɪŋ]
[p]	pen [pen]
[r]	red [red]
[s]	so [səʊ]
[ʃ]	ship [ʃɪp]
[t]	tea [ti:]
[θ]	thin [θɪn]
[ð]	this [ðɪs]
[tʃ]	church [tʃɜ:tʃ]
[v]	voice [vɔɪs]
[w]	wet [wet]
[z]	zoo [zu:]
[ʒ]	measure ['meʒə]

' Hangsúly – stress

Rövidítések és jelek
Abbreviations and Signs

a	adjective	melléknév
adv	adverb	határozó
agr	agriculture	mezőgazdaság
approx	approximately	körülbelül
arch	architecture	építészet
art	art	művészet
astr	astronomy	csillagászat
aviat	aviation	repülés
biol	biology	biológia
bot	botany	botanika, növénytan
chem	chemistry	kémia
cine	cinema	filmművészet
col	colloquial	bizalmas
comm	commerce	kereskedelem
comput	computers	számítógép
conj	conjunction	kötőszó
econ	economics	közgazdaság
el	electricity	elektromosság
etc	et cetera	s a többi
fig	figurative	átvitt
fin	finance	pénzügy
form	formal	hivatalos
GB	British usage	brit szóhasználat
geogr	geography	földrajz
geol	geology	geológia
gram	grammar	nyelvtan
H	in Hungary	Magyarországon
hist	history	történelem
hum	humorous	tréfás
int	interjection	indulatszó
law	law	jog

lit	literary	irodalmi
math	mathematics	matematika
med	medicine	orvostudomány
mil	military	katonai
min	mining	bányászat
mus	music	zene
n	noun	főnév
naut	nautical	hajózás
num	numeral	számnév
pejor	pejorative	pejoratív
phil	philosophy	filozófia
photo	photography	fényképezés
phys	physics	fizika
pl	plural	többes szám
pl.	for example	például
pol	politics	politika
pp	past participle	múlt idejű melléknévi igenév
pref	prefix	előtag
prep	preposition	elöljáró
pres p	present participle	jelen idejű melléknévi igenév
print	printing	nyomdászat
pron	pronoun	névmás
psych	psychology	pszichológia
pt	past tense	múlt idő
radio	radio	rádiózás
railw	railways	vasút
rel	religion	vallás
school	school	iskola, oktatás
sg	something	valami
sing.	singular	egyes szám
sp	sports	sport
stb.	and so on	s a többi
suff	suffix	utótag
swhere	somewhere	valahol; valahova

sy	somebody	valaki
tech	technology	technika
theat	theatre	színház
TV	television	televízió
US	(North) American usage	amerikai szóhasználat
ut.	in apposition only	csak utótételben használatos
v	verb	ige
v.	or	vagy
vhol	somewhere	valahol
vhova	somewhere	valahova
vi	intransitive verb	tárgyatlan ige
vk	somebody	valaki
vm	something	valami
vt	transitive verb	tárgyas ige
vulg	vulgar	vulgáris, durva
zoo	zoology	zoológia, állattan
~	stands for the headword	a címszót helyettesíti
→	see also, see under	lásd még
=	same as	ugyanaz, mint
‖	separates the examples	a példákat választja el
|	separates the transitive and intransitive senses	a tárgyas és tárgyatlan jelentést választja el

A

a [ə], *before vowel:* an [ən] (*indefinite article*) egy ‖ ~ **man** egy ember; **an artist** egy művész

A1 [eɪ 'wʌn] *col* elsőrendű, príma

A.A. patrolman [eɪ eɪ pə'trəʊlmən] *n GB* sárga angyal

aback [ə'bæk] *a* **be taken** ~ elképed(t)

abandon [ə'bændən] **1.** *n* **with** ~ önfeledten **2.** *vt* elhagy ‖ ~ **one-self to sg** átadja magát vmnek

abashed [ə'bæʃt] *a* **be** ~ zavarban van

abate [ə'beɪt] *v* alábbhagy

abbey ['æbɪ] *n* apátság

abbreviate [ə'bri:vɪeɪt] *v* rövidít

abbreviation [əbri:vɪ'eɪʃn] *n* rövidítés

abdicate ['æbdɪkeɪt] *vt* (*the throne*) lemond (*trónról*)

abdication [æbdɪ'keɪʃn] *n* lemondás

abduct [æb'dʌkt] *v* elrabol; (*woman*) megszöktet

abeyance [ə'beɪəns] *n* **be in** ~ függőben van

abhor [əb'hɔ:] *v* utál, gyűlöl

abide [ə'baɪd] *v* (*pt/pp* **abode** [ə'bəʊd] *or* **abided** [ə'baɪdɪd]) eltűr ‖ ~ **by sg** megmarad vmnél

ability [ə'bɪlətɪ] *n* képesség, tehetség

ablaze [ə'bleɪz] *a* lángban álló

able ['eɪbl] *a* képes; alkalmas ‖ **be ~ (to do sg)** képes (vmre), tud, bír (vmt tenni)

ably ['eɪblɪ] *adv* ügyesen

abnormal [æb'nɔ:ml] *a* rendellenes

aboard [ə'bɔ:d] *adv* hajón; repülőgépen; *US* vonaton

abode [ə'bəʊd] *pt/pp* → **abide**

abolish [ə'bɒlɪʃ] *v* eltöröl

abolition [æbə'lɪʃn] *n* eltörlés

A-bomb ['eɪbɒm] *n* atombomba

abominable [ə'bɒmɪnəbl] *a* förtelmes

aborigine [æbə'rɪdʒənɪ] *n* bennszülött; őslakó

abort [ə'bɔ:t] *v* elvetél

abortion [ə'bɔ:ʃn] *n* vetélés, abortusz

abortive [ə'bɔ:tɪv] *a* hiábavaló

abound [ə'baʊnd] *v* bővelkedik (*in* vmben)

about [ə'baʊt] **1.** *adv* körülbelül; (*time*) felé ‖ **be ~ to do sg** készül vmt tenni **2.** *prep* körül, -ról, -ről ‖ ~ **1800** 1800 táján

about-turn *n* hátraarc

above [ə'bʌv] **1.** *a* fenti **2.** *adv/prep* felül, felett ‖ ~ **all** mindenekelőtt **3.** *n* **the** ~ a fentiek

above-board *a* őszinte, egyenes

above-mentioned *a* fent említett

abrasion [ə'breɪʒn] *n* horzsolás

abreast [ə'brest] *adv* egymás mellett ‖ **keep ~ of** lépést tart

abridge [ə'brɪdʒ] *v* (le)rövidít

abroad [ə'brɔ:d] *adv* külföldön

abrupt [ə'brʌpt] *a* hirtelen

abscess ['æbses] *n* kelés, tályog

absence ['æbsəns] *n* távollét

absent ['æbsənt] *a* távollevő ‖ **be ~** hiányzik, mulaszt

absent-minded *a* szórakozott

absentee [æbsən'ti:] *n* távollevő

absolute ['æbsəlu:t] *a* abszolút

absolutely ['æbsəlu:tlɪ] *adv* feltétlenül, abszolúte ‖ ~**!** erről van szó!

absolve [əb'zɒlv] *v* feloldoz (*from* alól)

absorb [əb'zɔ:b] v felszív, abszorbál ‖ **be ~ed in sg** *fig* vmben elmerül

absorbent cotton [əb'zɔ:bənt] n vatta

abstain [əb'steɪn] v tartózkodik (*from* vmtől)

abstract ['æbstrækt] a elvont, absztrakt

absurd [əb'sɜ:d] a képtelen, abszurd

abundant [ə'bʌndənt] a bőséges, kiadós

abuse 1. [ə'bju:s] n (*misuse*) viszszaélés; (*insults*) becsmérlés ‖ **~ of authority** hivatali hatalommal való visszaélés **2.** [ə'bju:z] vt (*misuse*) visszaél vmivel; (*revile*) becsmérel

abusive [ə'bju:sɪv] a becsmérlő

abyss [ə'bɪs] n szakadék

AC [eɪ 'si:] = **alternating current**

a/c = **account (current)**

academic [ækə'demɪk] **1.** a (*scholarly*) tudományos; akadémiai; (*theoretical*) akadémikus ‖ **~ year** egyetemi tanév **2.** n egyetemi oktató

academician [əkædə'mɪʃn] n akadémikus

academy [ə'kædəmɪ] n (tudományos) akadémia ‖ **~ of music** zeneakadémia

accelerate [ək'seləreɪt] vt (fel)gyorsít | vi (fel)gyorsul

acceleration [əkselə'reɪʃn] n gyorsítás, gyorsulás

accelerator [ək'seləreɪtə] n **~ (pedal)** gázpedál

accent ['æksənt] n (*way of speaking*) akcentus; (*stress*) hangsúly; (*mark*) ékezet

accept [ək'sept] v elfogad

acceptable [ək'septəbl] a elfogadható

acceptance [ək'septəns] n elfogadás

access ['ækses] n hozzáférhetőség

accessible [ək'sesəbl] a (*object*) hozzáférhető; (*place*) megközelíthető

accessories [ək'sesərɪz] n pl felszerelések; kellékek ‖ **~ for the kitchen** konyhafelszerelés

accessory [ək'sesərɪ] n **1.** a járulékos, mellék- **2.** n bűntárs

accident ['æksɪdənt] n (*chance*) véletlen; (*mishap*) baleset ‖ **by ~** véletlenül

accidental [æksɪ'dentl] a véletlen

accidentally [æksɪ'dentəlɪ] adv véletlenül

accident insurance n baleset-biztosítás

accident-prone a **be ~** vonzza a balesetet

acclaim [ə'kleɪm] v helyesel

accommodate [ə'kɒmədeɪt] v (*lodge*) elszállásol; (*hold*) befogad

accommodating [ə'kɒmədeɪtɪŋ] a simulékony, alkalmazkodó

accommodation [əkɒmə'deɪʃn] n szállás, elszállásolás

accompany [ə'kʌmpənɪ] v kísér

accomplice [ə'kʌmplɪs] n bűntárs, tettestárs, cinkos

accomplish [ə'kʌmplɪʃ] v befejez, megvalósít

accomplishment [ə'kʌmplɪʃmənt] n (*completion*) véghezvitel; (*achievement*) teljesítmény

accord [ə'kɔ:d] n egyetértés ‖ **of one's own ~** önszántából

accordance [ə'kɔ:dəns] n **in ~ with** vmnek megfelelően

according [ə'kɔːdɪŋ] *adv* ~ **to** szerint; vmnek megfelelően

accost [ə'kɒst] *v* megszólít

account [ə'kaʊnt] **1.** *n* (*bill*) számla; (*report*) jelentés ‖ ~ **(current)** folyószámla; **on my** ~ számlám terhére; miattam; **on no** ~ semmi esetre (sem); **take no** ~ **of sg** nem vesz figyelembe vmt; ~**s clerk** könyvelő; ~**s department** számviteli osztály, könyvelés **2.** *v*: **account for** elszámol vmről/vmvel

accountable [ə'kaʊntəbl] *a* felelős

accountant [ə'kaʊntənt] *n* könyvelő

accumulate [ə'kjuːmjʊleɪt] *vt* (fel)halmoz ‖ *vi* (fel)halmozódik

accumulator [ə'kjuːmjələɪtə] *n* akkumulátor

accuracy ['ækjərəsɪ] *n* pontosság

accurate ['ækjərət] *a* pontos

accurately ['ækjərətlɪ] *adv* pontosan

accusation [ækjʊ'zeɪʃn] *n* vád, vádemelés

accuse [ə'kjuːz] *vt* (meg)vádol (*of* vmvel)

accused [ə'kjuːzd] *n* vádlott

accustom [ə'kʌstəm] *vt* hozzászoktat (*to* vmhez)

accustomed [ə'kʌstəmd] *a* ~ **to** vmhez szokott

ace [eɪs] *a* (*expert*) menő, sztár; (*in cards*) ász

ache [eɪk] **1.** *n* (testi) fájdalom **2.** *v* fáj ‖ **I am aching all over** fáj minden tagom

achieve [ə'tʃiːv] *v* (*complete*) elvégez; (*reach*) elér

achievement [ə'tʃiːvmənt] *n* teljesítmény, eredmény

acid ['æsɪd] **1.** *a* savas **2.** *n* sav

acknowledge [ək'nɒlɪdʒ] *v* (*admit*) elismer; (*receipt*) nyugtáz, visszaigazol

acknowledgement [ək'nɒlɪdʒmənt] *n* elismerés ‖ ~ **of receipt** átvételi elismervény

acne ['æknɪ] *n* pattanás

acorn ['eɪkɔːn] *n bot* makk

acoustic [ə'kuːstɪk] *a* akusztikai

acoustics [ə'kuːstɪks] *n* (*pl*) akusztika

acquaint [ə'kweɪnt] *vt* megismertet (*with* vkvel) ‖ **be** ~**ed with sy** ismer vkt

acquaintance [ə'kweɪntəns] *n* ismeretség ‖ **an** ~ egy ismerősöm

acquire [ə'kwaɪə] *v* (meg)szerez

acquisition [ækwɪ'zɪʃn] *n* (*act*) (meg)szerzés; (*property*) szerzemény

acquisitive [ə'kwɪzətɪv] *a* kapzsi

acquit [ə'kwɪt] *vt* **-tt-** felment (*of* vm alól)

acquittal [ə'kwɪtl] *n* felmentés

acre ['eɪkə] *n* acre (*4000 m²*)

acrimonious [ækrɪ'məʊnɪəs] *a* csípős

acrobat ['ækrəbæt] *n* akrobata

across [ə'krɒs] *adv/prep* át, keresztül, túl

across-the-board [əkrɒs ðə'bɔːd] *a US* egyenlő arányú

act [ækt] **1.** *n* (*deed*) tett, cselekedet; (*in circus*) szám; *theat* felvonás; *law* törvény **2.** *vi* (*take action*) ténykedik; *theat* játszik ‖ *vt* (*role*) alakít ‖ ~ **as an expert** szakértő(ként működik közre)

acting ['æktɪŋ] **1.** *a* megbízott, ügyvezető **2.** *n* (színészi) játék
action ['ækʃn] *n* (*deed*) tett, cselekedet; *jog* kereset, peres ügy; *mil* ütközet, bevetés ‖ **out of ~** nem működő, álló; **take ~** akcióba lép
active ['æktɪv] *a* cselekvő, tevékeny; (*working*) működő ‖ **~ voice** cselekvő igealak
activity [æk'tɪvəti] *n* tevékenység, ténykedés; (*occupation*) foglalkozás
actor ['æktə] *n* színész
actress ['æktrɪs] *n* színésznő
actual ['æktʃʋəl] *a* valódi
actually ['æktʃʋli] *adv* valójában, tulajdonképpen
acupuncture ['ækjʋpʌŋktʃə] *n* akupunktúra
acute [ə'kjuːt] *a med* heveny, akut ‖ **has an ~ mind** vág az esze
AD [eɪ 'diː] = (*Anno Domini*) Krisztus után, Kr. u.
ad [æd] *n col* (újság)hirdetés, reklám
Adam's apple ['ædəmz] *n* ádámcsutka
adapt [ə'dæpt] *vi* alkalmazkodik (*to* vmhez) ‖ *vt* átdolgoz ‖ **~ for the stage** színpadra alkalmaz
adaptable [ə'dæptəbl] *a* alkalmazható
adaptation [ædæp'teɪʃn] *n* alkalmazás; *theat* átdolgozás
adapter [ə'dæptə] *n el* adapter; (*for plugs*) elosztó
add [æd] *vt* hozzáad (*to* vmhez); (*numbers*) összead; (*remark*) hozzáfűz ‖ **~ to** hozzáad; **~ up** összead, összegez
addict [æ'dɪkt] *n* **be a heroin ~** heroint szed

addicted [ə'dɪktɪd] *a* **~ to sg** rabja vmnek; **~ to a drug** kábítószerfüggő
addiction [ə'dɪkʃn] *n* káros szenvedély
addition [ə'dɪʃn] *n math* összeadás; (*sg added*) kiegészítés ‖ **in ~ to** ráadásul, azonkívül
additional [ə'dɪʃənl] *a* kiegészítő, pót-
address [ə'dres] **1.** *n* (*of person*) cím; (*speech*) beszéd **2.** *v* (*letter*) megcímez; (*make a speech to*) beszédet mond
addressee [ædre'siː] *n* címzett
adept [ə'dept] *a* ügyes, jártas (*at* vmben)
adequate ['ædɪkwət] *a* megfelelő, adekvát
adhere [əd'hɪə] *v* (*stick*) (hozzá)tapad (*to* vmhez); (*be faithful to*) vmnek a híve
adhesion [əd'hiːʒn] *n* tapadás
adhesive [əd'hiːsɪv] *n* ragasztó
adhesive plaster *n* leukoplaszt, Hansaplast, sebtapasz
adjacent [ə'dʒeɪsnt] *a* határos/szomszédos (*to* vmvel)
adjective ['ædʒɪktɪv] *n* melléknév
adjoining [ə'dʒɔɪnɪŋ] *a* szomszédos, mellette fekvő
adjourn [ə'dʒɜːn] *v* elhalaszt; (*end*) elnapol, berekeszt
adjust [ə'dʒʌst] *vt* (*machine*) szabályoz, beállít ‖ *vi* alkalmazkodik (*to* vmhez)
adjustable [ə'dʒʌstəbl] *a* szabályozható, beállítható
administer [əd'mɪnɪstə] *v* (*affairs*) intéz, adminisztrál; (*funds*) kezél; (*medicine*) bead
administration [ədmɪnɪ'streɪʃn] *n* ügyintézés, adminisztráció; *US*

pol kormány, kabinet; (*medicine*) beadás

administrative [əd'mınıstrətıv] *a* közigazgatási, adminisztratív

administrator [əd'mınıstreıtə] *n* ügyintéző, adminisztrátor

admiral ['ædmərəl] *n* tengernagy, admirális

Admiralty ['ædmərəltı] *n GB* tengerészeti minisztérium, admiralitás

admiration [ædmə'reıʃn] *n* bámulat, csodálat

admire [əd'maıə] *v* (meg)csodál

admirer [əd'maıərə] *n* csodáló

admission [əd'mıʃn] *n* (*entrance*) belépés; (*fee*) belépődíj; (*to university*) felvétel; (*confession*) beismerés || **~ free** a belépés díjtalan

admit [əd'mıt] *v* **-tt-** (*let in*) beenged; (*to university*) felvesz; (*confess*) beismer

admittance [əd'mıtəns] *n* bebocsátás || **no ~** belépni tilos!

admittedly [əd'mıtıdlı] *adv* bevallottan

admonition [ædmə'nıʃn] *n* figyelmeztetés, intelem

ado [ə'du:] *n* hűhó, *col* felhajtás || **much ~ about nothing** sok hűhó semmiért

adolescence [ædə'lesns] *n* serdülőkor, kamaszkor

adolescent [ædə'lesnt] **1.** *a* kamaszkori **2.** *n* kamasz, serdülő

adopt [ə'dɒpt] *v* (*child*) örökbe fogad, adoptál; (*idea*) magáévá tesz

adoption [ə'dɒpʃn] *n* (*of child*) örökbefogadás

adore [ə'dɔ:] *v* imád

adorn [ə'dɔ:n] *v* díszít, szépít

Adriatic, the [eıdrı'ætık] *n* az Adriai-tenger

adrift [ə'drıft] *adv* hányódva

adult ['ædʌlt] *a/n* felnőtt

adultory [ə'dʌltərı] *n* liázasságtörés

advance [əd'vɑ:ns] **1.** *n* (*progress*) haladás, fejlődés; (*money*) előleg **2.** *vi* fejlődik, halad || *vt* fejleszt; (*money*) előlegez; (*promote*) előléptet

advanced [əd'vɑ:nsd] *a* (*study*) haladó; (*age*) előrehaladott; (*modern*) fejlett

advancement [əd'vɑ:nsmənt] *n* (*improvement*) előrelépés; (*promotion*) előléptetés

advantage [əd'vɑ:ntıdʒ] *n* előny; (*profit*) haszon || **take ~ of** (*make use of, misuse*) kihasznál

advantageous [ædvən'teıdʒəs] *a* előnyös

Advent ['ædvənt] *n* advent

adventure [əd'ventʃə] *n* kaland

adventurous [əd'ventʃərəs] *a* kalandos

adverb ['ædvɜ:b] *n* határozó(szó)

adversary ['ædvəsərı] *n* ellenfél

adverse ['ædvɜ:s] *a* (*hostile*) ellenséges; (*circumstances*) kedvezőtlen

adversity [əd'vɜ:sətı] *n* viszontagság, csapás

advert ['ædvɜ:t] *n GB col* reklám

advertise ['ædvətaız] *vi* (*in newspaper*) hirdet | *vt* reklámoz

advertisement [əd'vɜ:tısmənt] *n* hirdetés, reklám

advertising ['ædvətaızıŋ] *n* hirdetés, reklám

advice [əd'vaıs] *n* tanács; *comm* értesítés

advisable [əd'vaɪzəbl] *a* célszerű, ajánlatos, tanácsos

advise [əd'vaɪz] *v* tanácsol; *comm* értesít

adviser [əd'vaɪzə] (*US* **advisor**) *n* tanácsadó

advisory [əd'vaɪzərɪ] *a* tanácsadó

advocate 1. ['ædvəkət] *n* szószóló **2.** ['ædvəkeɪt] *v* (*idea*) hirdet; (*cause*) védelmez

aerial ['eərɪəl] **1.** *a* légi **2.** *n* antenna

aerobics [eə'rəʊbɪks] *n sing.* aerobic

aeroplane ['eərəpleɪn] *n* repülőgép

aerosol ['eərəsɒl] *n* aeroszol

aesthetic (*US* **es-**) [iːs'θetɪk] *a* esztétikus

affair [ə'feə] *n* (*concern*) ügy; (*love* ~) viszony

affect [ə'fekt] *vt* (*influence*) hat vmre; (*move deeply*) (közelről) érint vkt || **this does not ~ you** ez nem vonatkozik rád

affection [ə'fekʃn] *n* szeretet, ragaszkodás, vonzódás

affiliate [ə'fɪlɪeɪt] *v* egyesít

affinity [ə'fɪnətɪ] *n* összetartozás; *chem* rokonság, affinitás

affirmation [æfə'meɪʃn] *n* megerősítés; állítás

affirmative [ə'fɜːmətɪv] **1.** *a* igenlő, állító **2.** *n* igenlő válasz

affix [ə'fɪks] *vt* hozzáragaszt, hozzáerősít (*to* vmhez)

afflict [ə'flɪkt] *v* (le)sújt

affliction [ə'flɪkʃn] *n* csapás

affluence ['æflʊəns] *n* bőség, vagyon, gazdagság

affluent ['æflʊənt] *a* jómódú

afford [ə'fɔːd] *v* **(s)he can't ~ it** nem engedheti meg magának, nem győzi

affront [ə'frʌnt] *n* sértés, sérelem

afield [ə'fiːld] *adv* **far ~** messzire

afloat [ə'fləʊt] *adv* **be ~** úszik, lebeg

afraid [ə'freɪd] *a* **be ~ of sg/sy** fél vmtől/vktől; **don't be ~!** ne félj!; **I am ~ (that)** attól tartok, hogy

afresh [ə'freʃ] *adv* újra; újból

Africa ['æfrɪkə] *n* Afrika

African ['æfrɪkən] *a/n* afrikai

after ['ɑːftə] *prep* után; (*following*) nyomán || **~ all** végül is; **~ you** csak Ön után

aftermath ['ɑːftəmæθ] *n* (káros) következmény

afternoon [ɑːftə'nuːn] *n* délután || **this ~** ma délután; **good ~!** jó napot kívánok!

after-shave (lotion) *n* borotválkozás utáni arcvíz

afterthought ['ɑːftəθɔːt] *n* utógondolat

afterwards ['ɑːftəwədz] *adv* azután, később

again [ə'gen] *adv* ismét || **~ and ~** újra meg újra

against [ə'genst] *prep* ellen

age [eɪdʒ] **1.** *n* (*of person*) (élet)kor; (*period*) korszak; kor || **come of ~** eléri a törvényes kort; **for his ~** korához képest; **I haven't seen you for ~s!** ezer éve nem láttalak! **2.** *vi* öregszik | *vt* öregít

aged[1] [eɪdʒd] *a* (-)éves

aged[2] [eɪdʒɪd] *a* koros, idős

age group *n* korcsoport, évjárat

age limit *n* korhatár

agency ['eɪdʒənsɪ] *n* ügynökség, képviselet

agenda [ə'dʒendə] *n* (*pl* **agendas**) napirend

agent ['eɪdʒənt] *n comm, pol* ügynök, megbízott; *chem* hatóanyag

aggravate ['ægrəveɪt] v súlyosbít
aggregate ['ægrɪgət] n összeg
aggression [ə'greʃn] n agresszió
aggressive [ə'gresɪv] a agresszív, erőszakos
aggrieved [ə'gri:vd] a **feel ~** megbántva érzi magát
agile ['ædʒaɪl] a fürge, mozgékony, agilis
agitated ['ædʒɪteɪtɪd] a izgatott
ago [ə'gəʊ] adv **five days ~** öt nappal ezelőtt; **long ~** régen
agog [ə'gɒg] a/adv izgatott(an)
agonizing ['ægənaɪzɪŋ] a gyötrelmes
agony ['ægənɪ] n kínlódás || **be in ~** nagy kínban van
agree [ə'gri:] v (consent) beleegyezik (to vmbe); (admit) elfogad, jóváhagy (to vmt) || **I don't ~** nem helyeslem; **~ on sg** helyesel vmt; **~ with sg** (meg)egyezik vmvel; **garlic doesn't ~ with him** a fokhagyma nem tesz jót neki; **~ with sy about sg** megállapodik vkvel vmben; **I ~ with you there** ebben egyetértek veled
agreeable [ə'gri:əbl] a kellemes
agreed [ə'gri:d] a benne vagyok!, megegyeztünk!
agreement [ə'gri:mənt] n (agreeing) megegyezés; (contract) szerződés || **conclude an ~ with sy** szerződést köt vkvel
agricultural [ægrɪ'kʌltʃərəl] a mezőgazdasági, agrár
agriculture ['ægrɪkʌltʃə] n mezőgazdaság
aground [ə'graʊnd] adv **go/run ~** zátonyra fut
ahead [ə'hed] adv előre, elöl || **~ of time** idő előtt; **be ~ of sy** meg-

előz vkt, jobb vknél; **~ only** kötelező haladási irány
aid [eɪd] **1.** n (assistance) segítség; (thing) segédeszköz; (person) segéderő **2.** v támogat || **~ and abet** felbujt
aide [eɪd] n tanácsadó
AIDS [eɪdz] n = acquired immune deficiency syndrome AIDS
aid station n (műszaki) segélyhely
ailing ['eɪlɪŋ] a **be ~** betegeskedik
ailment ['eɪlmənt] n betegség; baj
aim [eɪm] **1.** n cél, szándék || **take ~ at sg/sy** célba vesz vmt/vkt **2.** v célba vesz (at vkt, vmt) || **~ a gun at sy** pisztolyt fog vkre; **~ at (doing) sg** célul tűz maga elé vmt
ain't [eɪnt] = **am not, is not, are not; have not, has not**
air [eə] **1.** n levegő; (look) külső; mus melódia || **be on the ~** a rádióban szerepel; **by ~** légi úton **2.** v (átv is) (ki)szellőztet
airbed ['eəbed] n gumimatrac
airborne ['ɔːbɔːn] a ejtőernyős, légideszant
airbus ['eəbʌs] n légibusz
air-conditioning n légkondicionálás, klímaberendezés
aircraft ['eəkrɑːft] n (pl ~) repülőgép
aircraft carrier n repülőgép-anyahajó
air-crash n repülőszerencsétlenség
airforce ['eəfɔːs] n légierő
airgun ['eəgʌn] n légpuska
air-hostess n légi utaskísérő (nő), stewardess
airily ['eərəlɪ] adv könnyedén
airline ['eəlaɪn] n légitársaság
airliner ['eəlaɪnə] n utasszállító repülőgép

airmail ['eəmeɪl] n légiposta || by ~ légipostával

airplane ['eəpleɪn] n US repülőgép

airport ['eəpɔ:t] n repülőtér

air raid n légitámadás

airsick ['eəsɪk] a légibeteg

airstrip ['eəstrɪp] n felszállópálya

airtight ['eətaɪt] a légmentes

airy ['eərɪ] a szellős, levegős

aisle [aɪl] n (in church) oldalhajó; (between rows) átjáró

ajar [ə'dʒɑ:] adv félig nyitva

alarm [ə'lɑ:m] 1. n (warning) riadó; (anxiety) riadalom; (device) riasztóberendezés 2. vt felriaszt

alarm clock n ébresztőóra

alas [ə'læs] int ó jaj!

albeit [ɔ:l'bi:ɪt] conj bár, noha

album ['ælbəm] n (book) album; (record) nagylemez

alcohol ['ælkəhɒl] n alkohol

alcoholic [ælkə'hɒlɪk] 1. a (drink) szeszes 2. n iszákos

alcoholism ['ælkəhɒlɪzəm] n alkoholizmus, iszákosság

ale [eɪl] n világos sör

alert [ə'lɜ:t] 1. n mil riadó || be on (the) ~ készültségben van 2. v riaszt

algebra ['ældʒɪbrə] n algebra

alien ['eɪlɪən] a/n idegen, külföldi

alienate ['eɪlɪəneɪt] v elidegenít

alienation [eɪlɪə'neɪʃn] n elidegenedés

alight[1] [ə'laɪt] a (on fire) égő; (lit up) kivilágított

alight[2] [ə'laɪt] v kiszáll (from vmből); (bird) rászáll (on vmre)

align [ə'laɪn] vt (fel)sorakoztat

alike [ə'laɪk] 1. a egyforma 2. adv egyformán

alximony ['ælɪmənɪ] n tartásdíj

alive [ə'laɪv] a (living) élő; (lively) eleven, élénk || be ~ életben van; be ~ with nyüzsög vmtől

all [ɔ:l] 1. a/pron/n egész, összes || above ~ mindenekelőtt; after ~ elvégre; at ~ egyáltalán; not at ~ (in answer to thanks) szívesen!; ... in ~ összesen; ~ around minden oldalon; ~ but kivéve, majdnem 2. adv egészen, teljesen || ~ day (long) egész nap; ~ in ~ mindent összevéve; ~ of them valamennyien; ~ over Europe Európaszerte; it is ~ over mindennek vége; ~ right! helyes!; ~ the better annál jobb; ~ the family mind az egész család; ~ the more annál inkább; ~ together mindenki; it's ~ up with me! végem van!

allay [ə'leɪ] v csillapít, enyhít

allege [ə'ledʒ] v állít || he is ~d to have said that állítólag azt mondta, hogy ...

allegedly [ə'ledʒɪdlɪ] adv állítólag

allegiance [ə'li:dʒəns] n állampolgári hűség

allergic [ə'lɜ:dʒɪk] a allergiás (to vmire)

allergy ['ælədʒɪ] n allergia

alleviate [ə'li:vɪeɪt] v enyhít

alley ['ælɪ] n sikátor, köz

alliance [ə'laɪəns] n szövetség, unió

allied ['ælaɪd] a szövetséges

alligator ['ælɪgeɪtə] n aligátor

all-in a (price) mindent magában foglaló

all-inclusive tour n társasutazás

all-night a egész éjjel nyitva tartó

allocate ['æləkeɪt] vt kiutal, juttat (to vknek)

allocation [ælə'keɪʃn] n (of money) kiutalás, szétosztás

allot [ə'lɒt] v **-tt-** juttat, kiutal

allotment [ə'lɒtmənt] n (*share*) vmhez juttatás; (*plot*) (bérelt) telek

all-out a teljes, totális

allow [ə'laʊ] vt (*permit*) megenged (*sy* vknek) ‖ **please ~ me to** engedje meg (kérem), hogy; **smoking is not ~ed** a dohányzás tilos

allow for számításba vesz

allow of lehetővé tesz, enged

allowance [ə'laʊəns] n juttatás, járadék ‖ **make ~(s) (for)** figyelembe vesz

alloy ['ælɔɪ] **1.** n ötvözet **2.** v ötvöz

all-round a sokoldalú, univerzális

all-time high n (világ)rekord, csúcs(teljesítmény)

allude [ə'lu:d] v utal, céloz (*to* vmre)

alluring [ə'lʊərɪŋ] a csábító, csalogató, vonzó

allusion [ə'lu:ʒn] n *fig* célzás, utalás

ally 1. ['ælaɪ] n szövetséges **2.** [ə'laɪ] v szövetkezik (*with* vkvel)

almighty [ɔ:l'maɪti] a mindenható

almond ['ɑ:mənd] n *bot* mandula

almost ['ɔ:lməʊst] adv majdnem

alms [ɑ:mz] n pl alamizsna

alone [ə'ləʊn] adv egymaga, egyedül ‖ **be ~** magában áll

along [ə'lɒŋ] adv/prep mentén, mentében ‖ **~ with** (vkvel, vmvel) együtt

alongside [əlɒŋ'saɪd] adv/prep hosszában, mentén

aloof [ə'lu:f] a tartózkodó

aloud [ə'laʊd] adv hangosan

alphabet ['ælfəbet] n ábécé

alpine ['ælpaɪn] a alpesi, magaslati

alpinism ['ælpɪnɪzəm] n hegymászás

alpinist ['ælpɪnɪst] n hegymászó

Alps, the [ælps] n pl az Alpok

already [ɔ:l'redɪ] adv már ‖ **we have ~ met** már találkoztunk

alright [ɔ:l'raɪt] adv → **all** *right*

also ['ɔ:lsəʊ] conj is, szintén

altar ['ɔ:ltə] n oltár

alter ['ɔ:ltə] v (meg)változtat; (*dress*) átalakít

alteration [ɔ:ltə'reɪʃn] n megváltoztatás; (*of dress*) átalakítás

alternate 1. [ɔ:l'tɜ:nət] a váltakozó **2.** ['ɔ:ltəneɪt] v váltogatja egymást

alternating current ['ɔ:ltəneɪtɪŋ] n váltakozó áram

alternative [ɔ:l'tɜ:nətɪv] **1.** a alternatív **2.** n alternatíva

alternatively [ɔ:l'tɜ:nətɪvlɪ] conj vagylagosan

alternator [ɔ:l'tɜ:nəneɪtə] n (*in car*) generátor

although [ɔ:l'ðəʊ] conj noha, bár

altitude ['æltɪtju:d] n magasság

alto ['æltəʊ] a/n alt

altogether [ɔ:ltə'geðə] adv teljesen, egészen, összesen

aluminium [æljʊ'mɪnɪəm] n alumínium

aluminum [ə'lu:mɪnəm] *US* n = **aluminium**

always ['ɔ:lweɪz] adv mindig

am [əm] → **be**

a.m., am [eɪ'em] = (*Latin: ante meridiem*) délelőtt, de. ‖ **at 8 ~** reggel 8-kor

amalgamate [ə'mælgəmeɪt] vt egyesít, összevon ‖ vi fuzionál

amass [ə'mæs] v felhalmoz

amateur ['æmətə] a/n amatőr, műkedvelő

amateurish ['æmətərɪʃ] a amatőr, műkedvelő

amaze [ə'meɪz] v ámulatba ejt ‖ **be ~d at** elámul vmtől

amazement [ə'meɪzmənt] n álmélkodás, megdöbbenés, ámulat

amazing [ə'meɪzɪŋ] a elképesztő

ambassador [æm'bæsədə] n nagykövet

amber ['æmbə] n borostyánkő; (traffic light) sárga

ambiguity [æmbɪ'gjuːəti] n kétértelműség, félreérthetőség

ambiguous [æm'bɪgjʊəs] a kétértelmű, félreérthető

ambition [æm'bɪʃn] n becsvágy

ambitious [æm'bɪʃəs] a igyekvő

ambivalent [æm'bɪvələnt] a ambivalens

amble ['æmbl] v lépésben megy

ambulance ['æmbjʊləns] n mentőautó ‖ **call an ~** kihívja a mentőket

ambush ['æmbʊʃ] n leshely ‖ **be in ~** lesben áll

amenable [ə'miːnəbl] a irányítható ‖ **be ~ to sg** vmre rávehető; **~ to law** felelősségre vonható

amend [ə'mend] v (law) módosít

amendment [ə'mendmənt] n módosítás, kiegészítés

amends [ə'mendz] n pl elégtétel ‖ **make ~ for sg** jóvátesz

amenities [ə'miːnətɪz] n pl komfort

America [ə'merɪkə] n Amerika

American [ə'merɪkən] a/n amerikai

amiable ['eɪmɪəbl] a barátságos

amicable ['æmɪkəbl] a szívélyes

amid(st) [ə'mɪd(st)] prep között, közepette

amiss [ə'mɪs] adv rosszul ‖ **take sg ~** rossz néven vesz vmt

ammunition [æmjʊ'nɪʃn] n lőszer, muníció

amnesia [æm'niːzɪə] n emlékezetkiesés

amnesty ['æmnəsti] n amnesztia

among(st) [ə'mʌŋ(st)] prep között

amoral [eɪ'mɒrəl] a erkölcs nélküli, amorális

amorous ['æmərəs] a szerelmes

amorphous [ə'mɔːfəs] a alaktalan, amorf

amount [ə'maʊnt] **1.** n összeg ‖ **~ due** esedékes összeg **2.** v **~ to** (total) kitesz, rúg vmre‖ **that ~s to ... (altogether)** összesen kitesz ...

ampere ['æmpeə] n amper

ample ['æmpl] a bő, bőséges

amplifier ['æmplɪfaɪə] n el erősítő

amply ['æmplɪ] adv bőven

ampoule ['æmpuːl] n ampulla

amuck [ə'mʌk] adv **run ~** ámokfutást rendez

amuse [ə'mjuːz] v szórakoztat

amusement [ə'mjuːzmənt] n mulatság, szórakozás

an [ən] → **a**

anaemia [ə'niːmɪə] n vérszegénység

anaemic [ə'niːmɪk] a vérszegény

anaesthetic [ænɪs'θetɪk] n érzéstelenítő

anaesthetist [ə'nɪsθetɪst] n aneszteziológus, altatóorvos

analog a US = **analogue**

analogue ['ænəlɒg] a analóg

analogy [ə'nælədʒi] n analógia

analyse (US **-lyze**) ['ænəlaɪz] v elemez, analizál

analysis [ə'næləsɪs] n (pl **-ses** [-siːz]) elemzés, analízis

analyst ['ænəlɪst] n analitikus

analytic(al) [ænə'lɪtɪkl] a elemző, analitikus

anarchist ['ænəkɪst] n anarchista

anarchy ['ænəkı] *n* anarchia
anatomy [ə'nætəmı] *n* anatómia
ancestor ['ænsestə] *n* ős
ancestral [æn'sestrəl] *a* ősi
anchor ['æŋkə] *n* horgony ‖ **drop ~**
lehorgonyoz; **ride at ~** horgonyoz; **up ~** horgonyt felszed
anchorage ['æŋkərıdʒ] *n* horgony(zó)hely
anchovy ['æntʃəvı] *n* szardella
ancient ['eınʃənt] *a* ősi, ókori
ancillary [æn'sılərı] *a* segéd-
and [ənd, ænd] *conj* és ‖ **~ so on** és
így tovább
Andes, the ['ændi:z] *n pl* az Andok
anem... *US* → anaem...
anesth... *US* → anaesth...
anew [ə'nju:] *adv* újból, újra
angel ['eındʒəl] *n* angyal
anger ['ægə] **1.** *n* harag; bosszúság
2. *v* felmérgesít
angle ['æŋgl] *n math* szög; (*point of view*) szempont
angler ['æŋglə] *n* horgász
Anglican ['æŋglıkən] *a* anglikán
angling ['æŋglıŋ] *n* horgászat
Anglo-Hungarian ['æŋgləʊ hʌŋ'-geərıən] *a* angol—magyar (*kapcsolatok stb.*)
angrily ['æŋgrəlı] *adv* dühösen, mérgesen
angry ['æŋgrı] *a* dühös ‖ **be ~ at sg**
haragszik vm miatt; **be ~ with sy**
mérges vkre
anguish ['æŋgwıʃ] *n* aggodalom
angular ['æŋgjʊlə] *a* szögletes;
(*movement*) merev
animal ['ænıml] *n* állat
animate ['ænımət] *a* élénk
animation [ænı'meıʃn] *n* (*film*)
animáció; (*reviving*) életre keltés;
(*liveliness*) élénkség

animosity [ænı'mɒsətı] *n* ellenséges érzület
aniseed ['ænısi:d] *n* ánizs
ankle ['æŋkl] *n* boka
annex [ə'neks] *v* (*territory*) hozzácsatol, annektál
annexe (*US* **annex**) ['æneks] *n*
szárnyépület
annihilate [ə'naıəleıt] *v* megsemmisít, kiirt
anniversary [ænı'vɜ:sərı] *n* évforduló
annotate ['ænəteıt] *v* jegyzetekkel
ellát, annotál
announce [ə'naʊns] *v* bejelent,
kihirdet
announcement [ə'naʊnsmənt] *n*
közlemény, bejelentés, kihirdetés
announcer [ə'naʊnsə] *n* műsorközlő, bemondó
annoy [ə'nɔı] *vi* bosszant ‖ **be ~ed**
at sg bosszankodik vmn
annoyance [ə'nɔıəns] *n* méreg,
bosszúság
annoying [ə'nɔııŋ] *a* bosszantó, kellemetlen
annual ['ænjʊəl] **1.** *a* évi ‖ **~ salary**
évi fizetés **2.** *n* egynyári növény
annually ['ænjʊəlı] *adv* évenként
annuity [ə'nju:ətı] *n* évjáradék
annul [ə'nʌl] *v* **-ll-** töröl, érvénytelenít
annulment [ə'nʌlmənt] *n* érvénytelenítés, megsemmisítés
anomaly [ə'nɒməlı] *n* rendellenesség
anonymous [ə'nɒnıməs] *a* névtelen
anorak ['ænəræk] *n* anorák
another [ə'nʌðə] *pron* (*different*)
másik; (*additional*) további ‖
that's quite ~ story ez egészen
más!

answer ['ɑːnsə] **1.** *n* válasz ‖ **in ~ to sg** válaszképpen **2.** *v* ~ **sy sg** felel vknek vmt ‖ ~ **the door** ajtót nyit; ~ **a letter** megválaszol egy levelet; ~ **a question** kérdésre felel; ~ **the phone** felveszi a telefont; **answer back** felesel
answer for felel vmért
answerable ['ɑːnsrəbl] *a* (*question*) megoldható; (*responsible*) felelős (*to* vknek)
answering machine ['ɑːnsərɪŋ] *n* üzenetrögzítő
ant [ænt] *n* hangya
antagonism [æn'tægənɪzəm] *n* ellentét, antagonizmus
Antarctic, the [æn'tɑːktɪk] *n* a Déli-sark
antelope ['æntɪləʊp] *n* antilop
antenatal [æntɪ'neɪtl] *a* szülés előtti ‖ ~ **clinic** terhesgondozó
antenna [æn'tenə] *n* (*pl* **-nae** [-niː]) *biol* csáp; (*pl* **-nas**) *US* (*radio, tv*) antenna
anteroom ['æntɪruːm] *n* előszoba
anthem ['ænθəm] *n* himnusz
anthology [æn'θɒlədʒɪ] *n* antológia, szöveggyűjtemény
anti-aircraft [æntɪ'eəkrɑːft] *a* légvédelmi
antibiotic [æntɪbaɪ'ɒtɪk] *n* antibiotikum
anticipate [æn'tɪsɪpeɪt] *vt* (*forestall*) elébe vág (vmnek); (*expect*) számít (vmre)
anticipation [æntɪsɪ'peɪʃn] *n* megelőzés; (*foreshadowing*) előérzet
anticlimax [æntɪ'klaɪmæks] *n* antiklímax, nagy csalódás
anticlockwise [æntɪ'klɒkwaɪz] *a/adv* az óramutató járásával ellenkező irányba(n)

anticyclone [æntɪ'saɪkləʊn] *n* anticiklon
antidote ['æntɪdəʊt] *n* ellenszer; ellenméreg
antiquated ['æntɪkweɪtɪd] *a* ósdi, elavult
antique [æn'tiːk] **1.** *a* antik **2.** *n* régiség ‖ ~ **shop** régiségkereskedés
antiquity [æn'tɪkwətɪ] *n* ókor
antiseptic [æntɪ'septɪk] **1.** *a* antiszeptikus **2.** *n* fertőtlenítőszer
antisocial [æntɪ'səʊʃl] *a* antiszociális
antlers ['æntləz] *n pl* agancs
anus ['eɪnəs] *n* végbélnyílás
anvil ['ænvɪl] *n* üllő
anxiety [æŋ'zaɪətɪ] *n* aggodalom
anxious ['æŋkʃəs] *a* aggódó ‖ **be ~ to do** ég a vágytól, hogy...
any ['enɪ] *a/pron* akármi, valami; akármelyik, bármelyik ‖ **not ~** semennyi; **in ~ case** mindenesetre; **by ~ chance** netán, ha esetleg...; ~ **day** bármelyik napon; **by ~ means** minden úton-módon; **not ... ~ more** többé (már) nem; **at ~ price** mindenáron; **at ~ time** bármikor; **if ~** ha egyáltalán valami
anybody ['enɪbɒdɪ] *pron* valaki, akárki, bárki ‖ **not ~** senki; ~ **else** akárki más
anyhow ['enɪhaʊ] *adv* valahogy, jól-rosszul; (*in any case*) mindenhogyan, bárhogy is ‖ **do sg (just)** ~ tessék-lássék csinál (meg) vmt
anyone ['enɪwʌn] *pron* = **anybody**
anything ['enɪθɪŋ] *pron* bármi, akármi; (*with negative*) semmi ‖ ~ **else** akármi más; még valami(t); ~ **will do** bármi megfelel

anytime ['enɪtaɪm] *adv US* bármikor
anyway ['enɪweɪ] *adv* valahogy, bárhogy legyen is; úgyis, mindenhogyan; *(with negative)* úgysem
anywhere ['enɪweə] *adv* bárhol, akárhol; *(with direction)* mindegy hova, akárhova *(with negative)* sehol, sehova ‖ ~ **else** bárhol másutt
apart [ə'pɑːt] *adv* széjjel, szét ‖ ~ **from** kivéve; ~ **from this** ettől eltekintve
apartheid [ə'pɑːtheɪt] *n* apartheid
apartment [ə'pɑːtmənt] *n US* lakás ‖ ~**s** lakosztály
apathy ['æpəθɪ] *n* apátia
ape [eɪp] *n* (emberszabású) majom
aperitif [ə'perətɪf] *n* aperitif
aperture ['æpətʃʊə] *n* nyílás; *photo* lencsenyílás
apiece [ə'piːs] *adv* egyenként
apologetic [əpɒlə'dʒetɪk] *a* bocsánatkérő
apologize [ə'pɒlədʒaɪz] *v* mentegetődzik *(for* vmért) ‖ ~ **to sy for sg** elnézést kér vktől vmért
apology [ə'pɒlədʒɪ] *n* bocsánatkérés
apoplexy ['æpəpleksɪ] *n* agyvérzés; gutaütés
apostle [ə'pɒsl] *n* apostol
appal [ə'pɔːl] *(US* **appall)** *v* -**ll**- megdöbbent
appalling [ə'pɔːlɪŋ] *a* megdöbbentő
apparatus [æpə'reɪtəs] *n* készülék
apparent [ə'pærənt] *a* nyilvánvaló, látható ‖ **for no** ~ **reason** minden különösebb ok nélkül
apparently [ə'pærəntlɪ] *adv* nyilván(valóan), láthatólag
appeal [ə'piːl] **1.** *n* kiáltvány; *law* fellebbezés **2.** *v* ~ **to** *law* folya-

modik, vhova fellebbez; ~ **to sy** vkhez fordul *(for sg* vmért); **it** ~**s to me** vonzónak találom
appear [ə'pɪə] *v (come into sight)* megjelenik; *(be seen)* látszik ‖ **it** ~**s** úgy tűnik ...
appearance [ə'pɪərəns] *n (coming into sight)* megjelenés, felbukkanás; *(look)* kinézés, külső (megjelenés) ‖ **to all** ~**s** minden jel arra mutat, hogy
appease [ə'piːz] *v* csillapít
appendicitis [ə'pendɪ'saɪtɪs] *n* vakbélgyulladás
appendix [ə'pendɪks] *n (pl* -**dixes** *or* -**dices)** [-dɪsiːz] *(in book)* függelék; *med* vakbél
appetite ['æpɪtaɪt] *n* étvágy
appetizer ['æpɪtaɪzə] *n* étvágygerjesztő (falatok); *(drink)* aperitif
appetizing ['æpɪtaɪzɪŋ] *a* étvágygerjesztő, gusztusos
applaud [ə'plɔːd] *v* (meg)tapsol
applause [ə'plɔːz] *n* taps, éljenzés ‖ **burst of** ~ tapsvihar
apple ['æpl] *n* alma ‖ **the** ~ **of sy's eye** vk szeme fénye
apple-pie *a* az almás lepény/pite
appliance [ə'plaɪəns] *n* készülék
applicable ['æplɪkəbl] *a* alkalmazható
applicant ['æplɪkənt] *n* kérelmező
application [æplɪ'keɪʃn] *n (putting into practice)* alkalmazás; *(request)* kérvény; *(for job)* pályázat ‖ **on** ~ kívánságra
applied [ə'plaɪd] *a* alkalmazott
apply [ə'plaɪ] *vt* alkalmaz *(to sg* vmre); *(place on)* felrak; *vi* kérvényt benyújt; *(concern)* vonatkozik *(to* vkre/vmre) ‖ ~ **for sg** folyamodik vmért; ~ **for a job**

állásra jelentkezik; **delete which-ever does not** ~ a nem kívánt rész törlendő

appoint [ə'pɔɪnt] v (*nominate*) kinevez; (*settle*) kijelöl, kitűz

appointment [ə'pɔɪntmənt] n (*nomination*) kinevezés; (*meeting*) találkozó, megbeszélés ‖ **make an** ~ **with sy** megbeszél egy időpontot/találkozót vkvel

appraisal [ə'preɪzl] n értékelés

appreciable [ə'priːʃəbl] a (*perceptible*) észrevehető

appreciate [ə'priːʃɪeɪt] v megbecsül, értékel

appreciation [əpriːʃɪ'eɪʃn] n megbecsülés, elismerés

appreciative [ə'priːʃɪətɪv] a méltányló; (*showing thanks*) hálás

apprehend [æprɪ'hend] v letartóztat, lefog

apprehension [æprɪ'henʃn] n aggódás, félelem

apprehensive [æprɪ'hensɪv] a aggódó

apprentice [ə'prentɪs] n inas

apprenticeship [ə'prentɪsʃɪp] n tanulóidő

approach [ə'prəʊtʃ] **1.** n közeledés, *also fig* megközelítés **2.** v közeledik/közelít vmhez; (*problem*) megközelít

appropriate 1. [ə'prəʊprɪət] a megfelelő; (*remark*) találó **2.** [ə'prəʊprɪeɪt] v (*take for oneself*) eltulajdonít; (*allocate*) félretesz

approval [ə'pruːvl] n jóváhagyás, hozzájárulás ‖ **on** ~ *comm* megtekintésre

approve [ə'pruːv] v jóváhagy, elfogad ‖ ~ **of sg** beleegyezik vmbe

approximate 1. [ə'prɒksɪmət] a megközelítő, hozzávetőleges **2.** [ə'prɒksɪmeɪt] v (meg)közelít

approximately [ə'prɒksɪmətlɪ] adv megközelítőleg hozzávetőleg

apricot ['eɪprɪkɒt] n sárgabarack

April ['eɪprəl] n április; → **August**

apron ['eɪprən] n kötény

apt [æpt] a (*reply*) találó; (*person*) értelmes; (*thing*) alkalmas ‖ **be** ~ **to do sg** hajlamos vmre

aptitude ['æptɪtjuːd] n képesség, rátermettség

aquarium [ə'kweərɪəm] n (pl -riums or -ria [-rɪə]) akvárium

aquatic [ə'kwætɪk] n pl vízi

Arab ['ærəb] n arab (*ember*)

Arabia [ə'reɪbɪə] n Arábia

Arabian [ə'reɪbɪən] a arab

Arabic ['ærəbɪk] n arab (nyelv)

arable ['ærəbl] a művelhető

arbitrary ['ɑːbɪtrərɪ] a önkényes

arbitrator ['ɑːbɪtreɪtə] n választott bíró, döntőbíró

arc [ɑːk] n math (kör)ív, phys ív

arcade [ɑː'keɪd] n árkád(sor)

arch [ɑːtʃ] **1.** n boltív **2.** v (be)boltoz, (át)ível

archaeologist (*US* **archeol-**) ['ɑːkɪ'ɒlədʒɪst] n régész

archaeology (*US* **archeol-**) [ɑːkɪ'ɒlədʒɪ] n régészet

archaic [ɑː'keɪɪk] a régies, archaikus

archbishop [ɑːtʃ'bɪʃəp] n érsek

archer ['ɑːtʃə] n íjász

archery ['ɑːtʃərɪ] n íjászat

archipelago [ɑːkɪ'peləgəʊ] n szigetvilág

architect ['ɑːkɪtekt] n építész(mérnök)

architecture ['ɑːkɪtektʃə] n építészet

archives ['ɑːkaɪvz] n pl levéltár
arch-support n lúdtalpbetét
archway ['ɑːtʃweɪ] n boltív
Arctic ['ɑːktɪk] a északi-sarki
Arctic, the n Északi-sarkvidék
ardent ['ɑːdənt] a tüzes, szenvedélyes
are [ə, ɑː] → **be**
area ['eərɪə] n terület, térség
arena [ə'riːnə] n aréna, porond
aren't [ɑːnt] = **are not**
Argentine, the ['ɑːdʒəntɪn] n Argentína
Argentinian [ɑːdʒən'tɪnɪən] a/n argentínai
arguable ['ɑːgjʊəbl] a vitatható
argue ['ɑːgjuː] v (reason) érvel; (quarrel) vitatkozik ‖ **don't ~ with me!** ne vitatkozz velem!
argument ['ɑːgjʊmənt] n érv; (reasoning) érvelés; (dispute) vitatkozás ‖ **the ~s for and against sg** a mellette és ellene szóló érvek
arid ['ærɪd] a (climate) száraz
aridity [ə'rɪdətɪ] n szárazság
arise [ə'raɪz] v (pt **arose** [ə'rəʊz], pp **arisen** [ə'rɪzn]) (difficulties) felmerül ‖ ~ **from sg** ered/keletkezik vmből
arisen [ə'rɪzn] pp → **arise**
aristocracy [ærɪ'stɒkrəsɪ] n arisztokrácia, főnemesség
aristocrat ['ærɪstəkræt] n arisztokrata
arithmetic [ə'rɪθmətɪk] n számtan, aritmetika
arm¹ [ɑːm] n kar; (of river) folyóág; (sleeve) ruhaujj ‖ ~ **in ~ with sy** vkvel karöltve; → **arms**
arm² [ɑːm] vt felfegyverez
armchair ['ɑːmtʃeə] n karosszék

armed [ɑːmd] a fegyveres ‖ ~ **robbery** fegyveres rablótámadás
armistice ['ɑːmɪstɪs] n fegyverszünet
armour (US **-or**) ['ɑːmə] n vért(ezet)
armoured (US **-or-**) ['ɑːməd] a páncélozott ‖ ~ **car** páncélautó
armoury (US **-or-**) ['ɑːmərɪ] n fegyverraktár
armpit ['ɑːmpɪt] n hónalj
arms [ɑːmz] n pl fegyver ‖ **be in ~** fegyverben áll; ~ **race** fegyverkezési verseny
army ['ɑːmɪ] n hadsereg
aroma [ə'rəʊmə] n aroma
aromatic [ærə'mætɪk] a aromás
arose [ə'rəʊz] pt → **arise**
around [ə'raʊnd] adv/prep chiefly US körül; (almost) körülbelül ‖ ~ **1800** 1800 táján; ~ **the table** az asztal körül
arouse [ə'raʊz] v felébreszt
arrange [ə'reɪndʒ] v (objects) (el)rendez; (programme) (meg)szervez, intézkedik; mus átír ‖ **as ~d** ahogy megbeszélték; ~ **for sg** vmről gondoskodik
arrangement [ə'reɪndʒmənt] n (order) elrendezés; (agreement) megállapodás, megegyezés; mus átirat, hangszerelés ‖ ~**s** intézkedés, előkészület
array [ə'reɪ] n sor, rend ‖ **an ~ of** col egy egész sereg (holmi stb.)
arrears [ə'nəz] n pl hátralék ‖ ~ **of work** lemaradás a munkában; **have no ~** azsúrban van (munkájával)
arrest [ə'rest] **1.** n letartóztatás ‖ **be under ~** letartóztatásban van **2.** v

(*person*) letartóztat; (*stop*) lefékez, gátol

arrival [ə'raɪvl] *n* érkezés

arrive [ə'raɪv] *v* (meg)érkezik (*at* vhova)

arrogance ['ærəgəns] *n* gőg, önhittség

arrow ['ærəʊ] *n* nyíl(vessző)

arsenal ['ɑːsənl] *n* fegyverraktár

arsenic ['ɑːsnɪk] *n* arzén

art [ɑːt] *n* művészet ‖ **work of ~** műalkotás; → **arts**

artery ['ɑːtərɪ] *n* ütőér, artéria

artful ['ɑːtfəl] *a* ravasz, agyafúrt

art gallery *n* képtár, képcsarnok

arthritis [ɑː'θraɪtɪs] *n* ízületi gyulladás

artichoke ['ɑːtɪtʃəʊk] *n* articsóka

article ['ɑːtɪkl] *n* (*in newspaper*) cikk; (*thing*) (áru)cikk; (*clause*) törvénycikk, paragrafus; *gram* névelő ‖ **~s for personal use** személyes használati tárgyak

articulate 1. [ɑː'tɪkjʊlət] *a* (*speech*) világos, tagolt **2.** [ɑː'tɪkjʊleɪt] *v* tagol, artikulál ‖ **~ clearly** érthetően beszél

articulated lorry [ɑː'tɪkjʊleɪtɪd] *n* kamion

artifice ['ɑːtɪfɪs] *n* csel; lelemény, ügyesség

artificial [ɑː'tɪfɪʃl] *a* mesterséges, mű- ‖ **~ kidney** művese

artillery [ɑː'tɪlərɪ] *n* tüzérség

artisan [ɑːtɪ'zæn] *n* (kis)iparos

artist ['ɑːtɪst] *n* művész, előadóművész

artiste [ɑː'tiːst] *n* artista

artistic [ɑː'tɪstɪk] *a* művészi

artless ['ɑːtlɪs] *a* mesterkéletlen; (*character*) jóhiszemű, naiv

arts [ɑːts] *n pl* **the ~** bölcsészet(tudomány) ‖ **~ and crafts** iparművészet

as [æz] *adv/conj* (a)mint, ahogy(an); (*since, because*) mivel, minthogy; (*in comparisons*) ~ ... ~ olyan ..., mint; **~ far ~ I know** tudomásom szerint; **~ for** figyelemmel ...ra/re; **~ to** ami ...-t illeti; **~ well ~** valamint, is, és; **~ well** szintén, is

asbestos [æz'bestəs] *n* azbeszt

ascend [ə'send] *vt* felhág vmre ‖ **~ the throne** trónra lép

ascent [ə'sent] *n* felemelkedés

ascertain [æsə'teɪn] *v* kiderít

ascetic [ə'setɪk] *a/n* aszkéta

ascribe [ə'skraɪb] *vt* tulajdonít (*to* vknek)

ash[1] [æʃ] *n* (*dust*) hamu

ash[2] [æʃ] *n* kőris

ashamed [ə'ʃeɪmd] *a* **be ~ of sg** szégyell vmt

ashore [ə'ʃɔː] *adv* partra, parton

ash-tray *n* hamutartó

Asia ['eɪʃə] *n* Ázsia

Asian ['eɪʃən] *a/n* ázsiai

Asiatic [eɪʃɪ'ætɪk] *a/n* ázsiai

aside [ə'saɪd] **1.** *adv* félre, oldalt ‖ **~ from sg** eltekintve vmtől, vmn kívül **2.** *n theat* félreszólás

ask [ɑːsk] *v* **~ sy sg** (meg)kérdez vktől vmt; **~ sy sg** *or* **sg of sy** kér vmt vktől; **all I ~ is (this)** csak egyre kérem (*egy dologra*); **~ him his name** kérdezd meg a nevét; **~ one's way** megkérdi, merre kell menni; **~ sy a question** (meg)kérdez vktől vmt; **~ sy to dinner** (*saját házába*) meghív vkt vacsorára; **~ sy to do sg** megkér vkt

vmre; **he ~ed me to go with him** kérte, hogy menjek vele
ask about (sy/sg) (*vk/vm felől/után*) tudakozódik
ask after sy érdeklődik vk iránt
ask for (sg) kér vmt;
ask for a rise (*US* **raise**) béremelést kér
askance [ə'skæns] *adv* **look ~ at sy/sg** görbe szemmel néz vkt
askew [ə'skjuː] *adv* ferdén
asleep [ə'sliːp] *a/adv* **be ~** alszik
asparagus [ə'spærəgəs] *n bot* spárga
aspect ['æspekt] *n* nézőpont, szempont, szemszög
asphalt ['æsfælt] *n* aszfalt, bitumen
asphyxiate [əs'fiksieit] *v* megfojt
asphyxiation [əs'fiksieiʃn] *n* gázmérgezés
aspiration [æspə'reiʃn] *n* törekvés, aspiráció
aspire [ə'spaiə] *v* **~ after sg** törekszik vmre
aspirin ['æsprin] *n* aszpirin
ass [æs] *n also fig* szamár
assailant [ə'seilənt] *n* merénylő
assassin [ə'sæsin] *n* orgyilkos
assassinate [ə'sæsineit] *v* meggyilkol
assassination [əsæsi'neiʃn] *n* (or)gyilkosság
assault [ə'sɔːlt] **1.** *n law* támadás **2.** *v* (tettleg) bántalmaz; (*woman*) megtámad
assemble [ə'sembl] *vi* összegyűlik, összeül; *vt* (*parts*) összeszerel
assembly [ə'sembli] *n* (*meeting*) gyűlés; (*construction*) összeszerelés ‖ **general ~** közgyűlés; **~ line** *n* futószalag
assent [ə'sent] *n* beleegyezés

assert [ə'sɜːt] *v* kijelent; állít
assertion [ə'sɜːʃn] *n* állítás
assertive [ə'sɜːtiv] *a* rámenős
assess [ə'ses] *v* megbecsül
assessor [ə'sesə] *n* adótanácsadó
asset ['æset] *n* vagyontárgy ‖ **he is a great ~ to us** nekünk ő nagy nyereség; **~s and liabilities** *comm* aktívák és passzívák
assign [ə'sain] *v* (*date*) megállapít; (*job*) kijelöl; (*money*) (rá)szán ‖ **~ sg to sy** tulajdonít vknek vmt
assignment [ə'sainmənt] *n* megbízás
assimilate [ə'simileit] *vt biol* asszimilál ‖ *vi also fig* asszimilálódik
assimilation [əsimi'leiʃn] *n* asszimiláció, (át)hasonulás
assist [ə'sist] *v* támogat
assistance [ə'sistəns] *n* támogatás, segítés
assistant [ə'sistənt] **1.** *a* helyettes ‖ **~ manager** helyettes igazgató **2.** *n* asszisztens, gyakornok; (*in shop*) eladó
associate 1. [ə'səuʃiət] *n* (*member*) munkatárs, tag **2.** [ə'səuʃieit] *vt* társít, asszociál (*with* vmvel) ‖ *vi* (*keep company*) összejár/érintkezik (*with* vkvel) ‖ **be ~d with** kapcsolatban van vkvel/vmvel
association [əsəusi'eiʃn] *n* társaság, egyesület; *psych* asszociáció
Association football *n* labdarúgás
assorted [ə'sɔːtid] *a* válogatott
assortment [ə'sɔːtmənt] *n* választék; *comm* készlet
assume [ə'sjuːm] *v* (*suppose*) feltételez ‖ **~ responsibility** felelősséget vállal (*for* vmért)

assumption [ə'sʌmpʃn] n feltételezés

assurance [ə'ʃʊərəns] n (confidence) önbizalom; (promise) határozott ígéret ‖ **life** ~ életbiztosítás

assure [ə'ʃʊə] vt biztosít (of vmről) ‖ **I (can)** ~ **you that** biztosíthatlak róla

asterisk ['æstərɪsk] n print csillag

asthma ['æsmə] n asztma

astonish [ə'stɒnɪʃ] v meglep; megdöbbent

astonishment [ə'stɒnɪʃmənt] n meglepődés; megdöbbenés

astound [ə'staʊnd] v bámulatba ejt

astray [ə'streɪ] adv **go** ~ eltéved

astride [ə'straɪd] adv lovaglóülésben

astringent [ə'strɪndʒənt] n vérzéselállító

astronaut ['æstrənɔːt] n űrhajós

astronomer [ə'strɒnəmə] n csillagász, asztronómus

astronomy [ə'strɒnəmɪ] n csillagászat

astute [ə'stjuːt] a ravasz, ügyes

asylum [ə'saɪləm] n menedékhely; pol menedékjog

at [ət, æt] prep (place) -on, -en, -ön, -n; -nál, -nél; (time) -kor ‖ ~ **the station** az állomáson; ~ **30p a pound** fontonként 30 penny-ért; ~ **3 (o'clock)** háromkor

ate [et] pt → **eat**

atheist ['eɪθɪɪst] a/n ateista

Athens ['æθɪnz] n Athén

athlete ['æθliːt] n atléta; sportoló

athletic [æθ'letɪk] a atlétikai; (build) kisportolt

athletics [æθ'letɪks] n sing. atlétika

Atlantic, the [ət'læntɪk] n az Atlanti-óceán

atlas ['ætləs] n atlasz

atmosphere ['ætməsfɪə] n also fig atmoszféra, légkör; hangulat

atom ['ætəm] n atom

atomic [ə'tɒmɪk] a atom- ‖ ~ **bomb** atombomba; ~ **power station** atomerőmű

atomizer ['ætəmaɪzə] n porlasztó(készülék), permetező

atrocious [ə'trəʊʃəs] a (crime) égbekiáltó; (very bad) pocsék, csapnivaló

atrocity [ə'trɒsətɪ] n rémség; (deed) rémtett, atrocitás

attach [ə'tætʃ] v (join) csatol; hozzáerősít (to vmhez) ‖ **be ~ed to sy** ragaszkodik vkhez

attaché [ə'tæʃeɪ] n attasé ‖ ~ **case** diplomatatáska

attack [ə'tæk] **1.** n támadás; med roham **2.** v megtámad

attain [ə'teɪn] vt elér

attainment [ə'teɪnmənt] n elérés ‖ ~**s** tehetség, tudás, képesség

attempt [ə'tempt] **1.** n kísérlet; pol merénylet **2.** v megkísérel, megpróbál

attempted [ə'temptɪd] a ~ **break-out** szökési kísérlet

attend [ə'tend] vt (go to) jár vhova; (lectures) látogat, részt vesz (vmn) ‖ ~ **to** figyel vmre, gondoskodik vmről

attendance [ə'tendəns] n (presence) jelenlét; (people present) nézőszám, részvevők

attendant [ə'tendənt] **1.** a vele járó, kísérő **2.** n (companion) kísérő; theat jegyszedő; (in museum) teremőr

attention [ə'tenʃn] *n* figyelem, (*care*) vigyázat, gond || ~! *mil* vigyázz; ~ **Mr X** X úr kezéhez; **pay** ~ **to** figyel vmre, ügyel vkre/vmre

attentive [ə'tentɪv] *a* figyelmes

attest [ə'test] *v* bizonyít, igazol

attic ['ætɪk] *n* manzárd(szoba)

attitude ['ætɪtjuːd] *n* (*mental*) felfogás, szemlélet

attorney [ə'tɜːnɪ] *n* jogi képviselő

Attorney General *n* GB legfőbb államügyész; US igazságügy-miniszter

attract [ə'trækt] *v* vonz || **feel ~ed to sy** vonzódik vkhez

attraction [ə'trækʃn] *n* vonzóerő; (*thing*) attrakció

attractive [ə'træktɪv] *a* vonzó, szimpatikus

attribute 1. *n* ['ætrɪbjuːt] tulajdonság; *gram* jelző **2.** *vt* [ə'trɪbjuːt] tulajdonít (*to* vknek)

aubergine ['əʊbəʒiːn] *n* padlizsán

auburn ['ɔːbən] *a* vörösesbarna

auction ['ɔːkʃn] **1.** *n* aukció **2.** *v* elárverez

audacity [ɔː'dæsətɪ] *n* merészség

audible ['ɔːdəbl] *a* hallható

audience ['ɔːdɪəns] *n* hallgatóság, nézőközönség; (*formal interview*) kihallgatás

audiovisual [ɔːdɪəʊ'vɪʒʊəl] *a* audiovizuális

audit ['ɔːdɪt] *v comm* átvizsgál

audition [ɔː'dɪʃn] *n* meghallgatás (*énekesé stb.*), próbajáték

auditorium [ɔːdɪ'tɔːrɪəm] *n* (*pl* **-s** *or* **-ria** [-rɪə]) előadóterem

augment [ɔːg'ment] *v* nagyobbít

augur ['ɔːgə] *v* ~ **well** jót ígér

August ['ɔːgəst] *n* augusztus || **in** ~ augusztusban; **in** ~ **1990** 1990 augusztusában; **last** ~ tavaly augusztusban; **on the fifth of** ~ *or* **on** ~ **the fifth** augusztus 5-én

aunt [ɑːnt] *n* nagynéni || ~ **Mary** Mary néni

auntie, aunty ['ɑːntɪ] *n col* nagynéni, néni

au pair [əʊ'peə] *a* **as an** ~ au pair alapon *or* cserealapon

auspices ['ɔːspɪsɪz] *n pl* **under the** ~ **of sy/sg** vknek/vmnek az égisze alatt

Australia [ɒ'streɪlɪə] *n* Ausztrália

Australian [ɒ'streɪlɪən] *a/n* ausztrál, ausztráliai

Austria ['ɒstrɪə] *n* Ausztria

Austrian ['ɒstrɪən] *a/n* osztrák, ausztriai

authentic [ɔː'θentɪk] *a* valódi, hiteles

author ['ɔːθə] *n* szerző; (*writer*) író

authoritarian [ɔːθɒrɪ'teərɪən] *a* tekintélyi (elvi)

authoritative [ɔː'θɒrɪtətɪv] *a* mérvadó; (*manner*) határozott

authorities [ɔː'θɒrətiːz] *n pl* hatóság

authority [ɔː'θɒrətɪ] *n* (*power*) hatalom, tekintély, (*expert*) szakértő (*on sg* vmben), (szaktekintély); **local** ~ (helyi) önkormányzat; → **authorities**

authorize ['ɔːθəraɪz] *vt* meghatalmaz

auto ['ɔːtəʊ] *n US col* autó, kocsi

autobiography [ɔːtəʊbaɪ'ɒgrəfɪ] *n* önéletrajz

autocratic [ɔːtə'krætɪk] *a* egyedralmi, zsarnoki

autograph ['ɔːtəgrɑːf] *n* autogram
automatic [ɔːtə'mætɪk] **1.** *a* automatikus **2.** *n* (*car*) automata sebességváltós kocsi; (*gun*) ismétlőpisztoly
automobile ['ɔːtəməbiːl] *n US* autó, gépkocsi
autonomy [ɔː'tɒnəmɪ] *n* autonómia, önkormányzat
autumn ['ɔːtəm] *n* ősz ‖ **this ~** az ősszel; **in ~** ősszel
autumnal [ɔː'tʌmnəl] *a* őszi
auxiliary [ɔːg'zɪlɪərɪ] *a* segéd-
avail [ə'veɪl] **1.** *n* haszon ‖ **to no ~** hiába **2.** *v* **~ oneself of sg** igényt tart vmre
available [ə'veɪləbl] *a* rendelkezésre álló, kapható ‖ **is Mr X ~?** beszélhetnék X úrral?
avalanche ['ævəlɑːnʃ] *n* lavina
Ave. = avenue
avenge [ə'vendʒ] *vt* megbosszul
avenue ['ævənjuː] *n* sugárút; (*with trees*) fasor
average ['ævərɪdʒ] **1.** *a* átlagos, átlag- ‖ **~ income** átlagjövedelem; **~ yield** átlagtermelés **2.** *n* átlag ‖ **on ~** átlagosan **3.** *v* **~ sg** kiszámítja vmnek az átlagát ‖ **he ~d 600 km a day** átlag napi 600 km-t tett meg
average out (at sg) átlagosan kitesz
averse [ə'vɜːs] *a* **be ~ to sg** ellene van vmnek, idegenkedik vmtől
aversion [ə'vɜːʃn] *n* idegenkedés
avert [ə'vɜːt] *vt* (*turn away*) elhárít; (*prevent*) megelőz
aviation [eɪvɪ'eɪʃn] *n* repülés(technika)
~id ['ævɪd] *a* mohó, kapzsi

avoid [ə'vɔɪd] *vt* elkerül, kerül
avoidance [ə'vɔɪdns] *n* elkerülés
await [ə'weɪt] *vt* vár ‖ **~ing your reply** válaszát várva
awake [ə'weɪk] **1.** *a* éber ‖ **be ~** ébren van, virraszt **2.** *v* (*pt* **awoke** [ə'wəʊk]; *pp* **awoken** [ə'wəʊkən]) *vi* felébred | *vt* felébreszt
award [ə'wɔːd] **1.** *n* (*prize*) díj, jutalom **2.** *vt* adományoz, odaítél
aware [ə'weə] *a* **be ~ of** tudatában van vmnek
away [ə'weɪ] *adv* el- ‖ **be ~** távol van; **he will be ~ for a week** egy hétre elutazott; **he's ~ in Milan** elutazott Milánóba
away game/match *n* idegenben játszott mérkőzés
awful ['ɔːfəl] *a* borzasztó, szörnyű
awfully ['ɔːflɪ] *adv* borzasztóan, szörnyen
awhile [ə'waɪl] *adv* egy kis ideig
awkward ['ɔːkwəd] *a* (*clumsy*) ügyetlen; suta; (*embarrassing*) kényelmetlen, kínos
awning ['ɔːnɪŋ] *n* napellenző ponyva
awoke [ə'wəʊk] *pt* → **awake**
awoken [ə'wəʊkən] *pp* → **awake**
awry [ə'raɪ] **1.** *a* ferde, srég **2.** *adv* srégen, ferdén ‖ **go ~** (*plans*) balul üt ki
axe (*US* **ax**) [æks] **1.** *n* fejsze, balta **2.** *vt col* **(s)he has been ~d** leépítették
axiom ['æksɪəm] *n* alapigazság, axióma
axis ['æksɪs] *n* (*pl* **axes** ['æksɪːz]) *math, phys, also fig* tengely
axle ['æksl] *n* tengely (*keréké*)

B

BA [biːˈeɪ] = **Bachelor of Arts**
baby [ˈbeɪbɪ] n csecsemő, baba ‖ ~ **carriage** n US gyermekkocsi
baby-sit v (pt/pp -**sat; -tt-**) gyerekekre felügyel
baby-sitter n gyermekőrző
bachelor [ˈbætʃələ] n nőtlen ember/férfi, legényember
Bachelor of Arts n approx bölcsészvégzettség, tanári oklevél
back [bæk] **1.** a hátsó **2.** adv hátra(felé) ‖ **be ~** visszajön; **3.** n (of person, hourse) hát; (of chair) támla; (of page) hátoldal; sp hátvéd **4.** vt (horse: at races) megtesz; (support) támogat
back down visszakozik
back out meghátrál, visszatáncol
back up (support) támogat; comput biztonsági másolatot készít
backache [ˈbækeɪk] n derékfájás
backbencher [bækˈbentʃə] n (nem kormánytag) képviselő
backbiting [ˈbækbaɪtɪŋ] n „fúrás"
backbone [ˈbækbəʊn] n hátgerinc
backfire [ˈbækfaɪə] v tech visszagyújt; (miscarry) visszafelé sül el
background [ˈbækɡraʊnd] n háttér
backhanded [ˈbækhændɪd] a sp (stroke) fonák ‖ ~ **compliment** kétélű bók
backhand stroke [ˈbækhænd] n fonák ütés
backing [ˈbækɪŋ] n (support) pártfogás, protekció
backlash [ˈbæklæʃ] n tech holtjáték; fig visszahatás

backlog [ˈbæklɒɡ] n (of work) lemaradás, restancia
backpack [ˈbækpæk] n US hátizsák
back seat n hátsó ülés
backside [ˈbæksaɪd] n hum far
backstroke [ˈbækstrəʊk] n hátúszás
backward [ˈbækwəd] a fejlődésben elmaradott
backwards [ˈbækwədz] adv hátrafelé, visszafelé
backwater [ˈbækwɔːtə] n fig Isten háta mögötti hely
backyard [bækˈjɑːd] n (hátsó) udvar
bacon [ˈbeɪkən] n angolszalonna
bacteria [bækˈtɪərɪə] n pl (sing. **bacterium** [-rɪəm]) baktérium
bad [bæd] a rossz ‖ **be ~ at mathematics** gyenge a matematikában
badge [bædʒ] n (kitűzhető) jelvény
badger [ˈbædʒə] **1.** n borz **2.** v col szekál, piszkál
badly [ˈbædlɪ] adv rosszul ‖ **be ~ defeated** csúfosan leszerepel; **be ~ off** (anyagilag) rosszul áll
badminton [ˈbædmɪntən] n tollaslabda
badmouth [ˈbædmaʊθ] v US megszól, fúr vkt
bad-tempered a (angry) rosszkedvű; (quarrelsome) összeférhetetlen természetű
baffle [ˈbæfəl] v (puzzle) zavarba ejt
bag [bæɡ] n (paper) zacskó; (sack) zsák; (hand~) táska; (suitcase) bőrönd
baggage [ˈbæɡɪdʒ] n (pl ~) US poggyász, csomag
baggy [ˈbæɡɪ] a buggyos
bagpipes [ˈbæɡpaɪps] n pl duda

bail [beɪl] **1.** *n* be out on ~ óvadék ellenében szabadlábon van **2.** *v* ~ **sy (out)** óvadék ellenében szabadlábra helyez; ~ **out (the boat)** kimeri a csónakból a vizet; ~ **out** *US* = **bale**[2] **out**

bailiff ['beɪlɪf] *n* végrehajtó

bait [beɪt] *n* csalétek

bake [beɪk] *vt* (meg)süt, kisüt I *vi* sül

baked potatoes [beɪkt] *a* (héjában) sült burgonya

baker ['beɪkə] *n* pék

bakery ['beɪkərɪ] *n* pékség

baking powder ['beɪkɪŋ] *n* sütőpor

balance ['bæləns] **1.** *n* (*equilibrium*) egyensúly; (*state of account*) egyenleg; *comm* (*difference*) mérleg **2.** *v* (*weigh*) mér; (*make equal*) kiegyenlít

balanced ['bælənst] *a* kiegyensúlyozott

balance sheet *n comm* mérleg

balcony ['bælkənɪ] *n* erkély

bald [bɔːld] *a* kopasz

bale[1] [beɪl] **1.** *n* bála **2.** *v* báláz

bale[2] **out** [beɪl] *v* ejtőernyővel kiugrik

ball[1] [bɔːl] **1.** *n* labda; (*of wool*) gombolyag **2.** *vt* (*wool*) gombolyít

ball[2] [bɔːl] *n* (*dance*) bál

ballad ['bæləd] *n* ballada

ballerina [bælə'riːnə] *n* balerina, táncosnő

ballet ['bæleɪ] *n* balett

balloon [bə'luːn] *n* léggömb

ballot ['bælət] *n* titkos szavazás

ballpoint (pen) ['bɔːlpɔɪnt] *n* golyóstoll

ballroom ['bɔːlruːm] *n* bálterem

balm [bɑːm] *n* kenőcs, balzsam

Baltic (Sea), the ['bɔːltɪk] *n* a Balti-tenger

bamboo [bæm'buː] *n* bambusz

ban [bæn] **1.** *n* tilalom **2.** *v* **-nn-** (be)tilt

banal [bə'nɑːl] *a* banális

banana [bə'nɑːnə] *n* banán

band [bænd] *n* szalag, csík, pánt; *el* sáv; (*group*) csapat; (*of criminals*) banda

bandage ['bændɪdʒ] **1.** *n* kötés, fásli **2.** *v* (*wound*) kötöz; (*broken limb*) (be)pólyáz, (be)fásliz

Band-Aid *n US* gyorstapasz

B and B = bed and breakfast

bandit ['bændɪt] *n* bandita

bandy-legged *a* ó-lábú

bang [bæŋ] **1.** *n* (*blow*) ütés; (*explosion*) durranás **2.** *vt* dönget; (*door*) bevág **3.** *int* bumm!

bangle ['bæŋgl] *n* karperec

banish ['bænɪʃ] *v* száműz

banister ['bænɪstə] *n* korlát, karfa

bank[1] [bæŋk] *n* (*raised ground*) töltés; (*of river, lake*) part

bank[2] [bæŋk] **1.** *n* (*institution*) bank || ~ **account** bankszámla; ~ **card** csekk-kártya **2.** *v* bankba tesz, betesz

banker ['bæŋkə] *n* bankár || **~'s card** *GB* csekk-kártya

bank holiday *n* munkaszüneti nap

banknote ['bæŋknəʊt] *n* bankjegy

bank rate *n* bankkamatláb

bankrupt ['bæŋkrʌpt] *a* csődbe jutott || **become** ~ csődbe jut

bankruptcy ['bæŋkrəpsɪ] *n* csőd

bank statement számlakivonat

banner ['bænə] *n* zászló, lobogó

baptism ['bæptɪzəm] *n* keresztelő

bar [bɑː] *n* (*rod*) rúd; (*of window*) rács; *mus* ütem; (*pub*) ivó; (*in pub: counter*) pult || **be called to the B~** ügyvédi pályára lép; ~ (**of**

chocolate) szelet csokoládé; ~ **(of soap)** darab szappan; **behind** ~s rács mögött, börtönben

barbaric [bɑːˈbærɪk] *a* műveletlen, barbár

barbecue [ˈbɑːbɪkjuː] *n* (*grid*) grillsütő; (*animal*) nyársonsült; (*occasion*) hússütés a szabadban

barbed wire *n* szögesdrót

barber [ˈbɑːbə] *n* borbély, férfifodrász

bar code *n* vonalkód

bare [beə] *a* csupasz; (*trees*) kopár ‖ **the ~ facts** a puszta tények

bareback [ˈbeəbæk] *adv* szőrén

barefaced [beəˈfeɪst] *a* arcátlan

barefoot [ˈbeəfʊt] *a/adv* mezítláb(as)

barely [ˈbeəlɪ] *adv* alig, éppen, éppen hogy (csak)

bargain [ˈbɑːgən] **1.** *n* (*transaction*) üzletkötés; (*good buy*) előnyös/jó vétel **2.** *v* ~ **with sy for sg** alkuszik vkvel vmre

barge [bɑːdʒ] **1.** *n* uszály **2.** *v* ~ **in** betolakodik

baritone [ˈbærɪtəʊn] *n* baritonista

bark¹ [bɑːk] **1.** *n* (*of dog*) ugatás **2.** *v* ugat

bark² [bɑːk] *n* (*of tree*) fakéreg

barley [ˈbɑːlɪ] *n bot* árpa

barmaid [ˈbɑːmeɪd] *n* pincérnő, mixer

barman [ˈbɑːmən] *n* csapos

barn [bɑːn] *n* magtár, pajta

barometer [bəˈrɒmɪtə] *n* légnyomásmérő, barométer

baron [ˈbærən] *n* báró

baroness [ˈbærənɪs] *n* bárónő; (*baron's wife*) báróné

barracks [ˈbærəks] *n sing. or pl* kaszárnya

barrage [ˈbærɑːʒ] *n* (*dam*) duzzasztómű, völgyzáró gát

barrel [ˈbærəl] *n* hordó; (*of gun*) cső

barren [ˈbærən] *a* terméketlen; (*hills*) kopár, sivár

barrier [ˈbærɪə] *n* korlát; (*obstruction*) akadály

barrister [ˈbærɪstə] *n GB* ügyvéd

barrow [ˈbærəʊ] *n* talicska

bartender [ˈbuːtendə] *n* = **barman**

barter [ˈbɑːtə] **1.** *n* árucsere **2.** *v* becserél/elcserél (*for* vmre)

base [beɪs] **1.** *a* aljas **2.** *n* bázis, alap; *mil* támaszpont **3.** *vt* alapoz (*on* vmre) ‖ **be ~d on sg** alapul vmn

baseball [ˈbeɪsbɔːl] *n US* baseball

basement [ˈbeɪsmənt] *n* alagsor

bases¹ [ˈbeɪsiːz] *pl* → **basis**

bases² [ˈbeɪsiːz] *pl* → **base**

bash [bæʃ] *n col* buli

bashful [ˈbæʃfəl] *a* szégyenlős

basic [ˈbeɪsɪk] *a* alapvető

basically [ˈbeɪsɪklɪ] *adv* alapjában véve, lényegében

basin [ˈbeɪsn] *n geogr* medence; (*wash~*) mosdókagyló; (*dish*) mosdótál

basis [ˈbeɪsɪs] *n* (*pl* **bases** [ˈbeɪsiːz]) bázis, alap

bask [bɑːsk] *v* ~ **in the sun** napozik

basket [ˈbɑːskɪt] *n* kosár

basketball [ˈbɑːskɪtbɔːl] *n* kosárlabda

bass [beɪs] *n* basszus

bassoon [bəˈsuːn] *n* fagott

bastard [ˈbɑːstəd] *n* fattyú

bastion [ˈbæstɪən] *n* bástya

bat¹ [bæt] **1.** *n sp* ütő **2.** *v* **-tt- he didn't ~ an eyelid** egy arcizma sem rándult

bat² [bæt] *n zoo* denevér

batch [bætʃ] *n* (*of bread*) sütet; (*of papers*) csomó, rakás
bated ['beɪtɪd] *a* with ~ breath lélegzetvisszafojtva
bath [bɑːθ] 1. *n* fürdés; (*~tub*) fürdőkád ‖ take a ~ (meg)fürdik; → baths 2. *vt* (meg)fürdet
bath chair *n* tolószék
bathe [beɪð] *US vi* (meg)fürdik, strandol ‖ *vt* (meg)fürdet
bather ['beɪðə] *n* fürdőző
bathing ['beɪðɪŋ] *n* fürdés ‖ ~ cap fürdősapka; ~ costume (*US* ~ suit) fürdőruha; ~ trunks *pl* fürdőnadrág
bathroom ['bɑːθrʊm] *n* fürdőszoba
baths [bɑːθs] *n pl* (*pool*) uszoda; (*rooms*) fürdő
bath towel *n* fürdőlepedő
bathtub ['bɑːθtʌb] *n US* fürdőkád
baton ['bæton] *n mus* pálca; (*of police*) gumibot
battalion [bə'tælɪən] *n* zászlóalj
batter ['bætə] *n* (nyers) tészta
battered ['bætəd] *a* ütött-kopott
battery ['bætərɪ] *n el* akkumulátor, elem; *mil* üteg
battle ['bætl] 1. *n mil* csata 2. *v* küzd, harcol vkvel (*with* vkvel)
battlefield ['bætlfiːld] *n* csatatér
battleship ['bætlʃɪp] *n* csatahajó
bawdy ['bɔːdɪ] *a* trágár
bawl [bɔːl] *v* ordít; üvölt
bay [beɪ] *n* (*of sea*) öböl
bay window *n* zárt erkély
bazaar [bə'zɑː] *n* bazár
BBC [biː biː 'siː] = *British Broadcasting Corporation* a BBC (*az angol rádió és tv*)
B.C. [biː siː] = *before Christ* Krisztus előtt, Kr. e.
be [bɪ, biː] *v* (*pt* was [wɒz], were [wɜː]; *pp* been [biːn]. *Present*

tense: I am, you are, he/she/it is, we/you/they are) van; létezik ‖ I'll ~ there around 5 (o'clock) öt óra tájban ott leszek; it's 8 o'clock 8 óra van; he wants to ~ a teacher tanárnak készül; if I were you ha én volnék a helyedben; have you been to London? voltál már Londonban?; He isn't here yet, is he? Ugye (ő) még nincs itt?
be about to go somewhere vhova készül
be about sg vmiről szól
be back visszatér, megjön
be behind in/with restanciában van vmvel
be in itthon van
be off eltávozik
be on műsoron van
be through végzett ‖ are you through with your work? elkészültél a munkáddal?
be up nem fekszik le; fenn marad
be up to sg rosszat forral
be without megvan vm nélkül, nélkülöz vmt
beach [biːtʃ] *n* (homokos) part, strand
beacon ['biːkən] *n* (*signal*) jelzőfény; (*marker*) péce
bead [biːd] *n* (*glass, sweat*) gyöngy
beak [biːk] *n* csőr
beam [biːm] 1. *n* (*of wood*) gerenda; (*of light*) (fény)sugár, fényképe 2. *v* sugárzik
bean [biːn] *n* bab ‖ ~ sprouts *pl* szójacsíra
bear¹ [beə] *n* medve
bear² [beə] *v* (*pt* bore [bɔː]; *pp* borne [bɔːn] (*weight*) hord(oz); (*young*) szül; (*tolerate*) elvisel; (*crops*) hoz

bear out (*suspicions*) (be)igazol
bear up visel, tűr ‖ ~ **up!** fel a
fejjel!
beard [bɪəd] *n* szakáll
bearded [ˈbɪədɪd] *a* szakállas
bearer [ˈbeərə] *n* (*of cheque*) bemutató; (*of passport*) tulajdonos
bearing [ˈbeərɪŋ] *n* (*behaviour*)
(maga)tartás, kiállás; (*posture*)
testtartás; (*relation*) vonatkozás;
tech csapágy
beast [biːst] *n* állat, vadállat
beastly [ˈbiːstlɪ] *a* állatias
beat [biːt] **1.** *n* (*stroke*) ütés; (*of
heat*) dobbanás; (*police round*)
járat; *mus* ütem **2.** *v* (*pt* beat [biːt],
pp **beaten** [ˈbiːtn]) *vt* ver, üt; *sp*
megver ‖ *vi* (*heart*) ver, dobog ‖ ~
it! *pejor* kopj le!
beat off visszaver
beat up (*person*) összever; (*eggs*)
felver
beaten [ˈbiːtn] *a* → **beat**
beating [ˈbiːtɪŋ] *n* verés; (*of heart*)
szívdobogás
beautiful [ˈbjuːtɪfəl] *a* szép
beauty [ˈbjuːtɪ] *n* szépség ‖ ~ **queen**
szépségkirálynő; ~ **spot** szépségtapasz; (*tourism*) kirándulóhely
beaver [ˈbiːvə] *n* hód
became [bɪˈkeɪm] *pt* → **become**
because [bɪˈkɒz -ˈkəz] *conj* mert ‖ ~
of vm miatt
beck [bek] *n* **be at sy's ~ and call**
csak füttyenteni kell neki és máris
...
beckon [ˈbekən] *v* int, jelt ad
become [bɪˈkʌm] *vi* (*pt* **became**
[bɪˈkeɪm], *pp* **become** [bɪˈkʌm])
vmlyenné lesz/válik ‖ *vt* (*clothes*)
illik vkhez

becoming [bɪˈkʌmɪŋ] *a* (*behaviour*)
illendő; (*clothes*) hozzáillő
bed [bed] **1.** *n* ágy; (*of river*) meder; (*in garden*) (virág)ágyás;
(*foundation*) (talaj)réteg ‖ **go
early to** ~ korán fekszik; **go to** ~
lefekszik (aludni); **make one's** ~
beágyaz
bed and breakfast *n* szoba reggelivel
bedbug [ˈbedbʌg] *n zoo* poloska
bedclothes [ˈbedkləʊðz] *n pl*
ágynemű
bedlam [ˈbedləm] *n* (*uproar*) felfordulás, bolondokháza; diliház
bedpan [ˈbedpæn] *n* ágytál
bedridden [ˈbedrɪdn] *a* **be** ~
nyomja az ágyat
bedroom [ˈbedruːm] *n* hálószoba
bedside [ˈbedsaɪd] *n* **at sy's** ~
vknek a betegágyánál
bed-sitting room, bed-sit *n GB*
egyszobás lakás, garzonlakás
bedspread [ˈbedspred] *n* ágyterítő
bedtime [ˈbedtaɪm] *n* **it's** ~ ideje
lefeküdni
bee [biː] *n zoo* méh
beech [biːtʃ] *n* bükk(fa)
beef [biːf] *n* marhahús
beefburger [ˈbiːfbɜːgə] *n* fasírozott
beefsteak [ˈbiːfsteɪk] *n* bifsztek
beefy [ˈbiːfɪ] *a col* deltás
beehive [ˈbiːhaɪv] *n* méhkas
beeline [ˈbiːlaɪn] *n* **make a** ~ **for**
toronyiránt megy vhová; átvág
been [biːn] *pp* → **be**
beer [bɪə] *n* sör
beetle [ˈbiːtl] *n* bogár
beetroot [ˈbiːtruːt] *n* cékla
befall [bɪˈfɔl] *v* (*pt* **befell** [bɪˈfel], *pp*
befallen [bɪˈfɔlən]) vm vkt ér; (*vm*

rossz) történik (vkvel); vkvel vm
megesik

befell [bɪ'fel] *pt* → **befall**

before [bɪ'fɔː] **1.** *adv* előbb, előző-
leg ‖ **the day** ~ előző nap **2.** *prep*
előtt ‖ ~ **long** nemsokára **3.** *conj*
mielőtt

beforehand [bɪ'fɔːhænd] *adv* előze-
tesen, előre

beg [beg] *v* **-gg-** (*implore*) könyö-
rög; (*alms*) koldul

began [bɪ'gæn] *pt* → **begin**

beggar ['begə] *n* koldus

begin [bɪ'gɪn] *v* (*pt* **began** [bɪgæn],
pp **begun** [bɪ'gʌn]; **-nn-**) *vt*
(el)kezd ‖ *vi* (el)kezdődik ‖ **to ~
with** először is

beginner [bɪ'gɪnə] *n* kezdő

beginning [bɪ'gɪnɪŋ] *n* kezdet ‖ **at
the** ~ kezdetben

begun [bɪ'gʌn] *pp* → **begin**

behalf [bɪ'hɑːf] *n* **on** ~ **of sy** vknek
a nevében, vk megbízásából

behave [bɪ'heɪv] *v* viselkedik

behaviour [bɪ'heɪvɪə] (*US* **-or**) *n*
viselkedés, magatartás

behead [bɪ'hed] *v* lefejez

behind [bɪ'haɪnd] **1.** *adv* hátul **2.**
mögött, mögé **3.** *n col* (*buttocks*)
fenék

behold! [bɪ'həʊld] *int* íme!

beige [beɪʒ] *a* drapp, nyers színű

being ['biːɪŋ] **1.** *a* vhol levő ‖ **for
the time** ~ egyelőre **2.** *n*
(*existence*) létezés; (*person*) lény

belated [bɪ'leɪtɪd] *a* elkésett, késő,
kései

belch [beltʃ] *vi* böfög ‖ *vt* (*smoke*)
okád

belfry ['belfrɪ] *n* harangláb

Belgian ['beldʒən] *a/n* belga

Belgium ['beldʒəm] *n* Belgium

belie [bɪ'laɪ] *v* meghazudtol

belief [bɪ'liːf] *n* hit; (*conviction*)
meggyőződés ‖ ~ **in God** istenhit

believe [bɪ'liːv] *vt* hisz; (*think*)
gondol, vél ‖ *vi* (*have faith*) hisz
(*in* vmben)

believer [bɪ'liːvə] *n* hívő

belittle [bɪ'lɪtl] *v* lebecsül

bell [bel] *n* csengő

belligerent [bɪ'lɪdʒərənt] *a/n* hadvi-
selő

bellow ['beləʊ] **1.** *n* ordítás, bőgés
2. *v* ordít, bőg

bell-push *n* csengőgomb

belly ['belɪ] *n col* has

belong [bɪ'lɒŋ] *v* ~ **to sy** vkhez
tartozik, vké ‖ **these** ~ **to us** ezek
a mieink

beloved [bɪ'lʌvd] *a* szeretett

below [bɪ'ləʊ] **1.** *prep* alatt, alá **2.**
adv alul

belt [belt] **1.** *n* (*round waist*) öv;
(*band*) szíj **2.** (*fasten*) beszíjaz *col*
(*beat*) megver

beltway ['beltweɪ] *n US* körgyűrű

bench [bentʃ] *n* (*seat*) pad; (*in
workshop*) munkapad

bench-mark *n* magassági pont,
szintjel

bend [bend] **1.** *n* hajlás; kanyaro-
dás, (*in road*) kanyar **2.** *v* (*pt/pp*
bent [bent]) *vi* elhajlik ‖ *vt*
(el)görbít

bend down lehajlik

beneath [bɪ'niːθ] *prep* (*hely*) alatt,
alá

benefactor ['benɪfæktə] *n* jótevő

beneficial [benɪ'fɪʃl] *a* hasznos; (*to
health*) jótékony hatású

benefit ['benɪfɪt] **1.** *n* haszon ‖ **for
the** ~ **of** javára **2.** *v* profitál (*by/
from* vmből)

Benelux States, the [ˈbenɪlʌks] *n*
pl a Benelux államok
benevolent [bɪˈnevələnt] *a* jóakara-
tú
benign [bɪˈnaɪn] *a* jóindulatú
bent [bent] **1.** *pt/pp* → **bend 2.** *n*
hajlam ‖ **have a ~ for sg** hajlama
van vmre
bequest [bɪˈkwest] *n* hagyaték
bereaved, the [bɪˈriːvd] *n pl* a
gyászoló család
beret [ˈbereɪ] *n* svájcisapka
Bermuda shorts [bɜːˈmjuːdə] *n pl*
bermuda(nadrág)
berry [ˈberɪ] *n* bogyó
berth [bɜːθ] *n* (*bed*) fekvőhely; (*for
ship*) horgonyzóhely ‖ **give sy a
wide ~** nagy ívben elkerül vkt
beseech [bɪˈsiːtʃ] *vt* (*pt/pp* **be-
sought** [bɪˈsɔːt]) könyörög
beside [bɪˈsaɪd] *prep/adv* mellett,
mellé; (*except*) kívül ‖ **be ~ him-
self (with joy)** nem bír magával
(jókedvében)
besides [bɪˈsaɪdz] **1.** *prep* vkn/vmn
felül/kívül **2.** *adv* azonkívül
besiege [bɪˈsiːdʒ] *v* (meg)ostromol
besought [bɪˈsɔːt] *pt/pp* → **be-
seech**
best [best] **1.** *a/n* (a) legjobb ‖ **all
the ~** minden jót kívánok!; **at ~** a
legjobb esetben; **do one's ~** meg-
tesz minden tőle telhetőt; **to the ~
of my knowledge** legjobb tudo-
másom szerint **2.** *adv* legjobban ‖
as ~ I could amennyire tőlem telt
bestial [ˈbestɪəl] *a* vadállati(as)
best man *n* a vőlegény tanúja
best-seller *n* nagy könyvsiker
bet [bet] **1.** *n* fogadás ‖ **make a ~**
fogad **2.** *v* (*pt/pp* **bet** [bet] *or* **bet-
ted** [ˈbetɪd]; **-tt-**) fogad (*on* vmre)

betray [bɪˈtreɪ] *v* elárul
better [ˈbetə] **1.** *a* jobb (*than*) **2.** *adv*
jobban ‖ **~ leave it at that** leg-
jobb, ha ráhagyod; **it would be ~
to** jobb volna (ha); elindulnunk;
you had ~ ... jobban tennéd, ha;
inkább... **2.** *v* (meg)javít
better-off *a* jómódú
betting shop [ˈbetɪŋ] *n* fogadóiroda
between [bɪˈtwiːn] *prep/adv* között,
közé ‖ **in ~** közben, közte
bevel(led) [ˈbevl(d)] *a* ferde
beverage [ˈbevərɪdʒ] *n* ital
beware [bɪˈweə] *v* óvakodik (*of*
vktől/vmtől) ‖ **~ of pickpockets**
óvakodjunk a zsebtolvajoktól
bewildered [bɪˈwɪldəd] *a* zavaros,
zavart
bewitch [bɪˈwɪtʃ] *v* megbabonáz
beyond [bɪˈjɒnd] *adv/prep* (*in
space*) vmn túl; (*exceeding*) vkn/
vmn felül ‖ **~ expectation** vára-
kozáson felül; **it is ~ me** nem fér/
megy a fejembe
biannual [baɪˈænjuəl] *a* féléven-
kénti
bias [ˈbaɪəs] *n* (*prejudice*) elfogult-
ság ‖ **without ~** elfogulatlanul
bias(s)ed [ˈbaɪəst] *a* elfogult
Bible [ˈbaɪbl] *n* Biblia
biblical [ˈbɪblɪkl] *a* bibliai
bibliography [bɪblɪˈɒɡrəfɪ] *n* bibli-
ográfia
bicarbonate of soda [baɪˈkɑːbə-
nət] *n* szódabikarbóna
biceps [ˈbaɪseps] *n* bicepsz
bicker [ˈbɪkə] *v* veszekszik
bicycle [ˈbaɪsɪkl] *n* kerékpár, bicikli
‖ **~ path** kerékpárút
bib [bɪb] *n* partedli
bid [bɪd] **1.** *n* (*offer*) árajánlat;
(*attempt*) próbálkozás **2.** *v* (*pt/pp*

bid [bɪd]; **-dd-)** (*offer*) ígér, ajánl ‖ ~ **fair** jóval kecsegtet

bidder ['bɪdə] *n* ajánlattevő, licitáló

bidding ['bɪdɪŋ] *n* (*at sale*) ajánlat, kínálat

bide [baɪd] *v* ~ **one's time** kivárja az alkalmas pillanatot

biennial [baɪ'enɪəl] *a* kétévenkénti

bifocal [baɪ'fəʊkl] **1.** *a* bifokális **2.** ~**s** *n pl* bifokális szemüveg

big [bɪg] *a* nagy, terjedelmes

Big Ben *n* a londoni parlament óratornya

big dipper *n* hullámvasút

big-headed *a col* beképzelt

bigoted ['bɪgətɪd] *a* vakbuzgó, bigott

big toe *n* nagyujj, nagy lábujj

big wheel *n* óriáskerék

bike [baɪk] *n* bicikli

bikini [bɪ'kiːnɪ] *n* bikini

bilateral [baɪ'lætərəl] *a* kétoldalú, bilaterális

bile [baɪl] *n* epe

bilingual [baɪ'lɪŋgwəl] *a* kétnyelvű

bill [bɪl] *n* (*account*) számla; (*advertisement*) plakát; *pol* törvényjavaslat; *theat* műsor; *US* (*banknote*) bankjegy ‖ **the ~ please!** fizetek!

billboard [bɪlbɔːd] *n US* hirdetőtábla

billfold ['bɪlfəʊld] *n US* levéltárca

billiards ['bɪlɪədz] *n pl* biliárd

billion ['bɪlɪən] *num GB* billió (10^{12}), *US* milliárd (10^9)

billow ['bɪləʊ] **1.** *n* (nagy tengeri) hullám ‖ ~**s** hullámzás **2.** *v* (erősen) hullámzik

bin [bɪn] *n* láda; (*dustbin*) szemétkosár

bind [baɪnd] *v* (*pt/pp* **bound** [baʊnd]) (*tie*) (össze)köt; (a *book*) beköt; (*oblige*) kötelez; → **bound**[1]

binding ['baɪndɪŋ] *n* (*of books*) könyvkötés; (*of skis*) kötés

binge [bɪndʒ] *n* nagy evészet

bingo ['bɪŋgəʊ] *n* tombola

binoculars [bɪ'nɒkjʊləz] *n pl* látcső

biochemistry [baɪəʊ'kemɪstrɪ] *n* biokémia

biography [baɪ'ɒgrəfɪ] *n* életrajz

biological [baɪə'lɒdʒɪkl] *a* biológiai

biologist [baɪ'ɒlədʒɪst] *n* biológus

biology [baɪ'ɒlədʒɪ] *n* biológia

biorhythm ['baɪəʊrɪðəm] *n* bioritmus

birch [bɜːtʃ] *n* nyírfa

bird [bɜːd] *n* madár ‖ **kill two ~s with one stone** egy csapásra két legyet üt

bird's-eye view *n* madártávlat

biro ['baɪrəʊ] *n* golyóstoll

birth [bɜːθ] *n* születés ‖ **give ~ to** világra hoz; ~ **certificate** születési anyakönyvi kivonat; ~ **control** születésszabályozás

birthday ['bɜːθdeɪ] *n* születésnap

birthplace ['bɜːθpleɪs] *n* születési hely

biscuit ['bɪskɪt] *n GB* keksz

bisecting line [baɪ'sektɪŋ] *n* felezővonal

bishop ['bɪʃəp] *n* püspök

bit[1] [bɪt] *n* (kis) darab; (*horses*) zabla; *comput* bit ‖ **a ~** egy kissé

bit[2] [bɪt] *pt* → **bite**

bitch [bɪtʃ] *n* szuka

bite [baɪt] **1.** *v* (*pt* **bit** [bɪt], *pp* **bitten** ['bɪtn]) (meg)harap; (*insect*) csíp **2.** *n* harapás; (*insect* ~) csípés;

(mouthful) falat || **at one ~** egy harapásra

biting ['baɪtɪŋ] *a* harapós

bitten ['bɪtn] *pp* → **bite**

bitter ['bɪtə] *a* keserű; *(cold, wind)* jeges || **a ~ pill to swallow** (a) keserű pirula; → **bitters**

bitterly ['bɪtəlɪ] *adv* keservesen

bitterness ['bɪtənɪs] *n also fig* keserűség

bitters ['bɪtəz] *n pl* gyomorkeserű

bizarre [bɪ'zɑː] *a* bizarr

blab [blæb] *v* **-bb-** fecseg

black [blæk] **1.** *a* fekete; *(chess)* sötét || **go ~** elfeketedik **2.** *n (colour)* fekete; **B~** fekete *(a „néger" elfogadott elnevezése)* || **be in ~** gyászban van **3.** *v* befeketít; *(shoes)* tisztít

black-and-white *a* fekete-fehér

blackberry ['blækbərɪ] *n (földi)* szeder

blackbird ['blækbɜːd] *n* feketerigó

blackboard ['blækbɔːd] *n (fali)*tábla

black box *n* fekete doboz

black coffee *n* feketekávé, kávé

blackcurrant [blæk'kʌrənt] *n* fekete ribiszke

black economy *n* feketegazdaság

blacken ['blækən] *vt* befeketít | *vi* megfeketedik

black eye *n* monokli, kék folt *(ökölcsapástól)*

black-head *n* mitesszer

blackleg ['blækleg] *n* sztrájktörő

blacklist ['blæklɪst] *n* feketelista

blackmail ['blækmeɪl] **1.** *n* zsarolás **2.** *v (meg)*zsarol

blackmailer ['blækmeɪlə] *n* zsaroló

black market *n* feketepiac

blackout ['blækaʊt] *n* áramszünet; *(pillanatnyi)* eszméletvesztés

black pudding *n* véres hurka

Black Sea, the *n* a Fekete-tenger

black sheep *n* **the ~ of the family** a család szégyene

blacksmith ['blæksmɪθ] *n* kovács

black spot *n* halálkanyar

bladder ['blædə] *n* hólyag

blade [bleɪd] *n (of weapon)* penge; *(of oar)* toll || **~ of grass** fűszál

blame [bleɪm] **1.** *n* felelősség *(bajért)* **2.** *vt* hibáztat *(for* vmért) || **I am to ~** én vagyok az oka

blank [blæŋk] **1.** *a* üres, tiszta; *(cheque)* biankó; *(look)* kifejezéstelen || **go ~** *col* (zavarában) leblokkol **2.** *n (form)* űrlap; *(cartridge)* vaktöltény

blanket ['blæŋkɪt] *n* takaró

blasé ['blɑːzeɪ] *a* fásult, blazírt

blast [blɑːst] **1.** *n* robbanás; *(of wind)* széllökés **2.** *vt (blow up)* felrobbant || **~ (it)!** a fene egye meg!

blast-off *n (of spacecraft)* felszállás

blather ['blæðə] **1.** *v col* fecseg, lefetyel, blablázik **2.** *n* blabla, csegés, hanta

blaze [bleɪz] **1.** *n* lobogó tűz; **blazes 2.** *v* lángol || **~ up** lángol lobban

blazer ['bleɪzə] *n* blézer

blazes ['bleɪzɪz] *n pl* **go to ~** e pokolba!

bleach [bliːtʃ] *v* (ki)fehérít

bleachers ['bliːtʃəz] *n pl US* len lelátó

bleak [bliːk] *a* sivár, puszta; (kilátástalan

bleary-eyed ['blɪərɪ'aɪd] *a* csipás a szeme

bleat [bliːt] *v* béget

bleed [bliːd] v (pt/pp **bled** [bled]) vérzik || ~ **through** átvérzik

bleeper ['bliːpə] n (of doctor) csipogó

blemish ['blemɪʃ] n (jellembeli) hiba

blend [blend] **1.** n keverék **2.** vt elegyít, elvegyít | vi elegyedik, keveredik

bless [bles] v (pt/pp **blessed** [blest] or **blest** [blest]) megáld || ~ **you!** egészségére! (tüsszentésre)

blessed ['blesɪd] a áldott

blessing ['blesɪŋ] n áldás

blest [blest] pt/pp → **bless**

blew [bluː] pt → **blow**

blimey! ['blaɪmɪ] int a fene (egye meg)!

blind [blaɪnd] **1.** a vak; (corner) beláthatatlan **2.** n ~(s) (for window) (vászon)roló, (Venetian) reluxa **3.** v (meg)vakít

blind alley n also fig zsákutca

blindfold ['blaɪndfəʊld] a/adv bekötött szemű/szemmel

blindly ['blaɪndlɪ] adv fig vakon

blindness ['blaɪndnɪs] n vakság

blind spot n (in car) holt tér

blink [blɪŋk] **1.** n (szem)pillantás **2.** v pislog

blinkers ['blɪŋkəz] n pl szemellenző

bliss [blɪs] n boldogság, gyönyör

blister ['blɪstə] **1.** n hólyag **2.** v hólyagosodik

blizzard ['blɪzəd] n hóvihar

bloat [bləʊt] v felpuffad

bloated ['bləʊtɪd] a felfúvódott

block [blɒk] **1.** n (of wood) tuskó, rönk; (of houses) háztömb || ~ **of flats** lakóház, bérház **2.** v (road) lzár || ~ **the way** elállja az utat

blockade [blɒˈkeɪd] **1.** n blokád **2.** v blokád alá vesz

blockage ['blɒkɪdʒ] n dugulás

blockbuster ['blɒkbʌstə] n col bombasiker

blockhead ['blɒkhed] n col tökfej, tökfilkó

block letters n pl nyomtatott betűk, nagybetűk

bloke [bləʊk] n col pasas, pacák

blond [blɒnd] a/n szőke

blonde [blɒnd] a/n szőke (nő)

blood [blʌd] n vér || ~ **alcohol level** véralkoholszint; ~ **bank** vérbank, véradó központ; ~**donor** véradó; ~ **group** vércsoport; ~ **pressure** vérnyomás

bloodshed ['blʌdʃed] n vérontás

bloodstained ['blʌdsteɪnd] a fig vérfoltos

bloodstream ['blʌdstriːm] n véráram

blood test n vérvizsgálat

bloodthirsty ['blʌdθɜːstɪ] a vérszomjas

bloody ['blʌdɪ] a véres; vulg rohadt, ronda

bloom [bluːm] **1.** n virág(zás) || **be in** ~ virít **2.** v virágzik

blossom ['blɒsəm] **1.** n virág(zás) **2.** v virágzik

blot [blɒt] **1.** n folt, szeplő, szégyenfolt **2.** v -tt- (ink) betintáz || ~ **out** kiirt, kitöröl

blotch [blɒtʃ] n folt, paca

blotting paper ['blɒtɪŋ] n itatós

blouse [blaʊz] n blúz

blow[1] [bləʊ] n ütés, csapás

blow[2] [bləʊ] v (wind) (pt **blew** [bluː], pp **blown** [bləʊn]) vi fúj; (fuse) kiolvad | vt fúj; (fuse) kiéget || ~ **one's nose** (ki)fújja az orrát

blow out (*tyre*) kidurran
blow over (*storm*) elvonul
blow up *vi* felrobban | *vt* felrobbant
blow-dry *n* **(have a)** ~ hajszárítóval csinálja meg a haját
blown [bləʊn] *pp* → **blow**
blowout ['bləʊaʊt] *n* gumidefekt
blow-up ['bləʊ ʌp] *n* (ki)nagyítás, nagyított kép
blowzy ['blaʊzɪ] *a* slampos
blue [blu:] *a/n* kék; (*unhappy*) szomorú; (*obscene*) pornográf ‖ **out of the** ~ se szó, se beszéd; ~ **joke** disznó vicc; → **blues**
bluebell ['blu:bel] *n* harangvirág
blueberry ['blu:berɪ] *n US* fekete áfonya
blue-collar worker *n* fizikai dolgozó
blueprint ['blu:prɪnt] *n fig* terv
blues, the [blu:z] *n pl col* (*depression*) levertség; *mus* blues
bluff [blʌf] *n* blöff
bluish ['blu:ɪʃ] *a* kékes
blunder ['blʌndə] 1. *n* baklövés, melléfogás 2. *v biz* melléfog
blunt [blʌnt] *a* (*knife*) tompa; (*person*) nyers modorú
blur [blɜ:] 1. *n* (szégyen)folt 2. *v* **-rr-** (*mist*) elhomályosít
blurb [blɜ:b] *n* fülszöveg
blurt out [blɜ:t] *v* kifecseg, kibök
blush [blʌʃ] *v* elpirul
bluster ['blʌstə] *v* (*wind*) zúg; (*person*) handabandázik
Blvd = boulevard
boar [bɔ:] *n* vadkan
board [bɔ:d] 1. *n* (*of wood*) deszka(lap); (*meals*) étkezés, ellátás; (*committee*) bizottság; (*deck*) fedélzet ‖ **on** ~ hajó *v.* repülőgép

fedélzetén; **go on** ~ **a ship** hajóra száll; ~ **of directors** igazgatótanács; ~ **of trade** *US* kereskedelmi kamara; **the** ~**s** színpad 2. *vt* (*in ship, plane*) beszáll, felszáll
board and lodging *n* lakás és ellátás, teljes ellátás
boarder ['bɔ:də] *n school* bennlakó
boarding card ['bɔdɪŋ] *n* beszállókártya
boarding house *n* panzió
boarding-school *a* bennlakásos (közép)iskola, kollégium
boast [bəʊst] *v* henceg, dicsekszik (*about/of* vmivel)
boastful ['bəʊstfəl] *a* hencegő
boat [bəʊt] 1. *n* csónak; (*ship*) hajó 2. *v* csónakázik ‖ **go ~ing** csónakázni megy
boatswain ['bəʊsn] *n* fedélzetmester
bob [bɒb] *v* **-bb-** (*hair*) kurtít
bob up felbukkan
bobbin ['bɒbɪn] *n* orsó, cséve
bobby ['bɒbɪ] *n GB col* rendőr
bobsleigh ['bɒbsleɪ] *n* bob
bode [bəʊd] *v* ~ **ill** nem sok jót ígér; ~ **well** jót ígér
bodied ['bɒdɪd] *a* testű
bodily ['bɒdəlɪ] *a* testi ‖ ~ **harm** testi sértés
body ['bɒdɪ] *n* (*of man*) test; (*corpse*) holttest; (*group*) testület ‖ ~ **building** testépítés
bodyguard ['bɒdɪgɑ:d] *n* testőr
bodywork ['bɒdɪwɜ:k] *n* karosszéria
bog [bɒg] 1. *n* mocsár 2. *v* **-gg-** **get** ~**ged down in the mud** sárban megfeneklik
bogey ['bəʊgɪ] *n* kísértet
bogus ['bəʊgəs] *a* hamis, ál-
Bohemia [bəʊ'hi:mɪə] *n* Csehország

boil¹ [bɔɪl] n med kelés

boil² [bɔɪl] vi forr, fő | vt (water) forral; (noodles) kifőz ‖ be ~ing forr
boil down besűrít, bepárol ‖ it ~s down to this ... a dolog lényege az, hogy ...

boiled [bɔɪld] a főtt ‖ ~ egg főtt tojás; ~ potatoes pl főtt/sós burgonya

boiler ['bɔɪlə] n kazán

boiling point n forráspont

boisterous ['bɔɪstərəs] a szilaj

bold [bəʊld] a (fearless) merész; print félkövér

bollard ['bɒləd] n kikötőbak

bolster ['bəʊlstə] 1. n díványpárna 2. v támogat

bolt [bəʊlt] 1. n (anyás)csavar; (lock) tolózár; (lightning) villámcsapás 2. vt bereteszel | vi (run away) megszökik

bomb [bɒm] 1. n bomba 2. v bombáz

bomb alert n bombariadó

bombard [bɒm'bɑːd] v bombáz

bomber ['bɒmbə] n bombázó(gép)

bombshell ['bɒmʃel] n it came as a ~ col bombaként hatott

bond [bɒnd] n (link) kötelék; comm adóslevél; chem kötés; → bonds

bondage ['bɒndɪdʒ] n rabság

bonds [bɒndz] n pl értékpapír

bone [bəʊn] n csont; (of fish) szálka ‖ ~ idle col dög lusta

bonfire ['bɒnfaɪə] n örömtűz

bonnet ['bɒnɪt] n (of car) motorháztető; (for baby) főkötő

bonny ['bɒnɪ] a csinos, csini

bonus ['bəʊnəs] n nyereségrészesedés; jutalom

bony ['bəʊnɪ] a csontos; (fish) szálkás

boo [buː] vt theat kifütyül

boob [buːb] n col (mistake) baki; (breast) cici

book [bʊk] 1. n könyv ‖ the ~s főkönyv 2. vt (ticket) lefoglal ‖ ~ sg in advance előre megvált
book in (at hotel) (be)jelentkezik

bookcase ['bʊkkeɪs] n könyvespolc, könyvszekrény

booking office n (jegy)pénztár

booking(s) ['bʊkɪŋ(z)] n (pl) szobafoglalás ‖ make a ~ szobát foglal (le)

bookkeeper ['bʊkkiːpə] n könyvelő

bookkeeping ['bʊkkiːpɪŋ] n könyvelés

booklet ['bʊklɪt] n füzet

bookmaker ['bʊkmeɪkə] n bukméker

bookseller ['bʊkselə] n könyvkereskedő

bookshop ['bʊkʃɒp] n könyvesbolt, könyvkereskedés

bookstall ['bʊkstɔːl] n könyvesbódé

bookstore ['bʊkstɔː] n US könyvesbolt

boom [buːm] 1. n (noise) zúgás; (economic growth) fellendülés 2. v (sea) morajlik, zúg; (business) fellendül

boomerang ['buːməræŋ] n bumeráng

boon [buːn] n jótétemény

boorish ['bʊərɪʃ] a fig otromba, modortalan

boost [buːst] 1. v fellendít 2. n fellendülés

booster ['buːstə] n (rocket) gyorsító rakéta; med emlékeztető oltás

boot [buːt] 1. n (magasszárú) cipő; (in car) csomagtartó 2. vt comput betölt, behúz

booth [buːθ] *n* (*at fair*) bódé; (*telephone/voting ~*) fülke

bootlace [buːtleɪs] *n* cipőfűző

booty [buːtɪ] *n* (hadi) zsákmány

booze [buːz] *col* 1. *v* piál 2. *n* pia

boozer [buːzə] *n col* piás

border [bɔːdə] 1. *n* (*between countries*) határ; (*edge*) perem, szegély 2. *v* határol, szegélyez ‖ ~ **on** határos, összeér

borderline [bɔːdəlaɪn] *n* határszél ‖ ~ **case** határeset

bore[1] [bɔː] 1. *n* (*of gun*) kaliber 2. *v* fúr

bore[2] [bɔː] 1. *n col* (*person*) unalmas alak; (*thing*) unalmas dolog 2. *v* untat ‖ **be ~d** unatkozik; un (*with* vmt)

bore[3] [bɔː] *pt* → **bear**[2]

boredom [bɔːdəm] *n* unalom

boring [bɔːrɪŋ] *a* unalmas

born [bɔːn] *a* született ‖ **I was ~ in 1978.** 1978-ban születtem → **bear**[2]

borne [bɔːn] *pp* → **bear**[2]

borough [bʌrə] *n* város; (*municipal ~*) helyhatóság

borrow [bɒrəʊ] *vt* kölcsönkér (*from* vktől)

bosom [bʊzəm] *n* kebel, mell

boss [bɒs] 1. *n col* főnök; tulaj 2. *v* ~ **about/around** parancsolgat

bossy [bɒsɪ] *a* parancsolgató

botany [bɒtənɪ] *n* növénytan

botch [bɒtʃ] *v* ~ **sg up** *col* elfuserál/elront/elszúr vmt

botcher [bɒtʃə] *n* kontár

both [bəʊθ] *a/pron* mindkét, mind a kettő ‖ ~ **... and ...** mind ..., mind ...; ~ **of them** mind a ketten

bother [bɒðə] 1. *v* (*pester*) gyötör ‖ **I am sorry to ~ you** bocsánat,

hogy zavarom 2. *n* bosszúság ‖ **what a ~!** micsoda méreg!

bottle [bɒtl] 1. *n* palack, üveg 2. *v* (*fruit*) befőz; (*wine*) palackoz ‖ ~ **up** magába fojt

bottleneck [bɒtlnek] *n also fig* szűk keresztmetszet

bottle-opener *n* sörnyitó

bottom [bɒtəm] 1. *n* (*also of person*) fenék ‖ **at the ~ of sg** vmnek az alján 2. *a* alsó

bought [bɔːt] *pt/pp* → **buy**

boulder [bəʊldə] *n* szikla(darab)

boulevard [buːləvɑːd] *n* körút

bounce [baʊns] *v* (*ball*) pattog; (*person*) felpattan; (*cheque*) nincs fedezete

bound[1] [baʊnd] *a* (össze)kötött; (*book*) kötve ‖ **(be) ~ for** úton (van) vm felé; **be ~ to happen** feltétlenül be fog következni; **be ~ to do sg** köteles vmt megtenni; **he is ~ to know** ő (valószínűleg) tudni fogja; → **bind**

bound[2] [baʊnd] 1. *n* határ 2. *v* (el)határol ‖ ~**ed on** határos vmvel

bound[3] [baʊnd] 1. *n* (*leap*) ugrás 2. *v* szökdécsel, ugrik

boundary [baʊndrɪ] *n* határ

bounty [baʊntɪ] *n* (*reward*) prémium, jutalom

bouquet [bʊkeɪ] *n* (virág)csokor

bourgeois [bʊəʒwɑː] *pol* 1. *a* polgári 2. *n* polgár

bourgeoisie [bʊəʒwɑːziː] *n* polgárság

bout [baʊt] *n* (*of illness*) roham; (*fancing*) csörte

bow[1] [baʊ] *n* (*of ship*) (hajó)orr

bow[2] [bəʊ] *n* (*weapon*) íj; *mus* vonó; (*knot*) csomó

bow³ [baʊ] 1. *n* (*in greeting*) meghajlás 2. *v* meghajol
bowel ['baʊəl] *n* ~s belek
bowl¹ [bəʊl] *n* (*basin*) tál, edény
bowl² [bəʊl] 1. *n* (*wooden ball*) (teke)golyó 2. *v* tekézik
bow-legged [bəʊ'legid] *a* ó-lábú
bowler (hat) ['bəʊlə] *n* keménykalap
bowling ['bəʊlɪŋ] *n* teke(játék) || ~ alley tekepálya
bowls [bəʊlz] *n sing.* tekejáték
bow tie *n* csokornyakkendő
box¹ [bɒks] 1. *n* (*cardboard*) doboz; (*bigger*) láda; rekesz; *theat* páholy 2. *v* dobozol
box² [bɒks] 1. *n* ~ on the ear pofon 2. *v* bokszol
boxer ['bɒksə] *n* ökölvívó
boxing ['bɒksɪŋ] *n* ökölvívás
Boxing Day ['bɒksɪŋ deɪ] *n GB* karácsony másnapja
box office *n theat* (jegy)pénztár
boy [bɔɪ] *n* fiú
boycott ['bɔɪkɒt] 1. *n* bojkott 2. *v* bojkottál
boyfriend ['bɔɪfrend] *n* barát
BR [biː 'aː] = British Rail
bra [braː] *n col* melltartó
brace [breɪs] 1. *n tech* merevítő; *med* fogszabályozó 2. *v* merevít; *tech* összekapcsol; → braces
bracelet ['breɪslɪt] *n* karperec
braces ['breɪsɪz] *n pl* nadrágtartó
bracing ['breɪsɪŋ] *a* (fel)üdítő
bracket ['brækɪt] 1. *n* (*support*) tartó, konzol; (*shelf*) polc; (*group*) (jövedelem)kategória; (*in punctuation*) zárójel 2. *v* zárójelbe tesz; (*together*) összekapcsol
brag [bræg] *v* -gg- henceg, (száj)hősködik

braid [breɪd] 1. *n* (*hair*) copf; (*trim*) zsinór, sujtás 2. *v* (*trim with* ~) zsinóroz; (*hair*) copfba fon
Braille [breɪl] *n* Braille-írás
brain [breɪn] *n* agy; *fig* (*person*) koponya || ~s ész; he has ~s jó feje van
brain-child *n* it is his ~ ezt ő ötlötte ki
braindrain ['breɪndreɪn] *n* elvándorlás (*szürkeállománye külföldre*)
brainstorm ['breɪnstɔːm] *n US* = brainwave
brainstorming ['breɪnstɔːmɪŋ] *n US appr* ötletbörze
brainwash ['breɪnwɒʃ] *v pol pejor* átnevel
brainwave ['breɪnweɪv] *n* szenzációs ötlet
brainy ['breɪnɪ] *a* okos, eszes
braise [breɪz] *v* párol
brake [breɪk] 1. *n* fék 2. *v* fékez
braking distance *n* fékút
bramble ['bræmbl] *n* (földi) szeder
bran [bræn] *n* korpa
branch [braːntʃ] 1. *n* (*of tree, river, science*) ág; (*of bank*) fiók 2. *v* (*road*) elágazik
brand [brænd] 1. *n* (*on cattle*) bélyeg; *comm* márka, védjegy 2. *v* (meg)bélyegez
brand-new *a* vadonatúj
brandy ['brændɪ] *n* konyak
bras [brɑːs] *n pl col* melltartó
brass [brɑːs] *n/a* sárgaréz || the ~ a rézfúvósok
brasserie ['bræsərɪ] *n* söröző
brassière ['bræsɪə] *n* melltartó
brat [bræt] *n* gyerek, kölyök
brave [breɪv] 1. *a* bátor 2. *v* dacol
bravery ['breɪvərɪ] *n* bátorság

brawl [brɔːl] **1.** *n col* verekedés, bunyó **2.** *v* bunyózik
brawn [brɔːn] *n* izom(erő)
Brazil ['bræzl] *n* Brazília
Brazilian [brə'zıliən] *a/n* brazíliai, brazil
breach [briːtʃ] *n* megszegés ‖ **~ of contract** szerződésszegés; **~ of the peace** csendháborítás, garázdaság
bread [bred] *n* kenyér ‖ **earn one's ~** kenyeret keres; **~ and butter** vajas kenyér; **~ bin** kenyértartó
breadcrumbs ['bredkrʌmz] *n pl* (zsemle)morzsa
breadth ['bretθ] *n* szélesség
breadwinner ['bredwɪnə] *n* kenyérkereső, eltartó
break [breɪk] **1.** *n* (*interruption*) megszakítás; (*fracture*) törés; (*rest*) szünet; (*at school*) tízperc; (*chance*) esély **2.** *v* (*pt* **broke** [brəʊk], *pp* **broken** ['brəʊkən]) *vt* (el)tör; (*window*) kitör; (*rope*) elszakít; (*promise*) megszeg; (*record*) javít ‖ *vi* (el)törik; (*rope*) elszakad ‖ **~ open** felütör; (*window*) kitörik; **~ one's arm** eltöri a karját; (*journey*) megszakít
break down *vi* (*vehicle*) elromlik, meghibásodik; (*person*) kiborul ‖ *vt* (*analyse*) részletez, felbont; *chem* lebont
break in *vi* (*burglar*) betör ‖ *vt* (*horse*) belovagol ‖ **~ in on sy** rátör vkre; **~ in on the conversation** beszélgetést félbeszakít
break into *vt* (*burglar*) betör, behatol ‖ **~ into laughter** nevetésben tör ki
break out *vi* (*war*) kitör; (*from prison*) megszökik

break up *vi* összetörik; *fig* felbomlik; (*school*) bezárja a kaput; (*person*) összeroppan
breakable ['breɪkəbl] *a* törékeny
breakage ['breɪkɪdʒ] *n* töréskár
breakdown ['breɪkdaʊn] *n tech* üzemzavar; (*nervous ~*) idegöszszeomlás ‖ **~ van** autómentő (kocsi)
breaker ['breɪkə] *n* (*wave*) nagy hullám
breakfast ['brekfəst] *n* reggeli
break-in *n* betörés
breakneck ['breɪknek] *a* **at a ~ speed** őrült sebességgel
breakthrough ['breɪkθruː] *n also fig* áttörés
breakwater ['breɪkwɔːtə] *n* hullámtörő (gát), móló
breast [brest] **1.** *n* mell **2.** *v* **~ the tape** átszakítja a célszalagot
breast-feed *v* (*pt/pp* **-fed**) szoptat
breast-stroke *n* mellúszás
breath [breθ] *n* lélegzet ‖ **be out of ~** kifulladt; **hold one's ~** lélegzetét visszatartja
breathalyser ['breθəlaɪzə] *n* (alkohol)szonda
breathe [briːð] *v* lélegzik
breathe in belélegez
breathe out kilélegez
breather ['briːðə] *n* rövid pihenő
breath-taking *a* lélegzetelállító
breath test *n* szondázás
bred [bred] *pt/pp* → **breed**
breeches ['brɪtʃɪz] *n* (*pl*) térdnadrág
breed [briːd] **1.** *n* (*race*) állatfaj **2.** *v* (*pt/pp* **bred**) *vt* tenyészt, felnevel ‖ *vi* szaporodik
breeze [briːz] *n* szellő
breezy ['briːzɪ] *a* szellős
brevity ['brevətɪ] *n* rövidség

brew [bru:] *vt* (*tea*) forráz; (*beer*) főz; (*plot*) kifőz ‖ **something is ~ing** valami készülődik

brewery ['bru:ərɪ] *n* sörfőzde

bribe [braɪb] **1.** *n* csúszópénz **2.** *vt* (meg)vesztegel

bribery ['braɪbərɪ] *n* (meg)vesztegetés

bric-à-brac ['brɪkəbræk] *n* mütyürke, csecsebecse

brick [brɪk] *n* tégla

bricklayer ['brɪkleɪə] *n* kőműves

brickworks ['brɪkwɜ:ks] *n* téglagyár

bridal ['braɪdl] *a* menyasszonyi

bride [braɪd] *n* menyasszony

bridegroom ['braɪdgrʊm] *n* vőlegény

bridesmaid ['braɪdzmeɪd] *n* koszorúslány

bridge [brɪdʒ] **1.** *n* híd; (*on ship*) parancsnoki híd; (*of man*) orrnyereg; (*in cards*) bridzs **2.** *v* hidat épít; *fig* áthidal

bridle ['braɪdl] **1.** *n* kantár **2.** *vt* (*horse*) felkantároz

bridle-path *n* lovaglóút

brief [bri:f] **1.** *a* rövid, vázlatos ‖ **in ~** röviden **2.** *n law* ügy **3.** *v mil* eligazít; → **briefs**

briefcase ['bri:fkeɪs] *n* aktatáska

briefing ['bri:fɪŋ] *n mil* eligazítás

briefly ['bri:flɪ] *adv* röviden

briefs [bri:fs] *n pl* (*for women*) nadrág, *col* bugyi; (*for men*) alsónadrág

brigade [brɪ'geɪd] *n col* dandár

brigadier [brɪgə'dɪə] *n* dandárparancsnok

bright [braɪt] *a* fényes, világos; (*sky*) derült; (*intelligent*) eszes, okos; (*cheerful*) vidám

brighten ['braɪtn] *vt* fényesít; (*person*) felvidít | *vi* kiderül

brilliance ['brɪlɪəns] *n* ragyogás, fényesség; (*of person*) zsenialitás

brilliant ['brɪlɪənt] *a fig* ragyogó, fényes, briliáns; (*idea*) zseniális

brim [brɪm] *n* szél, perem ‖ **to the ~** színültig

brine [braɪn] *n* sós lé

bring [brɪŋ] *v* (*pt/pp* **brought** [brɔ:t]) hoz

bring about előidéz, elősegít

bring back visszahoz

bring down vhonnan vmt lehoz; (*price*) leszorít; (*animal*) leterít, elejt; *mil* (*aeroplane*) lelő

bring forward (*meeting*) előrehoz; *comm* áthoz, átvisz

bring in behoz; (*person*) bevezet; (*income*) hoz

bring off (*plan*) véghez visz

bring on (*cause*) előidéz

bring out (*object*) kihoz

bring round magához térít

bring up (*child*) felnevel; (*vomit*) kihány; (*question*) szóvá tesz vmt

brink ['brɪŋk] *n* széle vmnek

brisk [brɪsk] *a* fürge, eleven

bristle ['brɪsl] **1.** *n* sörte **2.** *v ~* (**up**) szőrét felborzolja

Britain ['brɪtn] *n* Nagy-Britannia

British ['brɪtɪʃ] *a* brit ‖ **the ~** a britek; **~ subject** angol állampolgár; **~ Rail** *n* Brit Államvasutak; **~ Summer Time** *n* nyári időszámítás

Briton ['brɪtn] *n* brit

brittle ['brɪtl] *a* rideg, törékeny

broach [brəʊtʃ] *v* (*introduce*) szóba hoz; (*barrel*) csapra ver

broad [brɔ:d] *a* (*large*) széles; (*coarse*) durva ‖ **in ~ daylight** fényes nappal

broadcast ['brɔːdkɑːst] 1. n (radio, TV) közvetítés || **outside** ~ helyszíni közvetítés 2. v (pt/pp **-cast**) közvetít

broaden ['brɔːdn] vt kiszélesít | vi kitágul

broad-minded a liberális

broccoli ['brɒkəlɪ] n brokkoli

brochure ['brəʊʃʊə] n ismertető, prospektus

broil [brɔɪl] v US roston süt

broke [brəʊk] a **be** ~ col nincs pénze, le van égvel || **go** ~ tönkremegy; → **break**

broken ['brəʊkən] a törött; (marriage) felbomlott || **speak** ~ **English** tört angolsággal beszél; → **break**

broken-down a (car) lerobbant

broker ['brəʊkə] n alkusz, (tőzsde)ügynök, bróker

brolly ['brɒlɪ] n hum paraplé

bronchitis [brɒŋ'kaɪtɪs] n bronchitis, hörghurut

bronze [brɒnz] n bronz

bronzed [brɒnzd] a lesült

brooch [brəʊtʃ] n melltű, bross

brood [bruːd] v (hen) kotlik; (bird) költ || ~ **on/over sg** vmn rágódik/töpreng

brook [brʊk] n csermely, patak

broom [bruːm] n partvis, söprű

Bros [brɒs] = **brothers**

broth [brɒθ] n sűrű (zöldség)leves

brothel ['brɒθl] n bordélyház

brother ['brʌðə] n (fiú)testvér, fivér

brother-in-law n (pl **brothers-in-law**) sógor

brought [brɔːt] pt/pp → **bring**

brow [braʊ] n (eye~) szemöldök; (forehead) homlok; (of hill) hegycsúcs

browbeat ['braʊbiːt] v (pt **-beat;** pp **-beaten**) erőszakoskodik

brown [braʊn] 1. a barna 2. vi barnul | vt (meat) lesüt, megpirít

Brownie (Guide) ['braʊnɪ] n leánycserkész (7-10 év között)

browse [braʊz] v (among books) böngészik

bruise [bruːz] 1. n zúzódás 2. v **be** ~**d** zúzódás(oka)t szenved

brunette [bruː'net] n barna nő

brush [brʌʃ] 1. n kefe; (paint ~) ecset 2. v (ki)kefél || ~ **one's teeth** fogat mos

brush aside félresöpör

brush up (knowledge) felfrissít

brush-off n **give sy the** ~ leráz vkt

brushwood ['brʌʃwʊd] n bozót

brusque [bruːsk] a nyers, rideg

Brussels ['brʌsls] n Brüsszel || ~ **sprouts** pl kelbimbó

brutal ['bruːtl] a durva, brutális

brutality [bruː'tælətɪ] n durvaság, brutalitás

brute [bruːt] n vadállat

BST [biː es 'tiː] = **British Summer Time**

bubble ['bʌbl] 1. n buborék 2. v bugyborékol, pezseg; átv (~ over) túlárad

bubble gum n (felfújható) rágógumi

buck [bʌk] n (goat, rabbit, antelope, etc) bak; (deer) hím; US, col dollár || **pass the** ~ col áthárítja a felelősséget (to vkre)

bucket ['bʌkɪt] n vödör

buckle ['bʌkl] 1. n csat 2. vt összecsatol, becsatol

bud [bʌd] 1. n rügy; (of flower) bimbó 2. v **-dd-** rügyezik; (flower) bimbózik

Buddhism ['bʊdɪzəm] n buddhizmus

buddy ['bʌdɪ] n pajtás, haver

budge [bʌdʒ] v moccan ‖ **does not ~** nem mozdul

budget ['bʌdʒɪt] 1. n költségvetés 2. v előirányoz (*for* vmt)

buff [bʌf] n **a TV ~** TV-rajongó

buffalo ['bʌfələʊ] n bivaly; *US* bölény

buffer ['bʌfə] n ütköző

buffet ['bʊfeɪ] n büfé ‖ **~ car** büfékocsi; **~ meals** pl hidegkonyha

buffoon [bə'fuːn] n jópofa, bohóc

bug [bʌg] n poloska; (*spy device*) lehallgatókészülék, „poloska"

bugbear [bʌgbeə] n mumus, rémkép

build [bɪld] 1. n (*of person*) testalkat, alkat 2. v (*pt/pp* **built** [bɪlt]) épít
build up vt beépít, kiépít, (*body*) felerősít ‖ vi felhalmozódik

builder ['bɪldə] n kőműves (kisiparos)

building ['bɪldɪŋ] n (*edifice*) épület ‖ **~ material** építőanyag; **~ trade** építőipar

build-up n (*publicity*) kedvező reklám; (*growth*) növekedés, fokozódás

built-in a beépített

built-up a beépített ‖ **~ area** lakott terület

bulb [bʌlb] n *bot* hagyma, gumó; *el* villanykörte

Bulgaria [bʌl'geərɪə] n Bulgária

Bulgarian [bʌl'geərɪən] a/n bolgár

bulge [bʌldʒ] 1. n kidudorodás 2. v kidudorodik

bulk [bʌlk] n tömeg ‖ **in ~** *comm* nagyban, ömlesztve

bulkhead ['bʌlkhed] n választófal

bulky ['bʌlkɪ] a vaskos, masszív

bull [bʊl] n bika

bulldog ['bʊldɒg] n buldog

bulldozer ['bʊldəʊzə] n földgyalu, buldózer

bullet ['bʊlɪt] n (puska)golyó

bulletin ['bʊlətɪn] n közlemény; *med* napi jelentés; (*periodical*) közlöny

bullet-proof a golyóálló

bullfight ['bʊlfaɪt] n bikaviadal

bullock ['bʊlək] n ökör

bully ['bʊlɪ] vt erőszakoskodik vkvel; (*frighten*) terrorizál vkt

bum [bʌm] n col (*bottom*) popó; (*tramp*) csavargó

bumblebee ['bʌmblbiː] n dongó

bump [bʌmp] 1. n (*blow*) (tompa) ütés; (*collision*) koccanás; (*on head*) dudor; (*on road*) zökkenő 2. vt megüt, beüt ‖ vi koccan, zökken
bump along eldöcög
bump into nekikoccan; (*car*) belerohan; (*person*) belebotlik vkbe

bumper ['bʌmpə] n lökhárító

bumptious ['bʌmpʃəs] a nagyképű, pöffeszkedő

bumpy ['bʌmpɪ] a hepehupás

bun [bʌn] n (*bread roll*) approx kis briós; (*of hair*) konty

bunch [bʌntʃ] n csomó; (*of grapes*) fürt; (*of flowers*) csokor; *sp* boly ‖ **~ of keys** kulcscsomó

bundle ['bʌndl] 1. n (*of goods*) csomag; (*of hay*) kéve 2. v összekötöz
bundle off col elzavar

bung [bʌŋ] 1. n (nagyobb) dugó 2. v (be)dugaszol

bungalow ['bʌŋgələʊ] n bungaló

bungle ['bʌŋgl] v col elfuserál

bunk [bʌŋk] *n* hálóhely (*hajón*)
bunk beds *n pl* emeletes ágy
bunker ['bʌŋkə] *n* bunker
bunny (rabbit) ['bʌnı] *n* nyuszi
bunting ['bʌntıŋ] *n* színes zászló(cská)k
buoy [bɔı] **1.** *n* bója **2.** *v* ~ **up** felszínen tart; (*heaı ten*) felvidít
buoyancy ['bɔıənsı] *n* (*of liquid*) felhajtóerő; élénkség
buoyant ['bɔıənt] *a fig* élénk
burden ['bɜːdn] **1.** *n* teher **2.** *v* terhel (*with* vmvel)
bureau ['bjʊərəʊ] *n* (*pl* **-s** *or* **-x** [-rəʊz]) *GB* (*furniture*) redőnyös íróasztal; (*office*) iroda, hivatal
bureaucracy [bjʊə'rɒkrəsı] *n* bürokrácia
bureaucratic [bjʊərə'krætık] *a* bürokratikus
bureaux ['bjʊərəʊz] *pl* → **bureau**
burglar ['bɜːglə] *n* betörő ‖ ~ **alarm** riasztóberendezés
burglarize ['bɜːgləraız] *v US* = **burgle**
burglary ['bɜːglərı] *n* betörés
burgle ['bɜːgl] *vi* behatol ‖ *vt* kirabol
burial ['berıəl] *n* temetés
burly ['bɜːlı] *a* termetes
burn [bɜːn] **1.** *n* égés, égési seb **2.** *v* (*pt/pp* **burnt** [bɜːnt] *or* **burned**) *vi* ég; (*meat*) odaég ‖ *vt* felgyújt; (*meat*) leéget
burning ['bɜːnıŋ] *a* égő, égető
burnish ['bɜːnıʃ] *v* csiszol
burnt [bɜːnt] *pt/pp* → **burn**
burrow ['bʌrəʊ] **1.** *n* lyuk, üreg **2.** *v* lyukat ás
bursar ['bɜːsə] *n school* gazdasági vezető
bursary ['bɜːsərı] *n* ösztöndíj

burst [bɜːst] **1.** *n* szétrobbanás, kipukkadás ‖ ~ **of applause** tapsvihar **2.** *v* (*pt/pp* **burst**) *vi* (*bomb*) felrobban; (*tyre*) kidurran; (*balloon*) kipukkad; (*abscess*) kifakad ‖ *vt* felrobbant; (*balloon*) kipukkaszt ‖ ~ **into flames** lángba borul; ~ **out crying** sírva fakad
bury ['berı] *v* eltemet ‖ ~ **oneself in (one's books etc.)** beletemetkezik vmbe
bus [bʌs] *n* autóbusz ‖ **go by** ~ busszal megy; **on the** ~ a buszon
bush [bʊʃ] *n* bokor; *tech* persely
bushy ['bʊʃı] *a* bozótos, bokros
business ['bıznıs] *n* (*commerce*) üzlet; ügy; (*job*) foglalkozás; (*firm*) vállalkozás, vállalat, cég ‖ **he means** ~ nem tréfál; **it's none of your** ~ mi közöd hozzá?; **be away on** ~ hivatalos úton van
business hours *n pl* pénztári órák, nyitvatartási idő
businesslike ['bıznıslaık] *a* szakszerű, komoly
businessman ['bıznısmæn] *n* (*pl* **-men**) üzletember
businesswoman ['bıznıswʊmən] *n* (*pl* **-women**) üzletasszony
busker ['bʌskə] *n* utcai zenész
bus-stop *n* buszmegálló
bust[1] [bʌst] *n* (*bosom*) mell; (*sculpture*) mellszobor
bust[2] [bʌst] *n* (*failure*) csőd, bukás
bustle ['bʌsl] **1.** *n* nyüzsgés **2.** *v* nyüzsög
bustling ['bʌslıŋ] *a* (*place*) nyüzsgő; (*person*) fontoskodó
busy ['bızı] *a* elfoglalt; (*shop, street*) forgalmas, mozgalmas ‖ **I am very** ~ sok a dolgom

busybody ['bɪzɪbɒdɪ] *n col* fontoskodó alak

but [bət, bʌt] **1.** *conj* de **2.** *prep* ~ **for** kivéve

butane gas ['bjuːteɪn] *n* (háztartási) gázpalack

butcher ['bʊtʃə] **1.** *n* mészáros, hentes **2.** *v* lemészárol

butcher's (shop) *n* húsbolt, hentesüzlet

butler ['bʌtlə] *n* komornyik

butt [bʌt] **1.** *n* (*of cigarette*) csikk; (*goat*) döfés; (*of gun*) puskaagy **2.** *v* döf

butter ['bʌtə] *n* vaj

butterfingers ['bʌtəfɪŋgəz] *n* kétbalkezes (alak/nő)

butterfly ['bʌtəflaɪ] *n* pillangó

buttery ['bʌtərɪ] *n* söröző

buttocks ['bʌtəks] *n pl* far, ülep

button ['bʌtn] **1.** *n* gomb; *tech* nyomógomb **2.** *v* begombol

buttonhole ['bʌtnhəʊl] *n* gomblyuk

buttress ['bʌtrɪs] *n* támfal

buy [baɪ] **1.** *n* (alkalmi) vétel || **a good** ~ jó üzlet/vásár **2.** *v* (*pt/pp* **bought** [bɔːt]) (meg)vásárol, (meg)vesz (*sy sg* vknek vmt) || ~ **sg cheap** olcsón vesz/vásárol vmt **buy up** felvásárol, összevásárol

buyer ['baɪə] *n* vevő

buzz [bʌz] **1.** *n* zúgás, búgás **2.** *v* zúg, búg || ~ **off!** *col* kopj le!, tűnés!

buzzer ['bʌzə] *n* berregő

by [baɪ] *prep* (*agent, cause*) által, -tól, -től; (*means, manner*) -val, -vel; (*according to*) szerint || **I'll be there** ~ **five (o'clock)** ötre ott leszek; ~ **night** éjjel; ~ **the** ~ mellékesen említem

bye(-bye)! *int* szia!, viszlát!

bygone ['baɪgɒn] *a* régmúlt || **let** ~**s be** ~**s**! borítsunk fátylat a múltra!

bypass ['baɪpɑːs] **1.** *n* kerülőút **2.** *v* elkerül

by-product *n* melléktermék; *fig* mellékhatás

bystander ['baɪstændə] *n* bámészkodó

byway ['baɪweɪ] *n* mellékút

byword ['baɪwɜːd] *n* **he is a** ~ **for meanness** közismerten fukar

C

cab [kæb] *n* taxi; (*of track*) vezetőfülke

cabaret ['kæbəreɪ] *n* kabaré

cabbage ['kæbɪdʒ] *n* káposzta

cabin ['kæbɪn] *n* bódé; (*on ship*) kabin, kajüt; (*aircraft*) pilótafülke

cabinet ['kæbɪnɪt] *n* szekrény; *pol* kormány, kabinet

cable ['keɪbl] **1.** *n* kötél, kábel; (*telegram*) kábel(távirat) **2.** *v* táviratozik (*sy* vknek)

cable-car *n* kötélpálya, sikló

cable television *n* kábeltelevízió

cache [kæʃ] *n* titkos raktár; *comput* gyorsítótár

cackle ['kækl] *v* kotkodácsol

Caesarean section (*US* **Ces-**) [sɪ'zeərɪən] *n med* császármetszés

café ['kæfeɪ] *n* kávéház

cafeteria [kæfə'tɪərɪə] *n* önkiszolgáló étterem

caffeine ['kæfiːn] *n* koffein

cage [keɪdʒ] *n* kalitka, ketrec

cake [keɪk] *n* (édes) sütemény, tészta || **a** ~ **of soap** egy darab szappan

calamity [kə'læməti] *n* szerencsétlenség, (természeti) csapás

calculate ['kælkjʊleit] *v* kiszámít

calculator ['kælkjʊleitə] *n* (zseb)számológép

calendar ['kælində] *n* naptár

calf [kɑ:f] *n* (*pl* **calves**) (*of cow*) borjú; (*of leg*) lábikra, vádli

calibre (*US* **-ber**) ['kæləbə] *n* kaliber || **a man of high** ~ nagy kaliberű ember

call [kɔ:l] **1.** *n* kiáltás; (*telephone* ~) (telefon)hívás, beszélgetés; (*visit*) (rövid) látogatás, vizit; (*in cards*) bemondás || **be on** ~ készenlétben áll/van; (*doctor*) ügyel(etet tart); **give sy a** ~ telefonon felhív vkt **2.** *v* (*shout*) kiált; hív; (*name*) (el)nevez; telefonál vknek || ~ **sy sg** vkt vmnek nevez; **let's** ~ **it a day** mára elég

call back (*telephone*) visszahív

call for (*fetch*) érte jön; (*demand*) vm igényel vmt; kíván; vmt megkövetel

call off (*cancel*) lemond

call on sy vkt meglátogat

call up *mil* behív; *US* telefonál vknek

call-box *n* telefonfülke

calling ['kɔ:liŋ] *n* elhivatás

callous ['kæləs] *a* (*hand*) kérges; *fig* (*hard-hearted*) lelketlen

calm [kɑ:m] **1.** *a* nyugodt, csendes || **keep** ~ megőrzi nyugalmát **2.** *n* szélcsend **3.** *v* megnyugtat, (le)csendesít

calm down *vi* (*weather*) (le)csendesedik; (*person*) megnyugszik || *vt* megnyugtat

calorie ['kælən] *n* kalória

calves [kɑ:vz] *pl* → **calf**

camcorder ['kæmkɔ:də] *n* camcorder, videó

came [keim] *pt* → **come**

camel ['kæml] *n* teve

camera ['kæmrə] *n photo* fényképezőgép; *cine, TV* kamera

cameraman ['kæmrəmæn] *n* (*pl* **-men**) filmoperatőr

camouflage ['kæməflɑ:ʒ] **1.** *n* álcázás **2.** *v* álcáz

camp [kæmp] **1.** *n* tábor **2.** *v* táboroz || **go ~ing** kempingezik

campaign [kæm'pein] **1.** *n* hadjárat, kampány **2.** *v* kampányban részt vesz

campbed [kæmp'bed] *n* kempingágy

camper ['kæmpə] *n* kempingező, *US* (*vehicle*) lakóautó

campsite ['kæmpsait] *n* kemping

campus ['kæmpəs] *n* egyetemi terület

can¹ [kæn] **1.** *n* (*for oil, water*) doboz; kanna; *US* (*for food*) konzerv **2.** *v* **-nn-** eltesz, befőz

can² [kæn] (*pt* **could** [kʊd]) *v* tud, képes || ~ **do sg** tehet vmt; **it ~ be** lehet(séges); ~ **you see it?** látod?, látja?; **this can't be true** ez nem lehet igaz; **I cannot but ...** nem tehetek mást, mint ...; → **could**

Canada ['kænədə] *n* Kanada

Canadian [kə'neidiən] *a/n* kanadai

canal [kə'næl] *n* csatorna

cancel ['kænsl] *v* **-ll-** (*US* **-l-**) (*appointment*) lemond; (*delete*) kihúz, töröl; (*train*) töröl

cancellation ['kænsə'leiʃn] (*US* **-l-**) *n* helylemondás; törlés, érvénytelenítés; (*of contrait*) felmondás

cancer ['kænsə] *n med* rák

candid ['kændɪd] *a* őszinte, szóki-
mondó, nyílt
candidate ['kændɪdət] *n* (*állásra,
vizsgára*) jelentkező; jelölt
candle ['kændl] *n* gyertya
candlestick ['kændlstɪk] *n* gyertya-
tartó
candour (*US* **-or**) ['kændə] *n* őszin-
teség
candy ['kændɪ] *n US* édesség
cane [keɪn] **1.** *n bot* nád; (*stick*)
nádpálca, sétabot **2.** *v* (*school*)
vesszőz
canister ['kænɪstə] *n* (bádog)doboz
cannabis ['kænəbɪs] *n* hasis
canned beer *n* dobozos sör
cannon ['kænən] *n* ágyú, löveg
cannot ['kænət] → **can²**
canny ['kænɪ] *a* ravasz, sunyi
canoe [kə'nu:] **1.** *n* kenu **2.** *v* kenu-
zik
canon ['kænən] *n* (*church law*)
kánon; (*clergyman*) kanonok
can opener *n* konzervnyitó
can't [kɑ:nt] = **cannot** → **can²**
cantaloup ['kæntəlu:p] (*US* **canta-
loupe**) (**melon**) *n* sárgadinnye
canteen [kæn'ti:n] *n* (*üzemi*) étkez-
de, menza; (*bottle*) kulacs
canvas ['kænvəs] *n* ponyva; (*for
painting*) vászon
canvass ['kænvəs] *v* korteskedik
(*for sy* vk mellett)
canyon ['kænjən] *n* kanyon
cap [kæp] **1.** *n* sapka; (*of pen,
bottle*) kupak **2.** *v* **-pp-** vmre rá-
dupláz
capable ['keɪpəbl] *a* képes, alkal-
mas; (*gifted*) ügyes, tehetséges
capacity [ke'pæsətɪ] *n* (*ability*)
képesség, adottság; (*position*)
minőség; (*volume*) térfogat; ka-

pacitás ‖ **in what ~?** milyen mi-
nőségben?
cape¹ [keɪp] *n geogr* (hegy)fok
cape² [keɪp] *n* (*garment*) köpeny,
pelerin
caper¹ ['keɪpə] *v* ugrál, szökdécsel
caper² ['keɪpə] *n* kapri(bogyó)
capital ['kæpɪtl] *n* (*city*) főváros;
(*money*) tőke; (*letter*) nagybetű,
nagy kezdőbetű
capitalism ['kæpɪtəlɪzəm] *n* tőkés
rendszer, kapitalizmus
capitalist ['kæpɪtəlɪst] *a/n* tőkés,
kapitalista
capital letter *n* nagybetű, nagy
kezdőbetű
capital punishment *n* halálbüntetés
capitulate [kə'pɪtjʊleɪt] *v* megadja
magát
capricious [kə'prɪʃəs] *a* szeszélyes
capsize [kæp'saɪz] *v* felborul
(*csónak*)
capsule ['kæpsju:l] *n* kapszula; *bot*
(mag)tok ‖ (**space**) ~ űrkabin
captain ['kæptɪn] *n mil* kapitány,
százados; *naut* hajóparancsnok;
kapitány
caption ['kæpʃn] *n* felirat; (*to
picture*) képaláírás, képszöveg
captivate ['kæptɪveɪt] *v* lebilincsel,
lenyűgöz
captive ['kæptɪv] *n* fogoly, rab
captivity [kæp'tɪvətɪ] *n* fogság, rab-
ság
capture ['kæptʃə] **1.** *n* bevétel
(*váré*) **2.** *v* vkt/vmt elfog, foglyul
ejt; (*place*) bevesz
car [kɑ:] *n* autó, kocsi; (*of lift*)
fülke; *railw* kocsi, vagon ‖ **by** ~
autón, kocsival
caravan ['kærəvæn] **1.** *n* (*in desert*)
karaván; (*vehicle*) lakókocsi **2.** *v*

-nn- go ~ning lakókocsival utazik

caravan site n lakókocsitábor

carbon [ka:bən] n chem szén

carbonated ['ka:bəneıtıd] a szénsavas (ital)

carbon paper n indigó

carburettor [ka:bjʊ'retə] (US **-retor**) n porlasztó, karburátor

card [ka:d] n kártya; (visiting ~) névjegy; kartoték(lap)

cardboard ['ka:dbɔ:d] n karton- (papír)

card-game n kártyajáték

cardiac ['ka:dıæk] **1.** a med szív- **2.** n szívbeteg

cardigan ['ka:dıgən] n kardigán, kötött kabát

cardinal ['ka:dınl] **1.** a sarkalatos **2.** n rel bíboros

cardinal number n tőszámnév

cardphone ['ka:dfəʊn] n kártyás telefon(állomás)

care [keə] **1.** n gondoskodás, gondozás, törődés || ~ **of sy (c/o...)** vknek a címén/leveleivel; **take ~ of sy/sg** vkre, vmre ügyel/vigyáz **2.** v ~ **about sy/sg** törődik vkvel/vmvel || ~ **for (sg or to do sg)** vmt szeret; ~ **for sy/sg** törődik vkvel/vmvel; **I do not ~ (if ...)** nekem mindegy

career [kə'rıə] n (élet)pálya, karrier, pályafutás

carefree ['keəfri:] a gondtalan

careful ['keəfəl] a gondos, figyelmes; óvatos || **be ~** légy óvatos!, vigyázz!

careless ['keəlıs] a gondtalan

carelessness ['keəlısnıs] n gondatlanság, figyelmetlenség

caress [kə'res] v simogat, cirógat

caretaker ['keəteıkə] n gondnok, házfelügyelő

car-ferry n (autós) komphajó

cargo ['ka:gəʊ] n rakomány, szállítmány

car-hire n gépkocsikölcsönzés

Caribbean See, the [kærə'bıən] n Karıb-tenger

caricature ['kærıkətjʊə] **1.** n karikatúra **2.** v karikatúrát rajzol vkről

caring ['keərıŋ] a törődő, gondos

carnage ['ka:nıdʒ] n vérontás, mészárlás

carnal ['ka:nl] a testi, érzéki

carnation [ka:'neıʃn] n szegfű

carnival ['ka:nıvl] n karnevál, farsang

carnivorous [ka:'nıvərəs] a húsevő

carol ['kærəl] n (karácsonyi) ének

carp [ka:p] n ponty

car park n parkoló

carpenter ['ka:pıntə] **1.** n ács **2.** v ácsol

carpet ['ka:pıt] n szőnyeg

carriage ['kærıdʒ] n (lófogatú) kocsi; railw kocsi, vagon; (of typewriter) kocsi; szállítás, fuvar

carriageway ['kærıdʒweı] n úttest

carrier ['kærıə] n szállító, fuvarozó || ~ **bag** bevásárlószatyor

carrot ['kærət] n sárgarépa

carry ['kærı] v visz; (transport) szállít vkt/vmt (vhova); (motion) elfogad

carry away elvisz || **be carried away by** vmre ragadtatja magát

carry on folytat; (foglalkozást) űz || ~ **on!** folytasd (csak)!; ~ **on with sy** col viszonya van vkvel

carry out megvalósít, véghezvisz; (order) teljesít

carry-cot n mózeskosár

cart [kɑːt] *n* szekér, kocsi; (*two-wheeled*) taliga
cartilage ['kɑːtɪlɪdʒ] *n* porc
cartography [kɑːˈtɒgrəfɪ] *n* térképészet
carton ['kɑːtn] *n* (*of cigarettes etc.*) karton; (*milk etc.*) doboz
cartoon [kɑːˈtuːn] *n* (*in newspaper*) karikatúra; (*animated ~*) rajzfilm
cartridge ['kɑːtrɪdʒ] *n* töltény; (*for film, tape*) patron
carve [kɑːv] *v* (*wood, stone*) farag; (*on surface*) vés; (*meat*) szeletel
carving ['kɑːvɪŋ] *n* faragás, faragvány
car wash *n* (*act*) autómosás; (*place*) autómosó
cascade [kæˈskeɪd] **1.** *n* vízesés **2.** *v* ~ **down** (*víztömeg*) lezúdul
case[1] [keɪs] *n* (*box*) láda, doboz; (*suitcase*) koffer; (*for camera*) tok
case[2] [keɪs] *n law* eset, ügy; *med* kóreset ‖ **in this** ~ ebben az esetben; **in** ~ abban az esetben, ha, hátha; **in** ~ **of emergency** szükség esetén
cash [kæʃ] **1.** *n* készpénz ‖ **be in** ~ van pénze; **pay** ~ **(down)** (*or* **pay in** ~) készpénzzel fizet **2.** *v* bevált
cash-book *n* pénztárkönyv
cash card *n* ügyfélkártya
cash desk *n GB* pénztár, kassza
cash dispenser *n* pénzautomata
cashier [kæˈʃɪə] *n* pénztáros
cash on delivery *n* utánvét(tel)
cash payment *n* készpénzfizetés
cash register *n* pénztárgép
casing ['keɪsɪŋ] *n* burkolat, tok
casino [kəˈsiːnəʊ] *n* (*játék*)kaszinó
cask [kɑːsk] *n* hordó
casket ['kɑːskɪt] *n* kazetta, ládika; *US* (*coffin*) koporsó

casserole ['kæsərəʊl] *n* (*utensil*) (tűzálló) tál; (*food*) ragu
cassette [kəˈset] *n* kazetta ‖ ~ **recorder** kazettás magnó
cast [kɑːst] **1.** *n theat* szereposztás ‖ ~ **of mind** lelki alkat, beállítottság **2.** *v* (*pp/pt* **cast** [kɑːst]) dob, vet; (*metal*) kiönt; (*role*) kioszt ‖ ~ **a look/glance at sy/sg** tekint/néz vkre/vmre; ~ **anchor** horgonyt vet
cast down lever, lehangol
castaway ['kɑːstəweɪ] *n* hajótörött
caster ['kɑːstə] *n* (*on furniture*) görgő; (*for sugar etc.*) (cukor)szóró ‖ ~ **sugar** porcukor
casting vote [kɑːstɪŋ] *n* döntő szavazat
cast iron *n* öntöttvas
castle ['kɑːsl] **1.** *n* vár; (*in chess*) bástya **2.** *v* (*in chess*) sáncol
castor oil *n* ricinus(olaj)
castor sugar *n GB* porcukor
casual ['kæʒʊəl] *a* (*by chance*) véletlen; (*dress, work*) alkalmi; (*attitude*) hanyag, lezser
casualty ['kæʒʊəltɪ] *n* (*accident victim*) áldozat; (*dead*) halott; (*wounded*) sérült ‖ ~ **department** baleseti osztály
cat [kæt] *n* macska
catalogue ['kætəlɒg] (*US* **-log**) **1.** *n* katalógus **2.** *v* katalógusba vesz
catalyst ['kætəlɪst] *n chem* katalizátor
catapult ['kætəpʌlt] **1.** *n* (*child's*) parittya; *aviat* katapult **2.** *v* katapultál
catastrophe [kəˈtæstrəfɪ] *n* katasztrófa
catcall ['kætkɔːl] **1.** *n* ~**s** pfujolás, kifütyülés **2.** *v* kifütyül
catch [kætʃ] **1.** *n* (*fish etc*) zsákmány, fogás; (*trick*) csapda, csel;

(of lock) zárnyelv, retesz **2.** *v* *(pt/pp* **caught** [kɔːt]) megfog; megragad; *(illness)* megkap; *(fish)* kifog; *(arrest)* elfog; *(understand)* felfog, megért ‖ ~ **a cold** megfázik; ~ **fire** meggyullad; ~ **sight of** megpillant; ~ **sy red-handed** tetten ér; **I didn't ~ what you said!** nem értem! *(rosszul hallom)*; **sg ~es one's eye** megakad vmn a szeme
   catch on *col (understand)* megért, kapcsol; *(grow popular)* divatba jön
   catch out kifog vkn
   catch (sy) up utolér
catching [ˈkætʃɪŋ] *a* ragályos
catchphrase [ˈkætʃfreɪz] *n* divatos szólás, szlogen
catchy [ˈkætʃɪ] *a (tune)* fülbemászó
catechism [ˈkætɪkɪzəm] *n* katekizmus, káté
category [ˈkætɪgərɪ] *n* kategória
cater [ˈkeɪtə] *v* ~ **for** élelmez, élelmiszerrel ellát
caterer [ˈkeɪtərə] *n* élelmező (vállalat)
catering [ˈkeɪtərɪŋ] *n* élelmezés
caterpillar [ˈkætəpɪlə] *n* hernyó
caterpillar tractor *n* hernyótalpas traktor
cathedral [kəˈθiːdrəl] *n* székesegyház
catholic [ˈkæθəlɪk] **1.** *a (general)* egyetemes, általános; *(views)* liberális ‖ **C~** katolikus **2. C~** *n* katolikus
cat's-eye *(pl* **cat's-eyes**) *n* macskaszem
cattle [ˈkætl] *(pl* ~) *n* marha, jószág
catty [ˈkætɪ] *a* rosszindulatú
caucus [ˈkɔːkəs] *n* US pártvezetőségi gyűlés

caught [kɔːt] *pp/pt* → **catch**
cauliflower [ˈkɒlɪflaʊə] *n* karfiol
cause [kɔːz] **1.** *n* ok ‖ **give ~ for sg** okot ad vmre **2.** *v* okoz, előidéz
caustic [ˈkɔːstɪk] *a* maró, égető; *(remark)* csípős
caution [ˈkɔːʃn] **1.** *n* óvatosság, körültekintés; *(warning)* figyelmeztetés **2.** *v* ~ **sy against sg** óv vkt vmtől
cautious [ˈkɔːʃəs] *a* óvatos, körültekintő
cavalry [ˈkævəlrɪ] *n* lovasság
cave [keɪv] **1.** *n* barlang **2.** *v* ~ **in** beomlik; *fig* beadja a derekát
cavern [ˈkævən] *n* barlang; *med* kaverna
caviar(e) [ˈkævɪɑː] *n* kaviár
cavity [ˈkævətɪ] *n* üreg, odú; *(in tooth)* lyuk
CB [siː ˈbiː] = **citizens' band**
CD [siː ˈdiː] = **compact disc**
cease [siːs] *vi* (meg)szűnik, abbamarad ‖ *vt* megszüntet, abbahagy
ceasefire [ˈsiːsfaɪə] *n mil* tűzszünet
ceaseless [ˈsiːslɪs] *a* szüntelen
cedar [ˈsiːdə] *n bot* cédrus(fa)
cede [siːd] *v* átenged *(to* vknek)
ceiling [ˈsiːlɪŋ] *n* mennyezet, *also fig* plafon
celebrate [ˈselɪbreɪt] *v* (meg)ünnepel ‖ ~ **mass** misézik
celebration [selɪˈbreɪʃn] *n* (meg)ünneplés
celebrity [sɪˈlebrətɪ] *n* híres ember, notabilitás
celery [ˈselərɪ] *n* zeller
celestial [sɪˈlestɪəl] *a* égi
cell [sel] *n biol* sejt; *el* cella; *(in prison)* cella, zárka
cellar [ˈselə] *n* pince
cellist [ˈtʃelɪst] *n* csellista

cello ['tʃeləʊ] n cselló

cellular ['seljʊlə] a biol sejt-

cellulose ['seljʊləʊs] n cellulóz

Celt [kelt] n kelta (ember)

cement [sɪ'ment] n cement

cemetery ['semɪtrɪ] n temető

censor ['sensə] 1. n cenzor 2. v cenzúráz

censure ['senʃə] 1. n megrovás 2. v megrovásban részesít

census ['sensəs] n népszámlálás

cent [sent] n cent

centenary [sen'ti:nərɪ] n centenárium

center ['sentə] n US = **centre**

centigrade ['sentɪgreɪd] a százas beosztású, Celsius-

centimetre (US **-meter**) ['sentɪ-mi:tə] n centiméter, cm

central ['sentrəl] a központi, középső

Central Europe n Közép-Európa

Central European Time n közép-európai idő

central heating n központi fűtés

centre (US **center**) ['sentə] 1. n középpont; (of city) centrum, központ; (of illness) góc 2. v ~ **the ball** középre adja a labdát

centrifuge ['sentrɪfju:dʒ] n centrifuga

century ['sentʃərɪ] n (év)század || **centuries old** évszázados

ceramics [sɪ'ræmɪks] n sing. (art) kerámia; pl (articles) kerámiák

cereals ['sɪərɪəlz] n pl (grains) gabonafélék; (for breakfast) reggeliételek (gabonaféléből)

cerebral ['serɪbrəl] a agyi

ceremony ['serɪmənɪ] n szertartás, ceremónia

certain ['sɜ:tn] a biztos; (particular) bizonyos || **for** ~ biztosan;

make ~ **of** sg meggyőződik vmről; **to a** ~ **degree** bizonyos mértékben

certainly ['sɜ:tnlɪ] adv valóban, hogyne, biztosan! || ~ **not!** semmi esetre (sem)

certificate [sə'tɪfɪkət] n igazolás, igazolvány; (birth etc.) anyakönyvi kivonat

certified mail n US ajánlott küldemény

certified public accountant n US okleveles könyvvizsgáló

certify ['sɜ:tɪfaɪ] v (hivatalosan) igazol

Cesarean [sɪ'zeərɪən] a US = **Caesarean**

cessation [se'seɪʃn] n megszűnés

cesspit ['sespɪt] n emésztőgödör

CET [si: aɪ 'ti:] = **Central European Time**

cf. [si: 'ef] = (Latin confer) **compare** vesd össze!

chafe [tʃeɪf] v (rub) kidörzsöl; (shoe) feltör

chain [tʃeɪn] 1. n lánc || ~ **of department stores** áruházlánc; ~**s** pl rabbilincs 2. v ~ **to sg** odaláncol

chain reaction n láncreakció

chain smoker n erős dohányos

chain store n fióküzlet

chair [tʃeə] 1. n szék; (armchair) karosszék; (at university) tanszék, katedra 2. v (meeting) elnököl

chair lift n sífelvonó; libegő

chairman ['tʃeəmən] n (pl **-men**) elnök

chalet ['ʃæleɪ] n faház, bungaló

chalk [tʃɔ:k] n kréta

challenge ['tʃælɪndʒ] 1. n kihívás 2. v kihív; (contest) vitat, kétségbe von

challenging ['tʃælɪndʒɪŋ] *a* kihívó, provokatív

chamber ['tʃeɪmbə] *n* terem ‖ ~ **of commerce** kereskedelmi kamara

chambermaid ['tʃeɪmbəmeɪd] *n* szobalány (*szállóban*)

chamber music *n* kamarazene

chameleon [kə'miːlɪə] *n* kaméleon

champagne [ʃæm'peɪn] *n* pezsgő

champignon ['ʃæmpɪnjə] *n* csiperkegomba

champion ['tʃæmpɪən] *n sp* bajnok

championship ['tʃæmpɪənʃɪp] *n* (*competition*) bajnokság; (*title*) bajnoki cím

chance [tʃɑːns] **1.** *a* véletlen **2.** *n* (*luck*) véletlen; (*opportunity*) esély; (*possibility*) lehetőség; (*risk*) kockázat ‖ **by** ~ esetleg, véletlenül **3.** *v* ~ **sg** megkockáztat vmt

chancellor ['tʃɑːnsələ] *n* kancellár ‖ C~ **of the Exchequer** *GB* pénzügyminiszter

chancy ['tʃɑːnsɪ] *a col* kockázatos, rizikós

chandelier [ʃændə'lɪə] *n* csillár

change [tʃeɪndʒ] **1.** *n* változás, átalakulás; (*replacement*) csere; (*in traffic*) átszállás; (*money refunded*) visszajáró pénz; (*coins*) aprópénz ‖ **for a** ~ a változatosság kedvéért; ~ **of address** lakcímváltozás; ~ (**of one's clothes**) átöltöz(köd)és **2.** *vi* (meg)változik; (*in traffic*) átszáll; (~ *clothes*) átöltözik | *vt* (meg)változtat; (*replace*) cserél; (*banknote*) felvált; (*foreign currency*) átvált ‖ ~ **clothes** (*or* **one's dress**) átöltözik; ~ **course** irányt változtat; ~ **gear** sebességet vált; ~ **one's**

mind meggondolja magát; ~ **the baby** tisztába teszi a babát; ~ **the bed** ágyat húz

change into (sg) átalakul, vmivé változik

changeable ['tʃeɪndʒəbl] *a* (*weather*) változékony

change machine *n* pénzváltó automata

change-over *n pol* rendszervált(oz)ás

changing ['tʃeɪndʒɪŋ] **1.** *a* változó **2.** *n* változtatás ‖ ~ **of the guard** őrségváltás

changing room *n* öltöző

channel ['tʃænl] *n* (*of sea*) csatorna; *TV* csatorna ‖ **the C~** a La Manche-csatorna; **the C~ tunnel** a Csatornaalagút

chaos ['keɪɒs] *n* zűrzavar, felfordulás

chap [tʃæp] *n col* pasas, alak

chapel ['tʃæpl] *n* kápolna

chaplain ['tʃæplɪn] *n* káplán, lelkész

chapter ['tʃæptə] *n* fejezet

char[1] [tʃɑː] *n col* bejárónő

char[2] [tʃɑː] *v* **-rr-** *vt* szénné éget | *vi* elszenesedik

character ['kærɪktə] *n* jelleg; (*of person*) jellem; (*in novel*) alak, szereplő; *col* alak, pofa; *print* betű, jel; *comput* karakter

characteristic [kærɪktə'rɪstɪk] **1.** *a* jellegzetes, sajátos ‖ ~ **feature** jellemző vonás, sajátság; ~ **of sy** vkre jellemző **2.** *n* ismertetőjel, jellemvonás

characterize ['kærɪktəraɪz] *v* jellemez

charcoal ['tʃɑːkəʊl] *n* faszén ‖ ~ **sketch** szénrajz

charge [tʃɑːdʒ] **1.** *n el* töltés; *law* vád; (*cost*) díj, munkadíj; (*attack*) roham; *(task)* megbízás || ~s költségek; **bring a ~ against sy** vádat emel vk ellen; **be in ~** hatalmat gyakorol; **be in ~ of sg** gondjaira van bízva, felelős vmiért; **take ~ of sy/sg** gondoskodik vkről/vmről 2. *v law* (meg)vádol; *(price)* felszámít; *(gun)* megtölt; *mil* rohamoz || **~ an account** számlát megterhel; **how much do you ~ for it?** mennyibe kerül?

charitable ['tʃærɪtəbl] *a* jótékony

charity ['tʃærətɪ] *n* jótékonyság

charlady ['tʃɑːleɪdɪ] *n* = **charwoman**

charm [tʃɑːm] 1. *n* báj; *(spell)* varázs(erő); *(object)* amulett 2. *v* elbájol, elbűvöl

charming ['tʃɑːmɪŋ] *a* bájos, vonzó

chart [tʃɑːt] 1. *n (graph)* táblázat, grafikon; *(map)* (hajózási) térkép 2. *v* grafikont készít vmről

charter ['tʃɑːtə] 1. *n* oklevél, alapokmány 2. *v (hajót, repülőt)* bérel

chartered accountant [tʃɑːtəd] *n GB* okleveles könyvvizsgáló

charter flight *n* különjárat, chartergép

charwoman ['tʃɑːwʊmən] *n (pl -women) n* bejárónő

chase [tʃeɪs] 1. *n* kergetés, üldözés 2. *v* (meg)kerget, üldöz

chasm ['kæzəm] *n* szakadék

chassis ['ʃæsɪ] *n (of car)* alváz; *el* sasszi

chastity ['tʃæstətɪ] *n* érintetlenség, szüzesség

chat [tʃæt] *col* 1. *n* beszélgetés, csevegés 2. *v* **-tt-** diskurál || **~ with sy** vkvel társalog/beszélget

chatter ['tʃætə] *v* fecseg, locsog, *(teeth)* vacog

chatterbox ['tʃætəbɒks] *n* fecsegő; *col* kofa

chauffeur ['ʃəʊfə] *n* gépkocsivezető, sofőr

cheap [tʃiːp] *a* olcsó

cheapen ['tʃiːpən] *v (price)* leszállít || **~ oneself** lealacsonyodik

cheaply ['tʃiːplɪ] *adv* olcsón

cheat [tʃiːt] 1. *n* csaló, svindler 2. *v* csal, becsap || **~ (on)** *col* (meg)csal *(házastársat)*; **~ sy out of sg** pénzt kicsal vktől

check [tʃek] 1. *n (examination)* ellenőrzés, (felül)vizsgálat; *(token)* ellenőrző szelvény; *(in cloakroom)* ruhatári jegy; *US (in restaurant)* számla; *(US)* = **cheque** || **the ~ please!** *US* fizetek!; **~!** *(in chess)* sakk! 2. *v (examine)* ellenőriz, felülvizsgál; *(make sure)* utánanéz; egyeztet; *(data)* visszakeres; *(in cloakroom)* bead; *(in chess)* sakkot ad; *(halt)* megakaszt

check in *(in hotel, airport)* (be)jelentkezik

check out *(of hotel)* kijelentkezik, eltávozik

check (up) on ellenőriz, utánanéz *(vmnek)*

checked [tʃekt] *a* kockás, pepita

check-in *n (in hotel)* bejelentkezés; *(at airport)* megjelenés || **~ desk** utasfelvétel

checking account *n US* folyószámla

checkmate ['tʃekmeɪt] *(in chess)* 1. *n* matt 2. *v* mattot ad vknek

checkout ['tʃekaʊt] *n* pénztár, kassza

check-point *n* határátkelőhely

checkroom ['tʃekruːm] *n US (cloakroom)* ruhatár; *(left-luggage office)* csomagmegőrző

checkup ['tʃekʌp] *n med* kivizsgálás

cheek [tʃiːk] *n* arc; (*of animals*) pofa; (*impudence*) arcátlanság, pimaszság ‖ **have the ~** *col* van pofája

cheek-bone *n* arccsont, pofacsont

cheeky ['tʃiːkɪ] *a col* szemtelen

cheer [tʃɪə] *v* (meg)éljenez ‖ **~ for one's team** *col* szurkol csapatnak **cheer up** *vi* jókedvre derül I *vt* jókedvre derít ‖ **~ up!** fel a fejjel!

cheerful ['tʃɪəfəl] *a* derűs, jókedvű, vidám

cheerio! [tʃɪərˈəʊ] *int col* szervusz(tok) (*távozásnál*)!

cheers [tʃɪəz] *n pl* éljenzés ‖ ~! (*kívánságban*) egészségére!; (*távozáskor*) szia!, szevasztok!

cheese [tʃiːz] *n* sajt

cheetah ['tʃiːtə] *n* gepárd

chef [ʃef] *n* főszakács

chemical ['kemɪkl] **1.** *a* kémiai, vegy(észet)i **2.** *n* ~**s** vegyi anyagok, vegyszerek

chemist ['kemɪst] *n* (*scientist*) vegyész; *GB* (*pharmacist*) gyógyszerész

chemist's (shop) *n GB* illatszerbolt; gyógyszertár

chemistry ['kemɪstrɪ] *n* kémia, vegyészet

cheque [tʃek] (*US* **check**) *n* csekk(-lap) ‖ **pay by ~** csekkel fizet

chequebook ['tʃekbʊk] *n* csekkfüzet, csekk-könyv

cheque card *n* csekk-kártya, bankkártya

chequered ['tʃekəd] *a* kockás, pepita; *fig* változatos

cherish ['tʃerɪʃ] *v* (*person*) dédelget; (*hope*) táplál

cherry ['tʃerɪ] *n bot* cseresznye

chess [tʃes] *n* sakk

chessboard ['tʃesbɔːd] *n* sakktábla

chessman ['tʃesmæn] *n* (*pl* **-men**) sakkfigura

chest [tʃest] *n* (*box*) láda; (*of man*) mell(kas)

chest of drawers *n* fiókos szekrény, komód, sublót

chestnut ['tʃesnʌt] **1.** *a* gesztenyebarna **2.** *n* gesztenye

chew [tʃuː] *v* (meg)rág

chewing gum *n* rágógumi

chic [ʃiːk] *a* sikkes, elegáns

chick [tʃɪk] *n* (kis)csirke; *US col* (*girl*) pipi

chicken ['tʃɪkɪn] **1.** *n* csirke, baromfi; (*food*) csirkehús

chief [tʃiːf] **1.** *a* fő, fontos **2.** *n* főnök, vezető; (*of tribe*) törzsfő(nök)

chiefly ['tʃiːflɪ] *adv* főként

chieftain ['tʃiːftən] *n* törzsfőnök

chilblain ['tʃɪlbleɪn] *n med* fagyás

child [tʃaɪld] *n* (*pl* **children** ['tʃɪldrən]) gyerek ‖ **children's disease** gyermekbetegség; **children's room** gyermekszoba

childbirth ['tʃaɪldbɜːθ] *n* gyermekszülés

childhood ['tʃaɪldhʊd] *n* gyermekkor ‖ **from ~** gyermekkora óta

childish ['tʃaɪldɪʃ] *a* gyerekes

childminder ['tʃaɪldmaɪndə] *n* gyermekőrző

children ['tʃɪldrən] *pl* → **child**

chill [tʃɪl] **1.** *n* hideg; *med* megfázás, meghűlés **2.** *v* hűt, fagyaszt

chilled [tʃɪld] *a* hűtött

chilli ['tʃɪlɪ] *n* cseresznyepaprika

chilly ['tʃɪlɪ] *a also fig* hűvös, fagyos

chime [tʃaɪm] **1.** *n* harangjáték; (*of church clock*) óraütés **2.** *v* ~ **in with sg** összhangban van vmvel

chimney ['tʃɪmnɪ] n kémény
chimpanzee [tʃɪmpæn'zi:] n csimpánz
chin [tʃɪn] n áll ‖ (keep your) ~ up! fel a fejjel!
China ['tʃaɪnə] n Kína
china ['tʃaɪnə] n porcelán
Chinese [tʃaɪ'ni:z] 1. a kínai 2. n (pl ~) (person, language) kínai
chip [tʃɪp] 1. n (of wood) forgács, szilánk; (of glass) csorba; el chip; → chips 2. v -pp- kicsorbul
chip in (with) beleszól
chips [tʃɪps] n pl GB hasábburgonya; US (crisps) burgonyaszirom
chiropodist [kɪ'rɒpədɪst] n pedikűrös
chirp [tʃɜ:p] v (insect) ciripel; (bird) csiripel
chisel ['tʃɪzl] 1. n véső 2. v -ll- (US -l-) vés
chit-chat ['tʃɪt tʃæt] n terefere, traccs
chivalrous ['ʃɪvlrəs] a lovagias
chives [tʃaɪvz] n pl metélőhagyma, snidling
chlorine ['klɔ:ri:n] n klór
chocolate ['tʃɒklət] n csokoládé
choice [tʃɔɪs] 1. n választás; (of goods) választék ‖ ~ of sg vmnek a legjava; he had no ~ (but to ...) nem volt más választása, mint ... 2. a válogatott, finom
choir [kwaɪə] n kórus, énekkar; arch (in church) karzat
choke [tʃəʊk] 1. vt (person) (meg)fojt; (pipe) eltöm | vi (el)fullad 2. n (in car) szívató
cholera ['kɒlərə] n kolera
cholesterol [kə'lestrəl] n koleszterin

choose [tʃu:z] v (pt chose [tʃəʊz]; pp chosen ['tʃəʊzn]) (ki)választ (between kettő közül)
choosy ['tʃu:zɪ] a válogatós
chop [tʃɒp] 1. n vágás; (of meat) (hús)szelet 2. v -pp- (wood) aprít, vág; (meat, vegetables) felszeletel, felvág
chop up vmt összevág, felaprít
chopper ['tʃɒpə] n (axe) húsvágó bárd; col (helicopter) helikopter
chord [kɔ:d] n mus akkord, hangzat; (string) húr
choreography [kɒrɪ'ɒɡrəfɪ] n koreográfia
chores [tʃɔ:z] n pl aprómunka, robot
chorus ['kɔ:rəs] n (singers) kórus, énekkar; (sg sung) kórus
chose [tʃəʊz] pt → choose
chosen ['tʃəʊzn] pp → choose
christen ['krɪsn] v (meg)keresztel
Christian ['krɪstʃən] a keresztény/keresztyén; hívő ‖ ~ name keresztnév, utónév
Christianity [krɪstɪ'ænətɪ] n kereszténység, keresztyénség
Christmas ['krɪsməs] n karácsony ‖ ~ card karácsonyi üdvözlőlap; ~ Day karácsony első napja; ~ Eve karácsonyest, szenteste; ~ tree karácsonyfa
chromium ['krəʊmɪəm] n chem króm ‖ ~ plating krómozás
chromosome ['krəʊməsəʊm] n kromoszóma
chronic ['krɒnɪk] a med idült, krónikus
chronicle ['krɒnɪkl] n krónika, évkönyv
chronological [krɒnə'lɒdʒɪkl] a időrendi, kronologikus

chronology [krə'nɒlədʒi] n kronológia

chubby ['tʃʌbi] a pufók

chuck [tʃʌk] v eldob, kidob

chuckle ['tʃʌkl] v kuncog

chum [tʃʌm] n col pajtás, haver

chunky [tʃʌŋki] a tagbaszakadt

church [tʃɜ:tʃ] n templom || the C~ az egyház

churchyard ['tʃɜ:tʃjɑ:d] n sírkert

churlish ['tʃɜ:liʃ] a faragatlan, bugris

CIA [si: ai 'ei] = Central Intelligence Agency Központi Hírszerző Ügynökség (USA)

CID [si: ai 'di:] = Criminal Investigation Department

cider ['saidə] n almabor

cigar [si'gɑ:] n szivar

cigarette [sigə'ret] n cigaretta

cigarette-case n cigarettatárca

cigarette end n cigarettacsikk

cinder(s) ['sində(z)] n (pl) hamu

cinch [sintʃ] n a ~ potya dolog/feladat

Cinderella [sində'relə] n Hamupipőke

cine camera ['sini] n filmfelvevő (gép)

cinefilm ['sinifilm] n keskenyfilm, mozifilm

cinema ['sinəmə] n mozi || the ~ filmművészet

cinnamon ['sinəmən] n fahéj

cipher ['saifə] n (code) rejtjel, titkosírás

circle ['sɜ:kl] 1. n kör; theat erkély 2. vi kering, köröz | vt megkerül

circuit ['sɜ:kit] n (journey) körutazás, körút; el áramkör

circuitous [sɜ:'kju:itəs] a (road) kerülő

circular ['sɜ:kjʊlə] 1. a kör alakú 2. n körlevél

circulate ['sɜ:kjʊleit] vi (substance) kering; (banknote) forgalomban van; (rumours) terjed | vt (cause to flow) keringet; (spread) forgalomba hoz; terjeszt

circulation [sɜ:kjʊ'leiʃn] n körforgás, cirkuláció; (of blood) keringés; (of newspaper) példányszám; (of money) forgalom

circumcise ['sɜ:kəmsaiz] v körülmetél

circumference [sə'kʌmfərəns] n math kerület

circumscribe ['sɜ:kəmskraib] v körülír, körülhatárol

circumstance ['sɜ:kəmstəns] n law körülmény || ~s körülmények, helyzet; under the ~s a jelenlegi helyzetben; in/under no ~s semmilyen körülmények között

circus ['sɜ:kəs] n (show) cirkusz; (in town) körtér

cistern ['sistən] n vízgyűjtő (medence); ciszterna; (of WC) vécéöblítőtartály

cite [sait] v idéz; (example) felhoz; (before court of law) (be)idéz

citizen ['sitizn] n US állampolgár

citizens' band n polgári sáv, CB

citizenship ['sitizənʃip] n US állampolgárság

city ['siti] n (nagyobb) város, nagyváros || the C~ London városközpontja

city hall n US városháza

civic ['sivik] a állampolgári || ~ centre (US -ter) közigazgatási negyed

civil ['sivl] a polgári; (not military) civil; (polite) előzékeny, udvarias

civil engineer *n* általános mérnök
civilian [sɪ'vɪlɪən] **1.** *a* civil, polgári **2.** *n* civil, polgári személy
civilization [sɪvɪlaɪ'zeɪʃn] *n* civilizáció, műveltség
civilized ['sɪvɪlaɪzd] *a* művelt, civilizált
civil rights *n pl* polgárjogok
civil servant *n* közalkalmazott, köztisztviselő
civil service *n* közszolgálat ‖ the ~ közigazgatás
civil war *n* polgárháború
claim [kleɪm] **1.** *n* (*right*) igény (*to* vmre); (*demand*) követelés ‖ ~ **for damages** kártérítési igény **2.** *v* vktől vmt követel; igényel
claimant ['kleɪmənt] *n* igénylő
clamber ['klæmbə] *v* mászik
clamour (*US* **-mor**) ['klæmə] **1.** *n* zaj, lárma **2.** *v* zajong, lármázik
clamp [klæmp] **1.** *n* ácskapocs; *tech* bilincs; szorító **2.** *v* (satuba) befog; összekapcsol
clan [klæn] *n* klán, nemzetség
clandestine [klæn'destɪn] *a* titkos, illegális
clang [klæŋ] *v* csörget, csörög
clap [klæp] **1.** *n* taps **2.** *v* **-pp-** tapsol ‖ ~ **sy** megtapsol vkt; ~ **one's hands** összeveri a tenyerét
claret ['klærət] *n* (bordeaux-i) vörösbor
clarify ['klærɪfaɪ] *vt* (*situation*) tisztáz, megvilágít; (*liquid*) megtisztít ‖ *vi* kitisztul
clarinet [klærɪ'net] *n* klarinét
clarity ['klærətɪ] *n* (*of thought*) tisztaság, érthetőség
clash [klæʃ] **1.** *n* *fig* konfliktus, összeütközés **2.** *v* egymásba ütköznek, összecsap(nak); (*colours*)

nem illenek egymáshoz, ütik egymást
clasp [klɑːsp] **1.** *n* (*of bag*) zár, csat **2.** *v* becsatol, odacsatol (*to* vmhez) ‖ ~ **one's hands** összekulcsolja a kezét
class [klɑːs] **1.** *n* (*category*) osztály; (*pupils*) osztály; *US* (*students in the same year*) évfolyam; (*lesson*) óra; foglalkozás ‖ **go to ~es (in sg)** órákat vesz **2.** *v* osztályoz, osztályba sorol
classic ['klæsɪk] *a/n* klasszikus
classical ['klæsɪkl] *a* klasszikus ‖ ~ **music** klasszikus/komoly zene
classified ['klæsɪfaɪd] *a* (*information*) titkos, bizalmas ‖ ~ **advertisement**) *n* apróhirdetés
classify ['klæsɪfaɪ] *v* besorol, osztályoz
classmate ['klɑːsmeɪt] *n* évfolyamtárs
classroom ['klɑːsruːm] *n* tanterem
clatter ['klætə] **1.** *n* csörgés; (*of feet*) dobogás **2.** *vt* csörget, zörget ‖ *vi* csörög, zörög; (*feet*) dobog
clause [klɔːz] *n* *law* záradék, kikötés; *gram* mellékmondat
claw [klɔː] **1.** *n* köröm, karom **2.** *v* (meg)karmol
clay [kleɪ] *n* agyag
clean [kliːn] **1.** *a* tiszta ‖ **make a ~ sweep (of)** nagy tisztogatást végez; elsöprő győzelmet arat **2.** *adv* **I ~ forgot it** teljesen kiment a fejemből **3.** *v* (le)tisztít, megtisztít (*of* vmtől) ‖ ~ **one's teeth** fogat mos
cleaner ['kliːnə] *n* takarító(nő)
cleaners ['kliːnəz] *n pl* vegytisztító
cleaning ['kliːnɪŋ] *n* takarítás, (ki)tisztítás

cleanliness ['klenlınıs] *n* tisztaság

cleanse [klenz] *v* (meg)tisztít

cleanser [klenzə] *n* arclemosó

clean-shaven *a* simára borotvált

clear [klıə] **1.** *a* (*glass*) tiszta; (*obvious*) világos, érthető; (*weather*) derült ‖ **make oneself ~** megérteti magát; **make sg ~** tisztáz, megmagyaráz **2.** *adv* tisztán ‖ **~ of** távol vktől/vmtől **3.** *vt* (meg)tisztít; (*debt*) kiegyenlít; (*obstacle*) legyőz; (*table*) leszed; *law* (*suspect*) felment ǀ *vi* (*weather*) kiderül; (*fog*) feloszlik

clear off *vt* (*debt*) kifizet ǀ *vi* eltakarodik

clear out elhordja magát, kitakarodik

clear up *vt* (*room*) kitakarít; (*question*) tisztáz; (*mystery*) felderít ǀ *vi* (*weather*) kiderül

clearance ['klıərəns] *n* (*removal*) szabaddá tétel; vámvizsgálat; *aviat* felszállási engedély; (*of accused*) felmentés; *tech* térköz

clear-cut *a* (*outline*) éles; (*decision*) határozott, egyértelmű

clearing ['klıərıŋ] *n* tisztás, irtvány; *comm* klíring

clearing bank *n* zsíróbank

clearly ['klıəlı] *adv* tisztán, érthetően; (*obviously*) nyilván(valóan)

clearway ['klıəweı] *n GB* gyorsforgalmi út, autóút

clef [klef] *n mus* kulcs

clement ['klemənt] *a* enyhe

clench [klentʃ] *v* összeszorít

clergy ['klɜ:dʒı] *n* klérus

clergyman ['klɜ:dʒımən] *n* (*pl* **-men**) lelkész, pap

clerical ['klerıkl] *a* (*office*) irodai; *rel* papi ‖ **~ error** elírás; **~ worker** adminisztratív dolgozó

clerk [klɑ:k; *US* klɜ:k] *n* (*in office*) hivatalnok, tisztviselő; *US* (*sales person*) eladó

clever ['klevə] *a* (*mentally*) okos, értelmes; (*skilful*) ügyes ‖ **be ~ at sg** ügyes vmben

clew [klu:] *US* = **clue**

click [klık] **1.** *n* kattanás **2.** *vi* kattan ǀ *vt* kattint

client ['klaıənt] *n* (ügy)fél, vásárló, üzletfél

clientele [kli:ən'tel] *n* (állandó) ügyfelek, vevőkör

cliff [klıf] *n* szikla, szirtfal

climate ['klaımıt] *n* éghajlat; *fig* légkör

climax ['klaımæks] *n* csúcspont, fénypont; (*orgasm*) orgazmus

climb [klaım] *vt* (meg)mászik ǀ *vi* vmre (fel)mászik; (*rise*) emelkedik

climber ['klaımə] *n* (*mountaineer*) hegymászó; (*plant*) kúszónövény

climbing ['klaımıŋ] *n* hegymászás

cling [klıŋ] *v* (*pt/pp* **clung** [klʌŋ]) belekapaszkodik, fogódzkodik (*to sy/sg* vkbe/vmbe) ‖ **they ~ together** ragaszkodnak egymáshoz

clinch [klıntʃ] *v* (*decide*) eldönt ‖ **~ a deal with sy** üzletet köt vkvel

clinic ['klınık] *n* rendelőintézet

clinical ['klınıkl] *a* klinikai

clink [klıŋk] *vi* peng; (*glass*) csilingel ǀ *vt* (*glasses*) koccint

clip[1] [klıp] **1.** *n* (*paper ~*) (gem)kapocs; (*brooch*) bross, melltű **2.** *v* **-pp- ~ together** összetűz

clip[2] [klıp] **1.** *n* nyírás; (*film*) klip **2.** *v* **-pp-** (*nail, hair*) levág; (*hair*) lenyír

cloak [kləʊk] *n* köpönyeg

cloakroom ['kləʊkrʊm] *n* (*for coats*) ruhatár; *GB* (*toilet*) vécé

clock [klɒk] **1.** *n* óra (*fali, asztali, torony*) ‖ **round the ~** éjjel-nappal **2.** *v* mér (*időt, sebességet*)

clockwise ['klɒkwaɪz] *adv* az óramutató járásával egyező irányba(n)

clockwork ['klɒkwɜːk] **1.** *n* óramű ‖ **like ~** óramű pontossággal **2.** *a* felhúzós

cloister ['klɔɪstə] *n* kolostor, zárda

close 1. [kləʊs] *a* (*near*) közeli; (*connection*) szoros; (*translation*) hű, pontos; (*examination*) gondos; (*weather*) fülledt ‖ **~ friend** testilelki jóbarát **2.** [kləʊs] *adv* mellett(e), közel(re); szorosan ‖ **~ by** egészen közel; **~ to** mellé **3.** [kləʊz] *n* (*end*) vmnek a vége **4.** [kləʊz] *vt* (*shut*) bezár, becsuk; (*end*) befejez | *vi* (be)záródik, csukódik; (*shop*) zár; (*end*) befejeződik

closed [kləʊzd] **1.** *a* csukott, zárt **2.** *adv* zárva, csukva

close-knit *a* (*személyek*) szorosan összetartozó

closely ['kləʊslɪ] *adv* közelről, szorosan; (*carefully*) gondosan

closet ['klɒzɪt] *n* *US* (*cupboard*) beépített szekrény, gardrób

close-up *n* közelkép, premier plán

closure ['kləʊʒə] *n* bezárás

clot [klɒt] **1.** *n* (*of blood*) vérrög; *GB col* (*idiot*) hülye **2.** *v* **-tt-** (*milk*) összecsomósodik; (*blood*) (meg)alvad

cloth [klɒθ] *n* *tex* anyag, kelme, szövet; (*rag*) törlőrongy

clothe [kləʊð] *v* (fel)öltöztet

clothes [kləʊðz] *n pl* ruhanemű, ruházat ‖ **~ brush** ruhakefe; **~ peg** (*US* **pin**) ruhaszárító csipesz

clothing ['kləʊðɪŋ] *n* ruhanemű, ruházat

cloud [klaʊd] **1.** *n* felhő **2.** *v* **~ over** (*sky*) beborul; (*person*) elkomorul (vk)

cloud burst *n* felhőszakadás

cloudy ['klaʊdɪ] *a* (*sky*) felhős; (*liquid*) zavaros

clout [klaʊt] *col v* hatalmasat üt/sóz (vkre)

clove [kləʊv] *n* szegfűszeg ‖ **~ of garlic** fokhagymagerezd

clover ['kləʊvə] *n bot* lóhere ‖ **be in ~** jólétben él

clown [klaʊn] *n* bohóc

club [klʌb] **1.** *n* (*weapon*) bunkósbot; (*golf ~*) (golf)ütő; (*society*) klub; *sp* egyesület; (*in cards*) treff **2.** *v* **-bb-** bunkósbottal (meg)üt ‖ **~ together** összeáll, összefog

club car *n* *US* szalonkocsi (büfével)

cluck [klʌk] *v* kotyog

clue (*US* **clew**) [kluː] *n* nyom, jel, kulcs (*vmnek a nyitja*) ‖ **I haven't a ~** fogalmam sincs!

clump [klʌmp] *n* csomó, rakás; (*of trees*) (fa)csoport

clumsy ['klʌmzɪ] *a* esetlen, ügyetlen

clung [klʌŋ] *pt/pp* → **cling**

cluster ['klʌstə] **1.** *n* (*of grapes*) (szőlő)fürt **2.** *v* **~ round** vk köré gyűlik

clutch [klʌtʃ] **1.** *n* (*grip, grasp*) megragadás, megfogás; (*in car*) kuplung **2.** *v* vmbe kapaszkodik ‖ **~ at** vkbe, vmbe fogódzkodik

clutter ['klʌtə] *col* **1.** *n* rendetlenség **2.** *v* **~ up** telezsúfol

cm [si: 'em] = centimetre

Co. [kəʊ] = Company

c/o [si: 'əʊ] = care of

coach[1] [kəʊtʃ] n railw (vasúti) kocsi; (bus) (távolsági) (autó)busz; (horse-drawn) (lovas) kocsi, fogat

coach[2] [kəʊtʃ] 1. n sp (trainer) edző; (tutor) magántanító 2. v felkészít (for/in sg versenyre, vizsgára)

coal [kəʊl] n szén

coalition [kəʊə'lıʃn] n koalíció

coal-mine n szénbánya

coarse [kɔːs] a durva; fig nyers, közönséges

coast [kəʊst] n partvidék, (tenger)part

coast-guard n partőr(ség)

coastline [kəʊstlaın] n geogr partvonal

coat [kəʊt] 1. n kabát; (of animal) bunda, szőrzet ‖ ~ (of paint) (festék)réteg 2. v bevon (with vmvel)

coat-hanger n vállfa

coating [kəʊtıŋ] n festékréteg

coax [kəʊks] v ~ sy into sg rászed/rávesz vkt vmre; ~ sg out of sy vkből vmt kicsikar

cobbler [kɒblə] n varga, cipész, suszter

cobweb [kɒbweb] n pókháló

cocaine [kəʊ'keın] n kokain

cock [kɒk] 1. n (animal, also of gun) kakas 2. v felhúz

cockerel [kɒkrəl] n fiatal kakas

cock-eyed [kɒk aıd] col a (cross-eyed) kancsal; (abnormal) furcsa

cockle [kɒkl] n kagyló

cockney [kɒknı] a/n (tipikusan) londoni (ember)

cockpit [kɒkpıt] n pilótafülke

cockroach [kɒkrəʊtʃ] n svábbogár

cocktail [kɒkteıl] n koktél

cocktail party n koktélparti

cocoa [kəʊkəʊ] n kakaó

coconut [kəʊkənʌt] n kókuszdió

COD [sı əʊ 'di:] = cash on delivery

code [kəʊd] n (system of signals) kód; law jogszabálygyűjtemény

cod-liver oil n csukamájolaj

coerce [kəʊ'ɜːs] v ~ into belekényszerít vmbe

coercion [kəʊ'ɜːʃən] n kényszer

coexistence [kəʊıg'zıstəns] n együttélés

coffee [kɒfı] n kávé ‖ make ~ kávét főz

coffee bar n kávézó, eszpresszó

coffee-break n kávészünet

coffee grinder n kávédaráló

coffin [kɒfın] n koporsó

cog [kɒg] n fog (fogaskeréké)

cogent [kəʊdʒənt] a hathatós; (argument) meggyőző; (cause) nyomós

cognac [kɒnjæk] n konyak

cog railway n fogaskerekű (vasút)

cogwheel [kɒgwi:l] n fogaskerék

coherent [kəʊ'hıərənt] a összefüggő, koherens

coil [kɔıl] 1. n el tekercs; (contraceptive) spirál 2. v ~ sg (a)round sg vmre rácsavar, ráteker

coin [kɔın] 1. n (pénz)érme 2. v ~ money pénzt ver

coinage [kɔınıdʒ] n (új) szó alkotása, szóalkotás

coincide [kəʊın'saıd] v egybeesik (with vmvel)

coincidence [kəʊ'ınsıdəns] n egybeesés

coin-operated a pénzbedobós ‖ ~ machine (pénzbedobós) automata

Coke 70

Coke [kəʊk] n col kóla
coke n koksz
cold [kəʊld] 1. a hideg || I am ~
fázom; it is ~ hideg van; in ~
blood hidegvérrel 2. n hideg; med
meghűlés, megfázás || have a ~
meg van hűlve
cold-blooded a (animal) hideg
vérű; (person) hidegvérű, kegyetlen
coleslaw ['kəʊlslɔ:] n káposztasaláta
colic ['kɒlɪk] n gyomorgörcs, hascsikarás
collaborate [kə'læbəreɪt] v also
pejor kollaborál, együttműködik
(with sy vkvel)
collaboration [kəlæbə'reɪʃn] n
együttműködés; pol kollaborálás
collapse [kə'læps] 1. n med ájulás;
pol összeomlás; (of government)
bukás 2. v összeesik; összeomlik;
(wall) leomlik; (government)
megbukik, megdől
collapsible [kə'læpsəbl] a összecsukható, összehajtható
collar ['kɒlə] 1. n gallér 2. v col
elkap, nyakon csíp vkt
collate [kə'leɪt] v összevet, összeegyeztet
collateral [kə'lætərəl] a járulékos,
mellékcolleague ['kɒli:g] n munkatárs,
kolléga
collect [kə'lekt] 1. a/adv utánvéttel
|| US ~ phone call R-beszélgetés
2. v vmt (össze)gyűjt; beszed;
(letters) kiszed || ~ oneself col
összeszedi magát (lelkileg); ~
stamps bélyeget gyűjt
collection [kə'lekʃn] n gyűjtemény,
kollekció; (for money) gyűjtés

collector [kə'lektə] n díjbeszedő,
pénzbeszedő || ~ of antiquities
régiséggyűjtő
college ['kɒlɪdʒ] n (for higher
education) főiskola; GB (part of
university) kollégium
collide [kə'laɪd] v összeütközik
(with vmvel)
collision [kə'lɪʒn] n karambol,
összeütközés
collusion [kə'lu:ʒn] n összejátszás
colon¹ ['kəʊlən] n gram kettőspont
colon² ['kəʊlən] n med vastagbél
colonial [kə'ləʊnɪəl] a gyarmati
colonel ['kɜ:nl] n ezredes
colonization [kɒlənaɪ'zeɪʃn] n
gyarmatosítás
colonnade [kɒlə'neɪd] n oszlopsor
colony ['kɒlənɪ] n gyarmat, kolónia;
(artists') telep
colour (US -or) ['kʌlə] 1. n szín;
(paint) festék || ~s nemzeti zászló/színek; be off ~ rossz színben
van 2. v (ki)színez, kifest; fig színez
colour-blind a színvak
coloured people n pl színesbőrűek
colour film n színes film
colourful ['kʌləfʊl] a színes, színpompás
colour television n színes televízió
column ['kɒləm] n arch oszlop,
pillér; mil hadoszlop; (of print)
hasáb; (in newspaper) rovat
coma ['kəʊmə] n kóma
comb [kəʊm] 1. n fésű 2. v fésül;
(search) átfésül
combat ['kɒmbæt] n ütközet
combination [kɒmbɪ'neɪʃn] n also
math kombináció
combine 1. [kəm'baɪn] vi egyesül;
chem vegyül | vt egyesít; chem

vegyít **2.** ['kɒmbaɪn] *n* ~
(harvester) kombájn
combustion [kəm'bʌstʃən] *n* égés
(folyamat)
come [kʌm] *v (pt* **came** [keɪm], *pp*
come [kʌm]) megérkezik, (el)jön
‖ ~ **and see me** látogass meg; ~
~**!** *col* ugyan, menj(en) már!; **to** ~
eljövendő, jövő; ~ **of age** eléri a
nagykorúságot
come about (meg)történik
come across összefut vkvel;
vmre (rá)akad
come along *(vm mellett)* halad ‖
~ **along!** siess!, gyerünk!
come back visszajön
come by sg vmhez jut, hozzájut
come down lejön, lemegy;
(price) esik
come forward with vmvel előáll
come from vhonnan származik,
ered vmből
come in bejön; *(train)* beérkezik;
(money) befolyik ‖ ~ **in!** tessék!,
szabad!
come into (a fortune *or* **money)**
örököl
come off vm vmről lejön, leválik,
(button) leszakad; *(succeed)* sike-
rül ‖ ~ **off well** jól jár
come on *(progress)* alakul, fej-
lődik ‖ ~ **on!** gyerünk!, siess már!
come out kijön; *(book)* megjele-
nik; *(be revealed)* kiderül, kitu-
dódik
come round *med* magához tér
come to vhova (el)érkezik; *med*
magához tér; *(total)* kitesz
(összeget)
come up feljön; *(sun)* felkel;
(problem) felmerül ‖ ~ **up**
against sg vmvel szembekerül

come upon sy/sg rátalál vkre/
vmre
comeback ['kʌmbæk] *n* visszatérés;
(response) visszavágás, replika
comedian [kə'miːdɪən] *n* komikus
comedienne [kəmiːdɪ'en] *n* komika
comedown ['kʌmdaʊn] *n* lecsúszás
(rangban)
comedy ['kɒmədɪ] *n* vígjáték
comet ['kɒmɪt] *n* üstökös
comfort ['kʌmfət] **1.** *n* kényelem,
komfort; *(consolation)* vigasz ‖ **all**
modern ~**s, every modern** ~
összkomfort **2.** *v* megvigasztal
comfortable ['kʌmftəbl] *a* kényel-
mes
comfort station *n US* nyilvános
illemhely/vécé
comic ['kɒmɪk] **1.** *a* humoros, vic-
ces **2.** *n (comedian)* komikus, hu-
morista; → **comics**
comics ['kɒmɪks] *n pl* képregény
comic strip *n* képregény
coming ['kʌmɪŋ] **1.** *a* jövő **2.** *n* ~**s**
and goings jövés-menés
comma ['kɒmə] *n* vessző *(írásjel)*
command [kə'mɑːnd] **1.** *n (order)*
parancs, utasítás; *mil (authority)* pa-
rancsnokság; *comput* parancs ‖ **be**
in ~ parancsnokol; ~ **of language**
nyelvtudás **2.** *v* parancsnokol, vezet
commander [kə'mɑːndə] *n* pa-
rancsnok
commandment [kə'mɑːndmənt] *n*
parancsolat
commando [kə'mɑːndəʊ] *n mil*
különítmény, kommandó
commemorate [kə'meməreɪt] *v*
megemlékezik vkről/vmről
commence [kə'mens] *vt* elkezd,
megkezd ‖ *vi* elkezdődik, megkez-
dődik

commend [kə'mend] v (*recommend*) ajánl; (*praise*) dicsér
commendation [kɒmen'deɪʃn] n (*recommendation*) ajánlás; (*praise*) dicséret
commensurate [kə'menʃərət] a be ~ **with** sg arányban áll vmvel
comment ['kɒment] 1. n megjegyzés, észrevétel ‖ **no** ~! nincs hozzáfűznivalóm! 2. v ~ **on** (*text*) magyaráz
commentary ['kɒməntrɪ] n magyarázó szöveg, kommentár
commentator ['kɒmənteɪtə] n hírmagyarázó; *sp* riporter
commerce ['kɒmɜːs] n kereskedelem
commercial [kə'mɜːʃl] 1. a kereskedelmi 2. n *TV* reklám
commercialize [kə'mɜːʃəlɪzəm] v üzleti alapokra helyez
commission [kə'mɪʃn] 1. n (*act*) megbízás; (*body*) bizottság; (*fee*) jutalék ‖ **give** ~ **to sy** megbízást ad vknek; **be out of** ~ nem üzemel 2. v ~ **sy to do sg** megbízást ad vknek vmre
commissionaire [kəmɪʃə'neə] n egyenruhás ajtónálló (*szálloda stb. előtt*)
commissioner [kə'mɪʃənə] n (*miniszteri*) biztos, megbízott
commit [kə'mɪt] v **-tt-** elkövet ‖ ~ **oneself to (doing) sg** vmre elkötelezi magát
commitment [kə'mɪtmənt] n (el)kötelezettség
committee [kə'mɪtɪ] n bizottság
commodity [kə'mɒdətɪ] n árucikk
common ['kɒmən] 1. a általános, mindennapi; *pejor* közönséges; (*affecting many*) közös ‖ **it's** ~

knowledge közismert tény; **be** ~ **talk** közszájon forog; **be in** ~ **use** közkézen forog 2. n (*land*) közlegelő ‖ **have sg in** ~ közös vonásuk..., közös bennük...
common law n *GB* országos szokásjog
common-law husband/wife n élettárs
commonly ['kɒmənlɪ] adv általában
commonplace ['kɒmənpleɪs] 1. a közhelyszerű 2. n közhely
Commons, the ['kɒmənz] n *GB* az angol alsóház
common sense n józan ész
Commonwealth, the ['kɒmənwelθ] n a Brit Nemzetközösség
commotion [kə'məʊʃn] n (*excitement*) izgatottság; (*confusion*) zűrzavar
communal ['kɒmjʊnl] a közösségi, kommunális, közös
commune 1. ['kɒmjuːn] n önkormányzat; (*community*) kommuna 2. [kə'mjuːn] v elbeszélget (*with* vkvel)
communicate [kə'mjuːnɪkeɪt] vi érintkezik (*with* vkvel); *rel* áldozik, úrvacsorát vesz | vt közöl/továbbít (*to* vkиek)
communication [kəmjuːnɪ'keɪʃn] n (*making understood*) kommunikáció, érintkezés; (*message*) közlemény ‖ ~ **cord** *GB* vészfék
communications [kə'mjuːnɪ'keɪʃnz] n (*sing. or pl*) (*sending information*) híradástechnika, hírközlés; (*travelling*) közlekedés
communion [kə'mjuːnɪən] n (*Holy* C~) áldozás, úrvacsora
communiqué [kə'mjuːnɪkeɪ] n közlemény, nyilatkozat

communism ['kɒmjʊnɪzəm] *n hist* kommunizmus

communist ['kɒmjʊnɪst] *a/n hist* kommunista

community [kə'mjuːnəti] *n* közösség; (*local group*) kolónia

commute [kə'mjuːt] *v col* ingázik

commuter [kə'mjuːtə] *n* ingázó

compact 1. [kəm'pækt] *a* tömör, tömött, sűrű **2.** ['kɒmpækt] *n* (*pact*) megállapodás; *US* (*car*) kiskocsi; (*for powder*) kompakt

compact disc *n* kompaktlemez, CD-lemez ‖ ~ **player** CD-lejátszó

companion [kəm'pæniən] *n* társ, kísérő

company ['kʌmpəni] *n* társaság; *comm* vállalat, cég; *theat* (szín)-társulat ‖ **keep sy** ~ vkt szórakoztat; **in the** ~ **of** vknek a társaságában; **in** ~ **with sy** vkvel együtt

comparable ['kɒmprəbl] *a* összehasonlítható (*to/with sg* vmivel)

comparative [kəm'pærətɪv] **1.** *a* összehasonlító **2.** *n gram* középfok

comparatively [kəm'pærətɪvlɪ] *adv* aránylag, viszonylag

compare [kəm'peə] *v* ~ **sg with sg/sy** összehasonlít vmt/vkt vmvel/vkvel; ~ **sg to sy/sg** vkhez/vmhez hasonlít vkt/vmt; **not to be** ~**d to** összehasonlíthatatlan

comparison [kəm'pærɪsn] *n* összehasonlítás ‖ **in** ~ **with sg** vmhez képest

compartment [kəm'pɑːtmənt] *n* *railw* fülke, szakasz; (*in drawer*) rekesz; (*inside a bag*) zseb

compass ['kʌmpəs] *n* iránytű

compasses ['kɒmpəsəs] *n pl* körző

compassion [kəm'pæʃn] *n* együttérzés, részvét

compatible [kəm'pætəbl] *a* összeegyeztethető; *comput* kompatibilis

compel [kəm'pel] *v* **-ll-** ~ **sy to do sg** vkt vmre (rá)kényszerít ‖ **I am** ~**led to** kénytelen vagyok

compensate ['kɒmpənseɪt] *vt* kárpótol ‖ *vi* ~ **for** kártérítést fizet vmért

compensation [kɒmpən'seɪʃn] *n* ellensúlyozás; (*for loss*) kártérítés

compère ['kɒmpeə] **1.** *n* konferanszié **2.** *v* konferál

compete [kəm'piːt] *v* versenyez, vetélkedik (*with sy in sg* vkvel vmben) ‖ ~ **for sg** pályázik vmre

competence ['kɒmpɪtəns] *n* (*skill*) hozzáértés, szakértelem; (*power*) hatáskör

competent ['kɒmpɪtənt] *a* hozzáértő, szakértő ‖ **not** ~ *law* illetéktelen

competition [kɒmpə'tɪʃn] *n* (*contest*) verseny; (*rivalry*) konkurencia

competitive [kɒm'petətɪv] *a* versenyképes ‖ ~ **sport** versenysport

competitor [kɒm'petɪtə] *n sp* versenyző; *comm* vetélytárs

compile [kəm'paɪl] *v* összeállít

complain [kəm'pleɪn] *v* panaszkodik (*about* vkre, vmre)

complaint [kəm'pleɪnt] *n* panasz, reklamáció; *med* panasz ‖ **make a** ~ **(about sg)** panaszt tesz, reklamál

complement 1. ['kɒmplɪmənt] *n* kiegészítés; (*staff*) állomány;

gram bővítmény **2.** ['kɒmplɪmənt]
v kiegészít

complementary [kɒmplɪ'mentrɪ] *n*
kiegészítő

complete [kəm'pliːt] **1.** *a (full)*
teljes, egész; *(finished)* befejezett,
kész **2.** *v* befejez, elvégez; *(a
form)* kiállít

completely [kəm'pliːtlɪ] *adv* teljesen

completion [kəm'pliːʃn] *n* befejezés, elvégzés

complex ['kɒmpleks] **1.** *a* bonyolult, összetett **2.** *n pszich* komplexus

complexion [kəm'plekʃn] *n* arcszín

complexity [kəm'pleksətɪ] *n* bonyolultság, összetettség

compliance [kəm'plaɪəns] *n* engedékenység ‖ **in ~ with it** ennek
megfelelően

complicate ['kɒmplɪkeɪt] *v* bonyolít,
komplikál

complicated ['kɒmplɪkeɪtɪd] *a*
összetett, bonyolult, komplikált

complication [kɒmplɪ'keɪʃn] *n*
bonyodalom; *med* szövődmény

complicity [kəm'plɪsətɪ] *n* bűnrészesség

compliment ['kɒmplɪmənt] *n* bók

complimentary   copy
[kɒmplɪ'mentrɪ] *n* tiszteletpéldány

comply [kəm'plaɪ] *v* **~ with**
(request) teljesít; *(rule)* betart

component [kəm'pəʊnənt] **1.** *a*
összetevő ‖ **~ parts** alkotórészek
2. *n* alkotóelem; alkatrész

compose [kəm'pəʊz] *v (music)*
komponál; *(poetry)* költ; *print*
szed ‖ **~ oneself** összeszedi magát

composed [kəm'pəʊzd] *a* nyugodt,
higgadt

composer [kəm'pəʊzə] *n* zeneszerző

composite ['kɒmpəzɪt] *a* összetett

composition [kɒmpə'zɪʃn] *n* összetétel; *mus* mű, szerzemény; *isk*
fogalmazás; *print* szedés

composure [kəm'pəʊʒə] *n* lélekjelenlét, nyugalom

compound ['kɒmpaʊnd] *n gram*
összetett szó; *chem* vegyület

comprehend [kɒmprɪ'hend] *v*
megért, felfog

comprehension [kɒmprɪ'henʃn] *n*
(meg)értés, felfogás

comprehensive [kɒmprɪ'hensɪv] *a*
átfogó ‖ **~ insurance** casco biztosítás; **~ school** *GB* (általános)
középiskola

compress 1. ['kɒmpres] *n* borogatás, priznic ‖ **cold ~** hideg borogatás **2.** [kəm'pres] *v tech* tömörít,
összenyom

comprise [kəm'praɪz] *v* magába(n)
foglal, felölel

compromise ['kɒmprəmaɪz] **1.** *n*
kiegyezés, kompromisszum **2.** *vi*
kiegyezik *(on* vmben) | *vt* kompromittál

compulsion [kəm'pʌlʃn] *n* kényszer

compulsive [kəm'pʌlsɪv] *a* megszállott, megrögzött

compulsory [kəm'pʌlsərɪ] *a* kötelező

computational [kɒmpju'teɪʃənl] *a*
számítógépes

computer [kəm'pjuːtə] *n* számítógép

computer-aided *a* számítógéppel
támogatott/segített

computerize [kəm'pjuːtəraɪz] *v* számítógépesít

computer operator n számítógép-kezelő
computer program a számítógépi program
computer science n számítástechnika
computing [kəm'pjuːtɪŋ] n számítástechnika
comrade ['kɒmreɪd] n bajtárs
conceal [kən'siːl] v (hide) elrejt; (secret) (el)titkol
concede [kən'siːd] v beleegyezik vmbe
conceited [kən'siːtɪd] a beképzelt, hiú
conceive [kən'siːv] v (imagine) elképzel; (idea) kigondol
concentrate ['kɒnsəntreɪt] vi koncentrál, összpontosít (on vmre) | vt mil összevon
concentration [kɒnsən'treɪʃn] n összpontosítás, koncentráció || ~ **camp** koncentrációs tábor
concept ['kɒnsəpt] n fogalom
conception [kən'sepʃn] n (idea) eszme, elgondolás; biol fogamzás
concern [kən'sɜːn] 1. n (matter) ügy; (anxiety) törődés, aggodalom; comm konszern, érdekeltség 2. v (affect) érint, vkre/vmre vonatkozik || **as far as I am ~ed** ami engem illet; **be ~ed about/for** félt vkt, aggódik vkért
concerning [kən'sɜːnɪŋ] adv (vkre/vmre) vonatkozólag, vonatkozóan
concert ['kɒnsət] n hangverseny, koncert
concerted [kən'sɜːtɪd] a közös, együttes
concert hall n hangversenyterem
concertina [kɒnsə'tiːnə] n harmonika

concerto [kən'tʃeətəʊ] n versenymű, koncert
concession [kən'seʃn] n (yielding) engedmény
conciliate [kən'sɪlɪeɪt] v békít, kiengesztel
conciliation [kənsɪlɪ'eɪʃn] n kiegyezés, kiengesztelés
concise [kən'saɪs] a tömör, rövid, velős
conclude [kən'kluːd] v következtet (from vmből vmt/vmre); (end) befejez; (treaty) (meg)köt
conclusion [kən'kluːʒn] n (deduction) következtetés; (end) befejezés || **draw a ~ from sg** levonja a következtetést vmből
conclusive [kən'kluːsɪv] a bizonyító erejű, döntő
concoct [kən'kɒkt] v col (össze)-kotyvaszt; fig kieszel, kisüt
concoction [kən'kɒkʃn] n kotyvalék
concord ['kɒŋkɔːd] n egyetértés
concrete ['kɒŋkriːt] 1. n beton 2. a konkrét
concurrently [kən'kʌrəntli] adv egyidejűleg
concussion [kən'kʌʃn] n (of the brain) agyrázkódás
condemn [kən'dem] v (el)ítél || ~ **to death** halálra ítél
condemned [kən'demd] a/n elítélt
condensation [kɒnden'seɪʃn] n kondenzáció, cseppfolyósítás
condense [kən'dens] vt (liquid) sűrít; fig (text) tömörít | vi chem lecsapódik
condensed milk n sűrített tej
condescending [kɒndɪ'sendɪŋ] a leereszkedő, vállveregető
condition [kən'dɪʃn] n (state) állapot; (presupposition) feltétel || **on**

no ~ semmi(lyen) körülmények között; **on** ~ **that** azzal a feltétellel, hogy; → **conditions**

conditional [kən'dıʃənl] **1.** *a* feltételes **2.** *n gram* feltételes mód

conditioner [kən'dıʃnə] *n* hajbalzsam, hajkondicionáló

conditions [kən'dıʃnz] *n pl* (*circumstances*) viszonyok, körülmények ‖ **under these** ~ ilyen feltételek mellett

condolences [kən'dəʊlənsız] *n* részvétnyilvánítás

condom ['kɒndɒm] *n* óvszer

condominium [kɒndə'mınıəm] *n US* öröklakás

conduct 1. ['kɒndʌkt] *n* (*behaviour*) viselkedés; (*management*) irányítás, vezetés **2.** [kən'dʌkt] *v* irányít, vezet; *mus* vezényel; *el* vezet ‖ **~ed tour** vezetés

conductor [kən'dʌktə] *n* (*on bus, US on train*) kalauz; *mus* karmester; *el* vezető

cone [kəʊn] *n math* kúp; (*for ice cream*) tölcsér; (*of fir*) toboz

confectioner's (shop) [kən'fekʃnəz] *n* cukrászda

confectionery [kən'fekʃənrı] *n* cukrászsütemény(ek)

confederation [kənfedə'reıʃn] *n* konföderáció

confer [kən'fɜː] *v* **-rr-** *vi* (*discuss*) tárgyal, (*with sy about/on sg* vkvel vmről) egyeztet ‖ *vt* (*degree*) adományoz

conference ['kɒnfərəns] *n* értekezlet, konferencia

confess [kən'fes] *v* bevall, beismer; *rel* gyón

confession [kən'feʃn] *n* (*beismerő*) vallomás; *rel* gyónás

confide [kən'faıd] *v* megbízik (*in* vkben)

confidence ['kɒnfıdəns] *n* bizalom; (*self*-~) önbizalom ‖ **have** ~ **in** vkben/vmben bízik; **in** ~ bizalmasan

confident ['kɒnfıdənt] *a* bizakodó; (*self-assured*) magabiztos

confidential [kɒnfı'denʃl] *a* bizalmas

confine [kən'faın] *v* (*lock up*) bezár; (*imprison*) elzár; (*limit*) korlátoz ‖ **be ~d to** korlátozódik/szorítkozik vmre

confinement [kən'faınmənt] *n* (*in prison*) bebörtönzés; *med* gyermekágy

confirm [kən'fɜːm] *v* (*news*) megerősít; (*air ticket*) érvényesíttet; *rel* bérmál, konfirmál

confirmed *a* (*bachelor*) megrögzött, notórius

confiscate ['kɒnfıskeıt] *v* elkoboz

conflict 1. ['kɒnflıkt] *n* összeütközés, ellentét **2.** [kən'flıkt] *v* ellentétben áll/van, összeütközésbe kerül (*with sy/sg* vkvel/vmvel)

conform [kən'fɔːm] *v* ~ **to** *sg/sy* vmhez/vkhez idomul ‖ ~ **with sg** megfelel vmnek

conformist [kən'fɔːmıst] *n* beilleszkedő, konformista

confront [kən'frʌnt] *v* szembeszáll ‖ ~ **sy with sy** vkt vkvel szembesít

confrontation [kɒnfrən'teıʃn] *n* szembesítés

confuse [kən'fjuːz] *v* összezavar ‖ ~ **sg with sg** összetéveszt

confusion [kən'fjuːʒn] *n* zűrzavar, felfordulás

congeal [kən'dʒiːl] *v* (*blood*) (meg)alvad; (*paint*) megszárad

congenial [kən'dʒi:niəl] *a (person)* szimpatikus; *(weather)* kellemes

congested traffic [kən'dʒestɪd] *n* forgalmi akadály/dugó

congestion [kən'dʒestʃən] *n* forgalmi zavar(ok); *med* vértolulás

congratulate [kən'grætjʊleɪt] *v ~* **sy on sg** gratulál *(vknek vmi alkalmából)*

congratulations [kəngrætjʊ'leɪʃnz] *n pl* gratuláció ‖ ~! gratulálok!

congregation [kɒŋgrɪ'geɪʃn] *n* gyülekezet, egyházközség

congress [kɒŋgres] *n* kongresszus

Congress *n* az USA kongresszusa

Congressman ['kɒŋgresmən] *n (pl -men)* US képviselő

Congresswoman ['kɒŋgreswʊmən] *n (pl -women)* US képviselő-(nő)

conjecture [kən'dʒektʃə] *n* feltevés, sejtés

conjugal ['kɒndʒʊgl] *n* házastársi

conjunction [kən'dʒʌŋkʃn] *n (coincidence)* egybeesés, összejátszás; *gram* kötőszó

conjunctivitis [kəndʒʌŋktɪ'vaɪtɪs] *n* kötőhártya-gyulladás

conjure ['kʌndʒə] *v* bűvészkedik ‖ ~ **up** elővarázsol

conjurer ['kʌndʒərə] *n* bűvész

conk out *v col* lerobban, bedöglik

connect [kə'nekt] *vt* (össze)kapcsol *(with* vmivel/vkvel), kapcsolatba hoz ‖ *vi railw* csatlakozik *(with* vmhez)

connection [kə'nekʃn] *n* kapcsolat, összeköttetés; *el* érintkezés; *(telephone)* kapcsolás; *railw* csatlakozás ‖ **in this/that** ~ ebben a vonatkozásban

connoisseur [kɒnə's3:] *n* műértő

conquer ['kɒŋkə] *v* meghódít, legyőz

conqueror ['kɒŋkərə] *n* hódító

conquest ['kɒŋkwəst] *n* hódítás

cons [kɒns] *n pl* **the** ~ *col* az ellene szóló érvek

conscience ['kɒnʃəns] *n* lelkiismeret

conscientious [kɒnʃi'enʃəs] *a* lelkiismeretes, kötelességtudó

conscious ['kɒnʃəs] *a* tudatos ‖ **be** ~ **of sg** tudatában van vmnek

consciousness ['kɒnʃəsnɪs] *n* öntudat; tudat(osság)

conscript 1. ['kɒnskrɪpt] *n* sorkatona **2.** [kən'skrɪpt] *v* besoroz

conscription [kən'skrɪpʃn] *n mil* sorozás

consecrate ['kɒnsɪkreɪt] *v* felszentel

consecutive [kən'sekjʊtɪv] *a* egymás utáni

consensus [kən'sensəs] *n* közmegegyezés

consent [kən'sent] **1.** *n* beleegyezés, hozzájárulás **2.** *v ~* **to** beleegyezik vmbe, hozzájárul vmhez

consequence ['kɒnsɪkwəns] *n* következmény ‖ **in** ~ **of sg** vmnek következtében

consequently ['kɒnsɪkwəntlɪ] *conj* következésképpen, tehát

conservation [kɒnsə'veɪʃn] *n* fenntartás, állagmegóvás; *(of nature)* természetvédelem

conservative [kən's3:vətɪv] *a/n* konzervatív

conservatoire [kən's3:vətwɑ:] *n mus* konzervatórium

conservatory [kən's3:vətrɪ] *n (greenhouse)* üvegház, télikert; *US mus* konzervatórium

conserve [kən'sɜːv] v (*preserve*) megőriz

consider [kən'sɪdə] v megfontol; (*take into account*) figyelembe vesz vmt; (*regard as*) vm(lyen)nek ítél/tart vmt

considerable [kən'sɪdərəbl] a jelentékeny, számottevő

considerably [kən'sɪdərəblɪ] adv jelentékeny mértékben

considerate [kən'sɪdərət] a figyelmes

consideration [kənsɪdə'reɪʃn] n megfontolás, meggondolás; (*attention*) figyelembevétel; (*reward*) ellenszolgáltatás, díjazás ‖ **take sg into ~** tekintetbe/figyelembe vesz vmt

considering [kən'sɪdərɪŋ] **1.** prep/conj tekintettel vmre **2.** adv mindent figyelembe véve, ha jól meggondoljuk (a dolgot)

consign [kən'saɪn] v (*send*) (el)küld; (*hand over*) átad (*to* vknek)

consignment [kən'saɪnmənt] n (*act*) küldés; (*goods*) küldemény, szállítmány

consist [kən'sɪst] v ~ **of sg** áll vmből

consistency [kən'sɪstənsɪ] n (*thickness*) sűrűség; (*of person, argument*) következetesség

consistent [kən'sɪstənt] a következetes

consolation [kɒnsə'leɪʃn] n vigasz, vigasztalás

console 1. ['kɒnsəʊl] n konzol; kapcsolótábla **2.** [kən'səʊl] v megvigasztal

consolidate [kən'sɒlɪdeɪt] v megerősít, megszilárdít

consommé [kən'sɒmeɪ] n erőleves

consonant ['kɒnsənənt] n mássalhangzó

consort ['kɒnsɔːt] n hitves ‖ **the prince ~** a királynő férje

conspicuous [kən'spɪkjʊəs] a szembeötlő, feltűnő

conspiracy [kən'spɪrəsɪ] n összeesküvés

conspire [kən'spaɪə] v ~ **against sy** összeesküvést sző vk ellen

constable ['kʌnstəbl] n GB rendőr

constabulary [kən'stæbjʊlərɪ] n rendőrség

constant ['kɒnstənt] **1.** a állandó, változatlan **2.** n math állandó

constellation [kɒnstə'leɪʃn] n csillagkép, csillagzat

consternation [kɒnstə'neɪʃn] n döbbenet

constipation [kɒnstɪ'peɪʃn] n med szorulás, székrekedés

constituency [kən'stɪtjʊənsɪ] n szavazókerület, választókerület

constituent [kən'stɪtjʊənt] n (*part*) összetevő; (*person*) választó(jogosult)

constitute ['kɒnstɪtjuːt] v alkot, képez

constitution [kɒnstɪ'tjuːʃn] n pol, law alkotmány; (*physique*) alkat, fizikum

constitutional [kɒnstɪtjuːʃənl] a law alkotmányos; med alkati

constraint [kən'streɪnt] n kényszer, megkötöttség

construct [kən'strʌkt] v (*building*) (fel)épít; (*machine, geometric figure*) szerkeszt

constructive [kən'strʌktɪv] a építő, konstruktív

construction [kən'strʌkʃn] n (*building*) építés, építkezés; (*object*) építmény; tech szerkesztés

consul ['kɒnsl] *n* konzul

consulate ['kɒnsjʊlət] *n* konzulátus

consult [kən'sʌlt] *v* vkvel vmről konzultál, értekezik ‖ ~ **a dictionary** szótárt forgat; ~ **a doctor** orvoshoz fordul

consultant [kən'sʌltənt] *n med* szaktanácsadó; *med* szakorvos

consultation [kɒnsəl'teɪʃn] *n* konzultáció, (szak)tanácsadás; *med* rendelés

consulting hours [kən'sʌltɪŋ] *n pl med* rendelési idő; *(office)* félfogadás

consulting room *n* orvosi rendelő

consume [kən'sjuːm] *v* felhasznál; *(food)* (el)fogyaszt

consumer [kən'sjuːmə] *n* fogyasztó ‖ ~ **goods** közszükségleti/fogyasztási cikkek; ~ **society** fogyasztói társadalom

consumption [kən'sʌmpʃn] *n* felhasználás; *(of food)* fogyasztás

contact ['kɒntækt] **1.** *n (touch)* érintkezés; *(communication)* összeköttetés, kapcsolat; *el* érintkezés **2.** *v* ~ **sy** kapcsolatba lép vkvel

contact lens *n* kontaktlencse

contagious [kən'teɪdʒəs] *a (illness)* fertőző, *also fig* ragadós

contain [kən'teɪn] *v* tartalmaz, magába(n) foglal

container [kən'teɪnə] *n* konténer, tartály

contamination [kəntæmɪ'neɪʃn] *n* szennyeződés

contemplate ['kɒntempleɪt] *v (look at)* szemlél; *(plan)* fontolgat, tervez

contemporary [kən'temprərɪ] **1.** *a* korabeli, mai, kortárs **2.** *n* kortárs

contempt [kən'tempt] *n* megvetés

contend [kən'tend] *v* verseng *(for sg* vmért) ‖ ~ **with sy** (vkvel vmért) versenyez

content[1] [kən'tent] *a* (meg)elégedett ‖ **be** ~ **with sg** beéri/megelégszik vmvel

content[2] ['kɒntent] *n* tartalom; → **contents**

contention [kən'tenʃn] *n (dispute)* vita; *(argument)* állítás, erősködés

contentment [kən'tentmənt] *n* megelégedés, elégedettség

contents ['kɒntents] *n pl* tartalomjegyzék

contest 1. ['kɒntest] *n* verseny, versengés **2.** [kən'test] *v (dispute)* vitat; *law (testament)* megtámad

contestant [kən'testənt] *n* versenyző

context ['kɒntekst] *n* (szöveg)összefüggés

continent ['kɒntɪnənt] *n* földrész, kontinens; szárazföld ‖ **the C~** Európa *(Nagy-Britannia nélkül)*

contingent [kən'tɪndʒənt] *n* részleg, kontingens

continual [kən'tɪnjʊəl] *a* folytonos, állandó; *(repeated)* ismétlődő

continuation [kəntɪnju'eɪʃn] *n* folytatás

continue [kən'tɪnjuː] *vt* folytat | *vi* (tovább) tart, folytatódik ‖ **to be ~d** folytatása következik

continuous [kən'tɪnjʊəs] *a* folyamatos, állandó; folytatólagos

contour ['kɒntʊə] *n* körvonal

contraband ['kɒntrəbænd] *n* csempészáru

contraception [kɒntrə'sepʃn] *n* fogamzásgátlás

contraceptive [kɒntrə'septɪv] *a/n* fogamzásgátló

contract 1. ['kɒntrækt] *n* szerződés, megállapodás; (*in bridge*) bemondás ‖ **enter into** (*or* **make**) **a ~ with sy** szerződést köt vkvel **2.** [kən'trækt] *vi comm* szerződik; (*muscle*) összehúzódik ‖ *vt* (*goods*) lekot; (*illness*) megkap

contraction [kən'trækʃn] *n* (*of muscles*) összehúzódás

contract with szerződést köt vkvel

contractor [kən'træktə] *n* vállalkozó

contradict (sg) [kɒntrə'dɪkt] *v* ellentmond, megcáfol

contradiction [kɒntrə'dɪkʃn] *n* ellentmondás

contradictory [kɒntrə'dɪktərɪ] *a* ellentmondásos

contraption [kən'træpʃn] *n* ötletes szerkezet

contrary ['kɒntrərɪ] **1.** *a* ellentétes, ellenkező **2.** *n* vmnek az ellenkezője/ellentéte ‖ **on the ~** ellenkezőleg **3.** *prep* **~ to sg** ellentétben/szemben vmvel

contrast 1. ['kɒntrɑ:st] *n* ellentét, szembeállítás ‖ **in ~ to/with sg** ellentétben vmvel **2.** [kən'trɑ:st] *v* **~ with sg** szembeállít vmvel; ellentétben áll/van vmvel

contravene [kɒntrə'vi:n] *v* (*law*) áthág, megsért

contribute [kən'trɪbju:t] *v* közreműködik (*to* vmben); hozzájárul (*to* vmhez); (*write*) (cikkeket) ír (*to* újságba, folyóiratba)

contribution [kɒntrɪ'bju:ʃn] *n* közreműködés, hozzájárulás vmhez; (*money*) járulék; (*in newspaper*) cikk

contributor [kən'trɪbjʊtə] *n* szerző, cikkíró

contrivance [kən'traɪvns] *n* szerkezet, eszköz; (*invention*) kitalálás

contrive [kən'traɪv] *v* kigondol, kitalál ‖ **~ to** sikerül...

control [kən'trəʊl] **1.** *n* irányítás, vezérlés ‖ **be under sy's ~** vknek hatalmában *or* irányítása alatt van/áll; **be in ~ of sg** ura vmnek, (jól) kézben tart; **have ~ over sy/sg** uralkodik vkn/vmn; **get/go out of ~** elszabadul, irányíthatatlanná válik **2.** *v* **-ll-** irányít, vezérel; szabályoz; (*főleg pol*) vmt (jól) kézben tart; ellenőriz

control room *n* vezérlőterem

control tower *n* irányítótorony

control unit *n comput* vezérlőegység

controversial [kɒntrə'vɜ:ʃl] *a* ellentmondásos, vitatható

controversy ['kɒntrəvɜ:sɪ] *n* vita

convalesce [kɒnvə'les] *v* lábadozik

convalescence [kɒnvə'lesns] *n* gyógyulás

convector (heater) [kən'vektə] *n* konvektor

convene [kən'vi:n] *vt* összehív ‖ *vi* összeül

convenience [kən'vi:nɪəns] *n* kényelem ‖ **with all (the) modern ~s** összkomfortos

convenient [kən'vi:nɪənt] *a* alkalmas, megfelelő, kényelmes

convent ['kɒnvənt] *n* kolostor, zárda

convention [kən'venʃn] *n* (*custom*) szokás; *US* elnökjelölő kongresszus

conventional [kən'venʃnl] *a* konvencionális; hagyományos

conversation [kɒnvə'seɪʃn] *n* beszélgetés, társalgás

conversational [kɒnvə'seɪʃnəl] *a* társalgási

converse[1] [kən'vɜːs] *v* beszélget, társalog (*with sy* vkvel)

converse[2] [kɒnvɜːs] **1.** *a* fordított, ellentétes **2.** *n* ellentét

conversion [kən'vɜːʃn] *n* átalakítás, átváltozás; *rel* megtérés; *math* átszámítás (*into* vmre); *fin* átváltás

convert 1. [kən'vɜːt] *v* átváltoztat; *rel* megtérít; *math* (*fraction*) átalakít; *fin* (*money*) átvált ‖ ~ **sg into sg** vmt vmvé változtat/átalakít **2.** [ˈkɒnvɜːt] *a* megtért (ember)

convertible [kən'vɜːtəbl] **1.** *a* átalakítható; *fin* konvertibilis **2.** *n* nyitható tetejű autó

convey [kən'veɪ] *v* (el)szállít (*to* vhová)

convict 1. [ˈkɒnvɪkt] *n* elítélt, fegyenc **2.** [kən'vɪkt] *v law* elítél (*sy of sg* vkt vm miatt)

conviction [kən'vɪkʃn] *n* (*verdict*) elítélés; (*belief*) meggyőződés

convince [kən'vɪns] *v* ~ **sy of sg** meggyőz vkt vmről ‖ **be ~d that** az a meggyőződése, hogy

convincing [kən'vɪnsɪŋ] *a* meggyőző

convoluted [ˈkɒnvəluːtɪd] *a* tekervényes; *fig* bonyolult

convoy [ˈkɒnvɔɪ] *n* védőkíséret

convulse [kən'vʌls] *v* összehúz (*görcs testrészt*)‖ **be ~d with laughter** gurul a nevetéstől

convulsion [kən'vʌlʃn] *n* összehúzódás, görcs

cook [kʊk] **1.** *n* szakács **2.** *vt* (meg)főz, elkészít ‖ *vi* (meg)fő

cookbook [ˈkʊkbʊk] *n US* = **cookery book**

cookery book [ˈkʊkəri] *n GB* szakácskönyv

cookies [ˈkʊkɪz] *n pl US* teasütemény

cooking [ˈkʊkɪŋ] *n* főzés

cool [kuːl] **1.** *a* hűvös; (*calm*) higgadt **2.** *n* **keep your ~!** *col* nyugi! **3.** *vt* (ki)hűt ‖ *vi* (ki)hűl

cool down *vt* lehűt ‖ *vi* lehűl

coolant [ˈkuːlənt] *n* hűtőfolyadék

coolness [ˈkuːlnɪs] *n* hidegvér, higgadtság

cooperate [kəʊ'ɒpəreɪt] *v* együttműködik (*with* vkvel)

cooperation [kəʊɒpə'reɪʃn] *n* együttműködés, kooperáció

cooperative [kəʊ'ɒpərətɪv] **1.** *a* együttműködő; *comm* szövetkezeti **2.** *n* (*of farmers*) szövetkezet ‖ ~ **store** szövetkezeti bolt

coordination [kəʊɔ:dɪ'neɪʃn] *n* összehangolás, egyeztetés

coordinate 1. [kəʊ'ɔ:dɪnət] *n math* koordináta **2.** [kəʊ'ɔ:dɪneɪt] *v* összehangol, egyeztet

cop [kɒp] *n col* zsaru

cope (with sg) [kəʊp] *v* megbirkózik vmvel

copier [ˈkɒpɪə] *n* másológép

copious [ˈkəʊpɪəs] *a* bőséges, bő

copper[1] [ˈkɒpə] *n* (*metal*) vörösréz

copper[2] [ˈkɒpə] *n col* (*policeman*) zsaru

copy [ˈkɒpɪ] **1.** *n* (*sg exactly the same*) másolat; (*imitation*) utánzat; (*manuscript*) kézirat; (*single book*) példány; (*of newspaper*) szám **2.** *v* (át)másol, lemásol

copy-book *n* füzet

copyright [ˈkɒpɪraɪt] *n* szerzői jog

coral [ˈkɒrəl] *n* korall ‖ ~ **reef** korallzátony

cord [kɔːd] *n* kötél, zsineg; *US el* (vasaló)zsinór; → **cords**

cordial ['kɔ:dıəl] *a* szívélyes
cordon ['kɔ:dn] **1.** *n* kordon **2.** *v* ~ **off** kordonnal lezár/ körülvesz vmt
cords ['kɔ:ds] *n pl* kordbársony nadrág, kordnadrág
corduroy ['kɔ:dərɔı] *n* kordbársony
core [kɔ:] *n* (*of fruit*) mag; (*central part of sg*) vmnek a belseje ‖ **to the** ~ velejéig
cork [kɔ:k] **1.** *n* dugó **2.** *v* (be)dugaszol
corkscrew ['kɔ:kskru:] *n* dugóhúzó
corn [kɔ:n] *n GB* (*wheat*) gabona; *US* (*maize*) kukorica; (*on foot*) tyúkszem
cornea ['kɔ:nıə] *n* szaruhártya
corner ['kɔ:nə] **1.** *n* sarok; *sp* szöglet(rúgás) ‖ **turn the** ~ bekanyarodik a sarkon; *fig* átvészel (*súlyos betegséget*) **2.** *v* kanyarodik ‖ ~ **sy** sarokba szorít vkt
cornet ['kɔ:nıt] *n* (*of ice cream*) (fagylalt)tölcsér; *mus* piszton
cornflakes ['kɔ:nfleıks] *n pl* kukoricapehely
coronary artery ['kɒrənərı] *n* koszorúér
coronation [kɒrə'neıʃn] *n* koronázás
coroner ['kɒrənə] *n* halottkém
coronet ['kɒrənıt] *n* hercegi korona
Corp. = *US* **corporation**
corporal ['kɔ:prəl] *n* tizedes
corporal punishment *n* testi fenyítés
corporate ['kɔ:pərət] *a* testületi
corporation [kɔ:pə'reıʃn] *n* testület; *US* társaság, vállalat, kft.
corps [kɔ:] *n* (*pl* **corps**) [kɔ:z] testület; *mil* csapattest, alakulat
corpse [kɔ:ps] *n* holttest

corpuscle ['kɔ:pʌsl] *n* részecske; (*of blood*) vérsejt
correct [kə'rekt] **1.** *a* (*proper*) helyes, korrekt; (*accurate*) pontos **2.** *v* (ki)javít, korrigál
correction [kə'rekʃn] *n* (ki)javítás
correlate with sg ['kɒrəleıt] *v* kölcsönös összefüggésben van vmvel
correlation [kɒrə'leıʃn] *n* viszony, (kölcsönös) összefüggés
correspond [kɒrə'spɒnd] *v* megfelel (*to* vmnek); (*exchange letters*) levelez
correspondence [kɒrə'spɒndəns] *n* (*similarity*) megfelelés; (*exchange of letters*) levelezés
correspondence course *n* levelező oktatás
correspondent [kɒrə'spɒndənt] *n* (*newspaper* ~) tudósító
corridor ['kɒrıdɔ:] *n* folyosó
corroborate [kə'rɒbəreıt] *v* megerősít, igazol
corrosion [kə'rəʊʒn] *n* korrózió
corrupt [kə'rʌpt] **1.** *a* korrupt, megvesztegethető **2.** *n* megveszteget
corruption [kə'rʌpʃn] *n* romlás, korrupció
cosmetic [kɒz'metık] **1.** *a* kozmetikai ‖ ~ **articles** *pl* piperecikkek **2.** *n* kozmetikai szer
cosmetician [kɒzmə'tıʃn] *n* kozmetikus
cosmic ['kɒzmık] *a* kozmikus
cosmos ['kɒzmɒs] *n* világegyetem
cost [kɒst] **1.** *n* ár, költség ‖ **at sy's** ~ vknek a rovására; **at all** ~s bármely áron **2.** *v* (*pt/pp* **cost** [kɒst]) (bele)kerül (*vmbe*) ‖ **what does it** ~? mibe/mennyibe kerül?
co-star *n* partner (*szerepben*)

costly ['kɒstlɪ] *a* költséges

cost of living *n* megélhetési költségek

cost price *n* önköltségi ár

costume ['kɒstju:m] *n* kosztüm; *(fancy dress)* jelmez; *GB (for bathing)* fürdőruha; ‖ ~ jewellery *(US* jewelry) divatékszer

cosy ['kəʊzɪ] *US* cozy *a (room)* otthonos; *(atmosphere)* kellemes

cot [kɒt] *n GB (child's)* gyerekágy; *US (campbed)* kempingágy

cottage ['kɒtɪdʒ] *n* (nyári) lak, házikó

cottage-cheese *n approx* gomolya

cottage industry *n* háziipar

cotton ['kɒtn] *n (bot)* gyapot; *(thread)* pamut ‖ ~ wool vatta

couch [kaʊtʃ] *n* díványn, kanapé

couchette [ku:'ʃet] *n* fekvőkocsi

cough [kɒf] 1. *n* köhögés ‖ have a ~ köhög 2. *v* köhög

cough drop *n* köhögés elleni cukorka

could [kʊd] *v* I ~ go elmehetnék; ~ you bring me ... lenne olyan szíves hozni ...; → can[2]

couldn't = could not

council ['kaʊnsl] *n (of town)* városi tanács; *rel hist* zsinat ‖ ~ house *n* tanácsi (bér)lakás, lakótelepi (bér)ház

councillor *(US* -cilor) ['kaʊnslə] *n* tanácsos, tanácstag

counsel ['kaʊnsl] *n (lawyer)* jogtanácsos; *(advice)* tanács

counsellor ['kaʊnslə] *n* tanácsadó, jogtanácsos

count[1] [kaʊnt] 1. *n (reckoning)* (meg)számolás 2. *vt* (meg)számol ‖ *vi* számításba jön, számít ‖ not ~ing nem számítva

count down visszaszámol

count on sg/sy számít vmre/vkre

count[2] [kaʊnt] *n (nobleman)* gróf

countdown ['kaʊntdaʊn] *n* visszaszámlálás

counter ['kaʊntə] 1. *n (in shop)* pult; *(in bank)* pénztár; *(for games)* játékpénz; zseton 2. *vt* megcáfol ‖ *vi* visszaüt, riposztozik

counteract [kaʊntər'ækt] *v* hatástalanít, ellensúlyoz

counter-attack *n mil* ellentámadás

counter-clockwise *a/adv US* az óramutató járásával ellenkező irányba(n)

counter-espionage *n* kémelhárítás

counterfeit ['kaʊntəfɪt] 1. *a* hamis(ított) 2. *n* utánzat, hamisítvány 3. *v* hamisít

counterfoil ['kaʊntəfɔɪl] *n* (ellenőrző) szelvény

counterpart ['kaʊntəpɑ:t] *n* ellenpár ‖ sy's American ~ *pol* vknek az amerikai kollégája

countersign ['kaʊntəsaɪn] *v* ellenjegyez, láttamoz

countess ['kaʊntɪs] *n* grófnő

countless ['kaʊntlɪs] *a* számtalan

country ['kʌntrɪ] *n* vidék, táj; *(native land)* ország, haza ‖ all over the ~ országszerte

country dancing *n GB* népi tánc

country-house *n* kastély, (vidéki) kúria

countryman ['kʌntrɪmən] *n (pl* -men) vidéki, paraszt; *(fellow ~)* földi

countryside ['kʌntrɪsaɪd] *n* vidék, környék

countrywoman ['kʌntrɪwʊmən] *n (pl* -women [-wɪmɪn]) parasztasszony; földi *(nő)* county ['kaʊntɪ] n megye, GB grófság

coup d'état [ku:deɪ'ta:] n (pl coups [ku:z] d'état) államcsíny, puccs

coupé [ku:peɪ] n kétajtós kocsi

couple ['kʌpl] 1. n pár ‖ a ~ of két, (egy) pár 2. v összekapcsol

coupon ['ku:pɒn] n szelvény, kupon

courage ['kʌrɪdʒ] n bátorság ‖ have the ~ to megvan a bátorsága vmhez

courageous [kə'reɪdʒəs] a bátor

courgette ['kʊəʒet] n GB cukkini

courier ['kʊrɪə] n (for tourists) idegenvezető; (diplomatic) futár

course [kɔ:s] n (duration) lefolyás, menet; (of ship) útirány; sp pálya; school tanfolyam, kurzus; (book) nyelvkönyv; (of meal) fogás ‖ ~ of lectures előadássorozat; of ~ persze, természetesen; in the ~ of sg vmnek (a) során

course book n nyelvkönyv

court [kɔ:t] 1. n (royal) királyi udvar; law bíróság; sp pálya ‖ at ~ az udvarnál; before the ~ a törvény előtt; in ~ a bíróságon 2. v vknek udvarol

courteous ['kɜ:tɪəs] a udvarias

courtesy ['kɜ:təsɪ] n udvariasság, előzékenység

court-room n (bírósági) tárgyalóterem

courtyard ['kɔ:tjɑ:d] n udvar

cousin ['kʌzn] n unokatestvér

covenant ['kʌvənənt] n law szerződéses kötelezettség

cover ['kʌvə] 1. n (lid) fedő; (for bed) takaró; (of book) borító; (of magazine) címlap; (of chair etc) bútorhuzat; (envelope) boríték; (insurance) biztosítás; (at table) teríték; (shelter) menedék ‖ under ~ of sg vmnek a leple alatt 2. v (be)takar, befed; (hide) leplez; (include) felölel; (newspaper) beszámol, tudósít vmről; (distance) megtesz; (costs) fedez; biztosít

cover up betakar; elleplez ‖ ~ up for sy falaz vknek

cover with vmvel fed/borít

coverage ['kʌvərɪdʒ] n tudósítás; TV közvetítés

covering ['kʌvərɪŋ] 1. a borító, burkoló 2. n (for furniture) bútorhuzat

cover picture n címkép

covert ['kʌvət] a titkolt

cover-up n eltussolás

covet ['kʌvɪt] v megkíván vmt, vágyik vmre

cow [kaʊ] n tehén

coward ['kaʊəd] n gyáva (ember)

cowardice ['kaʊədɪs] n gyávaság

cowboy ['kaʊbɔɪ] n gulyás, csordás; GB pejor fuser, kontár

coy [kɔɪ] a félénk, szemérmes

coyote [kɔɪ'əʊtɪ] n prérifarkas

cozy ['kəʊzɪ] a US = cosy

CPA US = certified public accountant

crab [kræb] n rák (tengeri)

crack [kræk] 1. n (in wall) rés, repedés; (in glass, pottery) csorba; (noise) reccsenés; (of whip) csattanás ‖ have a ~ at sg col megpróbál vmt 2. vi reped(ezik), megreped; (glass, pottery) elpattan; (paint) felpattogzik; (whip) csattan | vt elrepeszt; (nut) megtör; (whip) csattogtat ‖ ~ a joke col elsüt egy viccet

crack down on sy lecsap (bűnözőre)

crack up col (*nervously*) kiborul, összeroppan

cracker ['krækə] n (*biscuit*) sós keksz; (*firework*) petárda; GB col (*girl*) jó csaj ‖ **-s** pl (*for nut*) diótörő

crackle ['krækl] 1. n sercegés; (*of fire*) ropogás 2. v serceg; (*tűz*) ropog

cradle ['kreɪdl] n bölcső

craft [krɑːft] n (*skill*) (kéz)ügyesség; (*job*) mesterség; (*trade*) kisipar; (*cunning*) ravaszság; (*plane*) repülőgép

craftsman ['krɑːftsmən] n (pl **-men**) kézműves, (kis)iparos

crafty ['krɑːftɪ] a col csalafinta

cram [kræm] v **-mm-** töm, begyömöszöl; (*learn*) magol, bifláz ‖ **~ sy** korrepetál
  cram into beletöm, beleprésel
  cram sg with sg vmvel teletöm

cramp [kræmp] 1. n görcs ‖ **get ~** görcsöt kap 2. v gátol, akadályoz

crane [kreɪn] n (*machine*, *bird*) daru

crank [kræŋk] n (indító)kar

crankshaft ['kræŋkʃɑːft] n forgattyús tengely

crash [kræʃ] 1. n (*noise*) csattanás; (*of cars*) összeütközés; (*of plane*) lezuhanás; comm összeomlás 2. v (*noise*) csattan; (*cars*) összeütközik; (*plane*) lezuhan; (*economy*) összeomlik
  crash down lezuhan (*robajjal*)
  crash into belerohan (*kocsival*)

crash helmet n bukósisak

crate [kreɪt] 1. n rekesz 2. v rekeszbe csomagol/rak

cravat [krə'væt] n sál

crave [kreɪv] v vágyódik (*for* vm után)

crawl [krɔːl] v mászik, kúszik; (*swim*) kallózik

crayfish ['kreɪfɪʃ] n (pl ~) (*freshwater*) rák; (*saltwater*) languszta

crayon ['kreɪən] n (*chalk*) pasztellkréta; (*wax*) zsírkréta

craze [kreɪz] n (*divat*)hóbort

crazy ['kreɪzɪ] a bolond, őrült ‖ **be** (**quite**) **~ about sy/sg** vkért/vmért bolondul; **go ~** col bedilizik

creak [kriːk] v csikorog, nyikorog

cream [kriːm] n (*from milk*) tejszín; fig (*people*) elit, krém; (*cosmetic*) krém

cream-coloured (*US* **-or-**) a krémszínű

creamy ['kriːmɪ] a krémszínű

crease [kriːs] 1. n gyűrődés, ránc; (*of trousers*) él 2. v (össze)gyűrődik

crease-resistant a gyűrhetetlen

create [krɪ'eɪt] vt teremt, (meg)alkot; (*cause*) okoz ‖ vi col hisztizik, balhézik

creation [krɪ'eɪʃn] n alkotás, teremtés

creative [krɪ'eɪtɪv] a alkotó, teremtő, kreatív

creator [krɪ'eɪtə] n alkotó ‖ **the C~** a Teremtő

creature ['kriːtʃə] n teremtmény

crèche ['kreɪʃ] n GB bölcsőde; US betlehem

credence ['kriːdəns] n **give ~ to sg** hitelt ad vmnek

credentials [krɪ'denʃlz] n pl megbízólevél

credibility [kredɪ'bɪlətɪ] n hihetőség

credible ['kredəbl] a (*story*) hihető; (*person*) szavahihető

credit ['kredɪt] 1. n comm hitel; school tanegység, kredit ‖ **buy sg on ~** hitelbe(n)/hitelre vesz; **be a**

~ **to** becsületére válik vknek; →
credits 2. *v* elhisz; *comm* jóváír
credit account *n* hitelszámla
credit card *n* hitelkártya
creditor ['kredɪtə] *n* hitelező
credits ['kredɪts] *n pl* (*of film*) köz-
reműködők
credulous ['kredjʊləs] *a* hiszékeny
creed [kri:d] *n* hiszekegy, hitvallás
creek [kri:k] *n* (*inlet*) kis öböl; *US*
(*small river*) patak
creep [kri:p] *v* (*pt/pp* **crept** [krept])
kúszik, csúszik-mászik
creeper ['kri:pə] *n* kúszónövény
cremation [krɪ'meɪʃn] *n* hamvasztás
crêpe [kreɪp] *n* (*fabric*) krepp;
(*pancake*) palacsinta
crept [krept] *pt/pp* → **creep**
crescent ['kresnt] *n* félhold
crest [krest] *n* (*of cock, wave*) taréj;
(*of mountain*) (hegy)gerinc; (*coat
of arms*) címerpajzs
crestfallen ['krestfɔ:lən] *a* **be ~**
lógatja az orrát
crew [kru:] *n* (kiszolgáló) személy-
zet; legénység; (*of film*) stáb
crib [krɪb] 1. *n* (*cot*) gyerekágy, rá-
csos ágy; *rel* jászol, betlehem;
school puska 2. *v* **-bb-** *school*
puskázik
cricket[1] ['krɪkɪt] *n zoo* tücsök
cricket[2] ['krɪkɪt] *n sp* krikett
crime [kraɪm] *n* bűncselekmény
crime story *n* krimi
criminal ['krɪmɪnl] 1. *a* bűnügyi 2. *n*
bűnöző
**Criminal Investigation Depart-
ment** (CID) *n GB* bűnügyi nyo-
mozó osztály
criminal law *n* büntetőjog
crimson ['krɪmzn] *a* bíborpiros, tűz-
vörös

crinkle ['krɪŋkl] 1. *n* ránc, redő 2. *vt*
összegyűr | *vi* összegyűrődik
cripple ['krɪpl] 1. *n* nyomorék, rok-
kant 2. *v* megnyomorít
crisis ['kraɪsɪs] *n* (*pl* **-ses** [-si:z])
válság, krízis
crisp [krɪsp] 1. *a* ropogós 2. *n* **~s**
GB burgonyaszirom
criss-cross ['krɪskrɒs] *a* cikcakkos
criterion [kraɪ'tɪərɪən] *n* (*pl* **-ria**
[-rɪə]) kritérium, ismérv
critic ['krɪtɪk] *n* bíráló, kritikus
critical ['krɪtɪkl] *a* bíráló, kritikus;
(*situation*) válságos
criticism ['krɪtɪsɪzəm] *n* bírálat, kri-
tika
criticize ['krɪtɪsaɪz] *v* (meg)bírál,
(meg)kritizál
critique [krɪ'ti:k] *n* bírálat, kritika
croak [krəʊk] *v* krákog; (*crow*) ká-
rog; (*frog*) brekeg
crochet ['krəʊʃeɪ] *v* horgol
crockery ['krɒkərɪ] *n* cserépedény
crocodile ['krɒkədaɪl] *n* krokodil
crocus ['krəʊkəs] *n* sáfrány
croft [krɒft] *n* kis gazdaság/farm
croissant ['krwæsɒ] *n* kifli
crook [krʊk] *n col* svihák, széltoló
crooked ['krʊkɪd] *a* görbe, hajlott;
(*action*) nem tisztességes
crop [krɒp] 1. *n agr* termés, ter-
mény 2. *v* **-pp-** (*rövidre*) lenyír
crop up felmerül, felbukkan
croquet ['krəʊkeɪ] *n sp* krokett
croquette [krɒ'ket] *n* krokett (*étel*)
cross [krɒs] 1. *a* rosszkedvű; mér-
ges ‖ **be ~ with sy** mérges vkre 2.
n kereszt 3. *v* (*road*) átmegy vmn;
(*sea*) átkel (*tengeren*); (*roads each
other*) keresztez(ik egymást); (*legs,
arms*) keresztbe tesz
cross off/out töröl, kihúz

cross-country *a* terep- ‖ ~ **race** *sp* mezei futás; ~ **running** terepfutás; ~ **skiing** sífutás

cross-examine *v* keresztkérdések alá fog

cross-eyed ['krɒsaɪd] *a* kancsal

crossfire ['krɒsfaɪə] *n* kereszttűz

crossing ['krɒsɪŋ] *n* (*across the sea*) átkelés; (*for pedestrians*) gyalogátkelőhely; (*crossroads*) útkereszteződés

cross-reference *n* (*in book*) utalás

crossroads ['krɒsrəʊdz] *n sing.* útkereszteződés; válaszút

cross section *n* keresztmetszet

crosswalk ['krɒswɔːk] *n US* gyalogátkelőhely

cross-wind *n* oldalszél

crossword (puzzle) ['krɒswɜːd] *n* keresztrejtvény

crouch [kraʊtʃ] *v* gubbaszt, (le)guggol

crow [krəʊ] *n* varjú

crowd [kraʊd] **1.** *n* (ember)tömeg **2.** *v* teletöm, összezsúfol

crowded ['kraʊdɪd] *a* tömött, zsúfolt

crown [kraʊn] **1.** *n* korona **2.** *v also fig* megkoronáz

crown jewels *n pl* koronaékszerek

crown prince *n* trónörökös

crucial ['kruːʃl] *a* döntő, kritikus

crucifix ['kruːsɪfɪks] *n* feszület

crucifixion [kruːsɪ'fɪkʃn] *n* keresztre feszítés

crucify ['kruːsɪfaɪ] *v* keresztre feszít

crude [kruːd] *a* (*materials*) nyers; (*behaviour*) durva ‖ ~ **oil** nyersolaj

cruel ['kruːəl] *a* kegyetlen, kíméletlen

cruelty ['kruːəltɪ] *n* kegyetlenség

cruise [kruːz] **1.** *n* cirkálás **2.** *v* cirkál ‖ **cruising speed** utazósebesség

cruiser ['kruːzə] *n* cirkáló

crumb [krʌm] *n* morzsa

crumble ['krʌmbl] *vt* szétmorzsol ǀ *vi* (*bread*) szétmorzsolódik; (*building*) összedől

crumpet ['krʌmpɪt] *n* teasütemény

crumple ['krʌmpl] *vt* összegyűr ǀ *vi* (össze)gyűrődik

crunch [krʌntʃ] *v* ropogtat

crunchy ['krʌntʃɪ] *a* ropogós

crush [krʌʃ] **1.** *n* (*crowd*) tolongás; (*drink*) rostos gyümölcslé **2.** *v* (*stones*) összetör, összezúz; (*grape*) kiprésel; (*rebellion*) letör; (*enemy*) szétzúz, letipor

crust [krʌst] *n* (*of earth, ice*) kéreg; (*of bread*) héj

crutch [krʌtʃ] *n* mankó

crux [krʌks] *n* nehézség, bökkenő

cry [kraɪ] **1.** *n* (*shout*) kiáltás; (*weep*) sírás **2.** *v* (*shout*) kiabál, kiált; (*weep*) sír

cry off (**sg** *or* **doing sg**) lemond vmt

cry out elkiáltja magát

crypt [krɪpt] *n* altemplom; kripta

crystal ['krɪstl] *n* kristály

CSE [siː es 'iː] *n* = *Certificate of Secondary Education* approx érettségi

cub [kʌb] *n* kölyök (*állaté*); (~ **scout**) kiscserkész

cube [kjuːb] **1.** *n* kocka **2.** *v math* köbre emel

cubic capacity ['kjuːbɪk] *n* köbtartalom

cubicle ['kjuːbɪkl] *n* öltöző, kabin

cuckoo ['kʊkuː] *n* kakukk

cucumber ['kjuːkʌmbə] *n* uborka

cuddle ['kʌdl] v ölelget || ~ **up to sy** vkhez simul, odabújik

cue [kju:] n theat végszó

cuff [kʌf] n kézelő, mandzsetta; US (of trousers) hajtóka, felhajtás || **off the ~** col kapásból

cuff-links n pl kézelőgomb

cuisine [kwɪ'zi:n] n konyha(művészet)

cul-de-sac ['kʌl də sæk] n (pl **cul-de-sacs**) zsákutca

culinary ['kʌlɪnərɪ] a konyhai, étkezési

culminate ['kʌlmɪneɪt] v tetőzik, kulminál

culmination [kʌlmɪ'neɪʃn] n tetőpont, csúcspont

culottes [kju'lɒts] n pl nadrágszoknya

culprit ['kʌlprɪt] n tettes

cult [kʌlt] n kultusz

cultivate ['kʌltɪveɪt] v agr (meg)művel; (person) kiművel

cultural ['kʌltʃərəl] a művelődési

culture ['kʌltʃə] n művelődés, műveltség, kultúra; biol kultúra

cultured ['kʌltʃəd] a művelt, kulturált

cumin ['kʌmɪn] n kömény

cunning ['kʌnɪŋ] a ravasz, rafinált

cup [kʌp] n csésze; (prize) kupa

cupboard ['kʌbəd] n (fali)szekrény; (built-in) beépített szekrény

curator [kjʊ'reɪtə] n (múzeum)igazgató

curb [kɜ:b] **1.** n fék; US járdaszegély **2.** v féken tart

curd (cheese) [kɜ:d] n túró

curdle ['kɜ:dl] v (milk) összemegy

cure [kjʊə] **1.** n gyógykezelés, gyógyítás **2.** v (illness, patient) (meg)gyógyít; (meat-salt) besóz;

(smoke) füstöl || ~ **sy of sg** also fig kigyógyít vmből

curfew ['kɜ:fju:] n kijárási tilalom

curiosity ['kjʊərɪ'ɒsətɪ] n kíváncsiság; (rare thing) ritkaság, furcsaság

curious ['kjʊərɪəs] a kíváncsi; (strange) furcsa

curiously ['kju:rɪəslɪ] adv ~ **enough** (elég) különös módon

curl [kɜ:l] **1.** n (haj)fürt, (haj)hullám **2.** vt göndörít | vi göndörödik

curler ['kɜ:lə] n hajcsavaró

curly ['kɜ:lɪ] a hullámos, göndör (haj)

currant ['kʌrənt] n (grape) mazsola; (black~) ribiszke, ribizli

currency ['kʌrənsɪ] n pénz(nem), valuta

current ['kʌrənt] **1.** a (money) érvényes, forgalomban levő; (word) elterjedt; (tendency) jelenlegi || **of the ~ year** folyó évi **2.** n ár (folyón); el áram

current account n folyószámla (bankban)

currently ['kʌrəntlɪ] adv jelenleg

curriculum [kə'rɪkjʊləm] n tanmenet, tanterv

curriculum vitae [kə'rɪkjʊləm 'vi:taɪ] (pl **curricula** [kə'rɪkjʊlə] **vitae**) n önéletrajz

curry (powder) n curry

curse [kɜ:s] **1.** n átok **2.** vt elátkoz, megátkoz | vi szitkozódik

cursor ['kɜ:sə] n comput kurzor

cursory ['kɜ:sərɪ] a futólagos

curt [kɜ:t] a rövid, kurta

curtail [kɜ:'teɪl] v megkurtít; (expenses) csökkent

curtain ['kɜ:tn] n függöny || **draw the ~** behúzza a függönyt

curtsey ['kɜːtsɪ] n pukedli
curve [kɜːv] 1. n math görbe; arch ívelés; (in a road) kanyar 2. v (line) elhajlik; (road) kanyarodik
curved [kɜːvd] a görbe, hajlított
cushion ['kʊʃn] n (dívány)párna
custard ['kʌstəd] n approx tejsodó
custodian [kʌ'stəʊdɪən] n őr; (of museum) (múzeum)igazgató
custody ['kʌstədɪ] n (rendőri) őrizet ‖ be in ~ előzetes letartóztatásban van
custom ['kʌstəm] n (tradition) szokás; comm vevőkör; → customs
customary ['kʌstəmərɪ] a szokásos
customer ['kʌstəmə] n vásárló, ügyfél
custom-made a mérték után készült
customs ['kʌstəmz] n pl vámhivatal, vám(kezelés) ‖ ~ clearance vámkezelés, vámvizsgálat; ~ examination vámvizsgálat; ~ officer vámtiszt
cut [kʌt] 1. a vágott 2. n vágás; (of bread) szelet; (reduction) csökkentés; (of clothes) fazon, szabás; (in book) húzás 3. v (pt/pp cut [kʌt]; -tt-) (el)vág; (hair) levág, nyír; (bread) szel; (wages) csökkent ‖ ~ a class col ellóg az óráról; ~ sy short szavába vág vknek
cut down csökken
cut in (on sy) col közbevág; elévág
cut off levág, lemetsz; fig elszigetel
cut out kivág; (clothes) kiszab
cut up (wood) felvág, felaprít; (meat) felszeletel
cutback(s) ['kʌtbæk(s)] n költségcsökkentés

cute [kjuːt] a col csini
cutlery ['kʌtlərɪ] n evőeszköz(ök)
cutlet ['kʌtlɪt] n (borda)szelet
cut-price a árengedményes
cutting ['kʌtɪŋ] 1. a vágó; (remark) éles 2. n vágás; (of newspaper) újságkivágás; film vágás
CV [siː 'viː] = curriculum vitae
cwt. = hundredweight
cyanide ['saɪənaɪd] n cián
cycle ['saɪkl] 1. n körforgás, ciklus; (bicycle) bicikli 2. v biciklizik
cycling ['saɪklɪŋ] n kerékpározás
cyclist ['saɪklɪst] n biciklista
cyclone ['saɪkləʊn] n ciklon
cylinder ['sɪlɪndə] n (also in car) henger ‖ ~ head casket hengerfejtömítés
cymbals ['sɪmblz] n pl mus cintányér
cynic ['sɪnɪk] n cinikus
cynical ['sɪnɪkl] a cinikus
cynicism ['sɪnɪsɪzəm] n cinizmus
cyst [sɪst] n med ciszta
czar [zɑː] n cár
Czech [tʃek] a/n (person, language) cseh ‖ in ~ csehül; the ~ Republic a Cseh Köztársaság, Csehország

D

dab [dæb] v -bb- (with towel) megtöröl; (with sponge) nyomogat; (paint) felrak
dabble ['dæbl] in (sg) v fig col beleszagol, belekap (vmbe)
dachshund ['dækshʊnd] n tacskó, dakszli

dad(dy) ['dæd(ı)] *n col* papa

daffodil ['dæfədıl] *n* sárga nárcisz

daft [dɑ:ft] *a col* bolond

dagger ['dægə] *n* tőr

daily ['deılı] **1.** *a* mindennapi, nap(onként)i **2.** *adv* mindennap, napjában **3.** *n* napilap

dairy ['deərı] *n* (*on farm*) tejüzem; (*shop*) tejbolt ‖ ~ **produce** tejtermék(ek)

daisy ['deızı] *n* margaréta, százszorszép

daisy-wheel printer *n* margarétakerekes nyomtató

dale [deıl] *n* völgy

dam [dæm] *a* (védő)gát

damage ['dæmıdʒ] **1.** *n* kár, veszteség; (*injury*) sérülés **2.** *v* kárt tesz (vmben), rongál (vmt) ‖ **be ~d** tönkremegy

damages ['dæmıdʒız] *n pl* kártérítés ‖ **pay ~ to sy for sg** kártérítést fizet vknek vmért

damn [dæm] **1.** *n* **not give a ~ about sg/sy** semmibe vesz vmt/ vkt **2.** *v* (el)átkoz ‖ ~ **(it)!** fene egye meg!

damned [dæmd] *a* átkozott

damp [dæmp] *a* nyirkos

dampen ['dæmpən] *v* (*moisten*) (meg)nedvesít; (*reduce*) letompít

dance [dɑ:ns] **1.** *n* tánc, bál **2.** *v* táncol

dance-hall *n* táncterem

dancer ['dɑ:nsə] *n* táncos

dancing ['dɑ:nsıŋ] *n* tánc

dandelion ['dændılaıən] *n* gyermekláncfű, pitypang

dandruff *n* ['dændrʌf] korpa

Dane [deın] *n* dán

danger ['deındʒə] *n* veszély ‖ **be in ~** veszélyben forog/van

dangerous ['deındʒərəs] *a* veszélyes

dangerously ['deındʒərəslı] *adv* veszélyesen

dangle ['dæŋgl] *v* lóbál

Danish ['deınıʃ] *a* dán

Danube ['dænju:b] *n* Duna

dapper ['dæpə] *a* tiptopp

dare [deə] *v* merészel ‖ ~ **(to) do sg** mer vmt tenni; **how ~ you?** hogy merészeli Ön?; **I ~ say** meghiszem azt!

daring ['deərıŋ] **1.** *a* merész **2.** *n* merészség

dark [dɑ:k] **1.** *a* sötét

darken ['dɑ:kən] *vt* (el)sötétít ‖ *vi* sötétedik

dark glasses *n pl* napszemüveg, sötét szemüveg

darkness ['dɑ:knıs] *n* sötétség

darkroom ['dɑ:krʊm] *n* sötétkamra

darling ['dɑ:lıŋ] *a/n* kedves ‖ ~**!** drágám!

dart [dɑ:t] **1.** *n* dárda; → **darts 2.** *v* ~ **along/across** végigsuhan

dartboard ['dɑ:tbɔ:d] *n* céltábla

darts [dɑ:ts] *n sing.* célbadobós játék

dash [dæʃ] **1.** *n* (*rushing*) nekiiramodás; (*punctuation mark*) gondolatjel ‖ **a ~ of** cseppnyi **2.** *v* rohan, robog

dash away vk vhonnan elviharzik

dash in/into beront

dash off (*run away*) elrohan; (*letter*) odavet

dash out vhonnan kirohan

dashboard ['dæʃbɔ:d] *n* műszerfal (*autón*)

dashing ['dæʃıŋ] *a* ragyogó

data ['deıtə] *n* adat(ok)

data processing *n* (gépi) adatfeldolgozás

date¹ [deɪt] n (*fruit*) datolya

date² [deɪt] 1. n (*time*) dátum, időpont; (*appointment*) találka, randevú ‖ be out of ~ elavult; be up to ~ korszerű, have/make a ~ with sy randevúzik vkvel 2. v (*put date on*) keltez; (*have origin*) ered, származik

date back to or date from ered/származik vmely időből

daughter ['dɔːtə] n sy's ~ vknek a lánya

daughter-in-law n (*pl* daughters-in-law) meny

daunting ['dɔːntɪŋ] a ijesztő

dawn [dɔːn] 1. n hajnal ‖ at ~ virradatkor 2. v it is ~ing hajnalodik, világosodik

day [deɪ] n (*24 hours*) nap ‖ by ~ nappal; ~ after/by day nap mint nap; the ~ after tomorrow holnapután; the ~ before yesterday tegnapelőtt; have a ~ off szabadnapos; from ~ to day napról napra; this ~ week mához egy hétre

daybreak ['deɪbreɪk] n hajnal

day-care centre n napközi (otthon)

daydream ['deɪdriːm] 1. n ábránd(ozás) 2. v ábrándozik

daylight ['deɪlaɪt] n nappali világítás

daylight saving time; US daylight time n nyári időszámítás

day-nursery n (*kindergarten*) óvoda; US (*creche*) bölcsőde

daytime ['deɪtaɪm] n nappal ‖ in the ~ nappal, napközben

day-to-day a naponként ismétlődő, mindennapi

daze [deɪz] 1. n kábultság 2. v (el)kábít

dazzle ['dæzl] v (*light*) (el)vakít, (el)káprázat

DC [diː 'siː] = direct current

dead [ded] a halott, holt ‖ be ~ on time hajszálpontosan érkezik

deaden ['dedn] v (*sound*) letompít

dead end n US zsákutca

dead heat n holtverseny

deadline ['dedlaɪn] n határidő

deadlock ['dedlɒk] n holtpont

deaf [def] a süket

deafen ['defn] v megsüketít

deaf-mute a süketnéma

deafness ['defnɪs] n süketség

deal [diːl] 1. n üzlet(kötés), alku ‖ a good/great ~ jó sok(at); sokkal... 2. v (*pt/pp* dealt [delt]) (*give*) ad; (*cards*) oszt

deal in kereskedik vmvel

deal with (*manage*) foglalkozik vmvel;, tárgyal (*kérdést*); (*be about*) szól vmről; (*treat*) vkvel bánik

dealer ['diːlə] n kereskedő

dealt [delt] pt/pp → deal

dean [diːn] n (*at university*) dékán

dear [dɪə] a *also fig* drága ‖ my ~ drágám; ~ me! ó jaj!; D~ Sirs (*in letter*) Tisztelt Uraim!

death [deθ] n halál(eset) ‖ ~ certificate halotti anyakönyvi kivonat; ~ duties pl örökösödési illeték

deathly ['deθlɪ] a/adv halálos(an)

death penalty n halálbüntetés

debar [dɪ'bɑː] v -rr- kirekeszt (*from* vmből)

debarkation [diːbɑː'keɪʃn] n partraszállás

debase [dɪ'beɪs] v (*humiliate*) lealáz; (*depreciate*) leront; (*degrade*) lealjasít

debatable [dɪ'beɪtəbl] a vitatható

debate [dɪ'beɪt] 1. n vita 2. v vitat(kozik)

debauchery [dɪ'bɔ:tʃən] *n* züllött-
ség, kicsapongás
debit ['debɪt] **1.** *n* tartozik-oldal **2.** *v*
~ **sy's account with** számlát meg-
terhel
debris ['deɪbri:] *n* törmelék
debt [det] *n* adósság ‖ **get into** ~
eladósodik
debtor ['detə] *n* adós
decade ['dekeɪd] *n* évtized
decadence ['dekədəns] *n* hanyatlás
decaffeinated ['di:kæfɪneɪtɪd] *a* kof-
feinmentes
decay [dɪ'keɪ] **1.** *n* (*decline*) romlás,
hanyatlás; (*caries*) fogszuvasodás
2. *v* (*decline*) hanyatlik, romlik;
(*rot*) rothad; (*grow carious*) szu-
vasodik
deceased [dɪ'si:st] *a/n* halott, elhunyt
deceit [dɪ'si:t] *n* csalás
deceive [dɪ'si:v] *v* becsap, rászed,
megcsal vkt
December [dɪ'sembə] *n* december;
→ **August**
decency ['di:snsɪ] *n* tisztesség, illem
decent ['di:snt] *a* tisztességes,
derék, rendes
deception [dɪ'sepʃn] *n* csalás
deceptive [dɪ'septɪv] *a* megtévesztő
decide [dɪ'saɪd] *v* (el)határoz,
(el)dönt
decided [dɪ'saɪdɪd] *a* határozott,
kifejezett
decimal ['desɪml] **1.** *a* (*system*)
tízes; (*point*) tizedes **2.** *n* tizedes-
jegy ‖ ~ **(fraction)** tizedes tört
decimal point *n* tizedes pont
decimate ['desɪmeɪt] *v* megtizedel
decipher [dɪ'saɪfə] *v* (*code*) megfejt
decision [dɪ'sɪʒn] *n* (*determination*)
döntés; (*judgement*) bírói ítélet ‖
make a ~ döntést hoz

decisive [dɪ'saɪsɪv] *a* döntő
deck [dek] **1.** *n* (*of ship*) fedélzet;
(*record player, tape-recorder*)
deck **2.** *v* ~ **out** feldíszít
deck-chair *n* nyugágy
declaration [dekləˈreɪʃn] *n* nyilat-
kozat ‖ **make a** ~ nyilatkozik
declare [dɪ'kleə] *v* kinyilvánít ‖ ~
war on hadat üzen vknek
decline [dɪ'klaɪn] **1.** *n* hanyatlás **2.** *v*
(*decay*) (le)hanyatlik; (*weaken*)
gyengül; (*refuse*) visszautasít
decode [di:'kəʊd] *v* dekódol
decompose [di:kəm'pəʊz] *vt*
(szét)bont ‖ *vi* szétbomlik; *chem*
felbomlik
decomposition [di:kɒmpə'zɪʃn] *n*
(*dissociation*) (fel)bomlás; (*decay*)
oszlás, romlás
décor ['deɪkɔ:] *n* lakberendezés(i
tárgyak)
decorate ['dekəreɪt] *v* (*adorn*)
díszít; (*paint room*) fest; (*wall-
paper*) tapétáz
decoration [dekə'reɪʃn] *n* (*orna-
ment*) díszítés, dísz; (*painting*)
festés; (*medal*) kitüntetés
decorator ['dekəreɪtə] *n* szobafestő,
tapétázó
decoy ['di:kɔɪ] *n* csalétek
decrease 1. ['di:kri:s] *n* csök-
ken(t)és **2.** [dɪ'kri:s] *vi* csökken ‖ *vt*
lecsökkent
decree [dɪ'kri:] **1.** *n law* rendelet,
végzés **2.** *v* (*adjudge*) dönt;
(*order*) elrendel
decrepit [dɪ'krepɪt] *a* roskatag
dedicate ['dedɪkeɪt] *v* (*devote*)
(fel)ajánl; (*consecrate*) felszentel;
(*inscribe*) dedikál (*to* vknek)
dedication [dedɪ'keɪʃn] *n* aján-
lás

deduce [dɪˈdjuːs] v math levezet || ~ **sg from sg** vmből vmt/vmre következtet

deduct [dɪˈdʌkt] v levon, leszámít

deduction [dɪˈdʌkʃn] n *(deducting)* levonás; *(conclusion)* levezetés, következtetés

deed [diːd] n *(act)* tett, cselekedet; *(fact)* tény; *(document)* okirat

deem [diːm] v vmnek ítél/tart/gondol

deep [diːp] a *(low)* mély; *(profound)* alapos

deep-freeze 1. n mélyhűtő 2. *(pt* -froze, *pp* -frozen) v mélyhűt, fagyaszt

deep-frozen a mélyhűtött, mirelit

deep-fry v bő zsírban *(or* friteuseben) süt

deer [dɪə] n *(pl ~)* őz; szarvas

deface [dɪˈfeɪs] v elrútít

defamation [defəˈmeɪʃn] n rágalmazás

default [dɪˈfɔːlt] 1. n law *(absence, neglect)* mulasztás; comput *(basic position)* alapértelmezés 2. v (el)mulaszt

defeat [dɪˈfiːt] 1. n *(of army/battle)* vereség; *(of government)* bukás 2. v *(enemy)* legyőz; *(government)* megbuktat

defeatist [dɪˈfiːtɪst] a/n kishitű, defetista

defect [ˈdiːfekt] n *(fault)* hiba; *(imperfection)* hiány(osság)

defective [dɪˈfektɪv] a hiányos, hibás

defence *(US* defense) [dɪˈfens] n védelem

defenceless [dɪˈfenslɪs] a védtelen

defend [dɪˈfend] v (meg)véd *(from/ against sy/sg* vktől, vmtől, vk/vm ellen)

defendant [dɪˈfendənt] n alperes

defense [dɪˈfens] n US = **defence**

defensive [dɪˈfensɪv] 1. a védekező 2. n defenzíva

defer [dɪˈfɜː] v -rr- elhalaszt

deference [ˈdefərəns] n tiszteletadás

defiance [dɪˈfaɪəns] n dac(oskodás)

defiant [dɪˈfaɪənt] a dacos, kihívó

deficiency [dɪˈfɪʃnsɪ] n hiány(osság)

deficient [dɪˈfɪʃnt] a hiányos

deficit [ˈdefɪsɪt] n *(budgetary)* hiány, deficit

defile [dɪˈfaɪl] v bepiszkít

define [dɪˈfaɪn] v meghatároz; *(word)* értelmez

definite [ˈdefɪnət] a (meg)határozott

definitely [ˈdefɪnətlɪ] adv határozottan; feltétlenül

definition [defɪˈnɪʃn] n *(of concept)* meghatározás; *(of word)* értelmezés

definitive [dɪˈfɪnətɪv] a végleges

deflate [dɪˈfleɪt] v *(gas, air)* kienged

deflect [dɪˈflekt] v *(turn aside)* kitérít; *(divert)* eltérít; *(bend)* elhajlít

deform [dɪˈfɔːm] v eltorzít

deformity [dɪˈfɔːmətɪ] n testi fogyatékosság/hiba

defraud [dɪˈfrɔːd] v megkárosít, megrövidít *(of* vmvel)

defrost [diːˈfrɒst] v *(refrigerator)* leolvaszt, jégtelenít; *(food)* felolvaszt

deft [deft] a ügyes

defunct [dɪˈfʌŋkt] a elhunyt

defuse [dɪˈfjuːz] v *(bomb)* hatástalanít

defy [dɪˈfaɪ] v dacol *(sy/sg* vkvel/ vmvel)

degenerate 1. [dı'dʒenərət] *a* elfaj-
zott; korcs **2.** [dı'dʒenəreıt] *v* elfa-
jul

degradation [degrə'deıʃn] *n* (*self-
debasement*) lealacsonyodás; (*de-
basement*) lealacsonyítás

degrading [dı'greıdıŋ] *a* lealacso-
nyító, megalázó

degree [dı'gri:] *n* (*measurement*)
fok; (*title given by university*)
fokozat, diploma || **10 ~s below
zero** mínusz tíz fok; **by ~s** foko-
zatosan

de-ice [di: 'aıs] *v* (*windscreen*) jég-
telenít

de-icer [di:'aısə] *n* jégmentesítő
(spray)

deign to [deın] *v* méltóztatik vmt
megtenni

deity ['deıətı] *n* istenség

dejected [dı'dʒektıd] *a* levert, le-
hangolt, rosszkedvű

dejection [dı'dʒekʃn] *n* levertség,
lehangoltság

delay [dı'leı] **1.** *n* (*of train*) késés;
(*state of being delayed*) késede-
lem; (*postponement*) (el)halasztás
|| **without ~** haladéktalanul **2.** *v*
(*be late*) késik; (*postpone*) elha-
laszt

delayed [dı'leıd] *a* késleltetett; *aviat*
„késik"

delectable [dı'lektəbl] *a* élvezetes

delegate 1. ['delıgət] *n* küldött,
megbízott **2.** ['delıgeıt] *v* delegál

delegation [delı'geıʃn] *n* küldöttség

delete [dı'li:t] *v* (*words*) töröl, kihúz

deliberate 1. [dı'lıbərət] *a* (*slow*)
megfontolt; (*intentional*) szándé-
kos **2.** [dı'lıbəreıt] *v* latolgat

deliberately [dı'lıbərətlı] *adv* szán-
dékosan; megfontoltan

delicacy ['delıkəsı] *n* (*food*) ínyenc-
falat, csemege; (*fineness*) töré-
kenység, gyengédség

delicate ['delıkət] *a* (*fine, soft*) fi-
nom; (*tender*) zsenge, gyenge;
(*gentle*) gyengéd; (*sensitive*) ké-
nyes; (*tactful*) tapintatos; (*fragile*)
törékeny || **~ situation** kínos hely-
zet

delicatessen (shop) [delıkə'tesn] *n*
csemegebolt

delicious [dı'lıʃəs] *a* élvezetes, finom

delight [dı'laıt] **1.** *n* élvezet, öröm **2.**
v gyönyörködtet, örömet szerez
vknek || **~ in** sg örömét leli
vmben; **be ~ed** egészen el van
ragadtatva (*at, by, with* -tól/től)

delightful [dı'laıtfəl] *a* élvezetes

delinquency [dı'lıŋkwənsı] *n*
(*misdeed*) vétség; (*neglect*) mu-
lasztás

delinquent [dı'lıŋkwənt] *n* bűnöző,
tettes

delirious [dı'lırıəs] *a* **be ~** félrebe-
szél

deliver [dı'lıvə] *v* (*carry*) leszállít,
(ki)kézbesít; (*pronounce*) elmond
|| **~ from** sy/sg megszabadít
vktől/vmtől; **be ~ed of a child**
gyermeket szül

deliverance [dı'lıvərəns] *n* szabadu-
lás

delivery [dı'lıvərı] *n* (*distribution*)
kézbesítés; (*carrying*) szállítás;
(*manner of speaking*) előadásmód;
(*childbirth*) szülés

delta ['deltə] *n* torkolatvidék

delude [dı'lu:d] *v* becsap, áltat

deluge ['delju:dʒ] *n* áradat; özön-
(víz)

delusion [dı'lu:ʒn] *n* (érzék)csaló-
dás, tévhit

de luxe [dɪ'lʌks] *a* művészi kivitelű

demand [dɪ'mɑ:nd] **1.** *n* (*requirement*) követelés; (*for goods*) kereslet ‖ **(much) in ~** keresett, kelendő **2.** *v* (meg)kíván, (meg)követel (*sg of sy* vktől vmt); (*need*) vm vmt szükségessé tesz; (*claim*) igényel

demanding [dɪ'mɑ:ndɪŋ] *a* (*person*) igényes; (*work*) megerőltető

demarcation [di:mɑː'keɪʃn] *n* (*separation*) elhatárolás; (*limit, line*) határvonal

demean oneself [dɪ'mi:n] *v* lealjasodik, lealacsonyodik

demeanour (*US* **-or**) [dɪ'mi:nə] *n* viselkedés

demented [dɪ'mentɪd] *a* őrült

demister [di:'mɪstə] *n* páramentesítő

democracy [dɪ'mɒkrəsɪ] *n* demokrácia

democrat ['deməkræt] *n* demokrata

democratic [demə'krætɪk] *a* demokratikus

demolish [dɪ'mɒlɪʃ] *v* lerombol, lebont

demolition [demə'lɪʃn] *n* lerombolás, lebontás

demon ['di:mən] *n* gonosz szellem, démon

demonstrate ['demənstreɪt] *v* (*show*) bemutat; (*prove*) igazol; (*manifest*) tüntet

demonstration [demən'streɪʃn] *n* (*show*) bemutatás, demonstráció; (*manifestation*) felvonulás, tüntetés

demotion [di:'məʊʃn] *n mil* lefokozás

demur [dɪ'mɜ:] *v* **-rr-** habozik

demure [dɪ'mjʊə] *a* illedelmes

den [den] *n* (*of animal*) odú; (*study*) dolgozószoba

denial [dɪ'naɪəl] *n* (meg)tagadás

denims ['denɪmz] *n pl* farmernadrág

Denmark ['denmɑ:k] *n* Dánia

denomination [dɪnɒmɪ'neɪʃn] *n* felekezet

denominator [dɪ'nɒmɪneɪtə] *n math* nevező

denote [dɪ'nəʊt] *v* jelent (*vm jelentésű*)

denounce [dɪ'naʊns] *v* (*accuse*) feljelent, beárul; (*condemn*) elítél

dense [dens] *a* sűrű

densely [denslɪ] *adv* sűrűn

density ['densətɪ] *n* sűrűség

dent [dent] **1.** *n* üreg; bemélyedés **2.** *v* bemélyít

dental ['dentl] *a* fogászati, fog- ‖ **~ surgeon** fogorvos, szájsebész

dentist ['dentɪst] *n* fogorvos

dentistry ['dentɪstrɪ] *n* fogászat

denture(s) *n* (*pl*) műfogsor

denunciation [dɪnʌnsɪ'eɪʃn] *n* feljelentés

deny [dɪ'naɪ] *v* tagad ‖ **~ sy sg** megtagad vktől vmt

deodorant [di:'əʊdərənt] *n* dezodor

depart [dɪ'pɑ:t] *v* (el)indul, elutazik

department [dɪ'pɑ:tmənt] *n* (*of store, office*) osztály; (*of government*) minisztérium; (*at university*) tanszék ‖ **~ store** áruház

departure [dɪ'pɑ:tʃə] *n* (*of vehicle*) indulás; (*of person*) elutazás

depend [dɪ'pend] *v* **~ on** vmtől/vktől függ ‖ **it ~s** attól függ

dependable [dɪ'pendəbl] *a* megbízható

dependence [dɪ'pendəns] *n* függőség, függés

dependent [dɪ'pendənt] *a* ~ **on sy/sg** vktől/vmtől függő
depict [dɪ'pɪkt] *v* leír, lefest
deplorable [dɪ'plɔ:rəbl] *a* szánalomra méltó, sajnálatos
deplore [dɪ'plɔ:] *v* sajnál, szán
deployment *n* (*of missiles, troops*) telepítés
depopulation [di:pɒpjʊ'leɪʃn] *n* elnéptelenedés
deport [dɪ'pɔ:t] *v* kitelepít
deportation [di:pɔ:'teɪʃn] *n* kitelepítés, deportálás
deportment [dɪ'pɔ:tmənt] *n* (*behaviour*) tartás
depose [dɪ'pəʊz] *v* lemondat, letesz
deposit [dɪ'pɒzɪt] **1.** *n* (*of ore, oil, mineral*) üledék; (*in bank*) letét; (*part payment*) előleg, foglaló **2.** *v* (*with bank*) betesz, letétbe helyez
deposit account *n* folyószámla, betétszámla
depot ['depəʊ] *n* (*for buses*) kocsiszín; (*for goods*) lerakat
depreciate [dɪ'pri:ʃɪeɪt] *v* (*fall in value*) csökken az értéke; (*undervalue*) ócsárol, lebecsül
depreciation [dɪpri:ʃɪ'eɪʃn] *n* értékcsökkenés
depress [dɪ'pres] *v* (*press down*) lenyom; (*in mood*) lehangol
depressed [dɪ'prest] *a* levert, lehangolt
depression [dɪ'preʃn] *n* (*of person*) levertség, lehangoltság; (*of business, atmosphere*) depresszió
deprivation [dep,rɪ'veɪʃn] *n* szűkölködés
deprive [dɪ'praɪv] *v* ~ **sy/sg of sg** vmtől megfoszt vkt/vmt
dept. = **department**
depth [depθ] *n* mélység

deputation [depjʊ'teɪʃn] *n* küldöttség
deputize ['depjʊtaɪz] *v* ~ **for sy** vkt helyettesít, kisegít
deputy ['depjʊtɪ] *n* (*substitute*) helyettes; (*representative*) kiküldött
derail [dɪ'reɪl] *v* **be** ~**ed** kisiklik
deranged [dɪ'reɪndʒd] *a* őrült, megháborodott
Derby ['dɑ:bɪ] *n* GB derbi
derby ['dɜ:bɪ] *n* US keménykalap
derelict ['derəlɪkt] *a* lakatlan, elhagyatott
derision [dɪ'rɪʒn] *n* kigúnyolás
derisory [dɪ'raɪsərɪ] *a* nevetséges
derive [dɪ'raɪv] *vt* származtat vmből | *vi* származik vmből/vmtől (*from*)
dermatitis [dɜ:mə'taɪtɪs] *n* bőrgyulladás
dermatology [dɜ:mə'tɒlədʒɪ] *n* bőrgyógyászat
derogatory [dɪ'rɒgətrɪ] *a* elítélő, rosszalló, pejoratív
derrick ['derɪk] *n* (*on ship*) árbocdaru; (*for oil*) fúrótorony
derv [dɜ:v] *n* dízelolaj
descend [dɪ'send] *v* leereszkedik
descendant [dɪ'sendənt] *n* utód, leszármazott
descent [dɪ'sent] *n* (*going down*) leereszkedés; (*ancestry*) (le)származás
describe [dɪ'skraɪb] *v fig* leír, ábrázol
description [dɪ'skrɪpʃn] *n* leírás, ábrázolás; (*sort*) fajta
descriptive [dɪ'skrɪptɪv] *a* leíró, ábrázoló
desecrate ['desɪkreɪt] *v* megszentségtelenít, meggyaláz
desert 1. ['dezət] *n* sivatag **2.** [dɪ'zɜ:t] *vt* vktől elpártol, elhagy vkt/vmt | *vi kat* dezertál

deserts [dɪ'zɜːts] *n pl* **get one's just** ~ megkapja, amit érdemel
deserve [dɪ'zɜːv] *v* (meg)érdemel
design [dɪ'zaɪn] **1.** *n* (*plan*) terv; (*intention*) szándék; (*pattern*) minta **2.** *v* (*building*) (meg)tervez; (*machine*) (meg)szerkeszt
designate ['dezɪgneɪt] *v* kijelöl
designer [dɪ'zaɪnə] *n* tervező; (*fashion* ~) divattervező
desirable [dɪ'zaɪərəbl] *a* kívánatos
desire [dɪ'zaɪə] **1.** *n* vágy, óhaj **2.** *v* vmre vágyik, vmt óhajt
desk [desk] *n* íróasztal; (*in school*) pad; (*in shop*) pult; (*in hotel*) recepció
desk clerk *n* (*szállodai*) portás
desk-top publishing *n* házi kiadványszerkesztés
desolate ['desələt] *a* elhagyatott, sivár
desolation [desə'leɪʃn] *n* pusztulás; nyomor
despair [dɪ'speə] **1.** *n* kétségbeesés ‖ **be in** ~ kétségbe van esve **2.** *v* kétségbeesik
despatch [dɪ'spætʃ] = dispatch
desperate ['despərət] *a* (*person*) kétségbeesett; (*state*) kétségbeejtő
desperation [despə'reɪʃn] *n* kétségbeesés
despicable [dɪ'spɪkəbl] *a* megvetésre méltó, megvetendő
despise [dɪ'spaɪz] *v* megvet, lenéz
despite [dɪ'spaɪt] *prep* ellenére
despondent [dɪ'spɒndənt] *a* csüggedt
dessert [dɪ'zɜːt] *n* édesség, desszert
dessertspoon *n* gyermekevőkanál
destination [destɪ'neɪʃn] *n* rendeltetési hely
destiny ['destɪnɪ] *n* végzet

destitute ['destɪtjuːt] *a* nincstelen, nyomorgó
destroy [dɪ'strɔɪ] *v* (le)rombol, (el)-pusztít
destroyer [dɪ'strɔɪə] *n mil* romboló
destruction [dɪ'strʌkʃn] *n* pusztítás, rombolás
destructive [dɪ'strʌktɪv] *a* destruktív, romboló hatású
detach [dɪ'tætʃ] *v* leválaszt, elválaszt
detachable [dɪ'tætʃəbl] *a* levehető
detached [dɪ'tætʃt] *a* (*house*) különálló; (*attitude, opinion*) tárgyilagos
detached house *n* családi ház, villa
detachment [dɪ'tætʃmənt] *n* (*separation*) elkülönülés; (*troop*) különítmény; (*objectivity*) tárgyilagosság
detail ['diːteɪl] **1.** *n* részlet, részlet(ezés) ‖ **~s** részletes adatok; **in** ~ részletesen **2.** *v* részletez
detailed ['diːteɪld] *a* részletes
detain [dɪ'teɪn] *v* őrizetbe vesz, letartóztat
detect [dɪ'tekt] *v* felfedez
detective [dɪ'tektɪv] *n* detektív
detective story/novel *n* detektívregény
détente ['deɪtɒnt] *n pol* enyhülés
detention [dɪ'tenʃn] *n* őrizetbe vétel, letartóztatás
detergent [dɪ'tɜːdʒənt] *n* mosószer, tisztítószer
deteriorate [dɪ'tɪərɪəreɪt] *v* (*health, situation*) megromlik; (*quality*) romlik
determination [dɪtɜːmɪ'neɪʃn] *n* (*determining*) meghatározás; (*resolution*) elhatározás, elszántság

determine [dɪ'tɜ:mɪn] v (fix, settle) meghatároz; (resolve) eltökél

deterrent [dɪ'terənt] n elrettentő eszköz

detest [dɪ'test] v utál, gyűlöl

detonate ['detəneɪt] vt felrobbant I vi felrobban

detonation [detə'neɪʃn] n robbanás

detour ['di:tʊə] n (road) kerülő út; US (for traffic) (forgalom)elterelés, terelőút

detriment ['detrɪmənt] n kár, hátrány II **to the ~ of** ... kárára

detrimental [detrɪ'mentl] a ártalmas, hátrányos

deuce [dju:s] n 40:40 (teniszben)

devaluation [di:vælju'eɪʃn] n (of currency) leértékelés

devalue [di:'vælju:] v (currency) leértékel

devastate ['devəsteɪt] v elpusztít

devastating ['devəsteɪtɪŋ] a pusztító, megsemmisítő

devastation [devə'steɪʃn] n pusztítás, rombolás

develop [dɪ'veləp] vt fejleszt; (photo) előhív I vi fejlődik, kialakul

developing [dɪ'veləpɪŋ] a fejlődő II **~ country** fejlődő ország

development [dɪ'veləpmənt] n (being developed) (ki)fejlődés, kialakulás; (developing) fejlesztés

deviate ['di:vɪeɪt] v eltér vmitől

deviation [di:vɪ'eɪʃn] n (iránytól) eltérés

device [dɪ'vaɪs] n (apparatus) eszköz, szerkezet; (trick) trükk

devil ['devl] n ördög

devious ['di:vɪəs] a (route) kanyargós; (person) álnok, hamis

devise [dɪ'vaɪz] v kiötöl, kitalál

devoid [dɪ'vɔɪd] a mentes (of vmtől)

devote [dɪ'vəʊt] v szentel (to vmre); (vm célra) fordít II **~ oneself to** vmre adja magát

devoted [dɪ'vəʊtɪd] a odaadó, hűséges

devotion [dɪ'vəʊʃn] n (affection) odaadás, hűség; (piety) áhítat

devour [dɪ'vaʊə] v (fel)fal

dew [dju:] n harmat

dexterity [dek'sterəti] n ügyesség

diabetes [daɪə'bi:tɪz] n cukorbaj

diabetic [daɪə'betɪk] a/n cukorbeteg

diagnose ['daɪəgnəʊz] v (illness) megállapít, diagnosztizál

diagnosis [daɪəg'nəʊsɪs] n (pl **-ses** [-si:z]) kórisme, diagnózis

diagonal [daɪ'ægənl] **1.** a átlós **2.** n átló

diagram ['daɪəgræm] n ábra; grafikon

dial ['daɪəl] **1.** n (of telephone) tárcsa; (of clock) számlap **2.** v **-ll-** (US **-l-**) (fel)tárcsáz

dialect ['daɪəlekt] n nyelvjárás

dialling tone n tárcsahang

dialogue (US **-log**) ['daɪəlɒg] n párbeszéd

diameter [daɪ'æmɪtə] n átmérő

diamond ['daɪəmənd] n (jewel) gyémánt II **~s** (cards) káró

diaper ['daɪəpə] n US pelenka

diaphragm ['daɪəfræm] n med rekeszizom; el membrán

diarrhoea [daɪə'rɪə] (US **-rhea**) n hasmenés

diary ['daɪərɪ] n (daily record) napló; (notebook) notesz

dice [daɪs] n (pl ~) dobókocka

dictate 1. ['dɪkteɪt] n parancs(szó) **2.** [dɪk'teɪt] v diktál

dictation [dɪk'teɪʃn] n diktálás

dictator [dɪk'teɪtə] *n* diktátor

dictatorship [dɪk'teɪtəʃɪp] *n* diktatúra, zsarnokság

diction ['dɪkʃn] *n* előadásmód

dictionary ['dɪkʃənrɪ] *n* szótár

did [dɪd] *pt → do*

didn't ['dɪdnt] = **did not**

die [daɪ] *v* (*pres. p.* **dying**) (*person*) meghal; (*plant, animal*) elpusztul || **be dying for sg** (*v.* **to do sg**) majd megvesz vmért; **~ of sg** meghal vmben

   die away elhalkul

   die down (*wind*) elcsendesedik

   die out kihal

diesel ['diːzəl] *a* **~ engine** dízelmotor; **~ oil** dízelolaj

diet ['daɪət] *n* diéta || **be on a ~** diétázik

differ ['dɪfə] *v* különbözik, eltér (*from sg* vmtől)

difference ['dɪfrəns] *n* különbség, eltérés; (*disagreement*) nézeteltérés

different ['dɪfrənt] *a* különböző, eltérő || **be ~ from sg** különbözik vmtől; **in a ~ way** másképpen

differentiate [dɪfə'renʃɪeɪt] *v* megkülönböztet (*from* vmtől/vktől)

difficult ['dɪfɪkəlt] *a* nehéz

difficulty ['dɪfɪkəltɪ] *n* nehézség

diffident ['dɪfɪdənt] *a* szerény; félénk

diffuse 1. [dɪ'fjuːs] *a* terjengős 2. [dɪ'fjuːz] *v* terjeszt

dig [dɪg] *v* (*pt/pp* **dug** [dʌg]; **-gg-**) ás

digest 1. ['daɪdʒest] *n* kivonat 2. [daɪ'dʒest] *v* (meg)emészt

digestion [daɪ'dʒestʃn] *n* emésztés

digit ['dɪdʒɪt] *n* számjegy; (*finger*) ujj

digital ['dɪdʒɪtl] *a* digitális

dignified ['dɪgnɪfaɪd] *a* méltóságteljes

dignity ['dɪgnətɪ] *n* méltóság

digress [daɪ'gres] *v* **from the subject** eltér/elkalandozik a tárgytól

digs [dɪgz] *n pl col GB* albérleti szoba

dilapidated [dɪ'læpɪdeɪtɪd] *a* ütött-kopott, rozoga

dilate [daɪ'leɪt] *v* (ki)tágul

diligent ['dɪlɪdʒənt] *a* szorgalmas

dilute [daɪ'ljuːt] *v* (fel)hígít

dim [dɪm] 1. *a* homályos, halvány || **grow ~** (*light*) halványodik; (*sight*) elhomályosul 2. *v* **-mm-** *vt* elhomályosít | *vi* elhalványodik

dime [daɪm] *n US* tízcentes

dimension [dɪ'menʃn] *n* (*measurement*) kiterjedés; (*extent*) nagyság; (*size*) méret

diminish [dɪ'mɪnɪʃ] *vi* csökken, kisebbedik | *vt* csökkent, kisebbít

dimmer ['dɪmə] *n GB* fényerő-szabályozós kapcsoló; *US* (*in car*) tompított fényszóró kapcsolója

dine [daɪn] *v* ebédel, vacsorázik

diner ['daɪnə] *n US* étkezőkocsi

dinghy ['dɪŋgɪ] *n* (*sailing*) kis csónak/vitorlás; (*rubber*) gumicsónak

dingy ['dɪndʒɪ] *a* piszkos

dining ['daɪnɪŋ] *a* **~ car** étkezőkocsi; **~ room** ebédlő

dinner ['dɪnə] *n* (*evening meal*) vacsora; (*lunch*) ebéd || **have (one's) ~** megvacsorázik

dinner jacket *n* szmoking

dinner party *n* vacsora (*vendégekkel*)

dinosaur ['daɪnəsɔː] *n* dinoszaurusz

dint [dɪnt] *n* **by ~ of** vm segítségével, vmnél fogva

dip [dɪp] **1.** *n* (*plunging*) bemártás; (*immersion*) bemerülés; (*bathe*) fürdés **2.** *v* **-pp-** (*plunge*) (meg)márt; (*sink*) merül; (*incline*) elhajlik ‖ **~ped headlights** tompított fény

diploma [dɪ'pləʊmə] *n* diploma

diplomacy [dɪ'pləʊməsɪ] *n* diplomácia

diplomat ['dɪpləmæt] *n* diplomata

diplomatic [dɪplə'mætɪk] *a* (*of diplomacy*) diplomáciai; (*tactful*) diplomatikus

dipstick ['dɪpstɪk] *n* nívópálca

dipswitch ['dɪpswɪtʃ] *n GB* (*in car*) tompított fényszóró

dire [daɪə] *a* szörnyű

direct [dɪ'rekt] **1.** *a* (*straight*) egyenes; (*immediate*) közvetlen **2.** *v* (*manage, control*) irányít; (*address, lead*) útba igazít; (*film*) rendez; (*order*) felszólít vmre, utasít

direct current *n* egyenáram

direction [dɪ'rekʃn] *n* (*course*) (út)irány; (*management*) irányítás, igazgatás ‖ **in that ~** arra(felé); **~s** utasítás; **~s (for use)** (használati) utasítás

directly [dɪ'rektlɪ] *adv* (*straight*) közvetlenül, egyenesen; (*immediately*) azonnal

director [dɪ'rektə] *n* (*of company*) igazgató; (*of film*) rendező

directory [dɪ'rektərɪ] *n* (*of addresses*) címjegyzék; (*of telephone numbers*) telefonkönyv

dirt [dɜːt] *n* piszok, szemét

dirty ['dɜːtɪ] **1.** *a* mocskos **2.** *v* bepiszkít

disability [dɪsə'bɪlətɪ] *n* (*incapacity*) alkalmatlanság; (*handicap*) rokkantság

disabled [dɪs'eɪbld] *a* rokkant, mozgásképtelen

disadvantage [dɪsəd'vɑːntɪdʒ] *n* hátrány

disagree [dɪsə'griː] *v* **~ with sy** (*differ*) nem ért egyet vkvel (*on* vmben); (*be harmful*) árt, nem tesz jót vknek

disagreeable [dɪsə'griːəbl] *a* kellemetlen

disagreement [dɪsə'griːmənt] *n* nézeteltérés, ellenkezés

disallow [dɪsə'laʊ] *v* nem ismer el; *sp* (*goal*) nem ad meg

disappear [dɪsə'pɪə] *v* eltűnik

disappearance [dɪsə'pɪərəns] *n* eltűnés

disappoint [dɪsə'pɔɪnt] *v* kiábrándít ‖ **be ~ed in/with sy/sg** csalódik vkben/vmben

disappointing [dɪsə'pɔɪntɪŋ] *a* kiábrándító

disappointment [dɪsə'pɔɪntmənt] *n* csalódás, kiábrándulás

disapproval [dɪsə'pruːvl] *n* ellenzés, rosszallás

disapprove [dɪsə'pruːv] *v* **~ of sg** kifogásol/helytelenít/ellenez vmt

disarmament [dɪs'ɑːməmənt] *n* leszerelés

disaster [dɪ'zɑːstə] *n* katasztrófa

disastrous [dɪ'zɑːstrəs] *a* végzetes

disbelief [dɪsbɪ'liːf] *n* hitetlenség

disc [dɪsk] *n* (*plate*) korong, tárcsa; (*record*) hanglemez; → **disk**

discard [dɪ'skɑːd] *v* (*useless things*) kidob, (ki)selejtez

discern [dɪ'sɜːn] *v* észrevesz

discharge 1. ['dɪstʃɑːdʒ] *n* (*of cargo*) kirak(od)ás; (*of employee*) elbocsátás; (*of prisoner, patient*) szabadulás; (*of liquid*) kiöntés; (*of wound*) váladék **2.** [dɪs'tʃɑːdʒ] *v* (*cargo*) kirak; (*employee, patient*) elbocsát; (*of duty*) felment (vm alól); (*debt*) (ki)fizet; (*electric current*) kisül

disc jockey *n* lemezlovas

disciple [dɪ'saɪpl] *n* tanítvány

discipline ['dɪsɪplɪn] **1.** *n* (*training*) fegyelem; (*branch of science*) tudományág **2.** *v* fegyelmez

disclaim [dɪs'kleɪm] *v* nem ismer el, tagad; (*responsibility*) elhárít; (*claim*) elutasít

disclose [dɪ'skləʊz] *v* (*secret*) felfed, elárul

disclosure [dɪ'skləʊʒə] *n* felfedés, leleplezés

disco ['dɪskəʊ] *n* diszkó

discolour (*US* **-or**) [dɪ'skʌlə] *v* elszíneződik, fakul

discomfort [dɪ'skʌmfət] *n* kényelmetlenség

disconcert [dɪskən'sɜːt] *v* zavarba hoz

disconnect [dɪskə'nekt] *v* (*radio, TV*) szétkapcsol; (*electricity, telephone*) megszakít

discontent [dɪskən'tent] *n* elégedetlenség

discontinue [dɪskən'tɪnjuː] *v* (*conversation*) félbeszakít, félbehagy, megszüntet; lemond

discord ['dɪskɔːd] *n* viszály

discordant [dɪ'skɔːdənt] *a* disszonáns

discotheque ['dɪskətek] *n* diszkó

discount 1. ['dɪskaʊnt] *n* (*on article*) (ár)engedmény; (*for cash*)

levonás || **~ store** diszkontáruház **2.** [dɪs'kaʊnt] *v* (*money*) levon, leszámítol; (*disregard*) figyelmen kívül hagy

discourage [dɪs'kʌrɪdʒ] *v* elkedvetlenít, elriaszt

discouraging [dɪs'kʌrɪdʒɪŋ] *a* elkedvetlenítő

discover [dɪ'skʌvə] *v* felfedez, rájön

discovery [dɪ'skʌvəri] *n* felfedezés

discredit [dɪ'skredɪt] **1.** *n* hitelrontás **2.** *v* rossz hírbe hoz vkt

discreet [dɪ'skriːt] *a* (*tactful*) diszkrét, tapintatos; (*prudent*) szolid

discrepancy [dɪ'skrepənsɪ] *n* különbözőség, eltérés

discriminate [dɪ'skrɪmɪneɪt] *v* megkülönböztet (*sg/sy from sg/sy* vmt/vkt vmtől/vktől) || **~ between two things** különbséget tesz két dolog között

discriminating [dɪ'skrɪmɪneɪtɪŋ] *a* igényes

discrimination [dɪskrɪmɪ'neɪʃn] *n* (*discernment*) ítélőképesség; (*differentiation*) megkülönböztetés

discus ['dɪskəs] *n* diszkosz

discuss [dɪ'skʌs] *v* megbeszél, megtárgyal

discussion [dɪ'skʌʃn] *n* tárgyalás, megvitatás, vita

disdain [dɪs'deɪn] **1.** *n* megvetés **2.** *v* (*person*) lenéz; (*doing sg*) méltóságán alulinak tart

disease [dɪ'ziːz] *n* betegség, kór

disembark [dɪsɪm'bɑːk] *vi* partra száll | *vt* kihajóz

disengage [dɪsɪn'geɪdʒ] *v* (*clutch*) kiold; (*energy*) felszabadít

disfigure [dɪs'fɪgə] *v* elcsúfít

disgrace [dɪs'greɪs] **1.** *n* szégyen **2.** *v* szégyent hoz vkre ‖ **~ oneself** szégyent vall

disgraceful [dɪs'greɪsfəl] *a* szégyenletes

disgruntled [dɪs'grʌntld] *a* elégedetlen, zsémbes

disguise [dɪs'gaɪz] **1.** *n* álruha **2.** *v* leplez, álcáz

disgust [dɪs'gʌst] **1.** *n* csömör **2.** *v* undorít

disgusting [dɪs'gʌstɪŋ] *a* gusztustalan

dish [dɪʃ] **1.** *n* (*vessel*) tál; (*food*) étel; (*course*) fogás ‖ **do the ~es** elmosogat **2.** *v* col (*serve*) tálal; (*thwart*) átver; (*defeat*) megbuktat

dishearten [dɪs'hɑːtn] *v* elcsüggeszt

dishevelled [dɪ'ʃevld] *a* (*hair*) kócos; (*clothes*) zilált

dishonest [dɪs'ɒnɪst] *a* tisztességtelen

dishonour (*US* -**or**) [dɪs'ɒnə] **1.** *n* gyalázat **2.** *v* (*person*) megszégyenít, szégyent hoz vkre

dishwasher ['dɪʃwɒʃə] *n* mosogatógép

disillusion [dɪsɪ'luːʒn] **1.** *n* kiábrándulás **2.** *v* kiábrándít

disinfect [dɪsɪn'fekt] *v* fertőtlenít

disinfectant [dɪsɪn'fektənt] *n* fertőtlenítőszer

disintegrate [dɪs'ɪntɪgreɪt] *v* (*rock*) szétesik; (*group*) felbomlik

disinterested [dɪs'ɪntrɪstɪd] *a* (*uninterested*) érdektelen; (*impartial*) pártatlan

disjointed [dɪs'dʒɔɪntɪd] *a* összefüggéstelen

disk [dɪsk] *n* comput lemez, diszk ‖ **~ drive** lemezmeghajtó; → **disc**

diskette [dɪ'sket] *n* comput = **disk**

dislike [dɪs'laɪk] **1.** *n* ellenszenv **2.** *v* nem szível, vktől idegenkedik

dislodge [dɪs'lɒdʒ] *v* kimozdít

disloyal [dɪs'lɔɪəl] *a* hűtlen

dismal ['dɪzməl] *a* sivár, komor

dismay [dɪs'meɪ] **1.** *n* döbbenet **2.** *v* **be ~ed** megdöbben (*at* vm miatt)

dismiss [dɪs'mɪs] *v* (*send away*) elbocsát; (*reject*) elutasít

dismissal [dɪs'mɪsl] *n* elbocsátás

dismount [dɪs'maʊnt] *v* (*from horse/bicycle*) leszáll

disobedience [dɪsə'biːdɪəns] *n* engedetlenség

disobedient [dɪsə'biːdɪənt] *a* engedetlen

disobey [dɪsə'beɪ] *v* nem fogad szót (vknek)

disorder [dɪs'ɔːdə] *n* (*confusion*) rendetlenség, felfordulás (*commotion*) zűrzavar

disown [dɪs'əʊn] *v* (*son*) kitagad

disparaging [dɪ'spærədʒɪŋ] *a* becsmérlő, lekicsinylő

disparity [dɪ'spærətɪ] *n* egyenlőtlenség

dispatch [dɪ'spætʃ] **1.** *n* (*speed*) sietség; (*report*) értesítés; (*sending*) elküldés **2.** *v* (*send*) elküld (vknek); (*arrange*) (gyorsan) elintéz

dispensary [dɪ'spensərɪ] *n* gyógyszertár

dispense [dɪ'spens] *v* (*distribute*) (ki)oszt, szétoszt; (*prepare*) elkészít

dispense with eltekint vmtől

dispensing chemist [dɪ'spensɪŋ] *n GB* gyógyszerész

disperse [dɪ'spɜːs] *vt* szétoszlat | *vi* szétoszlik

dispirited [dɪ'spɪrɪtɪd] *v* levert

displace [dɪ'spleɪs] *v* elmozdít ǁ **~d person** hontalan

display [dɪ'spleɪ] **1.** *n* (*of goods*) bemutatás; (*show*) kirakat; (*monitor*) kijelző **2.** *v* (*exhibit*) kiállít; (*show*) bemutat

displease [dɪ'spli:z] *v* vknek nem tetszik

displeased [dɪ'spli:zd] *a* **be ~ with sg** vknek visszatetszik vm, vk elégedetlen vmvel

displeasure [dɪ'spleʒə] *n* visszatetszés

disposable [dɪ'spəʊzəbl] *a* (*nappy*) eldobható

disposal [dɪ'spəʊzl] *n* rendelkezés ǁ **be at (sy's) ~** rendelkezésre áll

dispose [dɪ'spəʊz] *v* elrendez ǁ **~ of sg/sy** vmn/vkn túlad

disposed [dɪ'spəʊzd] *a* **be ~ to do** hajlandó vmre

disposition [dɪspə'zɪʃn] *n* (*readiness*) hajlandóság; (*temperament*) habitus, mentalitás

disproportionate [dɪsprə'pɔːʃənət] *a* aránytalan

disprove [dɪs'pruːv] *v* megcáfol

dispute [dɪ'spjuːt] **1.** *n* vita **2.** *v* kétségbe von, vitat

disqualify [dɪ'skwɒlɪfaɪ] *v* kizár, diszkvalifikál

disregard [dɪsrɪ'gaːd] **1.** *n* semmibevétel **2.** *v* figyelmen kívül hagy, mellőz

disrepair [dɪsrɪ'peə] *n* **in ~** rozoga állapotban

disrespect [dɪsrɪ'spekt] *n* tiszteletlenség

disrupt [dɪs'rʌpt] *v* megzavar

disruption [dɪs'rʌpʃn] *n* megszakadás; (*of service*) fennakadás

dissatisfaction [dɪsætɪs'fækʃn] *n* nemtetszés, elégedetlenség

dissatisfied [dɪ'sætɪsfaɪd] *a* elégedetlen

dissect [dɪ'sekt] *v* (*cut up*) (fel)boncol; (*examine*) elemez

dissent [dɪ'sent] **1.** *n* eltérő vélemény **2.** *v* különvéleményen van

disservice [dɪ'sɜːvɪs] *n* **do sy a ~** kárt okoz vknek

dissident ['dɪsɪdənt] *n pol* disszidens; másként gondolkodó

dissimilar [dɪ'sɪmɪlə] *a* különböző, eltérő

dissipation [dɪsɪ'peɪʃn] *v* (*waste*) elpocsékolás; (*dissoluteness*) kicsapongás

dissolute ['dɪsəljuːt] *a* kicsapongó, feslett

dissolve [dɪ'zɒlv] *vt* (*substance*) (fel)old; (*society*) feloszlat | *vi* (fel)oldódik; feloszlik

dissuade [dɪ'sweɪd] *v* **~ sy from (doing) sg** lebeszél vkt vmről

distance ['dɪstəns] *n* (*in space*) táv(olság), táv; (*in time*) távlat ǁ **from a ~** távolból; **in the ~** a távolban

distant ['dɪstənt] *a* távoli, messze

distaste [dɪs'teɪst] *n* utálat, ellenszenv

distasteful [dɪs'teɪstfəl] *a* visszataszító, utálatos

distil (*US* **distill**) [dɪ'stɪl] *v* -**ll-** lepárol

distinct [dɪ'stɪŋkt] *a* kivehető, világos

distinction [dɪ'stɪŋkʃn] *n* (*difference*) megkülönböztetés; (*honour*) kitüntetés

distinguish [dɪ'stɪŋgwɪʃ] *v* ~ **between two things** *or* **one thing**

from another különbséget tesz két dolog között

distinguished [dɪ'stɪŋgwɪʃt] *a* kiváló, kiemelkedő

distort [dɪ'stɔːt] *v* elferdít, (el)torzít

distortion [dɪ'stɔːʃn] *n* elferdítés, torzítás

distract [dɪ'strækt] *v* eltérít ‖ ~ **attention (from)** elvonja a figyelmet

distracting [dɪ'stræktɪŋ] *a* őrjítő

distraction [dɪ'strækʃn] *n* (*diversion*) elterelés; (*distress*) aggodalom

distress [dɪ'stres] **1.** *n* (*sorrow*) szomorúság, bánat; (*poverty*) ínség, nyomor **2.** *v* (*trouble*) nyomaszt

distressing [dɪ'stresɪŋ] *a* lehangoló, aggasztó

distress signal *n* vészjel(zés)

distribute [dɪ'strɪbjuːt] *v* szétoszt, eloszt, kioszt (*among* több dolgot vkk között)

distribution [dɪstrɪ'bjuːʃn] *n* kiosztás, szétosztás

distributor [dɪ'strɪbjʊtə] *n comm* nagykereskedő; (*in car*) elosztó

district ['dɪstrɪkt] *n* (*of town*) kerület, (*város*)negyed; (*of country*) körzet

district attorney *n US* államügyész

distrust [dɪs'trʌst] **1.** *n* bizalmatlanság **2.** *v* nem bízik (vkben)

disturb [dɪ'stɜːb] *v* (meg)zavar

disturbance [dɪ'stɜːbəns] *n* (*disturbing*) zavar(ás); (*disorder*) nyugtalanság

disturbing [dɪ'stɜːbɪŋ] *a* zavaró

disuse [dɪs'juːs] *n* **fall into** ~ kimegy a divatból, elavul

disused [dɪs'juːzd] *a* nem használt

ditch [dɪtʃ] *n* árok

ditto ['dɪtəʊ] *n* dettó, ugyanaz

divan [dɪ'væn] *n* dívány, heverő

dive [daɪv] **1.** *n* (*jump*) ugrás; (*header*) fejesugrás; *col* (*pub*) csehó **2.** *v* alámerül; (*head first*) fejest ugrik

diver ['daɪvə] *n* búvár

divergence [daɪ'vɜːdʒəns] *n* eltérés

diverse [daɪ'vɜːs] *a* különféle, különböző

diversion [daɪ'vɜːʃn] *n* (*of traffic*) elterelés; (*road*) terelőút

divert [daɪ'vɜːt] *v* eltérít; (*traffic, river*) elterel

divide [dɪ'vaɪd] *vt* (*separate*) szétválaszt; (*share out*) szétoszt, eloszt; (*number*) eloszt (*by*) vmennyivel | *vi* (*part*) elválik; szétválik (*út*) ‖ ~ **by four** néggyel oszt; ~ **in two** (*or* **into two parts**) kettéoszt

divided highway *n US* osztott pályás úttest

dividend ['dɪvɪdend] *n* (*share*) osztalék, részesedés; (*number*) osztandó

divine [dɪ'vaɪn] *a* isteni

division [dɪ'vɪʒn] *n* (*dividing*) felosztás; *math* osztás; (*being divided*) megoszlás; (*part*) részleg, osztály

divorce [dɪ'vɔːs] **1.** *n law* válás **2.** *vt* elválaszt | *vi* elválik

divorcee [dɪvɔː'siː] *n* elvált férfi/nő

divulge [daɪ'vʌldʒ] *v* nyilvánosságra hoz

DIY [diː aɪ 'waɪ] = **do-it-yourself**

dizzy ['dɪzɪ] *a* (*person*) szédülő; (*speed, height*) szédítő ‖ **feel/be** ~ szédül

DJ = **disc jockey**

do [duː] (*sing. 3* **does** [dʌz]; *pt* **did** [dɪd], *pp* **done** [dʌn]) *v* (meg)tesz,

(meg)csinál, (el)végez || **I'll ~ it
somehow** majd valahogy meg-
csinálom; **I'll ~ what I can** megte-
szek minden tőlem telhetőt; **what
can I ~ for you?** mit paran-
csol/óhajt?; **that'll ~** (ez) jó lesz,
ez megfelel; **how ~ you do?**
(*greeting*) *approx* jó napot kívá-
nok!; **what does (s)he ~ for a
living?** mit csinál?, mivel foglal-
kozik?; **~ you speak English?**
tud(sz)/beszél(sz) angolul?; **Yes, I
~ igen**(, beszélek); **No, I don't**
nem(, nem beszélek/tudok); **you
live in Edinburgh, don't you?**
ugye te Edinburgh-ban élsz?; **be
~ing well** jól megy neki, jól keres;
done! megegyeztünk!; **be done**
készen van; *col* (*exhausted*) kivan;
he's been done *col* becsaptak;
have sg done (el)végeztet/elké-
szíttet vmt
do away with (*get rid of*) meg-
szabadul vmtől; *col* (*kill*) eltesz
vkt láb alól; (*abolish*) eltöröl
do sy in (*kill*) eltesz láb alól; *col*
(*let down*) vkvel kiszúr
do up (*tidy*) elrendez; (*repair*)
rendbe hoz; (*button*) begombol;
(*pack up*) összecsomagol
do with sg beéri/megelégszik
vmvel
do without sg megvan vm nél-
kül
docile ['dəʊsaɪl] *a* tanulékony
dock [dɒk] **1.** *n* (*in harbour*) dokk;
(*for prisoner*) vádlottak padja **2.** *v*
(*ship*) dokkol; (*spacecrafts*) ösz-
szekapcsolódik
docker ['dɒkə] *n* dokkmunkás, ki-
kötőmunkás
dockyard ['dɒkjɑːd] *n* hajógyár

doctor ['dɒktə] *n* orvos, doktor ||
D~ of Philosophy bölcsészdok-
tor, PhD
doctrine ['dɒktrɪn] *n* tétel, tan
document ['dɒkjʊmənt] *n* irat,
dokumentum, okmány
documentary [dɒkjʊ'mentrɪ] **1.** *a*
dokumentációs **2.** *n* (*film*) ismeret-
terjesztő film
documentation [dɒkjʊmen'teɪʃn] *n*
dokumentáció
dodge [dɒdʒ] **1.** *n* csel, fogás **2.** *v*
kijátszik (vmt)
does [dʌz] → **do**
doesn't ['dʌznt] = **does not**
dog [dɒg] **1.** *n* kutya **2.** *v* **-gg-**
nyomon követ
dogged ['dɒgɪd] *a* makacs, kitartó
doings ['duːɪŋz] *n pl* vknek a viselt
dolgai
do-it-yourself *n* „csináld magad",
barkácsolás
doldrums ['dɒldrəmz] *n pl* **be in
the ~** (*person*) mísze van; (*busi-
ness*) pang
dole [dəʊl] **1.** *n col* munkanélküli-
segély || **be on the ~** munkanél-
küli-segélyen él **2.** *v* **~ out** kiada-
gol
doleful ['dəʊlfəl] *a* szomorú
doll [dɒl] *n* (játék)baba
dollar ['dɒlə] *n* dollár
dolphin ['dɒlfɪn] *n* delfin
domain [də'meɪn] *n* (*of activity*)
terület
dome [dəʊm] *n* kupola
domestic [də'mestɪk] **1.** *a* (*home*)
házi, háztartási; (*within country*)
hazai, belföldi **2.** *n* (háztartási) al-
kalmazott
domestic servant *n* háztartási al-
kalmazott

domicile ['dɒmɪsaɪl] *n* állandó lakóhely

dominant ['dɒmɪnənt] *a* uralkodó, domináns

domineering [dɒmɪ'nɪərɪŋ] *a* uralkodni vágyó

dominion [də'mɪnɪən] *n* (*power*) uralom; (*territory*) domínium

domino ['dɒmɪnəʊ] *n* (*pl* -oes [-əʊz]) dominó

dominoes ['dɒmɪnəʊz] *n sing.* dominó(játék)

donate [dəʊ'neɪt] *v* adakozik

donation [dəʊ'neɪʃn] *n* (*donating*) adakozás; (*gift*) adomány

done [dʌn] *pp* → do

donkey ['dɒŋkɪ] *n* szamár

donor ['dəʊnə] *n* (*to charity*) adományozó; (*of blood*) véradó; (*of organ*) donor

don't [dəʊnt] = do not

donut ['dəʊnʌt] *n US* = doughnut

doom [du:m] 1. *n* (*fate*) balsors, végzet 2. *v* ítél

doomsday ['du:mzdeɪ] *n* az utolsó ítélet (napja)

door [dɔ:] *n* ajtó ‖ out of ~s kinn; a szabadban

doorbell ['dɔ:bel] *n* ajtócsengő

door-handle *n* kilincs

door-keeper *n* portás, kapus

doorman ['dɔ:mən] *n* (*pl* -men) (*at hotel*) portás, kocsirendező

doormat ['dɔ:mæt] *n* lábtörlő

doorstep ['dɔ:step] *n* küszöb

doorway ['dɔ:weɪ] *n* kapubejárat, kapualj

dope [dəʊp] 1. *n* doppingszer 2. *v* (*horse, person*) doppingol

dopey ['dəʊpɪ] *a col* kába

dormant ['dɔ:mənt] *a* be ~ szunynyad (*vkben tehetség*)

dormitory ['dɔ:mɪtrɪ] *n GB* (*room*) hálóterem; *US* (*building*) diákotthon, kollégium

dormouse ['dɔ:maʊs] *n* (*pl* -mice [-maɪs]) *zoo* pele

dosage ['dəʊsɪdʒ] *n* adag(olás)

dose [dəʊs] 1. *n* adag, dózis 2. *v* (*medicine*) adagol

doss house [dɒs] *n* éjjeli menedékhely

dot [dɒt] 1. *n* pont ‖ on the ~ percnyi pontossággal 2. *v* -tt- pontoz

double ['dʌbl] 1. *a* kettős, kétszeres, dupla 2. *n* (*quantity*) kétszerese vmnek; (*similar person*) hasonmás; (*of actor*) dublőr, dublőz 3. *vt* (meg)kettőz | *vi* megkettőződik

double bass *n* nagybőgő

double bed *n* franciaágy

double bend *n* S-kanyar

double-breasted *a* kétsoros (*ruha*)

double-decker *n* emeletes autóbusz

double room *n* kétágyas szoba

doubly ['dʌblɪ] *adv* kétszeresen, duplán

doubt [daʊt] 1. *n* kétség ‖ no ~ kétségkívül 2. *v* kétell, kétségbe von

doubtful ['daʊtfəl] *a* kétes, kétséges

doubtless ['daʊtlɪs] *adv* kétségkívül

dough [dəʊ] *n* tészta

doughnut ['dəʊnʌt] *n approx* fánk

dove [dʌv] *n* galamb

dowdy ['daʊdɪ] *a* ódivatú

down [daʊn] 1. *adv/prep* (*to a place*) le; (*at/in a place*) lenn, lent ‖ ~ below alul, lenn 2. *v* (*drink*) felhajt ‖ ~ tools sztrájkba lép

down-and-out *a* ágrólszakadt, nyomorgó

downcast ['daʊnkɑ:st] *a* letört ‖ be ~ lógatja az orrát

downfall ['daʊnfɔːl] *n* (*of government*) bukás; (*of empire*) összeomlás

downhearted [daʊn'hɑːtɪd] *a* csüggedt

downhill [daʊn'hɪl] *adv* hegyről le, lejtőn lefelé

down payment *n* előleg, foglaló

downpour ['daʊnpɔː] *n* felhőszakadás, zápor

downright ['daʊnraɪt] **1.** *a* (*refusal*) határozott || ~ **lie** tiszta hazugság **2.** *adv* határozottan, kereken

downstairs [daʊn'steəz] *adv* (*to*) le; (*on*) a földszinten, lenn

downstream [daʊn'striːm] *adv* folyón lefelé

down-to-earth *a* (*person*) gyakorlatias; (*plan*) reális

downtown [daʊn'taʊn] *adv US* a belvárosba(n)

downward ['daʊnwəd] *a* lefelé menő/irányuló

downwards ['daʊnwədz] *adv* le(felé)

dowry ['daʊərɪ] *n* hozomány

doz. = **dozen**

doze [dəʊz] **1.** *n* szendergés **2.** *v col* szundít

doze off elbóbiskol

dozen ['dʌzn] *n* tucat

Dr = **doctor**

drab [dræb] *a* unalmas, szürke

draft [drɑːft] **1.** *n* (*outline*) tervezet; (*sketch*) vázlat; (*order for money*) váltó; *US* (*conscription*) sorozás; *US* = **draught 2.** *v* (*outline*) szerkeszt; (*sketch*) vázol; *US* (*conscript*) besoroz

draftsman ['drɑːftsmən] *n* (*pl* -**men**) *US* műszaki rajzoló

drag [dræg] **1.** *n* (*cluster of hooks*) kotróháló; (*resistance*) közegellenállás, légellenállás **2.** *v* -**gg**- vonszol, húz

drag along magával hurcol

drag on (*meeting*) hosszúra nyúlik

drag sg out of sy *col* vkből vmt kiszed

dragon ['drægən] *n* sárkány (*mesebeli*)

dragonfly ['drægənflaɪ] *n zoo* szitakötő

drain [dreɪn] *n* (szenny)csatorna; → **drains**

drainage ['dreɪnɪdʒ] *n* alagcsövezés

drainpipe ['dreɪnpaɪp] *n* lefolyócső

drains [dreɪnz] *n pl* (*out of house*) kanális

drama ['drɑːmə] *n* színdarab, dráma

dramatic [drə'mætɪk] *a also fig* drámai

dramatist ['dræmətɪst] *n* drámaíró

dramatize ['dræmətaɪz] *v also fig* dramatizál

drank [dræŋk] *pt* → **drink**

draper('s shop) ['dreɪpə] *n* méteráru(kereskedés)

drastic ['dræstɪk] *a* drasztikus

draught [drɑːft] (*US* **draft**) *n* (*air*) huzat; (*swallow*) korty || ~ **beer** csapolt sör

draughtsman ['drɑːftsmən] *n* (*pl* -**men**) műszaki rajzoló

draw [drɔː] **1.** *n* (*lottery*) húzás, sorshúzás; (*match*) döntetlen (mérkőzés) **2.** *v* (*pt* **drew** [druː], *pp* **drawn** [drɔːn]) (*pull*) húz; (*lottery*) kihúz; (*curtain*) összehúz; (*picture*) (le)rajzol; (*money*) kivesz; (*cheque*) kiállít || ~ **a bill on sy** váltót

intézvényez; ~ **lots** sorsot húz; ~
near közeledik
draw back (*move back*) vissza-
húz/(ódik)
draw out vhonnan kihúz
draw up *vi* (*car*) megáll | *vt*
(*programme*) összeállít; (*contract*)
megszerkeszt
drawback ['drɔːbæk] *n* hátrány
drawbridge ['drɔːbrɪdʒ] *n* felvonó-
híd
drawer[1] ['drɔːə] *n* (*in furniture*) fiók
drawer[2] ['drɔːə] *n* (*of pictures*)
rajzoló; (*of cheque*) kiállító
drawing ['drɔːɪŋ] *n* rajz || ~ **pin**
rajzszeg
drawl [drɔːl] *v* vontatottan beszél
drawn [drɔːn] *pp* → **draw**
dread [dred] **1.** *n* rémület, rettegés
2. *v* vmtől/vktől retteg
dreadful ['dredfl] *a* borzalmas,
rémes
dreadfully ['dredfəlɪ] *adv* borzasz-
tóan
dream [driːm] **1.** *n* álom **2.** *v* (*pt/pp*
dreamed [dremt] *or* **dreamt**
[dremt]) (*have dreams*) álmodik;
(*fancy*) ábrándozik
dreamt [dremt] *pt/pp* → **dream**
dreary ['drɪərɪ] *a* sivár, komor
dredge [dredʒ] *v* kikotor (*tó fene-
két*)
dredger ['dredʒə] *n* kotrógép
dregs [dregz] *n pl* üledék, alja
(vmnek); *fig* söpredék
dress [dres] **1.** *n* (*for woman*) ruha;
(*clothing*) öltözet **2.** *vi* (fel)öltözik
| *vt* (fel)öltöztet; (*bandage*) kötöz
|| **get ~ed** felöltözik
dress up (*in evening dress*) kiöl-
tözik || ~ **up as** (*in fancy dress*)
beöltözik vmnek

dressing ['dresɪŋ] *n* (*on wound*)
kötés; (*for salads*) (saláta)öntet ||
~~**gown** pongyola; ~~**room** öltöző
dressmaker ['dresmeɪkə] *n* varró-
nő, női szabó
dressmaking ['dresmeɪkɪŋ] *n* var-
rás
dressy ['dresɪ] *a* divatos(an öltöz-
ködő); elegáns
drew [druː] *pt* → **draw**
dribble ['drɪbl] *v* (*rain*) csöpög;
(*baby*) nyáladzik; (*in football*)
cselez
dried [draɪd] *a* szárított, aszalt;
porított || ~ **fruit** szárított gyü-
mölcs; ~ **milk** tejpor; → **dry**
drift [drɪft] **1.** *n also fig* (*current*)
áramlás, sodródás; (*tendency*)
irányzat, tendencia **2.** *v* (*be car-
ried*) sodródik; (*person, thing*)
hányódik
drill [drɪl] **1.** *n* (*instrument*) fúró;
(*exercise*) gyakorlat **2.** *v* fúr
drink [drɪŋk] **1.** *n* ital || **have a ~**
iszik egyet **2.** *v* (*pt* **drank** [dræŋk],
pp **drunk** [drʌŋk]) iszik | *vt* megi-
szik || ~ **to sy** vk egészségére iszik
drink-driving *n* ittas vezetés
drinker [drɪŋkə] *n* iszákos
drinking water *n* ivóvíz
drip [drɪp] **1.** *n* (*dripping*) csöpögés;
(*drop*) csepp **2.** *v* -**pp**- *vi* csepeg |
vt csepegtet
drip down lecsepeg
drip-dry *a* vasalást nem igénylő
drive [draɪv] **1.** *n* (*journey*) autózás;
autóút (*megtett út*); (*road*) felhaj-
tó; (*energy, force*) energia; (*power
transmission*) (meg)hajtás; (*cam-
paign*) mozgalom; *comput* (*disk ~*)
lemezmeghajtó **2.** *v* (*pt* **drove**
[drəʊv], *pp* **driven** ['drɪvn]) (*car*)

vezet; (*animals*) hajt, űz;
(*operate*) meghajt
drive at céloz vmre
drive back (*enemy*) visszaver
drivel ['drɪvl] *n* ostobaság
driven ['drɪvn] *pp* → **drive**
driver ['draɪvə] *n* (*of car*) sofőr,
(gépkocsi)vezető; (*of horse, cart*)
hajtó
driver's license *n US* vezetői
engedély
driving ['draɪvɪŋ] *n* vezetés ∥ ~
licence vezetői engedély; ~ **mir-**
ror visszapillantó tükör; ~ **school**
autósiskola; ~ **test** gépjárműveze-
tői vizsga
drizzle ['drɪzl] 1. *n* szitáló eső 2. *v*
(*rain*) csepereg
drone [drəʊn] *v* (*engine*) zúg; (*bee*)
zümmög
drool [druːl] *v* nyála(d)zik, folyik a
nyála
droop [druːp] *v* fonnyad, hervad
drop [drɒp] 1. *n* (*fall*) esés; (*of*
liquid) csepp ∥ **a ~ of sg** egy
csepp vm; **~s** (szem-, orr-) csep-
pek 2. *v* **-pp-** *vt* (el)ejt, leejt;
(*release*) ledob; (*insert*) bedob ∣ *vi*
(*fall*) esik; (*collapse*) összeesik,
összerogy; (*drip*) csepeg, cseppen
∥ **I'll ~ you at your door** elviszem
hazáig (*autón*); ~ **me a line!** írj
majd pár sort!
drop down összecsuklik
drop in on sy felugrik/benéz
vkhez egy pillanatra
drop off to sleep elszenderül
drop out (*give up*) kidől a sorból;
(*from school*) kimarad; (*from*
competition) kiesik
dropper ['drɒpə] *n* cseppentő
droppings ['drɒpɪŋz] *n pl* ürülék

drought [draʊt] *n* aszály, szárazság
drove [drəʊv] *pt* → **drive**
drown [draʊn] *vi* vízbe fullad ∣ *vt*
vízbe fojt
drowsy ['draʊzɪ] *a* álmos
drub [drʌb] *v* **-bb-** *col* vkt elcsépel
drudgery ['drʌdʒərɪ] *n* kulimunka,
robot
drug [drʌg] *n* (*medicine*) gyógyszer,
orvosság; (*narcotic*) kábítószer
drug-addict *n* kábítószer-élvező
druggist ['drʌgɪst] *n US* gyógysze-
rész
drugstore ['drʌgstɔː] *n US* gyógy-
szertár és illatszerbolt
drum [drʌm] 1. *n* dob; (*container*)
hordó 2. *v* **-mm-** dobol
drummer ['drʌmə] *n* dobos
drunk [drʌŋk] *a* ittas, részeg ∥ **get ~**
col berúg; → **drink**
drunkard ['drʌŋkəd] *n* iszákos,
részeges ember
drunk driving *n US* ittas vezetés
drunken ['drʌŋkən] *a* részeges
dry [draɪ] 1. *a* száraz ∥ **become ~**
megszárad; **go ~** (*well*) kiszárad
2. *vt* (*dishes*) eltöröl; (*eyes*) meg-
töröl; (*hands, clothes*) (meg)szárít
∣ *vi* megszárad
dry up (*sun*) kiszárít; *col* (*actor*)
belesül; (*well*) kiszárad; (*source of*
sg) elapad
dry-cleaner's *n* ruhatisztító
dry-cleaning *n* vegytisztítás
dryer ['draɪə] *n* (haj- stb.) szárító
dry goods store *n pl US* méteráru
dryness ['draɪnɪs] *n* szárazság
DST [diː es 'tiː] = **daylight saving**
time
DT [diː 'tiː] = **daylight time**
DTP [diː tiː 'piː] = **desk-top pub-**
lishing

dual ['dju:əl] *a* kettős ‖ ~ **carriageway** osztott pályás úttest; ~ **nationality** kettős állampolgárság

dubbed [dʌbd] *a* szinkronizált

dubious ['dju:bɪəs] *a* kétes, kétséges

duchess ['dʌtʃɪs] *n* hercegnő; (*wife of duke*) hercegné

duck [dʌk] *n* kacsa

duckling ['dʌklɪŋ] *n* kiskacsa

duct [dʌkt] *n* csatorna, vezeték

dud [dʌd] **1.** *a* (*cheque*) fedezetlen **2.** *n* **a** ~ *col* (*person*) egy nagy nulla

due [dju:] **1.** *a* (*owing, expected*) esedékes; (*required*) kellő; (*suitable*) illő ‖ **in** ~ **course** kellő/megfelelő időben; ~ **to sg** vmnek köszönhető **2.** *n* járandóság ‖ ~**s** illeték, díj

duel ['dju:əl] *n* párbaj

duet [dju:'et] *n mus* kettős, duett

dug [dʌg] *pt/pp* → **dig**

duke [dju:k] *n* herceg

dull [dʌl] **1.** *a* (*knife*) tompa; (*book, play*) unalmas; (*person*) buta; (*weather*) borongós **2.** *v* (*pain*) tompít

duly ['dju:lɪ] *adv* (*properly*) kellően, illően; (*on time*) kellő időben

dumb [dʌm] *a* (*mute*) néma; *col* (*stupid*) buta, süket

dumbfound [dʌm'faʊnd] *v* **be ~ed** eláll a szava, elnémul

dummy ['dʌmɪ] *n* (*for clothes*) próbababa; (*sham*) makett; (*for baby*) cumi

dump [dʌmp] **1.** *n* lerakodóhely **2.** *v* (*put down*) lerak

dumper (truck) ['dʌmpə] *n* dömper, billenőkocsi

dumpling ['dʌmplɪŋ] *n* gombóc

dune [dju:n] *n* dűne

dung [dʌŋ] *n* trágya

dungarees [dʌŋgə'ri:z] *n pl* overall

dungeon ['dʌndʒən] *n* tömlöc

dupe [dju:p] **1.** *n col* balek **2.** *v* rászed, becsap

duplex *n US* kétlakásos ház

duplicate 1. ['dju:plɪkət] *n* másolat, másodpéldány **2.** ['dju:plɪkeɪt] *v* (*document*) másolatot készít

durability ['djʊərə'bɪlətɪ] *n* tartósság

durable ['djʊərəbl] *a* tartós ‖ ~ **goods, consumer** ~**s** tartós fogyasztási cikkek

duration [djʊ'reɪʃn] *n* (idő)tartam

duress [djʊ'res] *n* **under** ~ kényszerből, presszió alatt

during ['djʊərɪŋ] *prep* alatt, közben, vmnek folyamán

dusk [dʌsk] *n* alkony, szürkület

dust [dʌst] **1.** *n* por **2.** *v* (*furniture*) letöröl, porol

dustbin ['dʌstbɪn] *n* szemétláda

dustcart ['dʌstkɑ:t] *n* szemeteskocsi, kuka

dust jacket *n* borító

dustman ['dʌstmən] *n* (*pl* **-men** [-mən]) szemetes

dustpan ['dʌstpæn] *n* szemétlapát

dusty ['dʌstɪ] *a* poros

Dutch [dʌtʃ] *a/n* holland (nyelv) ‖ **the** ~ a hollandok

Dutchman ['dʌtʃmən] *n* (*pl* **-men**) holland férfi

dutiable ['dju:tɪəbl] *a* vámköteles

duty ['dju:tɪ] *n* (*tax*) illeték; (*customs fee*) vám; (*service*) ügyelet, szolgálat; (*obligation*) kötelezettség; (*task*) teendő ‖ **be off** ~ nincs szolgálatban; **be on** ~ ügyeletes, szolgálatban van

duty-free *a* (*goods*) illetékmentes;
(*shop*) vámmentes

dwarf [dwɔ:f] *n* (*pl* **dwarfs**
[dwɔːfs]) törpe

dwell [dwel] *v* (*pt/pp* **dwelt** [dwelt])
(*live*) lakik; (*vhol*) él; (*stay*) tar-
tózkodik ‖ ~ **on** elidőzik
(*tárgynál*)

dweller [dwelə] *n* lakos, lakó

dwelling house [dwelɪŋ] *n* lakóház

dwelt [dwelt] *pt/pp* → **dwell**

dwindle ['dwɪndl] *v* leapad

dye [daɪ] **1.** *n* (*paint*) festék;
(*colour*) szín **2.** *v* (*pres. p.* **dyeing**
['daɪɪŋ]) (*hair, cloth*) fest

dynamic [daɪ'næmɪk] *a* dinamikus,
lendületes

dynamite ['daɪnəmaɪt] *n* dinamit

dynamo ['daɪnəməʊ] *n* dinamó

dynasty ['dɪnəstɪ] *n* dinasztia, ural-
kodóház

E

E = east

each [i:tʃ] *pron* mindegyik, min-
d(enki) ‖ ~ **(and every)** minden
egyes; ~ **(one) of us** mindegyi-
künk; ~ **other** egymást; ~ **time**
mindannyiszor; **10p** ~ darabja 10
penny

eager ['i:gə] *a* buzgó, mohó ‖ **be** ~
(to) ég a vágytól(, hogy); ~ **to
know/learn** kíváncsi vmre

eagle ['i:gl] *n* sas

ear[1] [ɪə] *n* fül ‖ **have a good** ~ **for
music** jó zenei hallása van

ear[2] [ɪə] *n* (*of corn*) kalász

earache ['ɪəreɪk] *n* fülfájás

eardrum ['ɪədrʌm] *n* dobhártya

earl [3:l] *n GB* gróf

early ['3:lɪ] **1.** *a* korai ‖ **in the** ~
morning korán reggel; **in** ~
spring kora tavasszal **2.** *adv* ko-
rán ‖ **(s)he was 10 minutes** ~ 10
perccel korábban jött; ~ **in the
morning** kora reggel

earmark ['ɪəmɑːk] *v* (*funds*) előirá-
nyoz (*for* vmre)

earn [3:n] *v* (*money*) (meg)keres
(*pénzt*) ‖ **how much does (s)he**
~**?** mennyit keres?; ~ **a good
living** jól keres

earnest ['3:nɪst] *a* komoly

earnings ['3:nɪŋz] *n pl* kereset

earphone ['ɪəfəʊn] *n* fülhallgató

earring ['ɪərɪŋ] *n* fülbevaló

earshot ['ɪəʃot] *n* hallótávolság ‖
within ~ hallótávolságon belül

earth [3:θ] **1.** *n* föld; (*soil*) föld,
talaj; (*world*) világ; *el GB* földelés
‖ **the E~** a Föld **2.** *v* (le)földel

earthenware ['3:θənweə] *n* cserép-
edény, agyagáru

earthquake ['3:θkweɪk] *n* földrengés

earwig ['ɪəwɪg] *n zoo* fülbemászó

ease [i:z] **1.** *n* kényelem, könnyed-
ség ‖ **with** ~ könnyen **2.** *vt* enyhít,
könnyít ‖ *vi* felenged, enyhül

easily ['i:zəlɪ] *adv* könnyen

east [i:st] **1.** *a* keleti **2.** *n* kelet ‖ **in
the E~** keleten

Easter ['i:stə] *n* húsvét ‖ **at** ~ hús-
vétkor; ~ **egg** húsvéti tojás

eastern ['i:stən] *a* keleti

easy [i:zɪ] **1.** *a* könnyű; (*manner*)
fesztelen ‖ **be** ~ **about sg** nyu-
godt vm felől **2.** *adv* könnyen,
fesztelenül ‖ **take it/things** ~
kényelmesen csinál vmt; **take it**
~**!** csak semmi izgalom!, nyugi!

easy chair n fotel, karosszék
easy-going a (*lazy*) kényelmes; (*lax*) hanyag
eat [i:t] v (*pt* ate [et], *pp* **eaten** ['i:tn]) eszik
  eat away (*rust*) kimar
  eat into (*acid*) kimar
  eat out házon kívül étkezik (*egy alkalommal*)
eatable ['i:təbl] **1.** a ehető **2.** n ~s étel
eaten ['i:tn] *pp* → **eat**
eaves [i:vz] n pl eresz
eavesdrop ['i:vzdrop] v **-pp-** (*secretly*) hallgatódzik ‖ ~ **on a conversation** beszélgetést titokban kihallgat
ebb [eb] **1.** n apály; **2.** v apad
ebb-tide n apály
EC = European Communities
eccentric [ik'sentrik] a/n különc
echo ['ekəʊ] **1.** n visszhang **2.** v visszhangoz
eclipse [i'klips] **1.** n ~ **of the moon** holdfogyatkozás **2.** v (*person*) háttérbe szorít; (*fame*) elhomályosít
ecology [i:'kɒlədʒi] n ökológia
economic [i:kə'nɒmik] a (köz)gazdasági ‖ ~ **crisis** gazdasági válság
economical [i:kə'nɒmikl] a gazdaságos; (*person*) takarékos
economics [i:kə'nɒmiks] n sing. közgazdaságtan
economist [i'kɒnəmist] n közgazdász
economize [i'kɒnəmaiz] v beosztással él ‖ ~ **on sg** vmin/vmivel takarékoskodik
economy [i'kɒnəmi] n (*system*) gazdaság; (*thrift*) takarékosság
ecstatic [ik'stætik] a elragadtatott, eksztatikus

ecstasy ['ekstəsi] n elragadtatás, eksztázis
ECU ['ekju:] = *European Currency Unit* ECU
ecumenical [i:kju:'menikl] a ökumenikus
eczema ['eksimə] n ekcéma
edge [edʒ] **1.** n (*of knife*) él; (*margin*) szél; (*border*) szegély **2.** v szegélyez
  edge off vhonnan kisomfordál
edgeways ['edʒweiz] adv féloldalt
edgy ['edʒi] a ideges (*about sg* vm miatt)
edible ['edəbl] a ehető
edifice ['edifis] n épület
edit ['edit] v (*text*) (meg)szerkeszt; (*film*) összevág
edition [i'diʃn] n kiadás
editor ['editə] n (*of book, newspaper*) szerkesztő; (*of film*) vágó
editor-in-chief n főszerkesztő
educate ['edjʊkeit] v (*instruct, teach*) nevel, oktat; (*cultivate*) művel
education [edjʊ'keiʃn] n (*instruction*) nevelés, oktatás; (*schooling*) neveltetés, iskoláztatás; (*culture*) műveltség
eel [i:l] n angolna
eerie ['iəri] a hátborzongató
effect [i'fekt] **1.** n hatás, eredmény, kihatás ‖ **in** ~ a valóságban; **take** ~ (*drug*) hat; (*law*) hatályba lép; **to no** ~ hiába; → **effects 2.** v (*cause*) okoz; (*accomplish*) megvalósít
effective [i'fektiv] a hatásos, eredményes, hatékony
effects [i'fekt] n pl (*property*) ingóságok; (*sound, visual*) (hang-/fény)effektusok

effeminate [ɪ'femɪnət] *a* nőies, elpuhult

efficacy ['efikəsɪ] *n* hathatósság

efficiency [ɪ'fɪʃnsɪ] *n* hatékonyság, hatásfok

efficient [ɪ'fɪʃnt] *a* hatékony, termelékeny

effigy ['efɪdʒɪ] *n* képmás

effort ['efət] *n* erőfeszítés, fáradozás

effortless ['efətlɪs] *a* könnyű, nem megerőltető

eg, e.g. [iː 'dʒiː] = (*Latin: exempli gratia) for example* pl., például

egalitarian [ɪgælɪ'teərɪən] *a* egyenlőségre törekvő

egg [eg] *n* tojás

eggplant [egplaːnt] *n US* tojásgyümölcs, padlizsán

egotist ['egəʊtɪst] *n* önző

Egypt ['iːdʒɪpt] *n* Egyiptom

Egyptian [ɪ'dʒɪpʃn] *a/n* egyiptomi

eiderdown ['aɪdədaʊn] *n* (pehely)-paplan

eight [eɪt] *num* nyolc

eighteen [eɪ'tiːn] *num* tizennyolc

eighth [eɪtθ] *num a* nyolcadik

eighty ['eɪtɪ] *num* nyolcvan

Eire ['eərə] *n* Írország

either ['aɪðə] *pron* egyik, valamelyik (*kettő közül*), akármelyik; (*each, both*) mindkét ‖ **~ of them will do** akármelyik megteszi; **~ ... or ...** vagy ..., vagy...

eject [ɪ'dʒekt] *v* (*throw out*) kivet; (*expel*) kidob; (*from aircraft*) katapultál

eke [iːk] *v* **~ out** kipótol, kiegészít

elaborate 1. [ɪ'læbərət] *a* (*detailed*) gondosan kidolgozott; (*careful*) választékos(an elkészített) **2.** [ɪ'læbəreɪt] *v* (részleteiben) kidolgoz

elapse [ɪ'læps] *v* (el)múlik, (el)telik

elastic [ɪ'læstɪk] *a* rugalmas; gumírozott, gumis ‖ **~ band** gumiszalag

elated [ɪ'leɪtɪd] *a* lelkes ‖ **he's ~** *col* fel van dobva

elbow ['elbəʊ] **1.** *n* könyök **2.** *v* könyököl

elder[1] ['eldə] **1.** *a* (*older*) öregebb (*than* mint); (*senior*) idősebb ‖ **my ~ brother** a bátyám **2.** *n* (*church official*) presbiter

elder[2] ['eldə] *n* bodza

elderly ['eldəlɪ] *a* idős

eldest ['eldɪst] *a* legidősebb

elect [ɪ'lekt] *v* (meg)választ; (*decide*) dönt ‖ **~ sy (as) sg** (*or* **to be sg**) vkt vmnek megválaszt

election [ɪ'lekʃn] *n pol* választás

elective [ɪ'lektɪv] *a US* szabadon választható (tantárgy)

elector [ɪ'lektə] *n* választó, szavazó

electoral [ɪ'lektərəl] *a* választási

electorate [ɪ'lektərət] *n* a választók

electric [ɪ'lektrɪk] *a* elektromos, villamos

electrical [ɪ'lektrɪkl] *a* villamos; áram- ‖ **~ engineer** elektromérnök; **~ failure** áramszünet

electric blanket *n* hőtakaró, villanytakaró

electric chair *n* villamosszék

electric current *n* villanyáram

electric heater *n* hősugárzó

electrician [ɪlek'trɪʃn] *n* villanyszerelő

electricity [ɪlek'trɪsətɪ] *n* elektromosság, villanyáram

electrify [ɪ'lektrɪfaɪ] *v* villamosít

electrocute [ɪ'lektrəkjuːt] *v* villamosszékben kivégez

electron [ɪ'lektrɒn] *n* elektron

electronic *a* elektronikus ‖ ~ **mail** elektronikus posta

electronics [ɪlek'trɒnɪks] *n sing.* elektronika

elegance ['elɪgəns] *n* elegancia; (*of style*) könnyedség

elegant ['elɪgənt] *a* (*vk*) elegáns

element ['elɪmənt] *n* elem ‖ **the ~s** (*forces of nature*) az elemek

elementary [elɪ'mentrɪ] *a* elemi, kezdetleges

elephant ['elɪfənt] *n* elefánt

elevate ['elɪveɪt] *v* felemel

elevation [elɪ'veɪʃn] *n* (*height*) magaslat; *archit* nézet

elevator ['elɪveɪtə] *n US* személyfelvonó, lift

eleven [ɪ'levn] *num* tizenegy

elevenses [ɪ'levnzɪz] *n pl GB* tízórai

eleventh [ɪ'levənθ] *num a* tizenegyedik

elf [elf] *n* (*pl* **elves** [elvz]) tündér, manó

elicit [ɪ'lɪsɪt] *v* kicsal, kiszed

eligible ['elɪdʒəbl] *a* választható

eliminate [ɪ'lɪmɪneɪt] *v* kiküszöböl, kiiktat

elimination [ɪlɪmɪ'neɪʃn] *n* kiküszöbölés

élite [ɪ'liːt] *n* elit

ellipse ['ɪlɪps] *n* ellipszis

elm tree [elm] *n* szil(fa)

elocution [elə'kjuːʃn] *n* beszédművelés, beszédtechnika

elongate ['iːlɒŋgeɪt] *v* meghosszabbít

elope [ɪ'ləʊp] *v* megszökik (*with* vkvel)

eloquence ['eləkwəns] *n* ékesszólás

eloquent ['eləkwənt] *a* ékesszóló

else [els] *adv* (*otherwise*) vagy, különben; (*other*) egyéb, más ‖ **anybody** ~ bárki más; **nothing** ~ semmi más(t)

elsewhere [els'weə] *adv* máshol, máshova

elusive [ɪ'luːsɪv] *a* cseles, nehezen rajtakapható

elves [elvz] *pl* → **elf**

emaciated [ɪ'meɪsɪeɪtɪd] *a* nagyon sovány, csont és bőr

e-mail ['iːmeɪl] *n* = **electronic mail**

emanate ['eməneɪt] *v* kisugároz

emancipate [ɪ'mænsɪpeɪt] *v* emancipál, egyenjogúsít

emancipation [ɪmænsɪ'peɪʃn] *n* egyenjogúsítás, emancipáció

embankment [ɪm'bæŋkmənt] *n* töltés, védőgát

embargo [ɪm'bɑːgəʊ] *n* (*pl* **-goes**) kiviteli tilalom, embargó

embark [ɪm'bɑːk] *v* hajóra száll ‖ ~ **on sg** belekezd vmbe

embarkation [embɑː'keɪʃn] *n* behajózás

embarrass [ɪm'bærəs] *v* zavarba hoz ‖ **be ~ed** zavarban van

embassy ['embəsɪ] *n* nagykövetség

embed [ɪm'bed] *v* **-dd-** ~ **(itself) in (sg)** befúródik

embellish [ɪm'belɪʃ] *v* (fel)díszít

embezzle [ɪm'bezl] *v* (el)sikkaszt

embezzlement [ɪm'bezlmənt] *n* sikkasztás

embitter [ɪm'bɪtə] *v* megkeserít, elkeserít

emblem ['embləm] *n* embléma, jelkép

embodiment [ɪm'bɒdɪmənt] *n* megtestesítés, megtestesülés

embossed work [ɪm'bɒst] *n* dombornyomás

embrace [ɪmˈbreɪs] 1. *n* ölelkezés 2.
v átölel; (*include*) felölel
embroidery [ɪmˈbrɔɪdərɪ] *n* hímzés,
kézimunka
embroil [ɪmˈbrɔɪl] *v* belekever (*in*
vmbe)
emerald [ˈemərəld] *n* smaragd
emerge [ɪˈmɜːdʒ] *v* felbukkan;
(*problem*) jelentkezik, felmerül
emergence [ɪˈmɜːdʒəns] *n* felbuk-
kanás, kiemelkedés
emergency [ɪˈmɜːdʒənsɪ] *n* szük-
ség, kényszerhelyzet; (*in hospital*)
US baleseti osztály ‖ state of ~
szükségállapot; In case of ~ sür-
gős esetben
emergency brake *n* vészfék
emergency exit *n* vészkijárat
emery board [ˈeмərɪ] *n* körömre-
szelő
emery paper *n* csiszolópapír, *col*
smirgli
emetic [ɪˈmetɪk] *n* hánytató(szer)
emigrant [ˈemɪɡrənt] *n* kivándorló,
emigráns
emigrate [ˈemɪɡreɪt] *v* kivándorol,
emigrál
emigration [emɪˈɡreɪʃn] *n* kivándor-
lás, emigráció
eminence [ˈemɪnəns] *n* kiválóság,
kitűnőség
eminent [ˈemɪnənt] *a* kiváló, kitűnő
emission [ɪˈmɪʃn] *n* kibocsátás; (*of
heat, light*) kisugárzás
emit [ɪˈmɪt] *v* -tt- kibocsát, kisugároz
emotion [ɪˈməʊʃn] *n* (*feeling*) érze-
lem; (*excitement*) meghatottság
emotional [ɪˈməʊʃnl] *a* érzelmes,
érzelmi
empathy [ˈempəθɪ] *n* beleérzés
emperor [ˈempərə] *n* császár
emphasis [ˈemfəsɪs] *n* hangsúly

emphasize [ˈemfəsaɪz] *v* hangsú-
lyoz
emphatic [ɪmˈfætɪk] *a* nyomatékos
empire [ˈempaɪə] *n* birodalom
empirical [ɪmˈpɪrɪkl] *a* tapasztalati,
empirikus
employ [ɪmˈplɔɪ] *v* (*give work*) al-
kalmaz, foglalkoztat; (*use*) (fel)-
használ, vmt vmre alkalmaz
employee [emplɔɪˈiː] *a/n* alkalma-
zott, munkavállaló
employer [ɪmˈplɔɪə] *n* munkaadó
employment [ɪmˈplɔɪmənt] *n* (*of
person, method*) alkalmazás ‖ be
in ~ alkalmazásban van; be out of
~ nincs munkája/állása
employment agency *n* munka-
közvetítő (iroda)
empower [ɪmˈpaʊə] *v* ~ sy to do
sg vkt vmre felhatalmaz
empress [ˈemprɪs] *n* császárnő;
(*emperor's wife*) császárné
emptiness [ˈemptɪnɪs] *n* üresség
empty [ˈemptɪ] 1. *a* üres 2. *vt* kiürít ‖
vi (ki)ürül
empty-handed *a* üres kézzel
emulate [ˈemjʊleɪt] *v* felülmúlni
igyekszik
emulsion [ɪˈmʌlʃn] *n* emulzió
enable [ɪˈneɪbl] *v* ~ sy to do sg
képessé tesz vkt vmre
enamel [ɪˈnæml] 1. *n* zománc ‖ ~
(paint) zománcfesték 2. *v* -ll- (*US*
-l-) zománcoz
enchanting [ɪnˈtʃɑːntɪŋ] *a* elbűvölő,
elragadó
encircle [ɪnˈsɜːkl] *v* bekerít, körül-
zár
enc(l). = enclosed; enclosure
enclose [ɪnˈkləʊz] *v* (*surround*) kö-
rülvesz, bekerít; (*with letter*) mel-
lékel, csatol

enclosed [ɪn'kləʊzd] *a* csatolt, mellékelt || ~ **please find** csatoltan megküldjük

enclosure [ɪn'kləʊʒə] *n* (*land*) elkerített terület; (*document*) melléklet

encore ['ɒŋkɔː] *n* ráadás(szám)

encounter [ɪn'kaʊntə] **1.** *n* találkozás **2.** *v* (*meet*) (össze)találkozik; (*confront*) megütközik

encourage [ɪn'kʌrɪdʒ] *v* (fel)bátorít, buzdít

encouragement [ɪn'kʌrɪdʒmənt] *n* bátorítás, biztatás

encroach [ɪn'krəʊtʃ] *v* ~ **(up)on (the land)** elhódít (*területet tenger*) || ~ **on sy's authority** beleavatkozik vk hatáskörébe

encyclop(a)edia [ɪnsaɪklə'piːdɪə] *n* enciklopédia, lexikon

end [end] **1.** *n* vég, befejezés; (*aim*) szándék, cél; (*tip*) vég || **at the ~** a végén; **come to an ~** véget ér; **in the ~** végül (is); ~ **to** ~ szorosan egymás mögött **2.** *vi* véget ér, befejeződik; (*result in*) zárul | *vt* (*close*) bezár, lezár
end in sg végződik vmben
end up végzi valahogy

endanger [ɪn'deɪndʒə] *v* veszélyeztet

endearing [ɪn'dɪərɪŋ] *a* megnyerő

endeavour (*US* **-or**) [ɪn'devə] **1.** *n* igyekezet **2.** *v* ~ **to do sg** törekszik, igyekszik vmt tenni

endless ['endlɪs] *a* végtelen

endorse [ɪn'dɔːs] *v* (*approve*) jóváhagy; (*make valid*) érvényesít; (*sign*) láttamoz; (*write on licence for motoring offence*) megbírságol

endorsement [ɪn'dɔːsmənt] *n* jóváhagyás; *comm* hátirat

endow [ɪn'daʊ] *v* alapítványt tesz || ~ **sy with sg** vkt vmvel felruház

endowment [ɪn'daʊmənt] *n* (*foundation*) alapítvány; (*talent*) tehetség

endurance [ɪn'djʊərəns] *n* állóképesség, teherbírás

endure [ɪn'djʊə] *v* (vmt) elvisel, kibír

enemy ['enəmɪ] **1.** *n* ellenség **2.** *a* ellenséges

energetic [enə'dʒetɪk] *a* energikus, erőteljes

energy ['enədʒɪ] *n* energia

enforce [ɪn'fɔːs] *v* (*claims, rights*) érvényt szerez vmnek

engage [ɪn'geɪdʒ] *v* (*bind*) lefoglal; (*employ*) felvesz, alkalmaz; (*betroth*) eljegyez vkt
engage in vmre adja magát

engaged [ɪn'geɪdʒd] *a* (*telephone, seat*) foglalt; (*person*) elfoglalt || **be ~ in (doing) sg** foglalkozik vmvel; **they are ~** eljegyezték egymást

engagement [ɪn'geɪdʒmənt] *n* (*appointment*) elfoglaltság; (*to marry*) eljegyzés

engaging [ɪn'geɪdʒɪŋ] *a* megnyerő

engender [ɪn'dʒendə] *v* előidéz

engine ['endʒɪn] *n* (*machine*) motor, gép; (*locomotive*) mozdony || ~ **driver** mozdonyvezető

engineer [endʒɪ'nɪə] *n* (*designer*) mérnök; (*operator*) gépész; *US* (*engine driver*) mozdonyvezető

engineering [endʒɪ'nɪərɪŋ] *n* műszaki tudományok, technika

England ['ɪŋglənd] *n* Anglia

English ['ɪŋglɪʃ] *a/n* angol || **the ~** az angolok; **in ~** angolul; **speak ~** beszél/tud angolul

English Channel, the *n* a La Manche-csatorna

Englishman ['ɪŋglɪʃmən] *n* (*pl -men*) angol (férfi)

Englishwoman ['ɪŋglɪʃwʊmən] *n* (*pl -women* [-wɪmɪn]) angol (nő)

engrave [ɪn'greɪv] *v* rézkarcot készít ‖ ~ **on** (*metal*) bevés, metsz

engraving [ɪn'greɪvɪŋ] *n* art metszet

engross [ɪn'grəʊs] *v* **be ~ed in sg** vmbe mélyed/merül

engulf [ɪn'gʌlf] *v* elborít, elnyel

enhance [ɪn'hɑ:ns] *v* növel

enigma [ɪ'nɪgmə] *n* talány

enigmatic [enɪg'mætɪk] *a* talányos

enjoy [ɪn'dʒɔɪ] *v* vmt élvez, vm tetszik ‖ ~ **oneself** vhol szórakozik

enjoyable [ɪn'dʒɔɪəbl] *a* élvezetes

enjoyment [ɪn'dʒɔɪmənt] *n* élvezet

enlarge [ɪn'lɑ:dʒ] *v* (meg)növel; *photo* nagyít

enlargement [ɪn'lɑ:dʒmənt] *n* nagyobbítás; *photo* nagyítás

enlighten [ɪn'laɪtn] *v* felvilágosít

Enlightenment, the [ɪn'laɪtnmənt] *n* hist a felvilágosodás

enlist [ɪn'lɪst] *v* mil besoroz

enmity ['enmətɪ] *n* ellenségeskedés

enormity [ɪ'nɔ:mətɪ] *n* szörnyűség

enormous [ɪ'nɔ:məs] *a* hatalmas

enough [ɪ'nʌf] *a* elég, elegendő ‖ **have ~** jóllakik; **I've had ~ of this** nekem ebből elég volt

enquire [ɪn'kuaɪə] = **inquire**

enrage [ɪn'reɪdʒ] *v* dühbe hoz, felbőszít

enrich [ɪn'rɪtʃ] *v* feljavít, gazdagít

enrol (*US* **enroll**) [ɪn'rəʊl] *v* **-ll-** (*in school*) beiratkozik

enrolment [ɪn'rəʊlmənt] *n* beiratkozás

ensemble [ɑ:n'sɑ:mbl] *n* (*music*) együttes; (*woman's clothing*) kosztüm

ensue [ɪn'sju:] *v* vmből következik, folyik

ensure [ɪn'ʃʊə] *v* biztosít, gondoskodik

entail [ɪn'teɪl] *v* maga után von, vele jár

entangle [ɪn'tæŋgl] *v* **get ~d** (*thread*) összekuszálódik ‖ **get/ become ~d in sg** vmbe belekeveredik

enter ['entə] *v* (*room*) belép, bemegy; (*entry*) elkönyvel; *comput* bevisz, beír; (*action*) benyújt; (*university*) felveszik

enter for (*exam*) jelentkezik; (*competition*) benevez, indul

enter into vmbe bocsátkozik

enter on/upon megkezd

enteritis [entə'raɪtɪs] *n* bélhurut

enterprise ['entəpraɪz] *n* (*initative*) vállalkozás; (*company*) vállalat

entertain [entə'teɪn] *v* (*amuse*) szórakoztat; (*receive*) fogad

entertainer [entə'teɪnə] *n* szórakoztató művész

entertaining [entə'teɪnɪŋ] *a* szórakoztató

entertainment [entə'teɪnmənt] *n* szórakozás, program

enthral (*US* **-ll**) [ɪn'θrɔ:l] *v* **-ll-** elbűvöl, lenyűgöz

enthusiasm [ɪn'θju:zɪæzəm] *n* lelkesedés, rajongás

enthusiastic [ɪnθju:zɪ'æstɪk] *a* lelkes

enticing [ɪn'taɪsɪŋ] *a* csábító, vonzó

entire [ɪn'taɪə] *a* teljes, egész

entirely [ɪn'taɪəlɪ] *adv* teljesen, egészen

entitle [ɪn'taɪtl] *v* vmre feljogosít ‖ **a book ~d ...** a ... című könyv

entrails ['entreɪlz] *n pl* belek

entrance[1] ['entrəns] *n* bejárat; (*entering*) belépés

entrance[2] [ɪn'trɑːns] *v* elbűvöl

entrance examination *n* felvételi vizsga

entrance fee *n* belépődíj

entrance ramp *n* US kocsifelhajtó

entrant ['entrənt] *n sp* induló, nevező

entrenched [ɪn'trentʃt] *a fig* meggyökeresedett

entrenchment [ɪn'trentʃmənt] *n* fedezék

entrepreneur [ɒntrəprə'nɜː] *n* vállalkozó

entrust [ɪn'trʌst] *v* (rá)bíz (*sg to sy* vkre vmt)

entry ['entrɪ] *n* bejárat; (*entering*) belépés; (*of data*) bejegyzés; (*item*) tétel, adat; (*for race*) (be)nevezés ‖ ~ **form** jelentkezési lap

entryphone ['entrɪfəʊn] *n GB* kaputelefon

enumerate [ɪ'njuːməreɪt] *v* felsorol

enunciate [ɪ'nʌnsɪeɪt] *v* (*sound*) kiejt; (*theory*) kifejt

envelop [en'veləp] *v* beburkol

envelope ['envələʊp] *n* boríték

enviable ['envɪəbl] *a* irigylésre méltó

envious ['envɪəs] *a* irigy (*of sy/sg* vkre/vmre)

environment [ɪn'vaɪərənmənt] *n* környezet ‖ **the protection of the** ~ környezetvédelem

environmental [ɪnvaɪərən'mentl] *a* környezetvédelmi ‖ ~ **damages** környezeti ártalmak; ~ **protection** környezetvédelem

environs [ɪn'vaɪərənz] *n pl* (*surroundings*) környék; (*outskirts*) külső övezet

envisage [ɪn'vɪzɪdʒ] *v* (el)tervez; elképzel

envoy ['envɔɪ] *n* (ki)küldött

envy ['envɪ] **1.** *n* irigység **2.** *v* vkt/vmt irigyel

enzyme ['enzaɪm] *n* enzim

epic ['epɪk] **1.** *a* epikus **2.** *n* eposz

epidemic [epɪ'demɪk] **1.** *a* járványos **2.** *n* járvány

epilepsy ['epɪlepsɪ] *n* epilepszia

epileptic [epɪ'leptɪk] *a* epilepsziás

epilogue (*US* **-log**) ['epɪlɒg] *n* utóhang

episode ['epɪsəʊd] *n* epizód

epistle [ɪ'pɪsl] *n* levél

epitaph ['epɪtɑːf] *n* sírfelirat

epithet ['epɪθet] *n* jelző

epitome [ɪ'pɪtəmɪ] *n* mintakép

epoch ['iːpɒk] *n* kor(szak)

equable ['ekwəbl] *a* (*steady*) egyenletes, állandó; (*balanced*) kiegyensúlyozott

equal ['iːkwəl] **1.** *a* egyenlő **2.** *n* his ~**s** a hozzá hasonlók, a vele egyenrangúak **3.** *v* **-ll-** (*US* **-l-**) *sp* (*record*) beállít

equality [ɪ'kwɒlətɪ] *n* egyenlőség

equalize ['iːkwəlaɪz] *v* (ki)egyenlít

equalizer ['iːkwəlaɪz] *n sp* egyenlítő gól

equally ['iːkwəlɪ] *adv* egyenlően, egyformán

equals sign ['iːkwəlz] *n* egyenlőségjel

equanimity [ekwə'nɪmətɪ] *n* kiegyensúlyozottság

equation [ɪ'kweɪʃn] *n* egyenlet

equator, the [ɪ'kweɪtə] *n* az Egyenlítő

equestrian [ɪ'kwestrɪən] *a* lovas ‖ ~ **events** *sp* lovaglás

equilibrium [iːkwɪ'lɪbrɪəm] *n* egyensúly

equinox ['i:kwɪnɒks] *n* napéjegyen-
lőség

equip [ɪ'kwɪp] *v* **-pp-** ellát/felszerel
(*with sg* vmivel)

equipment [ɪ'kwɪpmənt] *n* felszere-
lés, berendezés

equitable ['ekwɪtəbl] *a* méltányos,
jogszerű

equities ['ekwətɪz] *n pl GB* törzs-
részvények

equity ['ekwətɪ] *n* méltányosság

equivalence [ɪ'kwɪvələns] *n* egyen-
értékűség

equivalent [ɪ'kwɪvələnt] **1.** *a* egyen-
értékű **2.** *n* egyenérték; (*in money*)
ellenérték; (*in dictionary*) egyen-
értékes, ekvivalens

equivocal [ɪ'kwɪvəkl] *a* kétértelmű

era ['ɪərə] *n* éra, korszak

eradicate [ɪ'rædɪkeɪt] *v* gyökerestől
kiirt

erase [ɪ'reɪz] *v* (*rub out*) kiradíroz;
(*tape*) letöröl

eraser [ɪ'reɪzə] *n* radír(gumi)

erect [ɪ'rekt] **1.** *a* egyenes, felegye-
nesedett **2.** *v* (*set up*) felállít;
(*build*) emel, felépít

erection [ɪ'rekʃn] *n* (*of building*)
emelés; *biol* erekció

erode [ɪ'rəʊd] *v* (*water*) kimos;
(*acid, rust*) kimar

erosion [ɪ'rəʊʒn] *n* erózió

erotic [ɪ'rɒtɪk] *a* erotikus

eroticism [ɪ'rɒtɪsɪzəm] *n* erotika

err [ɜ:] *v* téved; hibázik

errand boy ['erənd] *n* kifutó(fiú)

errands ['erəndz] *n pl col* komisszió,
megbízás

erroneous [ɪ'rəʊnɪəs] *a* téves

error ['erə] *n* tévedés, hiba ‖ **com-
mit an ~** hibát követ el

erudite ['erʊdaɪt] *a* művelt, tanult

erupt [ɪ'rʌpt] *v* (*volcano, war*) kitör

eruption [ɪ'rʌpʃn] *n* (*of volcano,
war*) kitörés; (*of skin*) kiütés

escalate ['eskəleɪt] *vt* fokoz ‖ *vi*
fokozódik; kiszélesedik (*hábo-
rú*)

escalator ['eskəleɪtə] *n* mozgólép-
cső

escape [ɪ'skeɪp] **1.** *n* (*of gas*) szi-
várgás; (*from prison*) szökés, me-
nekülés **2.** *v* (*get free*) (el)szökik,
(el)menekül; (*of gas*) elillan ‖ ~
from vhonnan/vmből megmene-
kül; **it ~d my notice** véletlenül
elnéztem

escort 1. ['eskɔ:t] *n* (védő)kíséret **2.**
[ɪs'kɔ:t] *v* vkt elkísér

Eskimo ['eskɪməʊ] *a/n* eszkimó

ESP [i: es 'pi:] = **extrasensory
perception**

especially [ɪ'speʃlɪ] *adv* különösen,
főleg

espionage ['espɪənɑ:ʒ] *n* kémke-
dés

esplanade [esplə'neɪd] *n* sétány

espresso [e'spresəʊ] *n* (esz-
presszó)kávé

Esq. *GB* = **Esquire**

Esquire [ɪ'skwaɪə] *n* (*on envelope*)
G. Smith, Esq. G. Smith Úrnak

essay 1. ['eseɪ] *n* (*composition*)
tanulmány, esszé; (*testing*) dolgo-
zat **2.** [e'seɪ] *v* megpróbál

essence ['esns] *n* lényeg; (*extract*)
sűrítmény, kivonat

essential [ɪ'senʃl] *a* lényeges,
alapvető

establish [ɪ'stæblɪʃ] *v* (*set up*)
létesít; (*found*) (meg)alapít; (*de-
termine*) megállapít

establishment [ɪ'stæblɪʃmənt] *n*
létesítmény, intézmény

estate [ɪˈsteɪt] *n* (föld)birtok ‖ ~ **agency** ingatlanközvetítő iroda; ~ **car** kombi; ~ **house** lakótelepi (bér)ház

esteem [ɪˈstiːm] **1.** *n* nagyrabecsülés **2.** *v* értékel

esteemed [ɪˈstiːmd] *a* nagyra becsült

esthetic [iːsˈθetɪk] *a US* = **aesthetic**

estimate 1. [ˈestɪmət] *n* becslés ‖ ~**s** (*of government*) költségvetés **2.** [ˈestɪmeɪt] *v* értékel, becsül; felbecsül

estimation [estɪˈmeɪʃn] *n* (*értékelés*) becslés, megbecsülés ‖ **in my** ~ becslésem szerint

estranged [ɪˈstreɪndʒd] *a* elidegenedett

estrangement [ɪˈstreɪndʒmənt] *n* (*making estranged*) elidegenítés; (*being estranged*) elidegenedés

estuary [ˈestjʊərɪ] *n* (folyó)torkolat

etc. [etˈsetrə] = (*Latin: et cetera*) *and so on* stb.

etch [etʃ] *v* (*in copper*) bemetsz, (*on mind*) bevés

etching [ˈetʃɪŋ] *n* rézkarc, rézmetszet

eternal [ɪˈtɜːnl] *a* örök, örökös

eternity [ɪˈtɜːnətɪ] *n* örökkévalóság

ether [ˈiːθə] *n* éter

ethical [ˈeθɪkl] *a* erkölcsi, etikai

ethics [ˈeθɪks] *n pl* etikusság; *sing.* etika, erkölcstan

ethnic [ˈeθnɪk] *a* etnikai; nemzetiségi

ethnography [eθˈnɒgrəfɪ] *n* néprajz, etnográfia

etiquette [ˈetɪket] *n* etikett

EU = **European Union**

euphemism [ˈjuːfəmɪzəm] *n* szépítő kifejezés, eufemizmus

eurhythmics [juˈrɪðmɪks] *n sing.* művészi/ritmikus torna

Eurocheque [ˈjʊərətʃek] *n* eurocsekk

Europe [ˈjuˈrəʊp] *n* Európa

European [jʊərəˈpiːən] *a* európai

European Communities *n pl* Európai Közösségek (EK)

European Union *n* Európai Unió (EU)

evacuate [ɪˈvækjuleɪt] *v* (ki)ürít, evakuál; *med* ürít

evacuation [ɪvækjʊˈeɪʃn] *n* kiürítés, evakuálás; *med* ürítés

evade [ɪˈveɪd] *v* kikerül, megkerül ‖ ~ **a question** kitér egy kérdés elől; ~ **the law** kijátssza a törvényt

evaluate [ɪˈvæljʊeɪt] *v* kiértékel

evaluation [ɪvæljʊˈeɪʃn] *n* kiértékelés

evaporate [ɪˈvæpəreɪt] *v* elpárolog

evaporation [ɪvæpəˈreɪʃn] *n* (ki)párolgás, gőz, kigőzölgés

evasion [ɪˈveɪʒn] *n* (*of law*) kijátszás, megkerülés; (*of question*) kitérés (*vm elől*)

evasive [ɪˈveɪsɪv] *a* ~ **reply** kitérő válasz

eve [iːv] *n* előeste

even [ˈiːvn] **1.** *a* (*regular*) egyenletes; (*smooth*) sík, sima; (*equal*) egyenlő; (*divisible by* 2) páros (számú) ‖ **get** ~ **with sy** vkkel leszámol **2.** *adv* még (... is) ‖ ~ **if** még akkor is, ha; ~ **more** még több, még inkább **3.** *v* ~ **out/up** kiegyenlít

evening [ˈiːvnɪŋ] *n* este ‖ **in the** ~ este; **this** ~ ma este; ~ **dress** estélyi ruha; ~ **party** estély

event ['ɪ'vent] n esemény, eset; (*contest*) (verseny)szám ‖ **in the ~ of** vmnek esetén
eventual [ɪ'ventʃʊəl] a végső
eventuality [ɪventʃʊ'æləti] n eshetőség
eventually [ɪ'ventʃʊəlɪ] adv végül is, végső fokon
ever ['evə] adv (*at any time*) valaha ‖ **for ~** (mind)örökre; **have you ~ been there?** jártál már ott valamikor?; **~ since** attól fogva, amióta csak
evergreen ['evəgri:n] a örökzöld
everlasting [evə'lɑ:stɪŋ] a örökké tartó
every ['evrɪ] a (*all*) mind(en); (*each*) mindegyik, valamennyi ‖ **~ day** mindennap; **~ five years** ötévenként; **~ now and then** (nagy) néha, időnként; **~ other** minden második; **~ time** valahányszor, minden esetben/alkalommal
everybody ['evrɪbɒdɪ] pron mindenki
everyday [evrɪ'deɪ] a (*daily*) mindennapi, mindennapos; (*common*) hétköznapi, általános
everyone ['evrɪwʌn] pron mindenki
everything ['evrɪθɪŋ] n minden
everywhere ['evrɪweə] adv mindenhol, mindenhova
evict [ɪ'vɪkt] v kilakoltat
eviction [ɪ'vɪkʃn] n kilakoltatás
evidence ['evɪdəns] n (*proof*) bizonyíték; (*trace*) tanújel, nyom; (*testimony*) tanúvallomás ‖ **give ~** tanúvallomást tesz (*for or in favour of/against sy* vk mellett/ellen)
evident ['evɪdənt] a nyilvánvaló

evidently ['evɪdəntlɪ] adv nyilván(valóan)
evil ['i:vl] **1.** a rossz, gonosz, bűnös **2.** n gonoszság
evocation [i:vəʊ'keɪʃn] n felidézés
evocative [ɪ'vɒkətɪv] a **be ~ of sg** felidéz vmt
evoke [ɪ'vəʊk] v (*memory*) felelevenít, felidéz; (*admiration*) kivált, kelt
evolution [i:və'lu:ʃn] n fejlődés, evolúció
evolve [ɪ'vɒlv] vt kifejleszt | vi kifejlődik
ex- [eks] pref volt, ex-
exact [ɪg'zækt] a pontos, precíz
exactly [ɪg'zæktlɪ] adv éppen, pontosan
exaggerate [ɪg'zædʒəreɪt] v (el)túloz
exaggeration [ɪgzædʒə'reɪʃn] n túlzás
exalted [ɪg'zɔ:ltɪd] a (*position, job*) magas
exam [ɪg'zæm] n col vizsga
examination [ɪgzæmɪ'neɪʃn] n (*testing*) vizsga; (*inquiry*) vizsgálat, kivizsgálás ‖ **take an ~** vizsgázik
examine [ɪg'zæmɪn] v (*patient*) vizsgál; (*theory*) tanulmányoz; (*pupil*) vizsgáztat; (*account*) átvizsgál; (*passport*) ellenőriz
examiner [ɪg'zæmɪnə] n vizsgáztató
example [ɪg'zɑ:mpl] n példa ‖ **for ~** például
exasperate [ɪg'zɑ:spəreɪt] v felbosszant, feldühít
exasperating [ɪg'zɑ:spəreɪtɪŋ] a bosszantó, elkeserítő
exasperation [ɪgzɑ:spə'reɪʃən] n elkeseredés

excavate ['ekskəveɪt] v kiás, feltár
excavation [ekskə'veɪʃn] n ásatás, feltárás
excavator ['ekskəveɪtə] n markológép, kotrógép
exceed [ɪk'siːd] v (in value) meghalad; (powers, limit) túllép
excel [ɪk'sel] v -ll- kiemelkedik, kitűnik (in vmben)
excellence ['eksələns] n kiválóság, kitűnőség
excellency ['eksələnsɪ] n His/Her ~ Őkegyelmessége, Őexcellenciája
excellent ['eksələnt] a kiváló, kitűnő
except [ɪk'sept] 1. prep kivéve(, hogy) ‖ ~ for vmnek/vknek kivételével; ~ that kivéve (azt), hogy 2. v kivételt tesz
excepting [ɪk'septɪŋ] prep kivéve, vmnek/vknek kivételével
exception [ɪk'sepʃn] n kivétel ‖ without ~ kivétel nélkül
exceptional [ɪk'sepʃənl] a kivételes, rendkívüli
excerpt ['eksɜːpt] n szemelvény, (rövid) részlet
excess 1. [ɪk'ses] n (súly)többlet, felesleg ‖ in ~ fölös számban 2. ['ekses] a többlet-, pót-
excess baggage n aviat túlsúly
excess fare n (railway) pótdíj
excessive [ɪk'sesɪv] a mértéktelen, túlzott
excess weight n túlsúly, súlytöbblet
exchange [ɪks'tʃeɪndʒ] 1. n csere; (of money) pénzváltás; (stock ~) tőzsde; (telephone ~) telefonközpont ‖ in ~ for cserébe vmért; foreign ~ deviza 2. v (convert) átvált; (change) becserél (sg for sg vmt vmre); (replace) kicserél

exchange rate n átváltási árfolyam
exchange student n cserediák
Exchequer, the [ɪks'tʃekə] n GB pénzügyminisztérium ‖ Chancellor of the ~ pénzügyminiszter
excise[1] [ɪk'saɪz] v med kimetsz
excise[2] ['eksaɪz] n fogyasztási adó
excitable [ɪk'saɪtəbl] a ingerlékeny
excitation [eksɪ'teɪʃn] n (fel)izgatás, ingerlés; el gerjesztés
excite [ɪk'saɪt] v (irritate) ingerel, (fel)izgat; (induce) gerjeszt
excited [ɪk'saɪtɪd] a izgatott
excitement [ɪk'saɪtmənt] n izgalom
exciting [ɪk'saɪtɪŋ] a izgató, izgalmas
exclaim [ɪk'skleɪm] v felkiált
exclamation [eksklə'meɪʃn] n felkiáltás
exclamation mark (US **point**) n felkiáltójel
exclude [ɪk'skluːd] v kizár; sp kiállít
excluding [ɪk'skluːdɪŋ] prep kivételével ‖ ~ VAT ÁFA nélkül
exclusion [ɪk'skluːʒn] n kizárás ‖ to the ~ of kivételével
exclusive [ɪk'skluːsɪv] a kizárólagos; zártkörű
excrement ['ekskrəmənt] n ürülék
excursion [ɪk'skɜːʃn] n kirándulás
excuse 1. [ɪk'skjuːs] n mentség, kifogás ‖ make ~s (for) mentegetődzik 2. [ɪk'skjuːz] v elnéz, megbocsát ‖ ~ me (apology) elnézést, uram ..., (addressing) kérem, bocsánat!; (inquiry) elnézést (kérek)!; ~ me? US (incomprehension) tessék?, kérem? (nem értem); ~ me for being late bocsánat a késésért
exdirectory (phone) number [eksdə'rektərɪ] n GB titkos (telefon)szám

execute ['eksɪkju:t] *v* (*perform*) végrehajt, teljesít; (*put to death*) kivégez; (*carry out*) kivitelez; (*play*) előad; *comput* végrehajt

execution [eksɪ'kju:ʃn] *n* megvalósítás; végrehajtás; (*killing*) kivégzés; *comput* végrehajtás

executioner [eksɪ'kju:ʃnə] *n* hóhér

executive [ɪg'zekjʊtɪv] **1.** *a* végrehajtó, végrehajtási, közigazgatási **2.** *n* (*manager*) vezető (állású tisztviselő); (*ügyvezető*) igazgató; (*power, committee*) végrehajtó hatalom/szerv, vezetőség ‖ **Chief E~ US** az USA elnöke

executor [ɪg'zekjʊtə] *n* végrendeleti végrehajtó

exemplary [ɪg'zempləri] *a* mintaszerű, példamutató

exemplify [ɪg'zemplɪfaɪ] *v* példáz

exempt [ɪg'zempt] **1.** *a* mentes (*from* vm alól) **2.** *v* ~ **sy from sg** vkt vm alól mentesít/felment

exemption [ɪg'zempʃn] *n* mentesítés, mentesség, felmentés (*from* vm alól)

exercise ['eksəsaɪz] **1.** *n* (*practice*) gyakorlás; (*training*) testedzés; (*drill*) gyakorlat ‖ **do ones ~s** testedzést végez, mozog **2.** *v* (*practise*) gyakorol(tat); (*drill*) gyakorlatozik; (*train*) testedzést végez, mozog

exercise-book *n* füzet

exert [ɪg'zɜ:t] *v* ~ **influence on sg/sy** befolyást gyakorol vmre/vkre; ~ **oneself** igyekszik, megerőlteti magát, erőlködik

exertion [ɪg'zɜ:ʃn] *n* erőfeszítés, igyekezet

exhalation [ekshə'leɪʃn] *n* (*of vapour*) kigőzölgés; (*of breath*) kilélegzés

exhaust [ɪg'zɔ:st] **1.** *n* (*pipe*) kipufogó; (*gas*) kipufogógáz **2.** *v* kimerít

exhausted [ɪg'zɔ:stɪd] *a* kimerült

exhausting [ɪg'zɔ:stɪŋ] *a* kimerítő, fárasztó, megerőltető

exhaustion [ɪg'zɔ:stʃən] *n* kimerülés, kimerültség

exhaustive [ɪg'zɔ:stɪv] *a* kimerítő, alapos

exhibit [ɪg'zɪbɪt] **1.** *n* kiállítási tárgy **2.** *v* (*in exhibition*) bemutat, kiállít

exhibition [eksɪ'bɪʃn] *n* kiállítás

exhilarating [ɪg'zɪləreɪtɪŋ] *a* felvidító

exile ['egzaɪl] **1.** *n* száműzetés; (*person*) száműzött **2.** *v* száműz

exist [ɪg'zɪst] *v* (*live*) létezik, él; (*be*) fennáll

existence [ɪg'zɪstəns] *n* lét, létezés ‖ **be in** ~ létezik; **come into** ~ létrejön

existing [ɪg'zɪstɪŋ] *a* fennálló, létező

exit ['eksɪt] *n* **1.** kijárat **2.** *v comput* kilép

exit ramp *n US* autófelhajtó

exonerate [ɪg'zɒnəreɪt] *v* igazol, tisztáz

exorbitant [ɪg'zɔ:bɪtənt] *a* (*price*) megfizethetetlen, horribilis

exotic [ɪg'zɒtɪk] *a* egzotikus

expand [ɪk'spænd] *vt* kitágít ‖ *vi* (ki)tágul, (ki)terjed

expanse [ɪk'spæns] *n* (*expansion*) kiterjedés; (*wide area*) nagy terület

expansion [ɪk'spænʃn] *n* tágulás, nagyobbodás

expatriate [eks'pætrɪət] *a/n* (*exiled*) száműzött; (*emigrant*) külföldön élő hazánkfia

expect [ɪk'spekt] *v* (*await*) vár vkt/vmt; (*require sg from sy*)

vktől vmt elvár; (suppose) vél;
hisz ‖ **be ~ing a baby** kisbabát
vár; **I ~ so** azt hiszem, igen; **I ~
that** úgy gondolom, hogy; **he is
~ed (to)** elvárják tőle(, hogy)

expectancy [ɪk'spektənsɪ] n vára-
kozás, kilátás

expectant mother [ɪk'spektənt] n
terhes anya, kismama

expectation [ekspek'teɪʃn] n vára-
kozás; (prospect) remény ‖ **~s**
elvárások

expediency [ɪk'spiːdɪənsɪ] n célsze-
rűség

expedient [ɪk'spiːdɪənt] a célszerű,
hasznos

expedition [ekspɪ'dɪʃn] n expedíció

expel [ɪk'spel] v **-ll-** (from country)
kiutasít; (enemy) elkerget; (from
school) kicsap; (from party) kizár

expend [ɪk'spend] v (money) kiad,
költ; (time, energy) ráfordít

expenditure [ɪk'spendɪtʃə] n kiadás,
ráfordítás

expense [ɪk'spens] n költség(ek),
kiadás(ok) ‖ **at one's own ~** saját
költségén

expenses [ɪk'spensɪz] n pl költsé-
gek

expensive [ɪk'spensɪv] a költséges,
drága

experience [ɪk'spɪərɪəns] **1.** n ta-
pasztalat; élmény **2.** v megtapasz-
tal

experienced [ɪk'spɪərɪənst] a ta-
pasztalt, gyakorlott

experiment [ɪk'sperɪmənt] **1.** n
kísérlet **2.** v kísérletezik

experimental [ɪksperɪ'mentl] a kí-
sérleti

expert ['ekspɜːt] a/n szakértő, jártas
(at/in/on sg vmben), szakember

expertise [ekspɜː'tiːz] n hozzáértés,
szakértelem

expire [ɪk'spaɪə] v letelik, lejár

expiry [ɪk'spaɪərɪ] n lejárat (érvé-
nyességé)

explain [ɪk'spleɪn] v (meg)magya-
ráz, kifejt

explanation ['eksplə'neɪʃn] n ma-
gyarázat

explanatory [ɪk'splænətrɪ] a ma-
gyarázó

explicit [ɪk'splɪsɪt] a kifejezett; hatá-
rozott

explode [ɪk'spləʊd] vi (fel)robban ǀ
vt (fel)robbant

exploit 1. ['eksplɔɪt] n hőstett **2.**
[ɪk'splɔɪt] v (land, mine) művel;
(use fully) kiaknáz; (use unfairly)
kihasznál, kizsákmányol

exploitation [eksplɔɪ'teɪʃn] n kiak-
názás, kitermelés

exploration [eksplə'reɪʃn] n felderí-
tés, feltárás

exploratory [ɪk'splɔːrətrɪ] a felderí-
tő, kutató

explore [ɪk'splɔː] v felfedez, felkutat

explorer [ɪk'splɔːrə] n felfedező

explosion [ɪk'spləʊʒn] n robbanás

explosive [ɪk'spləʊsɪv] **1.** a robbanó
2. n robbanóanyag

exponent [ɪk'spəʊnənt] n (hat-
vány)kitevő

export 1. ['ekspɔːt] n kivitel, export
2. [ɪk'spɔːt] v exportál

exportation [ekspɔː'teɪʃn] n kivitel,
export

exporter [ɪk'spɔːtə] n exportáló,
exportőr

expose [ɪk'spəʊz] v (uncover) fel-
fed, leleplez; (display) megmutat;
fényk exponál, megvilágít ‖ **~ sy
to sg** vmnek kitesz vkt

exposed [ɪk'spəʊzd] *a (film)* exponált

exposition [ekspə'zɪʃn] *n (exhibition)* kiállítás; *(explanation)* magyarázat

exposure [ɪk'spəʊʒə] *n (photo: time)* megvilágítás, expozíció; *(photo: snap)* felvétel; *(of thief, crime)* leleplezés

exposure meter *n* megvilágításmérő

expound [ɪk'spaʊnd] *v* kifejt, (meg)magyaráz

express [ɪk'spres] **1.** *a (definite)* határozott, kifejezett; *(fast)* expressz **2.** *n* gyorsvonat **3.** *v* kifejez, kimond

expression [ɪk'spreʃn] *n* kifejezés

expressive [ɪk'spresɪv] *a* kifejező

expressway [ɪk'spresweɪ] *n US* autópálya

expulsion [ɪk'spʌlʃn] *n* kiutasítás, kizárás; *sp* kiállítás

expurgate ['ekspɜ:geɪt] *v* cenzúráz

exquisite [ek'skwɪzɪt] *a* remek, pompás

extend [ɪk'stend] *vt (prolong)* meghosszabbít; *(stretch out)* kiszélesít; *(spread)* kiterjeszt; *(enlarge)* növel | *vi (reach)* terjed

extension [ɪk'stenʃn] *n (extent)* terjedelem, kiterjedés; *(extending)* meghosszabbítás; *(addition)* nyúlvány; *(telephone)* mellék(állomás)

extensive [ɪk'stensɪv] *a* kiterjedt, terjedelmes; *(considerable)* nagymértékű; *(expansive)* széles körű

extensively [ɪk'stensɪvlɪ] *adv* nagymértékben, széleskörűen

extent [ɪk'stent] *n* terjedelem, kiterjedés || **to a great ~** nagymértékben

extenuating [ɪk'stenjʊeɪtɪŋ] *a* enyhítő || **~ circumstances** *pl* enyhítő körülmény

exterior [ek'stɪərɪə] **1.** *a* külső **2.** *n* külalak, külső

exterminate [ɪk'stɜ:mɪneɪt] *v* kiirt, kipusztít

extermination [ɪkstɜ:mɪ'neɪʃn] *n* kiirtás

external [ek'stɜ:nl] **1.** *a* külső **2.** *n* **~s** külsőségek

extinct [ɪk'stɪŋkt] *a (animal)* kihalt; *(volcano)* kialudt

extinction [ɪk'stɪŋkʃn] *n* kihalás, kiveszés

extinguish [ɪk'stɪŋgwɪʃ] *v (fire)* elfojt, elolt; *(law)* eltöröl

extort [ɪk'stɔ:t] *v* (ki)zsarol || **~ sg from sy** vkből vmt kierőszakol

extortion [ɪk'stɔ:ʃn] *n* zsarolás

extortionate [ɪk'stɔ:ʃənət] *a (person)* zsaroló; *(price)* uzsora

extra ['ekstrə] **1.** *a* pótlólagos, külön; *(special)* rendkívüli || **~ charges** külön díjak **2.** *adv* rendkívül; *(in addition)* külön || **~ large** extra méretű **3.** *n (special edition)* rendkívüli kiadás; *(addition)* ráadás; *(artist)* statiszta || **~s** *(costs)* többletkiadás(ok); *(for car)* extrák

extract 1. ['ekstrækt] *n (essence)* kivonat; *(passage)* részlet, szemelvény **2.** [ɪk'strækt] *v* kihúz; *(abstract)* kivon(atol); *(extort)* kicsikar || **~ a tooth** fogat (ki)húz

extradite ['ekstrədaɪt] *v (criminal)* kiad

extramarital [ekstrə'mærɪtl] *a* házasságon kívüli

extramural [ekstrə'mjʊrəl] *a* szabadegyetemi

extraordinary [ɪkstrɔːdnrɪ] *a* rend-kívüli, szokatlan

extrasensory perception [ekstrə-'sensən] *n* érzékszervektől független érzékelés

extravagant [ɪk'strævəgənt] *a* mértéktelen, szertelen

extreme [ɪk'striːm] **1.** *a* (*furthest*) (leg)szélső; (*last*) végső; (*exaggerated*) szélsőséges ǁ ~ **right** szélsőjobb(oldali) **2.** *n* véglet

extremely [ɪk'striːmlɪ] *adv* nagyon, rendkívül

extremities [ɪk'stremətɪz] *n pl* végtagok

extremity [ɪk'stremətɪ] *n* szélsőség, véglet; → **extremities**

extricate ['ekstrɪkeɪt] *v* kiszabadít

extrovert ['ekstrəvɜːt] *a/n* extrovertált

exuberant [ɪg'zjuːbərənt] *a* (*person*) féktelen, túláradó életkedvű; (*style*) eleven; (*plant*) dús, burjánzó

exude [ɪg'zjuːd] *v* (ki)izzad, kiválaszt; árad; *fig* áraszt

exult [ɪg'zʌlt] *v* ujjong

eye [aɪ] **1.** *n* (*organ*) szem; (*hole*) fok (*tűé*) ǁ **keep an ~ on** szemmel tart vkt/vmt; **I am all ~s** csupa szem vagyok!

eyeball ['aɪbɔːl] *n* szemgolyó

eyebrow ['aɪbraʊ] *n* szemöldök ǁ ~ **pencil** szemceruza

eyedrops ['aɪdrops] *n pl* szemcsepp

eyelash ['aɪlæʃ] *n* szempilla

eyelid ['aɪlɪd] *n* szemhéj ǁ **not bat an ~** arcizma sem rándul

eyeliner ['aɪlaɪnə] *n* szemkihúzó

eye-opener *n* **that was an ~** ez felnyitotta a szemem

eyeshadow ['aɪʃedəʊ] *n* szemhéjpúder, szemhéjfesték

eyesight ['aɪsaɪt] *n* látás, látóképesség

eyewitness ['aɪwɪtnɪs] *n* szemtanú

F

F = **Fahrenheit**; *US* = **free way**

fable [feɪbl] *n* mese

fabric ['fæbrɪk] *n* anyag, szövet

fabricate ['fæbrɪkeɪt] *v* kitalál, eszkábál

fabulous ['fæbjʊləs] *a* mesés

face [feɪs] *n* arc; (*of clock*) számlap; (*of building*) homlokzat ǁ **pull a ~** grimaszt csinál/vág; ~ **to** ~ **with** szemközt, szemtől szembe(n) vkvel **2.** *v* szemben áll vkvel/ vmvel, vmvel/vkvel szembenéz

face-lift(ing) *n* (*operation*) arcfelvarrás; *fig col* (*of fault*) kozmetikázás

face powder *n* púder

face-to-face *a* a szemtől szembe történő, személyes

face value *n* névérték

facial ['feɪʃl] **1.** *a* arc- **2.** *n* arcápolás

facile ['fæsaɪl] *a fig* (*easy*) könnyű; (*superficial*) felszínes

facilitate [fə'sɪlɪteɪt] *v* megkönnyít

facilities [fə'sɪlɪtɪz] *n* szolgáltatás(ok), lehetőség(ek)

facing ['feɪsɪŋ] *adv* szemközt, szemben

fact [fækt] *n* (*deed*) tény; (*reality*) valóság ǁ **in** ~ ténylegesen, valójában, tulajdonképp(en)

factor ['fæktə] *n* tényező

factory ['fæktərı] *n* gyár, üzem

faculty ['fækəltı] *n* képesség; (*in university*) kar, fakultás ‖ **F~ of Arts** bölcsészettudományi kar; **F~ of Science** természettudományi kar

fad [fæd] *n* hóbort, szeszély

fade [feıd] *v* (*flower*) elhervad; (*memory*) elmosódik; (*colour*) halványodik, (ki)fakul

fag [fæg] **1.** *n* (*tiring work*) robot, kulimunka; *col* (*cigarette*) cigi **2.** *v* **-gg-** ~ **fag out** kifáraszt

Fahrenheit ['færənhaıt] *a/n* Fahrenheit-fok

fail [feıl] **1.** *n* egyes (osztályzat) ‖ **without** ~ haladéktalanul **2.** *v* (*plan*) meghiúsul, nem/rosszul sikerül; (*to do sg*) elmulaszt (*vmt megtenni*); (*in exam*) megbukik; (*bank*) csődbe jut ‖ ~ **to see** nem vesz észre

failing ['feılıŋ] **1.** *n* (*of character*) hiba; vmnek/vknek a gyenge oldala/pontja **2.** *prep* ~ **which** ellenkező esetben

failure ['feıljə] *n* (*of business*) bukás, kudarc; (*in exam*) bukás; (*to do sg*) mulasztás; (*of heart*) elégtelenség; (*of engine*) meghibásodás

faint [feınt] **1.** *a* (*weak*) gyenge, erőtlen; (*dim*) halvány **2.** *v* elájul

fair[1] [feə] *a* (*just*) becsületes, tisztességes; (*reasonable*) tűrhető, meglehetős; (*light-coloured*) szőke

fair[2] [feə] *n* (*market*) vásár

fair-haired *a* szőke

fairly ['feəlı] *adv* elég(gé), meglehetősen

fairness [feənıs] *n* becsületesség

fair play *n* tisztességes eljárás

fairy ['feərı] *n* tündér

fairy tale *n* tündérmese

faith [feıθ] *n* (*trust*) hit, hűség; (*religion*) hit, vallás ‖ **have** ~ **in sy** hisz vkben

faithful ['feıθfəl] *a* (*loyal*) hű(séges); (*accurate*) hű, pontos

faithfully ['feıθfəlı] *adv* **yours** ~ (őszinte) tisztelettel

fake [feık] **1.** *n* hamisítvány **2.** *v* hamisít

falcon ['fɔːlkən] *n* sólyom

fall [fɔːl] **1.** *n* (*drop*) esés; (*decline*) bukás; (*defeat*) eleste; *US* (*autumn*) ősz ‖ ~**s** *pl* vízesés **2.** *v* (*pt* **fell** [fel], *pp* **fallen** ['fɔːlən]) (*from a height*) (le)esik; (*price*) esik; (*temperature*) süllyed; (*government*) megbukik; (*fortress*) elesik ‖ ~ **asleep** elalszik; ~ **ill** megbetegszik

fall back visszaesik

fall behind hátramarad

fall down (*building*) összeomlik; (*hopes*) meghiúsul

fall for *col* (*person*) vkbe beleesik; (*trick*) vknek bedől

fall in (*building*) beomlik; vm ledől ‖ ~ **in!** sorakozó!; ~ **in love with sy** beleszeret vkbe

fall off (*quality*) romlik; (*interest*) csökken, fogy

fall on (*accent*) esik; (*enemy*) nekiront; (*duty*) sor kerül vkre

fall out megtörténik ‖ ~ **out with sy** összevész vkvel

fall through (*plan*) megbukik, meghiúsul

fallacy ['fæləsı] *n* (*lie*) megtévesztés; (*false idea*) téveszme

fallen ['fɔːlən] *a/n* bukott ‖ **the** ~ az elesettek; *pp* → **fall**

false [fɔːls] *a* hamis, téves, ál
false alarm *n* vaklárma
falsehood ['fɔːlshʊd] *n* valótlanság
false teeth *n pl* műfogsor
falsify ['fɔːlsɪfaɪ] *v* meghamisít
falter ['fɔːltə] *v* (*speaker*) dadog; (*steps*) botladozik
fame [feɪm] *n* hír(név)
famed [feɪmd] *a* nevezetes (*for* vmről)
familiar [fəˈmɪlɪə] *a* (*familiar*) családias, bizalmas; (*common*) hétköznapi, mindennapi; (*well-known*) ismert (*to* vk előtt) ‖ **be ~ with sg** vmben tájékozott/jártas
family ['fæmlɪ] *n* család
family planning *n* családtervezés
famine ['fæmɪn] *n* éhínség
famous ['feɪməs] *a* híres, neves ‖ **~ for sg** vmről híres
famously ['feɪməslɪ] *adv* pompásan
fan[1] [fæn] **1.** *n* (*in hand*) legyező; (*mechanical*) ventilátor **2.** *v* **-nn-** (*cool*) legyez; (*excite*) szít
fan[2] [fæn] *n col* (*of person*) rajongó; (*of sport*) szurkoló
fanatic [fəˈnætɪk] *n* megszállott
fan belt *n* ékszíj
fanciful ['fænsɪfəl] *a* (*curious*) különös; (*imaginary*) fantáziadús
fancy ['fænsɪ] **1.** *n* képzelet, képzelőerő **2.** *v* (*imagine*) elképzel, (el)gondol; (*like, want*) gusztusa van vmre
fancy dress *n* jelmez
fancy-dress ball *n* jelmezbál
fantastic [fænˈtæstɪk] *a* fantasztikus; *col* remek
fantasy ['fæntəsɪ] *n* képzelet
far [fɑːr] **1.** *a* távoli, messzi ‖ **on the ~ side (of the street)** az utca túlsó oldalán **2.** *adv* (*very distant*)

messze, messzire; (*very much*) jóval, sokkal ‖ **by ~ the best** messze a legjobb; **as ~ as** (*place*) ameddig, -ig, (*degree, extent*) amennyire; **as ~ as I know** amennyire én tudom; **~ away** a meszszeségben; **be ~ from** meg sem közelíti
farce [fɑːs] *n* bohózat
fare [feə] *n* (*charge*) viteldíj, útiköltség; (*passenger in a taxi*) utas; (*food*) ellátás, koszt
Far East, the *n* Távol-Kelet
farewell [feəˈwel] *n* búcsú ‖ **say/bid ~ to sy** búcsút vesz vktől
farm [fɑːm] **1.** *n* farm, gazdaság **2.** *v* mezőg gazdálkodik
farmer ['fɑːmə] *n* gazda, gazdálkodó
farmhouse ['fɑːmhaʊs] *n* lakóház (a farmon), farmépület
farming ['fɑːmɪŋ] *n agr* gazdálkodás
farmyard ['fɑːmjɑːd] *n* gazdasági udvar, szérűskert
far-reaching *a* messzemenő, szerteágazó, messze ható
far-sighted *a* (*prudent*) előrelátó; körültekintő; *US med* (*eye-patient*) messzelátó
farther ['fɑːðə] *a/adv* (*in place*) távolabb(i); messzebb; (*in time*) tovább
farthest ['fɑːðɪst] *a/adv* legtávolabb(i)
fascinate ['fæsɪneɪt] *v* lenyűgöz, elbűvöl
fascism ['fæʃɪzəm] *n* fasizmus
fascist ['fæʃɪst] *a/n* fasiszta
fashion ['fæʃn] **1.** *n* (*style*) divat; (*manner*) mód ‖ **be in ~** divatban van; **be out of ~** kiment a divatból **2.** *v* megformál, alakít

fashionable ['fæʃənəbl] *a* elegáns, divatos

fashion show *n* divatbemutató

fast[1] [fɑːst] **1.** *a* (*quick*) gyors, sebes; (*firm*) tartós ‖ **my watch is five minutes** ~ az órám öt percet siet; **be ~ asleep** mélyen alszik **2.** *adv* gyorsan

fast[2] [fɑːst] **1.** *n* böjt **2.** *v* böjtöl

fasten ['fɑːsn] *v* (*fix*) rögzít, megerősít; (*join together*) becsatol, bekapcsol

fastener ['fɑːsnə] *n* (*of door*) zár; (*of necklace*) kapocs; (*zip*) cipzár

fast food *n* gyorsétel(ek)

fastidious [fə'stɪdɪəs] *a* finnyás, válogatós

fat [fæt] **1.** *a* kövér; (*meat*) zsíros **2.** *n* (*for cooking*) zsír; (*on person*) háj ‖ ~**s** zsiradék

fatal ['feɪtl] *a* végzetes ‖ ~ **accident** halálos (kimenetelű) baleset

fatality [fə'tæləti] *n* (*death*) haláleset; (*of accident*) halálos áldozat

fate [feɪt] *n* végzet

father ['fɑːðə] *n* (édes)apa

Father Christmas *n* Mikulás

father-in-law *n* (*pl* **fathers-in-law**) após

fatigue [fə'tiːg] **1.** *n* fáradtság ‖ ~**s** *mil* gyakorlóruha **2.** *v* (ki)fáraszt

fatten ['fætn] *vt* hizlal ‖ *vi* hízik

fatty ['fæti] **1.** *a* zsíros **2.** *n col* dagi

faucet ['fɔːsɪt] *n US* (víz)csap

fault [fɔːlt] *n* hiba; (*mistake*) tévedés; *sp* hibapont ‖ **find ~ with** kifogásol, kritizál

faulty ['fɔːlti] *a* hibás

fauna ['fɔːnə] *n* állatvilág

favour (*US* -**vor**) ['feɪvə] **1.** *n* (*goodwill*) kegy; (*advantage*) kedvezés; (*kindness*) szívesség ‖

do sy a ~ szívességet tesz vknek; **be in** ~ **of sg** vmnek a híve **2.** *v* (*prefer*) előnyben részesít vkt; (*approve*) helyesel

favourable (*US* -**or**-) ['feɪvrəbl] *a* előnyös, kedvező

favourite (*US* -**or**-) ['feɪvrɪt] *a* esélyes, kedvenc

fawn [fɔːn] **1.** *n* őz **2.** *v* ~ **on sy** vknek hízeleg

fax [fæks] **1.** *n* (*message, device*) (tele)fax **2.** *v* (tele)faxot küld, elfaxol

FBI [ef biː 'aɪ] *US* = *Federal Bureau of Investigation* Szövetségi Nyomozóiroda

fear [fɪə] **1.** *n* félelem, szorongás **2.** *v* fél vktől/vmtől ‖ ~ **for sy** vkt félt

feast [fiːst] **1.** *n* (*meal*) lakoma; (*celebration*) ünnep **2.** *v* lakomázik

feat [fiːt] *n* (hős)tett

feather ['feðə] *n* (madár)toll

feature ['fiːtʃə] **1.** *n* (*characteristic*) (jellemző) vonás, tulajdonság; (*article*) (színes) riport; (*film*) játékfilm, nagyfilm **2.** *v* (*in newspaper*) fő helyen közöl

feature film *n* játékfilm, nagyfilm

February ['febroəri] *n* február; → **August**

fed [fed] *pt/pp* **be ~ up with sg** *col* elege van vmből, torkig van vmvel; → **feed**

federal ['fedrəl] *a* szövetségi

federation [fedə'reɪʃn] *n* szövetség

fee [fiː] *n* díj; (*of artist*) gázsi; honorárium; (*for tuition*) tandíj; (*for examination*) vizsgadíj

feeble ['fiːbl] *a* gyenge, erőtlen

feed [fiːd] **1.** *n* (*for baby*) táp, étel; (*for animals*) takarmány; (*feeding*) etetés 2. *v* (*pt/pp* **fed** [fed]) etet, táplál; *comput* betáplál

feedback ['fi:dbæk] *n el* visszacsatolás; *fig* visszajelzés

feeding bottle *n GB* cumisüveg

feel [fi:l] **1.** *n* tapintás **2.** *v* (*pt/pp* **felt** [felt]) *vt* (*touch*) (meg)tapint, érez | *vi* (*physically*) érzi magát; (*think*) vél || ~ **cold** fázik; **I** ~ **fine** kitűnően érzem magam; ~ **ill** rosszul van; ~ **like doing sg** gusztusa/ hangulata van vmre

feel for sy együtt érez vkvel

feeling ['fi:lɪŋ] *n* (*emotion*) érzés, érzelem; (*presentiment*) előérzet; (*sense*) tehetség; érzék || **have a ~ for a language** jó nyelvérzéke van

feet [fi:t] *pl* → **foot**

feign [feɪn] *v* tettet, színlel

feint [feɪnt] **1.** *n* csel **2.** *v* cselez

fell[1] [fel] *pt* → **fall**

fell[2] [fel] *v* (*tree*) kidönt, kivág

fellow ['feləʊ] *n* (*guy*) fickó; *col* pasas; (*research* ~) (tudományos) munkatárs; (*member*) tag

fellow-countryman *n* (*pl* -**men**) honfitárs

fellowship ['feləʊʃɪp] *n vall* közösség

felony ['felənɪ] *n* bűncselekmény

felt[1] [felt] *n* nemez, filc

felt[2] [felt] *pt/pp* → **feel**

felt-tip (pen) *n* filctoll

female ['fi:meɪl] **1.** *a* női; nő-; (*animal*) nőstény **2.** *n* nő; (*animal*) nőstény

feminine ['femɪnɪn] **1.** *a* (*of woman*) nőies; *gram* nőnemű **2.** *n gram* nőnem

feminist ['femənɪst] *a/n* feminista

fence [fens] **1.** *n* sövény, kerítés || **sit on the** ~ *col* várakozó álláspontra helyezkedik **2.** *v sp* vív

fence in bekerít, elkerít

fencing ['fensɪŋ] *n* vívás

fender ['fendə*] *n* (*round fireplace*) ellenző; *US* (*wing of car*) sárvédő

ferment 1. ['fɜ:ment] *n* (*fermentation*) erjedés; (*substance*) fermentum; *fig* (*excitement*) forrongás **2.** [fə'ment] *vi* erjed; (*wine*) forr | *vt* erjeszt

fern [fɜ:n] *n* páfrány

ferocious [fə'rəʊʃəs] *a* vad, kegyetlen

ferry ['ferɪ] *n* révátkelés, rév

ferry-boat *n* átkelőhajó, komp(hajó)

fertile ['fɜ:taɪl] *n* termékeny

fertilize ['fɜ:tɪlaɪz] *v agr* (mű)trágyáz; *biol* megtermékenyít

fertilizer ['fɜ:təlaɪzə] *n* (mű)trágya

festival ['festɪvl] *n* (*feast*) ünnep; (*performances*) fesztivál

fetch [fetʃ] *v* (*bring*) idehoz, elhoz; (*get*) előkerít

fête [feɪt] *n* (*celebration*) ünnep; *rel* (*festival*) búcsú

fetters ['fetəz] *n pl* bilincs

feudalism ['fju:dlɪzəm] *n* hűbériség, feudalizmus

fever ['fi:və] *n* láz, forróság

feverish ['fi:vərɪʃ] *a* lázas

few [fju:] *a/pron/num* (*utána: pl*) kevés, nem sok || **a** ~ egypár, (egy)néhány

fiancé [fɪ'ɑ:nseɪ] *n* vőlegény

fiancée [fɪ'ɑ:nseɪ] *n* menyasszony

fibre ['faɪbə] (*US* **fiber**) [faɪbə] *n* szál, rost, rostszál

fickle ['fɪkl] *a* állhatatlan, csapodár

fiction ['fɪkʃn] *n* (*invention*) koholmány; (*novels*) regényirodalom
fiddle ['fɪdl] **1.** *n* (*violin*) hegedű; (*cheating*) csalás **2.** *v* hegedül
fiddle with babrál
fiddler ['fɪdlə] *n* hegedűs
fidelity [fɪ'delətɪ] *n* hűség
fidget ['fɪdʒɪt] *col* **1.** *n* sajtkukac **2.** *v* fészkelődik, izeg-mozog ǁ ~ **with** babrál vmvel
field [fiːld] **1.** *n* (*land*) mező, rét; (*sports ground*) pálya; *fig* (*area*) mező; (*sphere of activity*) terület, tárgykör
field events *n pl* dobó- és ugrószámok
field glasses *n pl* (*binocular*) látcső
fieldwork *n* terepmunka
fierce [fɪəs] *a* ádáz, heves, vad
fifteen [fɪf'tiːn] *num* tizenöt
fifteenth [fɪf'tiːnθ] *num a* tizenötödik
fifth [fɪfθ] *num a* ötödik
fifty ['fɪftɪ] *num* ötven
fig [fɪg] *n* füge
fight [faɪt] **1.** *n* küzdelem, harc **2.** *v* (*pt/pp* **fought** [fɔːt]) harcol, küzd ǁ ~ **against/with** sy/sg vk/vm ellen *or* vkvel/vmvel küzd
fight down elfojt, leküzd
fight for sg vmért/vkért küzd
fighter ['faɪtə] *n* harcos; *sp* bokszoló; *mil* vadászgép
figure ['fɪgə] **1.** *n* (*person*) alak, figura; (*drawing*) ábra; (*form*) idom; (*number*) szám(jegy) **2.** *v* (*appear*) felbukkan, előfordul; (*imagine*) elképzel; *US* (*guess*) gondol, vél
figure out (*calculate*) kiszámít; (*understand*) rájön
figure skating *n* műkorcsolyázás

file¹ [faɪl] **1.** *n* (*tool*) reszelő, ráspoly **2.** *v* reszel
file² [faɪl] **1.** *n* (*dossier*) akta; (*folder*) dosszié; *comput* adatállomány, fájl **2.** *v* (*papers*) nyilvántartásba vesz, iktat; (*claim*) benyújt
file³ [faɪl] **1.** *n* (*of people*) sor **2.** *v* (*one by one*) menetel
fill [fɪl] *v* (*make full*) (meg)tölt; (*tooth*) (be)töm; (*job*) betölt
fill in (*form*) kitölt; (*hole*) betapaszt, betöm
fill up *vt* (*form*) kitölt; (*hole*) betöm; (*container*) megtölt, teletölt ǀ *vi* (*hall*) megtelik; (*car*) (fel)tankol ǁ ~ **her up** tele kérem!
fillet ['fɪlɪt] *n* (*meat*) szelet
filling ['fɪlɪŋ] *n* tömés (*fogban*)
filling station *n* benzinkút
film [fɪlm] **1.** *n* (*for photography or motion picture*) film; (*coating*) hártya **2.** *v* (*make a film*) filmez; (*play*) megfilmesít
film star *n* filmsztár
filter ['fɪltə] **1.** *n* (*for liquid*) szűrő; (*for traffic*) kiegészítő lámpa **2.** *v* (le)szűr, megszűr
filter tip *n* füstszűrő
filthy ['fɪlθɪ] *a* piszkos, szennyes
fin [fɪn] *n* (*of fish, frogman*) uszony
final ['faɪnl] **1.** *a* a befejező, záró ǁ ~ **exam** *school* záróvizsga **2.** *n* záróvizsga ǁ ~**(s)** *sp* döntő
finally ['faɪnəlɪ] *adv* végül is, legvégül
finance ['faɪnæns] **1.** *n* pénzügy **2.** *v* pénzel, finanszíroz
finances [faɪ'nænsɪz] *n pl* pénzügyek
financial [faɪ'nænʃl] *a* pénzügyi, anyagi ǁ **be in ~ difficulties** pénzzavarban van

find [faɪnd] *v* (*pt/pp* **found** [faʊnd])
(*come upon*) (meg)talál; (*consider*) vmlyennek talál/gondol ‖ ~
sy guilty bűnösnek talál vkt; ~
one's way to vhová eltalál
find out kitalál, rájön

findings [ˈfaɪndɪŋz] *n pl* (*verdict*)
(tény)megállapítás; (*archeological, medical*) lelet(ek), *US* (*equipment*)
kellékek

fine[1] [faɪn] *a* (*taste*) finom; (*weather*)
szép ‖ **be** ~ jól érzi magát

fine[2] [faɪn] (*law*) **1.** *n* (pénz)bírság
2. *v* (meg)bírságol

fine arts *n pl* képzőművészet, szépművészet

finesse [fiˈnes] *n* ravaszság

finger [ˈfɪŋɡə] **1.** *n* ujj ‖ **keep one's
~s crossed (for sy)** vknek drukkol/szorít **2.** *v* kézbe vesz, fogdos

fingerprint [ˈfɪŋɡəprɪnt] *n* ujjlenyomat

fingertip [ˈfɪŋɡətɪp] *n* ujjhegy ‖ **he
has it at his ~s** a kisujjában van

finish [ˈfɪnɪʃ] **1.** *n* kidolgozás (*anyagé*); *sp* hajrá, finis **2.** *v* (*end*) befejez, elkészít; (*carry out*) kidolgoz;
(*complete*) elvégez
finish off (*kill*) (végleg) elintéz
vkt; (*complete*) végez vmvel; *col*
(*eat up*) vmt megeszik

Finland [ˈfɪnlənd] *n* Finnország

Finn [fɪn] *n* finn (ember)

Finnish [ˈfɪnɪʃ] **1.** *a* finn **2.** *n*
(*language*) finn (nyelv)

fir [fɜː] *n* (erdei)fenyő

fire [faɪə] **1.** *n* tűz ‖ **be on** ~ lángol,
ég; **make a** ~ tüzet rak; **2.** *v*
(*engine*) gyújt; (*gun*) tüzel ‖ ~ **sy**
(*employee*) kirúg

fire alarm *n* tűzjelző

fire brigade *n* tűzoltóság

fire-engine *n* tűzoltóautó

fire escape *n* tűzlépcső

fire-extinguisher *n* oltókészülék

fireman [ˈfaɪəmən] *n* (*pl* **-men**)
tűzoltó

fireplace [ˈfaɪəpleɪs] *n* kandalló

fireproof [ˈfaɪəpruːf] *a* tűzálló, tűzbiztos

fireside [ˈfaɪəsaɪd] *n* kandalló

fireworks [ˈfaɪəwɜːk] *n pl* tűzijáték

firm[1] [fɜːm] *a* szilárd, erős

firm[2] [fɜːm] *n* cég, vállalat

first [fɜːst] *num a, n* első ‖ **at** ~
először; ~ **of all** először is, mindenekelőtt; **in the** ~ **place** elsősorban; **for the** ~ **time** első ízben

first aid *n* elsősegély

first-class *a* (*excellent*) első osztályú, kitűnő; (*mail*) expressz

first-hand *a/adv* (*direct*) első
kézből (kapott); (*new*) friss

First Lady *n US* First Lady (*az
USA elnökének felesége*)

firstly [ˈfɜːstlɪ] *adv* (leg)először

first name *n* keresztnév, utónév

fish [fɪʃ] **1.** *n* (*pl* ~) hal ‖ ~ **and
chips** sült hal hasábburgonyával
2. *v* (*with net*) halászik; (*with rod*)
horgászik (*for sg* vmre)

fish-bone *n* szálka

fisherman [ˈfɪʃəmən] *n* (*pl* **-men**)
halász

fishing [ˈfɪʃɪŋ] *n* halászat ‖ ~ **boat**
halászhajó; ~ **rod** horgászbot

fishmonger('s) [ˈfɪʃmʌŋɡə(z)] *n* halkereskedő

fishy [ˈfɪʃɪ] *a* **there's sg ~ about it**
col ez kissé bűzlik

fist [fɪst] *n* ököl

fit[1] [fɪt] *n* (*of illness*) roham ‖ **have a**
~ rohamot kap

fit[2] [fɪt] **1.** *a* **-tt-** (*suitable*) alkalmas,
célszerű, helyes; (*in health*) fitt ‖

be ~ vk jó kondícióban van; ~ **for sg** jó vmre; ~ **for work** munkaképes; ~ **to eat** ehető **2.** *n* szabás **3.** *v* **-tt-** (*suit*) áll; (*be suitable*) megfelel, alkalmas, jó (*sg* vmre); (*match*) (bele)illik; (*attach*) rászerel ‖ ~ **sg to sg** vmhez hozzáilleszt; ~ **sy well** (*dress*) jól áll
fit in (*appointment*) beütemez
fit in with megegyezik (*tervvel, elmélettel*), vkhez alkalmazkodik
fit out (*for expedition*) felszerel; (*for voyage*) ellát
fit together (*pieces*) összeállít
fitment(s) ['fitmənt(s)] *n* (*pl*) beépített bútor
fitness ['fitnis] *n* (*health*) (jó) kondíció, erőnlét; (*suitability*) alkalmasság
fitted carpet ['fitid] *n* padlószőnyeg
fitting ['fitiŋ] **1.** *a* illő, megfelelő **2.** *n* ruhapróba ‖ ~**s** felszerelési tárgyak, szerelvények
five [faiv] *num* öt
fiver *n* ['faivə] *n GB* ötfontos (bankjegy); *US* ötdolláros (bankjegy)
fix [fiks] **1.** *n* (*dilemma*) nehéz helyzet; *col* (*injection*) kábítószeres injekció; *col* bunda **2.** *v* (*make firm*) vmt rögzít; *US* (*prepare*) készít; (*repair*) megjavít; (*determine*) meghatároz, megállapít
fix sg up (*settle*) megcsinál; (*provide*) szerez vknek vmt; (*accommodate*) elhelyez vkt vhol; (*ügyet*) elintéz
fixture ['fikstʃə] *n sp* lekötött mérkőzés ‖ ~**s** *pl* berendezési tárgyak; felszerelés
fizzle ['fizl] *v* (*meat*) sistereg; (*drink*) pezseg
fizzy ['fizi] *a* szénsavas, pezsgő

flabby ['flæbi] *a* (*weak*) ernyedt, petyhüdt; (*soft*) elpuhult
flag [flæg] **1.** *n* zászló **2.** *v* **-gg-** lankad
flag down (*car*) leint, megállít
flair [fleə] *n* (*talent*) tehetség, adottság, érzék; (*style*) sikk
flake [fleik] **1.** *n* (*of snow, soap*) pehely **2.** *v* ~ **off** (*paint*) lepattogzik
flame [fleim] **1.** *n* láng **2.** *v* (*fire*) lobog, ég ‖ ~ **up** fellángol
flammable ['flæməbl] *a* gyúlékony, tűzveszélyes
flange [flændʒ] *n* karima (*csőé*); perem
flank [flæŋk] *n* (*of army*) szárny; (*of person, animal*) lágyék; (*of mountain*) oldal
flap [flæp] **1.** *n* (*of pocket, envelope*) fül **2.** *v* **-pp-** csapkod
flare [fleə] **1.** *n* (*flash*) fellobbanás; (*signal*) jelzőfény **2.** *v* ~ **up** *fig* (*candle*) lángra lobban; (*light*) felvillan; (*anger*) fellobban
flash [flæʃ] **1.** *n* (*flashing*) fellobbanás; (*light*) villanófény, vaku; (*news*) gyorshír ‖ **in a** ~ egy pillanat alatt **2.** *vi* (fel)villan ǀ *vt* felvillant
flashlight ['flæʃlait] *n* (*flash*) vaku, villanófény; *US* (*torch*) zseblámpa
flask [flɑːsk] *n* (lapos) palack, üveg
flat[1] [flæt] **1.** *a* (*even*) sík; (*absolute*) nyílt; (*dull*) száraz, lapos ‖ ~ **tyre/tire** (gumi)defekt **2.** *n* (*land*) síkság; (*tyre*) defekt; (*note*) bé **3.** *adv* (*in flat manner*) laposan; *col* (*positively*) határozottan, kereken
flat[2] [flæt] *n GB* (*rooms*) lakás ‖ ~ **to let** kiadó lakás/szoba
flatten ['flætn] *v* ellapít, elsimít

flatter ['flætə] v ~ **sy** vknek hízeleg

flaunt [flɔːnt] v vmvel hivalkodik, büszkélkedik

flavour (US **-or**) ['fleɪvə] 1. n íz, zamat, aroma 2. v (meg)ízesít

flavouring (US **-or-**) ['fleɪvərɪŋ] n ételízesítő

flaw [flɔː] n (defect) (szépség)hiba; (imperfection) gyenge oldala/pontja vknek

flax [flæks] n len

flea [fliː] n bolha

flea market n ócskapiac, bolhapiac, zsibvásár

fleck [flek] n piszok, petty

fled [fled] pt/pp → **flee**

flee [fliː] v (pt/pp **fled** [fled]) szökik, (el)menekül (from sy vk elől) || ~ **the country** disszidál

fleet [fliːt] n (of ships) flotta; (of buses, cars) (jármű)park

Flemish ['flemɪʃ] a/n németalföldi, flamand

flesh [fleʃ] n hús (élő)

flew [fluː] pt → **fly**

flex [fleks] n villanyzsinór

flexible ['fleksəbl] a rugalmas

flick [flɪk] 1. n (flip) fricska, meglegyintés; (film) film 2. v ~ **through** átlapoz

flicker ['flɪkə] v (flame) pislákol; (TV) villog

flight [flaɪt] n (escape) menekülés, szökés; (flying) repülés; (aircraft) (repülő)járat

flight attendant n US légiutaskísérő (nő), steward(ess)

flimsy ['flɪmzɪ] a (light) könnyű; (weak) gyarló, gyenge

flinch [flɪntʃ] v meghátrál, visszaretten (away from vmtől)

fling [flɪŋ] 1. n dobás 2. v (pt/pp **flung** [flʌŋ]) hajít, dob

flip [flɪp] 1. n fricska 2. v **-pp-** dob

flirt [flɜːt] v kacérkodik, flörtöl

float [fləʊt] 1. n (on fishing line) úszó 2. vi úszik; (in air) lebeg | vt lebegtet

flock [flɒk] 1. n (of sheep) nyáj; (of birds) (madár)raj 2. v ~ **to** odasereglik

flood [flʌd] 1. n áradás; ár(víz) 2. vi megárad | vt eláraszt

floodlight ['flʌdlaɪt] 1. n (device) reflektor; (light) reflektorfény; (of building) (dísz)kivilágítás 2. v (pt/pp **~ed** or **floodlit**) (building) kivilágít

floor [flɔː] n (storey) emelet; (of room) padló || **ground** (or US **first**) ~ földszint; **first** (or US **second**) ~ első emelet

flop [flɒp] n col bukás

floppy disk n comput hajlékony lemez

flora ['flɔːrə] n növényvilág, flóra

florist('s) ['flɒrɪst(s)] n virágkereskedés, virágárus

flounce [flaʊns] 1. n (on dress) fodor 2. v rohan(gászik)

flour ['flaʊə] n liszt

flourish ['flʌrɪʃ] 1. n (movement) széles mozdulat; (decoration) cikornya; (fanfare) harsonaszó 2. v virágzik

flow [fləʊ] 1. n (flowing) folyás, áramlás; (tide) dagály 2. v (water) folyik; (money, people) áramlik, özönlik

flower ['flaʊə] 1. n virág

flowerpot ['flaʊəpɒt] n virágcserép

flown [fləʊn] pp → **fly**

flu, (the) [fluː] n col influenza

fluctuate ['flʌktʃʊeɪt] *v* hullámzik, ingadozik

fluent ['fluːənt] *a* (*speaking*) folyékony; (*style*) gördülékeny ‖ **speak ~ English** folyékonyan beszél angolul

fluid ['fluːɪd] **1.** *a* folyékony, cseppfolyós **2.** *n* folyadék

fluke [fluːk] *n* mázli

flung [flʌŋ] *pp/pt* → **fling**

flurry ['flʌrɪ] *n* **be in a ~** (*of excitement*) kapkod

flush [flʌʃ] **1.** *a* (*on a level*) egy szintben levő; (*close to*) szorosan mellette levő **2.** *n* (arc)pír, (el)pirulás **3.** *vt* (*toilet*) öblít | *vi* (*face*) belepirul, elvörösödik

flute [fluːt] *n* fuvola ‖ **play the ~** fuvolázik

flutter ['flʌtə] **1.** *n* (*of wings*) szárnycsapás; (*anxiety*) izgalom **2.** *v* (*wings*) csapkod; (*flag*) leng

fly[1] [flaɪ] *n* (*insect*) légy

fly[2] [flaɪ] *v* (*pt* **flew** [fluː] *pp* **flown** [fləʊn]) repül, száll; (*passenger*) repülővel megy/utazik; (*flag*) leng; (*person*) menekül

fly by *col* (*time*) megy

fly off (*bird, plane*) elszáll, elrepül; (*button*) lepattan

fly[3] [flaɪ] *n* (*on trousers*) slicc

flyover ['flaɪəʊvə] *n* felüljáró

foal [fəʊl] *n* csikó

foam [fəʊm] **1.** *n* hab, tajték **2.** *v* (*horse*) habzik

focal point *n* gyújtópont

focus ['fəʊkəs] **1.** *n* (*pl* **~es** *or* **foci** ['fəʊsaɪ]) fókusz **2.** *v* **-s-** *v.* **-ss-** (*attention*) összpontosít; (*light*) élesre állít; (*concentrate*) koncentrál (*on* vmre)

fodder ['fɒdə] *n* abrak, takarmány

foe [fəʊ] *n* ellenség

fog [fɒg] **1.** *n* köd **2.** *v* **-gg-** **~ (up)** (*glass*) bepárásodik (*üveg*)

foggy ['fɒgɪ] *a* ködös; *fig* halvány ‖ **it's ~** köd van

fog lamp *n* ködlámpa

foil [fɔɪl] *n* (*metal foil*) (alu)fólia; (*for razor*) szita; (*sword*) tőr

fold [fəʊld] **1.** *n* (*on dress*) hajtás, ránc, redő **2.** *v* (össze)hajt ‖ **~ one's arms** karját összefonja

fold up (*paper*) összehajt; (*business*) felszámol

folder ['fəʊldə] *n* (*file*) iratgyűjtő; (*for papers*) mappa; (*brochure*) prospektus

foliage ['fəʊlɪɪdʒ] *n* lomb(ozat)

folk [fəʊk] (*US* **folks**) *n pl* emberek ‖ **my ~s** a családom

folk art *n* népművészet

folklore ['fəʊklɔ:] *n* folklór

folk music *n* népzene

folk song *n* népdal

follow ['fɒləʊ] **1.** *v* (*pursue*) követ vkt/vmt; (*succeed*) következik; (*go after*) vk után megy; (*practice*) folytat ‖ **I don't quite ~ (you)** nem egészen ért(ett)em; **as ~s** a következő...

follow out/through végigvisz

follow up (*investigate*) ellenőriz; (*pursue*) nyomon követ; (*refer to*) visszatér vmre

follower ['fɒləʊə] *n* követő, tanítvány

following ['fɒləʊɪŋ] *a/n* alábbi, következő ‖ **in the ~** a következőkben; **~ sg** vmt követően

folly ['fɒlɪ] *n* butaság, ostobaság

fond [fɒnd] *a* **be ~ of** szeret vkt/vmt

fondle ['fɒndl] *v* ölelget, cirógat

food [fu:d] *n* étel, élelem, ennivaló
|| ~**s** élelmiszer(ek)

foodstuff(s) ['fu:dstʌf(s)] *n* (*pl*)
élelmiszer(ek)

fool [fu:l] **1.** *n* bolond || **make a ~ of
sy** bolonddá tesz vkt **2.** *v* ~
about/around *col* bolondozik

foolish ['fu:lɪʃ] *a* bolond, ostoba

foot [fʊt] **1.** *n* (*pl* **feet** [fi:t]) (*part of
leg*) láb(fej); (*measure*) láb (=
30,48 cm) || **go on ~** gyalogol;
put one's ~ down sarkára áll **2.** *v*
~ **the bill** *col* fedezi/vállalja
vmnek a költségeit

football ['fʊtbɔ:l] *n* (*game*) labdarú-
gás; (*ball*) futball-labda

football pools *n pl* totó

foot-bridge *n* (gyalogos) felüljáró

footing ['fʊtɪŋ] *n* (*position*) helyzet;
(*basis*) alap(zat) || **lose one's ~**
elveszti egyensúlyát

footlights ['fʊtlaɪts] *n pl* rivaldafény

footman ['fʊtmən] *n* (*pl* **-men**)
lakáj, inas

footpath ['fʊtpɑ:θ] *n* gyalogút

footprint ['fʊtprɪnt] *n* lábnyom

footstep ['fʊtstep] *n* (*step*) lépés;
(*track*) nyomdok

footwear ['fʊtweə] *n* lábbeli

for [fə, fɔ:] **1.** *prep* (*because of*)
miatt, -ért; (*distance*) -ra, -re;
(*time*) -ig; (*intention, price*) -ért;
(*in spite of, considering*) képest;
(*instead of*) helyett || ~ **sale** eladó;
leave ~ London Londonba megy
2. *conj* mert, mivel, ugyanis

forage ['fɒrɪdʒ] *n* abrak

forbad [fə'bæd] *pt* → **forbid**

forbade [fə'beɪd] *pt* → **forbid**

forbid [fə'bɪd] *v* (*pt* **forbade**
[fə'bæd] *or* **forbad** [fə'bæd], *pp*
forbidden [fə'bɪdn]) ~ **sy sg** (*or*

sy to do sg) vknek vmt megtilt,
eltilt vkt vmtől

forbidden [fə'bɪdn] *a* tilos; →
forbid

force [fɔ:s] **1.** *n* erő; (*violence*)
erőszak, kényszer; (*effectiveness*)
érvény(esség), hatály || **come into
~** életbe lép; **armed ~s** fegyveres
erők **2.** *v* erőltet, erőszakol || ~ **sy
to do sg** kényszerít vkt vmre

forceful ['fɔ:sfəl] *a* energikus,
erélyes

forcible ['fɔ:səbl] *a* erőszakos

ford [fɔ:d] *n* gázló

foreboding [fɔ:'bəʊdɪŋ] *n* balsejte-
lem

forecast ['fɔ:kɑ:st] **1.** *n* előrejelzés
2. *v* (*pt* **forecast** ['fɔ:kɑ:st] *or*
forecasted ['fɔ:kɑ:stɪd]) előre
jelez

forefinger ['fɔ:fɪŋgə] *n* mutatóujj

forego [fɔ:'gəʊ] *v* (*sing.* 3 **foregoes**
[fɔ:'gəʊz], *pt* **forewent** [fɔ:'went],
pp **foregone** [fɔ:'gɒn]) (*in time*)
megelőz

foregone [fɔ:'gɒn] *pp* → **forego**

foreground ['fɔ:graʊnd] *n* előtér

forehead ['fɒrɪd] *n* homlok

foreign ['fɒrən] *a* idegen, külföldi ||
~ **affairs** *pl* külügyek, külpolitika

foreigner ['fɒrənə] *n* külföldi,
idegen

foreign exchange *n* deviza

foremost ['fɔ:məʊst] *a* elülső;
legelső

forename ['fɔ:neɪm] *n* keresztnév

foresaw ['fɔ:sɔ:] *pt* → **foresee**

foresee [fɔ:'si:] *v* (*pt* **foresaw**
['fɔ:sɔ:], *pp* **foreseen** ['fɔ:si:n])
előre lát

foreseen ['fɔ:si:n] *pp* → **foresee**

foresight ['fɔ:saɪt] *n* előrelátás

forest ['fɒrɪst] *n* erdő
forestall [fɔː'stɔːl] *v* elébe vág, megelőz
foretell [fɔː'tel] *v* (*pt/pp* **foretold** [fɔː'təʊld]) előre megmond, megjósol
foretold [fɔː'təʊld] *pt/pp* → **foretell**
forever [fə'revə] *adv* mindörökké
forewent ['fɔːwent] *pt* → **forego**
foreword ['fɔːwɜːd] *n* előszó
forfeit ['fɔːfɪt] *n* (*in game*) zálog; (*penalty*) bírság
forgave [fɔː'geɪv] *pt* → **forgive**
forge [fɔːdʒ] *v* (*metal*) kovácsol; (*signature, banknote*) hamisít
forgery ['fɔːdʒərɪ] *n* (*forging*) hamisítás; (*document*) hamisítvány; (*accusation*) koholmány
forget [fə'get] *v* (*pt* **forgot** [fə'gɒt], *pp* **forgotten** [fə'gɒtn]; **-tt-**) elfelejt vmt, vmről megfeledkezik
forgive [fə'gɪv] *v* (*pt* **forgave** [fə'geɪv], *pp* **forgiven** [fə'gɪvn]) megbocsát (*sy for sg* vknek vmért)
forgiven [fə'gɪvn] *pp* → **forgive**
forgo [fɔː'gəʊ] *v* (*sing. 3* **forgoes** [fɔː'gəʊz]; *pt* **forwent** [fɔː'went], *pp* **forgone** [fɔː'gɒn]) lemond vmről
forgone [fɔː'gɒn] *pp* → **forgo**
forgot [fə'gɒt] *pt* → **forget**
forgotten [fə'gɒtn] *pp* → **forget**
fork [fɔːk] **1.** *n* (*for eating*) villa; (*for gardening*) vasvilla; (*of roads*) útelágazás **2.** *v* (*branch, road*) elágazik
form [fɔːm] **1.** *n* (*shape*) alak, forma; (*class*) osztály; (*condition*) erőnlét, kondíció; (*questionnaire*) űrlap **2.** *v* (*shape*) alakít, formál; (*create*) alkot, képez; (*develop*) kialakít; (*constitute*) megalakít

formal ['fɔːml] *a* (*ceremonial*) formai, formális; (*official*) hivatalos
format ['fɔːmæt] **1.** *n* formátum **2.** *v comput* formatál
formation [fɔː'meɪʃn] *n* (*forming*) keletkezés, alakítás, (ki)alakulás; (*shape*) alakzat; (*geographical*) képződmény
former ['fɔːmə] *a* előző, előbbi, korábbi, régebbi
formerly ['fɔːməlɪ] *adv* régebben, azelőtt
formula ['fɔːmjʊlə] *n* (*pl* **-las** [-ləz] *or* **-lae** [-liː]) képlet
fort [fɔːt] *n* erőd(ítmény)
forth [fɔːθ] *adv* **and so** ~ és a többi, és így tovább
forthcoming [fɔːθ'kʌmɪŋ] *a* (el)következő; (*book*) megjelenés alatt(i)
forthwith [fɔːθ'wɪθ] *adv* rögtön, azonnal
fortieth ['fɔːtɪəθ] *num a* negyvenedik
fortify ['fɔːtɪfaɪ] *v* (*town*) megerősít
fortnight ['fɔːtnaɪt] *n* a ~ *GB* két hét
fortress ['fɔːtrɪs] *n* erőd
fortunate ['fɔːtʃənət] *a* szerencsés
fortunately ['fɔːtʃənətlɪ] *adv* szerencsére
fortune ['fɔːtʃuːn] *n* vagyon ‖ **make a** ~ meggazdagodik
fortune-teller *n* jósnő
forty ['fɔːtɪ] *num* negyven
forward ['fɔːwəd] **1.** *a* (*position*) elülső; (*movement*) előre irányuló/haladó; (*time*) korai, idő előtti **2.** *adv* (*movement*) előre; (*position*) elöl; (*time*) tovább **3.** *n* (*in football*) csatár **4.** *v* (*dispatch*) vmt vhová szállít; (*send*) utánaküld
forwards ['fɔːwədz] *adv* (*movement*) előre; (*position*) elöl

forwent 138

forwent ['fɔ:went] *pt* → **forgo**
fossil ['fɒsl] *n* kövület, őskori lelet
foster ['fɒstə] *v* (*hope*) táplál; (*children*) ápol; (*friendship*) elősegít
foster-child *n* (*pl* **-children**) fogadott/nevelt gyermek
foster-father *n* nevelőapa
foster-mother *n* nevelőanya
fought [fɔ:t] *pt/pp* → **fight**
foul [faʊl] **1.** *a* (*disgusting*) undorító, ocsmány; (*dirty, filthy*) tisztességtelen; (*horrible*) csúnya, pocsék **2.** *n sp* szabálytalanság **3.** *v sp* lerúg
found[1] [faʊnd] *v* alapít, felállít
found[2] [faʊnd] *pt/pp* → **find**
foundation [faʊn'deɪʃn] *n* (*basis, base*) alap; (*founding*) alapítás; (*fund*) alapítvány
fount [faʊnt] *n* forrás
fountain ['faʊntɪn] *n* szökőkút
fountain-pen *n* töltőtoll
four [fɔ:] *num* négy
fourteen [fɔ:'ti:n] *num* tizennégy
fourth [fɔ:θ] *num a* negyedik
fowl [faʊl] *n* baromfi, szárnyas
fox [fɒks] *n* róka
foyer ['fɔɪeɪ] *n* előcsarnok
fraction ['frækʃn] *n* (*part*) töredék; *math* tört
fracture ['fræktʃə] *n med* törés
fragile ['frædʒaɪl] *a* törékeny
fragment ['frægmənt] *n* töredék
fragrance ['freɪgrəns] *n* illat
fragrant ['freɪgrənt] *a* illatos
frail [freɪl] *a* (*health*) törékeny; gyenge; (*person*) gyarló
frame [freɪm] **1.** *n* (*border*) keret, ráma; (*framework*) váz || **~s** szemüvegkeret **2.** *v* bekeretez
framework ['freɪmwɜ:k] *n* váz, keret

France [frɑ:ns] *n* Franciaország
frank [fræŋk] *a* őszinte, egyenes, nyílt
frantic ['fræntɪk] *a* eszeveszett, kétségbeesett
fraternity [frə'tɜ:nətɪ] *n* testvériség
fraud [frɔ:d] *n* (*act*) csalás; (*person*) csaló, szélhámos
fraudulent ['frɔ:djʊlənt] *a* csalárd
freak [fri:k] *n* korcs
freckle ['frekl] *n* szeplő
free [fri:] **1.** *a* szabad; (*gratuitous*) ingyenes || **set ~** (*prisoner*) kiszabadít; **~ from** vmtől mentes; **~ of charge** díjtalan(ul), ingyen, díjmentes(en) **2.** *v* (ki)szabadít; megszabadít (*sy/sg from sg/sy* vkt/vmt vmtől/vktől)
freedom ['fri:dəm] *n* szabadság
freelance ['fri:lɑ:ns] *a/n* szabadúszó
freemason ['fri:meɪsn] *n* szabadkőműves
free time *n* szabadidő
freeway ['fri:weɪ] *n US* autópálya
freeze [fri:z] **1.** *n* (*frost*) fagy; (*stop*) befagyasztás **2.** *v* (*pt* **froze** [frəʊz], *pp* **frozen** ['frəʊzn]) *vi* (*weather*) fagy; (*liquid*) megfagy | *vt* (*water*) megfagyaszt; (*wages*) befagyaszt
freezer ['fri:zə] *n* mélyhűtő
freezing point *n* fagypont
freight [freɪt] *n* rakomány, teher, szállítmány
freight car *n US* teherkocsi, tehervagon
freighter ['freɪtə] *n* (*ship*) teherhajó; (*plane*) teherszállító repülőgép
French [frentʃ] **1.** *a* francia || **take ~ leave** angolosan távozik **2.** *n* francia (nyelv) || **the ~** a franciák
French beans *n pl* zöldbab
frenzy ['frenzɪ] *n* dühöngés, őrültség

frequent 1. ['fri:kwənt] *a* gyakori **2.** [fri'kwent] *v* (vmt) gyakran felkeres/látogat

fresh [froʃ] *a* (*not stale*) friss; (*cool*) hűvös, hűs; (*new*) új

freshen ['freʃn] *vi* élénkül | *vt* üdít, (fel)frissít

freshener ['freʃnə] *n* légfrissítő

freshly ['freʃlɪ] *adv* frissen, nem rég

freshness ['freʃnɪs] *n* frissesség (*tárgyé*)

fresh-water *a* édesvízi

fret [fret] *v* **-tt-** bosszankodik, izgatja magát

friction ['frɪkʃn] *n also fig* súrlódás

Friday ['fraɪdɪ] *n* péntek || **on ~** pénteken; → **Monday**

fridge [frɪdʒ] *n col* frizsider

fried egg *n* tükörtojás

friend [frend] *n* barát || **make ~s with sy** vkvel összebarátkozik

friendly ['frendlɪ] *a* szívélyes, barátságos, baráti

friendship ['frendʃɪp] *n* barátság

fright [fraɪt] *n* ijedtség || **take ~** megijed

frighten ['fraɪtn] *v* (meg)ijeszt, (meg)rémít || **be ~ed of sg/sy** vmtől/vktől megrémült

frightful ['fraɪtfəl] *a* szörnyű, félelme(te)s, rémes

frigid ['frɪdʒɪd] *a* (*manner*) hűvös, hideg; (*woman*) frigid

frill [frɪl] *n* (*on dress*) fodor, zsabó

fringe [frɪndʒ] **1.** *n* (*of town*) külső övezet; (*on hair*) frufru; (*on shawl*) rojt || **~s** *pl* külterület **2.** *v* (*dress, road*) szegélyez, beszeg

fringe benefit(s) *n* (*pl*) járulékos juttatás(ok)

fro [frəʊ] → **to**

frock [frɒk] *n* (női) ruha

frog [frɒg] *n* béka

from [frəm, frɒm] *prep* (*place*) -tól, -től; -ból, -ből; -ról, -ről; (*time*) fogva, óta || **~ above** felülről; **~ behind** mögül; **~ below** alulról; **~ there** onnan

front [frʌnt] **1.** *a* elő, el(ül)ső || **~ page** címlap; **~ part** elülső rész; **~ seat** első ülés **2.** *n* homlokzat, front || **in ~ of** előtt, szemben

frontier ['frʌntɪə] *n* (ország)határ

front-wheel drive *n* elsőkerék-meghajtás

frost [frɒst] *n* (*freeze*) fagy; (*on leaves*) dér

frost-bite *n* (el)fagyás

frosty ['frɒstɪ] *a* (*weather*) fagyos, jéghideg; (*welcome*) jeges

froth [frɒθ] **1.** *n* hab **2.** *v* habzik

frown [fraʊn] **1.** *n* rosszalló tekintet **2.** *v* összehúzza a szemöldökét

froze [frəʊz] *pt* → **freeze**

frozen ['frəʊzn] *a* (*food*) fagyasztott, mélyhűtött; (*river*) fagyott; → **freeze**

fruit [fru:t] *n* gyümölcs || **bear ~** gyümölcsöt terem

fruitful ['fru:tfl] *a* gyümölcsöző, eredményes; jól szaporodó

fruit juice *n* gyümölcslé

frustrate [frʌ'streɪt] *v* meghiúsít

fry [fraɪ] *v* (*in hot fat*) *vt* (ki)süt | *vi* sül

fryer ['fraɪə] *n* (*pan*) serpenyő, *US* (*chicken*) sütni való csirke

frying pan ['fraɪɪŋ] *n* serpenyő

ft. = foot, feet

fuel ['fju:əl] *n* fűtőanyag, üzemanyag

fuel oil *n* gázolaj

fuel tank *n* üzemanyagtartály

fulfil (*US* **-fill**) [fʊl'fɪl] *v* **-ll-** (*wish, condition*) teljesít; (*requirement*) eleget tesz vmnek

full [fʊl] *a* (*filled*) teli, tele, telt; (*complete*) egész, teljes; (*plump*) bő(séges), bő; (*not hungry*) jóllakott ‖ **in ~** teljes egészében; **be ~ of sg** tele van vmvel; **at ~ speed** teljes sebességgel

full board *n* teljes ellátás/panzió

full moon *n* telihold

full-scale *a* teljes körű

full stop *n* (*punctuation mark*) pont

full-time job *n* főállás

fulsome ['fʊlsəm] *a* túlzott

fume [fjuːm] **1.** *n* ~**(s)** (*smoke*) füst; (*vapour*) pára, gőz **2.** *v* dúl-fúl, dühöng

fumigate ['fjuːmɪgeɪt] *v* kifüstöl, ciánoz

fun [fʌn] *n* (*joke*) tréfa, vicc; (*amusement*) szórakozás, mulatság ‖ **for ~** tréfából, viccből; **have ~!** jó mulatást!; **make ~ of sy** kicsúfol

function ['fʌŋkʃn] **1.** *n* (*office, duty*) állás, hivatal, tisztség; (*activity*) működés; rendeltetés; *math* függvény **2.** *v* (*machine*) működik; (*person*) ténykedik, szerepel

fund [fʌnd] **1.** *n* (*money*) pénz(alap); (*supply*) alap, készlet; (*foundation*) alapítvány ‖ **~s** *pl* pénzalap, fedezet **2.** *v* (*finance*) pénzel; (*invest*) tőkésít

fundamental [fʌndəˈmentl] *a* alapvető, elemi

funeral ['fjuːnərəl] **1.** *a* (*death*) halotti; (*burial*) temetési **2.** *n* temetés

funfair ['fʌnfeə] *n* angolpark, vurstli

funicular (railway) [fjuˈnɪkjʊlə] *n* sikló, drótkötélpálya

funnel ['fʌnl] *n* (*for pouring*) tölcsér; (*on ship, engine*) kémény

funny ['fʌnɪ] *a* (*comic*) vicces, tréfás; (*strange*) furcsa

fur [fɜː] *n* (*of animal*) bunda, szőrzet; (*clothing*) prém, szőrme; *med* (*on tongue*) lepedék

furious ['fjʊərɪəs] *a* (*person*) dühös; (*storm*) tomboló ‖ **be ~ at/about sg** dühöng vm miatt

furlong ['fɜːlɒŋ] *n* (*measure of length*) 220 yard (= 201,17 m)

furnace ['fɜːnɪs] *n* kohó, (olvasztó)kemence

furnish ['fɜːnɪʃ] *v* (*equip*) ellát, felszerel (*with* vmvel); (*provide with furniture*) berendez, bebútoroz; (*supply*) szolgáltat

furnishings ['fɜːnɪʃɪŋz] *n pl* berendezési tárgyak

furniture ['fɜːnɪtʃə] *n* (*pl* ~) bútor(ok), berendezés

furrier ['fʌrɪə] *n* szűcs

furrow ['fʌrəʊ] *n agr* barázda; (*on brow*) ránc

further ['fɜːðə] **1.** *a* további, újabb **2.** *adv* tovább, messzebb **3.** *v* előmozdít, elősegít

furthermore [fɜːðəˈmɔː] *adv* továbbá, ráadásul

furthermost ['fɜːðəməʊst] *a* legtávolabbi

furthest ['fɜːðɪst] *a* legtávolabbi

fury ['fjʊərɪ] *n* dühöngés

fuse [fjuːz] **1.** *n* el biztosíték; (*of bomb*) gyújtószerkezet **2.** *v* (*metals*) egybeolvad; (*light*) kiég

fuse box *n* biztosítószekrény

fusion ['fjuːʒn] *n* (*egy*)beolvadás; egyesülés, fúzió; *phys* (*mag*)fúzió

fuss [fʌs] *n* hűhó, felhajtás ‖ **make a ~ about sg** nagy felhajtást csinál (*vm miatt*) **2.** *vt* megoldvaszt ‖ *vi el* kiolvad, kiég

future ['fjuːtʃə] **1.** *a* jövő, eljövendő, leendő **2.** *n* **the** ~ a jövő/jövendő; *gram* jövő idő

fuzzy ['fʌzɪ] *a* (*fabric*) bolyhos; (*hair*) göndör; (*memory*) elmosódó, homályos; (*picture*) életlen

G

gabble ['gæbl] **1.** *n* hadarás **2.** *v* hadar

gadget ['gædʒɪt] *n col* (ügyes kis) szerkentyű, készülék

gag [gæg] **1.** *n* (*in mouth*) pecek; (*joke*) bemondás **2.** kipeckel

gage [geɪdʒ] *US* = **gauge**

gaiety ['geɪətɪ] *n* jókedv, vidámság

gain [geɪn] **1.** *n* nyereség, haszon **2.** *vt* (*obtain*) elnyer, megszerez | *vi* (*watch*) siet ‖ ~ **by/from** vmből profitál; ~ **weight** hízik; **my watch ~s (by) two minutes a day** naponta két percet siet az órám

gala ['gɑːlə] **1.** *a* ünnepi, gála- ‖ ~ **night** gálaest **2.** *n* díszünnepély

galaxy ['gæləksɪ] *n* galaktika ‖ **the** ~ a Tejút

gale [geɪl] *n* szélvihar

gall [gɔːl] *n* (*bile*) epe; (*bitterness*) keserűség

gallant ['gælənt] *a* udvarias, gáláns, lovagias

gallery ['gælərɪ] *n* (*in theatre*) karzat; (*of art*) galéria, kiállítási terem

galley ['gælɪ] *n* gálya

gallon ['gælən] *n* gallon (*brit* = 4,54 l, amerikai = 3,78 l)

gallop ['gæləp] **1.** *n* galopp, vágta **2.** *v* (*horse*) vágtat

gallows ['gæləʊz] *n* akasztófa

gamble ['gæmbl] **1.** *n* (*game*) szerencsejáték; (*risk*) kockázatos vállalkozás **2.** *v* (pénzben) játszik

gambler ['gæmblə] *n* (hazárd)játékos

game [geɪm] **1.** *a* bátor **2.** *n* (*play*) játék; (*match*) játszma; (*animal*) vad; (*meat*) vad(hús) ‖ ~ **of chess** sakkparti; **play the** ~ megtartja a játékszabályokat

gamekeeper ['geɪmkiːpə] *n* vadőr

gang [gæŋ] *n* (*criminals*) banda, bűnszövetkezet; (*youths*) galeri; (*workmen*) (munkás)csoport, brigád

gangrene ['gæŋgriːn] *n med* gangréna

gangster ['gæŋstə] *n* bandita, gengszter

gangway ['gæŋweɪ] *n* (*bridge*) hajóhíd; (*passage*) átjáró

gap [gæp] *n* nyílás, hézag, rés

gape [geɪp] *v* (*be open*) tátong; (*yawn*) ásít; (*stare*) száját tátja

garage ['gærɑːʒ] *n* (*for parking*) garázs; (*for repair*) javítóműhely

garbage ['gɑːbɪdʒ] *n US* szemét, hulladék ‖ ~ **can** *US* kuka, szeméttáska; ~ **truck** *US* kukás autó

garden ['gɑːdn] **1.** *n* (*private*) kert; (*public*) park **2.** *v* kertészkedik

gardener ['gɑːdnə] *n* kertész

gargle ['gɑːgl] **1.** *n* szájvíz **2.** *v* gargarizál

garish ['geərɪʃ] *a* (*colour*) rikító

garlic ['gɑːlɪk] *n* fokhagyma

garment(s) ['gɑːmənt(s)] *n* (*pl*) ruhanemű

garnish ['gɑːnɪʃ] **1.** *n* köret **2.** *v* körít (*with* vmvel)

garret ['gærət] *n* padlásszoba

gas [gæs] *n* gáz; *US* (*petrol*) benzin ‖ **step on the ~** gázt ad; **~ cooker** gáztűzhely; **~fitter** gázszerelő; **~ lighter** gázöngyújtó; **~ meter** gázóra; **~ oil** gázolaj

gasoline ['gæsəli:n] *n US* benzin

gasp [gɑ:sp] *v* (*with surprise*) hápog; (*for breath*) zihál ‖ **~ for air/ breath** levegő után kapkod

gas pedal *n US* gázpedál

gas tap *n* gázcsap

gastronomy [gæ'strɒnəmɪ] *n* konyhaművészet

gate [geɪt] *n* (*of garden*) kapu; (*in airport*) kijárat

gatekeeper ['geɪtki:pə] *n* kapus, portás

gateway ['geɪtweɪ] *n* kapubejárat

gather ['gæðə] *v* (*collect*) (össze)-gyűjt; (*come together*) összegyűlik; (*draw together*) összehúz ‖ **~ speed** gyorsul; **~ strength** erőt gyűjt

gathering ['gæðərɪŋ] *n* összejövetel

gauge (*US* **gage**) [geɪdʒ] **1.** *n* (*size*) méret; (*instrument*) mérő(eszköz), mérce; (*calibre*) idomszer, kaliber; *railw* nyomtáv **2.** *v* (meg)mér, lemér

gaunt [gɔ:nt] *a* szikár

gauze [gɔ:z] *n* kötözőpólya

gave [geɪv] *pt* → **give**

gay [geɪ] *a* (*happy*) vidám; (*vivid*) élénk (színű); (*colourful*) tarka; *col* (*homosexual*) homokos, buzi

gaze [geɪz] *v* **~ at** rábámul/rámered vkre/vmre

GB = **Great Britain**

gear [gɪə] **1.** *n* (*equipment*) felszerelés tartozékok; (*speed*) sebesség(fokozat); *col* (*clothing*) szere-lés (*ruha*) ‖ **~s** seb(esség)váltó; **change ~** sebességet vált **2.** *v* **~ up** *col* fokoz, növel

geese [gi:s] *pl* → **goose**

gel [dʒel] *n* gél, zselé

gelatine [dʒelə'ti:n] *n* zselatin

gem [dʒem] *n* drágakő; *fig* gyöngyszem

gender ['dʒendə] *n gram* nem

gene [dʒi:n] *n* gén

general ['dʒenrəl] **1.** *a* általános ‖ **in ~** általában **2.** *n* tábornok

generalize ['dʒenrəlaɪz] *v* általánosít

generally ['dʒenrəlɪ] *adv* általában, rendszerint

general manager *n* vezérigazgató

general practitioner *n* (általános) orvos

generate ['dʒenəreɪt] *v* (*heat, electricity*) fejleszt

generation [dʒenə'reɪʃn] *n* generáció, nemzedék

generator ['dʒenəreɪtə] *n* áramfejlesztő (gép)

generous ['dʒenərəs] *a* adakozó, bőkezű

genetics [dʒə'netɪks] *n sing.* genetika

genial ['dʒi:nɪəl] *a* (*person*) szívélyes, joviális; (*climate*) enyhe

genitals ['dʒenɪtlz] *n pl* (külső) nemi szervek

genius ['dʒi:nɪəs] *n* (*pl* **geniuses**) zseni, géniusz, lángelme

genre ['ʒɑ:nrə] *n* (*category*) műfaj; *n* (*picture*) zsánerkép

gentle ['dʒentl] *a* (*mild*) szelíd, gyengéd; (*soft*) lágy; (*refined*) finom; (*well-born*) nemes

gentleman ['dʒentlmən] *n* (*pl* **-men**) úr, úriember

gentry ['dʒentrı] n dzsentri

gents [dʒents] n pl férfiak (illemhelyen)

genuine ['dʒenjʊın] a valódi, eredeti, hiteles

geography [dʒı'ɒgrəfı] n földrajz

geologist [dʒı'ɒlədʒıst] n geológus

geology [dʒı'ɒlədʒı] n földtan, geológia

geometry [dʒı'ɒmıtrı] n mértan, geometria

geranium [dʒə'reınıəm] n muskátli

germ [dʒɜːm] n (embryo, seed) csíra; (bacillus) baktérium

German ['dʒɜːmən] 1. a német 2. n (person, language) német

Germany ['dʒɜːmənı] n Németország

gesticulate [dʒı'stıkjʊleıt] v gesztikulál

gesture ['dʒestʃə] n mozdulat; fig gesztus

get [get] v (pt got [gɒt], pp got [gɒt], US gotten ['gɒtn], -tt-) (receive) (meg)kap; (obtain) szerez; (buy) vesz, vásárol; (understand) megért, felfog; (radio, TV) fog || be ~ting better gyógyulófélben van; ~ dressed felöltözik; ~ hold of hozzájut, megszerez vmt; ~ home hazaérkezik; I ~ it megértettem!; you have got it! eltaláltad!; ~ lost (person) eltéved; (object) elvesz; ~ lost! tűnj(ön) el!; ~ ready elkészít

get about (news) (el)terjed; (patient) lábadozik

get along boldogul, jól megy || ~ along with sy kijön/összefér vkvel

get at sg hozzájut/hozzáfér vmhez

get away (leave) elmegy (pihenni); (escape) elszökik

get away with sg col (steal) meglép vmvel; (escape punishment) megúszik vmt

get back vi (return) megjön, viszszaér | vt (recover) visszakap; visszaszerez

get by (pass) elhalad; (manage) (valahogyan csak) megél

get down leérkezik vhova || ~ down to work hozzáfog a munkához

get in (arrive) beérkezik || ~ in (a car/taxi) beszáll

get into (get involved) beletanul; belejön; (be admitted) bekerül; (car) beszáll

get off (train) leszáll; (car) kiszáll || he got off with a fine pénzbüntetéssel megúszta

get on (ship) beszáll; (bus) felszáll; (progress) (jól) megy/halad; (manage) boldogul || ~ on a plane repülőgépre ül; how are you ~ting on? hogy vagy?, hogy megy a sorod?; they ~ on well (together) jól kijönnek egymással

get on with (agree) (jól) megvan/megfér/kijön vkvel; (continue) halad/boldogul vmvel

get out vi (news) kitudódik | vt (book) megjelentet

get out of (vehicle) kiszáll; (business) kiszáll; (room) vhonnan kimegy || ~ out! ki innen!; ~ out of sg (or doing sg) kibújik vm (megtétele) alól

get over (obstacles) legyőz, leküzd; (difficulties) kihever; (illness) átvészel

get round (*news*) terjed; (*difficulty*) kitér; (*question*) megkerül

get through (*work*) keresztüljut vmn || ~ **through an exam** vizsgán átmegy

get through to (*telephone*) öszszeköttetést létesít, kapcsol

get together összegyűlik

get up (*stand up*) feláll; (*from bed*) felkel

getaway ['getəweɪ] *n* (el)menekülés

get-up *n* (*clothing*) ruha, öltözék; (*presentation*) külalak

gherkin ['gɜːkɪn] *n* (*small*) uborka

ghost [gəʊst] *n* kísértet, szellem

giant ['dʒaɪənt] 1. *a* óriási 2. *n* óriás

gibberish ['dʒɪbərɪʃ] *n* halandzsa

gibe [dʒaɪb] 1. *n* csipkelődő megjegyzés 2. *v* ~ **at sy** *fig* vkt csipked

giblets ['dʒɪblɪts] *n pl* (*of poultry*) aprólék, belsőség

giddy ['gɪdɪ] *a* szédítő || **feel** ~ (meg)szédül

gift [gɪft] *n* (*present*) ajándék; (*talent*) képesség, tehetség || **have a ~ for sg** tehetsége van vmhez

gifted ['gɪftɪd] *a* tehetséges

gigantic [dʒaɪ'gæntɪk] *a* hatalmas, óriási

giggle ['gɪgl] 1. *n* kuncogás, nevetgélés 2. *v* kuncog, nevetgél

gill(s) [gɪl(z)] *n* (*pl*) kopoltyú

gilt [gɪlt] *a* aranyozott

gimlet ['gɪmlɪt] *n* (kézi) fúró

gin [dʒɪn] *n* fenyőpálinka, gin

ginger ['dʒɪndʒə] 1. *n* gyömbér || ~ **hair** vörösesszőke haj 2. *v* ~ **up** felélénkít

ginger ale/beer *n* gyömbérsör

ginger-haired *a* vörösesszőke

gipsy ['dʒɪpsɪ] *a/n* cigány

giraffe [dʒɪ'rɑːf] *n* zsiráf

girder ['gɜːdə] *n* tartógerenda

girl [gɜːl] *n* lány

girl-friend *n* barátnő

girth [gɜːθ] *n* (*circumference*) kerület; (*harness*) heveder

give [gɪv] *v* (*pt* **gave** [geɪv], *pp* **given** ['gɪvn]) *vt* ad, odaad; (*hand over*) átad; (*produce*) okoz | *vi* (*yield*) enged || **I wouldn't ~ it for anything** nem adom semmiért; ~ **rise to** okoz, előidéz; ~ **way** (*allow*) enged; (*traffic*) elsőbbséget ad (*to* vknek); (*break in*) beszakad

give away (sg to sy) (*as present*) elajándékoz vmt; (*betray*) vkt elárul vm

give back vmt visszaad

give in (*document*) vmt bead; (*surrender*) megadja magát

give off (*heat, smell*) kibocsát

give out (*supplies*) kifogy; (*books*) szétoszt; (*news, heat*) kibocsát

give over sg felhagy vmvel || ~ **sg over to sy** átad vknek vmt

give up (*renounce*) lemond vmről; (*surrender*) felad; (*abandon*) abbahagy; felhagy vmvel; (*withdraw*) elejt; (*hand over*) kiad || ~ **up smoking** leszokik a dohányzásról; ~ **oneself up** (*criminal*) jelentkezik

given ['gɪvn] *a* (*concrete*) adott; (*definite*) meghatározott; → **give**

glacial ['gleɪsɪəl] *a* (*of ice period*) jégkori; (*cold*) jeges, fagyos

glacier ['glæsɪə] *n* gleccser

glad [glæd] *a* boldog || **be ~ of sg** örül vmnek

glamorous ['glæmərəs] *a* elbűvölő

glance [glɑːns] **1.** *n* pillantás ‖ **at a ~** egyetlen pillantásra **2.** *v* pillantást vet (*at* vkre/vmre)

gland [glænd] *n* mirigy

glare [gleə] **1.** *n* (*light*) vakító fény; (*stare*) átható pillantás **2.** *v* (*shine*) vakítóan ragyog; (*stare*) dühödt pillantást vet (*at* vkre)

glaring ['gleərɪŋ] *a* (*light*) vakító; (*colour*) rikító; (*injustice*) kirívó

glass [glɑːs] *n* (*substance*) üveg; (*vessel*) pohár; (*mirror*) tükör ‖ **~es** *pl* szemüveg

glassware [glɑːsweə] *n* üvegáru

glaze [gleɪz] *v* (*window*) (be)üvegez; (*pottery*) zománcoz

glazier ['gleɪzɪə] *n* üveges, üvegező

gleam [gliːm] **1.** *n* (fel)villanás, fénysugár **2.** *v* (*light*) felvillan; (*metal, eyes*) fénylik; (fel)csillan

glee [gliː] *n* vidámság

glen [glen] *n* völgy, szurdok

glide [glaɪd] **1.** *n* (*of dancer, boat*) siklás; (*of aircraft*) siklórepülés **2.** *v* (*bird, boat*) siklik; *col* (*glider*) vitorlázik

glider [glaɪdə] *n* vitorlázó repülőgép

glimmer ['glɪmə] **1.** *n* (halvány) fénysugár **2.** *v* (*light*) pislákol

glimpse [glɪmps] **1.** *n* pillantás **2.** *v* megpillant

glisten ['glɪsn] *v* csillog, ragyog

glitter ['glɪtə] **1.** *n* (*glittering*) ragyogás; (*light*) fény **2.** *v* csillog

globe [gləʊb] *n* gömb ‖ **the ~** földgömb

gloom [gluːm] *n* ború, sötétség

gloomy ['gluːmɪ] *a* sötét, borongós, bús

glorify ['glɔːrɪfaɪ] *v* dicsőít

glory ['glɔːrɪ] *n* dicsőség; (*splendour*) tündöklés

gloss [glɒs] **1.** *n* (*paint*) máz; (*shine*) fényezés **2.** *v* **~ over** *col* (*error*) elken; szépít

glove(s) [glʌv(z)] *n* (*pl*) kesztyű

glow [gləʊ] **1.** *n* (*of fire*) izzás; (*of cheek*) (arc)pír **2.** *v* (*metal*) izzik; (*light*) sugárzik

glue [gluː] **1.** *n* ragasztó **2.** *v* odaragaszt (*to* vmhez)

glue-sniffing *n* szipózás

glum [glʌm] *a* **-mm-** komor, sötét

glut [glʌt] **1.** *n* bőség **2.** *v* **-tt-** elaraszt, telít

GMT = Greenwich Mean Time

gnat [næt] *n* szúnyog

gnaw [nɔː] *v* **~ (at) sg** rág(csál) vmt

gnome [nəʊm] *a/n* gnóm

go [gəʊ] **1.** *n* (*going*) menés; (*attempt*) próbálkozás; (*energy*) lendület; *GB* (*exam*) vizsga ‖ **be on the ~** tevékeny(kedik), sürögforog; **have a ~ at** megpróbál vmt **2.** *v* (*sing.* 3 **goes** [gəʊz]; *pt* **went** [went], *pp* **gone** [gɒn]) megy, halad; (*travel*) közlekedik ‖ **~ bad** elromlik; **~ by bus/car/train** busszal/autóval/vonattal megy; **~ home** hazamegy; **~ one's own way** a maga útján jár; **~ shopping** bevásárolni megy; **~ to bed** aludni megy; **~ to see a doctor** orvoshoz megy; **~ upstairs** felmegy (az emeletre); **~ wrong** elromlik; **let's ~!** gyerünk!; **be ~ing well** (*studies*) jól megy vknek; **be ~ing to do sg** készül, szándékozik, fog vmt tenni

go ahead folytat(ódik)

go along sg végigmegy (*vm mentén*)

go away eltávozik
go back visszaér
go back on (one's word) ígéretétől/szavától eláll
go by vi (*pass*) (*time*) (el)múlik | vt (*act according to*) igazodik, tartja magát vmhez
go down lemegy; (*temperature*) süllyed; (*price*) esik; (*swelling*) lelohad; (*tyre*) leereszt
go for (*fetch*) elmegy vkért/vmért; (*aim at*) vonatkozik vmre/vkre
go in bemegy, belép
go in for (*competition*) jelentkezik vmre; (*hobby*) érdeklődik vm iránt
go into (*enter*) bemegy vhova; (*embark on*) vmlyen pályára megy || **~ into detail(s)** részletekbe bocsátkozik
go off (*event*) lezajlik, végbemegy; (*light*) elalszik, kikapcsol; (*food*) megromlik; (*gun*) elsül || **~ off the rails** (*train*) kisiklik; (*person*) letér a helyes útról
go on (*appear*) színre lép; (*light up*) felgyullad; (*continue*) továbbmegy, halad; (*happen*) tart, folyik || **what's ~ing on here?** mi történik itt?; **~ on!** folytasd (csak)!, gyerünk!
go out kimegy (*of* vhonnan)
go out with *col* jár vkvel
go over felülvizsgál vmt
go round (*circulate*) körben forog; (*spread*) terjed; (*turn*) körüljár
go through (*suffer*) keresztülmegy vmn, átvészel; (*repeat*) átismétel vmt
go to (*walk/travel to*) vhova elmegy, utazik; (*contribute*) jut vknek, kap vk vmt

go up (*climb*) felfelé megy; (*rise*) emelkedik
go with (*accompany*) vkt elkísér; (*go steady with*) jár vkvel
go without sg megvan vm nélkül
go-ahead 1. *a* célratörő **2.** *n fig* zöld út
goal [gəʊl] *n* (*aim*) (vég)cél; *sp* (*place*) (futball)kapu; (*point*) gól
goalkeeper ['gəʊlkiːpə] *n sp* (futball)kapus
goat [gəʊt] *n* kecske
gobble ['gɒbl] *v* **~ up** felfal
go-cart *n US* (*pushchair*) sportkocsi; (*walker*) járóka; *sp* (*kart*) gokart
god, God [gɒd] *n* isten, Isten || **G~ bless you!** (*as wish*) az Isten áldjon meg!, (*after sneezing*) *US* egészségére!; **for G~'s sake** az Isten szerelmére
godchild ['gɒdtʃaɪld] *n* (*pl* **-children** [-tʃɪldrən]) keresztgyermek
godfather ['gɒdfɑːðə] *n* keresztapa
godmother ['gɒdmʌðə] *n* keresztanya
godparents ['gɒdpeərənts] *n pl* keresztszülők
goes [gəʊz] → **go**
gold [gəʊld] *n* (*metal*) arany; *sp* (*medal*) aranyérem
golden ['gəʊldən] *a* (*jewellery*) arany-; (*colour, hair*) aranysárga
gold medal *n* aranyérem
golf [gɒlf] *n* golf || **~ club** (*stick*) golfütő; (*association*) golfklub; **~ course** *n* golfpálya
gone [gɒn] *a* (*desperate*) elveszett, reménytelen; (*pregnant*) előrehaladott; → **go**
good [gʊd] **1.** *a* jó || **a ~ deal** jó sok(at) **2.** *n* jó; (*virtue*) jóság; → **goods**

goodbye [gʊd'baɪ] *int/n* Isten vele(tek)!, viszontlátásra! || **say ~ (to)** elbúcsúzik vktől

good-looking *a* csinos, jóképű

good-natured *a* (*person*) jóindulatú; (*joke*) ártatlan

goodness ['gʊdnɪs] *n* jóság || **my ~!** te jó Isten!; **for ~' sake!** az ég szerelmére!

goods [gʊdz] *n pl* (*properties*) javak; (*merchandise*) áru(cikkek); (*freight*) teheráru

goodwill [gʊd'wɪl] *n* (*benevolence*) jóakarat; (*sympathy*) megértés; (*reputation*) jó hírnév

goose [guːs] *n* (*pl* **geese** [giːs]) liba

gooseberry ['gʊzbrɪ] *n* (*plant*) egres; *col* (*in company of lovers*) elefánt

gorge [ɡɔːdʒ] **1.** *n* (*pass*) völgyszoros; (*throat*) torok, gége **2.** *v* **~ oneself (on sg)** *col* belakik, bezabál

gorgeous ['gɔːdʒəs] *a* nagyszerű, ragyogó

gorilla [ɡə'rɪlə] *n also fig* gorilla

gosh! [ɡɒʃ] *int* a mindenit!, ejnye!

Gospel ['gɒspl] *n rel* evangélium || **g~** spirituálé

gossip ['gɒsɪp] **1.** *n* (*chatter*) pletyka; (*person*) pletykafészek **2.** *v* pletykál

got [gɒt] *pt/pp* → **get**

Gothic ['gɒθɪk] *a* gótikus

gotten ['gɒtn] *pp US* → **get**

gourmet ['gʊəmeɪ] *a* ínyenc

govern ['gʌvn] *v pol* kormányoz

governess ['gʌvənɪs] *n* nevelőnő

government ['gʌvnmənt] *n pol* kormány, kabinet

governor ['gʌvnə] *n* (*of state*) kormányzó; (*of bank*) igazgató

gown [gaʊn] *n* talár

GP [dʒiː 'piː] = **general practitioner**

grab [græb] *v* **-bb-** (*seize*) megragad; (*snatch*) harácsol

grace [greɪs] *n* (*mercy*) kegyelem; (*prayer*) áldás; (*gracefulness*) báj, kecsesség

graceful ['greɪsfl] *a* kecses

gracious ['greɪʃəs] *a* (*kind*) kegyes, szíves; (*merciful*) irgalmas

grade [greɪd] **1.** *n* (*degree*) fokozat, fok; *US school* (*class*) osztály; *US* (*mark*) osztályzat; *US* (*slope*) lejtő(s út) **2.** *v* (*classify*) minősít; *US* (*mark*) osztályoz; (*divide*) fokokra (be)oszt

grade school *n US* elemi/általános iskola

gradual ['grædjʊəl] *a* fokozatos, lépcsőzetes

graduate 1. ['grædjʊət] *n* (*person with degree*) egyetemet végzett ember, diplomás; (*former student*) volt/végzett hallgató **2.** ['grædjʊeɪt] *v* ~ **in sg** (*at university*) (vmlyen) diplomát szerez

graft [grɑːft] **1.** *n agr* oltvány **2.** *v agr* (*plant*) olt; *med* (*skin*) átültet

grain [greɪn] *n* (*cereals*) gabona; (*corn*) (gabona)szem; (*granule*) szemcse; (*of wood*) erezet

gram [græm] *n* gramm

grammar ['græmə] *n* nyelvtan

grammar school *n GB* gimnázium

gramme [græm] *n* gramm

grand [grænd] *a* (*great*) nagy; (*magnificent*) nagyszerű; (*noble*) nagystílű grandchild ['grændtʃaɪld] n (pl -children [-tʃɪldrən]) unoka

granddaughter ['grændɔ:tə] n (leány)unoka

grandfather ['grændfɑ:ðə] n nagyapa

grandmother ['grænmʌðə] n nagyanya

grandparents ['grændpeərənts] n pl nagyszülők

grandson ['grænsʌn] n (fiú)unoka

granite ['grænɪt] n gránit

grant [grɑ:nt] 1. n anyagi támogatás, segély; school ösztöndíj 2. v (give) adományoz; ad; (allow) teljesít ‖ ~ sg to sy, ~ sy sg megad vknek vmt; take it for ~ed természetesnek veszi/találja

granulated sugar ['grænjʊleɪtd] n kristálycukor

grape(s) [greɪp(s)] n (pl) szőlő ‖ a bunch of ~s szőlőfürt

grapefruit ['greɪpfru:t] n grépfrút

grape-juice n szőlőlé

graph [grɑ:f] 1. n grafikon, diagram 2. v ~ sg grafikont készít vmről

graphic ['græfɪk] a grafikai, grafikus; (descriptive) szemléletes

graphics [græfɪks] n pl print grafika (kiadványé)

grasp [grɑ:sp] 1. n (hold) megragadás; fogás; (understanding) felfogóképesség 2. v (seize) (meg)fog, megragad vmt; (hold on to) vmbe kapaszkodik; (understanding) felfog

grass [grɑ:s] n (lawn) fű, gyep; col (drug) marihuána, „fű"

grasshopper ['grɑ:shɒpə] n szöcske

grass snake n zoo sikló

grate [greɪt] 1. n rács, rostély 2. vt (cheese) (meg)reszel; (teeth) csikorgat ‖ vi csikorog

grateful ['greɪtfəl] a hálás

gratefully ['greɪtflɪ] adv hálásan

gratefulness ['greɪtflnɪs] n hála

grater ['greɪtə] n (for food) reszelő

gratify ['grætɪfaɪ] v kielégít

gratitude ['grætɪtju:d] n hála

gratuity [grə'tju:ətɪ] n borravaló, hálapénz

grave[1] [greɪv] a súlyos, komoly

grave[2] [greɪv] n sír

gravel ['grævl] n kavics

gravitation [grævɪ'teɪʃn] n gravitáció

gravity ['grævəti] n phys gravitáció; (seriousness) súlyosság, komolyság

gravy ['greɪvɪ] n (sauce) mártás, szósz; (juice) pecsenyelé, szaft

gray [greɪ] US = grey

graze[1] [greɪz] 1. n horzsolás 2. v (le)horzsol

graze[2] [greɪz] vt legeltet ‖ vi legel

grease [gri:s] 1. n (fat) zsír; (lubricant) kenőanyag 2. v (machine) (meg)ken, (meg)zsíroz

great [greɪt] a (large) nagy; (excellent) nagyszerű, kitűnő ‖ a ~ deal of jó sok/adag; a ~ many nagyon sok

Great Britain n Nagy-Britannia

greater ['greɪtə] a nagyobb ‖ the ~ part of (sg) vmnek a zöme

greatest ['greɪtɪst] a (largest) legnagyobb; (main) legfőbb

great-grandchild n (pl -children) dédunoka

great-grandfather n dédapa

great-grandmother n dédanya

Greece [gri:s] n Görögország

greed [griːd] *n* kapzsiság, mohóság

greedy ['griːdɪ] *a* kapzsi, mohó || ~ **for money** pénzsóvár

Greek [griːk] 1. *a* görög 2. *n* (*person, language*) görög

green [griːn] 1. *a* (*colour*) zöld; *col* (*person*) naiv, tapasztalatlan 2. *n* (*colour*) zöld (szín); (*grass*) pázsit, gyep(es pálya); (*field*) rét || ~s *pl* zöldség; **the G~s** *pol* zöldek

greengage ['griːngeɪdʒ] *n* ringló

greengrocer ['griːngrəʊsə] *n* zöldségárus

greenhouse ['griːnhaʊs] *n* melegház, üvegház

Greenland ['griːnlənd] *n* Grönland

green peas *n pl* zöldborsó

Greenwich Mean Time ['grenɪdʒ] *n* greenwichi középidő

greet [griːt] *v* köszönt, üdvözöl

greeting ['griːtɪŋ] *n* köszön(t)és, üdvözlés || ~s *pl* üdvözlet

grew [gruː] *pt* → **grow**

grey [greɪ] (*US* **gray**) *a* (*colour*) szürke; (*hair*) ősz

grey-haired *a* (galamb)ősz

greyhound ['greɪhaʊnd] *n* agár

grid [grɪd] *n* rács, rostély

grief [griːf] *n* bú(bánat), szomorúság

grieve [griːv] *vt* elszomorít | *vi* kesereg (*at/about/over sg* vm miatt); bánkódik (*for sy/sg* vm miatt, vk után)

grill [grɪl] 1. *n* (*device*) (sütő)rostély, grillsütő; (*food*) rostonsült 2. *v* (*cook*) roston süt; *col* (*question*) faggat

grille [grɪl] *n* (*grate*) rostély, rács; (*on car*) hűtőrács

grilled [grɪld] *a* roston sült, grill- || ~ **chicken** grillcsirke; ~ **meat** roston sült hús

grim [grɪm] *a* zord, komor

grimace [grɪ'meɪs] 1. *n* grimasz, fintor 2. *v* grimaszokat vág

grimy ['graɪmɪ] *a col* szutykos, koszos, szurtos

grin [grɪn] *v* **-nn-** vigyorog

grind [graɪnd] 1. *n col* lélekölő munka 2. *v* (*pt/pp* **ground** [graʊnd]) (*crush*) őröl; (meg)darál; (*sharpen*) kiélesít, (meg)köszörül; (*polish*) csiszol || ~ **one's teeth** fogát csikorgatja; ~ **sg** (**down**) **to dust** porrá zúz

grinder ['graɪndə] *n* daráló

grip [grɪp] 1. *n* fogás, megragadás 2. *v* **-pp-** *vt* (*grasp*) megragad, megfog; (*hold*) vmben megfogódzik | *vi* (*brake, tool*) fog

grisly ['grɪzlɪ] *a* hátborzongató, szörnyű

grit [grɪt] 1. *n* (*sand*) kőpor; (*courage*) karakánság 2. *v* **-tt-** (*road*) homokkal beszór; (*teeth*) csikorgat

grizzly bear ['grɪzlɪ] *n* (amerikai) szürkemedve

groan [grəʊn] 1. *n* nyögés 2. *v* nyög

grocer ['grəʊsə] *n* fűszeres

groceries ['grəʊsənz] *n pl* élelmiszer(ek), fűszeráru

grocer's (**shop**) *n* fűszerüzlet, élelmiszerbolt

groom [gruːm] 1. *n* (*on wedding*) vőlegény 2. *v* (*horse*) ápol; *col* (*person*) előkészít vkt (*for* vmre)

groove [gruːv] 1. *n* horony, vájat, rovátka 2. *v* kiváj

grope [grəʊp] *v* ~ (**about**) **for sg** tapogatózva keres vmt

gross [grəʊs] *a* (*rude*) vaskos, durva, goromba; (*vulgar*) trágár; *comm* bruttó

grotto ['grɒtəʊ] *n* barlang

ground[1] [graʊnd] **1.** *n* (*soil*) talaj, föld; (*area*) terület; (*for sport*) (futball)pálya; (*reason*) indok, alap; *US el* (~ *wire*) földelés, földvezeték ‖ **gain** ~ tért hódít; **on what ~s?** milyen alapon/(jog)címen?; **on the ~s of** vmnek az alapján **2.** *v* (*ship*) megfeneklik; *US el* (*conductor*) földel ‖ **be ~ed** (*plane*) nem száll fel

ground[2] [graʊnd] *pt/pp* → **grind**

ground floor *n GB* földszint

groundless ['graʊndlɪs] *a* alaptalan

groundwork ['graʊndwɜːk] *n* alapozás

group [gruːp] **1.** *n* (*company*) csoport; (*troop*) csapat; (*band*) együttes

grove [grəʊv] *n* liget, berek

grow [grəʊ] *v* (*pt* **grew** [gruː], *pp* **grown** [grəʊn]) *vi* nő, növekszik; (*become*) válik vmvé; (*develop*) gyarapodik, fejlődik; (*increase*) fokozódik; (*yield*) vm (meg)terem ‖ *vt* (*cultivate*) termel, termeszt; ‖ ~ **a beard** szakállt növeszt; ~ **fat** meghízik; ~ **old(er)** (meg)öregszik

grow up *vk* felnő

growl [graʊl] *v* (*dog*) morog; (*bear*) dörmög, brummog

grown [grəʊn] *pp* → **grow**

grown-up *a/n* felnőtt

growth [grəʊθ] *n* (*increase*) növekedés, gyarapodás; (*development*) fejlődés; (*tumour*) daganat

grub [grʌb] *n* (*larva*) lárva; *col* (*food*) kaja

grudge [grʌdʒ] **1.** *n* neheztelés **2.** *v* ~ **against sy for sg** vkre vmért neheztel

gruesome ['gruːsəm] *a* hátborzongató

gruff [grʌf] *a* mogorva, morcos

grumble ['grʌmbl] **1.** *n* morgás, panaszkodás **2.** *v* morog, zúgolódik (*about/at sg* vm miatt)

grunt [grʌnt] **1.** *n* röfögés **2.** *v* röfög

guarantee [gærən'tiː] **1.** *n* garancia, jótállás, szavatosság **2.** *v* kezeskedik, garanciát vállal vmért

guard [gɑːd] **1.** *n* őrség; (*sentry*) őr; (*attendant*) teremőr; (*trainman*) vonatkísérő; *sp* (*fencing*) védekező állás; (*railing*) (védő)korlát **2.** *v* (*watch*) őriz; (*take care*) vigyáz (*vkre/vmre*)

guard against véd(elmez), védekezik vm/vk ellen

guardian ['gɑːdɪən] *n* (*of child*) gondnok, gyám

guess [ges] **1.** *n* (*estimation*) találgatás, becslés; (*supposition*) sejtés **2.** *v* (*estimate*) találgat, tippel; (*find out*) eltalál, kitalál; *US col* (*suppose*) vél, hisz

guesswork ['geswɜːk] *n* találgatás

guest [gest] *n* vendég

guest-house *n* szálló, panzió

guest room *n* vendégszoba

guffaw [gʌ'fɔː] *vulg* **1.** *n* röhögés **2.** *v* röhög

guidance ['gaɪdəns] *n* (*direction*) irányítás, vezetés; (*counselling*) tanácsadás, útmutatás

guide [gaɪd] **1.** *n* (*person*) (idegen)vezető, kalauz; (*instruction*) tájékoztató, ismertető; (*book*) útikönyv **2.** *v* vezet, irányít

guidebook ['gaɪdbʊk] *n* útikönyv, útikalauz

guidelines ['gaɪdlaɪnz] *n pl* irányelvek, vezérfonal

guild [gɪld] *n* céh

guile [gaɪl] *n* csalafintaság

guilt [gɪlt] *n law* bűnösség

guilty ['gɪltɪ] *a law* bűnös, vétkes (*of* vmben) ‖ **declare/find sy** ~ bűnösnek mond ki (*or* talál) vkt; **plead** ~ bűnösséget beismer

guise [gaɪz] *n* ruha, mez ‖ **under the** ~ **of sg** vmnek az örve alatt

guitar [gɪ'tɑː] *n* gitár

guitarist [gɪ'tɑːrɪst] *n* gitáros

gulf [gʌlf] *n* öböl

gull [gʌl] *n* sirály

gullible ['gʌləbl] *a* hiszékeny, naiv

gully ['gʌlɪ] *n* víznyelő, vízmosás

gulp [gʌlp] **1.** *n* korty, slukk ‖ **at a** ~ egy kortyra **2.** *v* (*food*) bekap; (*drink*) felhajt, kiiszik

gum[1] [gʌm] **1.** *n* gumi; (*of tree*) mézga; (*glue*) ragasztó(szer); (*for chewing*) (rágó)gumi **2.** *v* **-mm-** (meg)ragaszt

gum[2] [gʌm] *n* (*around teeth*) íny

gun [gʌn] *n* (*rifle*) puska, (lő)fegyver; (*cannon*) ágyú

gunman ['gʌnmən] *n* (*pl* **-men**) fegyveres bandita

gunpowder ['gʌnpaʊdə] *n* puskapor

gunshot ['gʌnʃɒt] *n* (*with cannon*) ágyúlövés; (*with rifle*) puskalövés; (*range*) lőtávol(ság)

gurgle ['gɜːgl] **1.** *n* (*of liquid*) kotyogás, csobogás; (*of baby*) gőgicsélés **2.** *v* (*liquid*) kotyog, csobog; (*baby*) gőgicsél

gush [gʌʃ] **1.** *n* kitörés **2.** *v* (*water*) (sugárban) ömlik, dől

gusto ['gʌstəʊ] *n* gusztus; élvezet ‖ **with** ~ élvezettel, örömmel

guts [gʌts] *n pl* (*stomach*) belek; (*courage*) mersz

gutter ['gʌtə] *n* (*of roof*) esőcsatorna; (*in street*)) csatorna

guy [gaɪ] *n US col* fickó, pasas

guzzle ['gʌzl] *v vulg* zabál

gym [dʒɪm] *n* (*gymnasium*) tornaterem; (*fitness room*) kondicionálóterem

gymnasium [dʒɪm'neɪzɪəm] *n* tornaterem

gymnastics [dʒɪm'næstɪks] *n pl* (*exercises*) gimnasztika, testgyakorlás; *sing. sp* torna

gym shoes *n pl* tornacipő

gypsum ['dʒɪpsəm] *n* (*natural*) gipsz

gypsy ['dʒɪpsɪ] *a/n* cigány

gyrate [dʒaɪ'reɪt] *v* forog, pörög

H

haberdasher ['hæbədæʃə] *n GB* (*draper's shop*) rövidáru-kereskedés; *US* (*men's shop*) férfidivatáru-üzlet

haberdashery ['hæbədæʃərɪ] *n GB* (*drapery*) rövidáru; *US* (*men's wear*) férfidivat(áru)

habit ['hæbɪt] *n* szokás, megszokás ‖ **get into the** ~ **of (doing) sg** vmre rászokik

habitation [hæbɪ'teɪʃn] *n* (*living*) lakás; (*place*) lakóhely

habitual [hə'bɪtjʊəl] *a* megszokott, szokásos

hack [hæk] *n* (*blow*) csapás; *pejor* (*writer*) zugíró, firkász

had [hæd] *pt/pp* → **have**

hadn't ['hædnt] = **had not**

hag [hæg] *n* boszorka

haggle ['hægl] *v* alkudozik (*with* vkvel)

hail¹ [heɪl] **1.** *n* jégeső **2.** *v* **it is ~ing** jégeső esik

hail² [heɪl] *v* **~ a cab** int egy taxinak

hair [heə] *n* (*on head*) haj; (*single*) szőr(szál); (*of animal*) bunda || **do one's ~** (meg)fésülködik; **have one's ~ cut** levágatja a haját

hairbrush ['heəbrʌʃ] *n* hajkefe

haircut ['heəkʌt] *n* (*hairdo*) frizura; (*cutting*) hajvágás

hair-do *n* (női) frizura

hairdresser ['heədresə] *n* fodrász || **~'s (salon)** fodrászüzlet

hair-dryer *n* hajszárító

hairpin ['heəpɪn] *n* hajtű || **~ bend** (*or US* **curve**) hajtűkanyar

hair-raising *a* hajmeresztő

hair-style *n* frizura, hajviselet

hairy ['heərɪ] *a* szőrös

half [hɑːf] **1.** *a/n* (*pl* **halves** [hɑːvz]) (*a part*) fél; vmnek a fele; *sp* (*~ time*) félidő || **in ~** félbe; kétfelé; **go halves with** felez vkvel; **~ an hour** fél óra; **~ past 5** fél hat(kor) **2.** *adv* félig || **~ as much** félannyi

half board *n* félpanzió

half-breed *a* félvér

half-caste *n* félvér

half-light *n* szürkület

halfpenny ['heɪpənɪ] *n* (*pl* **halfpennies** *érme,* **halfpence:** *érték*) fél penny

half-price *adv* fél áron

half-time *n sp* félidő

half-way *adv* félúton

hall [hɔːl] *n* terem, csarnok; (*entrance ~*) előszoba; (*in school*) díszterem; (*for meals*) ebédlő || **~ (of residence)** (*for students*) kollégium

hallo [hə'ləʊ] *int* halló!

Hallowe'en [hæləʊ'iːn] *n* mindszentek napjának előestéje

halo ['heɪleʊ] *n* (*of moon*) holdudvar; (*above head*) dicsfény

halt [hɔːlt] **1.** *n* **bring to a ~** megállít; leállít **2.** *v* megáll, leáll

halve [hɑːv] *v* (meg)felez

halves [hɑːvz] *pl* → **half**

ham [hæm] *n* sonka

hammer ['hæmə] **1.** *n* kalapács || **throwing the ~** *sp* kalapácsvetés **2.** *v* kalapál, kovácsol

hamper ['hæmpə] *v* akadályoz, gátol

hamster ['hæmstə] *n* hörcsög

hand [hænd] **1.** *n* kéz; (*of clock*) óramutató; *col* (*worker*) melós, (*segéd*)munkás || **be in ~** elintézés alatt áll, készül; **be near at ~** kéznél van; **by ~** kézzel; **from ~ to ~** kézről kézre; **give sy a ~** segítséget nyújt vknek; **~ in ~** kézen fogva; **on the one ~ ... on the other (hand)** egyrészt ... másrészt...; **~s off!** el a kezekkel!; **~s up!** fel a kezekkel! **2.** *v* **~ sy sg** vknek vmt átnyújt

hand in vmt bead, benyújt

hand on továbbad vmt vknek

hand out szétoszt

hand over to sy vmt vknek átad/átnyújt

handbag ['hændbæg] *n* (kézi)táska, retikül

handball ['hændbɔːl] *n* kézilabda

handbook ['hændbʊk] *n* kézikönyv

handbrake ['hændbreɪk] *n* kézifék

handcuffs ['hændkʌfs] *n pl* bilincs (*kézre*)

handful ['hændfʊl] *n* **a ~ of ...** maroknyi

handicap ['hændɪkæp] **1.** n (dis-
advantage) hátrány; (deficiency)
(testi or értelmi) fogyatékosság;
(race) hendikep (verseny) **2.** v
-pp- hátrányos helyzetbe hoz
handicraft ['hændɪkrɑ:ft] n kézmű-
vesség, kézműipar
handkerchief ['hæŋkətʃɪf] n zseb-
kendő
handle ['hændl] **1.** n (of door)
kilincs; (of bag) fogantyú, fül; (of
cup) fül; (of saucepan) nyél **2.** v
(treat) kezel; bánik vkvel/vmvel
handmade ['hændmeɪd] a kézi
(gyártású), kisipari ǁ ~ **article**
kézműáru
handrail ['hændreɪl] n korlát
handsome ['hænsəm] a (man) csi-
nos; jóképű
handwriting ['hændraɪtɪŋ] n kézírás
handy ['hændɪ] a könnyen kezelhe-
tő, praktikus
handyman ['hændɪmən] n (pl
-men) ezermester, mindenes
hang [hæŋ] **1.** n állás (ruháé) ǁ **get
the ~ of sg** rájön a titkára/nyitjára
2. v (pt/pp **hung** [hʌŋ]; criminal:
hanged [hæŋd]) vi lóg, függ | vt
(fel)akaszt ǁ ~ **by a hair** hajszálon
függ
hang about/around lézeng, csel-
leng
hang on (hold) kapaszkodik (to
vmbe/vkbe); (depend on) függ
vmtől ǁ ~ **on!** várj!
hang up (clothes) kitereget;
(picture) felakaszt ǁ ~ **up the
receiver** leteszi a telefonkagylót
hanger ['hæŋə] n (clothes ~) vállfa;
(hook) akasztó
hang-glider n sárkányrepülő
hang-gliding n sárkányrepülés

hangman ['hæŋmən] n (pl -men)
hóhér
hang-up n col gátlás
hanky ['hæŋkɪ] n col zsebkendő
haphazard [hæp'hæzəd] a esetle-
ges, véletlen; összevissza
happen ['hæpn] v (meg)történik,
megesik, előfordul ǁ **should it ~
that** ha úgy adódnék; **I (etc.) ~ed
to ...** úgy adódott, hogy ..., törté-
netesen ...
happen on sg nyomára akad
vmnek, rábukkan vmre
happening ['hæpənɪŋ] n (event)
esemény; (entertainment) „hap-
pening"
happiness ['hæpɪnɪs] n boldogság,
öröm
happy ['hæpɪ] a boldog, szerencsés;
(appropriate) ügyes, találó, sze-
rencsés ǁ **many ~ returns (of the
day)** Isten éltesse(n)!
happy-go-lucky a nemtörődöm
harass ['hærəs] v zaklat, bosszant,
nem hagy békén
harbour (US **-or**) ['hɑ:bə] **1.** n
(haven) (tengeri) kikötő; (shelter)
menedék **2.** v (criminal) menedé-
ket nyújt vknek; (suspicion) táplál
hard [hɑ:d] **1.** a kemény; (difficult)
nehéz ǁ **be ~ at work** szorgalma-
san/keményen dolgozik; ~ **luck**
balszerencse, pech; ~ **of hearing**
nagyothalló; ~ **times** nehéz idők
2. adv keményen ǁ ~ **by** közvetle-
nül mellette; **be ~ up** col anyagi
gondjai vannak
hard-boiled egg n kemény tojás
hard cash n készpénz (és nem
csekk)
hard disk n comput merevlemez,
winchester

harden ['hɑːdn] *vt* (meg)edz, (meg)-keményít I *vi* (meg)keményedik

hard labour (*US* **labor**) *n* kényszermunka

hardly ['hɑːdlɪ] *adv* alig, éppen hogy II ~ **ever** szinte soha

hardship ['hɑːdʃɪp] *n* viszontagság

hardware ['hɑːdweə] *n* vasáru; *comput* hardver

hardy ['hɑːdɪ] *a* (*person*) edzett; (*plant*) évelő

hare [heə] *n zoo* nyúl

harebell ['heəbel] *n* harangvirág

harm [hɑːm] **1.** *n* kár, sérelem II **do** (**sy**) ~ vknek/vmnek (meg)árt; **mean sy** ~ rosszat akar vknek **2.** *v* vknek/vmnek árt

harmful ['hɑːmfl] *a* kártékony, ártalmas II ~ **to health** egészségre ártalmas/káros

harmless ['hɑːmlɪs] *a* (*animal, joke*) ártalmatlan; (*game, person*) ártatlan

harmonize ['hɑːmənaɪz] *vi* (*notes*) egybehangzik; (*colours, people*) összeillik I *vt* (*plans*) összehangol, egyeztet

harmony ['hɑːmənɪ] *n* harmónia; (*music*) összhang II **be in** ~ **with** összhangban van vmvel

harness ['hɑːnɪs] **1.** *n* (*for horse*) hám (*lószerszám*); (*for baby*) kocsiszíj **2.** *v* (*horse*) befog; (*resources*) hasznosít

harp [hɑːp] **1.** *n* hárfa II **play (on) the** ~ hárfázik **2.** *v* ~ **on (about) sg** unalomig ismétel vmt

harpist ['hɑːpɪst] *n* hárfás

harpsichord ['hɑːpsɪkɔːd] *n* csembaló

harrow ['hærəʊ] **1.** *n* borona **2.** *v* boronál

harry ['hærɪ] *v* zaklat

harsh [hɑːʃ] *a* (*rough*) nyers; (*sound*) rikácsoló; (*severe*) kemény, szigorú

harvest ['hɑːvɪst] **1.** *n* aratás, betakarítás **2.** *v* arat, (le)szüretel

has [hæz] → **have**

hasn't ['hæznt] = **has not**

haste [heɪst] *n* sietség, gyorsaság II **in** ~ sietve, hamarjában

hasten ['heɪsn] *vi* siet (*to* vhová) I *vt* siettet, sürget

hasty ['heɪstɪ] *a* sietős, gyors; (*person*) hirtelen

hat [hæt] *n* kalap

hatch[1] [hætʃ] *n* (fedélzeti) nyílás; tolóajtó, tolóablak

hatch[2] [hætʃ] *vt* (*egg*) (ki)költ I *vi* kikel

hatchet ['hætʃɪt] *n* balta

hate [heɪt] **1.** *n* gyűlölet **2.** *v* gyűlöl, utál

hatred ['heɪtrɪd] *n* gyűlölet

haughty ['hɔːtɪ] *a* dölyfös, gőgös

haul [hɔːl] **1.** *n* húzás, vontatás; (*distance*) távolság; (*transportation*) szállítás; (*of fish*) (halász)zsákmány; (*of stolen goods*) zsákmány **2.** *v* vontat, húz

haulier ['hɔːlɪə] (*US* **hauler** [hɔːlə]) *n* fuvarozó (vállalat)

haunch [hɔːntʃ] *n* csípő; (*food*) comb

haunt [hɔːnt] *v* (*ghost*) kísért; (*frequent*) gyakran látogat vhová

have [hæv] *v* (*sing. 3rd person* **has** [hæz], *pt/pp* **had** [hæd]) (*possess*) van (vknek vmje); (*receive*) kap II ~ **a cold** meghűlt; ~ **breakfast** reggelizik; **I** ~**n't got** nekem nincs; ~ **to (do sg)** kell (vmt tenni)

have sg on (*clothes*) hord, visel

have sg out (with sy) tisztáz vmt vkvel

haven ['heɪvn] *n* kikötő

haven't ['hævnt] = **have not**

havoc ['hævək] *n* (*destruction*) pusztítás; (*damage*) pusztulás

hawk [hɔːk] *n* héja

hay [heɪ] *n* széna

hay-fever *n* szénanátha

haywire ['heɪwaɪə] *a* zavaros ‖ **go ~** bedilizik, megbolondul

hazard ['hæzəd] **1.** *n* kockázat **2.** *v* (meg)kockáztat

hazel-nut ['heɪzlnʌt] *n* mogyoró

hazy ['heɪzɪ] *a* (*weather*) párás, ködös

he [hiː] *pron* (*masculine*) ő

head [hed] **1.** *n* fej; (*leader, director*) vezető; igazgató; (*of lettuce, cabbage*) fej ‖ **carry one's ~ high** magasan hordja az orrát; **~s or tails?** fej vagy írás?; **be at the ~ of sg** vmnek az élén áll; **from ~ to foot** tetőtől talpig **2.** *v* vezet, vmnek az élén áll; (*in football*) fejel

head for vmerre tart, vhová igyekszik

headache ['hedeɪk] *n* fejfájás

heading ['hedɪŋ] *n* (*in football*) fejelés; (*title*) cím; (*headline*) fej(léc)

headlamp ['hedlæmp] *n* = **headlight(s)**

headlight(s) ['hedlaɪt(s)] *n* (*pl*) (*on car*) fényszóró, reflektor

headline ['hedlaɪn] *n* (*heading*) főcím; cím

headmaster [hed'mɑːstə] *n* school igazgató

headmistress [hed'mɪstrəs] *n* school igazgatónő

head office *n* központi iroda, anyaintézet

head of state *n* (*pl* **heads of state**) államfő

headphone(s) ['hedfəʊn(z)] *n* (*pl*) fejhallgató

headquarters [hed'kwɔːtəz] *n pl* (*military*) főhadiszállás; (*of organization*) központ; székhely

headstrong ['hedstrɒŋ] *a* makacs, konok

headway ['hedweɪ] *n* **make ~** (*with work*) (előre)halad

headwind ['hedwɪnd] *n* ellenszél

heal [hiːl] *vt* (meg)gyógyít ‖ *vi* összeforr, begyógyul

health [helθ] *n* egészség ‖ **drink sy's ~** iszik vk egészségére

health resort *n* (*for bathing*) gyógyfürdő, fürdőhely; (*for holiday*) üdülőhely

healthy ['helθɪ] *a* egészséges, ép

heap [hiːp] **1.** *n* rakás, halom ‖ **in a ~** egy rakáson **2.** *v* **~ sg on** megrak vmt vmvel; **~ up** vt felhalmoz ‖ *vi* halmozódik

hear [hɪə] *v* (*pt/pp* **heard** [hɜːd]) (meg)hall; (*listen to*) meghallgat; (*witness*) kihallgat; (*case*) tárgyal ‖ **~ sg from sy** megtud vmt vktől; **H~! H~!** halljuk!

hear of sg/sy hall/értesül vkről/vmről

heard [hɜːd] *pt/pp* → **hear**

hearing ['hɪərɪŋ] *n* (*sense*) hallás; (*questioning*) kihallgatás; (*audience*) meghallgatás; (*trial*) tárgyalás

hearing aid *n* hallókészülék

hearsay ['hɪəseɪ] *n* mendemonda

heart [hɑ:t] *n* szív ‖ ~**s** *pl* (*cards*) kőr; **at** ~ szíve mélyén; **it breaks my** ~ majd megszakad a szívem ...; **by** ~ kívülről, fejből; **take sg to** ~ szívére vesz vmt; **the** ~ **of sg** vmnek a belseje

heart attack *n* szívroham, infarktus

heartbeat ['hɑ:tbi:t] *n* szívverés, szívdobogás

heart-break *n* nagy szomorúság

heartburn ['hɑ:tbɜ:n] *n* gyomorégés

hearth [hɑ:θ] *n* tűzhely

hearty ['hɑ:tɪ] *a* (*friendly*) szívélyes; (*strong*) hatalmas

heat [hi:t] **1.** *n* (*hotness*) hő(ség), forróság; (*warmth*) meleg; (*competition*) (közép)futam; (*of animals*) tüzelés **2.** *v* (*room*) fűt; (*food*) (fel)melegít; (*metal*) izzít **heat up** (*engine*) (be)melegít; (*food*) megmelegít; (*room*) átfűt; (*discussion*) forrósodik

heater ['hi:tə] *n* (*supplying warmth*) hősugárzó; (*in car*) fűtőberendezés; (*heating water*) vízmelegítő; (*stove*) fűtőtest

heating ['hi:tɪŋ] (*in car*) fűtés

heatproof ['hi:tpru:f] *a* hőálló, tűzálló

heatstroke ['hi:tstrəʊk] *n* hőguta, napszúrás

heatwave [hi:tweɪv] *n* (*period*) hőhullám; (*weather*) kánikula

heave [hi:v] **1.** *n* (*lifting*) (fel)emelés; (*of sea*) hullámzás **2.** *v* (*pt/pp* **heaved** [hi:vd] *or* **hove** [həʊv]) *vt* (meg)emel ‖ *vi* (*rise*) emelkedik; (*move up and down*) hömpölyög

heaven ['hevn] *n* menny, ég ‖ **for H~'s sake!** az ég szerelmére!

heavy ['hevɪ] *a* nehéz, súlyos ‖ ~ **food** nehéz étel; ~ **rain** kiadós

eső; ~ **rock** kemény rock; ~ **smoker** erős dohányos

heavyweight ['hevɪweɪt] *sp* **1.** *a* nehézsúlyú **2.** *n* nehézsúly

Hebrew ['hi:bru:] **1.** *a* héber, zsidó **2.** *n* (*person*) héber, zsidó; (*language*) héber

hectic ['hektɪk] *a* (*life*) hajszás, lüktető, mozgalmas

he'd [hi:d] = **he had; he would**

hedge [hedʒ] **1.** *n* sövény(kerítés) **2.** *v* sövénnyel elkerít

hedgehog ['hedʒhɒg] *n* sün(disznó)

heed [hi:d] *n* **pay no** ~ **to** ügyet sem vet vmre/vkre; **pay** ~ **to sy** hallgat vkre

heel [hi:l] **1.** *n* (*of person, shoe*) sarok ‖ **take to one's** ~**s** *col* kereket old **2.** *v* (*shoes*) sarkal

hefty ['heftɪ] *a* robusztus, tagbaszakadt

height [haɪt] *n* (*being high*) magasság; (*high place*) magaslat, csúcs ‖ **at its** ~ javában; **the** ~ **of the season** (*in theatre*) főidény

heighten ['haɪtn] *vt* fokoz, növel ‖ *vi* fokozódik, növekszik

heir [eə] *n* örökös ‖ ~ **to the throne** trónörökös

heiress ['eərɪs] *n* örökös(nő)

held [held] *pt/pp* → **hold**

helicopter ['helɪkɒptə] *n* helikopter

heliport ['helɪpɔ:t] *n* helikopter-repülőtér

hell [hel] *n* pokol ‖ **the** ~**!** a mindenit!; **where the** ~ **is it?** hol a nyavalyában van?

he'll [hi:l] = **he will; he shall**

hello [he'ləʊ] *int* (*in telephone*) halló; *col* (*greeting*) szia!, helló!, szervusz(tok)!

helmet ['helmɪt] *n* sisak
help [help] **1.** *n* segítség; *(person)* segéd ‖ ~! segítség!; **be of ~ to sy** segítségére van vknek **2.** *v* segít *(sy* vknek/vkn) ‖ ~ **yourself** *(to sg* vmből) tessék venni!; **can I ~ you?** *(in shop)* mi tetszik?; **I can't ~ it** nem tehetek róla; **I couldn't ~ laughing** nem álltam meg nevetés nélkül
helpful ['helpfl] *a* készséges, segítőkész
helping ['helpɪŋ] **1.** *a* segítő **2.** *n (of food)* adag
helpless ['helplɪs] *a* (maga)tehetetlen, tanácstalan
hem [hem] **1.** *n* szegés, szegély **2.** *v* **-mm-** (be)szeg
hemp [hemp] *n (plant)* kender; *(drug)* hasis
hen [hen] *n* tyúk; *(female bird)* tojó
hence [hens] *adv (from this place)* innen; *(therefore)* ennélfogva
henceforth [hens'fɔ:θ] *adv* ezentúl, mostantól kezdve
her [hə, hɜ:] *pron (nőnemben) (personal: accusative)* őt; *(dative)* neki; *(possessive)* az ő ...(j)a/(j)e, ...(j)ai/(j)ei ‖ ~ **book** (az ő) könyve ‖ **(to)** ~ neki
herb [hɜ:b] *n* (gyógy)fű, gyógynövény
herd [hɜ:d] **1.** *n* csorda, gulya, konda **2.** *v* (össze)terel ‖ ~ **together** falkába verődik
here [hɪə] *adv* itt, ide ‖ **from ~** innen; ~ **it is!** megvan!; ~ **you are** tessék, itt van; ~**'s to you!** egészségére!
hereafter [hɪər'ɑ:ftə] *adv* ezentúl, a jövőben
hereby [hɪə'baɪ] *adv* ezáltal, ezennel

heredity [hɪ'redətɪ] *n* (át)öröklés
heretic ['heretɪk] *n* eretnek
herewith [hɪə'wɪð] *adv* ezennel, ezúton
heritage ['herɪtɪdʒ] *n* örökség
hermetic [hɜ:'metɪk] *a* légmentes(en záródó)
hermit ['hɜ:mɪt] *n* remete
hernia ['hɜ:nɪə] *n* sérv
hero ['hɪərəʊ] *n (pl* **-es)** hős
heroin ['herəʊɪn] *n* heroin
heroine ['herəʊɪn] *n* hősnő
heron ['herən] *n zoo* gém
herring ['herɪŋ] *n* hering
hers [hɜ:z] *pron (nőnemben)* az övé ‖ **it is ~** az övé
herself [hɜ:'self] *pron (nőnemben) (nominative)* ő maga; *(accusative)* őt magát ‖ **by ~** (teljesen) egyedül, (saját) maga
he's [hi:z] = **he is; he has**
hesitate ['hezɪteɪt] *v* habozik, tétovázik
hexagonal [hek'sægənl] *a* hatszögű
hey! [heɪ] *int* hé!; halló!
heyday ['heɪdeɪ] *n (of life)* virágkor ‖ **in his ~** fénykorában
hi! [haɪ] *int US col (greeting)* szia!, szervusz!, helló!
hiccough ['hɪkʌp] *n/v* = **hiccup**
hiccup ['hɪkʌp] **1.** *n* csuklás **2.** *v* csuklik
hid [hɪd] *pt* → **hide**
hidden ['hɪdn] *a* rejtett, titkos; → **hide**[1]
hide[1] [haɪd] *v (pt* **hid** [hɪd], *pp* **hidden** ['hɪdn]) (el)rejt, (el)titkol
hide away elrejtőzik
hide from sy elrejt(őzik) vk elől
hide[2] [haɪd] *n* bőr, irha
hide-and-seek *n* bújócska

hideous ['hɪdɪəs] *a* csúnya, csúf, ocsmány

hiding place *n* rejtekhely

hi-fi [haɪ 'faɪ] *a/n* HIFI, hifi ‖ ~ **(equipment)** hifitorony

high [haɪ] **1.** *a* magas ‖ **it is** ~ *(of meat)* szaga van már; **of a ~ degree** magas fokú; **at a ~ price** magas áron; ~ **quality** kiváló minőségű; **be in ~ spirits** jó kedve *(or* kedvében) van; **it is ~ time (that)** legfőbb ideje, hogy **2.** *adv* magasan

highbrow ['haɪbraʊ] *n (intellectual)* entellektüel; *pejor (snob)* (kultúr)-sznob

high chair *n* etetőszék

higher education *n* felsőoktatás

high-handed *a* fölényeskedő, önkényes(kedő)

high jump *n* magasugrás

highlands ['haɪləndz] *n pl* felföld, hegyvidék

Highlands, the *n (in Scotland)* felföld, felvidék

highlight ['haɪlaɪt] **1.** *n (of event)* fénypont; *comput* kurzor **2.** *v* kiemel, hangsúlyoz

highly ['haɪlɪ] *adv* rendkívül, nagyon ‖ ~ **developed economy** fejlett gazdasági viszonyok

Highness ['haɪnɪs] *n (title)* fenség ‖ **Her/His Royal** ~ őfensége; **Your** ~ Fenség

high-pitched *a (sound)* éles, magas; *(roof)* meredek

high-ranking *a* magas rangú

high-rise building *n* magasház

high school *n US* középiskola, gimnázium

high season *n* főidény

high street *n* főutca

high technology, high tech [tek] *n* csúcstechnológia

highway ['haɪweɪ] *n US* főútvonal

hijack ['haɪdʒæk] **1.** *n* repülőgép-eltérítés **2.** *v* (repülőgépet) eltérít

hike [haɪk] **1** *n* (gyalog)túra ‖ **go for a** ~ túrát tesz **2.** *v* túrázik

hiker ['haɪkə] *n* turista

hill [hɪl] *n (elevation)* domb; kisebb hegy; *(slope)* lejtő, emelkedő

hillside ['hɪlsaɪd] *n* domboldal

him [hɪm] *pron (hímnemben) (accusative)* őt; *(dative)* neki ‖ **(to)** ~ neki, hozzá

himself [hɪm'self] *pron (hímnemben) (nominative)* ő maga; *(accusative)* őt magát

hind [haɪnd] *a (back)* hátsó

hinder ['hɪndə] *v* hátráltat, akadályoz ‖ ~ **sy in (doing)** sg vkt vmben meggátol

hindrance ['hɪndrəns] *n* akadály, gátló körülmény

Hindu ['hɪnduː] *a/n* hindu

hinge [hɪndʒ] **1.** *n* zsanér **2.** *v* ~ **on sg** vmtől/vktől függ

hint [hɪnt] **1.** *n (indication)* célzás, utalás; *(suggestion)* tanács, tipp ‖ ~**(s** *pl)* útmutatás **2.** *v* ~ **(at)** céloz/utal *or* célzást tesz vmre

hip[1] [hɪp] *n (part of the body)* csípő

hip[2] [hɪp] *n bot* csipkebogyó

hippopotamus [hɪpə'pɒtəməs] *n (pl* **-muses** [-məsɪz] *or* **-mi** [-maɪ]) víziló

hippy ['hɪpɪ] *n col* hippi

hire [haɪə] **1.** *n* kölcsönzés ‖ **for** ~ kibérelhető; **a** ~ **car** bérautó **2.** *v (car)* bérel, kölcsönöz; *(person)* szerződtet

hire out *(lease)* kibérel; *(let out)* bérbe ad

hire-purchase n részletfizetés || **buy (sg) on** ~ részletre vesz

his [hɪz] pron (hímnemben) az ő ...(j)a/(j)e, ...(j)ai/(j)ei; az övé || ~ **book** (az ő) könyve; **it is** ~ az övé

hiss [hɪs] 1. n pisszegés 2. v (in theatre) fütyül, kipisszeg

historian [hɪˈstɔːrɪən] n történetíró, történész

history [ˈhɪstərɪ] n történelem; (description) történet

hit [hɪt] 1. n (blow) ütés; (of bomb) becsapódás; (on target) találat; (song) sláger 2. v (pt/pp **hit** [hɪt]; **-tt-**) (stroke) (meg)üt; ver; (run over) elüt; (find) eltalál

hit-and-run a ~ **accident** cserbenhagyásos baleset/gázolás

hitch [hɪtʃ] 1. n (technical) nehézség, bökkenő 2. v ~ **a ride** stoppol (autót)

hitchhike [ˈhɪtʃhaɪk] 1. n (autó)stoppolás 2. v autóstoppal utazik

hive [haɪv] n (méh)kaptár

hoar-frost n dér

hoarse [hɔːs] a rekedt

hobble [ˈhɒbl] v (limp) sántít, biceg

hobby [ˈhɒbɪ] n hobbi, időtöltés

hobo [ˈhəʊbəʊ] n US csavargó

hockey [ˈhɒkɪ] n hoki

hoe [həʊ] 1. n kapa 2. v (pres p **hoeing**) (meg)kapál

hog [hɒg] n (hús)sertés, malac

hoist [hɔɪst] 1. n (álló) csiga, emelőgép 2. v (goods) felhúz; (flag, sail) felvon

hold [həʊld] 1. n fogás (megragadás) || **take** ~ **of** megragad, megfog; **get** ~ **of** megkaparint 2. v (pt/pp **held**) (grasp, maintain) tart; (consider) tart vmnek || ~ **a meeting** (US **conference**) érte-

kezletet tart; ~ **the line!** tartsa a vonalat!; ~ **one's breath** visszafojtja lélegzetét

hold back (withhold) vkt visszatart; (hinder) lassít, késleltet

hold down (to ground) lefog; (people) elnyom; (prices) leszorít; col (job) betölt

hold off vi (rain) elmarad | vt (enemy) elhárít

hold on (in danger) helytáll, kitart || ~ **on!** (kérem,) tartsa a vonalat!

hold on to vkbe/vmbe kapaszkodik

hold out vi (against enemy) kitart; (supplies) kitart | vt (hope) nyújt

hold up (hand) felmutat; (in traffic) feltart(óztat)

holder [ˈhəʊldə] n (person) tulajdonos; viselő; (object) tok, tartó

holding [ˈhəʊldɪŋ] n (farm) tulajdon, birtok; (share) vagyon(rész), tőkerészesedés

hold-up n (in traffic) forgalmi akadály/torlódás; (by robbers) rablótámadás

hole [həʊl] n lyuk; (cavity) üreg; (of animal) odú

holiday [ˈhɒlɪdɪ] n (day of rest) szünnap, munkaszüneti nap; (feast) ünnep(nap); (vacation) nyaralás, üdülés || ~**s (s pl)** szabadság, szünidő, vakáció; **be on one's** ~**s** szabadságon van

holiday camp/centre n GB (for recreation) üdülőtelep; (for vacation) nyári tábor

holiday-maker n nyaraló, üdülő (személy)

holiday resort n nyaralóhely, üdülőhely

Holland ['hɒlənd] *n* Hollandia
hollow ['hɒləʊ] 1. *a* üreges, lyukas
2. *n* üreg, horpadás 3. *v* kiváj, kimélyít
holy ['həʊlɪ] *a* szent
Holy Ghost *n* = **Holy Spirit**
Holy Spirit, the *n* Szentlélek
homage ['hɒmɪdʒ] *n* hódolat, tisztelet
home [həʊm] 1. *a* (*inland*) belföldi, hazai; (*of family*) családi 2. *adv* haza 3. *n* otthon, lakás; (*house*) (családi) ház; (*institution*) otthon; (*country*) haza ‖ **at ~** otthon; **~ for the aged** szociális otthon
home address *n* lakáscím
home affairs *n pl* belügy
homeland ['həʊmlænd] *n* anyaország, haza
homeless ['həʊmlɪs] *a* hajléktalan
homesick ['həʊmsɪk] *a* **be ~ (for sg)** honvágya van (vm után)
homewards ['həʊmwədz] *adv* hazafelé
home-work *n* házi feladat
homosexual [həʊmə'seksjʊəl] *a/n* homoszexuális
honest ['ɒnɪst] *a* becsületes, tisztességes
honesty ['ɒnəstɪ] *n* becsület(esség), tisztesség
honey ['hʌnɪ] *n* méz ‖ **~!** *US* drágám!, édes(em)!
honeymoon ['hʌnɪmuːn] 1. *n* nászút, mézeshetek 2. *v* nászúton van
honour (*US* -or-) ['ɒnə] 1. *n* becsület, tisztesség ‖ **in ~ of sy** vk tiszteletére 2. *v* (*person*) (meg)tisztel, becsül; (*bill of exchange*) elfogad; (*cheque*) kifizet, bevált; → **honours**

honours (*US* -ors) ['ɒnəz] *n pl* érdemjel, kitüntetés ‖ **~ degree** kitüntetéssel szerzett egyetemi fokozat/oklevél
hood [hʊd] *n* (*for head*) csuklya, kapucni; *US* (*of car*) motorháztető
hoof [huːf] *n* (*pl* **~s** *or* **hooves** [huːvz]) pata
hook [hʊk] 1. *n* kampó; horog, kapocs 2. *or* (*finger*) begörbít; (*fish*) felakaszt (*to* vmre) ‖ **be ~ed on a drug** (*or* **drugs**) *col* kábítószer rabja
hook-nose *n* horgas orr
hooligan ['huːlɪgən] *n* huligán
hoop [huːp] *n* abroncs, pánt, karika
hoot [huːt] *v* (*car*) dudál; (*train*) sípol; (*actor*) pfujoz, kipisszeg
hooter [huːtə] *n* (*in vehicle*) duda; (*at factory*) sziréna
hoover ['huːvə] *GB* 1. *n* porszívó 2. *v* (ki)porszívóz
hooves [huːvz] *pl* → **hoof**
hop[1] [hɒp] *v* **-pp-** (*jump*) szökell, szökdécsel
hop[2] [hɒp] *n bot* komló
hope [həʊp] 1. *n* remény, remény(ség) ‖ **in the ~ of sg** vmnek a reményében 2. *v* remél (*for sg* vmt), reménykedik ‖ **I ~ so** remélem, hogy igen
hopeful ['həʊpfəl] *a* reményteljes
hopeless ['həʊplɪs] *a* reménytelen; (*illness*) gyógyíthatatlan
horizon [hə'raɪzn] *n* (*skyline*) lát(ó)határ; (*limit of knowledge*) látókör
horizontal [hɒrɪ'zɒntl] *a* vízszintes, horizontális
horizontal bar *n* nyújtó
hormone ['hɔːməʊn] *n* hormon
horn [hɔːn] *n* (*of animal*) szarv; (*substance*) szaru; (*in car*) duda, kürt; (*musical instrument*) kürt

horoscope ['hɒrəskəʊp] *n* horoszkóp

horrible ['hɒrəbl] *a* borzalmas, rémes, szörnyű

horrify ['hɒrɪfaɪ] *v* elborzaszt, megrémít

horror ['hɒrə] *n* borzalom, iszonyat

horse [hɔ:s] *n* (*animal*) ló; (*for gymnastics*) ló, bak

horseback ['hɔ:sbæk] *n* **on** ~ lóháton

horse-chestnut *n* vadgesztenye

horsepower ['hɔ:spaʊə] *n* lóerő

horse-racing *n* lóverseny(zés), lósport

horse-radish *n* torma

horseshoe ['hɔ:ʃu:] *n* patkó

horticulture ['hɔ:tɪkʌltʃə] *n* kertészet, kertészkedés

hose [həʊz] **1.** *n* tömlő, gumicső **2.** *v* (*grass*) (meg)öntöz ‖ ~ **down** (*with hose*) lemos, megmos

hosiery ['həʊzɪərɪ] *n* harisnya- és kötöttáru (bolt)

hospital ['hɒspɪtl] *n* kórház

hospitality [hɒspɪ'tælətɪ] *n* szíveslátás, vendégszeretet

host [həʊst] *n* (*innkeeper*) szállásadó, vendéglátó; (*at home*) házigazda; (*in game*) játékvezető ‖ **a ~ of** *col* egy egész sereg (*holmi stb.*)

hostage ['hɒstɪdʒ] *n* túsz ‖ **hold sy ~** túszként tart fogva vkt

hostel ['hɒstl] *n* (*for students*) szálló; (*for workers*) szállás, otthon

hostess ['həʊstɪs] *n* (*innkeeper*) vendéglátó, szállásadó (*nő*); (*at home*) háziasszony

hostile ['hɒstaɪl] *a* ellenséges

hot [hɒt] *a* (*thing/weather*) forró, meleg; (*taste*) csípős ‖ **I am ~** melegem van; ~ **and cold (water)**

hideg-meleg víz; **it is ~ (in here)** meleg van itt

hotel [həʊ'tel] *n* szálloda, szálló

hothouse ['hɒthaʊs] *n* melegház

hotplate ['hɒtpleɪt] *n* főzőlap, rezsó

hot-tempered *a* lobbanékony; ingerlékeny

hound [haʊnd] **1.** *n* kopó **2.** *v* vkt üldöz

hour [aʊə] *n* óra ‖ **an ~ and a half** másfél óra; ~**s of business** pénztári órák, nyitvatartási idő

hourly [aʊəlɪ] **1.** *adv* óránként **2.** *a* óránkénti ‖ ~ **wage** órabér

house [haʊs] *n* (*családi*) ház; (*for shopping*) üzletház; (*in theatre*) ház ‖ **the H~** a Ház (*GB, US képviselőház*); **from ~ to ~** házról házra

housebreaker ['haʊsbreɪkə] *n* betörő

household ['haʊshəʊld] *n* háztartás ‖ ~ **appliances** háztartási gépek/készülékek; ~ **utensils** háztartási eszközök, konyhaedény(ek)

housekeeper ['haʊski:pə] *n* (*employee*) házvezetőnő; (*housewife*) háziasszony

housemaid ['haʊsmeɪd] *n* szobalány

house-rent *n* lakbér

housewife ['haʊswaɪf] *n* (*pl* **-wives** [-waɪvz]) háziasszony, háztartásbeli

housework ['haʊswɜ:k] *n* háztartási munka

housing estate *n* lakótelep

hover ['hɒvə] *v* lebeg

hovercraft ['hɒvəkrɑ:ft] *n* légpárnás hajó/jármű

how [haʊ] *adv* (*question*) hogy(an)?, miképp(en)?, mi módon?; (*exclamation*) milyen!, mennyire! ‖ ~ **about a cup of tea?** mit szólnál/szólna egy csésze teához?; ~ **are you?** hogy van?; ~ **beautiful!** de szép!; ~ **do you do?** *approx* jó napot kívánok!, üdvözlöm!; ~ **do you like it?** hogy ízlik?; ~ **far is it?** milyen messze van?; ~ **many?** mennyi?, hány?; ~ **much?** mennyi(t)?; ~ **much is it?** mennyibe kerül?

however [haʊˈevə] *adv* (*in whatever way*) bármennyire, bárhogy, akárhogy (is); (*though*) azonban, mégis, annak ellenére

howl [haʊl] **1.** *n* üvöltés, ordítás **2.** *v* (*animal*) ordít, bőg, vonít; (*baby*) bömböl; (*wind*) süvít

hp, HP [eitʃ 'pi:] = hire-purchase ‖ **buy sg on (the)** ~ részletre vesz; → **horsepower**

hubbub ['hʌbʌb] *n* lárma, zaj

huckleberry ['hʌklbəri] *n US* (fekete) áfonya

huddle ['hʌdl] **1.** *n* (*crowd*) csoportosulás; (*confusion*) összevisszaság **2.** *v* vhol meghúzza magát ‖ ~ **(up) together** összecsődül, összebújik

hue [hju:] *n* (szín)árnyalat

hug [hʌg] **1.** *n* ölelés **2.** *v* -**gg**- ölel(get)

huge [hju:dʒ] *a* hatalmas, óriási

hulk [hʌlk] *n* törzs

hull [hʌl] **1.** *n* (*of ship*) törzs; hajótest **2.** *v* (*fruit*) lehánt; (*seed*) hántol

hullo! [həˈləʊ] *int* (*exclamation*) hé!; (*in telephone*) halló!

hum [hʌm] **1.** *n* zúgás, búgás, berregés **2.** *v* -**mm**- zúg; (*machine*) berreg; (*insect*) zümmög, búg; (*person*) dúdol

human ['hju:mən] *a* emberi

human being *n* ember (*szemben az állattal*)

humane [hju:ˈmein] *a* humánus; emberséges

humanity [hju:ˈmænəti] *n* (*mankind*) az emberiség; (*humaneness*) emberiesség

human rights *n pl* emberi jogok

humble ['hʌmbl] **1.** *a* (*servile*) alázatos; (*modest*) szerény ‖ **be of** ~ **birth** alacsony sorból származik **2.** *v* megaláz ‖ ~ **oneself** megalázkodik

humbug ['hʌmbʌg] *n* (*behaviour*) szemfényvesztés; (*person*) szélhámos; (*sweet*) mentolos cukorka

humid ['hju:mid] *a* nedves, nyirkos

humiliate [hju:ˈmilieit] *v* megaláz, lealáz

humility [hju:ˈmiləti] *n* alázatosság

humor ['hju:mə] *n US* = **humour**

humorous ['hju:mərəs] *a* humoros

humour (*US* -**or**) ['hju:mə] *n* humor, kedély(állapot) ‖ **sense of** ~ humorérzék

hump [hʌmp] *n* (*camel's*) púp; (*in ground*) domb(ocska)

hunch [hʌntʃ] *n* púp

hunchbacked ['hʌntʃbækt] *a* púpos

hundred ['hʌndrəd] *num* száz ‖ ~**s of people** emberek százai, rengeteg ember

hundredth ['hʌndrədθ] **1.** *num a* századik **2.** *n* **a** ~ **(part)** századrész

hundredweight ['hʌndrədweit] *n* fél mázsa (*GB = 50,8 kg, US = 45,3 kg*)

hung [hʌŋ] *pt/pp* → **hang**

Hungarian [hʌŋˈɡeəriən] **1.** *a* magyar **2.** *n* (*person, language*) magyar ‖ **in** ~ magyarul

Hungarian-speaking *a* magyar anyanyelvű/ajkú

Hungary ['hʌŋgəri] *n* Magyarország

hunger ['hʌŋgə] **1.** *n* éhség, éhezés **2.** *v* éhezik

hung-over *a* másnapos

hungry ['hʌŋgri] *a* éhes, éhező ‖ **be ~ for sg** *fig* szomjazik vmre

hunt [hʌnt] **1.** *n* (falka)vadászat **2.** *v* kerget, üldöz ‖ **~ for sg/sy** vmre/ vkre vadászik, keres vmt/vkt

hunter ['hʌntə] *n* vadász

hurdle ['hɜːdl] *n sp* gát

hurdle-race *n* gátfutás

hurl [hɜːl] *v* dob, (el)hajít

hurricane ['hʌrɪkən] *n* orkán, hurrikán

hurried ['hʌrɪd] *a* (*steps*) sietős, szapora; (*decision*) elsietett

hurry ['hʌri] **1.** *n* sietség ‖ **be in a ~** siet, sürgős dolga van **2.** *v* siet, rohan

    hurry up siet ‖ **~ up!** siess!, gyerünk!

hurt [hɜːt] *v* (*pt/pp* **hurt** [hɜːt]) *vt* bánt, megsebesít; (*offend*) megsért | *vi col* (*be painful*) fáj ‖ **my leg ~s** fáj a lábam; **~ one's feelings** vknek rosszul esik vm

hurtle ['hɜːtl] *v* nekiütközik

husband ['hʌzbənd] *n* férj

hush! [hʌʃ] **1.** *int* pszt!, csitt!, csend legyen! **2.** *v col* (*fact*) eltussol, agyonhallgat

husk [hʌsk] **1.** *n* hüvely **2.** *v* lehánt, lehámoz; (*seeds*) hántol

husky ['hʌski] **1.** *a* (*voice*) rekedt; (*person*) tagbaszakadt **2.** *n* (*dog*) husky

hustle ['hʌsl] **1.** *n* lökdösődés, sürgés-forgás **2.** *v* tolakodik, lökdösődik

hut [hʌt] *n* kunyhó, viskó

hutch [hʌtʃ] *n* (nyúl)ketrec

hyacinth ['haɪəsɪnθ] *n* jácint

hydrofoil ['haɪdrəʊfɔɪl] *n* szárnyashajó

hydrogen ['haɪdrədʒən] *n* hidrogén

hyena [haɪ'iːnə] *n* hiéna

hygiene ['haɪdʒiːn] *n* (*practice*) egészségügy, higiénia; (*science*) egészségtan

hymn [hɪm] *n* (egyházi) ének

hyphen ['haɪfn] *n* kötőjel

hypnosis [hɪp'nəʊsɪs] *n* hipnózis

hypnotize ['hɪpnətaɪz] *v* hipnotizál

hypocrite ['hɪpəkrɪt] *n* álszent, képmutató

hypothesis [haɪ'pɒθəsɪs] *n* (*pl* **-ses** [-siːz]) hipotézis

hysterical [hɪ'sterɪkl] *a* hisztérikus

hysterics [hɪ'sterɪks] *n pl* hisztéria, idegroham

I

I [aɪ] *pron* én

ice [aɪs] **1.** *n* jég; (*ice cream*) fagylalt, fagyi ‖ **on ~** jégbe hűtött **2.** *v* jegel, jégbe hűt

iceberg ['aɪsbɜːg] *n* jéghegy

icebox ['aɪsbɒks] *n* (*freezer*) mélyhűtő (rész); *US* (*refrigerator*) hűtőszekrény

ice cream *n* fagylalt

ice cube *n* jégkocka

ice hockey *n* jégkorong, jéghoki

Iceland ['aɪslənd] *n* Izland

Icelander ['aɪsləndə] *n* izlandi

Icelandic [aɪs'lændɪk] *a/n* izlandi

ice-rink *n* (*indoor*) műjégpálya

icy ['aisi] *a* jeges, jéghideg, fagyos

I'd [aid] = **I had; I would; I should**

idea [ai'diə] *n* eszme, gondolat, ötlet || **~s** *pl* gondolatvilág; **I have no ~!** fogalmam sincs!

ideal [ai'diəl] **1.** *a* (*perfect*) eszményi, ideális; (*ideological*) eszmei **2.** *n* eszmény, ideál, példakép

identical [ai'dentikl] *a* azonos, (meg)egyező

identification [aidentifi'keiʃn] *n* azonosítás; (*papers*) személyi okmányok

identify [ai'dentifai] *v* (*person*) azonosít, megállapítja vk személyazonosságát; (*plant*) meghatároz

identity [ai'dentəti] *n* (*sameness*) azonosság; (*personality*) személyazonosság

identity card *n* személyi igazolvány

idiom ['idiəm] *n* állandósult szókapcsolat, nyelvi sajátság

idiot ['idiət] *n* hülye, idióta; bolond

idle ['aidl] **1.** *a* (*lazy*) lusta; (*doing nothing*) tétlen || **be ~** (*machine*) üresjáratban van **2.** *v* ~ (*about*) tétlenkedik, henyél; ~ **away one's time** lopja a napot

idle time *n* holtidő

idol ['aidl] *n also fig* bálvány

i.e., ie [ai 'i:] (= *Latin: id est, kimondva még: that is*) azaz, úgymint, úm.

if [if] *conj* ha, amennyiben, hogyha || **as ~** mintha; ~ **I were you** (én) a (te) helyedben; ~ **only** hacsak

igloo ['iglu:] *n* (eszkimó) jégkunyhó

ignite [ig'nait] *vt* meggyújt | *vi* meggyullad

ignition [ig'niʃn] *n* gyújtás; ~ **key** indítókulcs, slusszkulcs

ignoble [ig'nəʊbl] *a* aljas, becstelen

ignorant ['ignərənt] *a* tudatlan, tájékozatlan || **be ~ of sg** nincs tudomása vmről

ignore [ig'nɔ:] *v* nem vesz tudomásul/figyelembe

ill [il] **1.** *a* (*sick*) beteg; (*bad*) rossz || **be ~** rosszul van, beteg **2.** *adv* rosszul, nem jól **3.** *n* rossz || **~s** *pl* baj, csapás

I'll [ail] = **I shall; I will**

ill-advised *a* meggondolatlan

ill-bred *a* modortalan, neveletlen

illegal [i'li:gl] *a* törvénytelen, jogtalan

illegible [i'ledʒəbl] *a* olvashatatlan

illegitimate [ili'dʒitimət] *a* (*child*) törvénytelen

ill-fated *a* balszerencsés

illiterate [i'litərət] *a/n* írástudatlan, analfabéta

ill-mannered *a* modortalan

illness ['ilnis] *n* betegség

ill-treat *v* rosszul bánik vkvel

illuminate [i'lu:mineit] *v* (*building*) kivilágít; (*subject*) megvilágít

illusion [i'lu:ʒn] *n* (*misperception*) érzékcsalódás; (*dream, fantasy*) (üres) ábránd; illúzió

illustrate ['iləstreit] *v* képekkel ellát/díszít, ábrázol

illustration [ilə'streiʃn] *n* kép, ábra

ill-will *n* rosszakarat, rosszindulat

I'm [aim] = **I am**

image ['imidʒ] *n* (*picture*) kép; (*public ~*) imidzs

imaginary [i'mædʒinri] *a* vélt, képzeletbeli

imagination [imædʒi'neiʃn] *n* képzelet, fantázia

imagine [i'mædʒin] *v* elgondol, (el)képzel

imbecile ['ɪmbəsi:l] *n* gyengeelméjű

imitate ['ɪmɪteɪt] *v* utánoz, másol

imitation [ɪmɪ'teɪʃn] *n* (*imitating*) utánzás; (*copy*) utánzat

immature [ɪmə'tjʊə] *a* éretlen, idő előtti

immediately [ɪ'mi:dɪətlɪ] *adv* (*at once*) azonnal, rögtön, mindjárt; (*directly*) közvetlenül

immense [ɪ'mens] *a* mérhetetlen, óriási, hatalmas

immerse [ɪ'mɜ:s] *vi* alámerítkezik | *vt* belemárt (*in* vmbe)

immersion heater [ɪ'mɜ:ʃn] *n* villanybojler

immigrant ['ɪmɪgrənt] *n* bevándorló

immigration [ɪmɪ'greɪʃn] *n* bevándorlás

imminent ['ɪmɪnənt] *a* (*danger*) közelgő, közeli

immobile [ɪ'məʊbaɪl] *a* mozdulatlan

immobilize [ɪ'məʊbəlaɪz] *v* (*traffic*) megbénít; (*broken limb*) rögzít; (*capital*) leköt

immoral [ɪ'mɒrəl] *a* erkölcstelen

immortal [ɪ'mɔ:rtl] *a* halhatatlan

immune [ɪ'mju:n] *a* (*resistant*) immúnis (*to* vmvel szemben); (*free*) ment(es) (*from* vmtől)

immunity [ɪ'mju:nətɪ] *n med* védettség, immunitás

impact ['ɪmpækt] *n* (*collision*) becsapódás; (*effect*) (be)hatás ‖ **have an ~ on** kihat vmre

impair [ɪm'peə] *v* (*damage*) elront; *fig* (*weaken*) csorbít

impart [ɪm'pɑ:t] *v* (*quality*) kölcsönöz, tulajdonít; (*information*) közöl

impatient [ɪm'peɪʃnt] *a* türelmetlen

impede [ɪm'pi:d] *v* megakadályoz, gátol

impediment [ɪm'pedɪmənt] *n* gát, akadály

imperative [ɪm'perətɪv] **1.** *a* szükségszerű, sürgető **2.** *n* felszólító mód

imperfect [ɪm'pɜ:fɪkt] *a* hiányos

imperial [ɪm'pɪərɪəl] *a* birodalmi, császári

impermeable [ɪm'pɜ:mɪəbl] *a* áthatolhatatlan, át nem eresztő

impersonate [ɪm'pɜ:səneɪt] *v* megszemélyesít; (*imitate*) utánoz

impertinent [ɪm'pɜ:tənənt] *a* arcátlan, pimasz

impervious [ɪm'pɜ:vɪəs] *a* (*to water*) vízhatlan; *fig* érzéketlen (*to* vmre)

impetus ['ɪmpɪtəs] *n* (*impulse*) lökés, ösztönzés; (*force*) lendület

impinge on [ɪm'pɪndʒ] *v* hatást gyakorol vkre; (*mind*) elhatol

implant [ɪm'plɑ:nt] *v med* beültet

implement 1. ['ɪmplɪmənt] *n* eszköz, szer(szám) **2.** ['ɪmplɪment] *v* megvalósít; *law* foganatosít, érvényt szerez vmnek

implication [ɪmplɪ'keɪʃn] *n* (*of event*) kihatás, következmény; (*in crime*) belekever(ed)és

implicit [ɪm'plɪsɪt] *a* hallgatólagos; feltétlen

imply [ɪm'plaɪ] *v* magába(n) foglal, beleért

impolite ['ɪmpə'laɪt] *a* udvariatlan

import 1. ['ɪmpɔ:t] *n* behozatal, import **2.** [ɪm'pɔ:t] *v* behoz, importál

importance [ɪm'pɔ:təns] *n* fontosság, jelentőség ‖ **be of no ~** nincs jelentősége

important [ɪm'pɔ:tənt] *a* fontos, lényeges

impose [ɪm'pəʊz] *v* **~ sg on sy** vmt vkre rákényszerít ‖ **~ a duty on**

sg megvámol; ~ **a tax on sy** adót vet ki vkre

impossible [ɪmˈpɒsəbl] *a* lehetetlen

impotent [ˈɪmpətənt] *a* tehetetlen

impregnable [ɪmˈpregnəbl] *a* (*fortress*) bevehetetlen; (*argument*) megdönthetetlen

impregnate [ˈɪmpregneɪt] *v* (*saturate*) telít; (*fertilize*) megtermékenyít

impress [ɪmˈpres] *v* ~ **sg on sy** vmt vknek az elméjébe vés; ~ **sg on sy** vmt vmre rányom; ~ **sy** vkre hatást gyakorol

impression [ɪmˈpreʃn] *n* benyomás; (*effect*) hatás; (*copy*) utánnyomás || **make an ~ on sy** vkre hatást gyakorol

impressionist [ɪmˈpreʃnɪst] *a/n* impresszionista

impressive [ɪmˈpresɪv] *a* (*appearance*) hatásos

imprint 1. [ˈɪmprɪnt] *n* (kiadói) embléma **2.** [ɪmˈprɪnt] *v* ~ **sg on sg** vmt vmre rányom

imprison [ɪmˈprɪzn] *v* bebörtönöz

improbable [ɪmˈprobəbl] *a* valószínűtlen

improper [ɪmˈpropə] *a* (*diagnosis*) helytelen, rossz; (*behaviour*) illetlen

improve [ɪmˈpruːv] *vt* (meg)javít; (*develop*) továbbfejleszt; (*increase*) fokoz | *vi* (meg)javul

improvement [ɪmˈpruːvmənt] *n* (*making better*) javítás, fejlesztés; (*becoming better*) fejlődés, haladás, javulás

improvise [ˈɪmprəvaɪz] *v* (*music*) rögtönöz; (*bed*) összeeszkábál; (*meal*) összecsap

impudent [ˈɪmpjʊdənt] *a* arcátlan, pimasz

impulse [ˈɪmpʌls] *n* lökés, impulzus; (*motive*) ösztönzés

impurity [ɪmˈpjʊərəti] *n* szennyeződés

in [ɪn] *prep* (*state*) -ban, -ben; (*place*) -ba, -be, -ban, -ben; (*time*) (...n belül) -on, -en, -ön, -n, -ban, -ben || **he is** ~ (*at home, in office*) otthon/benn van; ~ **front of** (*place*) előtt

inability [ɪnəˈbɪləti] *n* képtelenség (*to* vmre)

inaccurate [ɪˈnækjʊrət] *a* pontatlan, téves

inactive [ɪnˈæktɪv] *a* passzív, tétlen

inadequate [ɪnˈædɪkwət] *a* elégtelen, nem megfelelő

inadvertent [ɪnədˈvɜːtənt] *a* figyelmetlen(ségből eredő), nem szándékos

inapplicable [ɪnˈæplɪkəbl] *a* nem alkalmazható/használható (*to* vmre)

inappropriate [ɪnəˈprəʊprɪət] *a* helytelen, oda nem illő

inaptitude [ɪnˈæptɪtjuːd] *n* alkalmatlanság

inasmuch as [ɪnəzˈmʌtʃ əz] *conj* amennyiben

inattentive [ɪnəˈtentɪv] *a* figyelmetlen

inaudible [ɪnˈɔːdəbl] *a* alig hallható

inauguration [ɪˌnɔːgjʊˈreɪʃn] *n* beiktatás

inborn [ɪnˈbɔːn] *a* (*talent*) öröklött

inbred [ɪnˈbred] *a* (*quality*) vele született; (*animal*) beltenyésztésű

Inc *US* = **Incorporated**

incapable [ɪnˈkeɪpəbl] *a* képtelen (*of* vmre)

incautious [ɪnˈkɔːʃəs] *a* vigyázatlan

incense [ˈɪnsens] *n* tömjén

incentive [ɪnˈsentɪv] *n* ösztönzés, motívum, indíték

incessant [ɪn'sesnt] *a* szüntelen

inch [ɪntʃ] **1.** *n* hüvelyk (= *2,54 cm*), col ‖ ~ **by** ~ apránként **2.** *v* ~ **forward** lassan/centikkel halad előre

incident ['ɪnsɪdənt] *n* epizód, incidens

incidentally [ɪnsɪ'dentlɪ] *adv* mellesleg, mellékesen

incise [ɪn'saɪz] *v* bemetsz

incite [ɪn'saɪt] *v* (*hatred*) szít; (*masses*) izgat, uszít

inclination [ɪnklɪ'neɪʃn] *n* (*bending*) hajlás, dőlés; (*tendency*) hajlam

incline **1.** ['ɪnklaɪn] *n* emelkedő **2.** [ɪn'klaɪn] *v* ~ **to** (vmre) hajlik ‖ **be** ~**d to sg** vmre hajlamos

include [ɪn'kluːd] *v* magába(n) foglal, tartalmaz; (*in list*) felvesz; (*costs*) beszámít

including [ɪn'kluːdɪŋ] *adv* beleértve, beleszámítva

inclusive [ɪn'kluːsɪv] *a* (*price*) mindent magában foglaló, teljes

income ['ɪnkʌm] *n* jövedelem, kereset, bevétel

income tax *n* jövedelemadó

incomparable [ɪn'kɒmprəbl] *a* páratlan, egyedülálló; (*not equal*) összehasonlíthatatlan (*with/to* vmivel)

incompetent [ɪn'kɒmpɪtənt] *a* hozzá nem értő

incomplete [ɪnkəm'pliːt] *a* befejezetlen, csonka

incomprehensible [ɪnkɒmprɪ'hensəbl] *a* érthetetlen

inconsiderable [ɪnkən'sɪdrəbl] *a* jelentéktelen

inconsiderate [ɪnkən'sɪdərət] *a* meggondolatlan, tapintatlan

inconsistent [ɪnkən'sɪstənt] *a* következetlen

inconvenience [ɪnkən'viːnɪəns] *n* alkalmatlanság, kényelmetlenség

inconvenient [ɪnkən'viːnɪənt] *a* kényelmetlen, kellemetlen; (*time, place*) alkalmatlan

incorporated [ɪn'kɔːpəreɪtɪd] **1.** *a* (*registered*) bejegyzett (*cég*) **2.** *n* US *comm* korlátolt felelősségű társaság, kft

incorrect [ɪnkə'rekt] *a* (*text*) helytelen; (*behaviour*) inkorrekt

increase **1.** ['ɪnkriːs] *n* növekedés, fokozódás; (*increasing*) növelés, fokozás ‖ ~ **in wages** béremelés **2.** [ɪn'kriːs] *v* (*become greater*) nő, növekszik; nagyobbodik; (*make greater*) növel, fokoz; (*wage*) (fel)emel

increasingly [ɪn'kriːsɪŋlɪ] *adv* mindinkább, egyre (inkább)

incredible [ɪn'kredəbl] *a* hihetetlen

incredulous [ɪn'kredjʊləs] *a* hitetlen

increment ['ɪŋkrɪmənt] *n* növedék

incubator ['ɪŋkjubeɪtə] *n* (*for babies*) inkubátor; (*for chicken*) keltető(gép)

incur [ɪn'kɜː] *v* **-rr-** (*anger*) magára von ‖ ~ **debts** adósságba veri magát

indebted [ɪn'detɪd] *a* eladósodott ‖ **be** ~ **to sy** le van vknek kötelezve

indecent [ɪn'diːsnt] *a* illetlen, trágár

indecisive [ɪndɪ'saɪsɪv] *a* határozatlan, bizonytalan

indeed [ɪn'diːd] *adv* valóban, tényleg, igazán

indefinite [ɪn'defɪnɪt] *a* (meg)határozatlan

indemnify [ɪn'demnɪfaɪ] *v* ~ **sy for sg** kártérítést fizet vknek vmért

indemnity [ɪn'demnəti] n (*compensation*) kártérítés, jóvátétel; (*insurance*) biztosíték

indentation [ɪnden'teɪʃn] n (*in metal*) horpadás; (*in coast*) csipkézet; (*in edge*) bemélyedés; (*in text*) bekezdés

independence [ɪndɪ'pendəns] n függetlenség

independent [ɪndɪ'pendənt] a független (*of sy/sg* vktől/vmtől)

indeterminate [ɪndɪ'tɜ:mɪnət] a (meg)határozatlan

index ['ɪndeks] n (*pl* **-dexes** or **-dices** [-dɪsi:z]) (*list*) mutató, index; (*number*) mutató(szám); *math* (*pl* **indices** ['ɪndɪsi:z]) kitevő

index finger n mutatóujj

India ['ɪndɪə] n India

Indian ['ɪndɪən] a (*of India*) indiai; (*of America*) indián ‖ ~ **ink** tus; ~ **summer** vénasszonyok nyara

indicate ['ɪndɪkeɪt] v (*point out*) (meg)mutat, feltüntet; (*be a sign*) jelöl, jelez, vmre utal

indicator ['ɪndɪkeɪtə] n index, mutató; (*board*) jelzőtábla; (*light*) irányjelző

indices ['ɪndɪsi:z] pl → index

indict [ɪn'daɪt] v *law* bevádol

indictment [ɪn'daɪtmənt] n vádindítvány

indifferent [ɪn'dɪfrənt] a közömbös, közönyös

indigenous [ɪn'dɪdʒɪnəs] a bennszülött, honos

indigestion [ɪndɪ'dʒestʃən] n emésztési zavar

indignant [ɪn'dɪgnənt] a méltatlankodó, felháborodó

indignity [ɪn'dɪgnəti] n méltatlanság

indirect [ɪndɪ'rekt] a közvetett

indiscreet [ɪndɪ'skri:t] a tapintatlan

indispensable [ɪndɪ'spensəbl] a nélkülözhetetlen, elengedhetetlen

indisputable [ɪndɪ'spju:təbl] a (el)vitathatatlan

indistinct [ɪndɪ'stɪŋkt] a elmosódott

individual [ɪndɪ'vɪdʒʊəl] **1.** a egyéni, személyes, egyedi **2.** n egyén, személy, egyed

individuality [ɪndɪvɪdjʊ'æləti] n egyéniség

indolent ['ɪndələnt] a henye, rest, tunya

indoor ['ɪndɔ:] a fedett pályás, teremindoors [ɪn'dɔ:z] adv otthon, benn

induce [ɪn'dju:s] v előidéz ‖ ~ **sy to do sg** rábír/rávesz vkt vmre

indulge [ɪn'dʌldʒ] v ~ **in sg** (*pleasure*) megenged magának vmt, kiéli magát vmben

indulgent [ɪn'dʌldʒənt] a elnéző, erélytelen; gyenge

industrial [ɪn'dʌstrɪəl] a ipari

industrious [ɪn'dʌstrɪəs] a szorgalmas, igyekvő

industry ['ɪndəstrɪ] n ipar

inedible [ɪn'edəbl] a ehetetlen

ineffective [ɪnɪ'fektɪv] a hatástalan

inefficient [ɪnɪ'fɪʃənt] a hatástalan, eredménytelen

inept [ɪ'nept] a ügyetlen

inequality [ɪnɪ'kwɒləti] n egyenlőtlenség

inert [ɪ'nɜ:t] a (*matter*) tunya, tétlen, renyhe; (*matter*) tehetetlen; (*gas*) közömbös

inestimable [ɪn'estɪməbl] a felbecsülhetetlen

inevitable [ɪn'evɪtəbl] a elkerülhetetlen, szükségszerű

inexcusable [ɪnɪk'skju:zəbl] a megbocsáthatatlan, menthetetlen

inexorable [ɪn'eksərəbl] *a* (*relentless*) kérlelhetetlen; (*not to be stopped*) feltartóztathatatlan

inexpensive [ɪnɪk'spensɪv] *a* olcsó

inexperienced [ɪnɪk'spɪərɪənst] *a* gyakorlatlan, tapasztalatlan

infallible [ɪn'fæləbl] *a* csalhatatlan

infancy ['ɪnfənsɪ] *n* (*childhood*) gyermekkor; (*minority*) kiskorúság

infant ['ɪnfənt] *n* csecsemő, kisbaba

infant school *n* GB <*általános iskola kisiskolás tagozata: 5—7 éveseknek*>

infatuated [ɪn'fætʃʋeɪtɪd] *a* **be ~ with** belehabarodik/beleszeret vkbe

infection [ɪn'fekʃn] *n* fertőzés

infectious [ɪn'fekʃəs] *a* fertőző

infer [ɪn'fɜ:] *v* **-rr-** következtet (*sg from sg* vmből vmre)

inferior [ɪn'fɪərɪə] *a* (*in rank*) alárendelt; (*in quality*) silány || **~ to sg** vmnél alsóbbrendű

inferno [ɪn'fɜ:nəʋ] *n* pokol

infertile [ɪn'fɜ:taɪl] *a* meddő

infiltrate ['ɪnfɪltreɪt] *v* **~ into** (*substance, mind*) beszivárog/beszűrődik vmbe; (*organization*) beépül, befurakodik

infinite ['ɪnfɪnət] *a* végtelen, vég nélküli

infinitive [ɪn'fɪnətɪv] *n* főnévi igenév

infirmary [ɪn'fɜ:mərɪ] *n* (*hospital*) kórház; (*room*) betegszoba

inflame [ɪn'fleɪm] *v* felgyújt, fellobbant

inflammable [ɪn'flæməbl] *a* éghető, gyúlékony

inflammation [ɪnflə'meɪʃn] *n med* gyulladás

inflatable [ɪn'fleɪtəbl] *a* felfújható

inflate [ɪn'fleɪt] *v* (*balloon*) felfúj

inflation [ɪn'fleɪʃn] *n* infláció

inflexible [ɪn'fleksəbl] *a* merev, hajlíthatatlan

inflict [ɪn'flɪkt] *v* kimér, kiró (*on* vkre)

influence ['ɪnflʋəns] **1.** *n* befolyás, (be)hatás || **exercise ~ on sg/sy** befolyást gyakorol vmre/vkre; **under the ~ of** vk/vm hatása alatt **2.** *v* **~ sg/sy** befolyást/hatást gyakorol vmre/vkre, vkt/vmt befolyásol

influenza [ɪnflʋ'enzə] *n* influenza

inform [ɪn'fɔ:m] *v* felvilágosít, tájékoztat, értesít (*of/about* vmről) || **be ~ed of sg** értesül vmről

inform against/on sy feljelentést tesz vk ellen

informal [ɪn'fɔ:ml] *a* közvetlen, kötetlen, nem hivatalos

informatics [ɪnfə'mætɪks] *n sing.* informatika

information [ɪnfə'meɪʃn] *n* (*pl ~*) (*informing*) tájékoztatás, informálás, felvilágosítás; (*news*) értesülés, hír, információ; (*bureau*) tudakozó || **a piece of ~** hír, információ; **give sy (full) ~** felvilágosít vkt; **give sy ~ about sg** felvilágosít, tájékoztat (vkt vmről)

infra-red *a* infravörös

infringe [ɪn'frɪndʒ] *v* (*law*) áthág

infuse [ɪn'fju:z] *v* (*tea*) (le)forráz

ingenious [ɪn'dʒi:nɪəs] *a* ötletes, elmés

ingenuous [ɪn'dʒenjʋəs] *a* egyenes, őszinte

ingredients [ɪn'gri:dɪənts] *n pl* (*of cake*) hozzávalók

inhabit [ɪn'hæbɪt] *v* (benn) lakik

inhabitant [ɪn'hæbɪtənt] *n* lakos || **~s** *pl* lakosság

inhale [ɪn'heɪl] *v* belélegez

inherent [ɪn'hɪərənt] *a* (*quality*) veleszületett

inherit [ɪn'herɪt] *v* (meg)örököl

inheritance [ɪn'herɪtəns] *n* (át)öröklés; örökség

inhibit [ɪn'hɪbɪt] *v* ~ **sy from sg** meggátol vkt vmben

inhuman [ɪn'hju:mən] *a* embertelen

initial [ɪ'nɪʃl] **1.** *a* kezdeti **2.** *n* inicialé ‖ ~**s** *pl* kezdőbetűk, kézjegy **3.** *v* -ll- (*US* -l-) kézjegyével ellát

initially [ɪ'nɪʃlɪ] *adv* eleinte

initiate [ɪ'nɪʃɪeɪt] *v* (*method*) bevezet ‖ ~ **sy into sg** vkt vmbe beavat

initiative [ɪ'nɪʃətɪv] **1.** *a* kezdeményező **2.** *n* kezdeményezés

inject [ɪn'dʒekt] *v* ~ **into** *med* (*liquid*) befecskendez, bead; *tech* injektál

injection [ɪn'dʒekʃn] *n* injekció

injure [ˈɪndʒə] *v* (*hurt*) megsebesít; (*damage*) kárt okoz vknek/vmnek ‖ **be/get** ~**d** megsérül

injurious [ɪn'dʒʊərɪəs] *a* ártalmas ‖ **be** ~ **to sy/sg** vknek/vmnek megárt

injury [ˈɪndʒərɪ] *n* (*damage*) sérülés, sebesülés; (*harm*) *law* sérelem

injustice [ɪn'dʒʌstɪs] *n* igazságtalanság

ink [ɪŋk] *n* tinta

inkling [ˈɪŋklɪŋ] *n* sejtelem

inland [ˈɪnlənd] **1.** *a* belföldi **2.** *adv* az ország belsejébe

inlay 1. [ˈɪnleɪ] *n* faberakás, intarzia **2.** [ɪnˈleɪ] *v* (*pt/pp* **inlaid** [ɪnˈleɪd]) ~ **sg with sg** berakással díszít vmt

inlet [ˈɪnlet] *n* (kis) öböl

inmate [ˈɪnmeɪt] *n* fegyenc

inn [ɪn] *n* fogadó, (kis)kocsma

innate [ɪ'neɪt] *a* (*inclination*) öröklött; (*quality*) veleszületett

inner [ˈɪnə] *a* belső

innings *n* (*pl* ~) ütési jog (*egyik félé, krikettben*)

innocent [ˈɪnəsnt] *a* ártatlan; *law* vétlen

innovate [ˈɪnəveɪt] *v* újít

innumerable [ɪ'nju:mrəbl] *a* megszámlálhatatlan, töméntelen

inordinate [ɪ'nɔ:dɪnət] *a* mértéktelen

in-patient *n* kórházi beteg/ápolt, fekvő beteg

input [ˈɪnpʊt] *n* comput bemenet

inquest [ˈɪnkwest] *n* vizsgálat

inquire [ɪn'kwaɪə] *v* tudakozódik, érdeklődik (*about* vk/vm felől/iránt)

inquire after kérdezősködik vm/vk után

inquire into (*question*) megvizsgál; (*case*) nyomoz

inquiry [ɪn'kwaɪərɪ] *n* érdeklődés, tájékozódás; (*investigation*) vizsgálat; nyomozás

inquisitive [ɪn'kwɪzətɪv] *a* kíváncsi

inroad [ˈɪnrəʊd] *n* támadás ‖ **make** ~**s on sg** *col* vmre rájár

insane [ɪn'seɪn] *a* őrült, bolond

inscription [ɪn'skrɪpʃn] *n* felirat; (*in book*) ajánlás

insect [ˈɪnsekt] *n* rovar, bogár

insecure [ɪnsɪ'kjʊə] *a* nem biztonságos

insensible [ɪn'sensəbl] *a* (*unconscious*) eszméletlen; (*bodily*) érzéketlen (*to* vmre); (*without feelings*) érzéketlen, közönyös (*to* vm iránt)

insensitive [ɪn'sensətɪv] *a* érzéketlen, fásult, közönyös

insert 1. [ˈɪnsɜ:t] *n* (*leaf*) betétlap; (*in book*) melléklet; (*in film*) bejátszás 2. [ɪnˈsaːt] v be(le)tesz, (in text) beszúr, közbeiktat

inshore [ˈɪnʃɔː] a part menti

inside [ɪnˈsaɪd] 1. a belső, benti 2. adv belül, benn ‖ ~ **out** fordítva; fig töviről hegyire (ismer) 3. n the ~ **of** sg vmnek a belseje 4. prep belül, vmnek a belsejében

inside lane n (traffic) külső sáv

insight [ˈɪnsaɪt] n bepillantás; fig éleslátás

insignificant [ɪnsɪgˈnɪfɪkənt] a jelentéktelen

insincere [ɪnsɪnˈsɪə] a nem őszinte

insinuate [ɪnˈsɪnjʊeɪt] v gyanúsít

insist [ɪnˈsɪst] v ragaszkodik (on sg vmhez)

insistent [ɪnˈsɪstənt] a rendíthetetlen ‖ be ~ **about/on sg** ragaszkodik vmhez

insolent [ˈɪnsələnt] a pimasz, szemtelen

insolvency [ɪnˈsɒlvənsɪ] n fizetésképtelenség

insomnia [ɪnˈsɒmnɪə] n álmatlanság

inspect [ɪnˈspɒkt] v (examine) megvizsgál; (check) kezel

inspector [ɪnˈspektə] n (official) felügyelő; (police) rendőrfelügyelő; (on buses) ellenőr

inspire [ɪnˈspaɪə] v (meg)ihlet, lelkesít

install [ɪnˈstɔːl] v (US instal) (apparatus) felszerel, üzembe helyez, beszerel; (in office) beiktat (in állásba); (electricity) bevezet

instalment [ɪnˈstɔːlmənt] n (US -ll-) (of payment) részlet; (of novel) folytatás ‖ **pay an** ~ részletfizetést teljesít

instance [ˈɪnstəns] n példa ‖ for ~ például

instant [ˈɪnstənt] 1. a azonnali 2. n perc, pillanat ‖ ~ **coffee** azonnal oldódó kávé, neszkávé

instead [ɪnˈsted] adv (in place of) ehelyett, helyette; (rather) inkább

instead of prep helyett

instinct [ˈɪnstɪŋkt] n ösztön ‖ by ~ ösztönösen

institute [ˈɪnstɪtjuːt] 1. n intézet 2. v ~ **an action against sy** keresetet benyújt/indít vk ellen

institution [ɪnstɪˈtjuːʃn] n intézmény

instruct [ɪnˈstrʌkt] v oktat, képez ‖ ~ **sy in sg** tájékoztat vkt vmről

instruction [ɪnˈstrʌkʃn] n (teaching) oktatás, (ki)képzés; (information) felvilágosítás, tájékoztatás; comput utasítás ‖ ~s **for use** kezelési útmutató

instructor [ɪnˈstrʌktə] n (teacher) oktató; US (assistant) gyakorlatvezető; tanársegéd

instrument [ˈɪnstrʊmənt] n tech műszer; mus hangszer

insufficient [ɪnsəˈfɪʃənt] a hiányos, elégtelen

insular [ˈɪnsjʊlə] a (of island) sziget-; (narrow-minded) szűk látókörű

insulate [ˈɪnsjʊleɪt] v el, archit szigetel

insult 1. [ˈɪnsʌlt] n (meg)sértés 2. [ɪnˈsʌlt] v (meg)sért

insurance [ɪnˈʃʊərəns] n biztosítás ‖ ~ **company** biztosító(társaság); ~ **policy** biztosítási kötvény

insure [ɪnˈʃʊə] v ~ **(sy/sg against sg)** biztosítást köt vmre, biztosít vm ellen

intact [ɪnˈtækt] a érintetlen, ép, sértetlen

intake [ˈɪnteɪk] n (admission) felvétel; (number) felvett létszám

integrate ['ıntıgreıt] v egyesít, beilleszt, beépít (with, into vmbe)

integrity [ın'tegrətı] n (wholeness) sértetlenség, érintetlenség; (honesty) tisztesség

intellect ['ıntəlekt] n ész, értelem

intellectual [ıntə'lektʃʊəl] 1. a értelmi, szellemi 2. n értelmiségi

intelligence [ın'telıdʒəns] n értelem, intelligencia; (agency) hírszerző szolgálat || ~ **quotient** intelligenciahányados; ~ **service** hírszerző szolgálat

intelligent [ın'telıdʒənt] a értelmes, okos, intelligens

intemperate [ın'tempərət] a mértéktelen

intend [ın'tend] v szándékozik (to do sg vmt tenni) || **I ~ed it for you** neked szántam

intense [ın'tens] a nagyfokú, erős

intensify [ın'tensıfaı] vt elmélyít, kiélez | vi kiélesedik

intensity [ın'tensətı] n hevesség, (hang)erő

intensive [ın'tensıv] a beható, alapos

intent [ın'tent] 1. a ~ **look** feszült figyelem 2. n law szándék

intention [ın'tenʃn] n szándék, cél, terv || **have the ~ of doing sg** szándékozik vmt tenni

intentional [ın'tenʃənl] a szándékos

interact [ıntər'ækt] v egymásra hat

interchange 1. ['ıntətʃeındʒ] n (of motorways) (különszintű) csomópont 2. [ıntə'tʃeındʒ] v (exchange) felcserél; (change place) helyet cserél

intercourse ['ıntəkɔ:s] n (social) érintkezés, kapcsolat; (sexual) közösülés

interest ['ıntrəst] 1. n érdeklődés; (concern) érdek; érdekeltség; fin kamat || **show/take an ~ in sg** érdeklődik (vm iránt); **in the ~ of sg** vmnek az érdekében 2. v be ~**ed in sg** vm iránt érdeklődik

interesting ['ıntrəstıŋ] a érdekes

interest rate n kamatláb

interfere [ıntə'fıə] v ~ **in sg** be(le)avatkozik vmbe || ~ **with** piszkál vmt, zavar vkt

interference [ıntə'fıərəns] n beavatkozás; radio, TV interferencia; (vétel)zavar

interim ['ıntərım] a ideiglenes, átmeneti

interior [ın'tıərıə] 1. a belső, bel- 2. n the ~ **of sg** vmnek a belseje || ~ **designer** belsőépítész

interlock [ıntə'lɒk] vt összekapcsol | vi összekapcsolódik

interlude ['ıntəlu:d] n (intermezzo) közjáték; (interval) szünet

intermediate [ıntə'mi:dıət] a közbeeső, közbülső; (course) középszintű, középhaladó

intermittent [ıntə'mıtənt] a (current) váltakozó; (work) időszakos

internal [ın'tɜ:nl] a (inner) belső; (domestic) belföldi, bel-

internal affairs n pl belpolitika

international ['ıntə'næʃənl] a nemzetközi

internist [ın'tɜ:nıst] n US (internal specialist) belgyógyász; általános orvos

interpret [ın'tɜ:prıt] v (explain) értelmez; (translate) tolmácsol

interpretation [ıntɜ:prı'teıʃn] n értelmezés, tolmácsolás

interpreter [ın'tɜ:prıtə] n tolmács

interrogate [ɪn'terəgeɪt] *v* (ki)kérdez, kihallgat

interrogative [ɪntə'rɒgətɪv] *gram* **1.** *a* kérdő **2.** *n* kérdőszó, kérdő névmás

interrupt [ɪntə'rʌpt] *v* félbeszakít

Intersect [ɪntə'soekt] *vt* metsz | *vi* keresztezi(k)/metszik egymást

intersection [ɪntə'sekʃn] *n* (*crossroads*) útkereszteződés, csomópont; (*geometry*) metszés

interval ['ɪntəvl] *n* (*time*) időköz; (*space*) távolság; *school* tízperc; *theat* szünet ‖ **at ~s** időnként

intervene [ɪntə'viːn] *v* (*event*) közbejön; (*person*) beleszól; vmbe beavatkozik; közbelép

interview ['ɪntəvjuː] **1.** *n* *radio, TV* beszélgetés, interjú; *GB* (*for job*) felvételi beszélgetés **2.** *v* (*reporter*) meginterjúvol vkt; (*employer*) (felvételi) beszélgetést folytat vkvel

intimate 1. ['ɪntɪmət] *a* bensőséges, meghitt **2.** ['ɪntɪmət] *n* **sy's ~** vknek a bizalmasa **3.** ['ɪntɪmeɪt] *v* közöl, tudtul ad

into ['ɪntuː] *prep* -ba, -be

intolerant [ɪn'tɒlərənt] *a* türelmetlen

intoxicated [ɪn'tɒksɪkeɪtɪd] *a* ittas

intransigent [ɪn'trænsɪdʒənt] *a* meg nem alkuvó

intransitive verb *n* tárgyatlan ige

intricate ['ɪntrɪkət] *a* összetett, bonyolult

intrigue 1. ['ɪntriːg] *n* **~(s** *pl*) cselszövés, intrika **2.** [ɪn'triːg] *v* áskálódik

intrinsic [ɪn'trɪnsɪk] *a* belső ‖ **~ value** belső érték

introduce [ɪntrə'djuːs] *v* (*person*) bemutat ' (*to* vknek); (*bring into*

use) meghonosít; bevezet; (*a bill*) beterjeszt ‖ **~ oneself to sy** vk vknek bemutatkozik

introduction [ɪntrə'dʌkʃn] *n* (*in book*) bevezetés; (*presentation*) bemutatás; (*introducing oneself*) bemutatkozás

intrude [ɪn'truːd] *v* betolakodik

Intuition [ɪntjuː'ɪʃn] *n* (*instinctive*) megérzés, intuíció

inundate ['ɪnʌndeɪt] *vt* eláraszt | *vi* vmre kiárad

invade [ɪn'veɪd] *v* (*enemy*) betör; (*country*) megszáll

invader [ɪn'veɪdə] *n* megszálló

invalid[1] [ɪn'vælɪd] *a* érvénytelen

invalid[2] ['ɪnvəlɪd] **1.** *a* gyenge (lábakon álló) **2.** *n* gyengélkedő, beteg

invalidate [ɪn'vælɪdeɪt] *v* érvénytelenít

invalid chair *n* tolószék

invaluable [ɪn'væljʊbl] *a* felbecsülhetetlen

invariable [ɪn'veərɪəbl] *a* változ(hat)atlan, állandó

invasion [ɪn'veɪʒn] *n* betörés, benyomulás, megszállás

invent [ɪn'vent] *v* (*discover*) feltalál; (*find out*) kitalál; *col* (*think out*) kieszel

inventor [ɪn'ventə] *n* feltaláló

inventory ['ɪnvəntrɪ] *n* leltár

inverse [ɪn'vɜːs] *a* fordított

invert [ɪn'vɜːt] *v* felcserél

inverted commas [ɪn'vɜːtɪd] *n pl* idézőjel

invest [ɪn'vest] *v* (*in business*) beruház; (*money*) befektet

investigate [ɪn'vestɪgeɪt] *v* megvizsgál, kivizsgál; (*police*) nyomoz

investigation [ɪnvestɪ'geɪʃn] n (ex-amination) vizsgálat; (research) vizsgálódás; (inquiry) nyomozás

investment [ɪn'vestmənt] n beruhá-zás; befektetés

inviolable [ɪn'vaɪələbl] a sérthetetlen

invisible [ɪn'vɪzəbl] a láthatatlan

invitation [ɪnvɪ'teɪʃn] n (inviting) meghívás; (request) felkérés ‖ ~ **(card)** meghívó

invite [ɪn'vaɪt] v (ask to come) meg-hív; (ask for) felkér ‖ ~ **applica-tions (for)** (job) pályázatot meg-hirdet

invoice ['ɪnvɔɪs] **1.** n számla **2.** v számláz

invoke [ɪn'vəʊk] v segítségül hív

involve [ɪn'vɒlv] v maga után von, vmvel jár ‖ ~ **sy in sg** vkt vmbe belekever

inward ['ɪnwəd] **1.** a (inner) belső; (towards the inside) befelé tartó **2.** adv ~**(s)** befelé

IOU [aɪ əʊ 'juː] n (= I owe you) (of debt) elismervény; (of money) bon

IQ [aɪ 'kjuː] = **intelligence quotient**

Iran [ɪ'rɑːn] n Irán

Iranian [ɪ'reɪnɪən] a/n iráni

Iraq [ɪ'rɑːk] n Irak

Iraqi [ɪ'rɑːkɪ] a/n iraki

Ireland ['aɪələnd] n Írország

iris ['aɪərɪs] n (plant) nőszirom; (of eye) szivárványhártya

Irish ['aɪrɪʃ] **1.** a ír **2.** n ír (nyelv) ‖ **the ~** az írek

irksome ['ɜːksəm] a terhes, vesződ-séges

iron ['aɪən] **1.** n (metal) vas; (tool) vasaló ‖ ~**s** pl bilincs **2.** v (ki)va-sal

ironic(al) [aɪ'rɒnɪk(l)] a gúnyos, iro-nikus

ironmonger ['aɪənmʌŋgə] n vaske-reskedő

irony ['aɪərənɪ] n gúny, irónia

irreconcilable [ɪrekən'saɪləbl] a ki-békíthetetlen

irregular [ɪ'regjʊlə] a szabálytalan, rendhagyó

irrelevant [ɪ'reləvənt] a irreleváns, nem idevágó

irreparable [ɪ'repRəbl] a jóvátehetet-len

irreplaceable [ɪrɪ'pleɪsəbl] a pótol-hatatlan

irresistible [ɪrɪ'zɪstəbl] a ellenállha-tatlan

irresolute [ɪ'rezəluːt] a bizonytalan, határozatlan

irresponsible [ɪrɪ'spɒnsəbl] a fele-lőtlen, komolytalan

irreversible [ɪrɪ'vɜːsəbl] a vissza-fordíthatatlan

irrevocable [ɪ'revəkəbl] a megmá-síthatatlan, visszavonhatatlan

irrigate ['ɪrɪgeɪt] v (land) öntöz; (wound) kimos

irritable ['ɪrɪtəbl] a ingerlékeny

irritate ['ɪrɪteɪt] v ingerel, bosszant, idegesít

is [ɪz] → **be**

Islam ['ɪzlɑːm] n iszlám

island ['aɪlənd] n sziget

isle [aɪl] n sziget

isn't ['ɪznt] = **is not**

isolate ['aɪsəleɪt] v elszigetel

Israel ['ɪzreɪl] n Izrael

Israeli [ɪz'reɪlɪ] a/n izraeli

issue ['ɪʃuː] **1.** n (question) probléma; kérdés, ügy; (outcome) fejlemény; (publication) kiadás; (copy) szám; (making out) kiállítás; (handing out) kiadás ‖ **the matter at** ~ a szó-ban forgó kérdés; **take ~ with sy**

about/on sg vitába száll vkvel vmt illetően **2.** *v* közrebocsát; (*banknote*) kibocsát; (*ticket, book*) kiad

it [ɪt] *n* az; (*accusative*) azt ‖ **that's ~ ez az!; who is ~?** ki az?

Italian [ɪ'tæljon] **1.** *a* olasz **2.** *n* (*person, language*) olasz

italics [ɪ'tælɪks] *n pl* dőlt/kurzív betű/szedés

Italy ['ɪtəlɪ] *n* Olaszország

itch [ɪtʃ] **1.** *n* viszketés **2.** *v* viszket ‖ **(s)he is ~ing to know** (majd ki)fúrja az oldalát (a kíváncsiság)

itchy ['ɪtʃɪ] *a* (*finger*) viszketős; (*cloth*) rühes

it'd ['ɪtəd] = **it would; it had**

item ['aɪtəm] *n* (*in list*) adat, tétel; (*in programme*) szám; (program)pont; (*news*) hír

itinerary [aɪ'tɪnərərɪ] *n* (*plan*) útiterv; (*route*) útvonal

it'll ['ɪtl] = **it will; it shall**

it's [ɪts] = **it is; it has**

its [ɪts] *pron* (annak a/az) ...a, ...e, ...ja, ...je

itself [ɪt'self] *pron* (ő/az) maga, önmaga; (*accusative*) őt/azt magát ‖ **by ~** (ön)magában, (ön)magától; **in ~** egymagában (véve)

I've [aɪv] = **I have**

ivory ['aɪvərɪ] *n* elefántcsont

ivy ['aɪvɪ] *n* borostyán, repkény

J

jack [dʒæk] **1.** *n* (*cards*) bubi; (*for raising*) (autó)emelő; *el* kapcsolóhüvely **2.** *v* ~ **in** abbahagy; ~ **up** (*car*) felemel

jackal ['dʒækl] *n* sakál

jacket ['dʒækɪt] *n* (*garment*) zakó, kabát, dzseki; (*of book*) borító

jack-knife *n* (*pl* **-knives**) bicska

jackpot ['dʒækpɒt] *n* főnyeremény, telitalálat

jaguar ['dʒægjʊə] *n* jaguár

jail [dʒeɪl] *n* börtön

jam¹ [dʒæm] *n* dzsem, íz, lekvár

jam² [dʒæm] **1.** *n* (*traffic ~*) közlekedési dugó ‖ **be in a ~** pácban van **2.** *v* **-mm-** (*block*) megakaszt; (*crowd*) (be)zsúfol; (*disturb*) zavar

jamb [dʒæm] *n* (*of door*) ajtófélfa; (*of window*) ablakkeret

janitor ['dʒænɪtə] *n US* (*doorkeeper*) portás, kapus; (*caretaker*) házfelügyelő

January ['dʒænjʊərɪ] *n* január; → **August**

Japan [dʒə'pæn] *n* Japán

Japanese [dʒæpə'ni:z] *n* (*person, language*) japán

jar¹ [dʒɑː] *n* (*of earthware*) (kő)korsó; (*in pharmacy*) tégely; (*for jam*) lekvárosüveg

jar² [dʒɑː] *v* **-rr-** ~ **on one's ears** sérti a fület

jasmine ['dʒæzmɪn] *n* jázmin

jaundice ['dʒɔːndɪs] *n* sárgaság

jaunt [dʒɔːnt] *n* kirándulás, séta

javelin ['dʒævəlɪn] *n* gerely ‖ **the ~** gerelyhajítás

jaw [dʒɔː] *n* állkapocs

jazz [dʒæz] **1.** *n* dzsessz **2.** *v* ~ **up** dzsesszesít; *col* felélénkít, feldob

jealous ['dʒeləs] *a* féltékeny (*of* vkre/vmre)

jealousy ['dʒeləsɪ] *n* féltékenység

jeans [dʒiːnz] *n pl* farmer(nadrág)

jeep [dʒiːp] *n* dzsip

jelly ['dʒelɪ] *n* (*sweets*) zselé; (*with meat*) kocsonya; (*substance*) aszpik

jeopardy ['dʒepədɪ] *n* veszély, kockázat

jerk [dʒɜːk] **1.** *n* rándulás, döccenés, rángás **2.** *vi* (*muscles*) ráng(atódzik); (*train*) zökken | *vt* (*vehicle, person*) (meg)lök; (*liquid*) összeráz

jersey ['dʒɜːzɪ] *n* (*sweater*) pulóver, szvetter; (*of sportsmen*) mez

jet [dʒet] *n* (*of water*) (víz)sugár; (*nozzle*) *tech* fúvóka; (*plane*) sugárhajtású repülőgép, jet

jet-plane *n* sugárhajtású repülőgép, jet

jetty ['dʒetɪ] *n* móló

Jew [dʒuː] *n* zsidó

jewel ['dʒuːəl] *n* (*stone*) (drága)kő; (*piece of jewellery*) ékszer; (*in watch*) kő || ~ **box** ékszerdoboz

jeweller (*US* -**l**-) ['dʒuːələ] *n* ékszerész || ~'**s (shop)** ékszerbolt

jewellery (*US* -**l**-) ['dʒuːəlrɪ] *n* ékszerek

Jewish ['dʒuːɪʃ] *a* zsidó, izraelita

jigsaw (puzzle) *n* kirakójáték

jingle ['dʒɪŋgl] **1.** *n* csilingelés, csörgés **2.** *v* (*bell*) csilingel; (*key*) csörög; (*glass*) csörömpöl; (*coin*) csörget

job [dʒɒb] *n* (*work*) munka, dolog; (*employment*) munkahely, állás

jobless ['dʒɒblɪs] **1.** *a* állás nélküli, munkanélküli **2.** *n* **the** ~ a munkanélküliek

jockey ['dʒɒkɪ] **1.** *n* zsoké **2.** *v* ~ **for position** helyezkedik

jocular ['dʒɒkjʊlə] *a* vidám

jog [dʒɒg] **1.** *n* kocogás **2.** *v* -**gg**- kocog

jogging ['dʒɒgɪŋ] *n* kocogás

join [dʒɔɪn] **1.** *n* illesztés **2.** *v* (*unite*) egyesít; (*connect*) (össze)illeszt; (*come together*) egyesül; (*meet*) találkozik; (*follow*) csatlakozik vkhez/vmhez; (*become member of*) belép; beiratkozik || ~ **the army** beáll katonának

join in (*activity*) részt vesz vmben; (*game*) beáll; (*society*) csatlakozik

join up beáll katonának, bevonul

joiner ['dʒɔɪnə] *n* asztalos

joint [dʒɔɪnt] **1.** *a* közös, együttes **2.** *n tech* (*of pipe*) csukló, kötés, illesztés; (*of body*) ízület; (*food*) sült, pecsenye; *col* (*place*) csehó; (*drug*) kábítószeres cigaretta

joint-stock company *n* részvénytársaság

joint venture *n* vegyes vállalat

joist [dʒɔɪst] *n* gerenda

joke [dʒəʊk] **1.** *n* vicc, móka, tréfa || **get the** ~ érti a tréfát **2.** *v* tréfál(kozik)

joker ['dʒəʊkə] *n* (*cards*) dzsóker

jolly ['dʒɒlɪ] *a* jókedvű, vidám, víg || ~ **good fellow** jópofa

jolt [dʒəʊlt] **1.** *n* zökkenő **2.** *v* (*vehicle*) (össze)ráz, zökken

journal ['dʒɜːnl] *n* (*magazine*) (hír)lap, folyóirat; (*daily record*) napló

journalist ['dʒɜːnəlɪst] *n* újságíró

journey ['dʒɜːnɪ] *n* utazás, út

joy [dʒɔɪ] *n* öröm, boldogság

joyful ['dʒɔɪfl] *a* örömteli, vidám

joy-ride *n* (*in a stolen car*) sétakocsikázás

joystick ['dʒɔɪstɪk] *n col aviat, comput* botkormány

Jr = junior

jubilee ['dʒuːbɪliː] *n* jubileum

judge [dʒʌdʒ] **1.** n (in court) bíró; (of competition) döntnök ‖ ~**s** pl zsűri **2.** v (el)bírál, ítélkezik

judg(e)ment ['dʒʌdʒmənt] n (decision) ítélet; (discernment) ítélőképesség; (opinion) vélemény

judo ['dʒuːdəʊ] n cselgáncs

jug [dʒʌg] n kancsó, korsó, bögre

juggler ['dʒʌglə] n zsonglőr

juice [dʒuːs] n gyümölcslé

juicy ['dʒuːsɪ] a (fruit) lédús, leveses; (story) pikáns

jukebox ['dʒuːkbɒks] n wurlitzer

July [dʒuːˈlaɪ] n július; → **August**

jumble ['dʒʌmbl] **1.** n zagyvaság **2.** v ~ **(up)** összekever(edik)

jumbo jet ['dʒʌmbəʊ] n col óriásjet

jump [dʒʌmp] **1.** n (spring) ugrás; (fence) akadály **2.** v ugrik, vmn átugrik ‖ ~ **the queue** előretolakszik

jump at sg (object) vmnek nekiugrik; (offer) kapva kap vmn

jumper ['dʒʌmpə] n (person) ugró; GB (pullover) pulóver; US (dress) kötény(ruha)

jumpy a ideges

junction ['dʒʌŋkʃn] n (of roads) (közlekedési) csomópont; (joining) összekapcsol(ód)ás

June [dʒuːn] n június; → **August**

jungle ['dʒʌŋgl] n őserdő, dzsungel

junior ['dʒuːnɪə] a/n (in position) fiatal, kezdő; sp (competition) ifjúsági, junior; school (in lower classes) alsós; US (in third year at high school) harmadikos, (at university) harmadéves; (younger) ifjabb, ifjú ‖ **he is two years my ~** két évvel fiatalabb nálam

junk [dʒʌŋk] n col (objects) kacat, limlom; col (drug) heroin

junk-shop n használtcikkbolt

jurisdiction [dʒʊərɪsˈdɪkʃn] n (justice) törvénykezés, bíráskodás; (authority) hatáskör

jurist ['dʒʊərɪst] n jogász

juror ['dʒʊərə] n (for crimes) esküdt, (in competition) zsűritag

jury ['dʒʊərɪ] n (for crimes) esküdtszék; (in competition) zsűri, versenybíróság

just [dʒʌst] **1.** a igazságos, jogos, méltányos **2.** adv épp(en), pont, éppen hogy (csak), csaknem ‖ ~ **a** (or one) **moment please!** egy pillanatra kérem!; ~ **as** éppen úgy, ahogy/mint

justice ['dʒʌstɪs] n (justness) igazság; (judge) (törvényszéki) bíró

justified ['dʒʌstɪfaɪd] a igazolt, indokolt; print (sor)kizárt ‖ ~ **complaint** jogos panasz/reklamáció

justify ['dʒʌstɪfaɪ] v (act, deed) igazol, indokol, tisztáz

jut [dʒʌt] v **-tt-** ~ **out** kiáll, előreugrik

juvenile ['dʒuːvənaɪl] **1.** a fiatalkori, ifjúsági **2.** n fiatalkorú

K

kangaroo [kæŋgəˈruː] n kenguru

keel [kiːl] n hajógerinc; tőkesúly

keen [kiːn] a (sharp) éles; (enthusiastic) lelkes ‖ **be ~ on sg** vm nagyon érdekli, vmnek a híve, szorgalmas vmben

keep [kiːp] **1.** n (food) a létfenntartáshoz szükséges (élelem/pénz); (cost) tartásdíj **2.** v (pt/pp **kept**

[kept]) vt (meg)tart; (rule) betart; (family) fenntart; (objects) tárol; (feast) megtart I vi (food) eláll ‖ ~ + ...ing (vmt folyamatosan tesz); ~ right/left! jobbra/balra hajts!; ~ house háztartást vezet; ~ one's word megtartja a szavát; ~ quiet! csend legyen!

·keep back visszatart (from vkt/ vmt vmtől)

keep (oneself) from doing sg visszatartja magát vmtől

keep off vt távol tart; (food) tartózkodik vmtől I vi távol marad; (rain) elvonul

keep on folytatja útját, folytat(ódik)

keep to (direction) vmerre tart; (promise) vmhez tartja magát ‖ ~ to the right! jobbra hajts!

keep up (maintain) fenntart; (continue) folytat ‖ ~ up with sy/sg lépést tart vkvel/vmvel; ~ up with the times halad a korral

keeper ['ki:pə] n (of museum) (múzeum)igazgató; (in zoo) állatgondozó; (guard) őr

keepsake ['ki:pseɪk] n emlék (tárgy)

keg [keg] n kis hordó

kennel ['kenl] n kutyaól

kept [kept] pt/pp → keep

kerb (US curb) [kɜ:b] n járdaszegély

kernel ['kɜ:nl] n mag, belső rész; (of nut) (dió)bél

kettle ['ketl] n (for tea) (teavízforraló) kanna; (for boiling) üst

kettledrum ['ketldrʌm] n mus üstdob

key [ki:] 1. n (for locking) kulcs; (of keyboard) billentyű; (answer, code) megoldás, kulcs; (tone)

hangnem ‖ ~ to sg vmnek a nyitja 2. v ~ in comput beír, bevisz

keyboard ['ki:bɔ:d] 1. n billentyűzet 2. v comput beír

keyhole ['ki:həʊl] n kulcslyuk

keynote lecture n megnyitó előadás

khaki ['kɑ:kɪ] 1. a khaki színű 2. n khaki szín

kick [kɪk] 1. n (kicking) rúgás; (strength) erő; (pleasure) élvezet 2. vt (meg)rúg; belerúg (vkbe) I vi (gun) hátrarúg ‖ ~ a goal gólt rúg/lő

kick off sp (játékot) kezd (futballban)

kick up a fuss col balhézik, arénázik

kid [kɪd] 1. n (goat) (kecske)gida; (child) col gyerek, kölyök, srác 2. v -dd- col ugrat, heccel ‖ no ~ding viccen kívül

kidnap ['kɪdnæp] v -pp- (person) elrabol

kidnapper ['kɪdnæpə] n emberrabló

kidney ['kɪdnɪ] n biol vese

kill [kɪl] v (person) (meg)öl, (meg)gyilkol, elpusztít; (plant) irt ‖ be ~ed életét veszti (balesetben); ~ time agyonüti az időt

killer ['kɪlə] n gyilkos

killing ['kɪlɪŋ] 1. a (disease) gyilkos; col (amusing) elragadó, állati jó 2. n ölés, gyilkolás

kiln ['kɪln] n égetőkemence, (szárító)kemence

kilogram(me) ['kɪləgræm] n kilogramm, kiló

kilometre (US -ter) ['kɪləmi:tə] n kilométer

kind [kaɪnd] 1. a kedves, szíves ‖ would you be so ~ as to ... lenne/légy olyan szíves ...; ~ **regards from ...** (*in letter*) melegen üdvözöl **2.** *n* féleség, fajta ‖ **of this** ~ efféle; **sg of the** ~ ilyesmi; ~ **of** valamiféle; olyasvalahogy, mintha

kindergarten ['kındəga:tn] *n* óvoda

kind-hearted *a* jószívű

kindle ['kındl] *v* (*fire*) felszít; (*passion*) fellobbant; (*interest*) felkelt

kindly ['kaındlı] **1.** *adv* kedvesen, szívesen ‖ **will you** ~ legyen/légy szíves **2.** *a* kedves, barátságos

king [kıŋ] *n* király

kingdom ['kıŋdəm] *n* királyság

king-size *a* extra méretű/nagy

kiosk ['kí:ɒsk] *n* (*árusító*) bódé, pavilon; (*phone box*) telefonfülke

kiss [kıs] **1.** *n* csók; *col* puszi **2.** *v* (meg)csókol

kit [kıt] *n mil* felszerelés; (szerszám)készlet; *sp* mez, felszerelés

kitchen ['kıtʃın] *n* konyha ‖ ~ **sink** (konyhai) mosogató

kite [kaıt] *n* sárkány ‖ **fly a** ~ sárkányt ereget

kitten ['kıtn] *n* kismacska, cica

knack [næk] *n* fogás; trükk ‖ **get the** ~ **of it** rájön a nyitjára

knapsack ['næpsæk] *n* hátizsák

knave [neıv] *n* (*cards*) alsó, bubi

knead [ni:d] *v* (*bread*) dagaszt; (*muscles*) (meg)gyúr

knee [ni:] *n* térd ‖ **be on one's ~s** térdel

kneel [ni:l] *v* (*pt/pp* **knelt** [nelt]) térdel

kneel down letérdel

knelt [nelt] *pt/pp* → **kneel**

knew [nju:] *pt* → **know**

knickers ['nıkəz] *n pl col* bugyi

knife [naıf] **1.** *n* (*pl* **knives** [naıvz]) kés **2.** *v* megkésel

knight [naıt] **1.** *n GB* lovag; (*in chess*) huszár, ló **2.** *v* lovaggá üt

knit [nıt] *v* (*pt/pp* **knitted** ['nıtıd] *or* **knit;** -**tt**-) *vt* (meg)köt (*ruhadarabot*) ‖ *vi* (*bones*) összeforr

knitwear ['nıtweə] *n* kötöttáru

knives [naıvz] *pl* → **knife**

knob [nɒb] *n* gomb, fogantyú; (*small swelling*) dudor

knock [nɒk] **1.** *n* (*on door*) kopog(tat)ás **2.** *vt* kopog(tat) ‖ *vi* (*car*) kopog, kotyog

knock at the door kopogtat az ajtón

knock down (*dismantle*) szétszárel; (*with car*) elüt; (*strike to ground*) földhöz vág vkt

knock off (*object*) lever; (*work*) befejez; *coll* (*steal*) ellop, megfúj

knock out (*in boxing*) kiüt

knock over felborít, feldönt; (*with car*) elüt

knock up (*wake*) vkt felzörget; (*make hurriedly*) vmt összetákol, összecsap

knot [nɒt] **1.** *n* (*also in wood*) csomó; *naut* csomó (*1853 m/óra*) **2.** *v* -**tt**- csomóra köt vmt

knotty ['nɒtı] *a* csomós; (*wood*) görcsös; (*problem*) nehéz

know [nəʊ] *v* (*pt* **knew** [nju:], *pp* **known** [nəʊn]) tud; vkt/vmt ismer ‖ **as far as I** ~ legjobb tudomásom szerint; **come to** ~ megtud; **please let me** ~ kérem tudassa velem; **get to** ~ **sg** megismer vmt; ~ **sg by hearing** hallomásból tud vmt; ~ **sg by heart** kívülről tud vmt; **make sg** ~**n** közöl/ismertet vmt; ~**n for sg** nevezetes vmről

know about/of sg tudomása van vmről

know-how n technikai tudás, szakértelem

knowledge ['nɒlɪdʒ] n tudás, ismeret || **bring sg to sy's** ~ vknek tudtára ad vmt, tudomására hoz vknek vmt; **to my** ~ tudomásom szerint, tudtommal

known [nəʊn] a ismert; → **know**

knuckle ['nʌkl] n ujjperc

koala bear [kəʊ'ɑːlə] n koalamackó

kohlrabi [kəʊl'rɑːbɪ] n kalarábé

kosher ['kəʊʃə] a kóser

L

label ['leɪbl] **1.** n címke **2.** v **-ll-** (US **-l-**) címkéz

labor ['leɪbə] US = **labour**

laboratory [lə'bɒrətrɪ] n laboratórium

laborious [lə'bɔːrɪəs] a nehéz, verítékes

labour (US **-or**) ['leɪbə] **1.** n (work) munka; (worker) munkás, munkaerő; med (childbirth) vajúdás, szülés || **be in** ~ vajúdik **2.** v (work) dolgozik; med (with child) vajúdik

labourer ['leɪbərə] n fizikai dolgozó

labour force n munkaerő

Labour Party n GB munkáspárt

labour-saving devices n pl háztartási gépek/készülékek

lace [leɪs] **1.** n (fabric) csipke; (of shoe) zsinór **2.** v ~ **(up) one's shoes** befűzi a cipőjét

lack [læk] **1.** n hiány || **for** ~ **of sg** vmnek a hiányában **2.** v nélkülöz vmt, szűkében van vmnek || **be** ~**ing in sg** hiányzik vkből vm

lacquer ['lækə] **1.** n lakk **2.** v lakkoz

lacy ['leɪsɪ] a csipkés

lad [læd] n legény, fiú

ladder ['lædə] n létra, hágcsó || **have a** ~ **in one's stockings** leszaladt a szem a harisnyáján

ladle ['leɪdl] **1.** n merőkanál **2.** v ~ **(out)** (soup) kimer

lady ['leɪdɪ] n hölgy, úrnő || **the ladies** (toilet) nők; **Ladies and Gentlemen!** Hölgyeim és uraim!; **ladies' wear** női divatáru

ladybird ['leɪdɪbɜːd] n katicabogár

ladybug [leɪdɪbʌg] n US katicabogár

ladykiller ['leɪdɪkɪlə] n nőcsábász

ladyship ['leɪdɪʃɪp] n **your** ~ approx méltóságos asszonyom

lag [læg] **1.** n késés, késedelem; lemaradás **2.** v **-gg-** ~ **behind** (group) lemarad; (in doing sg) késlekedik

lager ['lɑːgə] n világos sör

lagoon [lə'guːn] n lagúna

laid [leɪd] pt/pp → **lay²**

lain [leɪn] pp → **lie²**

lake [leɪk] n tó

lamb [læm] n (animal) bárány; (meat) birkahús

lame [leɪm] a béna, sánta

lament [lə'ment] **1.** n panasz(kodás), kesergés **2.** v siránkozik, sopánkodik || ~ **(for) sy** sirat vkt

lamp [læmp] n lámpa

lampshade ['læmpʃeɪd] n lámpaernyő

lance [lɑːns] n gerely, lándzsa

land [lænd] **1.** n föld; (property) (föld)birtok; (area) terület; (soil) talaj; (country) ország **2.** vi (aircraft) leszáll, földet ér; (from ship) partra száll | vt (fish) kifog

landing ['lændɪŋ] *n (of ship)* kikötés; *(of aircraft)* leszállás; *(of person)* partraszállás; *(on stairs)* pihenő ‖ ~ **stage** kikötőhely; ~ **strip** *aviat* leszállópálya

landlady ['lændleɪdɪ] *n* szállásadó(nő), háziasszony

landlord ['lændlɔːd] *n* szállásadó, háziúr

landmark ['lændmɑːk] *n* határkő; *fig (event)* fordulópont

landowner ['lændəʊnə] *n* földbirtokos

landscape ['lændskeɪp] *n* tájkép

landslide ['lændslaɪd] *n also fig* földcsuszamlás

lane [leɪn] *n (for running)* pálya; *(for traffic)* sáv; *(narrow road)* utcácska, köz ‖ **inside** ~ külső sáv; **outside** ~ belső sáv

language ['læŋgwɪdʒ] *n (human speech)* nyelv; *(manner of speaking)* stílus, nyelv(ezet)

languid ['læŋgwɪd] *a* bágyadt, lankadt

lanky ['læŋkɪ] *a* hórihorgas, nyúlánk

lap[1] [læp] **1.** *n (of coat)* lebernyeg, szárny; *(of ear)* (fül)cimpa; *(of person)* öl; *(of race)* kör **2.** *v* **-pp-** *(overlap)* átlapol; *(wrap)* beteker; *(outrun)* leköröz vkt

lap[2] [læp] *v* **-pp-** *(milk)* szürcsöl; *(waves)* nyaldos

lapse [læps] **1.** *n (error)* (el)csúszás, hiba, mulasztás; *(interval)* kihagyás; *law (expiry)* elévülés; *(of date)* lejárat **2.** *v law (right)* elévül; *(date)* lejár

laptop ['læptɒp] *n comput* laptop *(hordozható személyi számítógép)*

lard [lɑːd] *n* zsír

larder ['lɑːdə] *n* (élés)kamra

large [lɑːdʒ] *a* nagy ‖ **by and** ~ nagyjából; **be at** ~ szabadlábon van; **in** ~ **quantities** nagy mennyiségben

large-scale *a* nagyarányú, nagyszabású

lark[1] [lɑːk] *n (bird)* pacsirta

lark[2] [lɑːk] **1.** *n (joke)* tréfa **2.** *v* ~ **(about)** mókázik, bolondozik

laser ['leɪzə] *n* lézer

laser printer *n* lézernyomtató

lash [læʃ] **1.** *n* korbács, ostor **2.** *v* korbácsol, ostoroz

lass [læs] *n* lány(ka)

lassitude ['læsɪtjuːd] *n* kimerültség

last [lɑːst] **1.** *a* (leg)utolsó, (leg)utóbbi, múlt ‖ ~ **night** tegnap éjjel/este; **the** ~ **time** múltkor **2.** *adv* utolsónak, utoljára **3.** *n* utolsó ‖ **at** ~ végre **4.** *v (last)* tart; *(be enough)* eltart, kitart ‖ **it won't** ~ *(effect)* semeddig se tart

lasting ['lɑːstɪŋ] *a* tartós, maradandó

latch [lætʃ] *n* (toló)zár

late [leɪt] **1.** *a* késő; *(dead)* néhai; *(recent)* legutóbbi, (leg)újabb ‖ **be** ~ **for sg** elkéslk/lekésik vmről; **it is getting** ~ későre jár az idő **2.** *adv* (el)késve, későn ‖ ~ **at night** késő éjjel/este

lately ['leɪtlɪ] *adv* nemrég, mostanában, az utóbbi időben

latent ['leɪtənt] *a* rejtett; *med* lappangó

later ['leɪtə] **1.** *a* későbbi **2.** *adv* ~ **(on)** a későbbiek során/folyamán

lateral ['lætərəl] *a* oldalsó

latest ['leɪtɪst] **1.** *a* legutóbbi, legutolsó, legújabb ‖ **at the** ~ legkésőbb; ~ **fashion** legújabb divat **2.** *adv* legutoljára

lathe [leɪð] n eszterga(pad)
Latin ['lætɪn] a/n latin
Latin America n Latin-Amerika
Latin-American a/n latin-amerikai
latitude ['lætɪtjuːd] n geogr szélesség
latter ['lætə] a/n későbbi, utóbbi
lattice ['lætɪs] n rács(ozat)
laugh [lɑːf] 1. n nevetés 2. v nevet ‖
~ **at sg/sy** nevet vmn/vkn, kine-
vet vmt/vkt
laughable ['lɑːfəbl] a nevetséges
laughter ['lɑːftə] n nevetés
launch [lɔːntʃ] v (ship) vízre bocsát;
(rocket) fellő; (debate) elindít;
(business) beindít
launder ['lɔːndə] v US kimos
launderette [lɔːndə'ret], US **laun-
dromat** ['lɔːndrəmæt] n önkiszol-
gáló mosószalon
laundry ['lɔːndrɪ] n (place) mosoda;
(clothes) szennyes
laurel ['lɔrəl] n babér
lava ['lɑːvə] n láva
lavatory ['lævətrɪ] n vécé, toalett
lavatory paper n vécépapír
lavender ['lævɪndə] n levendula
lavish ['lævɪʃ] 1. a (gift) pazar;
(person) költekező 2. v pazarol
law [lɔː] n jog; (legal rule) törvény,
jogszabály; (science) jogtudo-
mány ‖ **by** ~ bírósági úton; ~ **of
nature** természeti törvény
lawcourt ['lɔːkɔːt] n törvényszék,
bíróság
lawful ['lɔːfəl] a törvényes, jogos
lawn [lɔːn] n gyep, pázsit
lawn-mower ['lɔːnməʊə] n fűnyíró (gép)
lawsuit ['lɔːsuːt] n per
lawyer ['lɔːjə] n jogász, ügyvéd
lax [læks] a hanyag
lay[1] [leɪ] a (not expert) laikus; (not
clerical) laikus, világi

lay[2] [leɪ] v (pt/pp **laid** [leɪd]) (put,
place) helyez, tesz, rak; (eggs)
tojik ‖ ~ **the table** megterít; ~
hands on sg szert tesz vmre
lay aside vmt félretesz
lay by (money) félretesz (pénzt);
(habit) abbahagy
lay down letesz, lerak
lay off (worker) elbocsát
lay on (gas) bevezet; (paint) felrak
lay out (clothes) leterít, kiterít;
(books) szétrak; (money) kiad
lay up felhalmoz, beszerez
lay[3] [leɪ] pt → **lie**[2]
lay-by (pl **-bys**) n (by motorway)
pihenőhely, leállósáv
layer ['leɪə] n (of paint, society) ré-
teg
layman ['leɪmən] n (pl **-men**)
laikus, világi személy
layout ['leɪaʊt] n (arrangement) el-
rendezés; (plan) alaprajz; (design)
berendezés; (typography) tördelés
lazy ['leɪzɪ] a lusta
lb (pl **-** or **lbs**) = (Latin: libra)
pound (weight) font
lead[1] [led] n (metal) ólom; (gra-
phite) ceruzabél, grafit
lead[2] [liːd] 1. n (leading) vezetés;
(position) előny; (cord) póráz;
(chief actor) főszereplő; (leading
part) főszerep ‖ **take the** ~ átveszi
a vezetést 2. v (pt/pp **led** [led])
vezet, vkt vhová elvezet, vmre/
vmhez vezet ‖ ~ **a hard life** nehe-
zen él; ~ **sy by the nose** vkt or-
ránál fogva vezet; ~ **the way** elöl
megy
lead astray félrevezet
lead away (prisoner) elvezet
lead on col rávesz
lead up to vhová kilyukad

leader ['li:də] *n* vezető; *(violinist)* első hegedűs; *(article)* vezércikk

lead-free *a* ólommentes

leading ['li:dɪŋ] *a* fő, vezető ‖ ~ **article** vezércikk; ~ **light** *col (person)* kiválóság; ~ **part/role** főszerep

leaf [li:f] **1.** *n (pl* **leaves** [li:vz]) *(of tree)* falevél; *(of book)* lap **2.** *v* (ki)lombosodik
  leaf through a book könyvet átlapoz

leaflet ['li:flɪt] *n* szórólap, prospektus

league [li:g] *n* liga, szövetség

leak [li:k] **1.** *n* lék **2.** *v (liquid)* folyik; *(container)* szivárog; *(roof)* beázik
  leak out *vi* kiszivárog | *vt* kiszivárogtat

lean[1] [li:n] *a (person)* sovány, szikár; *(meat)* sovány

lean[2] [li:n] *v (pt/pp* **leant** [lent] *or* **leaned** [li:nd]) hajol, hajlik, dől
  lean against sg vmnek nekidől
  lean on *(depend)* vkre/vmre támaszkodik; *(rest)* megtámaszkodik vmben
  lean out (of) kihajol
  lean over vmn áthajol

leant [lent] *pt/pp* → **lean**

leap [li:p] **1.** *n* ugrás **2.** *v (pt/pp* **leapt** [lept] *or* **leaped** [li:pt]) szökken, ugrik
  leap at sg *(animal)* vmre ráugrik; *(offer)* két kézzel kap vmen

leap-frog *n* bakugrás

leapt [lept] *pt/pp* → **leap**

leap year *n* szökőév

learn [lɜ:n] *v (pt/pp* **learnt** [lɜ:nt] *or* **learned** [lɜ:nd]) *(gain knowledge)* vmt (meg)tanul; *(get information)* megtud vmt, értesül vmről ‖ ~ **by heart** könyv nélkül megtanul

learned ['lɜ:nɪd] *a (society)* tudományos; *(person)* tudós; → **learn**

learner ['lɜ:nə] *n* tanuló; *(~ driver)* tanulóvezető

learning ['lɜ:nɪŋ] *n* tanulás; *(knowledge)* tudás, felkészültség ‖ **a man of** ~ tanult ember

learnt [lɜ:nt] *pt/pp* → **learn**

lease [li:s] **1.** *n (leasing)* bérbeadás; *(rent)* (haszon)bérlet **2.** *v (hire)* kibérel, bérbe vesz; *(let out)* bérbe ad

leash [li:ʃ] *n* póráz

least [li:st] *a* legkisebb, legkevesebb ‖ **at** ~ legalább(is); **not in the** ~ a legkevésbé sem, egyáltalán nem

leather ['leðə] *n* bőr *(kikészített)*

leave [li:v] **1.** *n (absence)* szabadság; *(permission)* eltávozás, kimaradás **2.** *v (pt/pp* **left** [left]) *(quit)* (vk vkt) elhagy; *(allow)* hagy; *(go away)* (el)távozik, elutazik, vhonnan elmegy; *(depart)* indul ‖ ~ **(sg) at home** otthon felejt; ~ **home** elmegy hazulról; ~ **sy/sg alone** békén/békében hagy vkt/vmt
  leave (sg) behind ottfelejt, maga mögött hagy
  leave for vhova elutazik
  leave out mellőz, kihagy

leaves [li:vz] *pl* → **leaf**, **leave**

lecherous ['letʃərəs] *a* buja, kicsapongó

lecture ['lektʃə] **1.** *n (at university)* előadás ‖ **deliver/read a** ~ **on sg** előadást tart vmről **2.** *v (at university)* előad *(on* vmről)

lecture hall *n* előadóterem

lecturer ['lektʃərə] n (*speaker*) (egyetemi) előadó, oktató ‖ *GB approx* (*assistant professor*) adjunktus

led [led] pt/pp → **lead**

ledge [ledʒ] n (*of window*) párkány; (*on wall*) szegély; (*shelf*) polc

leech [liːtʃ] n *zoo* pióca

leek [liːk] n póréhagyma

leer [lɪə] **1.** n kacsintás **2.** v ~ **at sy** kacsint vkre

leeway ['liːweɪ] n (*time*) szabadidő; (*space*) szabad hely/tér

left[1] [left] **1.** a (*side, turn*) bal (oldali); *tech* (*screw*) balmenetes **2.** adv balra **3.** n bal (oldal/kéz) ‖ **the L~** *pol* baloldal; **from the ~** balról, bal felől; **to the ~** balra, bal felé; **on the ~** a bal oldalon

left[2] [left] pt/pp → **leave**

left-hand a bal oldali; (*person*) balkezes; *tech* (*screw*) balmenetes

left-handed a (*person*) balkezes; (*compliment*) suta

left-hand side n bal oldal

left-luggage office n (pályaudvari) poggyászmegőrző

leftovers ['leftəʊvəz] n pl (étel)maradék

left wing n *pol* baloldal, balszárny

leg [leg] n (*limb*) láb(szár); (*of trousers*) szár; (*meat*) comb; (*of chair*) láb; (*of competition*) forduló

legacy ['legəsɪ] n örökség, hagyaték

legal ['liːgl] a (*lawful*) törvényes, jogos; (*of law*) jogi ‖ **take ~ action against sy** beperel vkt

legal aid n jogsegély

legal entity n jogi személy

legalize ['liːgəlaɪz] v legalizál

legend ['ledʒənd] n (*story*) legenda; (*inscription*) felirat; (*explanation*) jelmagyarázat

legible ['ledʒəbl] a olvasható

legislate ['ledʒɪsleɪt] v törvényt alkot/hoz

legislation [ledʒɪs'leɪʃn] n törvényhozás

legislative ['ledʒɪslətɪv] a törvényhozó

legislature ['ledʒɪsleɪtʃə] n törvényhozó testület

legitimate [lɪ'dʒɪtɪmət] a törvényes, jogos

leisure ['leʒə] n szabadidő, ráérő idő

leisure centre (*US* **center**) n szabadidőközpont

lemon ['lemən] n citrom

lemonade [lemə'neɪd] n limonádé

lemon squeezer (*or US* **juicer**) n citromnyomó

lend [lend] v (*pt/pp* **lent** [lent]) kölcsönöz, kölcsönad (*sg to sy or sy sg* vmt vknek)

length [leŋθ] n (*extent*) hossz(úság); (*duration*) tartam ‖ **~ of time** időtartam

lengthen ['leŋθən] vt (meg)hosszabbít | vi (meg)hosszabbodik

lengthy ['leŋθɪ] a hosszadalmas

lenient ['liːnɪənt] a elnéző, türelmes

lens [lenz] n *phys* lencse

lent [lent] pt/pp → **lend**

Lent [lent] n nagyböjt

lentil ['lentɪl] n *bot* lencse

leopard ['lepəd] n leopárd

leotard ['liːətɑːd] n (*for girls*) testhezálló tornaruha, balett-trikó

less [les] **1.** a (*comparison*) kevesebb; (*minus*) mínusz ‖ **no(t) ~ than** nem kevesebb, mint **2.** adv kevésbé, kisebb mértékben, kevesebbet ‖ **~ and ~** egyre kevésbé

lessen ['lesn] *vt* csökkent, kisebbít; (*pain*) enyhít | *vi* csökken, fogy; (*pain*) enyhül

lesson ['lesn] *n* (*homework*) lecke; (*education*) tanítás; (*period*) óra; (*warning*) tanulság || **let that be a ~ to you!** jó lecke volt ez neked!; **give English ~s** angolórákat ad; **take ~s (in sg)** órákat vesz

lest [lest] *conj* nehogy

let [let] *v* (*pt/pp* **let; -tt-**) (*allow*) hagy, enged; (*lease*) kiad, bérbe ad || **to (be) ~** kiadó; **~ us** (*or* **let's**) **go!** menjünk!, gyerünk!; **~ us say** teszem azt, mondjuk; **~ alone** nem számítva; **~ me see!** hadd lássam!; **~ sy do sg** vmt enged vknek; **~ sy know sg** vkvel vmt tudat

let down leenged || **~ sy down** *col* cserbenhagy vkt

let in (*admit*) beenged; (*make narrower*) bevesz

let in on beavat (*titokba*)

let off (*punishment*) elenged

let on továbbmond

let out (*room*) kiad; (*prisoner, dress*) kienged; (*secret*) kikotyog

let up (*tension*) enyhül; (*rain*) alábbhagy

lethal ['li:θl] *a* halálos

let's [lets] = **let us**

letter ['letə] *n* (*sign*) betű; (*message*) levél || **~ of credit** hitellevél; → **letters**

letterbox ['letəbɒks] *n* postaláda, levélszekrény

letters ['letəz] *n pl or sing.* irodalom(tudomány)

lettuce ['letɪs] *n* (fejes) saláta

level ['levl] **1.** *a* sík, vízszintes, egyszintű || **make ~** elsimít **2.** *n* szint,

színvonal **3.** *v* **-ll-** (*US* **-l-**) (*make level*) szintbe/szintre hoz, kiegyenlít; (*demolish*) lerombol; (*aim*) ráirányít

level-crossing *n* szintbeni útkereszteződés (*or* vasúti átjáró)

level-headed *a* higgadt

lever ['li:və] *n* emelő, emelőrúd

levy ['levɪ] **1.** *n* (*levying*) adókivetés; (*tax*) behajtott adó **2.** *v* kiró, kivet || **~ a tax on sg** adót kivet vkre/vmre

lewd [lu:d] *a* (*indecent*) feslett; erkölcstelen; (*lustful*) parázna

liabilities *n pl* tartozások, passzívák

liability [laɪə'bɪləti] *n* (*responsibility*) kötelezettség; (*burden*) teher(tétel)

liable ['laɪəbl] *a* **~ for sg** (*responsible*) felelős vmért; **~ to sg** (*subject to*) vm alá esik, köteles vmre; (*prone to*) hajlamos vmre

liaison [lɪ'eɪzn] *n* kapcsolat, viszony

liar ['laɪə] *n* hazug ember

libel ['laɪbl] **1.** *n* rágalmazás **2.** *v* **-ll-** (*US* **-l-**) (meg)rágalmaz

liberal ['lɪbərəl] **1.** *a* (*generous*) nagyvonalú, bőkezű; (*open-minded*) szabadelvű, liberális **2.** *n* **L~** liberális (párt tagja)

liberate ['lɪbəreɪt] *v* kiszabadít, felszabadít

liberty ['lɪbəti] *n* szabadság || **be at ~** szabadlábon van; **take the ~ (of ...ing)** bátorkodik (*vmt tenni*)

librarian [laɪ'breərɪən] *n* könyvtáros

library ['laɪbrərɪ] *n* könyvtár

lice [laɪs] *pl* → **louse**

licence (*US* **-se**) ['laɪsns] *n* (*for driving*) jogosítvány, engedély; (*for sale*) licenc; → **license**

licence number *n* rendszám

license ['laɪsns] **1.** *n US* = **licence**
2. *v* engedélyez, jogosítványt ad
(vmre)
license plate *n US* rendszámtábla
lick [lɪk] **1.** *n* nyalás **2.** *v* (meg)nyal
lid [lɪd] *n* tető, fedél, fedő
lido ['liːdəʊ] *n* (*pl* **-os**) strand; (nyitott) uszoda
lie[1] [laɪ] **1.** *n* hazugság **2.** *v* (*pt/pp*
lied [laɪd]; *pres p* **lying** ['laɪɪŋ]) hazudik
lie[2] [laɪ] *v* (*pt* **lay** [leɪ], *pp* **lain** [leɪn];
pres p **lying** ['laɪɪŋ]) fekszik, elterül (*ingatlan*) || **sg ~s in** (**...ing**)
abban rejlik, hogy
lie about szerteszét hever
lie down (le)fekszik
lie in (*stay in bed*) ágyban marad;
(*after childbirth*) gyermekágyban
fekszik
lieutenant [leftenənt; us luː-] *n GB*
főhadnagy; *US* hadnagy
life [laɪf] *n* (*pl* **lives** [laɪvz]) élet;
(*biography*) életrajz || **come to ~**
(**again**) életre kel
life assurance/insurance *n* életbiztosítás
lifebelt ['laɪfbelt] *n* mentőöv
lifeboat ['laɪfbəʊt] *n* mentőcsónak
lifeguard ['laɪfgɑːd] *n* (*in baths*)
úszómester || **~s** *pl* (*on beach*)
mentőszolgálat
life jacket *n* mentőmellény
lifelike ['laɪflaɪk] *a* élethű
life-preserver *n US* (*belt*) mentőöv; (*jacket*) mentőmellény; (*stick*)
ólmosbot
life-saver *n* (élet)mentő
life sentence *n* életfogytiglani börtönbüntetés
lifetime ['laɪftaɪm] *n* élettartam

lift [lɪft] **1.** *n* lift, (személy)felvonó ||
give sy a ~ járműre vkt felvesz **2.**
vt (*raise*) (fel)emel; *col* (*steal*) elemel, ellop | *vi* (*rise*) felszáll
light[1] [laɪt] **1.** *a* (*clear*) világos;
(*pale*) sápadt, halvány; (*bright*)
világos (színű) **2.** *n* (*brightness*)
fény, világosság; (*lamp*) (villany)-
lámpa; (*flame*) tűz, láng || **bring
sg to ~** napfényre hoz vmt;
(*mystery*) felderít; **~s** (*of car*)
világítás; **give (sy) a ~** tüzet ad;
in the ~ of sg vmnek fényében **3.**
v (*pt/pp* **lit** [lɪt] *or* **lighted** ['laɪtɪd])
meggyújt || **~ a cigarette** cigarettára gyújt; **~ a fire** tüzet rak
light up (*room*) kivilágít; (*area*)
bevilágít
light[2] [laɪt] **1.** *a* (*not heavy*) könnyű;
(*slight*) enyhe; gyenge || **make ~
of sg** túlteszi magát vmn **2.** *adv*
könnyen, könnyedén **3.** *v* (*pt/pp* **lit**
[lɪt] *or* **lighted** ['laɪtɪd]) **~ on/upon
sg/sy** ráakad/rábukkan vmre/vkre
light ale *n* világos sör
lighten[1] ['laɪtən] *v* (*heart*) enyhít;
(*cargo*) könnyít
lighten[2] ['laɪtən] *vt* kivilágít | *vi* (ki)-
világosodik
lighter ['laɪtə] *n* öngyújtó
light-headed *a* (*dizzy*) szédülő(s);
(*careless*) szeleburdi
light-hearted *a* gondtalan
lighthouse ['laɪthaʊs] *n* világítótorony
light music *n* könnyűzene
lightning ['laɪtnɪŋ] *n* villám
light pen *n* fényceruza
lightweight ['laɪtweɪt] *n sp* könnyű-
súly
light year *n* fényév

like[1] [laɪk] **1.** *a/prep* (*similar*) hasonló vkhez/vmhez; (*comparison*) mint || **just ~** (ugyan)olyan, mint; **just ~ you!** ez jellemző rád! **2.** *adv/conj* mint; úgy, amint **3.** *n* **the ~s of him** a hozzá hasonlók

like[2] [laɪk] *v* szeret || **as you ~** ahogy akarod; **if you ~** ha (úgy) tetszik; **I'd ~ a coffee** egy kávét kérek

likeable ['laɪkəbl] *a* rokonszenves

likely ['laɪklɪ] **1.** *a* valószínű || **he is ~ to be late** lehet, hogy késni fog **2.** *adv* valószínűleg

likewise ['laɪkwaɪz] *a* hasonlóképpen, ugyanúgy

liking ['laɪkɪŋ] *n* tetszés || **be to sy's ~** ínyére/kedvére van/való; **have a ~ for sg** szeret/kedvel vmt

lilac ['laɪlək] *a bot* orgona

lily ['lɪlɪ] *n* liliom || **~ of the valley** gyöngyvirág

limb [lɪm] *n* (*of body*) (vég)tag; (*of tree*) vastag (fa)ág

lime[1] [laɪm] *n* (*substance*) mész

lime[2] [laɪm] *n* (*tree*) hársfa

lime[3] [laɪm] *n* (*fruit*) citrom

limelight ['laɪmlaɪt] *n theat* rivaldafény

limestone ['laɪmstəʊn] *n* mészkő

limit ['lɪmɪt] **1.** *n* határ, korlát **2.** *v* korlátoz, határt szab vmnek || **be ~ed to** vmre korlátozódik/szorítkozik

limitation [ˌlɪmɪ'teɪʃn] *n* korlátozás

limited ['lɪmɪtɪd] *a* korlátozott, korlátolt || **~ number of copies were printed** kis példányszámban jelent meg

limited liability company *n* korlátolt felelősségű társaság, kft.

limp [lɪmp] **1.** *n* **walk with a ~** sántikál **2.** *v* biceg, sántít

line [laɪn] **1.** *n* (*mark*) vonal; (*feature*) vonás; (*row*) sor; (*route*) közlekedési vonal; (*sea*) járat; (*track*) sínpár; (*wire, cable*) huzal, vezeték; (*of telephone*) telefonvonal; (*rope*) kötél || **be in ~ with sg** összhangban van vmvel **2.** *v* (*mark with line*) (meg)vonalaz; (*clothes*) (ki)bélel

line up *vt* felsorakoztat | *vi* (fel)sorakozik

linen ['lɪnɪn] *n* (*cloth*) vászon; (*garment*) fehérnemű

liner[1] ['laɪnə] *n* (*ship*) óceánjáró; (*for make-up*) szemceruza; (*aircraft*) nagy személyszállító repülőgép

liner[2] ['laɪnə] *n* (*for baby*) (pelenka)betét; (*for dust*) szemeteszacskó

linger ['lɪŋgə] *v* sokáig távolmarad; kimarad || **~ about/around** lődörög; lézeng; **~ on** tovább él (*emlék*)

lingerie ['lɒnʒərɪ] *n* női fehérnemű

lingo ['lɪŋgəʊ] *n* (*pl* **-goes**) *col* (*language*) nyelv; (*jargon*) nyelvjárás; szakzsargon

linguistics [lɪŋ'gwɪstɪks] *n sing.* nyelvtudomány, nyelvészet

lining ['laɪnɪŋ] *n* (*of clothes*) bélés

link [lɪŋk] **1.** *n* (*chain*) láncszem, kapcsolat; *tech* (*connection*) kötés; → **links 2.** *v* összekapcsol, összeköt (*with* vmvel)

link up *vt* összekapcsol | *vi* összekapcsolódik

links [lɪŋks] *n pl* (*golf*) golfpálya

lint [lɪnt] *n* kötszer

lion ['laɪən] *n* oroszlán

lip [lɪp] *n (of mouth)* ajak; *(of vessel)* száj
lipstick ['lɪpstɪk] *n* (ajak)rúzs
liqueur [lɪ'kjʊə] *n* likőr
liquid ['lɪkwɪd] **1.** *a* folyékony (halmazállapotú), cseppfolyós **2.** *n* folyadék, lé
liquidate ['lɪkwɪdeɪt] *v (company)* feloszlat, felszámol
liquidizer ['lɪkwɪdaɪzə] *n* turmixgép
liquor ['lɪkə] *n US* szeszes ital
lisp [lɪsp] **1.** *n* selypítés **2.** *v* selypít, pöszén beszél
list [lɪst] **1.** *n* jegyzék, lista ‖ **make a ~ of sg** jegyzékbe vesz, leltároz **2.** *v* jegyzékbe vesz, vhova besorol
listen ['lɪsn] *v* ~ **(attentively)** figyel
listen in (to) rádiót hallgat, vmt meghallgat
listen to vkre odafigyel, vkt/vmt meghallgat ‖ ~ **to me** hallgasson meg!; ~ **to music** zenét hallgat
lit [lɪt] *pt/pp* → **light**[1], **light**[2]
liter ['liːtə] *n US* = **litre**
literally ['lɪtrəlɪ] *adv* szó/betű szerint
literary ['lɪtərən] *a* irodalmi
literate ['lɪtərət] *a (able to read, write)* írni-olvasni tudó; *(educated)* olvasott
literature ['lɪtrətʃə] *n* irodalom
litigate ['lɪtɪɡeɪt] *v* pereskedik
litre *(US* **liter)** ['liːtə] *n* liter
litter ['lɪtə] **1.** *n (rubbish)* hulladék, szemét; *(bedding)* alom **2.** *v (give birth)* kölykezik; *(with rubbish)* teleszemetel; *(make bed)* almot készít
litter bin *n* szemétláda
little ['lɪtl] *a* kis, kicsi(ny), kevés ‖ **a ~** egy kis, valamennyi; egy kicsit; **a ~ bit of** valamicske; ~ **by ~**

lassanként, apránként; **in a ~ while** rövidesen, hamarosan
live 1. [laɪv] *a* élő, eleven; *el* áram alatti ‖ **be ~ (wire)** ráz; ~ **broadcast/coverage** *radio, TV* élő/egyenes adás/közvetítés **2.** [lɪv] *v (exist)* él; *(reside)* lakik ‖ ~ **to see sg** vmely életkort megél
live down *(scandal)* kihever; *(sorrow)* idővel elfeledtet
live on sg megél vmiből
live up to *(expectations)* megfelel vmnek; *(standards)* felnő *(színvonalhoz)*
livelihood ['laɪvlɪhʊd] *n* megélhetés
liveliness ['laɪvlɪnɪs] *n* elevenség, élénkség, fürgeség, frissesség
lively ['laɪvlɪ] *a* eleven, élénk
liven up ['laɪvn] *vi* felélénkül | *vt* felélénkít
liver ['lɪvə] *n* máj
lives [laɪvz] *pl* → **life**
living ['lɪvɪŋ] **1.** *a* élő **2.** *n* megélhetés, kereset ‖ **what does (s)he do for a ~?** mivel foglalkozik?
living room *n* nappali (szoba)
living standard *n* életszínvonal
lizard ['lɪzəd] *n* gyík
load [ləʊd] **1.** *n* rakomány, teher, (meg)terhelés ‖ ~**s of** sok, tömérdek **2.** *v (burden)* (be)rakodik, megrak; *(charge)* terhel *(with* vmvel); *(fill)* betölt; megtölt ‖ ~ **(up) with sg** megrak vmvel
loaded question *n* beugrató kérdés
loaf[1] [ləʊf] *n (pl* **loaves** ['ləʊvz]) egész kenyér, egy kenyér
loaf[2] [ləʊf] *v* ácsorog, őgyeleg ‖ ~ **about/around** cselleng, lóg, lődörög
loam [ləʊm] *n* agyag

loan [ləʊn] **1.** n kölcsön(zés), kölcsönadás **2.** v US ~ **sg to sy** (or **sy sg**) vknek vmt kölcsönöz/kölcsönad

loath [ləʊθ] a **be ~ to do sg** átall/rühell vmt tenni

loathe [ləʊð] v utál, gyűlöl

loaves [ləʊvz] pl → **loaf¹**

lobby [ˈlɒbɪ] **1.** n (place) parlamenti folyosó; (group) érdekcsoport, lobby **2.** v lobbyzik

lobster [ˈlɒbstə] n homár

local [ˈləʊkl] **1.** a helyi, helybeli, községi **2.** n **the ~s** a helybeliek

local authority n helyhatóság, (helyi) önkormányzat

local government n önkormányzat

locality [ləʊˈkælətɪ] n helység, hely

localize [ˈləʊkəlaɪz] v lokalizál

locally [ˈləʊkəlɪ] adv helyileg

locate [ləʊˈkeɪt] v (mérőműszerrel) bemér; lokalizál

location [ləʊˈkeɪʃn] n (position) elhelyezkedés, fekvés; (site) hely(szín); (locating) helymeghatározás

loch [lɒk] n tó

lock [lɒk] **1.** n (on door) zár; (of canal) zsilip; (of hair) (haj)fürt **2.** v ~ **(up)** (with key) bezár ‖ ~ **the door** kulcsra zárja az ajtót

locker [ˈlɒkə] n (öltöző)szekrény

locket [ˈlɒkɪt] n medál, medalion

locksmith [ˈlɒksmɪθ] n (zár)lakatos

locomotive [ləʊkəˈməʊtɪv] n mozdony

locust tree n (fehér) akác

lodge [lɒdʒ] **1.** n (small house) lak, házikó, kunyhó; (of porter) portásfülke **2.** v (person) elszállásol; (charge) benyújt

lodger [ˈlɒdʒə] n lakó, albérlő

lodging [ˈlɒdʒɪŋ] n szállás; → **lodgings**

lodging-house n panzió

lodgings [ˈlɒdʒɪŋz] n pl albérleti/bútorozott szoba

loft [lɒft] n padlás

lofty [ˈlɒftɪ] a emelkedett, fennkölt

log [lɒg] n (fa)hasáb, fatuskó, rönk

logbook [ˈlɒgbʊk] n hajónapló; menetnapló

logical [ˈlɒdʒɪkl] a logikus, okszerű

logo [ˈləʊgəʊ] n (pl **-gos**) embléma, rövid szöveg

loins [lɔɪnz] n pl ágyék

loiter [ˈlɔɪtə] v ~ **about/around** lődörög, álldogál

loll [lɒl] v ~ **about** ácsorog ‖ ~ **out** (tongue) kilóg

lollipop [ˈlɒlɪpɒp] n nyalóka

lone [ləʊn] a (solitary) magányos; (single) egyedül álló

loneliness [ˈləʊnlɪnɪs] n egyedüllét, elhagyatottság

lonely [ˈləʊnlɪ] a magányos, elhagyatott

long¹ [lɒŋ] **1.** a hosszú **2.** adv hosszú ideig, hosszan ‖ **it won't be** ~ nem tart soká; ~ **ago** régen, hajdan(ában); **as** ~ **as** mindaddig, amíg; ~ **live ...!** éljen!; **in the** ~ **run** hosszú távon/távra; **for a** ~ **time** régóta, soká **3.** n hosszú idő ‖ **before** ~ nemsokára, rövidesen; **for** ~ hosszasan, soká; **take** ~ **(to do sg)** soká tart

long² [lɒŋ] v vágyódik ‖ ~ **for sg/sy** vm után, vk/vm után vágyódik/sóvárog

long-distance a távolsági ‖ ~ **call** US távolsági beszélgetés; ~ **runner** hosszútávfutó

longer ['lɒŋgə] 1. *a* hosszabb 2. *adv* (*extent*) hosszabbra; (*time*) tovább || **no ~** már nem, többé (már) nem

longitude ['lɒndʒɪtjuːd] *n geogr* hosszúság

long jump *n* távolugrás

long-lasting *a* hosszú ideig tartó, tartós

long-life *a* tartós || **~ battery** tartós elem

long-playing record *n* mikrobarázdás hanglemez, mikrolemez

long-range *a* hosszú lejáratú/távú

long-sighted *a med* messzelátó

long-standing *a* régóta meglevő/ fennálló

long-term *a* hosszú lejáratú/távú

long wave *n* hosszú hullám

loo [luː] *n col* vécé

look [lʊk] 1. *n* (*glance*) pillantás, tekintet; (*appearance*) látszat, szín, külső || **have/take a ~ at** megnéz; → **looks** 2. *v* (*see, glance*) (meg)néz, tekint; (*seem, appear*) látszik, tűnik, fest, kinéz (vmlyennek) || **she does not ~ her age** nem látszik annyinak; **~ like sy/sg** hasonlít vkhez/vmhez, vmlyennek látszik; **it ~s like (it)** nagyon lehetséges

look after (*person*) figyel/vigyáz vmre/vkre; gondoskodik vkről/vmről

look around szétnéz, körülnéz

look at (meg)néz, ránéz

look back hátranéz, visszatekint (*on* vmre)

look down on sy vkt lenéz

look for sg (*seek*) keres vkt/vmt; (*expect*) vár, remél vmt

look forward to (doing) sg előre örül vmnek; vmt (alig) vár

look in (on sy) *col* vkhez beugrik/benéz

look into (*question*) megvizsgál, vmbe beletekint

look on (*watch*) végignéz; (*regard*) tart/tekint (*as* vmnek)

look out (*for danger*) vigyáz

look round szétnéz, körülnéz

look up (*raise eyes*) felnéz; (*data, facts*) visszakeres

look up to sy vkre felnéz

looker-on *n* (*pl* **lookers-on**) néző

looking-glass *n* tükör

looks [lʊks] *n pl* megjelenés, kinézés

loom[1] [luːm] *n* szövőszék

loom[2] [luːm] *v* dereng, ködlik

loony ['luːnɪ] *n col* bolond, dilis

loop [luːp] 1. *n* (*on coat*) akasztó; (*on wire*) hurok; *comput* hurok, ciklus 2. *v* hurkol

loophole *n* ['luːphəʊl] (*for shooting*) lőrés; *fig* (*in law*) kibúvó, kiskapu

loose [luːs] *a* (*not tight*) laza, tág, bő; (*not firm*) petyhüdt, ernyedt; (*immoral*) feslett, léha || **come ~** (*knitting*) meglazul

loose-leaf book *n* cserélhető lapokból álló könyv, gyűrűs könyv

loosen ['luːsn] *vt* (meg)lazít, megold; (*dress*) kitágít | *vi* meglazul

loot [luːt] 1. *n* zsákmány, *col* szajré 2. *v* fosztogat, rabol

looter ['luːtə] *n* fosztogató

lop-sided [lɒp'saɪdɪd] *a* aszimmetrikus

loquacious [ləʊ'kweɪʃəs] *a* bőbeszédű

lord [lɔːd] *n* lord || **My L~** *GB* (főrendek megszólítása*)*; **the L~** *rel* az Úr (*Isten, ill. Jézus Krisztus*)

Lord Chancellor n GB igazság-
ügy-miniszter
Lord Mayor [meə] n (in London)
főpolgármester
lorry ['lɒri] n teherautó; kamion
lorry driver n teherautó-vezető,
kamionvezető
lose [lu:z] v (pt/pp lost [lɒst]) (el)-
vesz(í)t; (clock) késik ‖ **I've lost
my keys** elvesz(í)tettem a kulcsa-
imat, elvesztek a kulcsaim; ~
consciousness elveszti eszméle-
tét; ~ **one's temper** kijön a sod-
rából; ~ **one's way** eltéved; ~
time időt veszít; ~ **weight** fogy;
→**lost**
loser ['lu:zə] n vesztes
loss [lɒs] n (damage) veszteség,
(anyagi) kár; (deprivation) csök-
kenés ‖ **be at a** ~ zavarban van,
tanácstalan; **make a** ~ **on sg**
(business) ráfizet
lost [lɒst] a elveszett, (el)vesztett ‖
be ~ nem ismeri ki magát, · elté-
vedt; **get** ~ (lose one's way) elté-
ved; (speech) nem tud követni
vmt; ~ **lost!** col tűnj el!; **be** ~ **in
sg** vmbe belemélyed, vmben el-
merül; → **lose**
lost-property office n talált tár-
gyak osztálya
lot [lɒt] n (destiny) sors, osztályrész;
US (land) telek, házhely ‖ **a** ~ **of,
~s of** sok, egy csomó, rengeteg;
the ~ col az egész
lotion ['ləʊʃn] n arcvíz; (body ~)
testápoló
lottery ['lɒtəri] n lottó
loud [laʊd] **1.** a (loudy) hangos,
zajos; (colour) rikító **2.** adv han-
gosan
loudly ['laʊdli] adv hangosan

loudspeaker [laʊd'spi:kə] n hang-
szóró, hangosbemondó
lounge [laʊndʒ] **1.** n (in hotel) hall;
(in theatre) előcsarnok; (for wait-
ing) várócsarnok **2.** v ~ **about/
around** őgyeleg, üldögél
lounge suit n utcai ruha
louse [laʊs] n (pl **lice** [laɪs]) tetű
lousy ['laʊzi] a (full of lice) tetves;
col (bad) komisz, pocsék
love [lʌv] **1.** n szeretet; (of opposite
sex) szerelem; (in tennis) semmi ‖
be in ~ **with sy** szerelmes vkbe;
send one's ~ **to sy** üdvözöl;
make ~ **(to sy)** (vkvel) szeretke-
zik; **my** ~ szíve(cské)m, édesem
2. v szeret vkt, szerelmes vkbe
love affair n szerelmi viszony
love letter n szerelmes levél
lovely ['lʌvli] a szép, csinos, helyes
lover ['lʌvə] n szerető, kedves
low [ləʊ] **1.** a (deep) alacsony,
mély; (inferior) alantas, alsóbb-
rendű; (weak) gyenge; (soft) halk,
csendes ‖ **at a** ~ **price** olcsón; ~
speed kis sebesség; **be in** ~ **spir-
its, feel** ~ lehangolt, rosszkedvű;
in a ~ **voice** halkan **2.** adv
(deeply) alacsonyan, mélyen;
(softly) halkan, mély hangon;
(weakly) gyengén
lower ['ləʊə] **1.** a (below) alsó,
lenti; (comparison) alacsonyabb ‖
the ~ **part of sg** vmnek az alsó
része **2.** adv ~ **(down)** lejjebb,
alább **3.** v (let down) leenged,
süllyeszt; leereszt; (reduce) (le)-
csökken(t); (weaken) lehalkít ‖ ~
one's voice halkabban beszél; ~
oneself lealacsonyodik
Lower House n (in Parliament)
alsóház

lowland(s) ['ləʊlənd(z)] *n* (*pl*) alföld, síkság

low-lying *a* mélyen fekvő

low-spirited [ləʊ'spɪrɪtɪd] *a* nyomott hangulatú

loyal ['lɔɪəl] *a* hű, hűséges (*to vkhez*)

loyalist ['lɔɪəlɪst] *n* kormányhű, lojalista

loyalty ['lɔɪəltɪ] *n* hűség

lozenge ['lɒzɪndʒ] *n* (*shape*) rombusz; *med* pasztilla, tabletta

LP [el 'piː] = **long-playing record**

Ltd = **limited liability company**

lubricant ['luːbrɪkənt] *n* kenőanyag

lubricate ['luːbrɪkeɪt] *v* (*machine*) zsíroz, olajoz, ken

lubrication [luːbrɪ'keɪʃn] *n* kenés, olajozás, zsír(o)zás

lucid ['luːsɪd] *a* világos

luck [lʌk] *n* szerencse || **bad/hard ~** balszerencse, pech; **be out of ~** rájár a rúd, balsikerű

luckily ['lʌkəlɪ] szerencsére || **~ for me** szerencsémre

lucky ['lʌkɪ] *a* szerencsés

lucrative ['luːkrətɪv] *a* gyümölcsöző, nyereséges

ludicrous ['luːdɪkrəs] *a* vidám; bolondos

lug [lʌg] *v* **-gg-** cipel, hurcol, vonszol

luggage ['lʌgɪdʒ] *n* (*pl* **~**) (személy)poggyász, csomag || **~ office** poggyászfeladás; **~ rack** (*in train, coach*) csomagtartó

lukewarm ['luːkwɔːm] *a* langyos

lull [lʌl] **1.** *n* szélcsend **2.** *v* **~ to sleep** álomba ringat

lullaby ['lʌləbaɪ] *n* altatódal

lumber ['lʌmbə] *n col* (*articles*) kacat, lom; *US* (*timber*) épületfa, fa(anyag)

lumberjack ['lʌmbədʒæk] *n US* favágó

luminous ['luːmɪnəs] *a* világító

lump [lʌmp] *n* rög; (*in throat*) gombóc; (*in sauce*) csomó; (*swelling*) dudor, daganat || **a ~ (of sugar)** (egy darab) kockacukor

lump sum *n* átalány

lumpy ['lʌmpɪ] *a* rögös; (*figure*) darabos; (*sauce*) csomós

lunar eclipse *n* holdfogyatkozás

lunatic ['luːnətɪk] *a/n* elmebeteg, őrült, bolond || **~ asylum** elmegyógyintézet

lunch [lʌntʃ] **1.** *n* ebéd || **have ~** ebédel **2.** *v* ebédel

luncheon ['lʌntʃən] *n* ebéd; villásreggeli || **~ meat** löncshús

lung [lʌŋ] *n* tüdő

lunge [lʌndʒ] **1.** *n* (*in fencing*) (hirtelen) szúrás, kitörés; támadás **2.** *v* (hirtelen) szúr, kitöréssel támad

lungs [lʌŋz] *n pl* tüdő

lurch [lɜːtʃ] *n* **leave sy in the ~** cserben hagy vkt

lure [lʊə] **1.** *n* csalétek **2.** *v* **~ into a trap** kelepcébe csal; **~ sy to** vhová odacsal

lurid ['lʊərɪd] *a* (*sky*) ragyogó; (*accident*) rémes

lurk [lɜːk] *v* rejtőzik; bujkál

luscious ['lʌʃəs] *a* (*fruit*) zamatos; *col* (*girl*) érzéki

lust [lʌst] **1.** *n* érzéki/testi vágy

lustful [lʌstfl] *a* buja

lustre (*US* **-er**) ['lʌstə] *n* (*of fabric*) fényesség; *fig* (*of name*) fény

lusty ['lʌstɪ] *a* életerős; energikus

lute [luːt] *n mus* lant

luxuriant [lʌg'ʒʊərɪənt] *a* (*plants*) buja; (*imagination*) gazdag

luxurious [lʌgˈʒʊərɪəs] *a* fényűző, pazar
luxury [ˈlʌkʃərɪ] *n* fényűzés, luxus
lynx [lɪŋks] *n* hiúz
lyric [ˈlɪrɪk] *a* lírai; → **lyrics**
lyrics [ˈlɪrɪks] *n pl* (dal)szöveg

M

MA = Master of Arts
ma [mɑː] *n col* mama
mac [mæk] *n col* esőköpeny
macaroni [mækəˈrəʊnɪ] *n* makaróni
machine [məˈʃiːn] *n* gép, készülék
machine-gun *n* géppuska
machinery [məˈʃiːnərɪ] *n* gépezet
mackerel [ˈmækrəl] *n* makréla
mackintosh [ˈmækɪntʊʃ] *n* esőköpeny
mad [mæd] *a* (*crazy*) őrült, bolond; (*angry*) dühös, mérges ‖ **drive sy ~** megőrjít; **go ~** megőrül
madam [ˈmædəm] *n* **M~!** asszonyom!
madden [ˈmædn] *v* megőrjít, megbolondít
made [meɪd] *a* (*thing*) készült; *fig* (*person*) beérkezett ‖ **be ~ of wood** fából készült/való; **~ in Switzerland** svájci gyártmányú; → **make**
made-to-measure *a* mérték után készült (*ruha*)
madman [ˈmædmən] *n* (*pl* **-men**) elmebajos, bolond, őrült
madness [ˈmædnɪs] *n* őrültség
maelstrom [ˈmeɪlstrɒm] *n* örvény

magazine[1] [mægəˈziːn] *n* (*store*) magazin, fegyverraktár; (*in gun, camera*) tár
magazine[2] [mægəˈziːn] *n* (képes)lap, folyóirat
maggot [ˈmægət] *n* (*in fruit*) kukac
magic [ˈmædʒɪk] **1.** *a* varázslatos, bűvös, csodás **2.** *n* varázslat
magical [ˈmædʒɪkl] *a* = **magic 1.**
magician [məˈdʒɪʃn] *n* bűvész, varázsló
magistrate [ˈmædʒɪstreɪt] *n* (*in lowest courts*) bíró; *hist GB* (*justice of peace*) békebíró
magnesium [mægˈniːzɪəm] *n* magnézium
magnet [ˈmægnɪt] *n* mágnes
magnetic [mægˈnetɪk] *a* (*field*) mágneses; (*personality*) vonzó, szuggesztív
magnetize [ˈmægnɪtaɪz] *v* (*with magnet*) mágnesez; *fig* (*by charm*) elbűvöl
magnificent [mægˈnɪfɪsnt] *a* nagyszerű, pompás, remek
magnify [ˈmægnɪfaɪ] *v* (*enlarge*) nagyít; (*exaggerate*) túloz
magnifying glass [ˈmɒgnɪfaɪɪŋ] *n* nagyító(üveg), nagyítólencse
magnitude [ˈmægnɪtjuːd] *n* nagyság, méret
magpie [ˈmægpaɪ] *n* szarka
mahogany [məˈhɒgənɪ] *n* mahagóni
maid [meɪd] *n* (*servant*) háztartási alkalmazott; (*maiden*) szűz, lány
maiden [ˈmeɪdn] *n* (*unmarried*) hajadon; (*girl*) szűz
maiden name *n* leánykori név
mail [meɪl] **1.** *n* posta(i küldemény) **2.** *v US* postára ad, elküld

mailbox ['meɪlbɒks] *n US* levél-szekrény, postaláda

mail-order firm *n* csomagküldő áruház

mail van (*or US* **truck**) *n* postako-csi

main [meɪn] **1.** *a* fő, lényeges, fon-tos, **2.** *n* (*pipe*) fővezeték ‖ **in the ~** többnyire, főleg; → **mains**

main course *n* főétel

mainland ['meɪnlænd] *n* szárazföld

mainly ['meɪnlɪ] *adv* főleg, főként, legfőképpen

main road *n* (*in town, having precedence*) főútvonal

mains ['meɪnz] *n sing. or pl vt* (*wires*) hálózat; *col* (*main pipe*) fővezeték

maintain [meɪn'teɪn] *v* (*family*) fenntart, eltart; (*road*) karbantart

maintenance ['meɪntənəns] *n* fenn-tartás; (*of divorced wife*) eltartás; (*money*) tartásdíj; (*of road, car etc.*) karbantartás

maize [meɪz] *n* kukorica

majestic [mə'dʒestɪk] *a* fenséges

majesty ['mædʒəstɪ] *n* (*quality*) fenség; (*addressing*) felség ‖ **His/ Her M~** őfelsége

major ['meɪdʒə] **1.** *a* (*greater*) fon-tosabb, főbb, nagyobb; (*of full age*) nagykorú; (*elder*) idősebb; *mus* dúr ‖ **~ road** főútvonal **2.** *n mil* őrnagy; *US* (*at university*) főszak, főtantárgy **3.** *v US* **~ in sg** (*at university*) specializálja magát vmre/vmben, vmelyik szakra jár

majority [mə'dʒɒrətɪ] *n* többség; (*age*) nagykorúság

make [meɪk] **1.** *n* márka, gyártmány **2.** *v* (*pt/pp* **made** [meɪd]) (*do, create*) csinál, készít; (*prepare*) elkészít, (*meg*)főz; (*produce*) elő-állít, gyárt; (*earn*) keres; (*reach*) vhova elér; (*travel*) megtesz ‖ **2 and 4 ~ 6** 2 meg 4 az annyi, mint 6; **he ~s £12 000 a year** évi 12 000 fontot keres; **~ friends (with)** (össze)barátkozik (vkvel); **~ as if/though** úgy tesz, mintha ...; **~ it** *col* viszi valamire; **~ sy do sg** vkt vmre rábír/rákényszerít; **have sg made** csináltat

make for (a place) vhová igyek-szik

make (sg) of (sg) (*prepare*) vmből készít vmt; (*understand*) vhogyan ért/magyaráz vmt ‖ **be made of sg** vmből készült/van

make out (*decipher*) kisilabizál, kibetűz; (*understand*) megért; (*cheque*) kiállít; (*prescription*) felír

make up (*face*) kifest; (*medicine, dress*) elkészít; (*parcel*) összeállít; (*story*) kitalál vmt; (*ruhát*) elké-szít; **~ up one's mind to do sg** rászánja magát vmre; → **mind**

make up for (*time*) behoz; (*fact*) jóvátesz; (*loss*) pótol

make-believe 1. *a* színlelt, hamis **2.** *n* színlelés, tettetés

makeshift ['meɪkʃɪft] *a/n* hevenyé-szett, ideiglenes (tákolmány)

make-up *n* (*cosmetics*) arcfesték, smink; (*making-up*) arcfestés, ki-készítés

malaise [mæ'leɪz] *n* rossz közérzet; *also fig* gyengélkedés

malaria [mə'leərɪə] *n* malária

male [meɪl] *biol* **1.** *a* hím(nemű), férfi **2.** *n* (*person, animal*) hím; (*animal*) bak

malevolent [mə'levələnt] *a* rossz-indulatú

malfunction [mæl'fʌŋkʃn] n működési zavar

malice ['mælɪs] n rosszindulat

malicious [mə'lɪʃəs] a rosszindulatú

malign [mə'laɪn] **1.** a rosszindulatú **2.** v rossz színben tüntet fel vkt

malignant [mə'lɪgnənt] a med rosszindulatú

mall [mɔːl] n US sétálóutca

malnutrition [mælnjuː'trɪʃn] n hiányos táplálkozás

malt [mɔːlt] n maláta

maltreat [mæl'triːt] v ~ sy rosszul bánik vkvel, gyötör vkt

mama, mamma [mə'maː] n col mama

mammal ['mæml] n emlős(állat) ‖ ~s pl emlősök

mammoth ['mæməθ] a/n mamut

man [mæn] n (pl **men** [men]) (person) ember; (male) férfi

manage ['mænɪdʒ] v (control) kezel, irányít; (direct) igazgat, vezet; comm (deal with) bonyolít; vmt menedzsel; (succeed) vmvel boldogul ‖ ~ **to do sg** (vknek vm, vmt megtenni) sikerül; **I can't ~ it** nem boldogulok vele; **can ~ without sg** megvan vm nélkül

management ['mænɪdʒmənt] n (managing) kezelés; (direction) vezetés; (managers) vezetőség, főnökség, menedzsment; (administration) adminisztráció

manager ['mænɪdʒə] n (of bank, factory) igazgató; (of restaurant, shop) vezető; (of business) menedzser, vállalatvezető; sp szövetségi kapitány

managing director n ügyvezető igazgató

mandarin (orange) ['mændərɪn] n mandarin

mandate ['mændeɪt] **1.** n (authority) mandátum **2.** v megbíz

mane [meɪn] n sörény

maneuver [mə'nuːvə] US = **manoeuvre**

manful ['mænfl] a bátor, férfias

manhandle ['mænhændl] v kézi erővel mozgat/szállít; col bántalmaz

manhole ['mænhəʊl] n (in street) utcai akna, csatornanyílás

manhood ['mænhʊd] n (state) férfikor; (manliness) férfiasság

mania ['meɪnɪə] n (divat)hóbort, mánia

maniac ['meɪnɪæk] n (madman) őrült; (enthusiast) megszállott

manicure ['mænɪkjʊə] **1.** n manikűr **2.** v manikűröz

manifest ['mænɪfest] **1.** a nyilvánvaló **2.** v (ki)nyilvánít, kimutat ‖ ~ **itself** megnyilatkozik, megnyilvánul

manifesto [mænɪ'festəʊ] n (pl **-toes** or **-tos**) kiáltvány

manifold ['mænɪfəʊld] a sokféle, sokszoros

manipulate [mə'nɪpjʊleɪt] v befolyásol; manipulál

mankind [mæn'kaɪnd] n (species) az emberi nem, emberfaj; (sex) férfiak

manly ['mænlɪ] a férfias

man-made a mesterséges, műanyag

mannequin ['mænɪkɪn] n (dummy) próbababa; (model) manöken

manner ['mænə] n mód, modor ‖ **in this ~** így, ily módon; → **manners**

manners ['mænəz] *n pl* viselkedés, modor ‖ **have bad ~** rossz modora van

manoeuvre (*US* **-neuver**) [mə'nu:və] **1.** *n* (*movement*) hadművelet; (*plan*) manőver **2.** *v also mil* manőverez; *col* lavíroz

manor (house) ['mænə] *n* (*castle*) kastély; (*house*) udvarház

manpower ['mænpaʊə] *n* munkaerő, munkáslétszám

man-servant *n* (*pl* **men-servants**) inas

mansion ['mænʃn] *n* (*palace*) kastély; (*house*) (nemesi) kúria

manslaughter ['mænslɔ:tə] *n* (szándékos) emberölés

mantelpiece ['mæntlpi:s] *n* kandallópárkány

mantle ['mæntl] *n* köpeny, köpönyeg

manual ['mænjʊəl] **1.** *a* kézi **2.** *n* (*book*) kézikönyv; (*keyboard*) billentyűzet

manufacture [mænju'fæktʃə] **1.** *n* gyártás **2.** *v* gyárt, termel

manufacturer [mænju'fæktʃərə] *n* gyártó (cég)

manure [mə'njʊə] **1.** *n* trágya **2.** *v* (meg)trágyáz

manuscript ['mænjʊskrɪpt] *n* kézirat

many ['menɪ] *a* (*with plural noun*) sok, számos ‖ **how ~?** hány?, mennyi?; **~ a man** sok ember; **a good/great ~** jó sok; **~ a time, ~ times** sokszor; **as ~ as** annyi ... amennyi; **~ people** rengeteg (sok) ember

map [mæp] **1.** *n* térkép **2.** *v* **-pp-** feltérképez

map out (*arrange*) kidolgoz; (*plan*) eltervez

maple ['meɪpl] *n* juharfa (*élő*)

mar [mɑ:] *v* **-rr-** elront

marble ['mɑ:bl] *n* márvány ‖ **~s** *pl* (játék)golyók

March [mɑ:tʃ] *n* március; → **August**

march [mɑ:tʃ] **1.** *n* menet(elés); *mus* induló **2.** *v* (*on parade*) felvonul; (*soldiers*) gyalogol, menetel

mare [meə] *n* kanca

margarine [mɑ:dʒə'ri:n] *n* margarin

margin ['mɑ:dʒɪn] *n* szegély, perem, (lap)szél, margó

marijuana [mærɪ'wɑ:nə] *n* marihuána

marine [mə'ri:n] **1.** *a* tengeri **2.** *n* tengerészgyalogos

mariner ['mærɪnə] *n* tengerész

marionette [mærɪə'net] *n* báb(u), marionett

marital status ['mærɪtl] *n* családi állapot

maritime ['mærɪtaɪm] *a* tengeri, tengerészeti

marjoram ['mɑ:dʒərəm] *n* majoránna

mark [mɑ:k] **1.** *n* (*spot*) folt; (*trace*) nyom; (*sign*) jelzés; (*stamp*) bélyeg; (*target*) cél(pont); (*in sport*) pont; (*at school*) (érdem)jegy, osztályzat ‖ **hit the ~** (célba) talál; **leave its ~ on sg** rányomja a bélyegét vmre **2.** *v* (*indicate*) vmt vmvel (meg)jelöl; (*price*) árjelzéssel ellát; (*exam*) (le)osztályoz; (*signal*) jelez; (*pay attention*) figyel

mark out (*put line*) kijelöl, kitűz; (*for purpose*) kiszemel

marked [mɑ:kt] *a* feltűnő, határozott

market ['mɑːkɪt] *n* (*demand, trade*) piac; (*area*) vásárcsarnok

market economy *n* piacgazdaság

market garden *n* bolgárkertészet, konyhakertészet

marketing ['mɑːkɪtɪŋ] *n* marketing, piacszervezés

market-place, the *n* a piac

marksman ['mɑːksmən] *n* (*pl* -**men**) céllövő, mesterlövész

marmalade ['mɑːməleɪd] *n* narancsdzsem

maroon [mə'ruːn] *a/n* gesztenyebarna

marquess ['mɑːkwɪs] *n* márki

marquis ['mɑːkwɪs] *n* márki

marriage ['mærɪdʒ] *n* házasság

married ['mærɪd] *a* házas, nős, férjes, férjezett ‖ ~ **couple** házaspár

marrow[1] ['mærəʊ] *n* (*of bone*) (csont)velő

marrow[2] ['mærəʊ] *n* GB (*vegetable* ~) tök

marry ['mærɪ] *v* (*woman*) feleségül vesz vkt; (*man*) férjhez megy vkhez; (*couple*) házasságot köt vkvel; (*priest*) összeesket ‖ **get married** házasságot köt, összeházasodik

marsh [mɑːʃ] *n* mocsár, láp

marshal ['mɑːʃl] *n* marsall

marsh-land *n* láp

martial law ['mɑːʃl] *n* statárium

martyr ['mɑːtə] *n* vértanú, mártír

marvel ['mɑːvl] **1.** *n* csoda **2.** *v* -**ll-** (*US* -**l-**) ~ **at (sg)** csodálkozik vmn

marvellous (*US* -**l-**) ['mɑːvələs] *a* csodálatos, remek

mascot ['mæskət] *n* amulett, talizmán, kabala

masculine ['mæskjʊlɪn] **1.** *a* férfias; *gram* hímnemű **2.** hímnem

mash [mæʃ] *n* püré

mashed potatoes [mæʃt] *n pl* krumplipüré

mask [mɑːsk] *n* (*on face*) álarc, maszk; (*on head*) sisak

mason ['meɪsn] *n* (*builder*) kőműves; (*free~*) szabadkőműves

masquerade [mæskə'reɪd] *n* (*ball*) álarcos felvonulás, álarcosbál; *fig* (*pretence*) komédia; (*fancy dress*) jelmez; maskara

mass[1] [mæs] *n phys* (*quantity*) tömeg; (*bulk*) halom ‖ **the ~es** a tömegek

mass[2] [mæs] *n rel* mise

massacre ['mæsəkə] **1.** *n* öldöklés, tömegmészárlás **2.** *v* (*people*) lemészárol

massage ['mæsɑːʒ] *v* masszíroz

massive ['mæsɪv] *a* tömör, maszszív, (nagyon) nehéz

mass media *n pl* tömegtájékoztató eszközök, a média (= médiumok)

mass production *n* tömeggyártás

mast [mɑːst] *n* árboc

master ['mɑːstə] **1.** *n* gazda, úr; (*artist*) mester; (*teacher*) tanár, tanító; (*of college*) igazgató; (*captain*) kapitány; GB (*degree*) M~ „magister" **2.** *v* ~ **sg** (*instrument, language, method*) vmbe beletanul, elsajátít vmt

master key *n* álkulcs

mastermind ['mɑːstəmaɪnd] **1.** *n* kitűnő koponya, nagy szellem **2.** *v* a háttérből irányít

Master of Arts *n* GB *approx* bölcsészdoktor

Master of Science GB *approx* természettudományi doktor

masterpiece ['mɑːstəpiːs] *n* mestermű, remekmű

mat¹ [mæt] **1.** n (*at door*) lábtörlő; (*on table*) (tányér)alátét; (*of hair*) hajcsomó **2.** v **-tt-** (*hair*) össze-csomósodik

mat² [mæt] a = **matt**

match [mætʃ] **1.** n (*piece of wood*) gyufa; (*game*) meccs, mérkőzés; (*equal*) párja vmnek/vknek; (*marriage*) házasság ‖ **a box of ~es** egy doboz gyufa; **have no ~** nincsen párja **2.** vi összeillik ǀ vt összehangol ‖ **they ~ well** (*clothes, colours*) illenek egymáshoz

matchbox ['mætʃbɒks] n gyufás-doboz

mate¹ [meɪt] **1.** n col társ, pajtás, szaki **2.** vi zoo párosodik, párzik ǀ vt pároztat

mate² [meɪt] n (*in chess*) matt

material [mə'tɪərɪəl] **1.** a anyagi; materiális **2.** n (*substance*) anyag; (*cloth*) anyag, szövet

materialize [mə'tɪərɪəlaɪz] v megva-lósul, valóra válik

maternity [mə'tɜːnətɪ] n anyaság ‖ **~ benefit** (*US allowance*) anyasági segély; **~ dress** kismamaruha; **~ hospital** szülészet (*kórház*)

math [mæθ] n US col matek

mathematician [mæθəmə'tɪʃn] n matematikus

mathematics [mæθə'mætɪks] n *sing.* matematika

maths [mæθs] n *sing. or pl* col matek

matinée ['mætɪneɪ] n délutáni elő-adás

matrices ['meɪtrɪsiːz] pl → **matrix**

matriculate [mə'trɪkjuleɪt] vt felvesz ǀ vi (*enter, enrol* beiratkozik

matrimony ['mætrɪmənɪ] n házas-ság

matrix ['meɪtrɪks] n (*pl* **matrices** ['meɪtrɪsiːz] *or* **matrixes**) *print* (*mould*) matrica, anyagminta; (*hotbed*) vmnek a melegágya; *math* mátrix

matron ['meɪtrən] n (*in hospital*) fő-nővér; (*in school*) gondnoknő

matt [mæt] a (*paint*) matt

matter ['mætə] **1.** n (*substance*) anyag; (*question*) ügy, kérdés, tárgy; (*business*) dolog ‖ **what's the ~?** mi történt/baj?; **no ~** nem számít; **as a ~ of fact** tulajdon-képp(en), ami azt illeti; **it's a ~ of taste** ez ízlés dolga **2.** v (*be im-portant*) számít ‖ **it doesn't ~** nem számít/érdekes

mattress ['mætrɪs] n matrac

mature [mə'tʃʊə] **1.** a érett; (*bill, debt*) esedékes, lejárt **2.** v érik, érlelődik

mauve [məʊv] **1.** a mályvaszín(ű) **2.** n mályvaszín

maxim ['mæksɪm] n szállóige, afo-rizma

maximum ['mæksɪməm] a maxi-mális **2.** n maximum

May [meɪ] n május; → **August**

may [meɪ] v (*pt* **might** [maɪt]) sza-bad, lehet, -hat, -het ‖ **it ~/might be that ...** lehet/lehet(séges), hogy...; **~ I?** szabad?; megengedi?

maybe ['meɪbɪ] adv lehetséges; talán, lehet

mayday ['meɪd] n SOS

mayor [meə] n polgármester

mayoress ['meərɪs] n (*lady mayor*) polgármesternő; (*wife of mayor*) polgármesterné

maze [meɪz] n labirintus, útvesztő

MD = Doctor of Medicine orvos-doktor (*magasabb fokozattal*)

me [mi:] *pron* (*accusative*) engem; (*dative*) nekem; (*stressed*) én ‖ for ~ nekem, számomra; **it's** ~ én vagyok (az); **to** ~ hozzám

meadow ['medəʊ] *n* rét

meagre (*US* **-ger**) ['mi:gə] *a* sovány

meal[1] [mi:l] *n* (*eating*) étkezés; (*food*) étel ‖ **have/take one's ~s** étkezik

meal[2] [mi:l] *n* (*coarse*) liszt

mealtime ['mi:ltaɪm] *n* étkezési idő

mean[1] [mi:n] **1.** *a* közepes, közép, átlagos **2.** *n* (*average*) átlag; → **means**

mean[2] [mi:n] *a* (*with money*) fukar, zsugori; (*inferior*) aljas, hitvány

mean[3] [mi:n] *v* (*pt/pp* **meant** [ment]) (*signify*) jelent; (*refer to*) gondol, ért; (*intend*) szándékozik, akar; (*destine*) szán (vmre) ‖ **what does it ~?** (ez) mit jelent?; **he didn't ~ it** nem szándékosan csinálta; ~ **sg for sy/sg** vknek szán vmt

meander [mɪ'ændə] *v* kígyózik, kanyarog; (*person*) bolyong

meaningful ['mi:nɪŋfl] *a* jelentős, sokatmondó

meaningless ['mi:nɪŋlɪs] *a* értelmetlen, semmitmondó

means[1] [mi:nz] *n pl* anyagi eszközök, anyagi létalap

means[2] [mi:nz] *n sing. or pl* eszköz(ök) ‖ **by all** ~ feltétlenül, mindenesetre; **by no** ~ semmi esetre (sem); **by** ~ **of** által, révén; ~ **of transport** közlekedési eszköz

meant [ment] *pt/pp* → **mean**[3]

meantime ['mi:ntaɪm] *adv* (**in the**) ~ közben, ezalatt, időközben

mean time *n* középidő

meanwhile ['mi:nwaɪl] *adv* = **meantime**

measles ['mi:zlz] *n sing.* kanyaró

measure ['meʒə] **1.** *n* méret; nagyság; (*unit*) mértékegység; (*ruler*) mérőrúd; (*tape*) mérőszalag; (*dish*) mérce, mérőedény, (*metre*) versmérték; (*step*) intézkedés ‖ ~ **of capacity** űrmérték; ~ **of weight** súlymérték; ~**s** intézkedés(ek); rendszabály(ok); **take** ~**s** intézkedik **2.** *v* (le)mér, megmér; (*land*) felmér

measurement ['meʒəmənt] *n* méret, mérték

meat [mi:t] *n* hús (*ennivaló*)

meatball ['mi:tbɔ:l] *n* fasírozott, húspogácsa

meat paste *n* húskrém

meat pie *n* húspástétom

mechanic [mɪ'kænɪk] *n* (*repairer*) szerelő; (*operator*) (gép)kezelő; gépész

mechanical [mɪ'kænɪkl] *a* gépi; (*reply*) gépies, automatikus ‖ ~ **engineer** gépészmérnök

mechanics [mɪ'kænɪks] *n sing.* (*science*) mechanika; *n pl* (*mechanism*) mechanika, szerkezet

mechanism ['mekənɪzəm] *n* mechanizmus, szerkezet

medal ['medl] *n* rendjel; kitüntetés, érem

medallion [mɪ'dælɪən] *n* (*on lace*) medál, medalion

meddle ['medl] *v* kotnyeleskedik ‖ ~ **in sg** beleavatkozik vmbe

media, the ['mi:dɪə] *n pl* tömegtájékoztató eszközök, tömegtájékoztatás, a média (= médiumok)

mediaeval [medɪ'i:vl] *a* középkori

mediate ['mi:dɪeɪt] v (*in affair*) közvetít ‖ ~ **between sy and sy** vkért közbenjár

medic [medɪk] n col medikus; doki

Medicaid ['medɪkeɪd] n US betegsegélyezés, -biztosítás, TB (*kiskeresetűeknek*)

medical [me'dɪkl] a orvosi ‖ ~ **examination** orvosi vizsgálat; ~ **practitioner** n gyakorló orvos

medicament [mə'dɪkəmənt] n gyógyszer; orvosság

medicinal herb ['medsɪnl] n gyógynövény

medicine ['medsɪn] n (*science*) orvostudomány; (*therapy*) (bel)gyógyászat; (*drug*) gyógyszer, orvosság

medieval [medɪ'i:vl] a középkori

mediocre [mi:dɪ'əʊkə] a középszerű, gyatra

meditate ['medɪteɪt] v elmélkedik, meditál (*on* vmn)

Mediterranean [medɪtə'reɪnɪən] a **the ~ Sea** a Földközi-tenger

medium ['mi:dɪəm] **1.** a (*quality*) közepes (minőségű); (*wine*) féledes **2.** n (*pl* ~**s** or **media** ['mi:dɪ:ə]) orgánum, közeg, (közvetítő) eszköz, médium

medium wave n középhullám

medley ['medlɪ] n (*mixture*) keverék; (*music*) egyveleg ‖ ~ **(swimming)** vegyes (úszás)

meek [mi:k] a szelíd, jámbor

meet [mi:t] v (*pt/pp* **met** [met]) (*encounter*) találkozik (*sy* vkvel); (*join*) összeér; (*come together*) egymásba torkollik ‖ ~ **Mr X** US bemutatom X urat; ~ **all demands/requirements** kielégíti az igényeket, megfelel a követelményeknek

meet with an accident balesetet szenved; ~ **with difficulties** akadályba/nehézségbe ütközik

meeting ['mi:tɪŋ] n találkozás; (*discussion*) megbeszélés, ülés, értekezlet ‖ **have/hold a ~** ülést tart

megaphone ['megəfəʊn] n megafon

melancholy ['melənkəlɪ] **1.** a búskomor, melankolikus **2.** n búskomorság

mellow ['meləʊ] **1.** a (*wine*) érett; (*fruit*) puha; (*voice*) lágy; (*colour*) meleg **2.** v (*wine*, *fruit*) érik

melody ['melədɪ] n dallam

melon ['melən] n dinnye

melt [melt] vt (fel)olvaszt, megolvaszt | vi (el)olvad, felolvad

melting point n olvadáspont

member ['membə] n tag; (*of body*) testrész, (vég)tag ‖ **M~ of Parliament** az (angol) alsóház tagja

membership ['membəʃɪp] n (*state*) tagság; (*number*) taglétszám

memento [mɪ'mentəʊ] n (*reminder*) emlékeztető; (*souvenir*) emlék

memo ['meməʊ] n col feljegyzés

memoirs ['memwɑ:z] n pl emlékirat, memoár

memorable ['memrəbl] a emlékezetes

memorandum [memə'rændəm] (*pl* **-da** [-də] or **-dums**) n pol jegyzék, memorandum

memorial [mɪ'mɔ:rɪəl] n emlékmű

memorize ['meməraɪz] v betanul

memory ['memərɪ] n (*faculty*) emlékezet, memória; (*recollection*) emlék; *comput* memória ‖ **from ~**

fejből, könyv nélkül; **in ~ of** vk/
vm emlékére
men [men] *pl* → **man**
menace ['menəs] **1.** *n* fenyegetés **2.**
v fenyeget *(sy with sg* vkt vmvel)
mend [mend] **1.** *n* **be on the ~** *col*
szépen gyógyul **2.** *vt (improve)*
(meg)javít, kijavít; *(darn)* megfol-
toz I *vi (patient)* javul
menial ['mi:nıəl] *a (task)* szolgai,
alantas
menopause ['menəpɔız] *n med* kli-
max
menses ['mensi:z] *n pl* menstruá-
ció, menses
menstruation [menstrʊ'eıʃn] *n*
menstruáció, menses
menswear, men's wear ['menz-
weə] *n* férfidivatáru, férfiruha
mental ['mentl] *a* értelmi, gondola-
ti, szellemi; *psych* lelki
mentality [men'tæləti] *n* mentalitás,
gondolkodásmód
mention ['menʃn] **1.** *n* említés **2.** *v*
(meg)említ ‖ **don't ~ it** *(after
thanks)* nincs miért/mit!, szíve-
sen!; **not to ~** -ról nem is beszél-
ve; **as ~ed above** mint már emlí-
tettük
menu ['menju:] *n (dishes)* étlap, ét-
rend; *comput* menü
mercantile ['mɜːkəntaıl] *a* kereske-
delmi
merchandise ['mɜːtʃəndaız] **1.** *n*
(pl ~) áru **2.** *v* kereskedik
merchant ['mɜːtʃənt] *n (trader)*
nagykereskedő; *US (shopkeeper)*
boltos ‖ **~ bank** kereskedelmi
bank; **~ navy** kereskedelmi hajó-
zás
merciful ['mɜːsıfl] *a* irgalmas, kö-
nyörületes

merciless ['mɜːsılıs] *a* irgalmatlan,
könyörtelen
mercury ['mɜːkjʊrı] *n* higany
mercy ['mɜːsı] *n* irgalmasság, kö-
nyörület ‖ **have ~ on sy** vknek
megkegyelmez
mere [mıə] *a* puszta, merő; csupa
merely ['mıəlı] *adv* csakis, csupán,
pusztán
merge [mɜːdʒ] *vt (two companies)*
összevon; *fig* összeolvaszt I *vi*
(with company) egybeolvad, fuzi-
onál; *(colours)* összefolyik
meridian [mə'rıdıən] *n* délkör
merit ['merıt] **1.** *n* érdem *(vké)* **2.** *v*
(ki)érdemel
mermaid ['mɜːmeıd] *n* sellő
merry ['merı] *a* vidám, víg ‖ **M~
Christmas (and a happy New
Year)!** kellemes ünnepeket (kívá-
nunk)!
merry-go-round *n* körhinta
mesh [meʃ] *n* (háló)szem; *fig (of
intrigue)* szövevény
mess [mes] **1.** *n col* zűr(zavar),
rendetlenség ‖ **make a ~ (in the
flat)** rendetlenséget csinál (a la-
kásban); **make a ~ of (sg)** vmt
elszúr **2.** *v* elront, összekuszál
mess about/around *(fiddle)*
piszmog, vacakol; *(treat roughly)*
durván bánik vkvel
mess up *col* elfuserál, eltol
message ['mesıdʒ] *n* üzenet ‖ **give
sy a ~** vknek vmt (meg)üzen
messenger ['mesındʒə] *n* hírnök,
küldönc; futár
Messrs ['mesəz] *pl* → **Mr**
messy ['mesı] *a (untidy)* rendetlen;
(dirty) koszos
met [met] *pt/pp* → **meet**
metal ['metl] *n* fém, érc

metallurgy ['metəlɜ:dʒɪ] *n* kohászat; fémipar

metaphysics [metə'fɪsɪks] *n sing.* metafizika

meteor ['mi:tɪə] *n* meteor

meteorite ['mi:tɪəraɪt] *n* meteorit

meteorology [mi:tɪə'rɒlədʒɪ] *n* meteorológia

mete out [mi:t] *v* (*reward*) kioszt; (*punishment*) (ki)mér, kiszab

meter[1] [mi:tə] *n* (*instrument*) (mérő)óra

meter[2] [mi:tə] *US* = metre

method ['meθəd] *n* módszer, eljárás, mód

Methodist ['meθədɪst] *n* metodista

methylated spirits [meθɪleɪtɪd 'spɪrɪts] *n pl* denaturált szesz

metre (*US* **meter**) ['mi:tə] *n* méter (= 39.37 inch); (*verse rhythm*) (vers)mérték

metropolis [mə'trɒpəlɪs] *n* világváros, főváros

mettle ['metl] *n* vérmérséklet, bátorság

mew [mju:] *v* nyávog

miaow [mi:'aʊ] **1.** *int* miau **2.** *v* miákol, nyávog

mice [maɪs] *pl →* **mouse**

microbe ['maɪkrəʊb] *n* mikroba

microcomputer [maɪkrəʊkəm'pju:tə] *n* mikroszámítógép

microelectronics [maɪkrəʊɪlek'trɒnɪks] *n sing.* mikroelektronika

microfiche ['maɪkrəʊfi:ʃ] *n* mikrokártya

microphone ['maɪkrəfəʊn] *n* mikrofon

microprocessor [maɪkrəʊ'prəʊsesə] *n* mikroprocesszor

microscope ['maɪkrəskəʊp] *n* mikroszkóp

microwave ['maɪkrəʊweɪv] *n* (*wave*) mikrohullám; (*oven*) mikrohullámú sütő

microwave oven *n* mikrohullámú sütő

mid [mɪd] *a* középső ‖ **in ~ June** június közepén

midday ['mɪddeɪ] *n* dél, délidő ‖ **at ~** délben

middle ['mɪdl] **1.** *a* a középső, közép- **2.** *n* közép(pont), vmnek a közepe

middle-aged *a* középkorú

Middle Ages *n pl* középkor

middle class *n* középosztály

Middle East, the *n* Közel-Kelet, Közép-Kelet

middleman ['mɪdlmən] *n* (*pl* **-men**) *comm* közvetítő

middle-sized *a* a közepes méretű/nagyságú

midfielder ['mɪdfi:ldə] *n sp* középpályás

midge [mɪdʒ] *n* (*wine fly*) muslica; (*gnat*) szúnyog

midget ['mɪdʒɪt] *a* apró, miniatűr **2.** (*person*) törpe

midnight ['mɪdnaɪt] *n* éjfél ‖ **at ~** éjfélkor

midsummer [mɪd's] *n* a nyár közepe

midst [mɪdst] *n* **in the ~ of** közepette

midway [mɪd'weɪ] *adv* félúton

midwife ['mɪdwaɪf] *n* (*pl* **-wives** [-waɪvz]) bába, szülésznő

might[1] [maɪt] *n* erő, hatalom

might[2] [maɪt] *pt →* **may**

mighty ['maɪtɪ] *a* hatalmas, erős

migrant ['maɪɡrənt] **1.** *a* (*bird*) költöző, vándorló **2.** *n* (*bird*) vándormadár; (*workers*) vendégmunkás

migrate [maɪ'ɡreɪt] *v* vándorol

migratory bird ['maɪgrətrɪ] *n* költöző madár

mike [maɪk] *n col* mikrofon

mild [maɪld] *a* (*gentle, slight*) enyhe; (*soft, tender*) szelíd

mile [maɪl] *n* mérföld

milestone ['maɪlstəʊn] *n* mérföldkő

milieu ['miːlj3:] *n* környezet

militant ['mɪlɪtənt] *a/n fig* harcos

military ['mɪlɪtrɪ] **1.** *a* katonai, hadi ‖ **of ~ age** sorköteles; **do one's ~ service** katonai szolgálatot teljesít **2.** *n* **the ~** katonaság

milk [mɪlk] **1.** *n* tej **2.** *v* (meg)fej

milk chocolate *n* tejcsokoládé

milk curds *n pl* túró

milk shake *n* turmix

milk-tooth *n* (*pl* **-teeth**) tejfog

milky ['mɪlkɪ] *a* tejes, tejszerű; (*cloudy*) homályos

Milky Way *n* Tejút

mill [mɪl] **1.** *n* (*factory*) malom; (*machine*) őrlő(gép), daráló **2.** *v* (*grain*) (meg)őröl, (meg)darál **mill around** (*crowd*) nyüzsög, kavarog

millennium [mɪ'lenɪəm] (*pl* **-nia** [-niːə]) *n* ezredév, millennium

miller ['mɪlə] *n* molnár; marós

milligram(me) ['mɪlɪgræm] *n* milligramm

millimetre (*US* **-ter**) ['mɪlɪmiːtə] *n* milliméter

millinery ['mɪlɪnərɪ] *n* (*for hats*) női kalap(szalon); (*for accessories*) női divatáru-kereskedés

million ['mɪliən] *num* millió

millionaire [mɪliə'neə] *n* milliomos

milometer ['maɪ'] *n* kilométeróra

mime [maɪm] **1.** *n* pantomim **2.** *v* (*with gestures*) mímel; (*with mimes*) tátogat

mimic ['mɪmɪk] *v* (**-ck-**) kifiguráz, utánoz

mince [mɪns] **1.** *n* vagdalt hús **2.** *vt* (*meat*) összevagdal ‖ *vi* (*with delicacy*) finomkodik (*in walking*) tipeg

minced meat *n* darált/vagdalt hús

minoomeat ['mɪnsmiːt] *n* mazsolás, gyümölcsös töltelék *mince pie*-ha

mince pie *n* gyümölcskosár (*édesség*)

mincer ['mɪnsə] *n* húsdaráló

mind [maɪnd] **1.** *n* (*intellect*) értelem, ész; tudat; (*memory*) emlékezet; (*way of thinking*) gondolkodásmód; (*inclination*) kedv; (*opinion*) vélemény ‖ **change one's ~** meggondolja magát; **go out of one's ~** megbolondul; **have sg in ~** vmit forgat a fejében; **make up one's ~ (to)** elhatározza/rászánja magát (vmre); **to my ~** szerintem **2.** *v* (*care about*) törődik (vmvel), figyelembe vesz; (*pay attention to*) figyel, ügyel (vmre); (*take care of*) felügyel ‖ **would you ~ (doing sg)** legyen/légy szíves...; **do you ~ if I...?** van vm kifogása az ellen, ha...?; **I do not ~ (if ...)** nem bánom, nekem mindegy; **never ~!** semmi baj!; **~ you!** jegyezze meg!; **~ your own business!** törődj a magad dolgával!

minder ['maɪndə] *n* (*of baby*) felügyelő; (*of machine*) (gép)kezelő

mindful ['maɪndfl] *a* gondos figyelmes

mindless ['maɪndlɪs] *a* (*careless*) gondatlan, nemtörődöm; (*stupid*) esztelen, értelmetlen

mine[1] [maɪn] *pron* enyém

mine[2] [maɪn] **1.** *n* (*of minerals*) bánya; (*of explosive*) akna **2.** *v* (*coal,* *metal*) bányászik; (*road, channel*) aláaknáz

miner ['maɪnə] *n* bányász, vájár

mineral ['mɪnərəl] **1.** *a* ásványi **2.** *n* ásvány ǁ ~ **water** ásványvíz

mingle ['mɪŋgl] *vt* elegyít, összekever ǀ *vi* vegyül

miniature ['mɪnɪtʃə] *n* (*small copy*) miniatűr; (*painting*) miniatúra

minibus ['mɪnɪbʌs] *n* minibusz

minimize ['mɪnɪmaɪz] *v* minimálisra csökkent, lebecsül

minimum ['mɪnɪməm] **1.** *a* legkisebb, minimális **2.** *n* minimum

mining ['maɪnɪŋ] **1.** *a* bányászati, bánya- **2.** *n* bánya

minister ['mɪnɪstə] *n* (*member of government*) miniszter; (*diplomat*) követ; (*clergyman*) lelkész, lelkipásztor

ministry ['mɪnɪstrɪ] *n* (*duty*) miniszteri tárca, miniszterség; (*office*) minisztérium; (*service*) lelkészi/papi szolgálat

minor ['maɪnə] *a* (*smaller, lesser*) kisebb; (*under age*) kiskorú; *mus* moll ǁ ~ **injury** könnyebb sérülés; ~ **road** alsóbbrendű út

minority [maɪ'nɒrətɪ] *n pol* kisebbség

mint[1] [mɪnt] *n* menta

mint[2] [mɪnt] *n* pénzverde

minus ['maɪnəs] **1.** *a*/*prep* mínusz **2.** *n* mínuszjel

minute[1] ['mɪnɪt] *n* perc ǁ **at this ~** e(bben a) percben; **in a ~** egy perc alatt; **just a ~** azonnal!, mindjárt!; → **minutes**

minute[2] [maɪ'njuːt] *a* (*small*) apró, parányi; (*detailed*) tüzetes, aprólékos

minutes ['mɪnɪts] *n pl* jegyzőkönyv

miracle ['mɪrəkl] *n rel* csoda

miraculous [mɪ'rækjʊləs] *a* csodálatos

mirage ['mɪrɑːʒ] *n* délibáb

mirror ['mɪrə] **1.** *n* tükör **2.** *v* (visz-sza)tükröz

misadventure [mɪsəd'ventʃə] *n* (*misfortune*) szerencsétlenség, balszerencse; (*accident*) véletlen

misapprehension [mɪsæprɪ'henʃn] *n* félreértés

misappropriate [mɪsə'prəʊprɪeɪt] *v* elsikkaszt

misbehave [mɪsbɪ'heɪv] *v* ~ (**oneself**) rosszul viselkedik

miscarriage [mɪs'kærɪdʒ] *n* vetélés, abortusz

miscellaneous [mɪ'seɪə] *a* különféle, vegyes

mischance [mɪs'tʃɑːns] *n* balszerencse

mischief ['mɪstʃɪf] *n* pajkosság, csíny

misconduct [mɪs'kɒndʌkt] *n* helytelen magatartás

miscount [mɪs'kaʊnt] *v* rosszul számol

misdemeanour (*US* **-or**) [mɪsdɪ'miːnə] *n* vétség

misdirect [mɪsdɪ'rekt] *v* rosszul irányít/címez

miserable *a* ['mɪzrəbl] (*unhappy*) szerencsétlen; (*deplorable*) szánalmas

misery ['mɪzərɪ] *n* ínség, nyomor(úság)

misfire [mɪs'faɪə] *v* (*gun, joke*) nem sül el, csütörtököt mond; (*engine*) kihagy

misfit ['mɪsfɪt] *n* rosszul álló ruha ǁ **a social** ~ aszociális ember

misfortune [mɪs'fɔːtʃuːn] *n* szerencsétlenség, balszerencse

misgiving [mɪsˈgɪvɪŋ] *n* aggály, rossz előérzet

mishandle [mɪsˈhændl] *v* rosszul bánik/kezel

mishap [ˈmɪshæp] *n* balszerencse, malőr

mishear [mɪsˈhɪə] *v* (*pt/pp* **misheard** [mɪsˈhɜːd]) rosszul hall (vmt)

misinterpret [mɪsɪnˈtɜːprɪt] *v* rosszul értelmez, félremagyaráz

misjudge [mɪsˈdʒʌdʒ] *v* tévesen/rosszul ítél meg vmt

mislay [mɪsˈleɪ] *v* (*pt/pp* **mislaid** [mɪsˈleɪd]) elhány, elkever

mislead [mɪsˈliːd] *v* (*pt/pp* **misled** [mɪsˈled]) félrevezet

misnomer [mɪsˈnəʊmə] *n* helytelen elnevezés

misplace [mɪsˈpleɪs] *n* (*document*) rossz helyre tesz; (*confidence*) rosszul alkalmaz

misprint [ˈmɪsprɪnt] *n* nyomdahiba, sajtóhiba

misread [mɪsˈriːd] *v* (*pt/pp* **misread** [mɪsˈred]) rosszul olvas; félreért

miss[1] [mɪs] *n* kisasszony || **M~ Brown** Brown kisasszony; **M~ Italy** Olaszország szépe

miss[2] [mɪs] **1.** *n* elhibázás **2.** *v* (*fail to hit*) elhibáz, eltéveszt; (*not notice*) elmulaszt; *col* elpasszol; (*overlook*) elnéz; (*long for*) hiányol; (*be late for*) vmről/vmt lekésik || **be ~ing** hiányzik, elveszett; **I ~ her very much** ő nagyon hiányzik nekem; **~ the target** mellétalál
miss out (*omit*) kihagy; (*lose opportunity*) (sokat) mulaszt (*on* vmvel)

missile [ˈmɪsaɪl, ˈmɪsl] *n* lövedék, rakéta

missing [ˈmɪsɪŋ] *a* elveszett, hiányzó || **be ~** nincs meg, hiányzik

mission [ˈmɪʃn] *n* feladat, misszió, (ki)küldetés

missionary [ˈmɪʃənrɪ] *n* hittérítő, misszionárius

mist [mɪst] **1.** *n* (*fog*) köd; (*haze*) pára, homály **2.** *v* elhomályosodik || **~ over/up** (*glass*) bepárásodik

mistake [mɪˈsteɪk] **1.** *n* hiba, tévedés, mulasztás || **by ~** tévedésből **2.** *v* (*pt* **mistook** [mɪˈstʊk], *pp* **mistaken** [mɪˈsteɪkən]) eltéveszt || **~ sg for sg** tévedésből vmt elcserél; **~ sy for sy** vkt vkvel összetéveszt

mistaken [mɪˈsteɪkən] *a* hibás, téves || **if I am not ~** ha nem tévedek; → **mistake**

mister [ˈmɪstə] *n* úr

mistletoe [ˈmɪsltəʊ] *n* fagyöngy

mistook [mɪˈstʊk] *pt* → **mistake**

mistreat [mɪsˈtriːt] *v* rosszul bánik (*sy* vkvel)

mistress [ˈmɪstrɪs] *n* (*head of family*) úrnő; (*housewife*) háziasszony; (*teacher*) tanárnő; (*lover*) szerető

mistrust [mɪsˈtrʌst] **1.** *n* bizalmatlanság **2.** *v* nem bízik (*sy* vkben)

misty [ˈmɪstɪ] *a* ködös, párás

misunderstand [mɪsʌndəˈstænd] *v* (*pt/pp* **-stood** [mɪsʌndəˈstʊd]) félreért

misuse 1. [mɪsˈjuːs] *n* rossz (célra történő) felhasználás; (*abuse*) visszaélés || **~ of power** hatásköri túllépés **2.** [-ˈjuːz] *v* rossz célra használ fel; (*abuse*) visszaél vmvel

mitigate [ˈmɪtɪgeɪt] *v* (*pain*) enyhít

mix [mɪks] *vt* (össze)kever, elkever, vegyít | *vi* összekeveredik, vegyül

mix in(to) belekever || ~ in society társaságba jár
mix up összetéveszt; összezavar || ~ sg up with sg vmt vmvel öszszecserél; get ~ed up in sg vk vmbe belekeveredik
mixed [mɪkst] a kevert, vegyes
mixer ['mɪksə] n (device) keverő(gép); (person) mixer
mixture ['mɪkstʃə] n keverék, elegy; (medicine) kanalas orvosság
moan [məʊn] 1. n nyögés || ~s pl jajgatás 2. v nyög, jajgat
mob [mɒb] n csőcselék, tömeg
mobile ['məʊbaɪl] a mozgatható, mozgó || ~ home lakókocsi; ~ (tele)phone mobil telefon
mock [mɒk] 1. a színlelt, hamis, ál- 2. v (ki)csúfol, (ki)gúnyol
mockery ['mɒkərɪ] n (mocking) (ki)csúfolás, gúnyolódás; (ridicule) gúny
mod cons [mɒd 'kɒnz] n pl col (= modern conveniences) összkomfort || flat with all ~ összkomfortos lakás
mode [məʊd] n (fashion) divat; (way) mód
model ['mɒdl] 1. n (pattern) minta, sablon, séma; (to pose for a painter or photographer) modell; (mannequin) manöken; (design) makett; (ideal) mintakép, példakép 2. v -ll- (US -l-) (shape) (meg)mintáz, formál; (make models) modellez
moderate 1. ['mɒdərət] a mérsékelt, szerény, mértéktartó 2. ['mɒdəreɪt] v mérsékel
modern ['mɒdən] a modern, korszerű

modern conveniences n pl összkomfort
modernize ['mɒdənaɪz] v korszerűsít
modest ['mɒdɪst] a szerény, igénytelen
modification [mɒdɪfɪ'keɪʃn] n változtatás, módosítás
modify ['mɒdɪfaɪ] v módosít, változtat
moist [mɔɪst] a (surface, eye) nedves, vizes; (hand, climate) nyirkos
moisture ['mɔɪstʃə] n nedv(esség)
mold [məʊld] US = mould
mole [məʊl] n (animal) vakond(ok); col (person) tégla
molest [mə'lest] v ~ sy vknek alkalmatlankodik
moment ['məʊmənt] n pillanat; phys nyomaték; (importance) jelentőség || at the ~ pillanatnyilag; for the ~ pillanatnyilag; in a ~ pár pillanat múlva, rögtön; just a ~! egy pillanat(ra)!
momentum [mə'mentəm] n phys mozgásmennyiség; nyomaték; (force) hajtóerő, lendület
monarch ['mɒnək] n uralkodó
monarchy ['mɒnəkɪ] n monarchia
monastery ['mɒnəstrɪ] n kolostor
Monday ['mʌndɪ] n hétfő || by ~ hétfőre; on ~ hétfőn; last ~ múlt hétfőn; next ~ jövő hétfőn; ~ week hétfőhöz egy hétre
monetary ['mʌnɪtrɪ] a pénzügyi, pénz- || ~ system pénzrendszer; ~ unit pénzegység
money ['mʌnɪ] n pénz || make ~ pénzt keres
money market n pénzpiac
money order n pénzesutalvány

monitor ['mɒnɪtə] 1. *n* monitor, képernyő 2. *v* figyel, ellenőriz

monk [mʌŋk] *n* szerzetes, barát

monkey ['mʌŋkɪ] *n* majom

monkey wrench *n* franciakulcs

monochrome ['mɒnəkrəʊm] *a* (*television*) fekete-fehér

monopoly [mə'nɒpəlɪ] *n* monopólium

monorail ['mɒnəʊreɪl] *n* egysínű vasút

monotonous [mə'nɒtənəs] *a* egyhangú, unalmas

monsoon [mɒn'suːn] *n* monszun

monster ['mɒnstə] *n* szörny(eteg)

month [mʌnθ] *n* hónap ‖ this ~ ebben a hónapban, folyó hó

monthly ['mʌnθlɪ] 1. *a* havi 2. *adv* havonta 3. *n* (havi) folyóirat

monument ['mɒnjʊmənt] *n* (*statue*) emlékmű; (*building*) műemlék (épület)

moo [muː] *v* bőg (*tehén*)

mood¹ ['muːd] *n* hangulat, kedély, lelkiállapot

mood² ['muːd] *n gram* mód

moody ['muːdɪ] *a* (*gloomy*) rosszkedvű; (*variable*) szeszélyes

moon [muːn] *n astr* hold

moonlight ['muːnlaɪt] 1. *n* holdfény 2. *v* (*pt/pp* ~**ed**) (*at night*) maszkol; második állásban/„műszakban" dolgozik

moor [mʊə] *n* láp

moorland ['mʊələnd] *n* mocsaras terület

mop [mɒp] 1. *n* nyeles felmosó, mop 2. **-pp-** *v* felmos

mope [məʊp] *v* szomorkodik ‖ ~ **about/around** fel-alá járkál búslakodva

moral ['mɒrəl] 1. *a* erkölcsi, morális ‖ ~ **strength** lelkierő 2. *n* (*lesson*) erkölcsi tanulság ‖ ~**s** *pl* (*principles*) erkölcs, morál

morality [mə'rælətɪ] *n* erkölcs(iség), morál

morass [mə'ræs] *n* mocsár, ingovány

more [mɔː] 1. *a/n* több ‖ **and what is** ~ sőt mi több; **will you have some** ~? kér(sz) még? 2. *adv* (*in greater degree*) jobban, inkább; (*again*) többé; (*longer*) többet; (*comparative*) -abb, -ebb ‖ ~ **and** ~ (*increasingly*) egyre jobban, mindinkább; ~ **than** több, mint; **the** ~ **the better** mennél több, annál jobb

moreover [mɔː'rəʊvə] *adv* azonfelül, azonkívül, ráadásul

morning ['mɔːnɪŋ] *n* (*after dawn*) reggel; (*before noon*) délelőtt ‖ **good** ~! jó reggelt/napot (kívánok)!; **in the** ~ reggel, délelőtt; **this** ~ ma reggel, ma délelőtt

morose [mə'rəʊs] *a* komor, mogorva

morphine ['mɔːfiːn] *n* morfin, morfium

Morse code [mɔːs] *n* morzeábécé

morsel ['mɔːsl] *n* morzsa, falat

mortal ['mɔːtl] *a* halálos

mortar ['mɔːtə] *n* (*bowl*) mozsár; (*cannon*) mozsár(ágyú); (*for building*) malter

mortgage ['mɔːgɪdʒ] 1. *n* jelzálog(kölcsön) 2. *v* jelzáloggal terhel

mortify ['mɔːtɪfaɪ] *v* megsért, megaláz

mortuary ['mɔːtʃʊərɪ] *n* halottasház

mosaic [məʊ'zeɪɪk] *n* mozaik
Moslem ['mɒzləm] *a/n* mohamedán
mosque [mɒsk] *n* mecset
mosquito [mə'skiːtəʊ] *n* szúnyog
moss [mɒs] *n* moha
most [məʊst] **1.** *a/n* legtöbb ‖ **at (the)** ~ legfeljebb; **in** ~ **cases** legtöbbnyire **2.** *adv* (*very*) leginkább, nagyon, igen; (*superlative*) leg...bb ‖ **the** ~ **beautiful** legszebb; ~ **of all** leginkább
mostly ['məʊstlɪ] *adv* leginkább, legtöbbnyire, főként
motel [məʊ'tel] *n* motel
moth [mɒθ] *n* lepke, pille; (*wool-eating*) (*ruha*)moly
mother ['mʌðə] **1.** *n* anya **2.** *v* ~ **sy** vkvel anyáskodik
mother-in-law (*pl* **mothers-in-law**) *n* anyós
mother-to-be *n* kismama
mother tongue *n* anyanyelv
motif [məʊ'tiːf] *n* motívum
motion ['məʊʃn] *n* (*movement*) mozgás, mozdulat; (*proposal*) indítvány, javaslat ‖ **make a** ~ előterjesztést tesz vmre; **in** ~ mozgásba hoz
motion picture *n US* (mozi)film
motivate ['məʊtɪveɪt] *v* (*act*) motivál
motive ['məʊtɪv] *n* indok, indíték, ok
motley ['mɒtlɪ] *a* tarkabarka
motor ['məʊtə] **1.** *n* motor; (*vehicle*) autó **2.** *a* motoros; (*of car*) autó(s)-, gépkocsi- **3.** *v* autózik, gépkocsizik
motorbike ['məʊtəbaɪk] *n col* motorkerékpár
motor boat *n* motorcsónak
motor car *n* gépkocsi, autó

motor cycle *n* motorkerékpár
motorist ['məʊtərɪst] *n* autós
motor mechanic *n* (autó)szerelő
motor race *n* autóverseny
motorway ['məʊtəweɪ] *n* autópálya
MOT test [em əʊ 'tiː] *n* műszaki vizsga (*autóé*)
mottled ['mɒtld] *a* foltos, tarka
motto ['mɒtəʊ] *n* mottó, jelige
mould[1] (*US* **mold**) [məʊld] **1.** *n* (öntő)forma; öntőidom; (*for cake*) (kuglóf)forma; (*character*) jellem, alkat **2.** *v* (ki)alakít, (meg)formál
mould[2] (*US* **mold**) [məʊld] *n* (*mildew*) penész
moulder (*US* **molder**) **(away)** ['məʊldə] *v* (el)porlad, szétmállik
moult (*US* **molt**) [məʊlt] **1.** *n* vedlés **2.** *v* vedlik
mound [maʊnd] *n* (*hill*) domb; halom; (*earthwork*) földtúrás
mount [maʊnt] **1.** *n* hegy **2.** *v* (*climb*) felmegy; (*get on*) felszáll; (*fix*) felállít; (*install*) felszerel, beszerel; (*organize*) (meg)rendez ‖ ~ **a horse** lóra ül; ~ **the throne** trónra lép
mountain ['maʊntɪn] *n geogr* hegy ‖ ~**s** *pl* hegység, hegyvidék
mountain bike ['maʊntɪn baɪk] *n* mountain bike
mourn [mɔːn] *v* gyászol ‖ ~ **for sy** vkt meggyászol
mourning ['mɔːnɪŋ] *n* gyász ‖ **be in** ~ gyászol
mouse [maʊs] *n* (*pl* **mice** [maɪs]) *also comput* egér
moustache (*US* **mus-**) [mə'stɑːʃ] *n* bajusz
mousy ['maʊsɪ] *a* (*colour*) egérszürke; (*smell*) egérszagú; *fig* (*person*) csendes, félénk

mouth [maʊθ] *n* (*pl* **mouths** [maʊðz]) (*of person, bottle*) száj; (*of cave*) torok || ~ **of river** folyótorkolat

mouthful [ˈmaʊθfl] *n* egy falat

mouth-organ *n* (száj)harmonika

mouthpiece *n mus* fúvóka; *fig* (*spokesman, publication*) szócső, szószóló

movable [ˈmuːvəbl] *a* mozdítható, mozgatható

movable property *n* ingóságok

move [muːv] **1.** *n* (*movement*) mozdulat, mozgás; (*turn*) lépés; *fig* (*action*) sakkhúzás; (*step*) indítvány, ajánlat || **make a** ~ megmozdul **2.** *vt* (meg)mozgat, (meg)mozdít; (*put forward*) javasol; (*affect*) meghat | *vi* (*be in motion*) mozog, elmozdul || ~ **house** (el)költözik

move away (*from house*) elköltözik; (*from person*) eltávolodik

move in beköltözik

move on továbbmegy

move to vhová költözik

movement [ˈmuːvmənt] *n* mozgás, mozdulat; (*action*) mozgalom; (*of music*) tétel; (*activity*) járás, működés; (*mechanism*) szerkezet

movie [ˈmuːvɪ] *n* film

movie camera *n US* filmfelvevő (gép)

movies [ˈmuːvɪz] *n pl US* mozi

moving [ˈmuːvɪŋ] *a* mozgó

moving staircase *n* mozgólépcső

mow [məʊ] *v* (*pt* **mowed**, *pp* **mown** [məʊn] *or* **mowed**) (le)nyír (*füvet*)

mower [ˈməʊə] *n* (*of lawn*) fűnyíró gép; (*of hay*) kaszálógép

mown [məʊn] *pt* → **mow**

MP [em ˈpiː] = **Member of Parliament**

Mr [ˈmɪstə] = **Mister** || ~ **Brown** Brown úr

Mrs [ˈmɪsɪz] = -né || **Mrs B.T. Atkins** B.T. Atkinsné

Ms [mɪz] (*családi állapotot nem feltüntető női megszólítás*) || **Ms Rosamund Moon** Rosamund Moon

much [mʌtʃ] **1.** *a* (*with singular*) sok || **how ~ is it?** mibe/mennyibe kerül?; **so** ~ ennyi(re), annyi(ra) **2.** *adv* (*comparison*) sokkal, jóval; (*considerably*) nagyon || ~ **better** sokkal jobb(an); ~ **too small** túl kicsi; **thank you very** ~ nagyon szépen köszönöm

muck [mʌk] **1.** *n col* (*dirt*) piszok; (*manure*) gané **2.** *v* bepiszkít, bemocskol

muck about/around (el)vacakol

muck up elfuserál

mucus [ˈmjuːkəs] *n* nyálka, váladék

mud [mʌd] *n* sár; iszap

muddle [ˈmʌdl] **1.** *n col* (*mess*) zűrzavar, rendetlenség; (*confusion*) zagyvaság **2.** *v* összekever, összekutyul

muddle up (*things*) összekuszál

muesli [ˈmjuːzlɪ] *n* müzli

muffin [ˈmʌfɪn] *n* meleg vajas teasütemény

muffle [ˈmʌfl] *v* bebugyolál, betakar

mug[1] [mʌg] *n* bögre, csupor

mug[2] [mʌg] *v* **-gg-** ~ **for an/one's exam** vizsgára magol

mug[3] [mʌg] *v* **-gg-** (*assault*) megtámad

multicoloured (*US* **-colored**) [mʌltɪˈkʌləd] *a* sokszínű

multiple [ˈmʌltɪpl] *a* többszörös

multiple-choice test *n* feleletválasztós teszt

multiplication [mʌltɪplɪ'keɪʃn] *n* szorzás

multiply ['mʌltɪplaɪ] *vt* (meg)szoroz, összeszoroz I *vi* (*breed*) szaporodik; (*become greater in number*) (meg)sokszorozódik

multi-storey car park *n* parkolóház

multitude ['mʌltɪtjuːd] *n* tömeg, sokaság

mum [mʌm] *n col* (*mother*) mama, édesanya

mumble ['mʌmbl] *v* (*mutter*) motyog, dünnyög; (*chew*) majszol; (*speak indistinctly*) makog

mummy ['mʌmɪ] *n* múmia

mumps [mʌmps] *n sing.* mumpsz

munch [mʌntʃ] *v* majszol, csámcsog

municipal [mju:'nɪsɪpl] *a* (*of town*) városi; (*of local government*) helyhatósági, önkormányzati

mural ['mjʊərəl] *n* falfestmény

murder ['mɜːdə] 1. *n* gyilkosság 2. *v* meggyilkol

murderer ['mɜːdərə] *n* gyilkos

murky ['mɜːkɪ] *a* homályos, sötét

murmur ['mɜːmə] 1. *n* moraj(lás) 2. *v* zúg, mormol, zsong

muscle ['mʌsl] 1. *n* izom 2. *v* ~ **in on sy** befurakodik

muscular ['mʌskjʊlə] *a* izmos, erős

muse [mju:z] *v* mereng, tűnődik

museum [mju:'zɪəm] *n* múzeum

mush [mʌʃ] *n* (*mash*) pempő, pép; *col* (*sentimentalism*) érzelgés; giccs

mushroom ['mʌʃrɒm] *n* (*eatable*) gomba; (*atomic*) felhő

music ['mju:zɪk] *n* (*sounds*) zene; (*written signs*) kotta

musical ['mju:zɪkl] 1. *a* zenei; (*play*) zenés; (*person*) muzikális 2. *n* musical, zenés játék

musical instrument *n* hangszer

music centre *n* HIFI-berendezés/torony, hifitorony

music hall *n* (*performance*) zenés varieté(műsor); (*theatre*) kabaré, varieté(színház)

musician [mju:'zɪʃn] *n* zenész

Muslim ['mʊzlɪm] *a/n* muzulmán

muss (up) *v US* (*hair*) összekócol; (*room*) összekuszál

mussel ['mʌsl] *n* (ehető) kagyló

must¹ [mʌst] 1. *v* kell, muszáj || **it ~ be there** ott kell lennie; ott lesz (az)!; **you ~ do it** meg kell tenned; ~ **not** nem szabad 2. *n* **it's a ~!** *col* (*programme*) „kötelező" megnézni

must² [mʌst] *n* must

mustache [mə'stɑːʃ] *n US* = **moustache**

mustard ['mʌstəd] *n* mustár

mustn't ['mʌsnt] = **must not**

musty ['mʌstɪ] *a* dohos, penészes, áporodott

mutation [mju:'teɪʃn] *n* változás; *biol* mutáció

mute [mju:t] 1. *a* néma 2. *n mus* hangfogó; (*person*) néma 3. *v* letompít

mutiny ['mju:tɪnɪ] *n mil* lázadás, zendülés

mutter ['mʌtə] *v* motyog, mormol, dohog

mutton ['mʌtən] *n* juhhús, birkahús, ürü(hús)

mutual ['mju:tʃʊəl] *a* kölcsönös, közös

muzzle ['mʌzl] *n* (*of animal*) orr, pofa, száj; (*of dog*) szájkosár; (*of gun*) csőtorkolat

muzzy ['mʌzɪ] *a* (*mind*) zavaros; (*person*) kábult, bamba

my [maɪ] *pron* (az én) -m, -am, -em, -om, -öm ‖ ~ **book** a(z én) könyvem; ~ **books** a(z én) könyveim

myself [maɪ'self] *pron* (*nominative*) (én/saját) magam; (*accusative*) (saját) magamat ‖ **by** ~ magam

mysterious [mɪ'stɪərɪəs] *a* rejtélyes, titokzatos

mystery ['mɪstərɪ] *n* rejtély, titokzatosság; *fig* homály

mystify ['mɪstɪfaɪ] *v* rejtelmessé tesz, misztifikál

myth [mɪθ] *n* mítosz

mythology [mɪ'θɒlədʒɪ] *n* mitológia

N

N = **north**

nab [næb] *v* **-bb-** *col* elcsíp, elkap

nadir ['neɪdɪə] *n* mélypont, nadír

nag [næg] *v* **-gg-** nyaggat, gyötör (vkt)

nail [neɪl] **1.** *n* (*metal*) szeg; (*on finger*) köröm ‖ **bite one's ~s** körmét rágja **2.** *v* megszegez ‖ ~ **sg to sg** vmt vmhez odaszegez

nailbrush ['neɪlbrʌʃ] *n* körömkefe

nail file *n* körömreszelő

nail polish *n US* körömlakk

nail varnish *n* körömlakk

naive [naɪ'iːv] *a* naiv, együgyű

naked ['neɪkɪd] **1.** *a* meztelen, csupasz ‖ **with the ~ eye** puszta szemmel; **the ~ truth** a rideg valóság **2.** *adv* meztelenül

name [neɪm] **1.** *n* név; (*reputation*) hírnév ‖ **what's your ~?** hogy

hívnak?; **in the ~ of sy/sg** vknek/ vmnek a nevében **2.** *v* ~ **(sg sg)** (*give name*) (el)nevez, nevet ad vmnek; (*denominate*) ·megnevez; (*propose*) javasol; (*appoint*) kinevez (vkt)

namely ['neɪmlɪ] *adv* ugyanis (ui.), tudniillik (ti.), nevezetesen

namesake ['neɪmseɪk] *n* névrokon

nanny ['nænɪ] *n* dada, gyermekgondozónő

nap [næp] **1.** *n* szendergés, szundítás ‖ **have/take a ~** *col* szundít **2.** *v* **-pp-** *col* szundít

napkin ['næpkɪn] *n* (*for meal*) szalvéta; (*for baby*) pelenka

nappy ['næpɪ] *n* pelenka

nappy liner *n* papírpelenka (*betét*), pelenkabetét

narcotic [nɑː'kɒtɪk] *n* (*sedative*) altató; (*drug*) narkotikum, kábítószer

narrate [nə'reɪt] *v* elmond, elbeszél

narrow ['nærəʊ] **1.** *a* szűk, keskeny ‖ **it was** (*or* **I had**) **a ~ escape** hajszálon múlt, hogy megmenekültem **2.** *vi* (össze)szűkül ‖ *vt* (be)szűkít

narrowly ['nærəʊlɪ] *adv* éppen hogy, alig

narrow-minded *a* szűk látókörű, korlátolt

nasty ['nɑːstɪ] *a* komisz, undok, ocsmány

nation ['neɪʃn] *n* nemzet

national ['næʃənl] **1.** *a* (*of nation*) nemzeti; (*of country*) országos **2.** *n* állampolgár ‖ ~ **anthem** (nemzeti) himnusz ‖ ~ **dress** nemzeti viselet; népviselet

nationalism ['næʃnəlɪzəm] *n* nacionalizmus

nationality [næʃə'næləti] *n* nemzetiség; állampolgárság

nationalize ['næʃnəlaɪz] *v* államosít

native ['neɪtɪv] **1.** *a* (*inland*) belföldi; (*domestic*) hazai; (*inborn*) bennszülött; (*innate*) vele született, eredeti ‖ **~ land** szülőföld, haza; **a ~ speaker of Hungarian** magyar anyanyelvű (ember) **2.** *n* bennszülött, őslakó

native language *n* anyanyelv

natural ['nætʃrəl] *a* természeti; (*death*) természetes; (*child*) házasságon kívül született

natural gas *n* földgáz

natural history *n* természetrajz

naturalism ['nætʃrəlɪzəm] *n* naturalizmus

naturalize ['nætʃrəlaɪz] *v* vkt honosít

naturally ['nætʃrəlɪ] *adv* természetesen

natural science(s) *n* (*pl*) természettudomány(ok)

nature ['neɪtʃə] *n* (*world, forces*) természet; (*character, type*) jelleg ‖ **by ~** természeténél/természettől fogva

naught [nɔːt] *n* semmi; zéró; nulla

naughty ['nɔːtɪ] *a* haszontalan, csintalan

nauseate ['nɔːsɪeɪt] *v* émelyít ‖ **be ~d by sg** hányingere van vmtől

nautical ['nɔːtɪkl] *a* tengeri, tengerészeti, hajózási

naval ['neɪvl] *a* tengeri, (hadi)tengerészeti ‖ **~ officer** tengerésztiszt

navel ['neɪvl] *n* köldök

navigate ['nævɪgeɪt] *v* (*ship*) navigál, kormányoz; (*in ship*) hajózik

navigator ['nævɪgeɪtə] *n* (*sailor*) hajózó; (*navigating person*) hajózótiszt, navigátor

navvy ['nævɪ] *n* földmunkás, kubikos

navy ['neɪvɪ] *n* (hadi)tengerészet

navy blue *a* sötétkék

NE = north-east(ern)

near [nɪə] **1.** *a* közeli; közel levő/fekvő **2.** *adv* közel ‖ **~ by** a közelben **3.** *v* vmhez közeledik/közelít

nearby ['nɪəbaɪ] *a* közeli, szomszédos

nearest ['nɪərɪst] *a* legközelebbi ‖ **~ to sg** vmhez legközelebb

nearly ['nɪəlɪ] *adv* majdnem, csaknem ‖ **not ~** közel sem

near-sighted *a* rövidlátó

neat [niːt] *a* (*tidy*) csinos, rendes, ápolt; *col* nett; (*undiluted*) tömör; *US* (*pleasing*) nagyszerű, klassz ‖ **drink sg ~** tisztán iszik vmt

necessary ['nesəsrɪ] *a* (*essential*) szükséges; (*unavoidable*) szükségszerű

necessitate [nɪ'sesɪteɪt] *v* szükségessé tesz, (meg)követel, megkíván

necessity [nɪ'sesətɪ] *n* (*compulsion*) szükségesség; (*need*) szükség

neck [nek] **1.** *n* nyak; (*of bottle, violin*) nyak; (*of land*) földszoros **2.** *v col* szerelmeskedik, smárol

necklace ['neklɪs] *n* nyaklánc

necktie ['nektaɪ] *n US* nyakkendő

née [neɪ] *a* (*before maiden name*) született, sz.

need [niːd] **1.** *n* (*necessity*) szükség; (*powerty*) nyomor; (*misfortune*) baj, nehéz helyzet ‖ **be in ~** szükséget lát, nyomorog; **there's a great ~ for sg** nagy szükség van vmre; **~s** *pl* szükségletek, igények **2.** *v* **~ sg** (*want*) szüksége van vmre; (require) megkövetel vmt; megkíván; (be necessary) szükséges; (be obliged) kell || **as ~ed** szükség szerint; **you ~ not** (or **needn't) worry** nem kell idegeskedni; **~ to (do sg)** kell (vmt tenni); **don't ~ to (do sg)** nem kell (vmt tenni); **you ~n't have hurried** nem kellett volna sietnie

needle ['niːdl] n tű

needless ['niːdlɪs] a szükségtelen, felesleges || **~ to say** mondanom sem kell

needlework ['niːdlwɜːk] n kézimunka, varrás, hímzés

needn't ['niːdnt] = need not

needy ['niːdɪ] a nyomorgó, szűkölködő

negative ['negətɪv] 1. a negatív, nemleges, tagadó || **~ answer** nemleges/tagadó válasz; **~ sign** negatív előjel 2. n photo negatív

neglect [nɪ'glekt] 1. n mulasztás 2. v elhanyagol, elmulaszt, mellőz

negligent ['neglɪdʒənt] a hanyag, gondatlan

negotiate [nɪ'gəʊʃɪeɪt] v (discuss) megtárgyal; (bill, shares) forgat; (get past) átjut (vmn) || **~ with sy** tárgyal vkvel

negotiation [nɪgəʊʃɪ'eɪʃn] n tárgyalás

Negress ['niːgrɪs] n (derogatory) néger nő (használata sértő)

Negro ['niːgrəʊ] a/n (derogatory) néger (használata sértő)

neighbour (US **-bor**) ['neɪbə] n szomszéd

neighbouring (US **-bor-**) ['neɪbərɪŋ] a vmvel szomszédos, környező

neither ['naɪðə] pron/adv (also not) se(m); (not either of two) egyik

sem (kettő közül) || **~ ... nor ...** se(m) ... se(m) ...; **~ of them** egyikük sem

neon light n neon fénycső, neonfény

nephew ['nefjuː] n unokaöcs

nerve [nɜːv] n ideg || **have the ~ to do sg** van mersze vmt tenni; **sy gets on one's/sy's ~s** az idegeire megy vk

nervous ['nɜːvəs] a (excitable) ideges; (of nerves) ideg- || **~ breakdown** idegösszeomlás

nest [nest] 1. n fészek 2. v fészket rak

nestle ['nesl] v fészkel

net[1] [net] 1. a nettó; tiszta 2. v -tt- tisztán keres

net[2] [net] 1. n háló, col necc 2. v -tt- hálóval fog

Netherlands, the ['neðələndz] n pl Hollandia

net weight n nettó/tiszta súly

network ['netwɜːk] n hálózat

neurosis [njʊə'rəʊsɪs] n (pl **neuroses** [-iːz]) idegbetegség, neurózis

neutral ['njuːtrəl] 1. a semleges 2. n üresjárat

neutron bomb ['njuːtrɒn] n neutronbomba

never ['nevə] adv soha, sohase(m) || **~ mind!** annyi baj legyen!

never-ending a szakadatlan, véget nem érő

nevermore [nevə'mɔː] adv soha többé

nevertheless [nevəðə'les] adv/conj mindamellett, mindazonáltal

new [njuː] a új

newborn ['njuːbɔːn] a újszülött

newcomer ['njuːkʌmə] n jövevény, újonnan érkezett (ember)

newly-weds, the *n pl* új házasok, az ifjú pár

new moon *n* újhold

news [nju:z] *n* (*pl*) hír, újság, értesülés || **the ~** (*in radio*) hírek; (*in TV*) híradó; **what's the ~?** mi újság?

news agency *a* hírügynökség, távirati iroda

newsagent ['nju:zeɪdʒənt] *n* újságárus || **~'s (shop)** újságosbódé

newscast ['nju:zkɑ:st] *n* hírek

newsflash ['nju:zflæʃ] *n* (*in radio, TV*) közlemény, gyorshír

newsletter ['nju:zletə] *n* hírlevél

newspaper ['nju:zpeɪpə] *n* újság, (hír)lap

newsreel ['nju:zri:l] *n* (film)híradó

news-stand *n* újságosbódé

new year *n* új év/esztendő || **Happy N~ Y~!** Boldog új évet kívánok!

New Year's Eve *n* szilveszter

next [nekst] *a* (*nearest*) legközelebbi, szomszédos; (*following*) következő || **live ~ door** a szomszédban lakik; **the ~ day** másnap; **~ time** a következő alkalommal; **~ year** jövőre

next to *prep* (*beside*) mellett; (*almost*) szinte || **~ to nothing** úgyszólván semmi

nibble ['nɪbl] *v* majszol

nibble at sg torkoskodik

nice [naɪs] *a* rendes, helyes, szép

nice-looking *a* csinos, helyes

nick [nɪk] **1.** *n* (*notch*) csorba; (*score*) rovátka || **come in the ~ of time** a legjobbkor jön **2.** *v col* (*steal*) elcsakliz

nickel ['nɪkl] *n* nikkel; *US* (*coin*) ötcentes (érme)

nickname ['nɪkneɪm] *n* becenév, csúfnév

niece [ni:s] *n* unokahúg

niggard ['nɪgəd] *n* fösvény, zsugori

night [naɪt] *n* éjjel, éjszaka, este || **at/by ~** éjjel; **~ and day** éjjelnappal

nightcap ['naɪtkæp] *n* (*cap*) hálósapka; (*drink*) lefekvés előtti itóka

night-club *n* mulatóhely

night-dress *n* (női) hálóing

nightfall ['naɪtfɔ:l] *n* esteledés; sötétedés

nightgown ['naɪtgaʊn] *n US* (női) hálóing

nightie ['naɪti] *n* (női) hálóing

nightingale ['naɪtɪŋgeɪl] *n* csalogány, fülemüle

nightmare ['naɪtmeə] *n* lidércnyomás, rémkép

night school *n* dolgozók iskolája, esti iskola

night-watchman *n* (*pl* **-men**) éjjeliőr

nil [nɪl] *n* zéró, semmi, nulla

nimble ['nɪmbl] *a* mozgékony; gyors, fürge

nine [naɪn] *num* kilenc

nineteen [naɪn'ti:n] *num* tizenkilenc

ninety ['naɪnti] *num* (*pl* **-ties**) kilencven

ninth [naɪnθ] **1.** *num a* kilencedik **2.** *n* kilenced

nip [nɪp] *v* **-pp-** (*pinch*) megcsíp; csipked; (*clip*) csíptet; (*frost*) megcsíp

nippers ['nɪpəz] *n pl* (*tool*) csípőfogó; (*of crab*) olló

nitrogen ['naɪtrədʒən] *n* nitrogén

no [nəʊ] **1.** *a* (*not any*) semmi(féle) || **~ one** senki; **~ smoking** tilos a dohányzás!; **~ parking** várakozni/parkolni tilos! **2.** *adv* (*opposite* *to 'yes'*) nem ‖ **Is it cold? No, it isn't.** Hideg van? Nem, nincs hideg (*or* Nincs).

No. [ˈnʌmbə] = **number**

noble [ˈnəʊbl] *a* (*fine*) nemes; (*of high rank*) nemesi

nobody [ˈnəʊbədɪ] *pron* senki; ~ **else** senki más

nod [nɒd] **1.** *n* biccentés, bólintás **2.** *v* **-dd-** (*bow*) biccent, bólint; (*doze*) bóbiskol
nod off elbóbiskol

noise [nɔɪz] *n* zaj, zörej ‖ **make a ~** zajong, lármázik

noisy [ˈnɔɪzɪ] *a* lármás, hangos, zajos

nomad [ˈnəʊmæd] *a* nomád

nominal [ˈnɒmɪnl] *a gram* névleges; névszói

nominate [ˈnɒmɪneɪt] *v* (*propose*) vkt vmre javasol; jelöl; (*appoint*) kinevez

nominee [nɒmɪˈniː] *n* jelölt

nonchalant [ˈnɒnʃələnt] *a* (*indifferent*) nemtörődöm, közönyös; (*cool*) hidegvérű

none [nʌn] **1.** *pron* egyik sem, semelyik, senki, semmi ‖ **I have ~** (*not any*) nekem nincs **2.** *adv* **I am ~ the wiser (for it)** ettől nem lettem okosabb

none the less *adv/conj* annak ellenére(, hogy), mindazonáltal

non-flammable [nɒn ˈflæməbl] *a* éghetetlen, nem gyúlékony

nonplus [nɒnˈplʌs] *v* **-ss-** (*US* **-s-**) meghökkent, elképeszt ‖ **I was ~sed** paff voltam

nonsense [ˈnɒnsəns] *n* (*talk*) bolond beszéd; (*behaviour*) bolondság ‖ ~**!** (az) nem létezik!, abszurdum!

non-smoker [nɒn ˈsməʊkə] *n* nemdohányzó

non-stick [nɒnˈstɪk] *a* (*pan*) teflon

non-stop [nɒnˈstɒp] *a* megállás nélküli, nonstop ‖ **make a ~ flight** leszállás nélkül teszi meg az utat (*repülőgép*)

noodles [ˈnuːdlz] *n pl* tészta, metélt

nook [nʊk] *n* zug, kuckó

noon [nuːn] *n* dél (*12 óra*) ‖ **at ~** délben

no one [ˈnəʊ wʌn] *pron* senki

noose [nuːs] *n* hurok

nor [nɔː] *conj/adv* sem ‖ **neither ...** ~ **...** sem ..., sem ...

norm [nɔːm] *n* minta, szabály, norma, szabvány

normal [ˈnɔːml] *a* szabályos, rendes, normális

normally [ˈnɔːməlɪ] *adv* rendes/normális körülmények között, rendszerint, általában, egyébként

north [nɔːθ] **1.** *a* északi **2.** *n* észak ‖ **in the ~** északon

North America *n* Észak-Amerika

North American *a/n* észak-amerikai

north-east *n* északkelet, ÉK

northerly [ˈnɔːðəlɪ] *a* északi

northern [ˈnɔːðən] *a* északi

Northern Ireland *n* Észak-Írország

North Pole *n* északi sark

North Sea *n* Északi-tenger

northward(s) [ˈnɔːθwəd(z)] *adv* északi irányban; észak felé, észak-ra

north-west *n* északnyugat, ÉNY

Norway [ˈnɔːweɪ] *n* Norvégia

Norwegian [nɔːˈwiːdʒn] *a/n* norvég(iai)

nose [nəʊz] **1.** *n* (*on face*) orr; (*sense of smell*) szimat, szaglás ‖

have a good ~ for sg jó a szimata; **lead sy by the ~** orránál fogva vezet **2.** *v* **~ about** (*US így is:* **around**) **for sy/sg** *col* vk/vm után szimatol/szaglászik

nose drops *n pl* orrcsepp(ek)

nosey ['nəʊzi] *a col* kíváncsi

nostril ['nɒstrıl] *n* orrlyuk

nosy ['nəʊzi] = **nosey**

not [nɒt] *adv* nem (*with auxiliaries:* **n't: don't, isn't** *etc.*) ‖ **~ any** egy sem; **~ at all** egyáltalán nem; (*after thanks*) szívesen!, szóra sem érdemes!; **~ that** nem mintha; **I don't go** nem megyek

notable ['nəʊtəbl] **1.** *a* számottevő, figyelemre méltó, nevezetes **2.** *n* kiválóság, előkelő személy(iség)

notch [nɒtʃ] **1.** *n* (*cut*) rovátka, bevágás; (*nick*) csorba; (*sighting slot*) nézőke **2.** *v* rovátkol, bevág

note [nəʊt] *n mus* hang, hangjegy; (*tone*) hang(nem); (*of lecture*) jegyzet; (*notice, comment*) megjegyzés; *pol* memorandum; (*bank~*) bankjegy ‖ **make/take ~s** jegyzetel; **take ~ of sg** megjegyez vmt **2.** *v* (*observe*) megjegyez, megfigyel; (*write down*) feljegyez, lejegyez

notebook ['nəʊtbʊk] *n* notesz, jegyzetfüzet; *comput* noteszgép

notecase ['nəʊtkeıs] *n* levéltárca, pénztárca

notepaper ['nəʊtpeıpə] *n* levélpapír

nothing ['nʌθıŋ] *n/pron* semmi ‖ **come to ~** semmivé lesz; **for ~** ingyen, semmiért; **~ but** (semmi más) csak...; **~ can be done** hiába minden!; **~ else** semmi más(t); **there is ~ to be done** nincs mit

tenni; **I've ~ to do with it** mi közöm hozzá?

notice ['nəʊtıs] **1.** *n* (*notification*) értesítés; (*announcement*) közlemény; (*warning*) felszólítás; (*dismissal*) felmondás; (*inscription*) felirat, kiírás ‖ **bring sg to sy's ~** vknek tudtára ad vmt; **give in one's ~** (*employee*) felmond; **take ~ of sg** tudomásul vesz vmt; **until further ~** további értesítésig **2.** *v* (*perceive*) észrevesz

notice board *n* hirdetőtábla; falitábla

notify ['nəʊtıfaı] *v* (ki)értesít ‖ **~ sy of sg** vkt vmről értesít, vkvel vmt tudat

notion ['nəʊʃn] *n* fogalom, elképzelés

notorious [nəʊ'tɔːrıəs] *a* hírhedt, közismert

notwithstanding [nɒtwıð'stændıŋ] **1.** *adv* mégis, annak ellenére, hogy, mindamellett **2.** *prep* (vmnek) ellenére

nought [nɔːt] *n* semmi, zéró, nulla

noun [naʊn] *n gram* főnév

nourish ['nʌrıʃ] *v* táplál

nourishment ['nʌrıʃmənt] *n* táplálék, étel

novel ['nɒvl] *n* regény

novelist ['nɒvəlıst] *n* regényíró

novelty ['nɒvəltı] *n* újdonság

November [nəʊ'vembə] *n* november; → **August**

now [naʊ] *adv* most ‖ **by ~** mostanra; **just ~** ebben a pillanatban; **~ and again/then** néha-néha, néhanapján; **from ~ on** ezentúl, mostantól (fogva)

nowadays ['naʊədeız] *adv* manapság, napjainkban

nowhere ['nəʊweə] *adv (at no place)* sehol; *(to no place)* sehova
noxious ['nɒkʃəs] *a* kártékony, ártalmas
nozzle ['nɒzl] *n (of hose)* csővég, szórófej; *(of pipe)* kifolyó
nuclear ['nju:klɪə] *a* nukleáris, mag-, atom-
nuclear physics *n* atomfizika, magfizika
nuclear war *n* atomháború
nuclear weapon *n* atomfegyver
nude [nju:d] **1.** *a* meztelen **2.** *n* akt
nudge [nʌdʒ] **1.** *n* oldalba lökés (gyengéden) **2.** *v* oldalba lök/bök
nudist [nju:dɪst] *n* naturista, nudista
nuisance ['nju:sns] *n (event, thing)* kellemetlenség; alkalmatlanság; *fig (person)* kolonc ‖ **be a ~ to sy** terhére van vknek
null and void [nʌl] *a law* semmis
nullify ['nʌlɪfaɪ] *v* érvénytelenít
numb [nʌm] **1.** *a (finger)* merev, dermedt, gémberedett ‖ **go ~** elzsibbad **2.** *v* elzsibbaszt ‖ **~ed** zsibbadt
number ['nʌmbə] **1.** *n (numeral)* szám(jegy); *(quantity)* szám; *(of programme)* (műsor)szám; *(issue)* (folyóirat)szám ‖ **~s** *pl* számtan; **the ~ five bus** ötös autóbusz; **a ~ of** néhány **2.** *v (give number)* megszámoz; *(count)* (meg)számlál, (meg)számol
numberless ['nʌmbəlɪs] *a* számtalan
numeral ['nju:mərəl] *n (grammar)* számnév; *(number)* szám(jegy)
numerical [nju:'merɪkl] *a* numerikus, számszerű
numerous ['nju:mərəs] *a* számos
numismatics [nju:mɪz'mætɪks] *n sing.* éremtan, numizmatika

nun [nʌn] *n* apáca
nunnery ['nʌnərɪ] *n* apácakolostor, zárda
nurse [nɜ:s] **1.** *n (of child)* dajka, dada; *(of patient)* (beteg)ápolónő **2.** *v (child)* dajkál, szoptat; *(patient)* ápol, gondoz
nursery ['nɜ:sərɪ] *n (room)* gyer(m)ekszoba; *(for plants)* faiskola, kertészet ‖ **(day) ~** óvoda
nursery rhyme *n* gyermekdal
nursery school *n* óvoda
nursing home *n (private)* szanatórium
nut [nʌt] *n (fruit)* dió; *(metal)* csavaranya; *col (head)* kobak; → **nuts**
nutcracker ['nʌtkrækə] *n* diótörő
nutrient ['nju:trɪənt] *n agr* táp(anyag)
nutriment ['nju:trɪmənt] *n (food)* táplálék; *(preparation)* tápszer
nutrition [nju:'trɪʃn] *n (feeding)* táplálás; *(eating)* táplálkozás
nuts [nʌts] *a col* őrült, bolond ‖ **be ~ about/on sy/sg** egészen odavan vkért/vmért, megőrül vmért/vkért; **go ~** *US* meghülyül
nutshell ['nʌt-ʃel] *n* dióhéj ‖ **in a ~** dióhéjban
NW = north-west(ern)
nylon ['naɪlɒn] *n* nejlon

O

O [əʊ] zéró, nulla
oak [əʊk] *n* tölgy(fa)
OAP [əʊ eɪ' pi:] = **old-age pensioner**

oar [ɔ:] n evező

oasis [əʊ'eɪsɪs] n (pl -ses [-si:z]) oázis

oat n zab

oatflake(s) ['əʊtfleɪk(s)] n (pl) zabpehely

oath [əʊθ] n eskü, fogadalom ‖ swear/take an ~ esküt letesz

oatmeal ['əʊmi:l] n zabpehely, zabliszt

oats [əʊts] n pl zab

obedient [ə'bi:dɪənt] a engedelmes, szófogadó ‖ be ~ to sy engedelmeskedik vknek

obey [ə'beɪ] v engedelmeskedik, szót fogad (sy vknek)

object 1. ['ɒbdʒɪkt] n (thing) tárgy; (aim) szándék; (obstacle) akadály; gram tárgy 2. [əb'dʒekt] v ellenvetést tesz, tiltakozik ‖ ~ to sg kifogásol/ellenez vmt

objection [əb'dʒekʃn] n ellenvetés; kifogás, tiltakozás ‖ raise an ~ kifogást emel

objective [əb'dʒektɪv] 1. a (real) tárgyi; (impartial) tárgyilagos, objektív 2. n objektív, tárgylencse

obligation [ɒblɪ'ɡeɪʃn] n kötelesség, kötelezettség

obligatory [ə'blɪɡətrɪ] a kötelező

oblige [ə'blaɪdʒ] v lekötelez, vmre kötelez ‖ I am much ~d to you végtelen hálás vagyok; be ~d to do sg köteles vmt megtenni

oblique [ə'bli:k] a ferde, rézsútos, dőlt

obliterate [ə'blɪtəreɪt] v kitöröl; kipusztít

oblivious [ə'blɪvɪəs] a feledékeny, hanyag

oblong ['ɒblɒŋ] a hosszúkás, téglalap alakú

oboe ['əʊbəʊ] n oboa

obscene [əb'si:n] a obszcén, trágár

obscure [əb'skjʊə] 1. a sötét, homályos 2. v elhomályosít; fig elködösít

observant [əb'zɜ:vnt] a figyelmes

observation [ɒbzə'veɪʃn] n (observing) megfigyelés, észlelés; (remark) megjegyzés, észrevétel

observe [əb'zɜ:v] v (take notice) megfigyel, észrevesz; (remark) megjegyez; (celebrate) megtart ‖ ~ a strict diet (szigorú) diétát tart

obsess [əb'ses] v he is ~ed by the idea that az a rögeszméje, hogy

obsessive [əb'sesɪv] a mániákus, megszállott

obsolete ['ɒbsəli:t] a elavult, idejétmúlt

obstacle ['ɒbstəkl] n akadály

obstinate ['ɒbstɪnət] a csökönyös, makacs

obstruct [əb'strʌkt] v akadályoz, gátol; (pipe) eldugaszol

obstruction [əb'strʌkʃn] n akadály; (pipe) dugulás; (parliament) obstrukció

obtain [əb'teɪn] v (meg)kap, (meg)szerez, elnyer, hozzájut (vmhez) ‖ ~ a/one's degree (in sg) (vmlyen) diplomát/fokozatot szerez

obtrusive [əb'tru:sɪv] a (person) tolakodó; feltűnő; (smell) átható

obvious ['ɒbvɪəs] a nyilvánvaló, kézenfekvő, magától értetődő

occasion [ə'keɪʒn] n alkalom ‖ on this ~ ez alkalommal; on the ~ of vmnek alkalmából

occasional [ə'keɪʒənl] a alkalmi, véletlen

occasionally [ə'keɪʒnəlɪ] adv alkalmilag, időnként

occupation [ɒkjʊ'peɪʃn] *n* (*of house*) beköltözés, bennlakás; (*of country*) megszállás, elfoglalás; (*possession*) birtoklás; (*profession*) foglalkozás

occupied ['ɒkjupaɪd] *a* foglalt; → **occupy**

occupy ['ɒkjʊpaɪ] *v* (*house*) elfoglal, birtokba vesz; *mil* (*country*) megszáll; (*position, office*) betölt ‖ **be occupied in (doing) sg** (*vmvel tartósan*) foglalkozik

occur [ə'kɜ:] *v* **-rr-** (meg)történik; előfordul ‖ **it ~s to me** eszembe jut

ocean ['əʊʃn] *n* óceán, tenger

ocean-going *a* óceánjáró

ocean liner *n* óceánjáró

ochre (*US* **ocher**) ['əʊkə] *n* okker

o'clock [ə'klɒk] *adv* óra(kor) ‖ **6 ~ 6** óra(i); **at one ~** egy órakor

octane number ['ɒkteɪn] *n* oktánszám

octave ['ɒktɪv] *n mus* oktáv

October [ɒk'təʊbə] *n* október; → **August**

octopus ['ɒktəpəs] *n* (*pl* **-puses**) *zoo* polip

oculist ['ɒkjʊlɪst] *n* szemorvos, szemész

odd [ɒd] *a* (*peculiar*) furcsa, különös; (*one of a pair*) sajátságos; (*one of a pair*) felemás; (*not even*) páratlan ‖ **twenty ~** húsz-egynéhány; → **odds**

odd jobs *n pl* alkalmi munka, apró munkák

oddment ['ɒdmənt] *n* maradék

odds [ɒdz] *n pl* (*chance*) esély, valószínűség; (*difference*) különbség ‖ **be at ~ with sy** szemben/

hadilábon áll vkvel; **~ and ends** limlom, maradék

odious ['əʊdɪəs] *a* utálatos, gyűlöletes

odour (*US* **-or**) ['əʊdə] *n* szag, illat

of [ɒv, əv] *prep* (*separation*) -ból, -ből, közül; (*concerning*) -ról, -ről, felől; (*material*) vmből való; (*possession:*) **a friend ~ mine** egyik barátom; **a piece ~ furniture** bútor(darab); **made ~ wood** fából készült/való; **very kind ~ you** nagyon kedves tőled; **a pound ~ sugar** egy font cukor

off [ɒf] **1.** *a* (*distant*) távoli, messzi; (*of right-hand side*) jobb oldali; (*not fresh*) áporodott, romlott; (*bad*) zord **2.** *adv* (*away*) el; (*far*) távol; el (*disconnected*) kikapcsolva, ki, elzárva; (*cancelled*) elhalasztva ‖ **be ~** elmegy; **the gas is ~** a gáz el van zárva

off-colour (*US* **-color**) *a* (*unwell*) gyengélkedő; (*pale*) halvány, elszíneződött

offence (*US* **-se**) [ə'fens] *n* (*szabály*)sértés, kihágás; szabálytalanság; (*serious*) bűn ‖ **commit an ~ (against the law)** törvénysértést/szabálysértést követ el; **take ~ at sg** rossz néven vesz vmt

offend [ə'fend] *v* megbánt, megsért ‖ **be ~ed at/by sg** megsértődik vm miatt

offensive [ə'fensɪv] **1.** *a* (*attacking*) támadó; goromba; (*unpleasant*) visszataszító, sértő; kellemetlen **2.** *n* offenzíva

offer ['ɒfə] **1.** *n* ajánlat, kínálat ‖ **make an ~ for sg** ajánlatot tesz vmre **2.** *v* (fel)ajánl, (fel)kínál (*sg*

to sy or sy sg vknek vmt) ‖ ~
oneself felajánlkozik

offhand [ɒf'hænd] **1.** *a (extempore)*
spontán; *(casual)* könnyed, feszte-
len, fölényes **2.** *adv (without
thinking)* kapásból; *(casually)* fog-
hegyről

office ['ɒfɪs] *n (bureau)* hivatal,
iroda; *(duty, position)* hivatal,
tisztség; *US (surgery)* rendelő

office block *(US* **building)** *n* iro-
daház

officer ['ɒfɪsə] *n mil* tiszt

office worker *n* hivatalnok, tisztvi-
selő

official [ə'fɪʃl] **1.** *a* hivatalos, hiva-
tali, hatósági, szolgálati ‖ ~ **lan-
guage** hivatalos nyelv **2.** *n* köz-
tisztviselő, tiszt(ség)viselő

off-peak *a* csúcsforgalmi időn kí-
vüli; *(price)* előszezoni, utósze-
zoni

off-season *n* előidény, utóidény,
holt idény/szezon

offset ['ɒfset] *v (pt/pp* **offset; -tt-)**
ellensúlyoz, kárpótol

offshore ['ɒfʃɔː] *a/adv* part felől
(jövő); nem messze a parttól *(a
tengeren)*

offside [ɒf'saɪd] **1.** *adv sp* lesen
(van) **2.** *a GB (lane)* belső;
(wheel) úttest felőli, jobb oldali

offside lane *n (in traffic) GB* belső
sáv

offspring ['ɒfsprɪŋ] *n* gyermekál-
dás, ivadék, az utódok

off-the-cuff *a* rögtönzött

off-white *a* piszkosfehér, törtfe-
hér

often ['ɒfn] *adv* gyakran, sűrűn

oh! [əʊ] *int* ó(h)!, hű ‖ ~ **dear!** ó
jaj!

oil [ɔɪl] **1.** *n* olaj ‖ **paint in ~s** olaj-
jal fest **2.** *v (engine)* (meg)olajoz,
beolajoz

oil-colour *(US* **-or)** *n* olajfesték

oil-painting *n* olajfestmény

oil refinery *n* olajfinomító

oil-rig *n* fúrósziget

oil-tanker *n* olajszállító hajó, tank-
hajó

oil well *n* olajkút

ointment ['ɔɪntmənt] *n* kenőcs

OK!, okay [əʊ'keɪ] **1.** *a (agreement)*
jó!, nagyon helyes!, rendben! **2.** *v
(pt/pp* **okayed, OK'd)** jóváhagy,
helybenhagy

old [əʊld] *a (aged)* öreg, idős, vén;
(former) régi, azelőtti ‖ **an ~ ac-
quaintance (of mine)** régi isme-
rősöm; **how ~ are you?** hány
éves?

old-age *a* öregkori, öregségi ‖ ~
pensioner nyugdíjas

old-fashioned [əʊld'fæʃnd] *a* ide-
jétmúlt, ódivatú, régimódi

old-timer *n* col *(old boy)* öregfiú;
(veteran) veterán

olive ['ɒlɪv] *n* olajbogyó

olive-green *a* olívzöld, olajzöld

olive oil *n* olívaolaj

Olympic [ə'lɪmpɪk] *a* olimpiai ‖ ~
champion olimpiai bajnok

Olympic Games, the *(also* **the
Olympics** [ə'lɪmpɪks])** *n* olimpiai
játékok

omen ['əʊmen] *n* előjel, ómen

ominous ['ɒmɪnəs] *a* baljós(latú),
ominózus

omit [ə'mɪt] *v* **-tt-** elhagy, kihagy,
mellőz, elmulaszt *(to do sg* vmt
megtenni)

on [ɒn] **1.** *prep (place)* -on, -en,
-ön, -n; *(time)* -án, -én; *(at the*

time of) -kor; (*direction*) -ra, -re; (*about*) -ról, -ről (*szól*) ‖ ~ **board** fedélzeten; ~ **Monday** hétfőn; ~ **the 5(th) of May** május 5-én; ~ **my arrival home** hazaérkezésemkor 2. *adv* (*further*) tovább; *el* (*connected*) he *(van kapcsolva)* ‖ **from now** ~ mostantól kezdve; **what has she got** ~? mi van rajta?; **the gas is** ~ ég a gáz; **the TV is** ~ be van kapcsolva a tévé

once [wʌns] *adv* egyszer, egy alkalommal ‖ **at** ~ azonnal, rögtön; ~ **a week** hetenként egyszer; ~ **again** még egyszer; ~ **more** újból, újra, még egyszer; ~ **upon a time there was ...** hol volt, hol nem volt

oncoming ['ɒnkʌmɪŋ] *a* szembejövő (forgalom)

one [wʌn] 1. *num* (*number*) egy; (*indefinite*) egyik; (*any person*) valaki ‖ **no** ~ senki sem; ~ **and a half** másfél; ~ **another** egymást; ~ **by** ~ egyesével, egyenként; **on the** ~ **hand ... on the other (hand)** egyrészt ..., másrészt; ~ **of them** egyikük; ~ **or two** egypár 2. *n* (*impersonal subject*) az ember ‖ ~ **never knows** az ember sohasem tudja 3. *pron* (*instead of noun*) **which** ~? melyiket?; **that** ~ azt (ott); **the green** ~ a zöldet

onerous ['ɒnərəs] *a* súlyos, terhes

oneself [wʌn'self] *pron* maga, magát, magának ‖ **by** ~ magában; egyedül

one-to-one *a/adv* (*correspondence*) egy az egyben (való); (*between two people*) négyszemközti

one-way street *n* egyirányú utca

one-way traffic *n* egyirányú forgalom/közlekedés

onion ['ʌnɪən] *n* (vörös)hagyma

onlooker ['ɒnlʊkə] *n* néző

only ['əʊnlɪ] 1. *a* egyedüli, egyetlen ‖ ~ **one** egyetlenegy 2. *adv* csak, egyedül, csupán ‖ **not** ~ nemcsak 3. *conj* csak (éppen), kivéve hogy, viszont

onset ['ɒnset] *n* kezdet

onshore ['ɒnʃɔː] 1. *a* szárazföldi 2. *a/adv* (*towards the shore*) szárazföldi; a szárazföld/part felé; (*on the shore*) a szárazföldön, a parton

onslaught ['ɒnslɔːt] *n* támadás

onto ['ɒntuː] *prep* -ra, -re

onward ['ɒnwəd] *a* előrehaladó

onwards ['ɒnwədz] *adv* előre

ooze [uːz] *v* nedvezik, szivárog

opaque [əʊ'peɪk] *a* homályos, átlátszatlan

open ['əʊpən] 1. *a* nyitott, nyílt; (*frank*) nyílt, egyenes, őszinte ‖ **in the** ~ **air** szabadban 2. *adv* nyitva 3. *n sp* nyílt teniszbajnokság ‖ **be in the** ~ kiderült 4. *vt* (ki)nyit, megnyit | *vi* kinyílik ‖ ~ **an account** folyószámlát nyit; ~ **here** itt nyílik; ~ **the door** ajtót kinyit; ~ **the meeting** az ülést megnyitja

open-air *a* szabadtéri

open-hearted *a* nyíltszívű, őszinte

opening ['əʊpnɪŋ] 1. *a* (meg)nyitó 2. *n* nyitás, megnyitás; (*hole*) nyílás; (*opportunity*) munkaalkalom, üresedés

opening hours *n pl* nyitvatartási idő

openly ['əʊpənlɪ] *adv* nyíltan

open-minded *a* liberális (gondolkodású)

Open University *n GB approx* távoktatás

opera ['ɒprə] *n* opera

operate ['ɒpəreɪt] *vt* üzemeltet, működtet | *vi* működik, üzemel; *med* operál || ~ **on sy** megoperál/megműt (*sy for sg* vkt vmvel); **~d by electricity** villamos hajtású

operating room *n US* műtő

operating theatre *n* műtő

operation [ɒpə'reɪʃn] *n* működés, üzem(elés); *also math* művelet; *mil* hadművelet; *med* műtét, operáció || **be in** ~ (*machine*) működik; (*law*) érvényben van

operator ['ɒpəreɪtə] *n* (*of telephone*) telefonkezelő; (*of machine*) kezelő

operetta [ɒpə'retə] *n* operett

opinion [ə'pɪnjən] *n* vélemény, nézet || **in my** ~ szerintem/véleményem szerint

opinion poll *n* közvélemény-kutatás

opium ['əʊpɪəm] *n* ópium

opponent [ə'pəʊnənt] *n* ellenfél

opportunity [ɒpə'tjuːnətɪ] *n* lehetőség; alkalom || **take the** ~ megragadja az alkalmat

oppose [ə'pəʊz] *v* ellenez (vmt), szemben áll vkvel/vmvel

opposed [ə'pəʊzd] *a* ellenkező; ellentétes || **be** ~ **to sg** ellenez vmt; **as** ~ **to sg** szemben vmvel

opposite ['ɒpəzɪt] **1.** *a* ellentétes, ellenkező, szemközti **2.** *adv* szembe(n), átellenben **3.** *n* ellenkezője/ellentéte vmnek

opposition [ɒpə'zɪʃn] *n* (*resistance*) szembenállás, ellenállás; (*team*) ellenfél; *pol* ellenzék

oppress [ə'pres] *v* (*nation*) elnyom

opt [ɒpt] *v* ~ **for sg** vmt választ, vm mellett dönt; ~ **out of sg** kiszáll vmből

optical ['ɒptɪkl] *a* optikai; látási

optician [ɒp'tɪʃn] *n* látszerész, optikus

optics ['ɒptɪks] *n sing.* optika, fénytan

optimism ['ɒptɪmɪzəm] *n* derűlátás, optimizmus

optimist ['ɒptɪmɪst] *n* derűlátó, optimista

optimistic [ɒptɪ'mɪstɪk] *a* bizakodó, optimista

optimum ['ɒptɪməm] *a* optimális

option ['ɒpʃn] *n* (*choice*) a választás lehetősége, alternatíva, lehetőség; (*right*) opció

optional ['ɒpʃənl] *a* szabadon választható, fakultatív (*tantárgy*)

opulent ['ɒpjʊlənt] *a* dúsgazdag, fényűző; bőséges

or [ɔː] *conj* vagy || ~ **else** (más)különben; ~ **rather** pontosabban; helyesebben; → **either**

oral ['ɔːrəl] *a* (*verbal*) szóbeli; (*by mouth*) szájon át történő || ~ **examination** szóbeli vizsga

orange ['ɒrɪndʒ] *n* narancs

orator ['ɒrətə] *n* szónok

orbit ['ɔːbɪt] **1.** *n* (*of planet, satellite*) pálya **2.** *v* (*spacecraft*) kering

orchestra ['ɔːkɪstrə] *n* zenekar; *US theat* támlásszék, zsöllye

ordain [ɔː'deɪn] *v* pappá szentel, felszentel

ordeal [ɔː'diːl] *n* megpróbáltatás

order ['ɔːdə] **1.** *n* rend; (*sequence*) sorrend; *law* rendelet; *mil* parancs; *comm* megrendelés; *rel* rend; (*medal*) rendjel, kitüntetés || **be in** ~ rendben van; **be out of** ~ nem működik/üzemel; **give sy an ~ for sg** (*goods*) megrendel vmt vktől/vknél; **put sg in ~** rendbe rak/tesz vmt; **in ~ that/to** azzal a céllal, hogy; azért, hogy; **~!** *pol* térjen a tárgyra! **2.** *v* (*arrange*) (el)-rendez; (*command*) rendelkezik, utasít, (meg)parancsol; (*goods*) megrendel

ordinal number *n* sorszámnév

ordinance ['ɔːdɪnəns] *n* (szabály)-rendelet

ordinarily ['ɔːdɪnrəlɪ] *adv* szokásos módon, normálisan, egyébként

ordinary ['ɔːdɪnrɪ] *a* szokásos, min-dennapos, közönséges; (*member*) rendes

ore [ɔː] *n* érc

organ ['ɔːgən] *n biol* szerv; (*organization*) szerv, orgánum; *mus* (*instrument*) orgona ‖ **play (on) the ~** orgonál

organism ['ɔːgənɪzəm] *n* organiz-mus

organization [ɔːgənaɪ'zeɪʃn] *n* (*institution*) szervezet; (*arrange-ment*) szervezés, rendezés

organize ['ɔːgənaɪz] *v* (meg)rendez, (meg)szervez

organ transplant *n* szervátültetés

orgasm ['ɔːgæzəm] *n* (nemi) kielé-gülés, orgazmus

orgy ['ɔːdʒɪ] *n* orgia

Orient ['ɔːrɪənt] *n* kelet

oriental [ɔːrɪ'entl] *a* keleti

orientate ['ɔːrɪenteɪt] *vt* irányít, orientál ‖ *vi* tájékozódik

orienteering [ɔːrɪən'tɪərɪŋ] *n* tájfutás

orifice ['ɒrɪfɪs] *n* nyílás

origin ['ɒrɪdʒɪn] *n fig* (*beginning*) eredet, kezdet; (*ancestry*) szárma-zás

original [ə'rɪdʒɪnl] **1.** *a* eredeti **2.** *n* **the ~** eredeti példány

originate [ə'rɪdʒɪneɪt] *v* (*effect*) lét-rehoz ‖ **~ from/in sg** ered/szárma-zik vmből

ornament ['ɔːnəmənt] **1.** *n* dísz, ékesség **2.** *v* díszít, ékesít

ornate [ɔː'neɪt] *a* díszes, ékes

ornithology [ɔːnɪ'θɒlədʒɪ] *n* madár-tan, ornitológia

orphan ['ɔːfn] *n* árva

orphanage ['ɔːfnɪdʒ] *n* árvaház

orthodox ['ɔːθədɒks] *a rel* ortodox

oscillate ['ɒsɪleɪt] *v phys* rezeg, osz-cillál; (*pendulum*) leng, (ki)leng

ostensible [ɒ'stensəbl] *a* állítóla-gos, látszólagos

ostentatious [ɒsten'teɪʃəs] *a* hival-kodó, tüntető

ostracize ['ɒstrəsaɪz] *v* kiközösít, kizár

ostrich ['ɒstrɪtʃ] *n* strucc

other ['ʌðə] **1.** *pron/a* (*different*) más; (*not the same*) másik; (*else*) egyéb ‖ **the ~s** a többiek; **the ~ day** a napokban, nemrég; **on the ~ hand** másfelől, másrészt; **on the ~ side** odaát **2.** *adv/conj* más-képp

otherwise ['ʌðəwaɪz] *adv* máskép-pen, (más)különben, egyébként

ought to (do sg) [ɔːt] *v* illene, kel-lene ‖ **you ~ not** (*or* **oughtn't**) **to have done this** ezt nem lett volna szabad megtenned; **I ~ to have brought it** el kellett volna hoz-nom

ounce [aʊns] *n* uncia (= *28,35 g*)

our [aʊə] *pron* (a mi) -unk, -ünk, -aink, -jaink, -eink, -jeink ‖ **~ house** a házunk; **~ children** a gyerekeink

ours [aʊəz] *pron* a mienk ‖ **these are** ~ ezek a mieink

ourselves [aʊə'selvz] *pron* **(we)** ~ (mi) magunk

out [aʊt] *adv* (*to a place*) ki, kifelé; (*at a place*) kinn ‖ **she's** ~ nincs otthon; **I am 10 dollars** ~ a hiányom 10 dollár

outbreak ['aʊtbreɪk] *n* (*of disease, war*)) kitörés

outburst ['aʊtbɜːst] *n* kitörés, kirohanás (*vk ellen*)

outcast ['aʊtkɑːst] *a/n* kitaszított, száműzött

outcome ['aʊtkʌm] *n* (*issue*) kimenetel; (*result*) eredmény; következmény, fejlemény

outdated [aʊt'deɪtɪd] *a* elavult, idejétmúlt

outdid [aʊt'dɪd] *pt* → **outdo**

outdo [aʊt'duː] *v* (*pt* **outdid** [aʊt-'dɪd], *pp* **outdone** [aʊt'dʌn]) (*in result*) felülmúl, *col* vkt lefőz

outdone [aʊt'dʌn] *pp* → **outdo**

outdoor ['aʊtdɔː] *a sp* szabadtéri; (*swimming pool*) nyitott; (*clothes*) utcai

outdoors [aʊt'dɔːz] *adv* kinn, a szabadban

outer ['aʊtə] *a* külső

outer space *n* világűr

outfit ['aʊtfɪt] *n* (*clothes*) öltözet; (*ensemble*) öltöny; (*equipment*) felszerelés; (*set*) készlet

outgoings ['aʊtgəʊɪŋz] *n pl* kiadások

outgrew [aʊt'gruː] *pt* → **outgrow**

outgrow [aʊt'grəʊ] *v* (*pt* **outgrew** [aʊt'gruː], *pp* **outgrown** [aʊt-'grəʊn]) (*clothes, habit*) kinő

outgrown [aʊt'grəʊn] *pp* → **outgrow**

outing ['aʊtɪŋ] *n* kirándulás

outlay ['aʊtleɪ] *n* költségek, ráfordítás

outlet ['aʊtlet] *n* kifolyó, lefolyó; (*for talent*) megnyilvánulási lehetőség; *US* (*for electricity*) konnektor, (dugaszoló)aljzat

outline ['aʊtlaɪn] **1.** *n* (*silhouette*) körvonal, sziluett; (*summary*) vázlat **2.** *v* (*situation*) (fel)vázol, körvonalaz

outlook ['aʊtlʊk] *n* (*prospect*) távlat; (*view*) kilátás; (*attitude*) szemlélet(mód)

outlying ['aʊtlaɪɪŋ] *a* félreeső, távoli ‖ ~ **district** peremkerület

outnumber [aʊt'nʌmbə] *v* számbelileg fölülmúl

out of *prep* -ból, -ből, kinn, vmn kívül, közül ‖ ~ **order** nem működik, rossz; **be** ~ **sg** kifogyott vmiből

out-of-date *a* idejétmúlt, korszerűtlen

out-of-the-way *a* félreeső

out-patient *n* járóbeteg

output ['aʊtpʊt] *n el* teljesítmény; *comput* kimenet, kimenőteljesítmény

outrage 1. ['aʊtreɪdʒ] *n* gazság, szörnyűség; (*emotion*) megbotránkozás **2.** [aʊt'reɪdʒ] *v* (*person*) durván megsért vkt; (*sense of justice*) megbotránkoztat

outright ['aʊtraɪt] **1.** *a* (*frank*) őszinte, nyílt; (*open*) leplezetlen; (*clear*) egyértelmű; (*complete*) teljes, kerek **2.** *adv* nyíltan, kereken

outset ['aʊtset] *n* kezdet ‖ **at the** ~ az elején

outshine [aʊt'ʃaɪn] *v* (*pt/pp* **outshone** [aʊt'ʃɒn]) (*fame*) elhomályosít, vkt vmben túlszárnyal

outside 1. ['aʊtsaɪd] *a* külső, szélső, kinti **2.** [aʊt'saɪd] *adv/prep* kinn, ki; *US* ~ **of** (vkn/vmn) kívül **3.** [aʊt'saɪd] *n* vmnek a külseje, külső (oldal) ‖ **at the** ~ legfeljebb

outside lane *n GB (of motorway)* belső sáv

outsider [aʊt'saɪdə] *n* idegen, kívülálló

outsize ['aʊtsaɪz] *a (clothes)* extra méretű/nagy

outskirts, the ['aʊtskɜ:ts] *n pl* külváros, külterület, peremkerületek

outspoken [aʊt'spəʊkən] *a* szókimondó

outstanding [aʊt'stændɪŋ] *a (prominent)* kiemelkedő, kiváló; *(unpaid)* hátralékos

outstrip [aʊt'strɪp] *v* megelőz, lehagy

outward ['aʊtwəd] *a (of the outside)* külső; *(going out)* kifelé tartó ‖ ~ **appearance** *(of person)* külső, küllem; ~ **journey** kiutazás

outwards ['aʊtwədz] *adv* ki, kifelé

outwit [aʊt'wɪt] *v* **-tt-** túljár vknek az eszén

oval ['əʊvl] *a* ovális

oven ['ʌvn] *n (for baking, cooking)* sütő; *(furnace)* kemence

ovenproof ['ʌvnpru:f] *a* tűzálló

oven-ready *a* konyhakész

ovenware ['ʌvnweə] *n* tűzálló edény(ek)

over ['əʊvə] **1.** *adv (across)* át, keresztül; *(finished)* elmúlt, vége ‖ **it is** ~ vége van; ~ **and** ~ **(again)** újra meg újra; ~ **here** itt nálunk; ~ **there** odaát **2.** *prep (above)* vm fölött/fölé; *(higher than)* vmn felül; *(on top of)* rá; *(across)* vmn

át/keresztül; *(more than)* vmn túl, több mint ‖ ~ **70 kg** 70 kg felett; ~ **the sea** tengeren túl

overall [əʊvər'ɔ:l] **1.** *a* általános, átfogó, globális ‖ ~ **view (of sg)** összkép **2.** *n US* = **overalls**

overalls ['əʊvərɔ:lz] *n pl* kezeslábas, munkaruha, szerelőruha

overbalance [əʊvə'bæləns] I *vi* feldönt; *(outweigh)* felülmúl; *(lose balance)* elveszti egyensúlyát, feldől

overbearing [əʊvə'beərɪŋ] *a* arrogáns, erőszakos

overboard ['əʊvəbɔ:d] *adv* (hajóból) ki ‖ **be washed** ~ tengerbe sodorja a hullám

overcame [əʊvə'keɪm] *pt* → **overcome**

overcast [əʊvə'kɑ:st] *a* felhős, borús

overcoat ['əʊvəkəʊt] *n* felöltő, felsőkabát

overcome [əʊvə'kʌm] *v (pt* **overcame** [əʊvə'keɪm], *pp* **overcome)** *(difficulty, enemy)* leküzd, legyőz ‖ **be** ~ **by sg** vm rájön vkre

overcrowded [əʊvə'kraʊdɪd] *a* túlzsúfolt

overdid [əʊvə'dɪd] *pt* → **overdo**

overdo [əʊvə'du:] *v (pt* **overdid** [əʊvə'dɪd], *pp* **overdone** [əʊvə'dʌn]) *(exaggerate)* túlzásba esik; *(work too hard)* megerőlteti magát; *(overcook)* túlsüt

overdone [əʊvə'dʌn] *a/pp* túlsütött; → **overdo**

overdrawn [əʊvə'drɔ:n] *a (account)* fedezetlen

overdue [əʊvə'dju:] *a (bill)* lejárt

overestimate [əʊvər'estɪmeɪt] *v* vmt túlbecsül

overfed [əʊvə'fed] *a* túltáplált

overflow 1. ['əʊvəfləʊ] *n* (*of liquid*) túlfolyás; (*pipe*) túlfolyó; *comput* túlcsordulás **2.** [əʊvə'fləʊ] *v* (*heart, cup*) túlcsordul, kicsordul; (*water*) elönt; (*river*) kiönt

overgrown [əʊvə'grəʊn] *a* (*child*) korához képest túl nagy; (*path*) növényekkel benőtt, gazos

overhaul 1. ['əʊvəhɔ:l] *n* nagyjavítás, generáljavítás **2.** [əʊvə'hɔ:l] *v* (*patient*) felülvizsgál; (*engine*) generáloz

overhead projector [əʊvə'hed] *n* írásvetítő

overheads ['əʊvəhedz] *n pl* rezsi-(költség)

overhear [əʊvə'hiə] *v* (*pt/pp* **overheard** [əʊvə'hɜ:d]) (*conversation*) kihallgat

overheard [əʊvə'hɜ:d] *pt/pp* → **overhear**

overheat [əʊvə'hi:t] *vt* túlhevít I *vi* túlmelegszik

overland 1. ['əʊvəlænd] *a* szárazföldi **2.** [əʊvə'lænd] *adv* szárazföldön, szárazon

overlap 1. ['əʊvəlæp] *n* átfedés **2.** [əʊvə'læp] *v* **-pp-** átfedik egymást

overleaf [əʊvə'li:f] *adv* (*in book*) a túlsó oldalon

overload [əʊvə'ləʊd] *v* túlterhel

overlook [əʊvə'lʊk] *v* (*fail to notice*) nem vesz észre, elnéz; (*ignore*) vmről/vkről elfelejtkezik ‖ **room ~ing the garden** kertre nyíló szoba

overnight 1. ['əʊvənaɪt] *a* éjszakai **2.** [əʊvə'naɪt] *adv* hirtelen, máról holnapra ‖ **stay ~** ott marad éjszakára

overpower [əʊvə'paʊə] *v* legyőz, erőfölényben van (*sy* vkvel szemben)

overproduction [əʊvəprə'dʌkʃn] *n* túltermelés

overran [əʊvə'ræn] *pt* → **overrun**

overridden [əʊvə'rɪdn] *pp* → **override**

override [əʊvə'raɪd] *v* (*pt* **overrode** [əʊvə'rəʊd], *pp* **overridden** [əʊvə'rɪdn]) (*disregard*) semmibe vesz; (*prevail*) előbbre való (vmnél), megelőz (vmt); (*ride over*) átgázol (vmn)

overrode [əʊvə'rəʊd] *pt* → **override**

overrule [əʊvə'ru:l] *v* (*claim*) érvénytelenít, hatályon kívül helyez; (*decision*) megmásít

overrun [əʊvə'rʌn] *v* (*pt* **overran** [əʊvə'ræn], *pp* **overrun**) (*crowd*) elözönöl; (*troops*) lerohan

overseas [əʊvə'si:z] **1.** *a* külföldi, tengeren túli **2.** *adv* külföldön, tengeren túl

overshadow [əʊvə'ʃædəʊ] *v* (*person*) háttérbe szorít; (*place*) beárnyékol

oversight ['əʊvəsaɪt] *n* kihagyás, elnézés

oversleep [əʊvə'sli:p] *v* (*pt/pp* **overslept** [əʊvə'slept]) elalussza az időt, későn ébred

overslept [əʊvə'slept] *pt/pp* → **oversleep**

overstate [əʊvə'steɪt] *v* felnagyít, eltúloz

overstatement [əʊvə'steɪtmənt] *n* (erős) túlzás

overt ['əʊvɜ:t] *a* nyilvánvaló, nyílt

overtake [əʊvə'teɪk] *v* (*pt* **overtook** [əʊvə'tʊk], *pp* **overtaken** [əʊvə'teɪkn]) (meg)előz, lehagy

overtaken [əʊvə'teɪkn] *pp* → **over-take**

overthrew [əʊvə'θruː] *pt* → **over-throw**

overthrow [əʊvə'θrəʊ] *v* (*pt* **overthrew** [əʊvə'θruː], *pp* **overthrown** [əʊvə'θrəʊn]) (*empire*) megdönt; (*dictator*) megbuktat

overthrown [əʊvə'θrəʊn] *pp* → **overthrow**

overtime ['əʊvətaɪm] *n* túlóra ‖ **work/do** ~ túlórázik; különmunkát végez

overtook [əʊvə'tʊk] *pt* → **overtake**

overture ['əʊvətjʊə] *n* nyitány

overturn [əʊvə'tɜːn] *vi* felborul, feldől ‖ *vt* felborít, feldönt

overweight 1. ['əʊvəweɪt] *n* túlsúly **2.** [əʊvə'weɪt] *a* túlsúlyos

overwhelm [əʊvə'welm] *v* eláraszt ‖ **be ~ed with work** ki se látszik a munkából

overwhelming success *n* col bombasiker

overwork 1. ['əʊvəwɜːk] *n* túlfeszített munka **2.** [əʊvə'wɜːk] *v* agyondolgozza/túlhajtja magát

owe [əʊ] *v* ~ **sy sg** tartozik/adós vknek vmvel

owing to ['əʊɪŋ] *prep* vm miatt, vm következtében

owl [aʊl] *n* bagoly

own [əʊn] **1.** *a* tulajdon, saját ‖ **on one's** ~ magában, külön **2.** *v* birtokol, van neki, bír vmvel
own up (to sg) beismer/bevall vmt

owner ['əʊnə] *n* (*of house, factory*) tulajdonos; (*of dog*) gazda

owner-occupied flat *n* öröklakás

owner-occupier [-'ɒkjupaɪə] *n* öröklakás tulajdonosa

ownership ['əʊnəʃɪp] *n* (*right*) tulajdon(jog), birtoklás; (*state*) tulajdoni viszonyok

ox [ɒks] *n* (*pl* **oxen** ['ɒksn]) ökör

oxide ['ɒksaɪd] *n* oxid

oxygen ['ɒksɪdʒən] *n* oxigén

oyster ['ɔɪstə] *n* osztriga

oz = **ounce**

ozone ['əʊzəʊn] *n* ózon

ozone layer *n* ózonpajzs

P

P [piː] = **parking area**

p = **page**[1]; [piː] **penny, pence**

pa[1] = **per annum**

pa[2] [pɑː] *n col* papa

pace [peɪs] **1.** *n* (*step*) lépés; (*speed*) iram, sebesség, tempó ‖ **keep** ~ **with sy/sg** lépést tart vkvel/vmvel; **set the** ~ diktálja az iramot **2.** *v* (*step*) lépked; (*determine pace*) iramot diktál

pacemaker ['peɪsmeɪkə] *n med* szívritmus-szabályozó, pészméker

Pacific Ocean *n* Csendes-óceán

pacifier ['pæsɪfaɪə] *n US* cumi, cucli

pacifist ['pæsɪfɪst] *n* pacifista

pacify ['pæsɪfaɪ] *v* lecsendesít, megnyugtat

pack [pæk] **1.** *n* (*of goods*) csomag; (*of cards*) pakli; (*of cigarettes*) doboz; col (*gang*) banda **2.** *vt* (*wrap*) (be)csomagol; (*crowd*) (össze)zsúfol ‖ *vi* (*do one's luggage*) becsomagol
pack off eltakarodik

package ['pækɪdʒ] **1.** *n* csomag **2.** *v* (be)csomagol

package tour *n* társasutazás

packed [pækt] *a* zsúfolt ‖ **~ house** *theat* zsúfolt ház

packed lunch *n* GB csomagolt/ hideg ebéd

packet ['pækɪt] *n* csomag ‖ **a ~ of cigarettes** egy csomag cigaretta

packet soup *n* zacskós leves

packing ['pækɪŋ] *n* (*act, material*) csomagolás

pact [pækt] *n pol* szerződés, egyezmény, paktum

pad [pæd] **1.** *n* (*cushion*) párna; (*stuffing*) (váll)tömés; (*for writing*) jegyzettömb, blokk; (*on finger*) ujjbegy; (*of animal*) mancs, talp; (*for leg*) lábszárvédő; (*absorbent*) tampon ‖ **~ of gauze** mull-lap **2.** *v* **-dd-** kipárnáz, vmvel kitöm

padding ['pædɪŋ] *n* bélés, tömés; *also fig* fecsegés

paddle ['pædl] **1.** *n* (*for canoe*) evező, lapát **2.** *v* (*in water*) lubickol, pancsol; *sp col* lapátol ‖ **~ a canoe** kenuzik, kajakozik

paddle-steamer *n* lapátkerekes gőzös

paddling pool ['pædlɪŋ] *n* pancsoló(medence)

paddock ['pædək] *n* nyergelő (hely)

padlock ['pædlɒk] **1.** *n* lakat **2.** *v* lelakatol

paediatrician (US **pedi-**) [pi:dɪə-'trɪʃn] *n* gyermekgyógyász

pagan ['peɪgən] *a/n* pogány

page[1] [peɪdʒ] *n* lap, oldal

page[2] [peɪdʒ] *n* (*of knight*) apród; (*in hotel*) londiner

pageant ['pædʒənt] *n* parádé, történelmi felvonulás

pageantry ['pædʒəntrɪ] *n* pompa ‖ **with great ~** nagy pompával

page boy *n* (*in hotel*) boy

paid [peɪd] *a* fizetett; → **pay**

pail [peɪl] *n* (fém)vödör

pain [peɪn] **1.** *n* fájdalom ‖ **be in great ~** nagy fájdalmai vannak; **under ~ of punishment** *law* büntetés terhe mellett **2.** *v* **~ sy** fájdalmat okoz vknek

pained [peɪnd] *a* fájdalmas, bánatos

painful ['peɪnfl] *a* (*wound*) fájó, fájdalmas

painkiller ['peɪnkɪlə] *n* fájdalomcsillapító

painless ['peɪnlɪs] *a* fájdalommentes

painstaking ['peɪnsteɪkɪŋ] *a* gondos, lelkiismeretes, alapos

paint [peɪnt] **1.** *n* festék **2.** *v* (*face, room*) (ki)fest; (*picture*) megfest; *med* ecsetel ‖ **~ sg black** feketére fest

paintbox ['peɪntbɒks] *n* festékesdoboz

paintbrush ['peɪntbrʌʃ] *n* (festő)ecset

painter ['peɪntə] *n* (*artist*) festő(művész); (*workman*) (szoba)festő

painting ['peɪntɪŋ] *n* (*art*) festészet; (*picture*) festmény, kép

paintwork ['peɪntwɜːk] *n* (*of car*) fényezés

pair [peə] *n* pár ‖ **a ~ of gloves** egy pár kesztyű; **in ~s** kettős sorokban, kettesével

pajamas [pə'dʒɑːməz] *n pl US* pizsama

Pakistan [pɑːkɪ'stɑːn] *n* Pakisztán

Pakistani [pɑːkɪ'stɑːnɪ] *a/n* pakisztáni

pal [pæl] *n col* pajtás, haver

palace ['pælɪs] *n* palota, kastély

palatable ['pælətəbl] *a* ízletes, kellemes

palate ['pælət] *n* szájpadlás

palaver [pə'lɑːvə] *n* (hosszadalmas) tárgyalás; *col* fecsegés, szöveg(elés)

pale[1] [peɪl] *a* halvány, sápadt || ~ **ale** világos sör

pale[2] [peɪl] *n* cölöp

paleness ['peɪlnɪs] *n* sápadtság

Palestine ['pæləstaɪn] *n* Palesztina

Palestinian [pælə'stɪnɪən] *a/n* palesztin

palette ['pælɪt] *n* paletta

paling ['peɪlɪŋ] *n* palánk, léckerítés

palisade [pælɪ'seɪd] *n* (*fence*) palánk || ~**s** *pl* US (*cliffs*) meredek sziklafal

pall [pɔːl] *v* unalmassá válik

pallet ['pælɪt] *n* szalmazsák, priccs

palliative ['pælɪətɪv] *a/n* (fájdalom)-csillapító

pallid ['pælɪd] *a* sápadt, fakó, fénytelen

pally ['pælɪ] *a col* become ~ with sy összehaverkodik

palm[1] [pɑːm] *n* (*tree*) pálma(fa); (*symbol*) pálmaág

palm[2] [pɑːm] **1.** *n* (*of hand*) tenyér **2.** *v* ~ **off** *col* elsóz; elsüt || ~ **off sg on sy** *col* (*vkre tárgyat*) rásóz

Palm Sunday *n* virágvasárnap

palpable ['pælpəbl] *a also fig* érzékelhető, kitapintható

palpably ['pælpəblɪ] *adv* érzékelhetően

palpitation [pælpɪ'teɪʃn] *n* erős szívdobogás

paltry ['pɔːltrɪ] *a* nyomorúságos (*összeg*)

pamper ['pæmpə] *v* kényeztet, dédelget

pamphlet ['pæmflɪt] *n* pamflet, brosúra, röpirat

pan[1] [pæn] *n* (*for cooking*) serpenyő, tepsi; (*of lavatory*) vécécsésze

pan[2] [pæn] *v* -**nn**- (*camera*) követ

panacea [pænə'sɪə] *n* csodaszer

pancake ['pænkeɪk] *n* palacsinta

Pancake Day *n GB* húshagyó kedd

pancreas ['pæŋkrɪəs] *n* hasnyálmirigy

panda ['pændə] *n* panda

panda car *n GB* rendőrautó

Panda crossing *n* (*light operated by pedestrian*) zebra

pandemonium [pændɪ'məʊnɪəm] *n* pokoli zűrzavar

pander ['pændə] *v* ~ **to** *pejor* felbiztat vmre

pane [peɪn] *n* ablaktábla

panel ['pænl] *n* (*board*) tábla; (*for control*) műszerfal; (*of experts*) zsűri; (*TV*) *approx* fórum || ~ **game** tv-vetélkedő

panelling (*US* -**l**-) ['pænəlɪŋ] *n* faburkolat, lambéria, borítás

pang [pæŋ] *n* (*testi*) gyötrelem || ~**s of conscience** lclkiismeret-furdalás; ~**s of hunger** kínzó éhség

panic ['pænɪk] **1.** *n* pánik || **create a** ~ pánikot kelt **2.** *v* (-**ck**-) pánikba esik || **don't** ~! csak semmi pánik!

panicky ['pænɪkɪ] *a* pánikra hajlamos

panorama [pænə'rɑːmə] *n* kilátás, panoráma, látkép

pansy ['pænzɪ] *n* (*flower*) árvácska; *col* buzi

pant [pænt] *v* liheg, zihál

panther ['pænθə] *n* párduc

panties ['pæntɪz] *n pl col* bugyi
pantihose ['pæntɪhəʊs] *n US* harisnyanadrág
pantomime ['pæntəmaɪm] *n* pantomim
pantry ['pæntrɪ] *n* éléskamra
pants [pænts] *n pl* (*for woman*) nadrág, bugyi; (*for man*) alsónadrág; (*trousers*) pantalló, (hosszú)nadrág
pant suit *n US* nadrágkosztüm
papa [pə'pɑ:] *n col* papa, apu
papacy ['peɪpəsɪ] *n* pápaság
paper ['peɪpə] **1.** *n* papír; (*newspaper*) újság, hírlap; lap; (*academic writing read aloud*) előadás, (tudományos) dolgozat; (*school*) dolgozat ‖ ~**s** *pl* személyi okmányok **2.** *v* kitapétáz
paperback ['peɪpəbæk] *n* fűzött/kartonált (v. puha fedelű) könyv
paper-clip *n* gemkapocs
paper tissue *n* papír zsebkendő
paperweight ['peɪpəweɪt] *n* levélnehezék
paperwork ['peɪpəwɜ:k] *n col* papírmunka
papoose [pə'pu:s] *n* gyermekhordó hátizsák
par [pɑ:] *n* névérték
parabola [pə'ræbələ] *n* parabola
parachute ['pærəʃu:t] *n* ejtőernyő
parade [pə'reɪd] **1.** *n* (dísz)felvonulás **2.** *vi* (*march*) parádézik, felvonul ‖ *vt* fitogtat
paradise ['pærədaɪs] *n rel* paradicsom
paradox ['pærədɒks] *n* paradoxon
paradoxical [pærə'dɒksɪkl] *a* paradox
paraffin ['pærəfɪn] *n GB* petróleum ‖ ~ **lamp** petróleumlámpa

paragraph ['pærəgrɑ:f] *n* bekezdés, paragrafus
parallel ['pærəlel] *a/n* párhuzamos
parallelogram [pærə'leləgræm] *n* paral(l)elogramma
paralyse (*US* -**lyze**) ['pærəlaɪz] *v also fig* megbénít ‖ **be(come)** ~**d** megbénul
paralysed ['pærəlaɪzd] *a* béna, szélütött
paralysis [pə'rælɪsɪs] *n* bénulás, paralízis, hűdés
paralytic [pærə'lɪtɪk] **1.** *a* bénult, béna, paralitikus **2.** *n* béna (ember), hűdött (beteg)
paramount ['pærəmaʊnt] *a* legfőbb
parapet ['pærəpɪt] *n* mellvéd
paraphernalia [pærəfə'neɪlɪə] *n pl col* felszerelés, kellék(ek)
parasite ['pærəsaɪt] *n* élősdi, parazita
parasol ['pærəsɒl] *n* napernyő
paratrooper ['pærətru:pə] *n* ejtőernyős
parcel ['pɑ:sl] **1.** *n* csomag **2.** *v* -**ll**- (*US* -**l**-) ~ **up** becsomagol
parcel bomb *n* csomagbomba
parch [pɑ:tʃ] *vt* kiszárít ‖ *vi* megaszalódik ‖ **I'm** ~**ed** *col* meghalok a szomjúságtól
parchment ['pɑ:tʃmənt] *n* pergamen
pardon ['pɑ:dn] **1.** *n* bocsánat, megbocsátás, pardon; (*amnesty*) megkegyelmezés ‖ **I beg your** ~**!** (*apology*) pardon, bocsánat!; (*disagreeing*) de kérem!; **(I beg your)** ~**?** tessék?, mit tetszett mondani? **2.** *v* ~ **sy sg** (*or* **sy for sg**) vknek vmt megbocsát; vknek megkegyelmez ‖ ~ **me!** bocsánat(ot kérek)!; ~ **me?** *US* kérem?, tessék?

parent ['peərənt] n szülő
parenthesis [pə'renθəsıs] n (pl -ses [-si:z]) (kerek) zárójel
Paris ['pærıs] n Párizs
parish ['pærıʃ] n egyházközség, parókia, plébánia
Parisian [pə'rızjən] a párizsi
parity ['pærətı] n comm paritás
park [pɑ:k] 1. n park 2. v (car) parkol
parking ['pɑ:kıŋ] n (act) várakozás, parkolás; (place) parkolóhely ‖ **no ~!** parkolni tilos!
parking lot n US (fizető)parkoló
parking meter n parkolóóra
parking ticket n bírságcédula tiltott parkolásért
parkway ['pɑ:kweı] n US fasor
parlance ['pɑ:ləns] n beszéd(mód), szólásmód
parliament ['pɑ:ləmənt] n parlament
parliamentary [pɑ:lə'mentrı] a országgyűlési, parlamentáris
parlour (US **-or**) ['pɑ:lə] n szalon
parochial [pə'rəʊkıəl] a (narrow minded) provinciális, szűk látókörű
parole [pə'rəʊl] n becsületszó
parquet ['pɑ:keı] n (floor) parkett; US theat földszint
parrot ['pærət] n papagáj
parry ['pærı] v **~ a blow** ütés elől kitér, (ütést) hárít, kivéd
parsimonious [pɑ:sı'məʊnıəs] a szűkkeblű, szűkmarkú
parsley ['pɑ:slı] n petrezselyem
parsnip ['pɑ:snıp] n paszternák
parson ['pɑ:sn] n (anglikán) lelkész, plébános
parson's nose n püspökfalat

part [pɑ:t] 1. n (portion) (alkotó)-rész; (section) részleg, szakasz; (of the body) tag; US (in hair) választék; theat szerep; mus szólam ‖ **for my ~, on my ~** részemről; **for the most ~** többnyire, túlnyomóan, túlnyomórészt; **he took it in good ~** nem sértődött meg ezen; **in ~** részben; **in ~s** részenként; **take sy's ~** pártját fogja vknek; **take ~ in sg** részt vesz vmben 2. vi elválik, kettéválik | vt elválaszt
part with sg vmtől megválik
parterre n virágokkal beültetett kert; US theat földszinti hátsó ülés
partial ['pɑ:ʃl] a (not complete) részleges, részbeni; (biased) elfogult
partiality [pɑ:ʃı'ælətı] n részrehajlás, elfogultság
partially ['pɑ:ʃəlı] adv részben
participant [pɑ:'tısıpənt] n résztvevő
participate [pɑ:'tısıpeıt] v **~ in sg** (take part) vmben részt vesz; (share) részesül vmben
participation [pɑ:tısı'peıʃn] n részvétel
participle ['pɑ:tısıpl] n melléknévi igenév
particle ['pɑ:tıkl] n részecske; gram szócska, viszonyszó
particular [pə'tıkjələ] 1. a sajátos, különleges; (fastidious) rendszerető; (fussy) aprólékos ‖ **in ~** különösen, főként; **in this ~ case** a jelen (or ebben a konkrét) esetben 2. n **~s** pl (details) (apró) részletek; (of person) személyi adatok ‖ **give full ~s of sg** részletez vmt

particularly [pə'tɪkjʊləlɪ] *adv* nagyon, különösen ‖ **not** ~ nem valami nagyon; **not** ~ **rich** nem különösebben gazdag

parting ['pɑːtɪŋ] *n* (*separation*) búcsú; (*in hair*) választék

partition [pɑː'tɪʃn] **1.** *n* (*division*) felosztás; (*wall*) válaszfal, közfal **2.** *v* ~ **off** elkülönít, elrekeszt; leválaszt

partly ['pɑːtlɪ] *adv* részben ‖ ~ ... ~ ... egyrészt ..., másrészt ...

partner ['pɑːtnə] *n* partner, *comm* társ

partnership ['pɑːtnəʃɪp] *n* társas/partneri viszony; *comm* társulás

part of speech *n gram* szófaj

partridge ['pɑːtrɪdʒ] *n* fogoly (*madár*)

part-time *a* részidős ‖ ~ **job** másodállás

part-timer *n* részidős (dolgozó)

party ['pɑːtɪ] *n* (*meeting of friends*) összejövetel; *col* (házi)buli; (*group*) csapat; *law* fél ‖ **the parties concerned** az érdekelt felek

pass [pɑːs] **1.** *n* (*mark*) elégséges osztályzat; (*permit*) belépő(cédula); (*for travelling*) bérlet; *sp* átadás, passz; (*in mountains*) hegyszoros, hágó ‖ **get a** ~ (sikeresen) átmegy a vizsgán **2.** *v* (*go past*) elhalad; (*expire*) (el)múlik; (*hand*) (át)nyújt, (át)ad; *sp* átad, passzol; (*surpass*) túlhalad vmn; (*cards*) passzol; (*spend*) (el)tölt; (*succeed in*) átmegy (*vizsgán*); (*approve*) megszavaz, elfogad; *US* (*overtake*) (meg)előz ‖ ~ **an examination** levizsgázik; ~ **the bread(, please)** legyen olyan szíves a

kenyeret ideadni!; ~ **the time by doing sg** vmvel tölti (az) idejét

pass away elhuny

pass by (*road*) elvisz

pass for *col* elfogadható vmnek, elmegy; vmnek számít

pass on átad vmt, továbbít

passable ['pɑːsəbl] *a* (*road*) járható; (*work*) elfogadható

passage ['pæsɪdʒ] *n* átutazás; (*voyage*) átkelés; (*corridor*) folyosó; (*street*) sikátor, köz; (*in book*) rész(let)

passageway ['pæsɪdʒweɪ] *n* átjáró

passbook ['pɑːsbʊk] *n US* betétkönyv

passenger ['pæsɪndʒə] *n* utas

passer-by [pɑːsə'baɪ] *n* (*pl* **passers-by**) járókelő

passing ['pɑːsɪŋ] **1.** *a* múló, pillanatnyi **2.** *n* áthaladás; *US* előzés ‖ **in** ~ futólag; **no** ~! *US* előzni tilos!

passion ['pæʃn] *n* szenvedély

passionate ['pæʃənət] *a* szenvedélyes, rajongó

passion flower *n* golgotavirág

passive ['pæsɪv] **1.** *a* tétlen, passzív **2.** *n gram* szenvedő (alak)

passkey ['pɑːskiː] *n* (*key to a door*) kapukulcs; (*for different locks*) álkulcs

Passover ['pɑːsəʊvə] *n* (zsidó) húsvét

passport ['pɑːspɔːt] *n* útlevél ‖ ~ **control** útlevél-ellenőrzés

password ['pɑːswɜːd] *n mil* jelszó; (*clue*) kulcsszó

past [pɑːst] **1.** *a* régi, (el)múlt **2.** *n* múlt **3.** *prep* túl (vmn) ‖ **he is** ~ **forty** túl van a negyvenen; **it is** ~ **five (o'clock)** 5 óra múlt; **quarter** ~ **four** negyed öt

pasta ['pæstə] n (kifőtt) tészta

paste [peɪst] **1.** n (meat, fish) krém, pástétom; (pasta) tészta (massza); (glue) csiriz, ragasztó **2.** v ~ **on** felragaszt

pasteurized milk ['pæstʃəraɪzd] n pasztőrözött tej

pastille ['pæstɪl] n med pasztilla, pirula

pastime ['pɑ:staɪm] n időtöltés

pastor ['pɑ:stə] n lelkipásztor

past participle n múlt idejű melléknévi igenév

pastry ['peɪstrɪ] n (flour paste) tészta; (sweet cake) cukrászsütemény(ek)

past tense n múlt idő

pasture ['pɑ:stʃə] n legelő

pasty 1. [peɪstɪ] a tésztás, puha **2.** n húsos kosárka/pite

pat [pæt] **1.** v **-tt-** megvereget **2.** n veregetés, legyintés

patch [pætʃ] **1.** n (material) folt; (of ground) telek; (veteményes)kert **2.** v ~ **(up)** (material) megfoltoz

patchy ['pætʃɪ] a foltozott; (irregular) egyenetlen, nem egységes

pate [peɪt] n col fej, koponya

pâté ['pæteɪ] n pástétom

patent ['peɪtənt] **1.** n szabadalom **2.** v szabadalmaz(tat)

patent leather n lakkbőr

paternal [pə'tɜːnəl] a apai

paternity [pə'tɜːnətɪ] n apaság

paternity suit n apasági per

path [pɑ:θ] n (way) ösvény, (turista)út; (track) pálya

pathetic [pə'θetɪk] a (pitiful) szánalmas; (sentimental) patetikus

pathos ['peɪθɒs] a indulat, pátosz

pathway ['pɑ:θweɪ] n turistaút, gyalogösvény

patience ['peɪʃns] n türelem; (cards) pasziánsz

patient ['peɪʃnt] **1.** a türelmes **2.** n beteg, páciens

patio ['pætɪəʊ] n (kis zárt belső) udvar

patrimony ['pætrɪmənɪ] n apai örökség

patriot ['pætrɪət] n hazafi

patriotic [pætrɪ'ɒtɪk] a hazafias

patrol [pə'trəʊl] **1.** n (small group) őrjárat; (person) járőr; (scouts) őrs ‖ **be on** ~ őrjáraton van; cirkál (hajó) **2.** v **-ll-** őrjáraton van

patrol car n (of police) URH-kocsi, rendőrautó; (on motorway) segélykocsi

patrolman [pə'trəʊlmən] n (pl -men) (policeman) rendőr; (on motorway) sárga angyal

patron ['peɪtrən] n (supporter) pártfogó, védnök; (customer) (állandó) vevő

patronage ['pætrənɪdʒ] n pártfogás, védelem, védnökség

patronize ['pætrənaɪz] v pártfogol, patronál

patron saint n védőszent

patter ['pætə] v (rain, feet) kopog

pattern ['pætən] n (model) minta; (sewing) szabásminta; (example) mintakép, példakép

paunch [pɔ:ntʃ] n pocak

pauper ['pɔ:pə] n szegény

pause [pɔ:z] **1.** n szünet **2.** v megáll

pave [peɪv] v burkol, kövez ‖ ~ **the way for sy** vknek/vmnek az útját egyengeti

pavement ['peɪvmənt] n GB járda; US kövezet

pavilion [pə'vɪlɪən] n pavilon; sp klubház

paving stone n (utcai) kockakő
paw [pɔː] **1.** n col pracli, mancs **2.** v (össze)fogdos
pawn[1] [pɔːn] n (in chess) gyalog, paraszt
pawn[2] [pɔːn] **1.** n zálog **2.** v zálogba tesz
pawnbroker ['pɔːnbrəʊkə] n zálogkölcsönző, zálogház
pawnshop ['pɔːnʃɒp] n zálogház
pay [peɪ] **1.** n fizetés, (munka)bér **2.** v (pt/pp **paid** [peɪd]) (money) vt fizet (sy vknek); (debt) megfizet; (account) kifizet I vi (be profitable) kifizetődik || ~ **(in) cash** készpénzzel fizet; ~ **an official visit** hivatalos látogatást tesz vknél; ~ **attention (to sg)** figyel/vigyáz (vmre)
  pay back visszafizet
  pay for sg fizet vmért
  pay off kifizet vkt; (bribe) lefizet vkt
  pay up kifizeti tartozását
payable ['peɪəbl] a fizetendő, esedékes
payday ['peɪdeɪ] n bérfizetési nap
pay envelope n = **pay packet**
payment ['peɪmənt] n (paying) (ki)fizetés; (of cheque) befizetés || **in ten monthly ~s** tíz havi részletben fizethető
pay packet n (fizetési) boríték
pay phone n érmés telefonállomás
payroll ['peɪrəʊl] n fizetési jegyzék, bérjegyzék
pay station n US nyilvános telefon
pc [piː 'siː] = **per cent**
PC [piː 'siː] = **personal computer; police constable**
PE [piː 'iː] = **physical education**
pea [piː] n borsó

peace [piːs] n béke
peaceable ['piːsəbl] a békeszerető
peaceful ['piːsfl] a békés, nyugodt, csendes
peach [piːtʃ] n őszibarack
peach stone n barackmag
peacock ['piːkɒk] n páva
peak [piːk] n (of mountain) (hegy)-csúcs; (on cap) ellenző; (highest point) tetőpont || ~ **period** csúcsforgalom, csúcsforgalmi idő
peaky ['piːkɪ] a (sharp) hegyes; (weak) sovány, vézna
peal [piːl] **1.** n harangszó, harangzúgás **2.** v (bell) zúg; (thunder) morajlik
peanut ['piːnʌt] n amerikai mogyoró, földimogyoró || ~ **butter** (földi)mogyoróvaj
pear [peə] n körte (gyümölcs)
pearl [pɜːl] n (igaz)gyöngy
peasant ['peznt] n paraszt
pebble(s) ['pebl(z)] n (pl) kavics
peck [pek] **1.** n (of bird) csípés; col (kiss) puszi **2.** v (bird) csíp, csipked; col (kiss) puszil
peckish ['pekɪʃ] a col éhes
peculiar [pɪ'kjuːlɪə] a különös, furcsa || ~ **to sg** jellemző vmre
peculiarity [pɪkjuːlɪ'ærətɪ] n egyéni sajátság, jellegzetesség
pecuniary [pɪ'kjuːnɪərɪ] a pénzügyi; anyagi
pedal ['pedl] **1.** n pedál **2.** v **-ll-** (US **-l-**) col bringázik, kerekezik
pedantic [pɪ'dæntɪk] a kínosan aprólékos
peddler ['pedlə] n US házaló
pedestal ['pedɪstl] n talapzat
pedestrian [pɪ'destrɪən] n gyalogos || ~ **crossing** gyalogátkelőhely || ~ **precinct** sétálóutca

pedi- *US* = **paedi-**
pedicure ['pedɪkjʊə] *n* lábápolás, pedikűr
pedicurist ['pedɪkjʊərɪst] *n* pediküűrös
pedigree ['pedɪgriː] **1.** *a* fajtatiszta, pedigrés **2.** *n* pedigré, törzskönyv (*kutyáké*)
pedlar ['pedlə] *n* házaló
pee [piː] *col* **1.** *n* pisi **2.** *v* pisil
peek [piːk] *v* kukucskál
peel [piːl] **1.** *n* (gyümölcs)héj **2.** *vt* (*fruit*) (meg)hámoz | *vi* (*skin*) hámlik
peep [piːp] *v* kandikál, kukucskál
    peep in/into vmbe bekukucskál
peephole ['piːphəʊl] *n* kémlelőnyílás
peer [pɪə] *n* (*equal*) egyenrangú; *GB* (*noble*) főnemes, mágnás || **his ~s** a vele egyenrangúak
peerage ['pɪərɪdʒ] *n GB* főnemesség
peeve [piːv] *v* bosszant, idegesít
peevish ['piːvɪʃ] *a* mogorva, durcás
peg [peg] *n* (*for coats etc.*) fogas; (*tent*) cövek; (*pin*) pecek; (*clothes*) (ruhaszárító) csipesz; *mus* (hangoló)kulcs
pejorative [pɪ'dʒɒrətɪv] *a* rosszalló, pejoratív
pelican ['pelɪkən] *n* pelikán || **~ crossing** gyalogátkelő (gyalogosoktól vezérelt jelzőlámpával)
pellet ['pelɪt] *n* galacsin, labdacs
pelmet ['pelmɪt] *n* (*wooden*) karnis; (*cloth*) drapéria
pelt[1] [pelt] *n* irha
pelt[2] [pelt] *vt* megdobál (*with* vmvel) | *vi* (*rain*) zuhog
pelvis ['pelvɪs] *n med* medence
pen[1] [pen] *n* (*for writing*) toll
pen[2] [pen] *n* (*for sheep*) akol

penal ['piːnl] *a* büntető(jogi)
penalize ['piːnəlaɪz] *v* (meg)büntet
penalty ['penltɪ] *n* (*punishment*) büntetés, pénzbírság; *sp* (*in football*) tizenegyes; (*in show jumping*) hibapont || **~ kick** *sp* tizenegyes, büntető(rúgás); **~ shoot-out** tizenegyesek rúgása
pence [pens] *pl* → **penny**
pencil ['pensl] *n* ceruza || **~ sharpener** ceruzahegyező
pendant ['pendənt] *n* függő
pending ['pendɪŋ] *a* függőben levő
pendulum ['pendjʊləm] *n* inga
penetrate ['penɪtreɪt] *v* behatol, belefúródik (*into* vmbe)
penetrating ['penɪtreɪtɪŋ] *a* átható, penetráns
penetration [penɪ'treɪʃn] *n* áthatolás
pen friend *n* levelezőtárs
penguin ['peŋgwɪn] *n* pingvin
penicillin [penɪ'sɪlɪn] *n* penicillin
peninsula [pə'nɪnsjʊlə] *n* félsziget
penitence ['penɪtəns] *n* bűnbánat, vezeklés
penitent ['penɪtənt] *a* bűnbánó, vezeklő
penitentiary [penɪ'tenʃərɪ] *n US* börtön
penknife ['pennaɪf] *n* (*pl* **-knives** [-naɪvz]) zsebkés
pen name *n* (*írói*) álnév
penniless ['penɪlɪs] *a* pénztelen
penny ['penɪ] *n* (*pl* **érmek:** **pennies**, *összeg:* **pence**) penny
pension ['penʃn] *n* nyugdíj
pensionable ['penʃnəbl] *a* nyugdíjjogosult
pensioner ['penʃnə] *n* nyugdíjas
pensive ['pensɪv] *a* gondolkodó, töprengő

Pentagon, the ['pentəgən] a Pentagon (az USA védelmi minisztériuma)

Pentecost ['pentɪkɑst] n pünkösd

penthouse ['penthaʊs] n védőtető, előtető ‖ ~ **flat** tetőlakás

penury ['penjʊərɪ] n szegénység, ínség

people ['pi:pl] n (nation) nép, nemzet; (persons) emberek; (inhabitants) lakosság ‖ **there are ~ who** vannak, akik

pep [pep] 1. n energia, rámenősség 2. v -pp- ~ **up** felélénkít

pepper ['pepə] n (spice) bors; (vegetable) paprika

peppermint ['pepəmɪnt] n (plant) borsosmenta; (sweet) mentacukor

pepperpot ['pepəpɒt] n borsszóró

per [pɜ:] prep által, révén, -nként ‖ ~ **annum** évente; ~ **capita** fejenként(i)

perceive [pə'si:v] v (notice) észrevesz; (understand) felfog

per cent n százalék

percentage [pə'sentɪdʒ] n százalék

perceptible [pə'septəbl] a észrevehető, érzékelhető

perception [pə'sepʃn] n érzékelés, észlelés; (understanding) felfogóképesség

perceptive [pə'septɪv] a érzékenyen reagáló

perch [pɜ:tʃ] 1. n (for bird) ág, (ülő)rúd 2. v elül

percolator ['pɜ:kəleɪtə] n eszpresszógép, kávéfőző gép

percussion [pə'kʌʃn] n med kopogtatás ‖ **the** ~ mus az ütősök; ~ **instrument** ütőhangszer

peremptory [pə'remptərɪ] a ellentmondást nem tűrő

perennial [pə'renɪəl] a bot évelő

perfect ['pɜ:fɪkt] a tökéletes, hibátlan

perfection [pə'fekʃn] n tökéletesség, tökély

perfectionist [pə'fekʃnɪst] n maximalista

perfectly ['pɜ:fɪktlɪ] adv tökéletesen, kitűnően; (quite) teljesen

perfidious [pə'fɪdɪəs] a álnok

perforate ['pɜ:fəreɪt] vt kilyukaszt ‖ vi med perforál

perforation [pɜ:fə'reɪʃn] n perforáció; med átfúródás

perform [pə'fɔ:m] vt (carry out) teljesít; (el)végez; theat, mus előad ‖ vi theat játszik

performance [pə'fɔ:məns] n (of car) teljesítmény; (of an actor) előadásmód; (presentation) előadás

performer [pə'fɔ:mə] n előadó(művész)

perfume ['pɜ:fju:m] n illatszer, parfüm

perfunctory [pə'fʌŋktərɪ] a (careless) felületes; (indifferent) gépies, rutin-

perhaps [pə'hæps] adv talán, lehetséges; meglehet

peril ['perɪl] n veszély

perilous ['perɪləs] a veszélyes

perimeter [pə'rɪmɪtə] n math kerület

period ['pɪərɪəd] 1. a (furniture) korabeli, antik; (costume) korhű 2. n periódus; hist (epoch) kor(szak); US (full stop) pont; (lesson) tanítási óra; (menstruation) menstruáció, menses

periodic [pɪərɪ'ɒdɪk] a időszakos

periodical [pɪərɪ'ɒdɪkl] 1. a időszakos, periodikus 2. n folyóirat

peripheral [pe'rıfərəl] **1.** *a* periferiális **2.** *n comput* periféria

perish ['perıʃ] *v* elpusztul; (*food*) megromlik

perishable ['perıʃəbl] *a* romlandó

perishing ['perıʃıŋ] *a* átkozott(ul) (*hideg*)

perjury ['pɜːdʒərı] *n* hamis eskü

perk(s) [pɜːk(s)] *n* (*pl*) *col* járulékos juttatás(ok), mellékes

perky ['pɜːkı] *a* (*lively*) élénk; (*pert*) szemtelen, pimasz

perm [pɜːm] *n* dauer

permanent ['pɜːmənənt] *a* tartós, állandó

permeable ['pɜːmıəbl] *a* áteresztő

permissible [pə'mısəbl] *a* megengedhető

permission [pe'mıʃn] *n* engedély

permissive [pə'mısıv] *a* engedékeny

permit 1. ['pɜːmıt] *n* engedély **2.** [pə'mıt] *v* **-tt-** engedélyez, megenged

pernicious [pə'nıʃəs] *a* ártalmas, kártékony

perpendicular [pɜːpən'dıkjnlə] *a* függőleges, merőleges

perpetrate ['pɜːpıtreıt] *v* elkövet

perpetrator ['pɜːpətreıtə] *n law* (bűn)elkövető

perpetual [pə'petʃʊəl] *a* örök(ös), állandó

perpetuate [pə'petʃʊeıt] *v* megörökít, állandósít

perpetuity [pɜːpı'tjuːətı] *n* örökkévalóság ‖ **in** ~ örökre

perplex [pə'pleks] *v* vkt összezavar

perplexity [pə'pleksətı] *n* zavar; tanácstalanság

persecute ['pɜːsıkjuːt] *v* üldöz

persecution [pɜːsı'kjuːʃn] *n* üldöz(tet)és

perseverance [pɜːsı'vıərəns] *n* állhatatosság, kitartás

persevere [pɜːsı'vıə] *v* kitart

Persia ['pɜːʃə] *n* Perzsia

Persian ['pɜːʃn] **1.** *a* perzsa **2.** *n* perzsa (nyelv)

persist [pə'sıst] *v* kitart (*in* vm mellett)

persistence [pə'sıstəns] *n* állhatatosság, kitartás

persistent [pə'sıstənt] *a* (*person*) állhatatos, kitartó; (*rain*) hosszan tartó; (*illness*) makacs

persistently [pə'sıstəntlı] *adv* kitartóan

person ['pɜːsn] *n* személy, egyén ‖ **a certain** ~ valaki, egy illető

personal ['pɜːsənl] *a* személyes, személyi, egyéni ‖ ~ **computer** személyi számítógép; ~ **stereo** walkman

personality [pɜːsə'næletı] *n* személyiség, jellem ‖ **personalities** *pl* személyeskedés

personally ['pɜːsnəlı] *adv* személyesen, személy szerint

personal pronoun *n* személyes névmás

personnel [pɜːsə'nel] *n* személyzet, az alkalmazottak

perspective [pə'spektıv] *n* távlat, perspektíva

Perspex ['pɜːspeks] *n* plexiüveg

perspiration [pɜːspə'reıʃn] *n* izzadás; izzadság

perspire [pə'spaıə] *v* izzad

persuade [pə'sweıd] *v* rábeszél (*into* vmre) ‖ ~ **sy out of (doing) sg** vkt vmről lebeszél

persuasion [pə'sweɪʒn] *n* meggyőzés; meggyőződés

persuasive [pə'sweɪsɪv] *a* meggyőző

pert [pɜ:t] *a* nagyszájú, pimasz

pertaining to [pə'teɪnɪŋ] *a* vmre vonatkozó

pertinent ['pɜ:tɪnənt] *a* helyes, illő, találó

perturb [pə'tɜ:b] *v* háborgat, megzavar

perturbing [pə'tɜ:bɪŋ] *a* zavaró

peruse [pə'ru:z] *v* átolvas

pervade [pə'veɪd] *v* (*smell, light*) áthat, átjár

pervasive [pə'veɪsɪv] *a* átható

perverse [pə'vɜ:s] *n* (*perverted*) perverz; (*obstinate*) önfejű

pervert 1. ['pɜ:vɜ:t] *n* fajtalankodó **2.** [pə'vɜ:t] *v* (*truth*) elferdít, kiforgat; (*person*) megront

pessary ['pesərɪ] *n med* pesszárium, méhgyűrű

pessimism ['pesɪmɪzəm] *n* pesszimizmus

pessimist ['pesɪmɪst] *n* pesszimista

pessimistic [pesɪ'mɪstɪk] *a* pesszimista

pest [pest] *n* (*animal*) kártevő; *fig* (*person, thing*) istencsapás, átok

pester ['pestə] *v col* gyötör, nyaggat

pesticide ['pestɪsaɪd] *n* rovarirtó (szer)

pestilence ['pestɪləns] *n* járvány; dögvész

pestle ['pesl] *n* mozsártörő

pet [pet] **1.** *n* (dédelgetett) háziállat; (*favourite*) kedvenc **2.** *v* **-tt-** dédelget, cirógat, *col* smárol

petal ['petl] *n* szirom(levél)

peter out ['pi:tə] *v* lassan kimerül/ elfogy, elenyészik

petition [pɪ'tɪʃn] *n* kérvény, kérelem

petrify ['petrɪfaɪ] *v* kővé mereszt, lebénít

petrol ['petrəl] *n GB* benzin

petrolatum [petrə'leɪtəm] *n US* vazelin

petrol can *n* benzinkanna

petroleum [pɪ'trəʊlɪəm] *n* kőolaj

petrol station *n* benzinkút, töltőállomás

petrol tank *n* benzintartály

pet shop *n* állatkereskedés

petty ['petɪ] *a* jelentéktelen, bagatell, piti

petty cash *n* kiskassza, apróbb kiadásokra félretett pénz

petty officer *n* tengerész altiszt

petulant ['petjʊlənt] *a* ingerlékeny, nyűgös

petunia [pə'tju:nɪə] *n bot* petúnia

pew [pju:] *n* pad(sor) (*templomban*)

pewter pot *n* ónedény

phantom ['fæntəm] *n* szellem, kísértet, fantom

Pharaoh ['feərəʊ] *n* fáraó

pharmacist ['fɑ:məsɪst] *n* gyógyszerész

pharmacy ['fɑ:məsɪ] *n* (*shop*) gyógyszertár; (*science*) gyógyszerészet

pharyngitis [færɪn'dʒaɪtɪs] *n* torokgyulladás

phase [feɪz] *n* stádium, szakasz, fázis

PhD [pi: eɪtʃ 'di:] *n* (= *Doctor of Philosophy*) doktori fokozat, PhD

pheasant ['feznt] *n* fácán

phenomenal [fə'nɒmɪnl] *a* tüneményes, fenomenális

phenomenon [fə'nɒmɪnən] n (pl -mena [-mɪnə]) tünet, jelenség
philanthropist [fɪ'lænθrəpɪst] n emberbarát, filantróp
Philippines, the ['fɪlɪpiːnz] n pl Fülöp-szigetek
philology [fɪ'lɒlədʒɪ] n filológia
philosopher [fə'lɒsəfə] n filozófus
philosophy [fə'lɒsəfɪ] n filozófia
phlegmatic [fleg'mætɪk] a közönyös, flegmatikus
phone [fəʊn] 1. n col telefon ‖ **be on the ~** (be talking on the phone) (éppen) telefonál; (have a telephone) van telefonja 2. v col telefonál ‖ ~ **book** telefonkönyv; ~ **booth/box** telefonfülke; ~ **call** telefonhívás
phonecard ['fəʊnkaːd] n telefonkártya
phone-in n (TV, radio) telefonos játék/műsor
phonetics [fə'netɪks] n sing. fonetika, hangtan
phoney ['fəʊnɪ] 1. a hamis 2. csaló
phonograph ['fəʊnəgraːf] n US gramofon
phonology [fə'nɒlədʒɪ] n fonológia
phony ['fəʊnɪ] a = **phoney**
photo ['fəʊtəʊ] n fénykép, fotó
photocell ['fəʊtəʊsel] n fotocella
photocopier ['fəʊtəʊkɒpɪə] n fénymásoló gép
photocopy ['fəʊtəʊkɒpɪ] 1. n fénymásolat 2. v sokszorosít, fénymásol
photograph ['fəʊtəgraːf] 1. n (fénykép)felvétel 2. v (le)fényképez
photographer [fə'tɒgrəfə] n fényképész
photographic [fəʊtə'græfɪk] a fényképészeti; fényképes

photography [fə'tɒgrəfɪ] n fényképészet, fényképezés
phrasal verb ['freɪzl] n elöljárós(-határozós) vonzatú ige, vonzatos ige
phrase [freɪz] n (expression) kifejezés, szólás; gramm (group of words) csoport, szerkezet ‖ ~ **book** kifejezésgyűjtemény
physical ['fɪzɪkl] a fizikai; (bodily) fizikai, testi ‖ ~ **education** testnevelés
physically ['fɪzɪklɪ] adv fizikailag, testileg ‖ ~ **handicapped** mozgássérült
physician [fɪ'zɪʃn] n orvos, doktor; (of medicine) belgyógyász
physicist ['fɪzɪsɪst] n fizikus
physics ['fɪzɪks] n sing. fizika
physiotherapy [fɪzɪəʊ'θerəpɪ] n fizioterápia, gyógytorna
physiotherapist [fɪzɪəʊ'θerəpɪst] n gyógytornász
physique [fɪ'ziːk] n (test)alkat, fizikum
pianist ['pɪənɪst] n zongoraművész, zongorista
piano [pɪ'ænəʊ] n zongora
piccolo ['pɪkələʊ] n kisfuvola, piccolo, pikoló
pick [pɪk] 1. n (tool) csákány ‖ **the ~ of sg** vmnek a krémje 2. v (choose) (ki)választ; (pluck) (le)szed; letép; (peck) csipked; (nibble) eszeget, csipeget ‖ ~ **one's teeth** kipiszkálja a fogát
pick at piszkál, birizgál, (boszszantva) piszkál ‖ ~ **at one's food** csipeget az ételből
pick off (remove) leszed, letép; (shoot) egyenként lelő/leszed
pick on sy vkre pikkel

pick out (*choose*) kiválaszt, kiválogat, összeválogat; vhonnan kiszed; (*distinguish*) kinéz, kiszemel, kiszúr

pick up *vt* (*thing*) felvesz, felszed; *col* (*woman*) (utcán) felszed/felcsíp; (*knowledge*) felszed, „ragad rá"; (*health*) (meg)javul; (*disease*) elkap, összeszed; (*news*) hall, megtud | *vi* (*health*) (meg)javul || **~ sy up (at)** (*by car*) vkért érte megy; **~ up speed** gyorsul

pickaxe (*US* **pickax**) ['pɪkæks] *n* csákány

picket ['pɪkɪt] **1.** *n* sztrájkőr(ség) **2.** *v* sztrájkőrséget állít (vhol)

pickings ['pɪkɪŋz] *n pl* zugkereset

pickle ['pɪkl] **1.** *n* ecetes/sós lé, pác || **be in a ~** *col* benne van a csávában/pácban; **~s** *pl* (*food*) savanyúság **2.** *v* (*in brine*) besóz; (*in vinegar*) eltesz

pickled cucumber/gherkin ['pɪkld] *n* ecetes uborka

pick-me-up ['pɪk mɪ ʌp] *n* szíverősítő (*itóka*)

pickpocket ['pɪkpɒkɪt] *n* zsebtolvaj

pick-up *n* (*on record player*) lejátszófej, pickup; (*vehicle*) dzsip

picky ['pɪkɪ] *a US* finnyás

picnic ['pɪknɪk] **1.** *n* kirándulás (*hideg élelemmel*) **2.** *v* **-ck-** kirándul (*és a szabadban eszik*)

pictorial ['pɪktɔːrɪəl] *a* képes, illusztrált

picture ['pɪktʃə] **1.** *n* (*painting, drawing*) kép; (*film*) (mozi)film || **in the ~** a képen; **put sy in the ~ (about sg)** felvilágosít/tájékoztat vkt vmiről; **the ~s** mozi **2.** *v* **~ to oneself** elképzel

picture gallery *n* képtár

picturesque [pɪktʃə'resk] *a* festői

piddling ['pɪdlɪŋ] *a col* vacak

pidgin English ['pɪdʒɪn] *n pejor* konyhanyelv

pie [paɪ] *n* (*baked, sweet*) tészta, pite; (*with meat*) kb. húsos kosárka

piece [piːs] **1.** *n* (*part*) darab; (*play*) (szín)darab || **a ~ of bread** egy darab kenyér; **a ~ of soap** egy darab szappan; **go to ~s** szétesik **2.** *v* **~ (sg) together** összetold, (össze)eszkábál

piecemeal ['piːsmiːl] *adv* darabonként

piecework *n* teljesítménybér

pier [pɪə] *n* (*of bridge*) (híd)pillér, oszlop; (*for walking*) móló; (*for landing*) kikötő(gát)

pierce [pɪəs] *v* (*perforate*) átszúr; (*penetrate*) átjár

piercing ['pɪəsɪŋ] *a* (*ache*) hasogató; (*sound*) átható || **~ cold** metsző hideg

piety ['paɪətɪ] *n* áhítat; jámborság

pig [pɪg] *n* disznó || **~ in a poke** zsákbamacska

pigeon ['pɪdʒɪn] *n* galamb || **it's not my ~** *col* ez nem tartozik rám

pigeonhole ['pɪdʒɪnhəʊl] **1.** *n* (*for letters etc.*) rekeszek; *fig* „skatulya" **2.** *v* ad acta tesz

piggy bank *n* szerencsemalac (*persely*)

pig-headed *a* makacs, csökönyös

piglet ['pɪglɪt] *n* kismalac

pigpen ['pɪgpen] *n US* disznóól

pigsty ['pɪgstaɪ] *n* disznóól

pigtail ['pɪgteɪl] *n* copf

pike[1] [paɪk] *n zoo* csuka

pike[2] [paɪk] *n* dárda, lándzsa, pika

pilchard ['pɪltʃəd] *n* szardínia

pile[1] [paɪl] **1.** n (*heap*) rakás, halom; (*funeral*) máglya **2.** v felhalmoz, egymásra/halomba rak

pile up (*vehicles*) egymásba rohan/szalad (*több jármű*)

pile[2] [paɪl] n cölöp, karó; → **piles**

piles [paɪlz] n pl *med* aranyér

pile-up n ráfutásos baleset, tömeges autószerencsétlenség

pilfering ['pɪlfərɪŋ] n lopás

pilgrim ['pɪlgrɪm] n zarándok

pilgrimage ['pɪlgrɪmɪdʒ] n zarándokút, zarándoklat

pill [pɪl] n pirula, tabletta ‖ **the ~** fogamzásgátló (tabletta) ‖ **be on the ~** szedi a tablettát

pillage ['pɪlɪdʒ] v fosztogat

pillar ['pɪlə] n oszlop, pillér; *fig* támasz ‖ **~ box** *GB* postaláda

pillion ['pɪliən] n pótülés (*motorkerékpáron*) ‖ **ride ~** pótutasként utazik

pillory ['pɪləri] **1.** n pellengér **2.** v *also fig* pellengérre állít, kipellengérez

pillow ['pɪləʊ] n (kis)párna

pillowcase ['pɪləʊkeɪs] n párnahuzat

pilot ['paɪlət] **1.** a kísérleti, próba- **2.** n pilóta, repülő; (*of ships*) révkalauz **3.** v (*ship*) kormányoz; (*plane*) vezet ‖ **~ light** őrláng, gyújtóláng ‖ **~ wheel** (*of ship*) kormánykerék

pimple ['pɪmpl] n (*on skin*) pattanás

pin [pɪn] **1.** n gombostű; *tech* csap (*fakötés*) ‖ **~s and needles** zsibbadás, bizsergés **2.** v **-nn-** (*dress*) (meg)tűz

pin down (*object*) leszögez; (*person*) szaván fog

pin up feltűz, kitűz

pinafore ['pɪnəfɔ:] n kötény

pinafore dress n kötényruha

pinball ['pɪnbɔ:l] n flipper

pincers ['pɪnsəz] n pl (*tool*) harapófogó; (*of crab*) olló

pinch [pɪntʃ] **1.** n (meg)csípés ‖ **a ~ of** csipetnyi; **at a ~** col (vég)szükség esetén **2.** vt (*nip*) csíp; col (*steal*) (el)csen vi (*shoe*) szorít

pincushion ['pɪnkʊʃn] n tűpárna

pine[1] [paɪn] n fenyő(fa)

pine[2] [paɪn] v bánkódik ‖ **~ away** emésztődik, elsorvad; **~ for sy** sóvárog/epekedik vk után

pineapple ['paɪnæpl] n ananász

ping-pong ['pɪŋpɒŋ] n pingpong

pink [pɪŋk] **1.** a rózsaszínű **2.** n (*colour*) rózsaszín; (*plant*) szegfű ‖ **be in the ~** majd kicsattan az egészségtől, él és virul

pink-eye n kötőhártya-gyulladás

pin-money n zsebpénz, dugipénz

pinnacle ['pɪnəkl] n csúcs

pinpoint ['pɪnpɔɪnt] v hajszálpontosan megállapít/megmutat

pin-stripe n csíkos szövet

pint [paɪnt] n pint (*0,568 l*)

pin-up n (*falra feltűzött női kép*)

pioneer [paɪə'nɪə] **1.** n (*explorer*) úttörő, előharcos

pious ['paɪəs] a istenfélő, jámbor, kegyes

pip[1] [pɪp] n (*of orange*) mag

pip[2] [pɪp] n mil (*star*) csillag

pip[3] [pɪp] n (*on radio*) sípjel

pipe [paɪp] **1.** n (*tube*) cső; (*for gas, water*) (cső)vezeték; (*for smoking*) pipa; (*of organ*) síp **2.** v (*play*) sípol, dudál; (*carry*) csövön/csővezetéken továbbít

pipe down! col sok a szöveg!

piped music [paɪpt] n halk zene (*pl. áruházban*)

pipe-dream n álmodozás, vágyálom

pipeline ['paɪplaɪn] *n* csővezeték, olajvezeték (*nagy távolságra*)

piper ['paɪpə] *a* dudás ‖ **he pays the ~** az ő zsebére megy

piping ['paɪpɪŋ] *n* csővezeték

piping hot *a* tűzforró

piquant ['piːkənt] *a also fig* pikáns

pique [piːk] *n* neheztelés, sértődés

piqued [piːkt] *a* sértődött

pirate ['paɪərət] **1.** *n* kalóz **2.** *v* kalózkodik ‖ ~ **radio** kalózrádió

pirated ['paɪərətɪd] *a* ~ **edition** kalózkiadás

pirouette [pɪrʊ'et] *n* piruett

piss [pɪs] *v vulg* pisál ‖ **it's ~ing down** ömlik az eső

pissed [pɪst] *a col* tökrészeg

pistol ['pɪstl] *n* pisztoly

piston ['pɪstən] *n* dugattyú

pit¹ [pɪt] *n* (*hole*) gödör, üreg, árok; (*in garage*) akna; *theat* földszint ‖ **the ~** pokol

pit² [pɪt] *n US* mag (*csonthéjasé*)

pitch¹ [pɪtʃ] **1.** *n* (*of trader*) stand; *sp* (futball)pálya; (*throw*) dobás, hajítás; *mus* hangmagasság **2.** *vi* (*fall*) (előre)esik ‖ *vt* (*throw*) dob ‖ **~ a tent** sátrat felállít/ver

pitch² [pɪtʃ] *n* (*substance*) szurok

pitch-black *a* szurokfekete

pitcher [pɪtʃə] *n* kancsó

piteous ['pɪtɪəs] *a* szánalomra méltó, szánalmas

pitfall ['pɪtfɔːl] *n fig* csapda, kelepce, buktató

pith [pɪθ] *n* velő

pithy ['pɪθɪ] *a* magvas, velős

pitiable ['pɪtɪəbl] *a* sajnálatos, sajnálatra méltó

pitiful ['pɪtɪfl] *a* (*pitiable*) szánalmas, szánalomra méltó; (*wretched*) hitvány, siralmas, nyomorult

pitiless ['pɪtɪlɪs] *a* könyörtelen

pittance ['pɪtəns] *n* éhbér

pity ['pɪtɪ] **1.** *n* szánalom ‖ **that's a (great)** ~ de kár! **2.** *v* vkt (meg)sajnál, (meg)szán

pivot ['pɪvət] **1.** *n* (*central pin*) tengelyvégcsap; *fig* (*turning point*) sarkalatos pont, sarkpont **2.** *v* ~ **on** megfordul vmn, vm körül forog

pixie ['pɪksɪ] *n* tündér

pizza ['piːtsə] *n* pizza

placard ['plækɑːd] *n* plakát

placate [plə'keɪt] *v* kiengesztel, kibékít

place [pleɪs] **1.** *n* hely; (*town*) helység; (*home*) otthon, lakás; (*open space*) tér; (*position*) helyezés ‖ **out of** ~ nem helyénvaló; **take** ~ (meg)történik, sor kerül vmre **2.** *v* helyez, tesz, rak ‖ ~**d second** második helyezett

placid ['plæsɪd] *a* nyugodt, békés

plagiarism ['pleɪdʒərɪzəm] *n* plágium

plague [pleɪg] *n med* pestis; (*nuisance*) istencsapás

plaice [pleɪs] *n* lepényhal

plaid [plæd] *n* pléd

plain [pleɪn] **1.** *a* (*obvious*) világos, nyilvánvaló; (*frank*) egyenes, őszinte; (*simple*) egyszerű, szimpla; (*not handsome*) jelentéktelen, csúnya ‖ ~ **chocolate** étcsokoládé; **in** ~ **clothes** (*police*) civilben; ~ **cooking** könnyű (*fűszerszegény*) étkezés **2.** *n* síkság, alföld

plaintiff ['pleɪntɪf] *n* felperes, panasztevő

plait [plæt] *n* copf

plan [plæn] **1.** *n* terv **2.** *v* **-nn-** (*design*) (meg)tervez; (*intend*) tervez (vmt tenni) ‖ ~ **to do sg** szándékozik vmt tenni

plane[1] [pleɪn] **1.** a sík, sima **2.** n (*surface*) sík (felület); (*aeroplane*) (repülő)gép; *tech* (*tool*) gyalu

plane[2] [pleɪn] n (*tree*) platán(fa)

planet ['plænɪt] n bolygó

plank [plæŋk] n deszka

planning ['plænɪŋ] n tervezés

plant [plɑːnt] **1.** n (*vegetable*) növény; (*shoot*) palánta; (*factory*) üzem, gyár **2.** v (el)ültet, palántáz
plant out bot kiültet

plantation [plæn'teɪʃn] n ültetvény

plaque [plɑːk] n (*on wall*) emléktábla; (*on teeth*) fogkő

plaster ['plɑːstə] **1.** n (*on wall*) vakolat; (*for broken leg*) gipsz **2.** v (*wall*) (be)vakol; (*leg etc.*) begipszel, gipszbe tesz

plastered ['plɑːstəd] a bevakolt; col (*drunk*) beszívott

plastic ['plæstɪk] **1.** a műanyag **2.** n (*material*) műanyag; col (*card*) (hitel)kártya || ~ **bomb** plasztikbomba; ~ **card** hitelkártya

Plasticine ['plæstɪsiːn] n plasztilin, gyurma

plastic surgery n plasztikai sebészet

plate [pleɪt] n (*dish*) tányér; (*silver articles*) ezüst(nemű); (*sheet of metal*) (fém)lemez; (*in book*) képmelléklet, tábla; (*dental*) műfogsor

plateau ['plætəʊ] n (*pl* **-eaus** *or* **-eaux**) fennsík

plate glass n síküveg

platform ['plætfɔːm] n (*stage*) emelvény, pódium; (*for teacher*) dobogó; katedra; (*at station*) peron, vágány; (*on bus*) előtér; (*political*) platform || ~ **ticket** peronjegy

platinum ['plætɪnəm] n platina

platitude ['plætɪtjuːd] n közhely

platoon [plə'tuːn] n mil szakasz

platter ['plætə] n tál, tálca

plausible ['plɔːzəbl] a valószínű, elfogadható, hihető

play [pleɪ] **1.** n (*sport*) játék; (*drama*) színdarab || ~ **on words** szójáték **2.** v játszik; *mus* előad, eljátszik || ~ **cards** kártyázik; ~ **fair** korrektül jár el vkvel
play against sy sp játszik vkvel
play back (*recording*) lejátszik, visszajátszik
play down lebecsül, lekicsinyel
play up (*cause trouble*) kellemetlenkedik

playback ['pleɪbæk] n lejátszás, visszajátszás, playback

player ['pleɪə] n sp játékos; *theat* színész

playful ['pleɪfl] a játékos

playground ['pleɪɡraʊnd] n játszótér

playgroup ['pleɪɡruːp] n óvoda

playing ['pleɪɪŋ] n játék || ~ **cards** játékkártya; ~ **field** sp pálya

playmate ['pleɪmeɪt] n játszótárs

playroom ['pleɪruːm] n US gyermekszoba

playschool ['pleɪskuːl] n óvoda

plaything ['pleɪθɪŋ] n fig játékszer

playwright ['pleɪraɪt] n drámaíró

plc [piː el 'siː] GB = **public limited company**

plea [pliː] n kérés; kérelem

plead [pliːd] v (*pt/pp* **pleaded**; US **pled** [pled]) ~ **with sy for sy/sg** szót emel vknél vk/vm érdekében; ~ **sy's cause with sy** vk érdekében közbenjár vknél; ~ **guilty** bűnösnek vallja magát

pleasant ['pleznt] a kellemes; (*friendly*) szimpatikus

pleasantly ['plezntlɪ] *adv* kellemesen

pleasantry ['plezntrɪ] *n* (*joking remark*) tréfás megjegyzés; (*polite remark*) udvariaskodás

please [pli:z] *v* tetszik (vknek) ‖ ~ **come in** kérem, jöjjön be; **would you ~ ...** lesz/lenne olyan szíves; **Would you like a cup of coffee? Yes, ~** Kér(sz) egy csésze kávét? Igen(, kérek).; **if you ~** ha volna szíves; ~ **yourself** tégy, ahogy jónak látod (v. kedved szerint)

pleased [pli:zd] *a* megelégedett ‖ **I am very ~** nagyon örülök; ~ **to meet you** (*presentation*) örülök, hogy megismerhetem

pleasing ['pli:zɪŋ] *a* esztétikus, kellemes

pleasure ['pleʒə] *n* öröm, élvezet ‖ **it is a great ~ for me to ...** örömömre szolgál

pleasure-seeker *n* élvhajhászó

pleasure steamer *n* kirándulóhajó (*gőzös*)

pleat [pli:t] *n* (*on dress*) ránc, redő, hajtás

plebiscite ['plebɪsaɪt] *n* népszavazás

pled [pled] *pp US* → **plead**

pledge [pledʒ] **1.** *n* zálog; (*promise*) (ünnepélyes) ígéret **2.** *v* elzálogosít; (*promise*) ünnepélyesen megígér

plentiful ['plentɪfl] *a* bő(séges), gazdag

plenty ['plentɪ] *n* bőség ‖ ~ **of** elég, bőven

pleurisy ['plʊərɪsɪ] *n* mellhártyagyulladás

pliable ['plaɪəbl] *a* hajlékony, hajlítható; (*person*) befolyásolható

pliers ['plaɪəz] *n pl* kombinált fogó

plight [plaɪt] *n* nehéz helyzet

plimsolls ['plɪmsəlz] *n pl GB* gumitalpú vászoncipő

plinth [plɪnθ] *n* talapzat (*szoboré*)

plod [plɒd] *v* **-dd-** vesződik ‖ ~ **(along)** (*on hill*) cammog, vánszorog; (*in work*) küszködik vmvel

plodding ['plɒdɪŋ] *n* robotolás, gürcölés

plonk [plɒŋk] *n* lőre

plop [plɒp] *v* **-pp-** csobban, loccsan

plot [plɒt] **1.** *n* (*ground*) (hétvégi) telek; (*story*) cselekmény; (*conspiracy*) terv, cselszövés **2.** *v* **-tt-col** (*conspire*) mesterkedik, intrikál; (*draw*) ábrázol

plot against (*make a secret plan*) összeesküvést sző vk ellen; (*draw a graph*) vm függvényében ábrázolt vmt

plotter ['plɒtə] *n comput* plotter, rajzgép

plough (*US* **plow**) [plaʊ] **1.** *n* eke **2.** *v* (*field*) szánt; *col* (*in exam*) megbuktat, meghúz

plough through átvergődik vmn

ploy [plɔɪ] *n* (*stratagem*) trükk

pluck [plʌk] *v* (*chicken*) megkopaszt; (*flower*) leszakít, leszed; (*strings*) penget; ~ **up courage (to)** nekibátorodik

plucky ['plʌkɪ] *col* karakán, vagány

plug [plʌg] **1.** *n* dugó; *el* csatlakozó(dugasz), dugó; (*in car*) gyújtógyertya **2.** *v* **-gg-** ~ bedug(aszol) ‖ ~ **in** *el* bekapcsol

plum [plʌm] *n* szilva

plumage ['plu:mɪdʒ] *n* tollazat

plumb [plʌm] **1.** *a* függőleges **2.** *adv col* (*exactly*) pont, pontosan **3.** *n* függőón **4.** *v* (*depth*) mélységet mér; *fig* mélyére lát/hatol

plumber ['plʌmə] *n* vízvezeték-szerelő

plumbing ['plʌmɪŋ] *n* (*fittings*) vízesblokk; (*craft*) vízvezeték-szerelés

plume [pluːm] **1.** *n* (*feather*) toll(azat); (*decoration*) tolldísz; forgó **2.** *v* tollászkodik

plummet ['plʌmɪt] *n* függőón

plump[1] [plʌmp] *a* (*figure*) telt, dundi, molett

plump[2] [plʌmp] *v* ~ **for** szavaz vkre

plunder ['plʌndə] **1.** *n* (*plundering*) fosztogatás; (*loot*) rablott holmi, zsákmány **2.** *vt* kirabol | *vi* fosztogat

plunge [plʌndʒ] **1.** *n* fejesugrás **2.** *vt* belemárt | *vi* víz alá bukik, lemerül

plunging neckline ['plʌndʒɪŋ] *n* mély dekoltázs

plural ['plʊərəl] *n* többes szám

pluralism ['plʊərəlɪzəm] *n* pluralizmus

plus [plʌs] **1.** *n* (*sign*) plusz; (*extra*) ráadás **2.** *prep* plusz

plus-fours *n* golfnadrág

plush [plʌʃ] *a* plüss

ply [plaɪ] *v* ~ **between ...** (*hajó*) közlekedik ... között

plywood ['plaɪwʊd] *n* furnér(lap), furnérlemez

PM [piː 'em] = **Prime Minister**

p.m., pm [piː 'em] = (*Latin*: *post meridiem*) délután, du. ‖ **at 3** ~ délután 3-kor; **6** ~ este 6 óra

pneumatic [njuːˈmætɪk] *a* pneumatikus

pneumonia [njuːˈməʊnɪə] *n* tüdőgyulladás

poach [pəʊtʃ] *v* (*game*) tilosban vadászik

poached egg [pəʊtʃt] *n* bevert tojás

poacher ['pəʊtʃə] *a* vadorzó

poaching ['pəʊtʃɪŋ] *n* (*hunting*) orvvadászat

PO Box [piː əʊ 'bɒks], **POB** [piː əʊ 'biː] = **post office box**

pocket ['pɒkɪt] **1.** *n* zseb ‖ **be out of** ~ nincs pénze **2.** *v* zsebre tesz

pocketbook ['pɒkɪtbʊk] *n* GB (*notebook*) notesz; (*wallet*) pénztárca, levéltárca; US (*purse, bag*) retikül, (kézi)táska (*női*); (*book*) zsebkönyv

pocket knife *n* (*pl* **knives**) bicska, zsebkés

pocket money *n* költőpénz, zsebpénz

pock-marked *a* himlőhelyes

podgy ['pɒdʒɪ] *a* köpcös, zömök

podiatrist [pəˈdaɪətrɪst] *n* US lábápoló, pedikűrös

poem ['pəʊɪm] *n* vers, költemény

poet ['pəʊɪt] *n* költő

poetic [pəʊˈetɪk] *a* költői

poetry ['pəʊɪtrɪ] *n* költészet

poignant ['pɔɪnjənt] *a* (*sharp*) csípős, éles; (*touching*) megrendítő, szívbe markoló

point [pɔɪnt] **1.** *n* (*dot, item, score*) pont; (*moment*) időpont; (*decimal*) tizedespont, tizedesvessző; (*matter*) kérdés; (*purpose*) cél(ja vmnek); (*tip*) csúcs; (*sharp end*) hegy ‖ **three** ~ **five (3.5)** három egész öt tized (3,5); **there is no** ~ **(in doing sg)** *col* ennek nincs (semmi) értelme; **from this** ~ **of view** ebből a szempontból; **be on the** ~ **of doing sg** (már) azon a ponton van, hogy; már-már; **come/get to the** ~ a tárgyra tér;

make a ~ of (doing sg) súlyt helyez arra, hogy; **that's the ~** erről van szó! → **points 2.** *v* (*show*) (meg)mutat, felmutat; (*aim*) (rá)irányít (*at* vmre/vkre)

point out (*indicate*) megjelöl; (*show*) rámutat

point to sg/sy vmre/vkre mutat

point-blank 1. *a* egyenes, közvetlen ‖ **at ~ range** közvetlen közelből **2.** *adv* (*closely*) közvetlen közelből; (*straight*) kertelés nélkül

pointed ['pɔɪntɪd] *a* (*ending in a point*) hegyes, csúcsos; *arch* csúcsíves; (*remark*) csípős

pointedly ['pɔɪntɪdlɪ] *adv* csípősen, nyomatékkal

pointer ['pɔɪntə] *n* (*indicator*) mutató; (*stick*) pálca; (*dog*) angol vizsla, pointer

pointless ['pɔɪntlɪs] *a* céltalan, értelmetlen

points [pɔɪnts] *n pl railw* váltó

poise [pɔɪz] **1.** *n* (*balance*) egyensúly; (*calmness*) higgadtság **2.** *v* egyensúlyoz

poison ['pɔɪzn] **1.** *n* méreg **2.** *v* (meg)mérgez

poisoning ['pɔɪznɪŋ] *n* mérgezés

poisonous ['pɔɪzənəs] *a* mérges, mérgező

poke [pəʊk] *v* (*with elbow etc*) bök; (*fire*) piszkál

poke about matat vhol

poker[1] ['pəʊkə] *n* piszkavas

poker[2] ['pəʊkə] *n* (*cards*) póker

poker-faced *a* kifejezéstelen arcú

poky ['pəʊkɪ] *a col* szegényes, szűkös, ócska

Poland ['pəʊlənd] *n* Lengyelország

polar ['pəʊlə] *a* sarkvidéki ‖ **~ bear** jegesmedve

Pole [pəʊl] *n* lengyel ember

pole [pəʊl] *n el, phys* sarok, pólus; *geogr* sark; (*of wood*) rúd

polemic [pə'lemɪk] *n* polémia

pole vault *n* rúdugrás

police [pə'liːs] *n* (*pl*) rendőrség ‖ **~ car** rendőrautó; **~ constable** (köz)rendőr

policeman [pə'liːsmən] *n* (*pl* **-men**) rendőr

police station *n* rendőrkapitányság, rendőrőrs

policewoman [pə'liːswʊmən] *n* (*pl* **-women**) rendőrnő

policy[1] ['pɒləsɪ] *n* politika

policy[2] ['pɒləsɪ] *n* (biztosítási) kötvény, biztosítás

polio ['pəʊlɪəʊ] *n col* gyermekbénulás

Polish ['pəʊlɪʃ] **1.** *a* lengyel **2.** *n* (*person*) lengyel; (*language*) lengyel (nyelv)

polish ['pɒlɪʃ] **1.** *n* (*of furniture*) politúr; (*for shoes*) cipőkrém; (*of style*) utolsó simítás **2.** *v* (*furniture*) fényez; (*shoes*) kipucol; (*style*) csiszol

polish up políroz; *fig* (*language*) felfrissít (*nyelvtudást*)

polished ['pɒlɪʃt] *a* (*furniture*) fényezett; *fig* (*style*) csiszolt; (*manners*) finom

polite [pə'laɪt] *a* udvarias (*to sy* vkvel)

politeness [pə'laɪtnɪs] *n* udvariasság

politic ['pɒlɪtɪk] *a* (*prudent*) körültekintő

political [pə'lɪtɪkl] *a* politikai

politically [pə'lɪtɪklɪ] *adv* politikailag

politician [pɒlɪ'tɪʃn] *n* politikus

politics ['pɒlɪtɪks] *n sing.* (*policy*) politika; *pl* (*views*) politikai nézetek

polka dot *n* (*pattern*) petty

poll [pəʊl] *n* szavazás; (*opinion ~*) közvélemény-kutatás

pollen ['pɒlən] *n* virágpor, hímpor, pollen

pollination [pɒlɪ'neɪʃn] *n* beporzás

polling ['pəʊlɪŋ] *n* szavazás, választás ‖ ~ **booth** szavazófülke; ~ **day** *GB* a szavazás; ~ **station** szavazóhelyiség

pollute [pə'luːt] *v* szennyez (*környezetet*)

pollution [pə'luːʃn] *n* szennyez(őd)és ‖ ~ **of the environment** környezetszennyezés

polo ['pəʊləʊ] *n* (lovas) póló

polo-neck sweater *n* garbó

polyclinic ['pɒlɪklɪnɪk] *n* poliklinika

polyethylene [pɒlɪ'eθəliːn] *n* = **polythene**

polyp ['pɒlɪp] *n med, zoo* polip

polytechnic [pɒlɪ'teknɪk] *n GB* műszaki főiskola

polythene ['pɒlɪθiːn] *n* polietilén

pomegranate ['pɒmɪgrænɪt] *n* gránátalma

pommel horse ['pɒmɪl] *n sp* kápásló

pomp [pɒmp] *n* dísz, pompa, parádé

pompom ['pɒmpɒm] *n* pompon

pompous ['pɒmpəs] *a* nagyképű; (*language*) dagályos

pond [pɒnd] *n* (kis) tó

ponder ['pɒndə] *v* latolgat, mérlegel

ponderous ['pɒndərəs] *a* nehézkes

pontiff ['pɒntɪf] *n* püspök ‖ **the (Supreme) P~** a Pápa

pontificate 1. [pɒn'tɪfɪkət] *n* pápaság **2.** [pɒn'tɪfɪkeɪt] *v col* nagyképűsködik

pontoon [pɒn'tuːn] *n* ponton

pony ['pəʊnɪ] *n* póni(ló); *US* (*crib*) puska (*diáké*)

ponytail ['pəʊnɪteɪl] *n* lófarok

poodle ['puːdl] *n* uszkár

pool[1] [puːl] **1.** *n* (*fund*) közös alap/készlet; iroda ‖ a ~ **of cars** kocsipark, járműpark; → **pools 2.** *v* (*money*) közös alapba összegyűjt

pool[2] [puːl] *n* (*pond*) tó; (*puddle*) tócsa; (*artificial*) víztározó; (*for swimming*) uszoda

pools, the [puːlz] *n pl* totó

poor [pʊə] *a* szegény; (*mediocre*) rossz, silány ‖ **the ~** *pl* a szegények; **be in ~ shape** leromlott (*egészségileg*)

poorly ['pʊəlɪ] **1.** *a* be/feel ~ gyengén érzi magát **2.** *adv* gyengén, rosszul

pop[1] [pɒp] *n col* apu, papa

pop[2] [pɒp] **1.** *adv/int* (*suddenly*) hirtelen; (*sound*) puff!, pukk! **2.** *n* (*sound*) pukkanás; (*music*) popzene; (*drink*) szénsavas ital ‖ **in ~** *col* zaciban **3.** *v* **-pp-** (*cork*) pukkan; (*balloon*) kipukkaszt; (*corn*) pattogtat

pop in (to see sy) vkhez bekukkant

pop over to sy *col* vhova, vkhez átugrik

pop up *col* felbukkan

pop art *n* pop-art

pop concert *n* popkoncert

popcorn ['pɒpkɔːn] *a* pattogatott kukorica

pope [pəʊp] *n* pápa

pope's nose *n US* püspökfalat

pop-gun *n* riasztópisztoly
poplar ['pɒplə] *n* nyárfa
pop music *n* popzene
popper ['pɒpə] *n* patentkapocs
poppy ['pɒpɪ] *n* mák
pop singer *n* popénekes
populace ['pɒpjʊləs] *n* **the ~ (at large)** a lakosság, a tömeg
popular ['pɒpjʊlə] *a* népszerű
popularity [pɒpjʊ'lærətɪ] *n* népszerűség
popularize ['pɒpjʊləraɪz] *v* népszerűsít
populate ['pɒpjʊleɪt] *v* benépesít
population [pɒpjʊ'leɪʃn] *n* lakosság, népesség
populous ['pɒpjʊləs] *a* népes, sűrűn lakott
porcelain ['pɔːsəlɪn] *n* porcelán
porch [pɔːtʃ] *n* tornác, veranda
porcupine ['pɔːkjʊpaɪn] *n* zoo (tarajos) sül
pore[1] [pɔː] *n* biol pórus
pore[2] [pɔː] *v* **~ over a book** könyv fölé hajol
pork [pɔːk] *n* sertéshús || **~ cutlet** sertéskaraj
pornography [pɔː'nɒgrəfɪ], col **porn** [pɔːn] *n* pornográfia
porous ['pɔːrəs] *a* likacsos, szivacsos
porpoise ['pɔːpəs] *n* barna delfin
porridge ['pɒrɪdʒ] *n* zabkása
port[1] [pɔːt] *n* (tengeri) kikötő; naut (left side) bal oldal
port[2] [pɔːt] *n* (wine) portói (bor)
portable ['pɔːtəbl] *a* hordozható
portal ['pɔːtl] *n* bejárat, portál
portent ['pɔːtent] *n* baljós előjel, ómen
porter ['pɔːtə] *n* (doorkeeper) portás, kapus; (carrier) hordár; (at

hotel) londiner; US (in train) hálókocsi-kalauz
porthole ['pɔːthəʊl] *n* hajóablak
portion ['pɔːʃn] **1.** *n* (of food) adag, porció **2.** *v* **~ (out)** kiadagol
portly ['pɔːtlɪ] *a* testes, terebélyes
portrait ['pɔːtrɪt] *n* arckép, portré
portraitist ['pɔːtrɪtɪst] *n* arcképfestő
portray [pɔː'treɪ] *v* (painter, writer) ábrázol
portrayal [pɔː'treɪəl] *n* ábrázolás (rajzban)
Portugal ['pɔːtjʊgl] *n* Portugália
Portuguese [pɔːtjuː'giːz] **1.** *a* portugál **2.** (person) portugál (ember); (language) portugál (nyelv)
pose [pəʊz] **1.** *n* (also affectation) póz **2.** *vi* (attitudinize) pózol | *vt* helyez
posh [pɒʃ] *a* col proccos, puccos (hely stb.)
position [pə'zɪʃn] *n* (situation) helyzet; (job) pozíció, állás; (attitude) álláspont
positive ['pɒzɪtɪv] *a* (answer) állító, igenlő, pozitív; math pozitív || **~ vetting** GB átvilágítás
possess [pə'zes] *v* birtokol vmt
possessed [pə'zest] *a* megszállott
possession [pə'zeʃn] *n* (property) tulajdon, birtok; (ownership) birtoklás
possessive pronoun *n* birtokos névmás
possibility [pɒsə'bɪlətɪ] *n* lehetőség
possible ['pɒsəbl] *a* lehetséges || **as far as ~** amennyire lehetséges
possibly ['pɒsəblɪ] *adv* lehetőleg, esetleg
post[1] [pəʊst] **1.** *n* (letters) posta || **send by ~** postán küld **2.** *v* (letter) felad

post² [pəʊst] **1.** *n* (*pole*) oszlop, karó, cölöp; (*of door*) ajtófélfa ‖ **hit the ~** (*in football*) kapufát lő **2.** *v* kiragaszt, kiplakátoz

post³ [pəʊst] **1.** *n* (*job, position*) állás, hivatal, pozíció; (*place of duty*) (diplomáciai) állomáshely; (*of soldier*) őrhely; (*soldier*) őrszem **2.** *v* kinevez vhová

postage ['pəʊstɪdʒ] *n* postaköltség ‖ **~ stamp** levélbélyeg

postal ['pəʊstl] *a GB* postai ‖ **~ code** (postai) irányítószám; **~ order** postautalvány

postbox ['pəʊstbɒks] *n GB* levélszekrény

postcard ['pəʊstkɑːd] *n* levelezőlap

postcode ['pəʊstkəʊd] *n GB* (postai) irányítószám

poster ['pəʊstə] *n* plakát, poszter

poste restante [pəʊst'restɒnt] *a/adv* postán maradó (*küldemény*)

posterior [pɒ'stɪərɪə] **1.** *a* hátulsó; (*in time*) későbbi, utólagos **2.** *n col* alfél

posterity [pɒ'sterətɪ] *n* utókor

postgraduate [pəʊst'grædʒuət] *a* posztgraduális

postman ['pəʊstmən] *n* (*pl* **-men**) postás

postmark ['pəʊstmɑːk] **1.** *n* (*on letter*) (kelet)bélyegző **2.** *v* lebélyegez

postmaster ['pəʊstmɑːstə] *n* postahivatal vezetője, postamester

Postmaster General *n GB* postaügyi miniszter

post-mortem [pəʊst'mɔːtəm] *n* halottszemle

post office *n* posta(hivatal)

post office box *n* postafiók

postpone [pə'spəʊn] *v* elhalaszt

postponement [pə'spəʊnmənt] *n* elhalasztás

postscript ['pəʊsskrɪpt] *n* utóirat

postulate 1. ['pɒstjʊlət] *n* követelmény **2.** ['pɒstjʊleɪt] *v* feltételez, posztulál

posture ['pɒstʃə] *n* testtartás, pozitúra

postwar *a* háború utáni

posy ['pəʊzɪ] *n* kis csokor

pot [pɒt] **1.** *n* (*for food*) fazék, edény; (*tea~*) kanna; (*for plant*) (virág)cserép; (*for child*) bili; *col* (*drug*) marihuána ‖ **he has ~s of money** *col* sok pénze van **2.** *v* **-tt-** (*plant*) cserépbe ültet; (*child*) biliztet; (*food*) eltesz, konzervál

potato [pə'teɪtəʊ] *n* (*pl* **-oes**) burgonya, krumpli ‖ **~ crisps** (*US* **chips**) *pl* burgonyaszirom

pot-belly *n* pocak

potent ['pəʊtənt] *a* (*a hatásos*); (*argument*) meggyőző

potentate ['pəʊtnteɪt] *n* potentát

potential [pə'tenʃl] **1.** *a* lehetséges, potenciális **2.** *n* (*voltage*) potenciál, feszültség

potentially [pə'tenʃəlɪ] *adv* potenciálisan

pot-hole *n* (*cave*) barlang; (*in road*) kátyú, gödör

pot-holer *n col* amatőr barlangkutató, barlangjáró

pot-holing *n col* amatőr barlangkutatás, barlangászkodás

potion ['pəʊʃn] *n* (*drink*) ital; (*sip*) korty; (*dose*) adag

potluck [pɒt'lʌk] *n col* **take ~** (*for food*) azt eszik, amit talál

potted ['pɒtɪd] *a* (*food*) befőzött, (-)konzerv; (*plant*) cserepes; (*book*) rövidített, tömör

potter[1] ['pɒtə] *n* fazekas, keramikus

potter[2] ['pɒtə] *v col* (vmvel) vacakol, pepecsel

pottery ['pɒtəri] *n* (*craft*) fazekasmesterség; (*earthenware*) agyagáru, kerámia

potty ['pɒti] *n col* bili

potty-trained *a* szobatiszta

pouch [paʊtʃ] **1.** *n* zacskó, erszény **2.** *v* zsebre vág

poultice ['pəʊltɪs] *n* meleg (lenmaglisztes) borogatás

poultry ['pəʊltri] *n* baromfi, szárnyas ‖ ~ **farm** baromfitenyésztő telep

pounce [paʊns] *v* lecsap (*on* vmre)

pound[1] [paʊnd] *n* (*weight*) font (*453 gramm*); (*money*) font (*100 pence*) ‖ **by the** ~ fontonként

pound[2] [paʊnd] *v* (*crush*) zúz; (*in mortar*) tör ‖ ~ **at the door** dörömböl az ajtón

pound sterling *n* font sterling

pour [pɔ:] *vt* önt ‖ *vi* ömlik, dől ‖ **it is ~ing (with rain)** szakad/zuhog az eső
  pour in *vt* beönt ‖ *vi* beömlik; (*people*) beözönlik
  pour out *vt* kiönt ‖ *vi* kiömlik; (*people*) kiözönlik

pouring ['pɔ:rɪŋ] *a* **in (the)** ~ **rain** szakadó esőben

pout [paʊt] *v* ajkát biggyeszti

poverty ['pɒvəti] *n* szegénység ‖ **the** ~ **line** létminimum

poverty-stricken *a* szegény sorsú

powder ['paʊdə] **1.** *n* (*dust*) por; (*for gun*) lőpor; (*cosmetic*) púder **2.** *v* (*sugar*) tör; (*face*) (be)púderoz

powder compact *n* kőpúder

powder room *n* (női) illemhely, mosdó

powdery ['paʊdəri] *a* porszerű, porhanyós; poros; púderes

power ['paʊə] *n* (*authority*) hatalom; (*strength*) erő; (*ability*) képesség, energia; *el* (villamos) áram, energia; *math* hatvány ‖ ~ **consumption** energiafogyasztás; ~ **cut** áramszünet

powered ['paʊəd] *a* gépi hajtású

power failure *n* áramszünet

powerful ['paʊəfl] *a* (*engine*) nagy teljesítményű; (*person*) hatalmas

powerless ['paʊələs] *a* (*person*) erőtlen, tehetetlen

power plant *n* erőmű

power point *n el* (dugaszoló)aljzat

power station *n* erőmű

power supply *n* áramellátás, energiaellátás

powwow ['paʊwaʊ] *n* tanácskozás, *col* kupaktanács

pp = pages; (*Latin: per procurationem*) megbízásból, helyett, h.

PR [pi: 'ɑ:] = **public relations**

practicability [præktɪkə'bɪləti] *n* célszerűség

practicable ['præktɪkəbl] *a* keresztülvihető

practical ['præktɪkl] *a* (*of practice*) gyakorlati; (*useful*) célszerű, praktikus ‖ ~ **joke** vastag tréfa

practically ['præktɪkli] *adv* gyakorlatilag, tulajdonképpen

practice ['præktɪs] **1.** *n* gyakorlat; (*doctor's, lawyer's*) praxis; (*practising, drill*) gyakorlás; *sp* (*exercise*) gyakorlat ‖ **in** ~ a gyakorlatban; **be out of** ~ kijött a gyakorlatból; **it needs a lot of** ~ be kell gyakorolni **2.** *v US* = **practise**

practise (*US* **-ce**) ['præktɪs] *v* (*habit, language*) gyakorol; (*doctor*) praktizál

practised (*US* **-iced**) ['præktɪst] *a* gyakorlott

practitioner [præk'tɪʃənə] *n* gyakorló orvos/ügyvéd

pragmatic [præg'mætɪk] *a* pragmatikus

Prague [prɑːg] *n* Prága

prairie ['preərɪ] *n* préri

praise [preɪz] **1.** *n* dicséret **2.** *v* (meg)dicsér

praiseworthy ['preɪzwɜːðɪ] *a* dicséretre méltó

pram [præm] *n* gyermekkocsi

prank [præŋk] *n col* stikli, csíny

prattle ['prætl] **1.** *n* csacsogás, fecsegés **2.** *v* csacsog, fecseg

pray [preɪ] *v* imádkozik

prayer [preə] *n* ima, imádság

preach [priːtʃ] *v* prédikál, szentbeszédet mond, igét hirdet

preacher ['priːtʃə] *n* igehirdető, prédikátor

preamble [priː'æmbl] *n* előszó, bevezetés

precarious [prɪ'keərɪəs] *a* bizonytalan, ingatag

precaution [prɪ'kɔːʃn] *n* elővigyázatosság, óvatosság

precede [prɪ'siːd] *v* vkt, vmt megelőz, elsőbbsége van

precedence ['presɪdəns] *n* elsőbbség

precedent ['presɪdənt] *n* példa, precedens

preceding [prɪ'siːdɪŋ] *a* (meg)előző, előbbi, korábbi

precept ['priːsept] *n* szabály, elv; utasítás

precinct ['priːsɪŋkt] *n* bekerített terület; zóna; *US* (*district*) kerület ‖ **~s** *pl* környék

precious ['preʃəs] *a* értékes, becses ‖ **~ stone** drágakő

precipice ['presɪpɪs] *n* szakadék

precipitate 1. [prɪ'sɪpɪtət] *a* (*hasty*) elhamarkodott **2.** [prɪ'sɪpɪteɪt] *v* (*hurl*) beletaszít

precipitation [prɪsɪpɪ'teɪʃn] *n* (*rain, snow*) *chem* csapadék; lecsapódás

precise [prɪ'saɪs] *a* pontos, precíz

precisely [prɪ'saɪslɪ] *a* pontosan

precision [prɪ'sɪʒn] *n* pontosság, precizitás

preclude [prɪ'kluːd] *v* (eleve) kizár

precocious [prɪ'kəʊʃəs] *a* koraérett

preconception [priːkən'sepʃn] *n* előfeltevés, előítélet

preconcieved [priːkən'siːvd] *a* **~ idea** előítélet

precondition [priːkən'dɪʃn] *n* előfeltétel

precursor [priː'kɜːsə] *n* előfutár

predator ['predətə] *n* ragadozó

predatory ['predətərɪ] *a* ragadozó

predestination [priːdestɪ'neɪʃn] *n* eleve elrendelés, predestináció

predetermine [priːdɪ'tɜːmɪn] *v* előre elrendel

predicament [prɪ'dɪkəmənt] *n* kellemetlen helyzet; baj

predicate ['predɪkət] *n* állítmány

predict [prɪ'dɪkt] *v* megjósol, előre megmond

prediction [prɪ'dɪkʃn] *n* jóslás

predilection [priːdɪ'lekʃn] *n* előszeretet (*for* iránt)

predispose [priːdɪ'spəʊz] *v* fogékonnyá tesz vmre; predesztinál

predisposition [priːdɪspəˈzɪʃn] *n* hajlam, fogékonyság (*to* vmre)

predominant [prɪˈdɒmɪnənt] *a* túlnyomó

predominantly [prɪˈdɒmɪnəntlɪ] *adv* túlnyomóan

predominate [prɪˈdɒmɪneɪt] *v* túlteng, túlsúlyban van

pre-eminent [prɪˈemɪnənt] *a* kiemelkedő

pre-empt [priːˈempt] *v* elővételi jogon vásárol

prefab [ˈpriːfæb] *n col* panelház

prefabricated [priːˈfæbrɪkeɪtɪd] *a* előre gyártott

preface [ˈprefɪs] *n* előszó

prefect [ˈpriːfekt] *n* elöljáró, prefektus; *GB (in school)* felügyelő diák

prefer [prɪˈfɜː] *v* **-rr-** ~ **sg to sg** vmt vmnél jobban szeret ‖ ~ **sy over sy else** előnyben részesít vkt vkvel szemben; **I ~ to wait** inkább várok

preferable [ˈprefərəbl] *a* kívánatosabb, jobb

preferably [ˈprefrəblɪ] *adv* inkább, lehetőleg

preference [ˈprefərəns] *n* előszeretet ‖ **have/show a ~ for** előszeretettel van vm iránt

preferential [prefəˈrenʃl] *a* kedvezményes

prefix [ˈpriːfɪks] *n* előképző, előrag, előtag

pregnancy [ˈpregnənsɪ] *n* terhesség

pregnant [ˈpregnənt] *a* terhes ‖ **become** ~ teherbe esik

prehistory [priːˈhɪstərɪ] *n* őstörténet

prejudge [priːˈdʒʌdʒ] *v* eleve elítél; elmarasztal

prejudice [ˈpredʒʊdɪs] *n* előítélet; *(bias)* elfogultság

preliminary [prɪˈlɪmɪnərɪ] *a* előzetes, megelőző ‖ ~ **heats** *sp* selejtezők

prelude [ˈpreljuːd] *n* előjáték, prelúdium

premarital [priːˈmærɪtl] *a* házasság előtti

premature [ˈpremətʃə] *a (action)* idő előtti, (túl) korai; *(child)* koraérett ‖ ~ **baby** koraszülött; ~ **birth** koraszülés

premeditated [priːˈmedɪteɪtɪd] *a* kiszámított; *(murder)* előre megfontolt

premier [ˈpremɪə] **1.** *a* elsőrangú, legfontosabb **2.** *n* miniszterelnök

première [ˈpremɪə] *n* premier, bemutató

premise [ˈpremɪs] *n* előtétel, premissza

premises [ˈpremɪsɪz] *n pl* helyiség, épület(ek) ‖ **on the** ~ a helyszínen, az épületben

premium [ˈpriːmɪəm] *n (sum for insurance)* biztosítási díj; *(additional charge)* felár; *(reward)* jutalom; bonus ‖ **at a** ~ névértéken felül, felárral

prenatal [priːˈneɪtl] *a US* születés előtti ‖ ~ **care** terhesgondozás; ~ **check-up** terhességi vizsgálat

preoccupation [priːɒkjʊˈpeɪʃn] *n (obsession)* rögeszme, mánia; *(being absorbed)* belefeledkezés

preoccupy [priːˈɒkjʊpaɪ] *v* **be preoccupied with sg** teljesen leköti vm

prep [prep] **1.** *n col (homework)* házi feladat; *(learning)* tanulás, készülés **2.** *v* **-pp-** *US (attend prep school)* előkészítő iskolába jár; *(do homework)* készül

prepacked [priː'pækt] *a* előre csomagolt, kiszerelt

prepaid [priː'peɪd] *a* bérmentesített

preparation [prepə'reɪʃn] *n* (*preparing*) előkészítés; (*for lesson*) készülés; (*of homework, meal*) elkészítés || **make ~s for** előkészületeket tesz

preparatory [prɪ'pærətərɪ] *a* előkészítő; előzetes, megelőző || **~ school** *GB* (*for public school*) előkészítő (magán)iskola (*8—13 éveseknek*); *US* (*for college*) előkészítő iskola

prepare [prɪ'peə] *v* (el)készít, megcsinál || **be ~d to do sg** hajlandó vmre; **be ~!** (*scout motto*) légy résen!

preponderance [prɪ'pɒndərəns] *n fig* túlsúly

preponderant [prɪ'pɒndərənt] *a* túlnyomó

preposition [prepə'zɪʃn] *n gram* elöljáró, prepozíció

prep school *n* = **preparatory school**

prerequisite [priː'rekwɪzɪt] *n* előfeltétel

prerogative [prɪ'rɒgətɪv] *n* előjog

Presbyterian [prezbɪ'tɪərɪən] *a/n rel* presbiteriánus

presbytery ['prezbɪtərɪ] *n* (*administrative court*) presbitérium; (*priest's house*) paplak; (*part of church*) szentély

preschool [priː'skuːl] *a* iskola előtti

prescribe [prɪ'skraɪb] *v* előír || **~ a medicine** gyógyszert felír

prescription [prɪ'skrɪpʃn] *n* előírás; *med* recept

preseason [prɪ'siːzn] *n approx* előidény

presence ['prezns] *n* jelenlét || **in my ~** jelenlétemben, előttem

presence of mind *n* lélekjelenlét

present[1] ['preznt] **1.** *a* (*existing now*) jelenlegi; (*being in this place*) jelenlevő || **those ~** a jelenlevők/résztvevők; **with sy ~** vk jelenlétében **2.** *n* **the ~** a jelen || **at ~** jelenleg; **for the ~** egyelőre

present[1] **1.** ['preznt] *n* ajándék || **give sy a ~** ajándékot ad vknek **2.** [prɪ'zent] *v* (*give*) (át)nyújt; (*introduce*) bemutat || **~ sy with sg** megajándékoz vkt vmvel

presentable [prɪ'zentəbl] *a* szalonképes, elfogadható

presentation [prezn'teɪʃn] *n* (*of play, cheque*) bemutatás; (*of petition*) beadás; (*of proposal*) beterjesztés; (*of gift*) ajándékozás; (*at conference*) előadás

present-day *a* jelenlegi, mai

presenter [prɪ'zentə] *n* (*radio, TV*) műsorvezető(-szerkesztő)

presently ['prezntlɪ] *adv* mindjárt, rögtön, nemsokára

present participle *n* jelen idejű melléknévi igenév

present perfect (tense) *n* befejezett jelen

present tense *n* jelen idő

preservation [prezə'veɪʃn] *n* megőrzés, megóvás

preservative [prɪ'zɜːvətɪv] **1.** *a* megőrző, óvó **2.** *n* tartósítószer

preserve [prɪ'zɜːv] **1.** *n* (*of fruit*) konzerv, lekvár **2.** *v* (*food*) eltesz, konzervál; (*customs*) megőriz

preset [priː'set] *v* (*pt/pp* preset; **-tt-**) előre beállít, beprogramoz

preside [prɪ'zaɪd] *v* elnököl (*at* ülésen stb.)

presidency ['prezidənsı] *n* elnöki tisztség, elnökség

president ['prezidənt] *n* (*of state, company*) elnök

presidential [prezı'denʃl] *a* elnöki

press [pres] **1.** *n* (*machine*) prés; (*printing house*) (könyv)nyomda; (*newspapers*) sajtó; (*cupboard*) (fehérneműs) szekrény **2.** *v* (*push*) (meg)nyom, szorít; (*squeeze*) (ki)prések; (*iron*) vasal
press down lenyom
press for (meg)sürget, követel ‖ be ~ed for money pénzszűkében van; be ~ed for time időzavarban van

press agency *n* sajtóügynökség

press conference *n* sajtóértekezlet

pressing ['presɪŋ] *a* sürgős

press release *n* sajtóközlemény

press-stud *n* patentkapocs

press-up *n* fekvőtámasz

pressure ['preʃə] *n* nyomás ‖ the ~ of circumstances kényszerítő körülmények

pressure cooker *n* kukta (*fazék*)

pressure gauge (*US* **gage**) *n* nyomásmérő, feszmérő

pressure-tight *a* nyomásálló

pressurized ['preʃəraɪzd] *a* túlnyomásos

prestige [pre'sti:ʒ] *n* presztízs

prestigious [pre'stɪdʒəs] *a* tekintélyes

presumable [prı'zju:məbl] *a* feltételezhető

presumably [prı'zju:məblı] *adv* feltételezhetően

presume [prı'zju:m] *v* feltételez, feltesz; *law* vélelmez

presumption [prı'zʌmpʃn] *n* kevélység; *law* vélelem

presumptuous [prı'zʌmptʃʊəs] *a* szemtelen, öntelt

presuppose [pri:sə'pəʊz] *v* (előre) feltételez; *law* vélelmez

presupposition [pri:sʌpə'zıʃn] *n* feltételezés, preszuppozíció

pre-tax [pri:'tæks] *a* adók levonása előtti

pretence (*US* **-se**) [prı'tens] *n* ürügy, jogcím

pretend [prı'tend] *v* színlel, mímel ‖ ~ to úgy tesz, mintha; ~ to be (**sy/sg**) (vmnek, vknek) kiadja magát

pretension [prı'tenʃn] *n* igény ‖ make no ~s to nem tart igényt..., nem igényli(, hogy)

pretentious [prı'tenʃəs] *a* követelőző; (*ostentatious*) elbizakodott

pretext ['pri:tekst] *n* kifogás, ürügy

pretty ['prıtı] **1.** *a* (*woman*) csinos, szép ‖ a ~ penny csinos kis összeg **2.** *adv* eléggé, meglehetősen ‖ ~ good meglehetősen jó

prevail [prı'veıl] *v* uralkodik, túlsúlyban van, fennforog ‖ ~ over sg dominál, túlsúlyban van

prevailing [prı'veılıŋ] *a* uralkodó, fennálló, érvényes ‖ ~ conditions (mai) korviszonyok

prevalent ['prevələnt] *a* uralkodó, gyakori, elterjedt

prevent [prı'vent] *v* (*action*) megakadályoz, meghiúsít; (*accident*) elhárít; (*danger*) megelőz ‖ ~ sy (from) doing sg (meg)akadályoz vkt vmben

prevention [prı'venʃn] *n* megelőzés

preventive [prı'ventıv] *a* megelőző, preventív

preview ['pri:vju:] *n* (*of film*) (szakmai) bemutató

previous ['pri:vɪəs] *a* (meg)előző, előzetes || **(on) the ~ day** egy nappal előbb; az előtte való nap(on)
previously ['pri:vɪəslɪ] *adv* azelőtt; régebben
pre-war [pri:'wɔ:] *a* háború előtti
prey [preɪ] **1.** *n* zsákmány, préda || **be/fall ~ to sg** vmnek prédájává lesz **2.** *v* sg is **~ing on one's mind** vm emészt vkt
price [praɪs] **1.** *n* ár || **at any ~** bármi áron **2.** *v* beáraz
priceless ['praɪslɪs] *a fig* megfizethetetlen
price-list *n* árjegyzék, árlap
pricey ['praɪsɪ] *a* (kissé) drága
prick [prɪk] *v* (*puncture*) (meg)szúr; (*pierce*) átlyukaszt || **~ up one's ears** hegyezi a fülét
pricking ['prɪkɪŋ] *a* szúrós
prickle ['prɪkl] *n* (*of plant*) tövis; (*sensation*) bizsergés
prickly ['prɪklɪ] *a* (*plant*) tövises, szúrós; *fig* (*person*) tüskés
pride [praɪd] *n* büszkeség, gőg
priest [pri:st] *n* pap
priestess ['pri:stɪs] *n* papnő
priesthood ['pri:sthʊd] *n* papság
priestly ['pri:stlɪ] *a* papos
prig [prɪg] *n* beképzelt/öntelt ember
prim [prɪm] *a* prűd, mesterkélt
primarily ['praɪmrəlɪ] *adv* elsősorban, főleg
primary ['praɪmərɪ] *a* elsődleges, primer || **of ~ importance** alapvető fontosságú
primary school *n GB approx* általános iskola alsó tagozata (*5—11 éveseknek*)
prime [praɪm] **1.** *a* elsőrendű, fő- **2.** *n* tetőfoka vmnek, fénykora vknek

|| **in the ~ of life** a legszebb férfikor(á)ban **3.** *v* (*gun*) megtölt; (*with food, drink*) (jól) megetetmegitat || **~ the pump** *col* anyagilag támogat, „dug" egy kis pénzt
Prime Minister *n* miniszterelnök
prime time *n* csúcsidő (*rádiózásban*)
primeval [praɪ'mi:vl] *a* ősi, eredeti
primitive ['prɪmɪtɪv] *a* kezdetleges, primitív, őskori, ősi
primrose ['prɪmrəʊz] *n* kankalin
primus (stove) ['praɪməs] *n* petróleumfőző
prince [prɪns] *n* herceg, királyfi || **the ~ consort** a királynő férje; **the P~ of Wales** a walesi herceg, a trónörökös
princess [prɪn'ses] *n* (*daughter of prince*) hercegnő; (*wife of prince*) hercegné
principal ['prɪnsəpl] **1.** *a* fő, fontos, lényeges **2.** *n* (*of school*) igazgató, principális
principality [prɪnsɪ'pælətɪ] *n* hercegség (*terület*)
principally ['prɪnsəplɪ] *adv* legfőképp(en), leginkább
principal meal *n* főétkezés
principle ['prɪnsəpl] *n clv* || **in ~** elvileg, elvben; **on ~** elvből
print [prɪnt] **1.** *n* lenyomat; (*photo*) másolat, papírkép; (*film*) kópia || **out of ~** (*book*) elfogyott **2.** *v* (*photo*) másol; (*book*) (ki)nyomtat
print out *comput* kiír
printed matter *n* nyomtatvány (*küldeményen*)
printer ['prɪntə] *n* (*person*) nyomdász; *comput* nyomtató, printer || **~'s error** sajtóhiba

printery ['prɪntəri] *n US* (*nagyobb*) nyomda

printing ['prɪntɪŋ] *n* nyom(tat)ás; *photo* másolás

printout ['prɪntaʊt] *n comput* kiírás; (*on paper*) printout

prior ['praɪə] *a* előző, korábbi ‖ **without ~ notice** előzetes értesítés nélkül; **~ to** vmt megelőzően

priority [praɪ'ɒrəti] *n* (*in traffic*) (áthaladási) elsőbbség

priory ['praɪəri] *n* szerzetház, zárda

prise (*US* **prize**) [praɪz] *v* **~ open** felfeszít; feltör

prism ['prɪzəm] *n phys* prizma; *mat* hasáb

prison ['prɪzn] *n* börtön, fogház

prisoner ['prɪznə] *n* fogoly

prisoner of war *n* hadifogoly

prissy ['prɪsi] *a US col* fontoskodó, finomkodó

pristine ['prɪstiːn] *a* hajdani, régi, ősi, eredeti

privacy ['prɪvəsi] *n* (*private life*) magánélet; (*secrecy*) magány

private ['praɪvɪt] **1.** *a* (*personal*) magán, privát; (*separate*) saját, személyes; (*not public*) zártkörű; (*bus*) különjárat ‖ **~!** belépni tilos!; **~ life** magánélet **2.** *n* közkatona ‖ **in ~** négyszemközt

privateer [praɪvə'tɪə] *n* kalózhajó

private eye *n col* magánnyomozó

privately ['praɪvɪtli] *adv* négyszemközt, privátim

privation [praɪ'veɪʃn] *n* nyomor, szűkölködés

privatization [praɪvətaɪ'zeɪʃn] *n* privatizáció, magánosítás

privatize ['praɪvətaɪz] *v* privatizál, magánosít

privet ['prɪvɪt] *v* fagyal

privilege ['prɪvɪlɪdʒ] *n* előjog, kiváltság, privilégium

privileged ['prɪvɪlɪdʒd] *a* kiváltságos

privy ['prɪvi] *a* titkos, magán

Privy Council *n GB* Titkos Tanács, Királyi Államtanács

prize[1] [praɪz] *n* (*award*) díj; (*in lottery*) nyeremény

prize[2] [praɪz] *US* = **prise**

prizefighter ['praɪzfaɪtə] *n* (profi) bokszoló

prize-giving *n* díjkiosztás

prize money *n* pénzdíj

PRO [piː aːr 'əʊ] = **public relations officer**

pro[1] [prəʊ] *n* (*pl* **pros**) *col* profi

pro[2] → **pros and cons**

probability [prɒbə'bɪləti] *n* valószínűség ‖ **in all ~** minden valószínűség szerint

probable ['prɒbəbl] *a* valószínű

probably ['prɒbəbli] *adv* valószínűleg

probate ['prəʊbɪt] *n* hitelesítés

probation [prə'beɪʃn] *n* (*in employment*) próbaidő; *law* feltételes szabadlábra helyezés ‖ **on ~** próbaidőre, feltételesen szabadlábon

probe [prəʊb] *n tech* szonda; (*inquiry*) felmérés

probity ['prəʊbəti] *n* feddhetetlenség

problem ['prɒbləm] *n* probléma; *math* feladat

problematic(al) [prɒblə'mætɪk(l)] *a* problematikus, kérdéses

procedure [prə'siːdʒə] *n* eljárás

proceed [prə'siːd] *v* (*go*) halad; (*take place*) történik, végbemegy; (*continue*) folytatódik ‖ **~ against sy** *vk ellen* pert indít

proceedings [prə'si:dɪŋz] *n pl* (*legal*) eljárás, tárgyalás; (*of society*) közlemények, akták; (a konferencia) előadásai

proceeds ['prəʊsi:dz] *n pl* nyereség, bevétel

process ['prəʊses] **1.** *n* folyamat; *tech* eljárás, módszer **2.** *v* (*material*) feldolgoz; (*food*) tartósít; (*film*) előhív, kidolgoz; (*information*) feldolgoz

processed ['prəʊsest] *a* tartósított ‖ ~ **cheese** ömlesztett sajt; ~ **food** tartósított étel/élelmiszer

processing ['prəʊsesɪŋ] *n* feldolgozás; tartósítás

procession [prə'seʃn] *n* (ünnepélyes) felvonulás; (*funeral*) temetési menet; *rel* körmenet

proclaim [prə'kleɪm] *v* deklarál, kihirdet

proclamation [prɒklə'meɪʃn] *n* nyilatkozat, kiáltvány

proclivity [prə'klɪvəti] *n* hajlam

procreation [prəʊkrɪ'eɪʃn] *n* nemzés, teremtés, létrehozás

procure [prə'kjʊə] *v* (*obtain*) megszerez, kerít; (*bring about*) kieszközöl, előidéz

prod [prɒd] **1.** *n* (*poke*) döfés **2.** *v* **-dd-** (*poke*) döf(köd), piszkál

prodigal ['prɒdɪgl] *a* pazarló, könnyelmű ‖ ~ **son** tékozló fiú

prodigious [prə'dɪdʒəs] *a* óriási, bámulatos

prodigy ['prɒdɪdʒɪ] *n* csoda ‖ **child/infant** ~ csodagyerek

produce 1. ['prɒdju:s] *n agr* termény, termék **2.** [prə'dju:s] *v* (*products, goods*) (meg)termel; (*plants*) termeszt; (*energy, heat, electricity*)

produce fejleszt; (*play*) előad, bemutat; (*document*) bemutat, felmutat

producer [prə'dju:sə] *n film* producer

product ['prɒdʌkt] *n* (*production*) termék, gyártmány; (*work of art*) (mű)alkotás; *math* szorzat

production [prə'dʌkʃn] *n* (*producing*) gyártás, termelés; (*thing*) termék; *theat* színrevitel, bemutatás; produkció

productive [prə'dʌktɪv] *a* produktív, termelékeny; (*fertile*) termékeny

productivity [prɒdʌk'tɪvəti] *n* termelékenység

profane [prə'feɪn] *a* (*secular*) világi, profán; (*sacrilegious*) szentségtörő

profess [prə'fes] *v* (*theory*) hirdet; (*faith*) vall ‖ ~ **to be** vmnek mondja magát

profession [prə'feʃn] *n* hivatás; foglalkozás ‖ **by** ~ foglalkozására nézve; **the** ~ a szakma

professional [prə'feʃənl] **1.** *a* (*not amateur*) hivatásos; (*of profession*) szakmai; szakmabeli **2.** *n* (*expert*) szakember; *also sp* hivatásos, profi

professionalism [prə'feʃnəlɪzom] *n also sp* professzionalizmus

professor [prə'fesə] *n* (*US also:* **full** ~) egyetemi tanár, professzor

proficiency [prə'fɪʃnsɪ] *n* szakértelem, jártasság ‖ ~ **in English** jó angol nyelvtudás; **an English** ~ **test** (felsőfokú) angol nyelvvizsga

proficient [prə'fɪʃnt] *a* jártas, gyakorlott

profile ['prəʊfaɪl] n (side view) profil, arcél; fig (portrait) jellemkép, jellemrajz

profit ['prɒfɪt] 1. n nyereség, profit, haszon ‖ **draw ~ from sg** jövedelmet húz vmből 2. v ~ **by/from** hasznát látja/veszi vmnek, vmből profitál

profitable ['prɒfɪtəbl] a jövedelmező, nyereséges

profiteering [prɒfɪ'tɪərɪŋ] 1. a nyerészkedő 2. n nyerészkedés

profit-making a nyereséges

profound [prə'faʊnd] a (knowledge) alapos; (sleep) mély

profoundly [prə'faʊndlɪ] adv behatóan

profuse [prə'fju:s] a bőséges, pazarló, bőkezű

profusely [prə'fju:slɪ] adv bőségesen

profusion [prə'fju:ʒn] n bőség, gazdagság

progeny ['prɒdʒənɪ] n **sy's** ~ vk leszármazottjai

program ['prəʊgræm] 1. n US, GB comput program 2. v **-mm-** (US **-m-**) (be)programoz

programme (US **program**) ['prəʊgræm] n műsor, program

programmer ['prəʊgræmə] n programozó

programming (US **programing**) ['prəʊgræmɪŋ] n programozás

progress 1. ['prəʊgres] n fejlődés, haladás ‖ **be in** ~ folyamatban/munkában van 2. [prə'gres] v fig fejlődik, (előre)halad

progression [prə'greʃn] n haladás ‖ **arithmetic** ~ számtani sor/haladvány

progressive [prə'gresɪv] a fig haladó; (disease) súlyosbodó, progrediáló; (recovery) fokozatos; (taxation) progresszív

progressively [prə'gresɪvlɪ] adv fokozatosan

prohibit [prə'hɪbɪt] v (from doing sg) (le)tilt, betilt

prohibited [prə'hɪbɪtɪd] a tiltott, tilos

prohibition [prəʊɪ'bɪʃn] n (be)tiltás; US hist alkoholtilalom, szesztilalom

prohibitive [prə'hɪbɪtɪv] a tiltó

prohibitory [prə'hɪbɪtərɪ] a tiltó

project 1. ['prɒdʒekt] n (scheme) (kutatási) téma, projekt; (undertaking) létesítmény; nagyberuházás 2. [prə'dʒekt] v (plan) tervez; előirányoz; (film) (le)vetít; (propel) kilő; (stick out) vm előreugrik, kiáll

projectile [prə'dʒektaɪl] n lövedék

projection [prə'dʒekʃn] n film vetítés

projector [prə'dʒektə] n vetítő(gép)

proletarian [prəʊlɪ'teərɪən] a/n proletár

proletariat [prəʊlɪ'teərɪət] n proletariátus

proliferation [prəlɪfə'reɪʃn] n osztódásos szaporodás; fig (el)burjánzás

prolific [prə'lɪfɪk] a szapora, termékeny

prologue (US **-log**) ['prəʊlɒg] n prológus, előjáték, előhang

prolong [prə'lɒŋ] v prolongál, meghosszabbít

prolongation [prəʊlɒŋ'geɪʃn] n meghosszabbítás

promenade [promə'nɑːd] *n* (tengerparti) sétány, korzó

prominence ['promɪnəns] *n* kiemelkedés; (*importance*) (nagy) jelentőség

prominent ['promɪnənt] *a* (*standing out*) kiugró; (*person*) kiemelkedő, kitűnő, kiváló

promiscuity [promɪ'skjuːətɪ] *n* promiszkuitás

promise ['promɪs] **1.** *n* ígéret ‖ **keep one's ~** ígéretét megtartja **2.** *v* ~ **sy sg** vknek (meg)ígér vmt

promising ['promɪsɪŋ] *a* reményteljes, sokat ígérő

promontory ['promǝntrɪ] *n* (hegy)-fok, földnyelv

promote [prǝ'mǝʊt] *v* (*foster*) előmozdít, elősegít, fellendít; (*advertise*) reklámoz; (*arrange*) (meg)szervez, megrendez ‖ ~ **sy** *col* menedzsel vkt; **be ~d** előléptetik

promoter [prǝ'mǝʊtǝ] *n* kezdeményező, támogató; (*of sporting event*) szervező

promotion [prǝ'mǝʊʃn] *n* (*in rank*) előléptetés; (*fostering*) előmozdítás; (*advertising*) reklám(ozás)

prompt [prompt] **1.** *a* azonnali, haladéktalan ‖ ~ **payment** azonnali/pontos fizetés **2.** *v* school, theat súg ‖ ~ **sy to do sg** vmre késztet vkt; **no ~ing!** ne súgj!

prompter ['promptǝ] *n* school, theat súgó

promptly ['promptlɪ] *adv* hamar, prompt

promptness ['promptnɪs] *n* gyorsaság

promulgation [promʌl'geɪʃn] *n* kihirdetés, közhírré tétel

prone [prǝʊn] *a* hajlamos (*to sg vmre*) ‖ **lying** ~ hason fekve

prong [proŋ] *n* fog (*villáé*)

pronoun ['prǝʊnaʊn] *n* névmás

pronounce [prǝ'naʊns] *v* (*articulate*) (ki)ejt; (*declare*) vmnek nyilvánít ‖ ~ **sentence/judgement (on sy)** ítéletet hoz (vk felett)

pronouncement [prǝ'naʊnsmǝnt] *n* kijelentés, nyilatkozat

pronto ['prontǝʊ] *adv US col* rögtön, (de) azonnal

pronunciation [prǝnʌnsɪ'eɪʃn] *n* kiejtés

proof [pruːf] **1.** *a* ~ **against sg** vmtől mentes **2.** *n* (*evidence*) bizonyíték; (*trial copy*) korrektúra; (*strength of alcohol*) alkoholfok

-proof [pruːf] *a* -mentes, -biztos

prop[1] [prop] **1.** *n* merevítő, tartó **2.** *v* **-pp-** ~ **sg against sg** vmt vmnek nekitámaszt

prop up *also fig* alátámaszt

prop[2] [prop] *n* theat kellék

propaganda [propǝ'gændǝ] *n* propaganda, hírverés

propagate ['propǝgeɪt] *v* (*knowledge*) hirdet, propagál; (*plant, animal*) szaporít

propagation [propǝ'geɪʃn] *n* (*of plants, animals*) szaporodás; szaporítás

propel [prǝ'pel] *v* **-ll-** (*drive*) hajt (*üzemanyag*)

propeller [prǝ'pelǝ] *n* hajócsavar, légcsavar, propeller

propelling power *n* hajtóerő

propensity [prǝ'pensǝtɪ] *n* hajlam (*for* vmre)

proper ['propǝ] *a* megfelelő, helyes, helyénvaló

properly ['prɒpəlɪ] *adv* helyesen, jól, szakszerűen ‖ ~ **dressed** az alkalomhoz illően öltözött

proper noun *n* tulajdonnév

properties ['prɒpətɪz] *n pl* kelléktár

property ['prɒpətɪ] *n* (*building, thing*) tulajdon, ingatlan; (*quality*) tulajdonság; → **properties**

property owner *n* tulajdonos

prophecy ['prɒfɪsɪ] *n* jóslat

prophesy ['prɒfɪsaɪ] *v* megjósol, megjövendöl

prophet ['prɒfɪt] *n* próféta

prophetic(al) [prəʊ'fetɪk(l)] *a* prófétai

prophylactic [prɒfə'læktɪk] **1.** *a med* megelőző **2.** *n* (*substance*) profilaktikum; *US* (*contraceptive*) óvszer

proportion [prə'pɔ:ʃn] *n* arány; (*share*) rész ‖ **of huge ~s** óriás méretű; **in ~ to** vmhez viszonyítva, vmvel arányban

proportional [prə'pɔ:ʃənl] *a* arányos ‖ ~ **representation** arányos képviselet

proportionally [prə'pɔ:ʃnəlɪ] *adv* arányosan

proportionate [prə'pɔ:ʃənət] *a* arányos

proposal [prə'pəʊzl] *n* javaslat, indítvány; (*of marriage*) házassági ajánlat

propose [prə'pəʊz] *v* javasol, indítványoz; (*marriage*) házassági ajánlatot tesz, megkéri vk kezét ‖ ~ **to do sg** (*or* **doing sg**) szándékozik vmt tenni

proposition [prɒpə'zɪʃn] *n* javaslat, ajánlat ‖ **a paying** ~ jövedelmező dolog; **he's a tough** ~ *col* nehéz pasas/eset

proprieties [prə'praɪətɪz] *n pl* illemszabályok, etikett

proprietor [prə'praɪətə] *n* (*of pub, hotel*) tulajdonos

propulsive power [prə'pʌlsɪv] *n* hajtóerő

pro rata [prəʊ'rɑ:tə] **1.** *a* arányos **2.** *adv* arányosan

pros and cons, the *n pl* a mellette és ellene szóló érvek

proscribe [prə'skraɪb] *v* (*forbid*) tilt; (*outlaw*) száműz

prose [prəʊz] *n* próza

prosecute ['prɒsɪkju:t] *v* (*lay accusation*) vádat emel (*sy* vk ellen); (*prosecutor*) a vádat képviseli ‖ **Mr X prosecuting ...** XY a vád képviseletében ...

prosecution [prɒsɪ'kju:ʃn] *n* vádhatóság

prosecutor ['prɒsɪkju:tə] *n* ügyész ‖ **Public P~** államügyész, vádhatóság

prospect 1. ['prɒspekt] *n also fig* kilátás, távlat **2.** [prə'spekt] *v* ~ **for** (**sg**) (*minerals*) kutat

prospecting [prə'spektɪŋ] *n* terepkutatás, talajkutatás

prospective [prə'spektɪv] *a* várható, leendő

prospector [prə'spektə] *n* talajkutató, bányakutató

prospectus [prə'spektəs] *n* prospektus

prosper ['prɒspə] *v* jól megy, virágzik; (*person*) boldogul

prosperity [prɒ'sperətɪ] *n* jómód, jólét

prosperous ['prɒspərəs] *a* jómódú; virágzó

prostitute ['prɒstɪtju:t] *n* prostituált

prostitution [prɒstɪ'tjuːʃn] *n* prostitúció

prostrate ['prɒstreɪt] *a* (*lying*) hason fekvő/fekve; (*overcome*) levert, lesújtott

protagonist [prə'tægənɪst] *n* főszereplő

protect [prə'tekt] *v* véd(elmez)

protection [prə'tekʃn] *n* védelem; (*protecting*) védekezés ‖ ~ **of the environment** környezetvédelem

protective [prə'tektɪv] **1.** *a* védelmi, védő **2.** *n US* (gumi) óvszer

protégé ['prɒtɪʒeɪ] *n* védenc

protein ['prəʊtiːn] *n* fehérje, protein

protest 1. ['prəʊtest] *n* tiltakozás, kifogás ‖ **lodge a ~ against sg** bejelenti tiltakozását vm ellen; ~ **march** tiltakozó menet, demonstráció, tüntetés **2.** [prə'test] *v* ~ **against sg** tiltakozik vm ellen

Protestant ['prɒtɪstənt] *a/n* protestáns

protestation [prɒtɪ'steɪʃn] *n* tiltakozás

protracted [prə'træktɪd] *a* (*discussion*) hosszúra nyúlt, vontatott

protraction [prə'trækʃn] *n* elnyújtás, meghosszabbítás

protractor [prə'træktə] *n* szögmérő

protrude [prə'truːd] *v* kiszögellik, vm előreugrik, kiáll

protuberance [prə'tjuːbərəns] *n* (*on body*) dudor

proud [praʊd] *a* büszke ‖ **be ~ of sg** büszke vmre/vkre

provable ['pruːvəbl] *a* bizonyítható

prove [pruːv] *v* (*pp* **proved**; *US* **proven** [pruːvn] (*verify*) (be)bizonyít, kimutat ‖ ~ **to be ...** vmnek/vmlyennek bizonyul

proverb ['prɒvɜːb] *n* közmondás

proverbial [prə'vɜːbɪəl] *a* közmondásos

provide [prə'vaɪd] *v* ad, nyújt, szolgáltat ‖ ~ **for sy/sg** gondoskodik vkről/vmről; ~ **sg for sy** (*or* **sy with sg**) vknek nyújt/biztosít vmt; ellát vkt vmvel; **as ~d by law** a törvény értelmében

provided/providing that [prə'vaɪdɪd/prə'vaɪdɪŋ] *conj* feltéve, hogy

Providence ['prɒvɪdəns] *n* (isteni) gondviselés

province ['prɒvɪns] *n* tartomány; *fig* (*area of activity*) terület, reszort ‖ **it is outside my ~** nem tartozik a hatáskörömbe

provincial [prə'vɪnʃl] *a* vidéki; vidékies

provision [prə'vɪʒn] **1.** *n* gondoskodás, ellátás ‖ ~**s** *pl* élelem **2.** *v* élelemmel ellát

provisional [prə'vɪʒənl] *a* átmeneti, ideiglenes

provisionally [prə'vɪʒnəli] *adv* átmenetileg, ideiglenesen

proviso [prə'vaɪzəʊ] *n* kikötés; fenntartás

provocation [prɒvə'keɪʃn] *n* kötekedés, provokáció

provoke [prə'vəʊk] *v* (*irritate*) ingerel, kötekedik, (ki)provokál; (*cause*) kivált vkből vmt ‖ ~ **sy into doing sg** vmre késztet vkt

prow [praʊ] *n* hajóorr

prowess ['praʊɪs] *n* bátorság, vitézség

prowl [praʊl] **1.** *n* portyázás, kószálás **2.** *v* (*go about*) portyázik, csavarog; (*for food*) zsákmány után jár

proximity [prɒk'sɪməti] *n* közelség, közellét, közel

prude [pruːd] *n* álszemérmes, prűd
prudence ['pruːdns] *n* előrelátás, bölcsesség
prudent ['pruːdnt] *a* előrelátó, körültekintő, okos
prudently ['pruːdntlı] *adv* körültekintően, óvatosan
prudish ['pruːdıʃ] *a* prűd, álszemérmes
prune [pruːn] *v agr* (*tree*) (meg)metsz; nyes
pruning scissors *n pl* metszőolló
pry [praı] *v* kandikál, kotnyeleskedik
PS [piː 'es] = **postscript**
psalm [sɑːm] *n* zsoltár
pseudo- [sjuːdəʊ-] *pref* ál-
pseudonym ['sjuːdənım] *n* álnév
psychiatric [saıkı'ætrık] *a* elmegyógyászati, pszichiátriai
psychiatrist [saı'kaıətrıst] *n* elmeorvos, pszichiáter
psychic(al) ['saıkık(l)] *a* lelki, pszichikai
psychoanalyst [saıkəʊ'ænəlıst] *n* (pszicho)analitikus
psychology [saı'kɒlədʒı] *n* lélektan, pszichológia
psychotherapy [saıkəʊ'θerəpı] *n* lelki gyógymód, pszichoterápia
PT [piː 'tiː] *n* (= **physical training**) torna(óra)
PTO [piː tiː 'əʊ] = **please turn over** fordíts, ford.
pub [pʌb] *n* kocsma, kisvendéglő, pub
puberty ['pjuːbətı] *n* serdülőkor, pubertás
public ['pʌblık] **1.** *a* nyilvános, állami, közületi, köz- ‖ **make ~** nyilvánosságra hoz **2.** *n* közönség

‖ **the ~** a nagyközönség, a nyilvánosság; **in ~** nyilvánosan
public affair *n* közügy
publican ['pʌblıkən] *n* vendéglős
publication [pʌblı'keıʃn] *n* (*publishing*) közzététel, közlés; (*book*) kiadvány, publikáció
public company *n* részvénytársaság
public convenience *n* nyilvános illemhely/vécé
public holiday *n* hivatalos ünnep, munkaszüneti nap
publicity [pʌb'lısətı] *n* reklám(ozás), propaganda
public limited company *n* részvénytársaság
publicly ['pʌblıklı] *adv* nyilvánosan
public opinion *n* közvélemény
Public Record Office *n* központi levéltár
public relations *n pl* közkapcsolatszervezés, közönségszolgálat
public relations officer *n* reklámfőnök, sajtófőnök
public school *n GB* (*fee paying*) *approx* kollégium (*bentlakásos középiskola*); *US* (*free*) állami iskola
public servant *n* köztisztviselő
public service *n* közszolgálat (*pl. közművek, tömegközlekedés stb.*)
public-service corporation *n pl US* közművek
public-spirited *a* hazafias, közösségi érzelmű
public transport (*US* **transportation**) *n* tömegközlekedés(i eszközök)
publish ['pʌblıʃ] *v* megjelentet, kiad ‖ **just ~ed** most jelent meg

publisher ['pʌblɪʃə] n kiadó(vállalat)

publishing ['pʌblɪʃɪŋ] n (of a book) kiadás, megjelentetés; (business) könyvkiadás

publishing company n kiadó(vállalat)

puck [pʌk] n (in hockey) korong

pucker ['pʌkə] 1. n ránc 2. v ráncol, összegyűr ‖ ~ **up one's lips** ajkát biggyeszti

pudding ['pʊdɪŋ] n (dessert) édesség; (hot or cold sweet dish) puding ‖ **black** ~ véreshurka; **white** ~ májashurka

puddle ['pʌdl] n pocsolya, tócsa

puff [pʌf] 1. n (on cigarette) szippantás 2. v pöfékel **puff out** (blow out) elfúj; (expand) kidagad

puffed [pʌft] a felfújt; col (out of breath) puffos, dudoros

puff pastry (US **paste**) n leveles tészta

puffy ['pʌfɪ] a puffadt, dagadt

pugnacious [pʌg'neɪʃəs] a harcias, verekedős

pull [pʊl] 1. n (tug) húzás; (attraction) vonzás, vonzóerő; (at oars) evezőcsapás; (handle) fogantyú ‖ **give sg a** ~ meghúz; **take a** ~ **at a bottle** jót húz az üvegből 2. v (meg)húz, von ‖ **you're ~ing my leg** col te ugratsz, ezt komolyan képzeled?; ~ **the other one!** col nekem ugyan beszélhetsz; ~ **to pieces** also fig ízekre szed/tép

pull apart széthúz; (fighters) szétválaszt

pull aside félrehúz

pull back visszahúz, hátrahúz

pull down (illness) lever a lábáról; (building) lebont; (district) szanál

pull in vi (train) beérkezik, behúz; (car; at the kerb) lehúzódik (profit) hoz; (audience) vonz

pull off (deal etc) sikerre visz vmt

pull out vi (train) kigördül, kihúz ‖ vt (table) kihúz; (troops) kivon ‖ ~ **out a tooth** fogat kihúz

pull over félreáll; (car) lehúzódik

pull round/through meggyógyul, talpra áll

pull up vi (stop) (hirtelen) megáll ‖ vt (stop) megállít; (uproot) (tövestől) kitép

pull up with utolér vkt, felzárkózik vkhez

pullet ['pʊlɪt] n jérce

pulley ['pʊlɪ] n tech csiga

pull-in n útmenti bisztró

pullover ['pʊləʊvə] n pulóver

pull-up n húzódzkodás

pulmonary ['pʌlmənərɪ] a tüdő-

pulp [pʌlp] 1. n pép, kása; (of fruit) hús 2. v péppé zúz

pulpit ['pʊlpɪt] n szószék

pulsate [pʌl'seɪt] v lüktet, ver, dobog

pulsation [pʌl'seɪʃn] n lüktetés, érverés

pulse [pʌls] n érverés, pulzus

puma ['pjuːmə] n puma

pummel ['pʌml] v -ll- (US -l-) püföl, ütlegel

pump [pʌmp] 1. n (to blow up tyre) pumpa; (to draw water) szivattyú; (shoe) körömcipő 2. v szivattyúz, pumpál

pump up (tyre) felpumpál

pumpkin ['pʌmpkɪn] n sütőtök

pun [pʌn] *n* szójáték
punch[1] [pʌntʃ] **1.** *n* (*tool*) lyukasztó **2.** *v* (ki)lyukaszt
punch[2] [pʌntʃ] **1.** *n* (*blow*) ökölcsapás **2.** *v* (ököllel) üt, öklöz
punch[3] [pʌntʃ] *n* (*drink*) puncs
punch line *n* (*of joke*) poén
punch-up *n col* bunyó
punctual ['pʌŋktʃʊəl] *a* (*in time*) pontos
punctually ['pʌŋktʃʊəlɪ] *adv* (*in time*) pontosan
punctuate ['pʌŋktʃʊeɪt] *v* (*divide written matter*) kiteszi az írásjeleket; (*break in on speech*) félbeszakít
punctuation [pʌŋktʃʊ'eɪʃn] *n* az írásjelek kitétele, központozás
punctuation mark *n* írásjel
puncture ['pʌŋktʃə] **1.** *n* gumidefekt **2.** *v* átfúr, kiszúr (*gumit*)
pungent ['pʌndʒənt] *a* (*sauce*) csípős; (*smell*) átható, penetráns
punish ['pʌnɪʃ] *v* (meg)büntet
punishable ['pʌnɪʃəbl] *a* büntetendő (*kihágás*)
punishing ['pʌnɪʃɪŋ] *col* **1.** *a* erős, strapás, kimerítő **2.** *n* strapa
punishment ['pʌnɪʃmənt] *n* büntetés
punk [pʌŋk] *n* punk
punt[1] [pʌnt] **1.** *n* (*boat*) lapos fenekű csónak **2.** *v* rúddal hajt (*csónakot*)
punt[2] [pʌnt] *sp* **1.** *n* kézből rúgás **2.** *v* kézből rúg
puny ['pjuːnɪ] *a* vézna, nyamvadt, satnya
pup [pʌp] *n* = **puppy**
pupil[1] ['pjuːpl] *n* (*in school*) tanuló
pupil[2] ['pjuːpl] *n* (*in eye*) pupilla, szembogár

puppet ['pʌpɪt] *n* báb(u), baba
puppet theatre (*US* **-ter**) *n* bábszínház
puppy ['pʌpɪ] *n* kutyakölyök ‖ **have puppies** (*dog*) ellik
purchase ['pɜːtʃəs] **1.** *n* vásárlás, vétel **2.** *v* (meg)vásárol, (meg)vesz ‖ **~ a ticket** menetjegyet vált
purchaser ['pɜːtʃəsə] *n* vevő, vásárló
pure [pjʊə] *a* tiszta ‖ **~ wool** tiszta gyapjú
purée ['pjʊəreɪ] *n* püré
purgative ['pɜːgətɪv] *n* hashajtó
purgatory ['pɜːgətrɪ] *n* tisztítótűz, purgatórium
purge [pɜːdʒ] **1.** *n pol* tisztogatás **2.** *v* kitisztít; *med* meghajt; *pol* (*party*) megtisztít
purification [pjʊərɪfɪ'keɪʃn] *n* (*of liquid*) (meg)tisztítás
purify ['pjʊərɪfaɪ] *v* (*liquid*) megtisztít, derít
puritan ['pjʊərɪtən] *a/n* puritán ‖ **P~hist** puritán
purity ['pjʊərətɪ] *n* tisztaság, romlatlanság
purl [pɜːl] **1.** *n* fordított szem (*kötésben*) **2.** *v* fordított szemet köt
purple ['pɜːpl] **1.** *a* bíbor(piros) **2.** *n* bíbor
purport **1.** ['pɜːpət] *n* (*meaning*) jelentés; (*intention*) szándék **2.** [pɜː'pɔːt] *v* tartalmaz, jelent
purpose ['pɜːpəs] *n* szándék, cél ‖ **for that ~** e célból, ezért; **on ~** szándékosan; **for what ~?** mi célból/végett?
purposeful ['pɜːpəsfl] *a* szándékos, céltudatos, tervszerű
purr [pɜː] *v* (*cat*) dorombol; (*engine*) berreg, búg

purse [pɜːs] **1.** n (for money) erszény; US (handbag) retikül, táska **2.** v ~ **one's lips** ajkát biggyeszti, csücsörít

purser ['pɜːsə] n pénztáros (hajón)

purse snatcher n zsebtolvaj

pursue [pə'sjuː] v (chase) kerget, üldöz, űz ‖ ~ **one's studies** tanulmányokat folytat

pursuer [pə'sjuːə] n üldöző

pursuit [pə'sjuːt] n kergetés; üldözés

purveyor [pə'veɪə] n (élelmiszer-) szállító

pus [pʌs] n genny

push [pʊʃ] **1.** n tolás, lökés **2.** v tol, lök; (press) (meg)nyom; col (advertise) reklámoz ‖ ~ **the button** megnyomja a gombot; **be ~ed for money** col pénzhiányban szenved

push aside félrelök, félretol

push in betol, vmt vmbe bedug

push off col (person) eltűnik, felszívódik

push on továbbmegy ‖ ~ **on with sg** folytat vmt, halad vmvel

push through (plan) keresztülvisz; (exam) sikeresen elvégez

push up (prices) felver

pushbike ['pʊʃbaɪk] n col kerékpár, bringa

push-button a nyomógombos

pushchair ['pʊʃtʃeə] n (for child) sportkocsi

pushover ['pʊʃəʊvə] n **it's a ~** col gyerekjáték (az egész)

push-up n US fekvőtámasz

pushy ['pʊʃɪ] a pejor rámenős ‖ ~ **fellow** karrierista, törtető

pusillanimous [pjuːsɪ'lænɪməs] a félénk, kishitű, pipogya

puss [pʊs], **pussy-cat** ['pʊsɪkæt] n cicus, cica

put [pʊt] v (pt/pp put; -tt-) (place) helyez, tesz, rak; (vmt vhová) állít; (estimate) becsül (vmre); (thrust) dob, vet; (write down) megfogalmaz, (le)ír, kifejez ‖ ~ **sg in order** vhol rendet csinál/ teremt; **to ~ it bluntly** őszintén szólva; ~ **the question** felteszi a kérdést

put (sg) across (make success) sikerre visz; (make belive) elhitet, elfogadtat

put away (store) vmt félretesz, eltesz; col (food) bevág

put back (place) visszatesz

put sg by félretesz (öreg napjaira)

put down vi (aircraft) (set down) lerak, letesz; (land) leszáll | vt (suppress) elfojt; (write down) leír

put forward (watch) előretol; (date) előrehoz; (plan) indítványoz

put in vt (place in) betesz, bedug; (interpose) közbeszól; (application) benyújt | vi behajózik, befut

put off (postpone) későbbre halaszt; (set down) letesz; (distract) megzavar, kizökkent (vkt vmből)

put on (clothes) felvesz; (light) meggyújt; (radio, TV) bekapcsol; (record) feltesz ‖ ~ **on airs** col adja a bankot, megjátssza magát, előkelősködik; ~ **on weight** meghízik

put out vt (cigarette) elnyom; (fire) kiolt; (light) elolt, lekapcsol, kikapcsol; (book) közread | vi elhajózik, kifut ‖ **be ~ out** col kijön a sodrából

put through (*complete*) befejez, végrehajt ‖ **I'll ~ you through to Mr. X** (*by telephone*) adom X urat

put up (*tent*) felállít; (*building, price*) emel ‖ **~ sy up** elszállásol vkt, szállást ad vknek

put up with sg eltűr vmt, belenyugszik vmbe

put-on *a US* modoros, tettetett

putrid ['pju:trɪd] *a* bűzös, rothadt

putt [pʌt] 1. *n* (*golf*) (be)gurítás 2. *v* (*golf*) (be)gurít

putting-green ['pʌtɪŋ-] *n* <golfpálya lyuk körüli sima pázsitja>

putty ['pʌtɪ] 1. *n* gitt ‖ **~ in sy's hands** gyenge báb 2. *v* begittel

put-up *a col* kicsinált ‖ **a ~ job** kicsinált dolog, kiszámított trükk

puzzle ['pʌzl] 1. *n* (*mystery*) rejtély; (*wordgame*) találós kérdés, fejtörő; (*toy*) türelemjáték, összerakó játék 2. *vt* zavar (vkt), rejtély a számára ‖ *vi* töri a fejét

puzzling ['pʌzlɪŋ] *a* rejtélyes

PW = policewoman

pyjamas [pə'dʒɑ:məz] *n pl* pizsama

pylon ['paɪlən] *n* távvezetékoszlop, pilon

python ['paɪθn] *n* óriáskígyó

Q

quack [kwæk] *n pejor* (*doctor*) kuruzsló, sarlatán

quad [kwɒd] *n* = **quadrangle; quadruplet**

quadrangle ['kwɒdræŋgl] *n math* négyszög; (*in a college*) (négyszögű) udvar

quadruped ['kwɒdruped] *a zoo* négylábú

quadruple [kwɒ'dru:pl] *a/n* négyszeres

quadruplets ['kwɒdruplɔts] *n pl* négyes ikrek

quagmire ['kwɒgmaɪə] *n* sártenger

quail [kweɪl] *n* fürj

quaint [kweɪnt] *a* furcsa, különös; (*old-fashioned*) régies

quaintly ['kweɪntlɪ] *adv* furcsán, különösen

quake [kweɪk] 1. *n* remegés 2. *v* (*earth*) reng

Quaker ['kweɪkə] *n* kvéker

qualification [ˌkwɒlɪfɪ'keɪʃn] *n* képesítés, minősítés; (*limitation*) megszorítás, korlátozás; (*for a job*) követelmény, feltétel

qualified ['kwɒlɪfaɪd] *a* (*competent*) okleveles, szakképzett, képesített; (*limited*) feltételes ‖ **~ engineer** okleveles mérnök

qualify ['kwɒlɪfaɪ] *vt* képesít, minősít ‖ *vi* (*in competition*) továbbjut ‖ **~ sy for sg** képesítést ad vknek, képesít; **~ for the final** bejut a döntőbe

qualifying ['kwɒlɪfaɪɪŋ] *a* **~ heats/matches** *sp* selejtezők

quality ['kwɒlətɪ] *n* minőség ‖ **of excellent** (*or* **first-rate**) **~** elsőrendű/kiváló minőségű

qualm [kwɑ:m] *n* aggály

quandary ['kwɒndərɪ] *n* dilemma

quantity ['kwɒntətɪ] *n* mennyiség

quarantine ['kwɒrəntiːn] *n* vesztegzár, karantén

quarrel ['kwɒrəl] 1. *n* veszekedés, vita 2. *v* **-ll-** (*US* **-l-**) veszekszik ‖ **~ with sy** összevesz vkvel

quarrelsome ['kwɒrəlsəm] *a* veszekedős

quarry[1] ['kwɒrɪ] n (animal) zsákmány, préda; (man) akit üldöznek

quarry[2] ['kwɒrɪ] n (for stone) kőbánya

quart [kwɔːt] n GB 1,136 l; US 0,946 l

quarter ['kwɔːtə] 1. n (part) negyed(rész); (district) városrész, negyed; (of year) negyedév || **a ~ to five** háromnegyed öt; **a ~ of five** US háromnegyed öt; **a ~ of an hour** negyedóra; **(a) ~ past** (US **after**) **one** negyed kettő; → **quarters** 2. v (divide) négy részre oszt; (lodge) beszállásol

quarterdeck ['kwɔːtədek] n hajó tisztikar (fedélzete)

quarterly ['kwɔːtəlɪ] 1. a negyedévi 2. adv negyedévenként 3. n negyedévenként megjelenő folyóirat

quartermaster ['kwɔːtəmɑːstə] n mil szállásmester

quarters ['kwɔːtəz] n pl mil szállás, kvártély

quartet [kwɔː'tet] n mus négyes, kvartett; (string) vonósnégyes

quartz [kwɔːts] n kvarc

quartz watch n kvarcóra

quash [kwɒʃ] v (verdict) megsemmisít; (crush) elfojt

quasi- ['kweɪzaɪ] pref majdnem, kvázi-

quay [kiː] n rakpart

queasy ['kwiːzɪ] a (stomach) émelygő; (food) émelyítő

queen [kwiːn] n királynő; (cards) dáma; (chess) vezér || **the ~ of spades** pikk dáma

queen mother n anyakirályné

Queen's English, the n helyes angolság

queer [kwɪə] 1. a (strange) különös; különc 2. n col (homosexual) homokos

quench [kwentʃ] v (thirst) csillapít, enyhít, olt; (fire) kiolt

query ['kwɪərɪ] 1. n (question) kérdés; (mark) kérdőjel 2. v megkérdőjelez

quest [kwest] n keresés, felkutatás || **in ~ of** vmnek a keresésére

question ['kwestʃən] 1. n kérdés || **ask sy a ~** kérdést tesz fel vknek; **it is beyond ~ that** nem kétséges, hogy; **it is (quite) out of the ~** ki van zárva, szó se lehet róla! 2. v (ask) (meg)kérdez; (interrogate) kihallgat; (express doubt) megkérdőjelez, kétségbe von || **~ sy (about sg)** kérdéseket tesz fel vknek (vmről)

questionable ['kwestʃənəbl] a kérdéses, bizonytalan

question mark n kérdőjel

question-master n = **quiz-master**

questionnaire [ˌkwestʃə'neə] n kérdőív

queue [kjuː] 1. n sor (emberekből) 2. v ~ **(up)** sorba(n) áll (for vmért)

quick [kwɪk] 1. a gyors, fürge || **be ~!** siess!; ~ **on the uptake** col gyors felfogású 2. adv gyorsan 3. n **the ~ and the dead** elevenek és holtak

quicken ['kwɪkən] vt (meg)gyorsít, élénkít | vi (meg)gyorsul

quickly ['kwɪklɪ] adv gyorsan

quicksand ['kwɪksænd] n folyós homok

quicksilver ['kwɪksɪlvə] n higany

quick-tempered a hirtelen természetű

quick-witted a gyors felfogású

quid [kwɪd] *n* (*pl* ~) *col* font (*sterling*), egy „kiló"

quiet [ˈkwaɪət] **1.** *a* (*without noise*) csendes; (*calm*) nyugodt, nyugalmas || **be ~!** csend legyen!; **keep ~ about sg** hallgat vmről **2.** *n* csendesség, nyugalom, békesség **3.** *v US* = **quieten**

quieten [ˈkwaɪətn] *v* megnyugtat, lecsendesít

quietly [ˈkwaɪətlɪ] *adv* nyugodtan, csendesen

quietness [ˈkwaɪtnɪs] *n* nyugalom, csendesség

quill [kwɪl] *n* farktoll, szárnytoll

quilt [kwɪlt] *n* takaró; (**continental**) ~ paplan

quilted [ˈkwɪltɪd] *a* steppelt

quinine [kwɪˈniːn] *n* kinin

quins [ˈkwɪnz] *n pl col* ötös ikrek

quintet [kwɪnˈtet] *n mus* ötös, kvintett

quintuplets [ˈkwɪntjʊplets] *n pl* ötös ikrek

quire [ˈkwaɪə] = **choir**

quirk [kwɜːk] *n* (*oddity*) különcség; (*behaviour*) furcsa viselkedés

quit [kwɪt] *v* (*pt/pp* **quit** *or GB* **quitted** [ˈkwɪtɪd]; **-tt-**) otthagy || ~ **it** kiszáll a buliból; → **quits**

quite [kwaɪt] *adv* (*entirely*) egészen, teljesen; (*to some extent*) meglehetősen, elég(gé); *US* (*very*) nagyon, rettentően || ~! pontosan (erről van szó)!; ~ **a few** jóegynéhány; ~ **a lot** elég sok(at); **it is** ~ **true** való igaz; **that was** ~ **a party!** *US* ez volt aztán a buli!, irtó klassz buli volt!

quits [kwɪts] *a* **we are** ~ kvittek vagyunk

quitted [ˈkwɪtɪd] *pt/pp* → **quit**

quiver[1] [ˈkwɪvə] *n* (*for arrows*) tegez

quiver[2] [ˈkwɪvə] *v* (*leaf*) rezeg; (*lips, person*) remeg

quiz [kwɪz] **1.** *n* (tévé)vetélkedő **2.** *v* **-zz-** kérdez(get)

quiz-master *n* (*in TV*) játékvezető

quiz show *TV* tévévetélkedő, televíziós show-műsor

quizzical [ˈkwɪzɪkl] *a* incselkedő; furcsa

quorum [ˈkwɔːrəm] *n* határozatképesség, kvórum

quota [ˈkwəʊtə] *n* hányad, kvóta; kontingens

quotation [kwəʊˈteɪʃn] *n* (*of text*) idézet; (*of price*) árajánlat

quotation mark(s) *n* (*pl*) idézőjel

quote [kwəʊt] **1.** *n* idézet **2.** *v* (*text*) idéz; (*author*) hivatkozik (vkre/vmre); (*price*) árajánlatot tesz || ~ **a price** árat közöl **3.** *adv* (*starting to quote*) (~) ... (**unquote**) idézet kezdődik ... eddig az idézet

quotient [ˈkwəʊʃənt] *n* hányados

q. v. (= *quod vide*) lásd ott, vesd össze, vö.

R

rabbi [ˈræbaɪ] *n* rabbi

rabbit [ˈræbɪt] *n* (*animal*) (üregi) nyúl; *col* (*tennis player*) gyenge játékos || ~ **hutch** nyúlketrec

rabble [ˈræbl] *n* csürhe, csőcselék

rabid [ˈræbɪd] *a med* veszett

rabies [ˈreɪbiːz] *n med* veszettség

RAC [ɑːr eɪ ˈsiː] = *Royal Automobile Club* Királyi Autóklub

raccoon [rə'ku:n] *n* mosómedve

race[1] [reıs] **1.** *n* (*competition*) verseny ‖ **100 metre** ~ százméteres síkfutás; **the** ~**s** lóverseny **2.** *v sp* versenyez ‖ ~ **(the engine)** túráztat(ja a motort), (*motor*) üresen jár

race[2] [reıs] *n* (*species*) faj; (*sort*) fajta

racecourse ['reıskɔ:s] *n* lóversenypálya, turf

race-horse *n* versenyló

racial ['reıʃl] *a* faji ‖ ~ **discrimination** faji megkülönböztetés

racialism ['reıʃəlızəm] *n* fajüldöző politika, rasszizmus, fajelmélet

racialist ['reıʃəlıst] *n* a rasszista, fajüldöző ‖ ~ **theory** fajelmélet

racing ['reısıŋ] *n* (*horse*) lóversenyzés, futtatás; (*motorcar*) autóversenyzés ‖ ~ **car** versenyautó; ~ **driver** autóversenyző

racism ['reısızəm] *n* = **racialism**

racist ['reısıst] *a*/*n* = **racialist**

rack [ræk] *n* állvány, tartó; (*for luggage*) csomagtartó

racket ['rækıt] *n* (*for tennis*) (tenisz)ütő, rakett; (*dishonest business*) panamázás, panama

racquet ['rækıt] *n* = **racket**

racy ['reısı] *a* (*speech, flavour*) pikáns

radar ['reıda:] *n* radar, rádiólokátor

radial ['reıdıəl] *a math* sugaras, sugárirányú ~ **tyre** (*US* **tire**) radiálgumi

radiant ['reıdıənt] *a also fig* sugárzó ‖ **with a face** ~ **with joy** örömtől sugárzó arccal

radiate ['reıdıeıt] *v* sugároz, kisugároz

radiation [reıdı'eıʃn] *n* sugárzás

radiator ['reıdıeıtə] *n* (*for heating*) fűtőtest, radiátor; (*in car*) hűtő ‖ ~ **cap** hűtősapka

radical ['rædıkl] **1.** *a* radikális **2.** *n pol* radikális (politikus); *math, chem* gyök

radically ['rædıklı] *adv* gyökeresen

radii ['reıdıaı] *pl* → **radius**

radio ['reıdıəʊ] *n* rádió ‖ **be on the** ~ (*éppen*) adásban van, a rádióban szerepel

radioactive [reıdıəʊ'æktıv] *a* radioaktív ‖ ~ **waste** radioaktív hulladék

radioactivity [reıdıəʊæk'tıvətı] *n* radioaktivitás

radiobiology ['reıdıəʊbaı'ɒlədʒı] *n* sugárbiológia

radio cassette recorder *n* (*portable*) magnós rádió

radiotelephone [reıdıəʊ'telıfəʊn] *n* rádiótelefon

radiotherapy [reıdıəʊ'θerəpı] *n* radioterápia, sugárkezelés

radish ['rædıʃ] *n* retek

radius ['reıdıəs] *n* (*pl* **radii** ['reıdıaı]) (*of circle*) sugár, rádiusz; (*bone*) orsócsont

RAF [a:r eı 'ef] = **Royal Air Force**

raffle ['ræfl] *n approx* tombola

raft [ra:ft] *n* tutaj

rag [ræg] *n* (*cloth*) rongy

rag-and-bone man *n* (*pl* **men**) ószeres, zsibárus

rage [reıdʒ] **1.** *n* (*anger*) düh, őrjöngés; (*of fashion*) divathóbort ‖ **fly into a** ~ dühbe gurul/jön **2.** *v* (*person*) őrjöng; (*storm*) tombol

ragged ['rægıd] *a* (*clothes*) rongyos

raging ['reıdʒıŋ] *a* (*person*) dühöngő; (*sea*) haragos ‖ ~ **headache** őrületes fejfájás

ragout [ræ'guː] n ragu(leves)

raid [reɪd] 1. n rajtaütés; (by police) razzia; (by aircrafts) berepülés; (by thieves) rablás 2. v (police) rajtaüt, razziázik; (thief) kifoszt

raider ['reɪdə] n (attacker) támadó; (thief) fosztogató

rail [reɪl] n (for train) sín; (on stair) korlát, karfa; (bar, rod) rúd ǁ ~s pl sínpár, vágány; by ~ vasúton; go off the ~s (train) kisiklik

railcar ['reɪlkɑː] n (of train) motorkocsi

railing ['reɪlɪŋ] n (rail) korlát ǁ ~s pl (fence) vasrács

railroad ['reɪlrəʊd] n US = railway

railway ['reɪlweɪ] n (US railroad) vasút ǁ work for/on the ~(s) a vasútnál dolgozik

railway bridge n összekötő vasúti híd

railwayman ['reɪlweɪmən] n (pl -men) vasutas

railway station n vasútállomás, pályaudvar

rain [reɪn] 1. n eső ǁ ~ or shine akár esik, akár fúj 2. v esik (eső) ǁ it is ~ing esik; it began to ~ eleredt az eső

rainbow ['reɪnbəʊ] n szivárvány

raincoat ['reɪnkəʊt] n esőköpeny

raindrop ['reɪndrɒp] n esőcsepp

rainfall ['reɪnfɔːl] n eső(zés), csapadék

rainstorm ['reɪnstɔːm] n felhőszakadás, zivatar

rainy ['reɪnɪ] a esős ǁ for a ~ day rosszabb napokra; ~ weather esős idő

raise [reɪz] 1. n US fizetésemelés 2. v (lift) (fel)emel; (increase) (meg)növel; (problem) felvet; US

(bring up) felnevel; (hoist) felvon; (take up) felvesz ǁ ~ (a number) to the second power a második hatványra emel, négyzetre emel

raisin ['reɪzn] n mazsola

rajah ['rɑːdʒə] n (indiai) fejedelem

rake¹ [reɪk] 1. n gereblye 2. v gereblyéz; (police) átfésül

rake in (money) besöpör

rake² [reɪk] n (person) korhely

rake-off n col illetéktelen jutalék/jövedelem, sáp

rakish ['reɪkɪʃ] a korhely, kicsapongó

rally ['rælɪ] 1. n (gathering) (nagy)-gyűlés; (of cars) rali 2. v (troops) összegyűjt, összevon ǁ ~ sy round one (people) maga köré gyűjt

rallying point ['rætɪŋ] n gyülekezőhely

RAM [ræm] n (= random access memory) comput RAM, véletlen elérésű memória

ram [ræm] n kos

ramble ['ræmbl] 1. n bolyongás 2. v (in speech) csapong

rambler ['ræmblə] n (person) kószáló, vándorló; (rose) futórózsa

rambling ['ræmblɪŋ] 1. a bot (plant) futó, kúszó; (speech) összefüggéstelen 2. n kóborlás

ramp [ræmp] n feljáró, felhajtó, rámpa

rampage [ræm'peɪdʒ] 1. n be on the ~ col garázdálkodik 2. v tombol, dühöng

rampant ['ræmpənt] a (evil) burjánzó; (plant) buja

rampart ['ræmpɑːt] n bástyafal

ramshackle ['ræmʃækl] a düledező, rozoga

ran [ræn] *pt* → **run**
ranch [rɑːntʃ] *n US* farm
rancid ['rænsɪd] *a* avas
rancour (*US* **-cor**) ['ræŋkə] *n* gyűlölet, neheztelés
random ['rændəm] **1.** *a* rendszertelen, találomra tett **2.** *n* **at ~** találomra, szúrópróbaszerűen
random access *n comput* véletlen elérés
rang [ræŋ] *pt* → **ring**²
range [reɪndʒ] **1.** *n* választék, skála, tartomány; (*scope, distance*) hatósugár, (ható)távolság; (*of gun*) lőtávolság; (*of plants*) elterjedtségi terület; (*for shooting*) lőtér; (*stove*) tűzhely ‖ **out of ~** lótávol(ság)on kívül; **~ of interests** érdeklődési kör **2.** *v* terjed, változik (*from ... to ...* vmtől vmeddig ‖ **~ over** bebarangol, kóborol
ranger ['reɪndʒə] *n* erdőőr
rank¹ [ræŋk] **1.** *n* (ron) sor; *mil* rang, (rend)fokozat ‖ **the ~ and file** népség, katonaság; a köznép **2.** *v* rangsorol
rank with ... közé számítják
rank² [ræŋk] *a* (*strong-smelling*) büdös; (*rancid*) avas
ransack ['rænsæk] *v* (*plunder*) kifoszt; (*search*) túvé tesz vmt (*for* vmért)
ransom ['rænsəm] *n* váltságdíj
rant [rænt] *v* nagy hangon beszél
ranting ['ræntɪŋ] *a* dagályos, fellengzős
rap [ræp] **1.** *n* fricska ‖ **2.** *v* **-pp-** koppant, ütöget
rap at/on sg kopog(tat)
rape¹ [reɪp] **1.** *n* nemi erőszak **2.** *v* (*woman*) megerőszakol
rape² [reɪp] *n bot* repce

rape-seed oil *n* repce(mag)olaj
rapid ['ræpɪd] *a* gyors, szapora ‖ **~ pulse** szapora érverés
rapidity [rə'pɪdəti] *n* gyorsaság
rapidly ['ræpɪdlɪ] *adv* gyorsan
rapids ['ræpɪdz] *n pl* (*on river*) zúgó
rapist ['reɪpɪst] *n* nemi erőszakot elkövető
rapport [ræ'pɔː] *n* egyetértés, összhang, jó viszony
rapture ['ræptʃə] *n* elragadtatás ‖ **go into ~s over sg** áradozik vkről/vmről
rapturous ['ræptʃərəs] *a* elragadtatott, rajongó
rare¹ [reə] *a* ritka ‖ **it is ~ that** ritkaság, hogy
rare² [reə] *a* (*meat*) félig (át)sült ‖ **be done ~** nincs jól átsütve
rarefy ['reənfaɪ] *vi* megritkul ‖ *vt* ritkít
rarely ['reəlɪ] *adv* ritkán
raring ['reərɪŋ] *a col* lelkes ‖ **be ~ to go** alig várja, hogy mehessen
rarity ['reərəti] *n* ritkaság
rascal ['rɑːskl] *n* (*person*) bitang, hitvány ember; *col* (*child*) kópé, csirkefogó
rash¹ [ræʃ] *a* könnyelmű, meggondolatlan
rash² [ræʃ] *n* (*on skin*) kiütés
rasher ['ræʃə] *n* (vékony, húsos) szalonnaszelet
rashly ['ræʃlɪ] *adv* meggondolatlanul, elhamarkodottan
rashness ['ræʃnɪs] *n* meggondolatlanság, elhamarkodottság
rasp [rɑːsp] **1.** *n* ráspoly, reszelő **2.** *v* reszel
raspberry ['rɑːzbərɪ] *n* málna
rasping ['rɑːspɪŋ] *a* (*voice*) érdes, recsegő

rat [ræt] n patkány

rate [reɪt] 1. n (ratio) arány(szám), mérték; (speed) sebesség; ~ of interest kamatláb; (price) tarifa ‖ ~ of exchange átváltási árfolyam; ~s pl árfolyamok; ~s and taxes közterhek 2. v (estimate) értékel; (classify) besorol; osztályoz ‖ ~ sg highly nagyra értékel

ratepayer ['reɪtpeɪə] n (local) adófizető

rather ['rɑːðə] adv (to a considerable degree) elég(gé); (preferably) inkább ‖ or ~ jobban mondva; I'd ~ wait inkább várok

ratification [rætɪfɪ'keɪʃn] n jóváhagyás, ratifikáció

ratify ['rætɪfaɪ] v jóváhagy; (agreement) ratifikál

rating ['reɪtɪŋ] n TV (of programme) nézettségi fok; (valuing) értékelés; GB (sailor) matróz

ratio ['reɪʃɪəʊ] n arány

ration ['ræʃn] 1. n (élelmiszer)adag, fejadag 2. v (food) adagol, jegyre ad

rational ['ræʃənl] a ésszerű, racionális

rationale [ræʃə'nɑːl] n alapvető ok

rationalization [ræʃnəlaɪ'zeɪʃn] n ésszerűsítés, racionalizálás

rationalize ['ræʃnəlaɪz] v racionalizál, ésszerűsít

rationally ['ræʃnəlɪ] adv ésszerűen, racionálisan

rat race n col konkurenciaharc

rattle ['rætl] 1. n (toy) csörgő; (sound) zörgés, csörgés 2. vi zörög, csörömpöl, megzörren ‖ vt (meg)zörget, csörget

rattlesnake ['rætlsneɪk] n csörgőkígyó

raucous ['rɔːkəs] a (voice) rekedt, érdes

ravage ['rævɪdʒ] 1. n the ~s of war háborús pusztítás 2. v (ruin) feldúl

rave [reɪv] v (person) félrebeszél; (storm) dühöng, tombol ‖ ~ about sg col áradozik vmről

raven ['reɪvn] n holló

ravenous ['rævənəs] a falánk

ravine [rə'viːn] n (vízmosásos) szakadék

raving lunatic ['reɪvɪŋ] n dühöngő/ közveszélyes őrült

ravings ['reɪvɪŋz] n pl félrebeszélés

ravioli [rævɪ'əʊlɪ] n ravioli

ravishing ['rævɪʃɪŋ] a bűbájos, elbűvölő

raw [rɔː] a (food, material) nyers; (wound) nyílt ‖ he has had a ~ deal csúnyán elbántak vele

raw diet n nyerskoszt

raw material n nyersanyag

ray¹ [reɪ] n (of light) sugár; ~ of hope reménysugár

ray² [reɪ] n (fish) rája

raze [reɪz] v ~ to the ground földig lerombol

razor ['reɪzə] n borotva

razor blade n borotvapenge

Rd = road

re [riː] prep ~ sg comm vmnek tárgyában

reach [riːtʃ] 1. n (distance) hatótávolság; (of river) szakasz ‖ out of (one's) ~ elérhetetlen; within (one's) ~ elérhető 2. vi (stretch out) elér | vt fig (gain) vmt elér; (arrive at) vhova érkezik ‖ ~ as far as vmeddig elhat/nyúlik

reach out for sg vmért kinyúl, kinyújtja a kezét vm után

react [rɪ'ækt] *v* visszahat, reagál (*on/to* vmre)

reaction [rɪ'ækʃn] *n* visszahatás, reakció

reactor [rɪ'æktə] *n* (atom)reaktor

read [riːd] *v* (*pt/pp* **read** [red]) *vt* (el)olvas; (*meter*) leolvas; (*indicate*) mutat; (*study*) tanul I *vi* olvas; (*text*) hangzik II **~ law** jogot tanul/hallgat

read out (*loudly*) felolvas

reader ['riːdə] *n* olvasó; (*teacher*) *GB approx* docens; (*book*) olvasókönyv

readership ['riːdəʃɪp] *n* (*readers*) olvasók, olvasóközönség

readily ['redɪli] *adv* szívesen, készséggel

readiness ['redɪnɪs] *n* (*willingness*) hajlandóság; készség; (*preparedness*) készenlét

reading ['riːdɪŋ] *n* olvasás; (*knowledge*) olvasottság

readjust [riːə'dʒʌst] *v* újra beállít/beigazít II **~ oneself to** átáll vmre, hozzászokik vmhez, akklimatizálódik

readjustment [riːə'dʒʌstmənt] *n* (*correction*) újraigazítás; (*adaptation*) alkalmazkodás

ready ['redɪ] *a* (*prepared*) kész; (*willing*) készséges II **be ~ to do sg** hajlandó vmre

ready-made *a* kész, készen kapható II **~ clothes** konfekció, készruha

ready money *n* készpénz

ready-to-cook *a* konyhakész

real [rɪəl] **1.** *a* igazi, valódi, reális II **a ~ card** *col* jópofa; **in ~ life** a való életben **2.** *adv US* nagyon, igazán II **have a ~ fine time** remekül érzi magát

real estate *n* ingatlan

realistic [rɪə'lɪstɪk] *a* megvalósítható, reális

reality [rɪ'ælətɪ] *n* valóság, realitás II **in ~** a valóságban

realizable ['rɪəlaɪzəbl] *a* megvalósítható, kivihető

realization [rɪəlaɪ'zeɪʃn] *n* (*realizing*) megvalósítás; (*awareness*) felismerés

realize ['rɪəlaɪz] *v* megvalósít; (*become aware of*) felismer, rájön vmre; *comm* realizál; **~ sg suddenly** vmre rádöbben

really ['rɪəli] *adv* igazán, valóban, tényleg II **~?** csakugyan?

realm [relm] *n* (*kingdom*) királyság; (*sphere*) (tudományos) terület II **in the ~ of industry** az ipar területén

reap [riːp] *v* arat

reappearance [riːə'pɪərəns] *n* újra/újbóli megjelenés

rear[1] [rɪə] **1.** *a* hátulsó, hátsó **2.** *n* hátsó rész II **at the ~** hátul

rear[2] [rɪə] *vt* (*bring up*) (fel)nevel I *vi* (*horse*) ágaskodik

rear-engined *a* farmotoros

rearguard ['rɪəgɑːd] *n* *mil* hátvéd, utóvéd

rear lights *n pl* hátsó világítás/lámpa

rearm [riː'ɑːm] *vt* újra felfegyverez I *vi* újra fegyverkezik

rearmament [riː'ɑːməmənt] *n* újrafegyverkezés

rearrange [riːə'reɪndʒ] *v* átrendez; (*appointment*) áttesz

rear-view mirror *n* visszapillantó tükör

rear-wheel drive *n* hátsókerék-meghajtás

reason ['riːzn] **1.** *n* (*cause*) ok; (*power of mind*) ész, értelem ‖ **for that/this** ~ ez okból; **without any** ~ minden ok nélkül; **for what** ~? mi okból? **2.** *v* érvel, okoskodik

reasonable ['riːznəbl] *a* (*able to reason*) gondolkodó, épeszű; (*rational*) ésszerű; okszerű; (*acceptable*) elfogadható, mérsékelt

reasonably ['riːznəblɪ] *adv* (*rationally*) ésszerűen; (*quite*) meglehetősen

reasoning ['riːznɪŋ] *n* érvelés

reassurance [riːəˈʃʊərəns] *n* megnyugtatás

reassure [riːəˈʃɔː] *v* megnyugtat (*sy about sg* vkt vm felől)

reassuring [riːəˈʃɔːrɪŋ] *a* biztató, bátorító

rebate ['riːbeɪt] *n* árengedmény

rebel 1. *n* felkelő, lázadó **2.** *v* **-ll-** ~ **against sg/sy** (fel)lázad vm/vk ellen

rebellion [rɪˈbeliən] *n* lázadás, zendülés

rebirth [riːˈbɜːθ] *n* újjászületés

rebound [rɪˈbaʊnd] *v* visszapattan, visszaugrik

rebuff [rɪˈbʌf] **1.** *n* visszautasítás **2.** *v* visszautasít, elutasít

rebuild [riːˈbɪld] *v* (*pt/pp* **rebuilt** [riːˈbɪlt]) átépít, átalakít, újjáépít

rebuilt [riːˈbɪlt] *pt/pp* → **rebuild**

rebuke [rɪˈbjuːk] **1.** *n* szidás, szemrehányás **2.** *v* megszid/megfedd (*sy for sg* vkt vmért)

recalcitrant [rɪˈkælsɪtrənt] *a* ellenszegülő, makacs

recall [rɪˈkɔːl] **1.** *n* (*summons*) visszahívás; (*remembrance*) emlékezet, emlékezőtehetség **2.** *v* (*summon back*) hazarendel, visszahív; (*remember*) visszaemlékezik vmre

recant [rɪˈkænt] *v* visszavon

recap ['riːkæp] *v* **-pp-** = **recapitulate**

recapitulate [riːkəˈpɪtjʊleɪt] *v* ismétel; összefoglal

recapture [riːˈkæptʃə] **1.** *n* visszafoglalás **2.** *v* (*territory*) visszafoglal

recede [rɪˈsiːd] *v* visszahúzódik; (*price*) csökken

receipt [rɪˈsiːt] *n* (*receiving*) átvétel; (*paper*) nyugta ‖ ~**s** *pl* (*money*) jövedelem, bevétel

receive [rɪˈsiːv] *v* (meg)kap, átvesz; (*welcome*) fogad; (*on radio*) vesz, fog

received [rɪˈsiːvd] *a* elfogadott ‖ ~ **pronunciation** a helyes (angol) kiejtés

receiver [rɪˈsiːvə] *n* (*of telephone*) telefonkagyló; (*radio*) vevőkészülék

recent ['riːsnt] *a* új, új keletű, legutóbbi; (*news*) friss

recently ['riːsntlɪ] *adv* mostanában, az utóbbi időben

receptacle [rɪˈseptəkl] *n* tartály, edény

reception [rɪˈsepʃn] *n* fogadás (*vké*); (*party*) (álló)fogadás; (*of radio, TV*) vétel ‖ **give/hold a** ~ fogadást ad

reception desk *n* (szálloda)porta, recepció

receptionist [rɪˈsepʃnɪst] *n* (*in hotel*) fogadóportás; *med* asszisztens(nő)

receptive [rɪˈseptɪv] *a* fogékony

recess [rɪˈses] *n* (*in Parliament*) szünet; *US* (*at school*) (óraközi)

szünet, tízperc; (*in wall*) alkóv;
bemélyedés
recession [rɪ'seʃn] *n* (gazdasági)
pangás, recesszió
recharge [riː'tʃɑːdʒ] *v* (*battery*) új-
ratölt
recidivist [rɪ'sɪdɪvɪst] *n* visszaeső
bűnöző
recipe ['resɪpɪ] *n* (*for preparing
food*) recept
recipient [rɪ'sɪpɪənt] *n* (*of letter*)
átvevő, címzett
reciprocal [rɪ'sɪprəkl] *a* kölcsönös,
viszonos ‖ ~ **pronoun** kölcsönös
névmás
recital [rɪ'saɪtl] *n* (*of music*) szóló-
est; (*of poetry*) elmondás; (*ac-
count*) ismertetés
recite [rɪ'saɪt] *v* (*poem*) elszaval,
elmond
reckless ['reklɪs] *a pejor* vakmerő,
vagány ‖ ~ **driving** agresszív ve-
zetés
recklessness ['reklɪsnɪs] *n pejor*
vakmerőség
reckon ['rekən] *v* (*count*) vmt szá-
mít; (*calculate*) kiszámít, kalkulál;
(*suppose*) gondol, vél; (*estimate*)
becsül ‖ **what do you ~?** mire
számítasz?; **I ~ (that)** úgy gondo-
lom, hogy
reckon on sg/sy vmre/vkre
számít
reckon up összeszámol, összead
reckon with sg/sy vmvel/vkvel
számol
reckoning ['rekənɪŋ] *n* (*calcula-
tion*) számolás, (ki)számítás
reclaim [rɪ'kleɪm] *v* (*soil*) művelhe-
tővé tesz; (*from sea*) lecsapol,
visszahódít; (*property*) visszakö-
vetel, visszaigényel

reclamation [reklə'meɪʃn] *n* (*of
land*) termővé tétel
recline [rɪ'klaɪn] *vi* nekitámaszko-
dik, hátradől ‖ *vt* hátratámaszt,
hátradönt
reclining [rɪ'klaɪnɪŋ] *a* ~ **chair/seat**
állítható támlájú szék/ülés
recluse [rɪ'kluːs] *a/n* remete
recognition [rekəg'nɪʃn] *n* (*identifi-
cation*) felismerés; (*acknowledge-
ment*) elismerés ‖ **in ~ of** elisme-
résképpen, elismerésül
recognizable ['rekəgnaɪzəbl] *a*
felismerhető
recognize ['rekəgnaɪz] *v* (*identify*)
vkt/vmt felismer, megismer (*by sg*
vmről); (*acknowledge*) elismer;
(*admit*) beismer
recoil 1. ['riːkɔɪl] *n* (*gun*) rúgás **2.**
[rɪ'kɔɪl] *v* (*spring*) visszaugrik;
(*gun*); visszarúg ‖ ~ **from sg** (*or
at the sight of sg*) hátrahőköl,
visszahőköl
recollect [rekə'lekt] *v* visszaemlé-
kezik vmre
recollection [rekə'lekʃn] *n* emléke-
zet, emlékezés
recommend [rekə'mend] *v* ajánl,
javasol
recommendation [rekəmen'deɪʃn]
n ajánlás
recommended [rekə'mendɪd] *a*
ajánlott ‖ ~ **route** ajánlott útvonal
recompense ['rekəmpens] **1.** *n*
(*compensation*) kárpótlás, kártérí-
tés; (*reward*) ellenszolgáltatás ‖
as a ~ for (*anyagi*) ellenszolgálta-
tás fejében **2.** *v* (*repay*) kárpótol,
kártalanít (*for* vmért); (*reward*)
megjutalmaz
reconcilable ['rekənsaɪləbl] *a*
összeegyeztethető, kibékíthető

reconcile ['rekənsaɪl] v (*people*) kibékít, összebékít; (*opinions*) összeegyeztet ‖ **~ oneself to sg, be ~d to sg** vmbe belenyugszik

reconciliation [rekənsɪlɪ'eɪʃn] n kibékülés; (ki)békítés

reconnaissance [rɪ'kɒnɪsəns] n mil felderítés

reconnoitre (*US* **-ter**) [rekə'nɔɪtə] v mil felderít; átkutat

reconquer [rɪ'kɒŋkə] v visszafoglal

reconsider [ri:kən'sɪdə] v (*facts*) újra megfontol; (*judgement*) felülvizsgál

reconstruct [ri:kən'strʌkt] v újjáépít

reconstruction [ri:kən'strʌkʃn] n újjáépítés

record 1. ['rekɔ:d] n (*account*) feljegyzés; (*minutes*) jegyzőkönyv; (*of police*) büntetett előélet, priusz; (*disc*) (hang)lemez; *sp* (*in competition*) csúcs, rekord; *comput* rekord ‖ **he has no ~** büntetlen előéletű; **off the ~** nem hivatalosan, bizalmasan **2.** [rɪ'kɔ:d] v (*facts, events*) bejegyez, regisztrál; (*protest*) jegyzőkönyvbe foglal/vesz vmt; (*music etc.*) felvesz vmt ‖ **~ sg on video** videóra felvesz vmt

record card n nyilvántartólap

recorder [rɪ'kɔ:də] n (*tape-/video*) magnó, videó(rekorder); *mus* egyenes fuvola

recording [rɪ'kɔ:dɪŋ] n (*of sound*) rögzítés, felvétel

record player n lemezjátszó

recount [rɪ'kaʊnt] v elmond, elbeszél

re-count [ri: 'kaʊnt] v elszámlál, újraszámlál

recoup [rɪ'ku:p] v kárpótol (*sy for sg* vkt vmért)

recourse [rɪ'kɔ:s] n **have ~ to** vmhez/vkhez folyamodik

recover [rɪ'kʌvə] v (*from illness*) felgyógyul; (*consciousness, property*) visszanyer ‖ **~ a debt** adósságot behajt

recovery [rɪ'kʌvərɪ] n (*of property*) visszaszerzés; (*from illness*) felépülés, gyógyulás

recovery vehicle n autómentő

re-create [ri:krɪ'eɪt] v újjáteremt, újjáalkot; (*friendship*) felelevenít

recreation [rekrɪ'eɪʃn] n (fel)üdülés, kikapcsolódás

recrimination [rɪkrɪmɪ'neɪʃn] n (kölcsönös) vádaskodás

recruit [rɪ'kru:t] v toboroz, verbuvál

recruitment [rɪ'kru:tmənt] n mil sorozás, toborzás

recta ['rektə] pl → **rectum**

rectangle ['rektæŋgl] n téglalap

rectangular [rek'tæŋgjʊlə] a négyszögletes

rectification [rektɪfɪ'keɪʃn] n helyesbítés

rectify ['rektɪfaɪ] v helyesbít

rector ['rektə] n (*clergyman*) (anglikán) lelkész/pap; *GB* (*head of university*) (kollégiumi) igazgató

rectory ['rektərɪ] n parókia, paplak

rectum ['rektəm] n (*pl* **~s** *or* **recta** [rektə]) végbél

recuperate [rɪ'ku:pəreɪt] v (*financially*) rendbe jön (anyagilag); (*from illness*) meggyógyul, összeszedi magát

recur [rɪ'kɜ:] v **-rr-** ismétlődik

recurrence [rɪ'kʌrəns] n ismétlődés

recurrent [rɪ'kʌrənt] a ismétlődő, visszatérő

recycle [riː'saɪkl] v (újra) feldolgoz, (újra)hasznosít

red [red] a/n piros, vörös ‖ **go into the** ~ col (in bank) túllépi a hitelét

Red Cross n (organization) Vöröskereszt

redcurrant [red'kʌrənt] n ribizli, ribiszke

redden ['redn] v (el)vörösödik

reddish ['redɪʃ] a vöröses

redeem [rɪ'diːm] v (sg in pawn) kivált; rel megvált

Redeemer, the [rɪ'diːmə] n rel a Megváltó (Krisztus)

redemption [rɪ'dempʃn] n rel megváltás

redeploy [riːdɪ'plɔɪ] v átcsoportosít

red-haired a vörös hajú, rőt

red-handed a **catch sy** ~ tetten ér vkt

redhead ['redhed] n vörös hajú

redid [riː'dɪd] pt → **redo**

redirect [riːdə'rekt] v átirányít (to vhova)

red-letter day n piros betűs ünnep

red light n **go through a** ~ átmegy a piroson

redness ['rednɪs] n vörösség

redo [riː'duː] v (pt **redid** [riː'dɪd], pp **redone** [riː'dʌn]) átalakít, rendbe hoz; újra megcsinál

redone [riː'dʌn] pp → **redo**

redouble [riː'dʌbl] vt megkettőz, növel vi megkettőződik, növekszik

redress [rɪ'dres] 1. n **seek legal** ~ jogorvoslattal él 2. v fig jóvátesz, orvosol

red tape n col bürokrácia

reduce [rɪ'djuːs] v csökkent; (price) leszállít ‖ **be ~d to poverty** elszegényedik

reduction [rɪ'dʌkʃn] n csökkentés; (in price) árengedmény; (of judgement) enyhítés

redundancy [rɪ'dʌndənsɪ] n felesleg; (of workers) létszámfelesleg ‖ ~ **payment** (vég)kielégítés

redundant [rɪ'dʌndənt] a felesleges; (workers) létszám felettl

reed [riːd] n nád; (in wind instrument) nád(nyelv)

reef [riːf] n zátony

reek [riːk] v rossz szaga van ‖ ~**s of garlic** fokhagymaszagú

reel [riːl] 1. n tekercs, orsó 2. v csévél, orsóz, gombolyít
reel off letekercsel, legombolyít

ref [ref] n col = **referee**

refectory [rɪ'fektərɪ] n (kollégiumi) ebédlő, menza

refer [rɪ'fɜː] v **-rr-** vt ~ **sy to sy** vkt vkhez irányít ‖ vi ~ **to sy/sg** hivatkozik vkre/vmre ‖ ~**ring to sg** vonatkozással vmre

referee [refə'riː] 1. n sp játékvezető; GB (for job) ajánló 2. v mérkőzést vezet

reference ['refrəns] n (person) ajánló; GB (of character) jellemzés; referencia; (referring) utalás (to vkre/vmre); comm (number) hivatkozási szám ‖ **with** ~ **to sg** hivatkozással vmre

reference book n kézikönyv

reference number n hivatkozási szám, iktatószám, ügyiratszám

referendum [refə'rendəm] n (pl **-dums** or **-da** [-də]) népszavazás

refill 1. ['riːfɪl] n (golyóstoll)betét 2. [riː'fɪl] v újratölt

refine [rɪ'faɪn] v finomít

refined [rɪ'faɪnd] a (style) kifinomult; (person) kulturált

refinement [rɪ'faɪnmənt] n (fineness) kifinomulás, kifinomultság, pallérozottság; (behaviour) finom modor, kulturált viselkedés

refinery [rɪ'faɪnərɪ] n (building) finomító

refit 1. ['riːfɪt] n kijavítás, rendbehozás **2.** [riː'fɪt] v -tt- kijavít, megjavít, rendbe hoz

reflect [rɪ'flekt] vt (mirror) tükröz; (express) kifejez | vi (meditate) töpreng (on vmn) ‖ **it ~s badly on** rossz fényt vet vmre/vkre

reflection [rɪ'flekʃn] n (fény)visszaverődés; (comment) észrevétel; (consideration) mérlegelés

reflector [rɪ'flektə] n (fényvisszaverő) prizma

reflex ['riːfleks] n reflex

reflexive pronoun [rɪ'fleksɪv] n visszaható névmás

reform [rɪ'fɔːm] **1.** n reform **2.** v megreformál

reformation [refə'meɪʃn] n megreformálás ‖ **the R~** rel a reformáció

reformatory [rɪ'fɔːmətərɪ] n US javítóintézet

refrain[1] [rɪ'freɪn] n refrén

refrain[2] [rɪ'freɪn] v ~ tartózkodik, (from vmtől)

refresh [rɪ'freʃ] v also fig felfrissít

refreshing [rɪ'freʃɪŋ] a üdítő, hűsítő

refreshment [rɪ'freʃmənt] n (of mind, body) felüdítés, felfrissítés ‖ ~s pl (food, drink) frissítők; (place) büfé

refrigeration [rɪfrɪdʒə'reɪʃn] n (le)hűtés

refrigerator [rɪ'frɪdʒəreɪtə] n hűtőszekrény, frizsider

refuel [riː'fjuːəl] v -ll- (US -l-) üzemanyagot vesz fel, tankol

refuge ['refjuːdʒ] n menedék, óvóhely

refugee [refjʊ'dʒiː] n menekült

refugee camp n menekülttábor

refund 1. ['riːfʌnd] n visszafizetés, visszatérítés **2.** [rɪ'fʌnd] v ~ **sy** vknek vmt visszafizet/visszatérít ‖ **I'll be ~ed** visszafizetik

refurbish [riː'fɜːbɪʃ] v felfrissít, (újra) rendbehoz

refusal [rɪ'fjuːzl] n elutasítás

refuse 1. ['refjuːs] n (waste) szemét **2.** [rɪ'fjuːz] v elutasít, visszautasít ‖ ~ **sy sg** megtagad vktől vmt

refuse bin n szemétláda

refuse collection n szemételhordás

refutation [refjʊ'teɪʃn] n cáfolat

refute [rɪ'fjuːt] v (meg)cáfol

regain [rɪ'geɪn] v (health, territory) visszanyer ‖ ~ **consciousness** magához tér

regal ['riːgl] a királyi

regalia [rɪ'geɪlɪə] n pl koronázási jelvények

regard [rɪ'gɑːd] **1.** n (consideration) tekintet, szempont; (respect) elismerés ‖ ~**s** pl üdvözlet ‖ **in this ~** ebben a vonatkozásban; **best ~s** szívélyes üdvözlettel **2.** v ~ **sg** vmnek tekint/tart ‖ **as ~s sg** vkt/vmt illetőleg, vmre nézve

regarding [rɪ'gɑːdɪŋ] prep vmre vonatkozóan

regardless [rɪ'gɑːdlɪs] adv ~ **of sg** vmre való tekintet nélkül

regency ['riːdʒənsɪ] n kormányzóság, régensség

regenerate [rɪ'dʒenəreɪt] v regenerálódik

regent ['riːdʒənt] *n hist* kormányzó, régens

regime [reɪ'ʒiːm] *n* (politikai) rendszer, rezsim ‖ **change of** ~ rendszerváltozás

region ['riːdʒən] *n* terület, vidék, térség, táj

regional ['riːdʒənl] *a* területi, regionális

register ['redʒɪstə] **1.** *n* (*list, record*) nyilvántartás, (név)jegyzék; *mus* (*of organ*) regiszter; (*of voice*) (hang)fekvés ‖ ~ **(of births)** anyakönyv **2.** *vt* (*on list*) bejegyez, beír; (*in book*) törzskönyvez; (*at school*) beiratkozik; (*at hotel*) bejelentkezik; (*show*) regisztrál, jelez, mutat ‖ ~ **a letter** ajánlva ad fel levelet; ~ **one's luggage** (*at railway station*) csomagot felad

registered ['redʒɪstəd] *a* (*trademark*) bejegyzett; (*letter*) ajánlott

registrar [redʒɪ'strɑː] *n* (*at town council*) anyakönyvvezető; (*at university*) tanulmányi osztály vezetője

registration [redʒɪ'streɪʃn] *n* bejegyzés; beiratkozás; bejelentés; cégbejegyzés ‖ ~ **of luggage** (*US* **baggage**) poggyászfeladás

registration number *n* (*of car*) rendszám

registry office ['redʒɪstrɪ] *n* anyakönyvi hivatal

regret [rɪ'gret] **1.** *n* sajnálat, sajnálkozás ‖ **much to my** ~ legnagyobb sajnálatomra; **send one's** ~**s (to sy)** lemondja a (vacsora)meghívást **2.** *v* -**tt**- sajnál ‖ I ~ **to inform you that** sajnálattal közlöm, hogy

regrettable [rɪ'gretəbl] *a* sajnálatos

regroup [riː'gruːp] *v* átcsoportosít

regular ['regjʊlə] **1.** *a* szabályos, rendszeres; (*usual*) szokásos **2.** *n* (*customer*) törzsvendég

regularity [regjʊ'lærətɪ] *n* szabályosság, rendszeresség

regularly ['regjʊləlɪ] *adv* rendszeresen

regulate ['regjʊleɪt] *v* szabályoz; (*machine*) beszabályoz

regulation [regjʊ'leɪʃn] *n* (*rule*) szabály; előírás; (*regulating*) szabályozás ‖ ~**s** *pl* szabályzat

rehabilitation [riːhəbɪlɪ'teɪʃn] *n law, med* rehabilitáció

rehearsal [rɪ'hɜːsl] *n theat* próba

re-heat [riː'hiːt] *v* (*food*) felmelegít

reign [reɪn] **1.** *n* uralkodás, uralom **2.** *v* uralkodik

reimburse [riːɪm'bɜːs] *v* visszafizet/megtérít (*sy for sg* vknek vmt)

reimbursement [riːɪm'bɜːsmənt] *n* megtérítés

rein [reɪn] *n* gyeplő, kantárszár

reincarnation [riːɪnkɑː'neɪʃn] *n* reinkarnáció

reindeer ['reɪndɪə] *n* (*pl* ~) rénszarvas

reinforce [riːɪn'fɔːs] *v* megerősít, megszilárdít

reinforced concrete [riːɪn'fɔːst] *n* vasbeton

reinforcement [riːɪn'fɔːsmənt] *n* megerősítés ‖ ~**s** *pl mil* utánpótlás

reinstate [riːɪn'steɪt] *v* visszahelyez, reaktivál

reissue [riː'ɪʃuː] *v* újra kibocsát/kiad

reiterate [riː'ɪtəreɪt] *v* ismétel

reject 1. ['riːdʒekt] *n* selejt(áru) **2.** [rɪ'dʒekt] *v* (*request*) elutasít, elvet; (*student*) megbuktat

rejection [rɪ'dʒekʃn] *n* elutasítás

rejoice [rɪ'dʒɔɪs] *v* örvendezik, örül (*at/over* vmnek)

rekindle [riːˈkɪndl] *vi* (*fire*) feléled |
vt feléleszt

relapse [rɪˈlæps] *med, law* **1.** *n*
visszaesés **2.** *v* visszaesik

relate [rɪˈleɪt] *vt* (*associate*) össze-
kapcsol; (*tell*) elmesél | *vi* össze-
függ (*to* vmvel); (*person*) rokon-
ságban áll (*to* vkvel)

related [rɪˈleɪtɪd] *a* összefüggésben
levő; (*by blood*) rokon

relating [rɪˈleɪtɪŋ] *prep* vonatkozó ‖
~ to sg vmre vonatkozó

relation [rɪˈleɪʃn] *n* összefüggés, vi-
szony (*relative*) rokon, hozzátarto-
zó

relationship [rɪˈleɪʃnʃip] *n* kapcsolat,
összefüggés

relative [ˈrelətɪv] **1.** *a* viszonylagos,
relatív **2.** *n* rokon

relatively [ˈrelətɪvlɪ] *adv* aránylag,
viszonylag

relax [rɪˈlæks] *v* (*loosen*) lanyhul;
(*slacken*) lazít; (*rest*) pihen, lazít

relaxation [riːlækˈseɪʃn] *n* (*slacke-
ning*) lanyhulás; *col* (*recreation*)
kikapcsolódás, lazítás

relaxed [rɪˈlækst] *a* fesztelen ‖ **~
atmosphere** oldott hangulat

relaxing [rɪˈlæksɪŋ] *a* bágyasztó

relay [ˈriːleɪ] **1.** *n sp* váltó, staféta; *el*
(*device*) relé **2.** *v* (*programme*)
közvetít, sugároz

release [rɪˈliːs] **1.** *n* (*from prison*)
szabadon bocsátás; (*sg issued*)
(sajtó)közlemény; *photo* kioldó **2.**
v (*prisoner*) szabadlábra helyez;
(*employee*) elbocsát; (*news*) nyil-
vánosságra hoz

relegate [ˈrelɪɡeɪt] *v* **be ~d to** (*in-
ferior position*) alacsonyabb be-
osztásba kerül

relent [rɪˈlent] *v* (*pain*) enged;
(*weather*) (meg)enyhül

relentless [rɪˈlentlɪs] *a* kérlelhetet-
len, kíméletlen

relevant [ˈreləvənt] *a* idevágó, vo-
natkozó ‖ **be ~ to sg** a tárgyhoz
tartozik

reliability [rɪlaɪəˈbɪlətɪ] *n* megbízha-
tóság

reliable [rɪˈlaɪəbl] *a* megbízható

reliably [rɪˈlaɪəblɪ] *adv* megbízható-
an

reliance [rɪˈlaɪəns] *n* bizalom

reliant [rɪˈlaɪənt] *a* **be ~ on** bízik
vkben/vmben

relic [ˈrelɪk] *n rel* ereklye; (*from
past*) maradvány, emlék

relief[1] [rɪˈliːf] *n* (*from pain*) enyhítés,
csillapítás; (*help*) segítség ‖ **~ of
pain** fájdalomcsillapítás

relief[2] [rɪˈliːf] *n art* dombormű

relieve [rɪˈliːv] *v* (*pain*) csillapít;
(*bring help*) segít; (*town*) felsza-
badít ‖ **~ oneself** szükségét végzi;
~ sy of sg (*burden*) tehermente-
sít, felment

religion [rɪˈlɪdʒən] *n* vallás

religious [rɪˈlɪdʒəs] *a* vallásos ‖ **~
education** hitoktatás

relinquish [rɪˈlɪŋkwɪʃ] *v* lemond (*to*
vmről)

relish [ˈrelɪʃ] **1.** *n* (*flavour*) íz **2.** *v* jó
étvággyal eszik ‖ **~ doing** szíve-
sen csinál vmt

relive [riːˈlɪv] *v* újra átél

reluctance [rɪˈlʌktəns] *n* vonakodás

reluctant [rɪˈlʌktənt] *a* vonakodó

reluctantly [rɪˈlʌktəntlɪ] *adv* ímmel-
ámmal, vonakodva

rely [rɪˈlaɪ] *v* **~ on (sg/sy)** vmre/vkre
számít, vkre/vmre hagyatkozik ‖

you cannot ~ on him nem lehet
benne megbízni
remain [rɪ'meɪn] v (stay) marad; (be
left) vmből megmarad || **it ~s to
be seen** a jövő zenéje
remainder [rɪ'meɪndə] n maradék
remaining [rɪ'meɪnɪŋ] a hátralevő,
maradék
remains [rɪ'meɪnz] n pl maradvá-
nyok; (of food) maradék
remand [rɪ'mɑːnd] 1. n vizsgálati
fogság 2. v vizsgálati fogságban
tart
remark [rɪ'mɑːk] 1. n megjegyzés,
észrevétel 2. v ~ **on** szóvá tesz
vmt; megjegyzést tesz vmre/vkre
remarkable [rɪ'mɑːkəbl] a neveze-
tes, említésre méltó
remarkably [rɪ'mɑːkəblɪ] adv rend-
kívül
remedial [rɪ'miːdɪəl] a gyógyító,
gyógy- || ~ **class(es)** kiegészítő
iskolai oktatás
remedy ['remɪdɪ] 1. n also fig
gyógyszer, orvosság 2. v (disease,
situation) orvosol
remember [rɪ'membə] v vmre emlé-
kezik || **as far as I can** ~ ameny-
nyire emlékszem
remembrance [rɪ'membrəns] n
(act) emlékezés; (keepsake) emlék
|| **in** ~ **of sy** vk emlékére
remind [rɪ'maɪnd] v ~ **sy of sg** em-
lékeztet vkt vmre || **that ~s me**
erről jut eszembe, apropó!
reminder [rɪ'maɪndə] n emlékeztető
reminisce [remɪ'nɪs] v emlékeiről
beszél, visszaemlékezik
reminiscence [remɪ'nɪsns] n emlé-
kezés || **sy's ~s** vk emlékei
reminiscent [remɪ'nɪsnt] a **be** ~ **of
sg** vmre emlékeztet

remission [rɪ'mɪʃn] n (of debt,
punishment) elengedés
remit [rɪ'mɪt] v -**tt**- (forgive) elenged;
(money) átutal
remittance [rɪ'mɪtns] n (money)
átutalt összeg; (remitting) átuta-
lás
remnant(s) ['remnənt(s)] n (pl)
comm maradék
remold [riː'məʊld] v US = **remould**
remorse [rɪ'mɔːs] n bűnbánat,
lelkiismeret-furdalás
remorseful [rɪ'mɔːsfl] a bűnbánó
remorseless [rɪ'mɔːslɪs] a könyör-
telen
remote [rɪ'məʊt] a távoli, távol eső
remote control n távirányítás;
(device) távirányító
remote-controlled a távirányítású,
távvezérlésű
removable [rɪ'muːvəbl] a (fur-
niture) szállítható; (cover) elmoz-
dítható, levehető
removal [rɪ'muːvl] n (move) költö-
zés; (dismissal) eltávolítás || ~ **van**
bútorszállító kocsi
remove [rɪ'muːv] v (take away)
eltávolít, elmozdít; (move) átköl-
töz(köd)ik (from vhonnan to vho-
va)
remover [rɪ'muːvə] n (for stains)
folttisztító; (of furniture) (bútor)-
szállító
remuneration [rɪmjuːnə'reɪʃn] n dí-
jazás
renal ['riːnl] a biol vese-
rename [riː'neɪm] v átkeresztel
rend [rend] v (pt/pp **rent** [rent]) vt
(el)szakít; beszakít | vi szakad;
beszakad, elreped
render ['rendə] v (make) vmvé tesz;
(interpret) visszaad; (le)fordít;

(give) ad, nyújt || ~ **an account of** vmről/vmvel elszámol

rendering ['rendərıŋ] *n mus* előadás(mód)

rendezvous ['rɒndıvu:] *n (pl* **-vous** [-vu:z]) találka, randevú

renew [rı'nju:] *v (library book)* meghosszabbít; *(friendship)* felújít

renewal [rı'nju:əl] *n* megújulás; *(of friendship)* felújítás; *(of passport, bill)* megújítás; *(of book)* meghosszabbítás

renounce [rı'naʊns] *v (claim, right)* lemond

renovate ['renəveıt] *v* felújít, renovál, tataroz

renovation [renə'veıʃn] *n* felújítás, renoválás, tatarozás

renown [rı'naʊn] *n* hírnév

renowned [rı'naʊnd] *a* híres

rent¹ [rent] **1.** *n (for land, factory)* bérleti díj; *(for house, room)* házbér, lakbér || **for ~** *US* kiadó **2.** *v (hold as tenant)* bérbe vesz; *(car)* (ki)bérel; *(let)* bérbe ad

rent² [rent] *pt/pp →* **rend**

rent-a-car agency *n US* gépkocsikölcsönző

rental ['rentl] *n* bérleti díj; *(for car)* kölcsönzési díj

renunciation [rınʌnsı'eıʃn] *n (of claim)* lemondás

reopen [ri:'əʊpən] *vt (shop)* újra kinyit | *vi (negotiations)* újrakezdődik

reorganization [rɔ:gənaı'zeıʃn] *n* újjászervezés, átszervezés

reorganize [ri:'ɔ:gənaız] *v* átszervez, újjászervez

rep [rep] *n comm* képviselő

repaid [rı'peıd] *pt/pp →* **repay**

repair [rı'peə] **1.** *n* javítás || **be in bad ~** rossz állapotban/karban van; **beyond ~** helyrehozhatatlan **2.** *v (building)* renovál; *(error)* kijavít; *(road, clothes)* megjavít, megcsinál

repair kit *n* szerszámosláda

repair shop *n* autójavító

repartee [repa:'ti:] *n* visszavágás

repast [rı'pa:st] *n* étkezés

repay [rı'peı] *v (pt/pp* **repaid** [rı'peıd]) *(money)* visszafizet, viszszatérít || **~ sy (a sum)** megad, vknek vmt visszafizet; **~ sy for sg** meghálál vknek vmt

repayment [rı'peımənt] *n* visszafizetés, megtérítés

repeal [rı'pi:l] **1.** *n* visszavonás; eltörlés **2.** *v* visszavon, eltöröl

repeat [rı'pi:t] **1.** *n (of performance)* ismétlés **2.** *v* (meg)ismétel

repeatedly [rı'pi:tıdlı] *adv* ismételten, többször

repel [rı'pel] *v* **-ll-** *(drive back)* visszaver; *(disgust)* (vissza)taszít

repellent [rı'pelənt] **1.** *a* taszító || **water-~** víztaszító **2.** *n (insect ~)* rovarirtó (szer)

repent [rı'pent] *v* **~ (of) one's sins** *rel* megbánja bűneit

repentance [rı'pentəns] *n* bűnbánat

repercussion [ri:pə'kʌʃn] *n* **have ~s on sg** vmre visszahat

repertoire ['repətwɑ:] *n theat* repertoár

repetition [repı'tıʃn] *n* ismétlés, ismétlődés; *(at school)* (iskolai) felelés

replace [rı'pleıs] *v* helyettesít, kicserél *(with* vmvel); *(put back)* visszatesz

replacement [rɪ'pleɪsmənt] *n* pótlás, kicserélés

replay 1. ['riːpleɪ] *n* (*of match*) újrajátszás; (*of recording*) lejátszás; *TV* ismétlés **2.** [riː'pleɪ] *v* (*match*) újrajátszik; (*recording*) (újra) lejátszik

replenish [rɪ'plenɪʃ] *v* újra megtölt, teletölt

replete [rɪ'pliːt] *a* tele, teletömött (*with* vmvel)

replica ['replɪkə] *n* másolat

reply [rɪ'plaɪ] **1.** *n* felelet, válasz || **in ~ to sg** válaszképpen **2.** *v* felel, válaszol

reply coupon *n* (nemzetközi) válaszkupon

report [rɪ'pɔːt] **1.** *n* (*statement*) tudósítás, riport; (*account*) jelentés (*on* vmről); *GB school* bizonyítvány **2.** *vt* jelent vknek vmt (*on sg to sy*); (*officially*) bejelent; (*to the police*) feljelent | *vi* (*make a report*) jelentést tesz; (*present oneself*) jelentkezik (*to* vknél)

reportedly [rɪ'pɔːtɪdlɪ] *adv* állítólag, jelentések szerint

reporter [rɪ'pɔːtə] *n* riporter

reprehend [reprɪ'hend] *v* megró

represent [reprɪ'zent] *v* (*show*) ábrázol; (*speak for*) képvisel; *comm* képvisel

representation [reprɪzen'teɪʃn] *n* (*description*) ábrázolás képviselet; (*presentation*) feltüntetés; értelmezés; (*agency*) ábrázolás || **make ~s to sy** kifogást emel vknél

representative [reprɪ'zentətɪv] **1.** *a* (*typical*) jellegzetes, reprezentatív; (*acting for*) képviseleti **2.** *n also pol* képviselő

repress [rɪ'pres] *v* (*emotions*) elnyom, visszafojt

repression [rɪ'preʃn] *n* elnyomás, elfojtás

repressive [rɪ'presɪv] *a* elnyomó; (*measures*) megtorló

reprieve [rɪ'priːv] **1.** *n* halálbüntetés felfüggesztése **2.** *v law* megkegyelmez

reprimand ['reprɪmɑːnd] **1.** *n* feddés, dorgálás **2.** *v* megdorgál, megfedd, megszid

reprint 1. ['riːprɪnt] *n* utánnyomás **2.** [riː'prɪnt] *v* újra kinyomtat

reprisal [rɪ'praɪzl] *n* megtorlás, retorzió

reprivatization [rɪpraɪvətaɪ'zeɪʃn] *n* reprivatizálás, reprivatizáció

reproach [rɪ'prəʊtʃ] **1.** *n* szemrehányás **2.** *v* **~ sy for sg** vknek szemrehányást tesz vm miatt

reproduce [riːprə'djuːs] *v* visszaad, reprodukál

reproduction [riːprə'dʌkʃn] *n biol* szaporodás; (*copy*) másolat, reprodukció

reproductive [riːprə'dʌktɪv] *a* a újrateremtő, reproduktív; (*of reproduction*) szaporodási || **~ organs** nemzőszervek

reprove [rɪ'pruːv] *v* **~ sy (for sg)** vknek szemrehányást tesz

reptile ['reptaɪl] *n* hüllő

republic [rɪ'pʌblɪk] *n* köztársaság

republican [rɪ'pʌblɪkən] *a/n* (*US* R~) republikánus

repudiate [rɪ'pjuːdɪeɪt] *v* (*person*) eltaszít; (*payment*) megtagad; (*accusation*) megcáfol

repugnance [rɪ'pʌgnəns] *n* ellenszenv (*to* vm iránt)

repugnant [rɪ'pʌgnənt] *a* visszataszító, ellenszenves

repulse [rɪ'pʌls] **1.** *n* (*of enemy*) visszaverés; (*of help*) elutasítás **2.** *v* (*drive back*) visszaver; (*refuse*) visszautasít, elutasít

repulsion [rɪ'pʌlʃn] *n* (*distaste*) iszony; *phys* (*repelling*) taszítás

repulsive [rɪ'pʌlsɪv] *a* visszataszító, ellenszenves

repurchase [riː'pɜːtʃəs] *v* visszavásárol

reputable ['repjʊtəbl] *a* jó hírű

reputation [repjʊ'teɪʃn] *n* hír(név) ‖ **have a good** ~ jó hírnévnek örvend, jó nevű

repute [rɪ'pjuːt] *n* hírnév ‖ **of good** ~ jó hírű

reputed [rɪ'pjuːtɪd] *a* (*famed*) híres; (*supposed*) állítólagos

reputedly [rɪ'pjuːtɪdlɪ] *adv* állítólag

request [rɪ'kwest] **1.** *n* kérés, kívánság ‖ **on** ~ kívánságra **2.** *v* (*ask*) kér (*sg from/of sy* vmt vktől); (*apply for*) vmért folyamodik ‖ ~ **sy to do sg** kér vkt vmre, vkt vmre megkér

request stop *n* *GB* feltételes megálló(hely)

requiem ['rekwɪəm] *n* gyászmise, rekviem

require [rɪ'kwaɪə] *v* (*demand*) kér, kíván, igényel; (*need*) (meg)követel, (meg)kíván ‖ ~ **sg** szüksége van vmre; **it is ~d (of me) that I ... elvárják tőlem, hogy ...

requirement [rɪ'kwaɪəmənt] *n* kívánalom, követelmény; (*need*) szükséglet

requisite ['rekwɪzɪt] **1.** *a* szükséges **2.** *n* rekvizitum, kellék

requisition [rekwɪ'zɪʃn] **1.** *n* (*demand*) kívánalom, követelés **2.** *v* *mil* rekvirál

resale ['riːseɪl] *n* viszonteladás

reschedule [riː'ʃedjuːl] **1.** *n* átütemezés **2.** *v* átütemez

rescue ['reskjuː] **1.** *n* (meg)mentés **2.** *v* megment (*sy from sg* vkt vmből)

rescue party *n* mentőosztag

research [rɪ'sɜːtʃ] **1.** *n* (tudományos) kutatás **2.** *v* ~ **into/on sg** tudományos kutatást végez vmlyen területen

researcher [rɪ'sɜːtʃə] *n* (tudományos) kutató

resemblance [rɪ'zembləns] *n* hasonlóság

resemble [rɪ'zembl] *v* ~ **sy/sg** hasonlít vkhez/vmhez *or* vkre/vmre

resent [rɪ'zent] *v* ~ **sg** rossz néven vesz vmt, zokon vesz vmt

resentful [rɪ'zentfəl] *a* bosszús, neheztelő, haragtartó

resentment [rɪ'zentmənt] *n* neheztelés, sértődés

reservation [rezə'veɪʃn] *n* (*in hotel*) szobafoglalás; (*for train*) helyjegyváltás; (*doubt*) fenntartás; (*on road*) (középső) elválasztó sáv; *US* (*land*) védett terület, rezerváció

reservation desk *n* (*at hotel*) recepció, fogadópult

reserve [rɪ'zɜːv] **1.** *n* (*store*) tartalék; (*player*) tartalék (játékos); (*land*) (vad)rezervátum, természetvédelmi terület **2.** *v* (*book*) lefoglal; előjegyez; (*store*) tartalékol ‖ ~ **a seat** helyjegyet vált; ~ **a table** asztalt foglal; ~ **the right** fenntartja a jogot

reserved [rɪ'zɜːvd] *a* (*seat, room*) (le)foglalt; (*person*) tartózkodó

reset [riː'set] *v* (*pt/pp* **reset** [riː'set]; **-tt-**) (*text*) újra kiszed; (*tool*) megélesít; (*watch*) beállít, utánaállít; *comput* újraindít

reshape [riː'ʃeɪp] *v* átalakít

reshuffle [riː'ʃʌfl] **1.** *n* ~ **of the cabinet** kormányátalakítás **2.** *v* (*cabinet*) átalakít

reside [rɪ'zaɪd] *v* (*person*) (vhol) él, lakik; (*authority*) vhol székel

residence ['rezɪdəns] *n* (*residing*) tartózkodás; (*house*) rezidencia; (*official*) székhely

resident ['rezɪdənt] **1.** *a* (benn)lakó; *comput* rezidens **2.** *n* (*in house*) lakó; (*in hotel*) vendég; (*in area*) lakos

residential [rezɪ'denʃl] *a* lakó-, tartózkodási; (*college*) bennlakásos ‖ ~ **area** lakónegyed

residue ['rezɪdjuː] *n* maradék, maradvány; *comm* hátralék

resign [rɪ'zaɪn] *v* lemond, leköszön (*from* vmről); (*employee*) felmond

resignation [rezɪg'neɪʃn] *n* (*submission*) beletörődés, lemondás, belenyugvás; (*of office, right*) lemondás; (*from job*) felmondás

resigned [rɪ'zaɪnd] *a* lemondó, beletörődő

resilience [rɪ'zɪliəns] *n also fig* rugalmasság

resilient [rɪ'zɪliənt] *a also fig* rugalmas

resin ['rezɪn] *n* gyanta

resist [rɪ'zɪst] *v* ellenáll vmnek

resistance [rɪ'zɪstəns] *n phys, el also* ellenállás

resistant [rɪ'zɪstənt] *a* ellenálló(képes)

resolute ['rezəluːt] *a* elszánt, határozott

resolutely ['rezəluːtlɪ] *adv* elszántan, határozottan

resolution [rezə'luːʃn] *n* (*decision*) döntés, határozat; (*resoluteness*) elszántság; *phys* felbontóképesség

resolve [rɪ'zɒlv] **1.** *n* elszántság **2.** *v* (*decide*) (el)határoz; *phys* felbont

resolved [rɪ'zɒlvd] *a* elszánt

resonance ['rezənəns] *n* (együtt)-hangzás, zengés, rezonancia

resonant ['rezənənt] *a* (*sound*) zengő, együtthangzó, rezonáns

resort [rɪ'zɔːt] **1.** *n* (*recourse*) eszköz, megoldás; (*place*) üdülőhely, nyaralóhely ‖ **as a last** ~ végső eszközként **2.** *v* folyamodik (*to* vmhez)

resound [rɪ'zaʊnd] *v* felhangzik, zeng (*with* vmtől)

resounding [rɪ'zaʊndɪŋ] *a* zengő; ‖ ~ **success** átütő siker

resource [rɪ'sɔːs] *n* mentsvár ‖ ~**s** *pl* erőforrás; **financial** ~**s** anyagi eszközök; **natural** ~**s** természeti kincsek

resourceful [rɪ'sɔːsfl] *a* ötletes, találékony

resp. = **respectively**

respect [rɪ'spekt] **1.** *n* (*consideration*) figyelembevétel; (*esteem*) tisztelet ‖ ~**s** *pl* üdvözlet; **with** ~ **to** ... tekintettel ...-ra/...-re **2.** *v* ~ **sy** tiszteletben tart vkt

respectable [rɪ'spektəbl] *a* becsületes, tiszteletre méltó

respectful [rɪ'spektfl] *a* (*person*) tiszteletteljes, tisztelettudó

respective [rɪ'spektɪv] *a* saját; külön ‖ **we all went to our** ~

rooms ki-ki bement a (saját) szobájába

respectively [rɪ'spektɪvlɪ] *adv* illetőleg ǁ **they made the journey by car, train and air** ~ útjukat kocsival, vonattal, ill. repülővel tették meg

respiration [respə'reɪʃn] *n* légzés, lélegzés

respite ['respaɪt] *n* (*rest*) pihenő, szünet; (*delay*) haladék

respond [rɪ'spɒnd] *v* válaszol; (*react*) reagál (*to* vmre)

response [rɪ'spɒns] *n* (*answer*) válasz, felelet; (*reaction*) visszajelzés

responsibility [rɪspɒnsə'bɪlətɪ] *n* felelősség

responsible [rɪ'spɒnsəbl] *a* felelős (*for* vmért, vkért); felelősségteljes

responsive [rɪ'spɒnsɪv] *a* fogékony (*to* vmre)

rest[1] [rest] **1.** *n* nyugalom, pihenés; *mus* szünet(jel); (*support*) támaszték ǁ **have/take a** ~ lepihen **2.** *v* (meg)pihen ǁ ~ **on/against** (rá)támaszkodik vmre

rest[2] [rest] **1.** *n* (*remainder*) maradék, maradvány ǁ **the** ~ a többi(ek)/többit; **for the** ~ ami a többit illeti, különben **2.** *v* marad ǁ **it** ~**s with him (to do sg)** rajta áll/múlik; ~ **on sy/sg** vktől/vmtől függ, vmn alapszik

restaurant ['restrɒnt] *n* étterem, vendéglő ǁ ~ **car** étkezőkocsi

rest day *n* pihenőnap

restful ['restfl] *a* nyugalmas

rest-home *n* öregek otthona, szeretetotthon

restitution [restɪ'tjuːʃn] *n* (*reparation*) helyreállítás; visszatérítés; (*damages*) jóvátétel, kárpótlás

restive ['restɪv] *a* nyugtalan, ideges

restless ['restlɪs] *a* nyugtalan, ideges, türelmetlen

restlessly ['restlɪslɪ] *adv* nyugtalanul, idegesen

restoration [restə'reɪʃn] *n* (*of building*) restaurálás, helyreállítás

restore [rɪ'stɔː] *v* restaurál, helyreállít, felújít ǁ ~ **(public) order** helyreállítja a rendet; **be** ~**d to health** visszanyeri egészségét

restorer [rɪ'stɔːrə] *n* restaurátor ǁ **hair** ~ hajnövesztő

restrain [rɪ'streɪn] *v* (*hold back*) visszatart, megfékez ǁ ~ **oneself** (*or* **one's temper**) mérsékeli magát, uralkodik magán/érzelmein

restrained [rɪ'streɪnd] *a* mérsékelt, visszafojtott

restraint [rɪ'streɪnt] *n* (*restriction*) korlátozás, megszorítás; (*moderation*) mérséklet ǁ **with** ~ fenntartással

restrict [rɪ'strɪkt] *v* korlátoz, megszorít

restriction [rɪ'strɪkʃn] *n* korlátozás, megszorítás

restrictive [rɪ'strɪktɪv] *a* korlátozó, megszorító

rest room *n US* illemhely, mosdó

result [rɪ'zʌlt] **1.** *n* eredmény, kimenetel ǁ **as a** ~ **of** vmnek következtében **2.** *v* ~ **from** következik/származik/ered vmből; ~ **in sg** végződik vmben

resume [rɪ'zjuːm] *v* (*restart*) újrakezd; folytat

résumé ['rezjuːmeɪ] *n* (tartalmi) kivonat, rezümé

resumption [rɪ'zʌmpʃn] *n* újrakezdés, folytatás

resurgence [rɪ'sɜ:dʒəns] n (of hope) feltámadás, újjászületés
Resurrection, the [rezə'rekʃn] n rel feltámadás
resuscitate [rɪ'sʌsɪteɪt] v feléleszt, magához térít
resuscitation [rɪsʌsɪ'teɪʃn] n felélesztés, életre keltés
retail ['ri:teɪl] 1. n kiskereskedelem || **sell by** ~ kicsi(ny)ben árusít 2. v kicsi(ny)ben árusít || **(goods)** ~ **at ...** áruk ...-os áron kerülnek kiskereskedelmi forgalomba
retailer ['ri:teɪlə] n kiskereskedő, viszonteladó
retain [rɪ'teɪn] v megtart, visszatart || ~ **a lawyer** ügyvédet fogad
retainer [rɪ'teɪnə] n (fee) ügyvédi költség
retaliate [rɪ'tælɪeɪt] v megtorol, megtorló intézkedéseket tesz
retaliation [rɪtælɪ'eɪʃn] n megtorlás, retorzió || **in** ~ megtorlásként
retard [rɪ'tɑ:d] v késleltet
retarded [rɪ'tɑ:dɪd] a értelmi fogyatékos
reticence ['retɪsns] n elhallgatás; hallgatagság, szűkszavúság
reticent ['retɪsnt] a hallgatag, zárkózott
retina ['retɪnə] n recehártya, retina
retinue ['retɪnju:] n kíséret
retire [rɪ'taɪə] v (withdraw) visszavonul (from vhonnan, vmtől); (from work) nyugdíjba megy; (go away) félrevonul
retired [rɪ'taɪəd] a (pensionary) nyugdíjas, nyugalmazott
retirement [rɪ'taɪəmənt] n nyugdíjazás; nyugállomány
retiring [rɪ'taɪərɪŋ] a félénk, visszahúzódó, szerény

retort [rɪ'tɔ:t] 1. n (reply) replika 2. v replikázik, visszavág
retract [rɪ'trækt] v (claws) behúz; (statement) visszavon
retractable [rɪ'træktəbl] a (undercarriage) behúzható
retrain [ri:'treɪn] v átképez
retraining [ri:'treɪnɪŋ] n átképzés
retreat [rɪ'tri:t] 1. n rel lelkigyakorlat, csendes nap(ok); mil visszavonulás 2. v (army) visszavonul
retribution [retrɪ'bju:ʃn] n büntetés, megtorlás || **the day of** ~ rel az ítélet napja
retrieval [rɪ'tri:vl] n visszanyerés; comput visszakeresés
retrieve [rɪ'tri:v] v visszanyer, visszakap; comput visszakeres
retrograde ['retrəgreɪd] a (declining) maradi, retrográd
retrospect ['retrəspekt] n **in** ~ visszatekintve
retrospective [retrə'spektɪv] 1. a visszatekintő; law visszamenő hatályú
return [rɪ'tɜ:n] 1. n (coming back) visszaérkezés; (giving back) visszaadás, visszatérítés; (recompense) viszonzás, ellenszolgáltatás; (ticket) menettérti jegy || **in** ~ **(for sg)** viszonzásul; **in** ~ **for** ellenében; ~**s** pl üzleti forgalom, bevétel; **many happy** ~**s (of the day)!** minden jót kívánok! (születésnapra) 2. v (come back) visszatér, visszajön, hazajön, megjön; (give back) visszaad, visszatérít; (recompense) viszonoz || ~ **a profit** jövedelmez; ~ **(one's income)** jövedelmet bevall
return ticket n menettérti jegy

reunion [riːˈjuːnɪən] *n* (*of friends*) összejövetel, találkozó

reunite [riːjuːˈnaɪt] *vt* újraegyesít | *vi* újra egyesül

reuse [riːˈjuːz] *v* újból felhasznál, újra feldolgoz/hasznosít

Rev. = Reverend

rev [rev] **1.** *n col* fordulatszám **2.** *v* **-vv-** ~ **up the engine** felpörgeti a motort

reveal [rɪˈviːl] *v* felfed, feltár

revealing [rɪˈviːlɪŋ] *a* leleplező, jellemző

revel [ˈrevl] *v* **-ll-** (*US* **-l-**) lumpol, mulat || ~ **in sg** örömét leli vmben

revelation [revəˈleɪʃn] *n* (*of secret*) (valóságos) felfedezés, reveláció; *rel* kijelentés

revelry [ˈrevlrɪ] *n* dínomdánom, mulatozás, tivornya

revenge [rɪˈvendʒ] **1.** *n* bosszú || **in** ~ bosszúból; **take** ~ **on sy (for sg)** megbosszul vmt (vkn)

revengeful [rɪˈvendʒfl] *a* bosszúvágyó

revenue [ˈrevənjuː] *n* (állami) jövedelem, adóbevétel

revenue office *n* adóhivatal

reverberate [rɪˈvɜːbəreɪt] *v* (*sound*) visszaverődik

reverberation [rɪvɜːbəˈreɪʃn] *n* visszahangzás, visszaverődés

revere [rɪˈvɪə] *v* tisztel, nagyra becsül

reverence [ˈrevərəns] *n* tisztelet, nagyrabecsülés

Reverend [ˈrevərənd] *a* nagytiszteletű, tisztelendő

reverent [ˈrevərənt] *a* tisztelő, tiszteletteljes

reverie [ˈrevərɪ] *n* ábrándozás, álmodozás

revers [rɪˈvɪə] *n* (*pl* ~ [-ˈvɪəz]) (*of coat*) kihajtó; hajtóka

reversal [rɪˈvɜːsl] *n* (*reversing*) megfordítás; (*being reversed*) megfordulás

reverse [rɪˈvɜːs] **1.** *a* fordított, ellenkező || **the** ~ **side of the coin** az érem másik oldala **2.** *n* (*opposite*) vmnek a fordítottja; (*of car*) hátramenet **3.** *v* (*turn*) megfordít; (*car*) tolat

reverse(d)-charge call *n* R-beszélgetés, a hívott költségére kért beszélgetés

reversible [rɪˈvɜːsəbl] *a* (*garment*) megfordítható, kifordítható

reversing light *n* tolatólámpa

revert [rɪˈvɜːt] *v* visszatér (*to* vmre/ vmhez)

review [rɪˈvjuː] **1.** *n* (*survey*) felülvizsgálat, számbavétel; (*of book*) recenzió; bírálat, kritika; (*magazine*) szemle; *mil* szemle || ~ **of the press** lapszemle **2.** *v* (*re-examine*) áttekint, számba vesz; (*book*) ismertet

reviewer [rɪˈvjuːə] *n* (*of book*) ismertető, recenzens

revile [rɪˈvaɪl] *v* gyaláz, ócsárol

revise [rɪˈvaɪz] *v* (*reconsider*) átnéz, revideál; (*book*) átdolgoz; (*correct*) kijavít

revision [rɪˈvɪʒn] *n* felülvizsgálat; *comm* revízió; (*of book*) átdolgozás; *school* ismétlés

revitalize [riːˈvaɪtəlaɪz] *v* újraéleszt, feléleszt, feltámaszt

revival [rɪˈvaɪvl] *n* megújulás, feléledés; *rel* ébredés; *theat* felújítás

revive [rɪˈvaɪv] *vt also fig* (fel)éleszt; *theat* felújít | *vi* (fel)éled, újjászületik

revoke [rɪ'vəʊk] v (*order*) visszavon
revolt [rɪ'vəʊlt] **1.** n felkelés, lázadás **2.** v ~ **against** sg/sy vm/vk ellen (fel)lázad
revolting [rɪ'vəʊltɪŋ] a vérlázító
revolution [revə'luːʃn] n (*turn*) fordulat; *pol* forradalom ‖ **100 ~s per minute** percenként 100 fordulat
revolutionary [revə'luːʃənərɪ] **1.** a forradalmi **2.** n forradalmár
revolutionize [revə'luːʃənaɪz] v forradalmasít, gyökeresen megváltoztat
revolve [rɪ'vɒlv] v kering; (*on own axis*) forog
revolver [rɪ'vɒlvə] n revolver
revue [rɪ'vjuː] n *theat* revü
revulsion [rɪ'vʌlʃn] n (*disgust*) ellenérzés, visszatetszés
reward [rɪ'wɔːd] **1.** n jutalom, ellenszolgáltatás **2.** v (meg)jutalmaz
rewarding [rɪ'wɔːdɪŋ] a kifizetődő, hasznos
rewrite [riː'raɪt] v (*pt* **rewrote** [riː'rəʊt], *pp* **rewritten** [riː'rɪtn]) átír, újraír; (*book*) átdolgoz
rewritten [riː'rɪtn] *pp* → **rewrite**
rewrote [riː'rəʊt] *pt* → **rewrite**
rhapsody ['ræpsədɪ] n rapszódia
rhetoric ['retərɪk] n ékesszólás, retorika, szónoklattan
rhetorical [rɪ'tɒrɪkl] a szónoki, retorikai
rheumatic [ruː'mætɪk] **1.** a reumás **2.** n reumás beteg
rheumatism ['ruːmətɪzəm] n reuma
rhinoceros [raɪ'nɒsərəs] n orrszarvú, rinocérosz
rhombus ['rɒmbəs] n rombusz
rhubarb ['ruːbɑːb] n rebarbara

rhyme [raɪm] **1.** n rím **2.** v rímel, összecseng
rhythm ['rɪðəm] n ritmus, ütem
rib [rɪb] n borda
ribald ['rɪbld] a/n mocskos (szájú), trágár
ribbon ['rɪbən] n szalag
rice [raɪs] n rizs
rice pudding n rizses puding
rich [rɪtʃ] **1.** a (*wealthy*) gazdag; (*plentiful*) bőséges; (*soil*) termékeny ‖ **get ~** meggazdagodik; ~ **food** zsíros étel; ~ **in vitamins** vitamindús **2.** n **the ~** a gazdagok; → **riches**
riches ['rɪtʃɪz] n *pl* vagyon, gazdagság
richness ['rɪtʃnɪs] n gazdagság, bőség
rickets ['rɪkɪts] n *sing.* angolkór
rickety ['rɪkɪtɪ] a (*furniture*) rozoga; (*person*) angolkóros
rid [rɪd] v (*pt/pp* **rid; -dd-**) megszabadít ‖ **get ~ of,** ~ **oneself of sy** vktől megszabadul
ridden ['rɪdn] *pp* → **ride**
riddle[1] ['rɪdl] n (*enigma*) rejtély, talány; (*puzzle*) rejtvény
riddle[2] ['rɪdl] **1.** n rosta **2.** v (át)rostál ‖ ~ **sy with bullets** *col* szitává lő vkt
ride [raɪd] **1.** n (*in car*) autózás; (*on horse*) lovaglás ‖ **go for a ~** (*on horse*) kilovagol; (*in vehicle*) autózik, utazik, sétakocsizásra megy; **take sy for a ~** *col fig* átver/átejt vkt **2.** v (*pt* **rode** [rəʊd], *pp* **ridden** ['rɪdn]) *vi* lovagol, lóháton megy ‖ ~ **a bicycle** biciklizik; ~ **a horse** lovagol; ~ **motorcycle** motorozik

rider ['raɪdə] *n* lovas; (*weight*) tolósúly; (*addition*) záradék

ridge [rɪdʒ] *n* (*of mountain*) (hegy)-gerinc; (*of roof*) (tető)gerinc

ridicule ['rɪdɪkjuːl] **1.** *n* gúny **2.** *v* (ki)csúfol, (ki)gúnyol ‖ ~ **sy** gúnyt űz vkből/vmből

ridiculous [rɪ'dɪkjʊləs] *a* nevetséges

riding ['raɪdɪŋ] *n* lovaglás ‖ ~ **school** lovasiskola, lovaglóiskola

rife [raɪf] *a* gyakori, elterjedt

riff-raff ['rɪfræf] *n* söpredék, csőcselék

rifle [raɪfl] *n* puska ‖ ~ **range** lőtér

rift [rɪft] *n* repedés, rés

rig[1] [rɪg] **1.** *n col* (*clothing*) szerelés, öltözék; (*for oil*) fúrótorony **2.** *v* **-gg-** (*with clothes*) kiöltöztet; (*equipment*) felszerel ‖ ~ **out** kiöltöztet; felszerel; ~ **up** felállít, összeszerel

rig[2] [rɪg] *n sp col* bunda

rigging ['rɪgɪŋ] *n naut* kötélzet

right[1] [raɪt] **1.** *a* (*correct, just*) helyes, igazi, találó ‖ **he is** ~ igaza van; **all** ~! helyes!, rendben! **2.** *adv* helyesen, jól; (*directly*) éppen, pont ‖ ~ **away** azonnal, rögtön; ~ **in the middle** pont a közepébe **3.** *n* igazságosság, jog(osság) ‖ **by** ~ jogosan; **by what** ~? milyen jogcímen?; **have the** ~ **to** joga van vmhez; ~ **of way** áthaladási elsőbbség; **put sg to** ~**s** elintéz, elrendez

right[2] [raɪt] **1.** *a* (*not left*) jobb **2.** *adv* jobbra, jobb felé **3.** *n* jobb (oldal) ‖ **from the** ~ jobbról, jobb felől; **the** ~ jobb oldal; **to the** ~ jobbra; **the R**~ **(in Parliament)** jobboldal, jobbszárny

right angle *n* derékszög

righteous ['raɪtʃəs] *a* (*just*) becsületes, tisztességes; (*justifiable*) jogos, igazságos

rightful ['raɪtfl] *a* jogos, törvényes

rightfully ['raɪtfəlɪ] *adv* törvényes úton, jogosan

right-hand *a* jobb oldali, jobb kéz felőli ‖ ~ **man** *col* bizalmi ember

right-handed *a* (*person*) jobbkezes

right-minded *a* józan gondolkodású

right wing *n pol* jobbszárny

rigid ['rɪdʒɪd] *a also fig* merev

rigidity [rɪ'dʒɪdətɪ] *n also fig* merevség

rigidly ['rɪdʒɪdlɪ] *adv* ridegen, mereven

rigorous ['rɪgərəs] *a* szigorú

rigorously ['rɪgərəslɪ] *adv* szigorúan, mereven

rigour (*US* **-or**) ['rɪgə] *n* szigor

rile [raɪl] *v* felidegesít; *col* felhúz

rim [rɪm] *n* karima, perem, szél

rime [raɪm] *n* dér, zúzmara

rind [raɪnd] *n* (*of fruit*) héj; (*of bacon*) bőr

ring[1] [rɪŋ] **1.** *n* (*on finger*) gyűrű; *sp* (*for boxing*) szorító, ring; (*group*) kör **2.** *v* (*pt/pp* **-ed**) (*surround*) körülfog; (*put ring on*) (meg)gyűrűz

ring[2] [rɪŋ] **1.** *n* (*of telephone*) csengetés ‖ **give me a** ~ hívj(on) fel! **2.** *v* (*pt* **rang** [ræŋ], *pp* **rung** [rʌŋ]) (*telephone*) cseng, szól; (*bell*) megkondul ‖ **it** ~**s a bell** *fig* vm rémlik

ring (sy) back (later) (*by telephone*) visszahív, újra hív

ring off leteszi a (telefon)kagylót

ring sy up felhív (*telefonon*)

ringing ['rɪŋɪŋ] *a* csengő, zengő

ringing tone n (in telephone) cseng(et)és

ringleader ['rɪŋli:də] n bandavezér, főkolompos

ring road n GB körgyűrű

rink [rɪŋk] n fedett jégpálya

rinse [rɪns] 1. n öblítés 2. v öblít

riot ['raɪət] 1. n zavargás, lázadás 2. v zavarog, lázad

rioter ['raɪətə] n zavargó, lázadó, rendbontó

riotous ['raɪətəs] a lázadó, rendbontó, zavargó

riot police n rohamrendőrség

rip [rɪp] v **-pp-** vi (be)hasad, reped, szakad l vt elszakít, hasít

rip-cord n (of parachute) oldózsinór

ripe [raɪp] a (fruit) érett

ripen ['raɪpən] v (fruit) (meg)érik, beérik; (corn) sárgul

ripple ['rɪpl] 1. n kis hullám, fodor 2. v hullámzik, fodrozódik

rise [raɪz] 1. n (movement) (fel)emelkedés; (of wages) emelés; (tide) áradás ‖ **give ~ to sg** előidéz 2. v (pt **rose** [rəʊz], pp **risen** ['rɪzn]) (move upward) (fel)emelkedik; (from bed) felkel; (sun) felkel; (price) felmegy; (curtain) felgördül, felmegy; (rebel) felkel, fellázad; (river) árad; (in rank) előlép ‖ **~ to the occasion** a helyzet magaslatára emelkedik

risen ['rɪzn] pp → **rise**

rising ['raɪzɪŋ] 1. a felnövő (nemzedék) 2. n felkelés

risk [rɪsk] 1. n kockázat, rizikó ‖ **take the ~ of (doing) sg** kockázatot vállal, megkockáztat vmt 2. v kockáztat, reszkíroz ‖ **~ one's life** életét kockáztatja

risk factor n rizikófaktor

risky ['rɪskɪ] a kockázatos, veszélyes, hazárd

rite [raɪt] n rítus, szertartás

ritual ['rɪtʃʊəl] 1. a rituális 2. n szertartás, rítus

rival ['raɪvl] 1. n rivális, vetélytárs 2. v **-ll-** (US **-l-**) (emulate) versenyez, vetélkedik (vkvel/vmvel); comm konkurál

rivalry ['raɪvlrɪ] n versengés, vetélkedés; comm konkurencia

river ['rɪvə] n folyó ‖ **down/up the ~** a folyón lefelé/felfelé; **sell sy down the ~** col csőbe húz vkt, átejt vkt

river bank n folyópart

river bed n folyómeder

riverside ['rɪvəsaɪd] n folyópart ‖ **by the ~** a parton

rivet ['rɪvɪt] 1. n szegecs 2. v szegecsel

road [rəʊd] n út; közút ‖ **by ~** autóval, kocsival; **on the ~** úton

roadblock ['rəʊdblɒk] n útakadály, úttorlasz

road hog n garázda vezető (autós)

road junction n útelágazás

road map n autótérkép

roadside ['rəʊdsaɪd] 1. n útszél ‖ **by the ~** az útszélen 2. a út menti, országúti ‖ **~ telephone** segélyhívó telefon

road sign n közúti jelzőtábla

roadway ['rəʊdweɪ] n úttest

road-works n pl útjavítás, útépítés

roadworthy ['rəʊdwɜːðɪ] a közlekedésre alkalmas

roam [rəʊm] v bolyong, kószál

roar [rɔː] 1. n (of lion) bőgés; (of sea) zúgás 2. v (lion) üvölt, ordít,

bőg; (sea) zúg || ~ **with laughter**
hahotázik, nagyot nevet
roast [rəʊst] **1.** a/n sült, pecsenye
2. vt (meat) (meg)süt; (coffee)
pörköl | vi (meg)sül
roast beef n marhasült, rosztbif
rob [rɒb] v **-bb-** (ki)rabol || ~ **sy of**
sg vkt meglop; **I've been ~bed**
kiraboltak
robber ['rɒbə] n rabló
robbery ['rɒbəri] n rablás
robe [rəʊb] n (judge's) talár
robin ['rɒbɪn] n vörösbegy
robot ['rəʊbɒt] n robot || ~ **pilot** ro-
botpilóta
robust [rəʊ'bʌst] a tagbaszakadt
rock[1] [rɒk] n (kő)szikla || **on the ~s**
(drink) jégkockával; (ship, also
fig) zátonyra futott
rock[2] [rɒk] **1.** n rock(zene) **2.** vi
hintázik | vt ring(at), hintáztat
rock and roll [rɒk ən 'rəʊl] n rock
and roll, rock(zene)
rocker ['rɒkə] n (rocking chair) hin-
taszék; (person) rocker
rockery ['rɒkəri] n sziklakert
rocket ['rɒkɪt] n rakéta
rocking chair ['rɒkɪŋ] n hintaszék
rocking horse n hintaló
rock music n rockzene
rock'n'roll [rɒk ən 'rəʊl] n rock and
roll, rock(zene)
rock opera n rockopera
rocky ['rɒkɪ] a sziklás
rod [rɒd] n (stick) vessző, pálca;
(bar) rúd || ~ **and line** horgászbot
rode [rəʊd] pt → **ride**
rodent ['rəʊdənt] n rágcsáló
roe[1] [rəʊ] n (of fish) (hal)ikra
roe[2] [rəʊ] n (deer) őz
rogue [rəʊg] n pejor betyár, gaz-
ember; hum zsivány

roguish ['rəʊgɪʃ] a (dishonest) gaz;
(playful) huncut
role [rəʊl] n also fig szerep || **play**
the ~ of sy vmlyen szerepet ját-
szik
roll [rəʊl] **1.** n (scroll) tekercs;
(cake) zsömle, vajaskifli; (list) lis-
ta, névsor; (undulation) ringás; (of
drum) dobpergés; (of cannon)
(ágyú)dörgés; US (banknotes)
bankjegyköteg || **call the ~** név-
sort olvas **2.** vt (barrel) gördít,
hengerít; (metal) hengerel | vi
(wheel) gurul; (thunder, drum) dü-
börög || **be ~ing in money** majd
felveti a pénz
roll about vt (ball) ide-oda gurít;
(person) meghemperget | vi (dog)
hentereg
roll by (vehicle) elgurul; (time)
elrepül
roll in vt begördít, begurít | vi be-
gurul
roll over felborul, felfordul
roll up (carpet) felteker || ~ **up**
one's sleeves felgyűri ingét
roll-call ['rəʊlkɔːl] n névsorolvasás
roller ['rəʊlə] n (cylinder) henger;
(road ~) úthenger; (wheel) görgő;
(for hair) hajcsavaró; (wave) taj-
tékos hullám || ~ **bearing** görgős-
csapágy; ~ **skate(s** pl) görkorcso-
lya
rolling ['rəʊlɪŋ] **1.** a (vehicle) guru-
ló, gördülő; (motion) himbálódzó;
(ship) ringó; (land) dimbes-dom-
bos **2.** n (of car) gurulás; (of me-
tal) hengerlés; (of thunder) dörgés
roll-on deodorant n golyós dezodor
ROM [rɒm] n (= read-only memory)
comput ROM, csak olvasható me-
mória

Roman ['rəʊmən] a/n római
Roman alphabet, the n latin betűk
Roman Catholic a/n római katoli-
kus
romance [rə'mæns] n (style) ro-
mantika; (story) szerelmes törté-
net; col (love) szerelem
Romanesque [rəʊmo'nɒɒk] **1.** a
román (stílus) **2.** n román stílus
Romania [ruː'meɪnjə] n Románia
Romanian [ruː'meɪnjən] **1.** a ro-
mániai, román **2.** n (person lan-
guage) román
Roman numerals n pl római
számok
romantic [rə'mæntɪk] a romantikus,
regényes
Romanticism [rəʊ'mæntɪsɪzəm] n
art romanticizmus, romantika
Rome [rəʊm] n Róma
romp (about) [rɒmp] v hancúrozik,
rakoncátlankodik
rompers ['rɒmpəz] n pl tipegő, ke-
zeslábas
roof [ruːf] n háztető
roof rack n tetőcsomagtartó
rook[1] [rʊk] n zoo vetési varjú
rook[2] [rʊk] n (chess) bástya
room [rʊm] **1.** n (in house) szoba,
helyiség; (space) (férő)hely ‖ **do
the ~** szobát kitakarít; **~ to let**
kiadó lakás/szoba **2.** v **~ with sy**
vkvel együtt lakik (albérletben)
room-mate n szobatárs, hálótárs
room service n (at hotel) szoba-
pincéri szolgálat
roomy ['ruːmɪ] a tágas
rooster ['ruːstə] n US kakas
root [ruːt] n gyökér; math gyök;
(grammatical) tő **2.** v be **~ed in**
sg vmben gyökerezik
root about (pig) túr

root for US col sp szurkol, biztat-
ja csapatát
root out (remove) kiirt; (find) ki-
túr
rope [rəʊp] n kötél ‖ **know the ~s**
col ismeri a dörgést
rope-ladder n kötélhágcsó
rosary ['rəʊzərɪ] n rel rózsafüzér
rose[1] [rəʊz] n bot (plant) rózsa;
(colour) rózsaszín
rose[2] [rəʊz] pt → **rise**
rosebud ['rəʊzbʌd] n rózsabimbó
rosemary ['rəʊzmərɪ] n rozmaring
rosette [rəʊ'zet] n (of ribbon) cso-
kor; (badge) kokárda
rostrum ['rɒstrəm] n (for speaker)
emelvény, pulpitus
rosy ['rəʊzɪ] a rózsás
rot [rɒt] **1.** n rothadás **2.** v -tt-
rothad, (meg)rohad, korhad
rotary ['rəʊtərɪ] **1.** a forgó; rotációs
2. n US körforgalom
rotate [rəʊ'teɪt] v körben forog
rotating [rəʊ'teɪtɪŋ] a körben forgó
rotation [rəʊ'teɪʃn] n (rotating) kör-
forgás; (being rotated) forgatás
rotten ['rɒtn] a (fruit) rothadt, rom-
lott; (wood) korhadt; (society) kor-
rupt
rouble (US **ruble**) ['ruːbl] n rubel
rouge [ruːʒ] n (ajak)rúzs; (for
cheeks) arcfesték
rough [rʌf] **1.** a (surface) durva;
(handling, manners) durva, go-
romba, nyers; (person) faragatlan;
(sea) háborgó; (crossing) viharos;
(approximate) hozzávetőleges ‖ **~
draft** piszkozat, első fogalmaz-
vány; **~ translation** nyersfordítás
2. n (person) kellemetlen alak/frá-
ter **3.** v col – **it** kényelmetlenül él
rough out felvázol

rough-and-ready *a* (*work*) elnagyolt, összecsapott
roughen ['rʌfn] *v* (*surface*) megcsiszol
roughly ['rʌflɪ] *adv* (*handle*) durván; (*make*) összecsapva; (*approximately*) nagyjából, durván, körülbelül ‖ ~ **speaking** nagyjából
roughness ['rʌfnɪs] *n* durvaság, nyerseség
roulette [ruː'let] *n* rulett
Roumania [ruː'meɪnjə] *n* = **Romania**
round [raʊnd] **1.** *a* kerek; (*figures*) kerek, egész **2.** *adv/prep* (*around*) körbe(n); (*about*) táján, körül ‖ ~ **and** ~ körbe-körbe; ~ **the clock** éjjel-nappal, állandóan; **all the year** ~ egész éven át; ~ **about** körös-körül; → **roundabout**; **ask sy** ~ elhív vkt (magához) **3.** *n* körfordulat, forgás; (*of meat*) szelet; (*of policeman*) (kör)út; (*of competition*) forduló, menet; (*of drinks*) egy rund; **the doctor is doing his** ~**s** az orvos sorra látogatja a betegeit **4.** *vt* (*make round*) (le)kerekít; (*finish*) befejez, lezár ‖ *vi* (*become round*) (ki)kerekedik
  round down (to) (*sum*) lekerekít
  round out (*figure*) kikerekít; (*story*) kiegészít
  round up (*people*) összefogdos; összeterel; (*price*) felkerekít
roundabout ['raʊndəbaʊt] **1.** *a* **go a** ~ **way** kerülőt tesz; kerül **2.** *n* (*in traffic*) körforgalom; (*merry-go-round*) körhinta
roundish ['raʊndɪʃ] *a* molett
roundly ['raʊndlɪ] *adv* (erő)teljesen, kereken, alaposan

round-the-clock *a* éjjel-nappal tartó; nonstop
round trip *n* (*back and forth trip*) oda-vissza út; (*round voyage*) körutazás; *US* (*also* ~**-trip ticket**) menettérti jegy
roundup ['raʊndʌp] *n* **a news** ~ hírösszefoglaló
rouse [raʊz] *v* (*wake up*) felébreszt; *fig* (*stimulate*) felráz
rousing ['raʊzɪŋ] *a* (*welcome*) lelkes; (*speech*) lelkesítő
route [ruːt] *n* útvonal, útirány ‖ ~ **map** útitérkép
routine [ruː'tiːn] *n also comput* rutin ‖ ~ **job** rutinmunka
rove [raʊv] *v* kóborol, vándorol
rover ['raʊvə] *n* (*wanderer*) kóborló, vándor; (*senior scout*) öregcserkész
row[1] [raʊ] *n* (*line*) sor
row[2] [raʊ] **1.** *n* (*in boat*) evezés **2.** *v* evez
row[3] [raʊ] **1.** *n* (*noise*) zaj; ricsaj; (*quarrel*) veszekedés **2.** *v* veszekszik
rowboat ['raʊbəʊt] *n US* = **rowing-boat**
rowdy ['raʊdɪ] *a* garázda
rower ['raʊə] *n* evezős
row house *n US* sorház
rowing ['raʊɪŋ] **1.** *a* evezős **2.** *n* evezés
rowing-boat *n* evezős csónak
rowlock ['rɒlək] *n* evezővilla
royal ['rɔɪəl] *a* királyi ‖ **R~ Air Force** *GB* Királyi Légierő ‖ ~ **court** királyi udvar
royalist ['rɔɪəlɪst] *a/n* királypárti
royalty ['rɔɪəltɪ] *n* (*family*) királyi család; (*for book*) (szerzői) jogdíj

rpm [aːr piː 'em] = *revolutions per minute* percenkénti fordulatszám

RSVP [aːr es viː 'piː] (= *répondez s'il vous plaît*) (*to invitation*) választ kérünk

rub [rʌb] **1.** *n* dörzsölés; *col* (*problem*) bökkenő ‖ **there's the ~** ez itt a bökkenő! **2.** *v* **-bb-** (*hands*) dörzsöl; (*surface*) csiszol

rub off (*dirt*) vmt ledörzsöl; (*paint*) lecsiszol

rub out (*remove*) kitöröl; (*with eraser*) kiradíroz; *US col* (*murder*) kinyír vkt

rub up feldörzsöl ‖ **~ sy up the wrong way** *col* cukkol vkt

rubber ['rʌbə] *n* gumi; *GB* (*eraser*) radír; *US* (*condom*) gumi ‖ **~s** *pl US* sárcipő

rubbish ['rʌbɪʃ] *n* (*waste*) szemét; (*nonsense*) baromság, marhaság, buta beszéd ‖ **~ bin** szemétláda, kuka

rubbishy ['rʌbɪʃi] *a col* ramaty, vacak

rubble ['rʌbl] *n* kőtörmelék

rubella [ruːˈbelə] *n* rózsahimlő, rubeóla

ruble ['ruːbl] *n US* rubel

ruby ['ruːbi] *n* rubin

rucksack ['rʌksæk] *n* hátizsák

ructions ['rʌkʃnz] *n pl col* kalamajka, zűr

rudder ['rʌdə] *n* kormány(lapát)

ruddy ['rʌdi] *a* vörös, vöröses

rude [ruːd] *a* goromba ‖ **be ~ (to sy)** gorombáskodik (vkvel)

rudely ['ruːdli] *adv* durván, gorombán

rudeness ['ruːdnɪs] *n* (*of behaviour*) durvaság

rudimentary [ruːdɪˈmentri] *a* (*elementary*) elemi, alapvető; *pejor* (*primitive*) kezdetleges, primitív

rudiments ['ruːdɪmənts] *n pl* alapelemek, alapfogalmak

ruffian ['rʌfiən] *n* útonálló, bicskás

ruffle ['rʌfl] **1.** *n* (*on dress*) fodor **2.** *v* (*hair*) (össze)borzol

rug [rʌg] *n* (kis) szőnyeg

rugby (*or* **football**) ['rʌgbi] *n* rögbi

rugged ['rʌgɪd] *a* (*uneven*) göröngyös; (*rough*) nyers, kemény; (*solid*) masszív

rugger ['rʌgə] *n col* rögbi

ruin ['ruːɪn] **1.** *n* (*remains*) rom; (*fall*) bukás **2.** *v* tönkretesz

ruinous ['ruːɪnəs] *a* pusztító

rule [ruːl] **1.** *n* (*government*) uralom, uralkodás; (*law*) jogszabály (*for measuring*) vonalzó ‖ **as a ~** általában, rendszerint **2.** *v* (*govern*) kormányoz, irányít, uralkodik; (*decide*) dönt; (*order*) elrendel; (*make lines*) vonalaz

rule out (sg) (*vmnek a lehetőségét*) kizárja

ruled [ruːld] *a* (*paper*) vonalas

ruler ['ruːlə] *n* (*sovereign*) uralkodó; (*device*) vonalzó

ruling ['ruːlɪŋ] *a* kormányzó ‖ **~ parties** kormányzó pártok

rum [rʌm] *n* rum

Rumania [ruːˈmeɪnjə] *n* = **Romania**

rumble ['rʌmbl] **1.** *n* (*of thunder*) moraj(lás); (*of stomach*) korgás **2.** *v* morajlik; (*stomach*) korog

rummage ['rʌmɪdʒ] *v* turkál, matat, motoszkál

rumour (*US* **-or**) ['ruːmə] **1.** *n* (rém)hír **2.** *v* **it is ~ed** úgy hírlik

rump [rʌmp] *n* hátsórész, far

rumpsteak ['rʌmpsteɪk] *n* hátszín

rumpus ['rʌmpəs] *n col* rumli, zűr || kick up a ~ *col* nagy zrít csinál

run [rʌn] 1. *n* futás; (*route, trip*) (megtett) út, autózás; (*working*) működés, üzem(elés); (*series*) sorozat, széria; (*course*) folyás; (*trend*) tendencia; (*track*) (sí)pálya; (*ski-running*) lesiklás || in the long ~ hosszú távon 2. *v* (*pt* ran [ræn], *pp* run [rʌn]; -nn-) *vi* fut, szalad, rohan; (*vehicle*) közlekedik, jár; (*machine*) jár; (*liquid*) folyik; (*text*) szól, hangzik | *vt* (*shop*) üzemeltet; (*hotel*) vezet; *comput* futtat; his nose is ~ning folyik az orra; ~ sy to (a place) (*by car*) elvisz; ~ the risk of doing sg megkockáztat, kockázatot vállalva tesz

run about *vi* összevissza szaladgál, futkározik

run across sy összetalálkozik vkvel

run away (*person*) elfut; (*animal*) elszabadul

run down *vt* (*car*) elgázol, elüt | *vi* (*clock*) lejár || be ~ down *col* le van strapálva, leromlott

run in *vi* (*runner*) befut | *vt* (*car*) bejárat

run into (*car*) belehajt/belerohan vmbe; *col* (*person*) beleszalad, vkvel összeakad

run off (*person*) elfut, elszalad

run out (*passport*) lejár; (*liquid*) kicsordul; (*supplies*) kifogy; (*money*) elfogy || ~ out of money kifogy a pénzből

run over (*vehicle*) elgázol, elüt; (*liquid*) túlfolyik, túlcsordul

run through futólag átnéz, átfut

run up *vi* (*upstairs*) felszalad | *vt* (*building*) felhúz || ~ up a bill nagy számlát csinál

run up against (*difficulties*) vmbe ütközik

runabout ['rʌnəbaʊt] *n* kétüléses kisautó

runaway ['rʌnəweɪ] *n* menekülő, szökevény

run-down *a col* lerobbant

rung[1] [rʌn] *n* (*of ladder*) létrafok

rung[2] [rʌn] *pp* → ring[2]

runner ['rʌnə] *n sp* futó; (*messenger*) küldönc; (*for sliding*) görgő

runner-up *n* (*pl* runners-up) második helyezett

running ['rʌnɪŋ] 1. *a* rohanó || five days ~ egymást követő öt napon 2. *n* rohanás; *sp* síkfutás; (*of business*) üzemeltetés

running water *n* (*from tap*) folyó víz

runny ['rʌnɪ] *a* nyúlós, folyós

run-of-the-mill *a* pejor középszerű

run-up *n sp* (*of athlete*) nekifutás; (*of election*) (választási) kampány

runway ['rʌnweɪ] *n* kifutópálya

rupture ['rʌptʃə] 1. *n med* sérv; (*of relations*) megszakadás 2. *v* (*cause hernia*) sérvet okoz; (*end*) megszakít || he ~d himself sérvet kapott

rural ['rʊərəl] *a* falusi, vidéki

ruse [ru:z] *n* csel

rush [rʌʃ] 1. *n* (*hurry*) rohanás, sietség; (*of crowd*) tolongás; *col* (*urge*) (nagy) hajtás || there is no ~ a dolog nem sürgős 2. *vi* (*hurry*) rohan, siet; (*run*) iramlik | *vt* (*urge*) sürget, siettet || ~ downstairs lépcsőn lerohan

rush-hour(s) *n* (*pl*) csúcsforgalom
rusk [rʌsk] *n* kétszersült
Russia ['rʌʃə] *n* Oroszország
Russian ['rʌʃn] **1.** *a* orosz **2.** *n* (*person, language*) orosz; → **English**
rust [rʌst] **1.** *n* rozsda **2.** *v* (meg)rozsdásodik
rustic ['rʌstɪk] *a* paraszti, rusztikus, népies
rustle ['rʌsl] **1.** *n* (*of leaves*) susogás, nesz **2.** *v* (*leaves*) susog; (*clothes*) suhog; *US* (*cattle*) elköt
rustproof ['rʌstpruːf] *a* rozsdaálló
rusty ['rʌstɪ] *a* rozsdás
ruthless ['ruːθlɪs] *a* könyörtelen
rye [raɪ] *n* rozs ‖ ~ **bread** rozskenyér

S

S = South
's = is, has
sabbatical (year) [səˈbætɪkl] *n* alkotószabadság, kutatóév
sabotage ['sæbətɑːʒ] **1.** *n* szabotázs **2.** *v* (el)szabotál
saccharin ['sækərɪn] *n* szacharin
sack [sæk] **1.** *n* zsák ‖ **get the ~** *col* repül az állásából **2.** *v* (*from job*) kirúg
sacking ['sækɪŋ] *n* zsákvászon
sacrament ['sækrəmənt] *n* szentség
sacred ['seɪkrɪd] *a* szent; szentelt
sacrifice ['sækrɪfaɪs] **1.** *n rel, also fig* áldozat **2.** *v* (fel)áldoz
sacristy ['sækrɪstɪ] *n* sekrestye

sad [sæd] *a* szomorú; (*about* vm miatt)
sadden ['sædn] *v* elszomorít
saddle ['sædl] **1.** *n* nyereg **2.** *v* (*horse*) (meg)nyergel
sadism ['seɪdɪzəm] *n* szadizmus
sadist ['seɪdɪst] *n* szadista
sadness ['sædnɪs] *n* szomorúság
safari [səˈfɑːrɪ] *n* szafari ‖ ~ **park** szafaripark
safe [seɪf] **1.** *a* (*unharmed*) ép; (*not dangerous*) biztonságos; (*careful*) óvatos ‖ ~ **from sg** vmtől mentes; **to be on the ~ side** a biztonság kedvéért; **better (to be) ~ than sorry** biztos, ami biztos; ~ **and sound** baj nélkül, épségben **2.** *n* páncélszekrény, széf
safe-conduct *n* menlevél
safe-deposit (box) *n* széf
safeguard ['seɪfgɑːd] **1.** *n* biztosíték; védelem **2.** *v* ~ **sy's interests** védi vk érdekeit
safekeeping [seɪfˈkiːpɪŋ] *n* megóvás; megőrzés
safely ['seɪflɪ] *adv* (*without risk*) biztonságban; (*unharmed*) épségben, szerencsésen
safety ['seɪftɪ] *n* biztonság(i) ‖ ~ **belt** biztonsági öv; ~ **gap** követési távolság; ~ **island** *US* járdasziget; ~ **pin** biztosítótű
saffron ['sæfrən] *n* sáfrány
sag [sæg] *v* -**gg**- behajlik, belóg
sage [seɪdʒ] *n* (*plant*) zsálya
said [sed] *pt/pp* → **say**
sail [seɪl] **1.** *n* vitorla ‖ **be under ~** (*ship*) úton van **2.** *v* (*travel*) vitorlázik, hajózik; (*person*) hajóval megy; (*leave port*) kifut ‖ **go ~ing** vitorlázik, hajózik, hajóval megy;

~ under French flags francia zászló alatt hajózik

sail into (port) (*ship*) befut

sailboard ['seɪlbɔːd] *n* szörf

sailboat ['seɪlbəʊt] *n US* vitorlás (hajó)

sailing ['seɪlɪŋ] **1.** *a* vitorlás **2.** *n* (*sport*) vitorlázás

sailing boat *n* vitorlás (hajó)

sailor ['seɪlə] *n* tengerész, matróz, hajós

sailplane ['seɪlpleɪn] *n* vitorlázó repülőgép

saint [seɪnt] *n* szent (*before names:* St [sənt])

sake [seɪk] *n* **for sy's ~, for the ~ of sy** vk kedvéért/miatt; **for God's ~** az Isten szerelmére!

salad ['sæləd] *n* (*dish*) saláta || **~ bowl** salátástál; **~ cream** majonéz; **~ dressing** salátaöntet; **~ oil** salátaolaj

salami [sə'lɑːmɪ] *n* szalámi

salaried ['sælərɪd] *a* fizetéses, fix fizetésű || **the ~ classes** a fizetésből élők

salary ['sælərɪ] *n* fizetés

sale [seɪl] *n* eladás, árusítás; (*at reduced price*) (engedményes) vásár || **for ~** (*by owner*) eladó; **on ~** (*in shop*) eladó, kapható

sales assistant *n* eladó(nő), elárusító(nő)

salesman ['seɪlzmən] *n* (*pl* **-men**) (*in shop*) eladó; (*representative*) ügynök

salesmanship ['seɪlzmənʃɪp] *n* eladás művészete

sales-room *n* árverési csarnok/terem

saleswoman ['seɪlzwʊmən] *n* (*pl* **-women**) eladónő, elárusítónő

salient ['seɪlɪənt] *a* kiugró, kiszögellő

saliva [sə'laɪvə] *n* nyál

salmon ['sæmən] *n* lazac

saloon [sə'luːn] *n* (*room*) szalon; (*car*) négyajtós kocsi; *US* (*bar*) *approx* söntés, bár

salt [sɔːlt] **1.** *n* só **2.** *v* (meg)sóz **salt away** (*food*) besóz; (*money*) félretesz

saltless ['sɔːltlɪs] *a* sótalan

salt water (*sea*) sós víz

salty ['sɔːltɪ] *a* sós (ízű)

salutary ['sæljʊtrɪ] *a* üdvös

salute [sə'luːt] **1.** *n mil* tisztelgés; (*of guns*) üdvlövés **2.** *v mil* (*make salute*) tiszteleg, szalutál

salvage ['sælvɪdʒ] **1.** *n* mentés(i munkálat) **2.** *v* megment, kiment

salvage vessel *n* mentőhajó

salvation [sæl'veɪʃn] *n rel* üdvösség, üdvözülés || **S~ Army** üdvhadsereg

salve [sælv] *n* gyógyír, kenőcs

salver ['sælvə] *n* tálca

same [seɪm] *a/pron* ugyanaz, azonos || **the ~ ... as** ugyanaz(t), mint..., ugyanolyan ... mint; **in the ~ breath** egy füst alatt; **the ~ day** ugyanazon a napon; aznap; **at the ~ time** ugyanabban az időben, ugyanakkor

sample ['sɑːmpl] **1.** *n* (*specimen*) minta, (minta)példány **2.** *v* (*food, wine*) (meg)kóstol

sanatorium [sænə'tɔːrɪəm] *n* (*pl* **-riums** *or* **-ria** [-rɪə]) szanatórium

sanction ['sæŋkʃn] **1.** *n* (*permission*) jóváhagyás; (*penalty*) szankció **2.** *v* jóváhagy

sanctity ['sæŋktətɪ] *n* szentség

sanctuary ['sæŋktʃʊərɪ] *n rel* szentély; (*refuge*) menedékhely

sand [sænd] *n* homok, föveny; (*beach*) homokos part/strand
sapling ['sæplɪŋ] *n* facsemete
sandal ['sændl] *n* szandál, saru
sandbank ['sændbæŋk] *n* homokzátony
sand box *n US* = **sandpit**
sand dune *n* homokdűne
sand-glass *n* homokóra
sandpaper ['sændpeɪpə] *n* csiszolópapír, *col* smirgli
sandpit ['sændpɪt] *n* (*for children*) homokozó
sandstone ['sændstəʊn] *n* homokkő
sandstorm ['sændstɔːm] *n* homokvihar
sandwich ['sænwɪdʒ] 1. *n* szendvics 2. *v* **be ~ed (between)** közbeékelődik
sandwich board *n* reklámtábla
sandwich course *n GB* elméleti és gyakorlati oktatás
sandy ['sændɪ] *a* homokos; (*hair*) vörösesszőke
sane [seɪn] *a* épeszű, józan gondolkodású
sang [sæŋ] *pt* → **sing**
sanitarium [sænə'teərɪəm] *n* (*pl* **-riums** *or* **-ria** [-rɪə]) *US* szanatórium
sanitary ['sænɪtrɪ] *a* (*of health*) egészségi, (köz)egészségügyi; (*clean*) tiszta || ~ **pad** egészségügyi/intim betét
sanitation [sænɪ'teɪʃn] *n* (köz)egészségügy
sanity ['sænətɪ] *n* józan ész, józanság
sank [sæŋk] *pt* → **sink**
Santa Claus ['sæntə klɔːz] *n* (*at Christmas*) Mikulás (bácsi)
sap [sæp] 1. *n* (*of plant*) nedv; (*energy*) életerő 2. *v* **-pp-** életerőt kiszív vkből

sapphire ['sæfaɪə] *n* zafír
sarcastic [sɑː'kæstɪk] *a* gúnyos, rosszmájú, szarkasztikus || ~ **remark** epés megjegyzés
sardine [sɑː'diːn] *n* szardínia
Sardinia [sɑː'dɪnɪə] *n* Szardínia
sardonic [sɑː'dɒnɪk] *a* keserűen gúnyos, kaján, cinikus
sash window [sæʃ] *n* tolóablak
sat [sæt] *pt/pp* → **sit**
Satan ['seɪtn] *n* sátán
satanic [sə'tænɪk] *a* sátáni, ördögi
Satanism ['seɪtənɪzəm] *n* sátánizmus
Satanist ['seɪtənɪst] *n* sátánista
satchel ['sætʃl] *n* (*child's*) iskolatáska
sated ['seɪtɪd] *a* jóllakott, kielégült, eltelt
satellite ['sætəlaɪt] *n* mellékbolygó, hold; *fig* csatlós
satin ['sætɪn] *n tex* szatén
satire ['sætaɪə] *n* szatíra
satiric(al) [sə'tɪrɪk(l)] *a* szatirikus
satisfaction [sætɪs'fækʃn] *n* (*satisfying*) kielégítés; (*being satisfied*) kielégülés
satisfactorily [sætɪs'fæktərɪlɪ] *adv* kielégítően, megfelelően
satisfactory [sætɪs'fæktrɪ] *a* kielégítő; (*mark*) közepes
satisfy ['sætɪsfaɪ] *v* kielégít; (*convince*) megnyugtat/biztosít (*of* vmről)
satisfying ['sætɪsfaɪɪŋ] *a* (*answer*) kielégítő, megnyugtató; (*food*) kiadós
saturate ['sætʃəreɪt] *v chem* telít
saturation [sætʃə'reɪʃn] *n chem* telítés
Saturday ['sætədɪ] *n* szombat || ~ **off** szabad szombat; → **Monday**

sauce [sɔ:s] *n* mártás, szósz

saucepan ['sɔ:spən] *n* (nyeles) serpenyő/lábas

saucer ['sɔ:sə] *n* csészealj

saucy ['sɔ:sɪ] *a* (*impudent*) szemtelen, pimasz; (*coquettish*) kacér

sauna ['sɔ:nə] *n* szauna

saunter ['sɔ:ntə] *v* bandukol

sausage ['sɒsɪdʒ] *n approx* kolbász ‖ **~ roll** zsemlében sült kolbász

sauté ['səʊteɪ] *a* (*meat, potato*) pirított, pirítva

savage ['sævɪdʒ] **1.** *a* vad, brutális **2.** *n* vadember

savagery ['sævɪdʒrɪ] *n* vadság, kegyetlenség, brutalitás

save [seɪv] **1.** *n sp* védés **2.** *v* (*protect, rescue*) megment, megóv, (meg)véd (*from* vmtől); (*prevent*) megkímél (*sy sg* vkt vmtől); (*spare*) megtakarít, spórol; *rel* megvált, üdvözít; *sp* véd; *comput* elment ‖ **to ~ space** helykímélés céljából; **~ time** időt nyer; **~ against a rainy day** félretesz nehéz időkre

saver ['seɪvə] *n* takarékos ember

saving ['seɪvɪŋ] **1.** *a* (meg)mentő **2.** *n* takarékosság; (*rescue*) megmentés ‖ **~s** *pl* megtakarítás

savings account ['seɪvɪŋz] *n* folyószámla

savings bank *n* takarékpénztár

saviour (*US* **-or**) ['seɪvɪə] *n* megmentő ‖ **the S~** a Megváltó, az Üdvözítő

savour (*US* **-or**) ['seɪvə] **1.** *n* íz, aroma, zamat **2.** *v* ízlel(get)

savoury (*US* **-ory**) ['seɪvərɪ] **1.** *a* (*tasty*) jóízű **2.** *n* pikáns utóétel

savoy (cabbage) [sə'vɔɪ] *n* kelkáposzta, fodorkel

saw[1] [sɔ:] **1.** *n* fűrész **2.** *v* (*pt* **~ed,** *pp* **sawn** [sɔ:n] *or* **~ed**) fűrészel

saw[2] [sɔ:] *pt* → **see**

sawmill ['sɔ:mɪl] *n* fűrésztelep

sawn [sɔ:n] *pp* → **saw**[1]

saxophone ['sæksəfəʊn] *n* szaxofon

say [seɪ] **1.** *n* beleszólás; mondanivaló ‖ **it's my ~ now** letettem a garast **2.** *v* (*pt/pp* **said** [sed]) mond, elmond, kimond ‖ **as we ~** ahogy mondani szokás; **how do you ~ it in English?** hogy mondják angolul?; **I ~** (*exclamation*) izé; **~ goodbye to sy** elbúcsúzik vktől; **he is said to be coming** állítólag jön

saying ['seɪɪŋ] *n* szólás

scab [skæb] *n* rüh

scabby ['skæbɪ] *a* (*person*) rühes

scaffold ['skæfəʊld] *n* állvány(zat); (*for execution*) vesztőhely

scaffolding ['skæfəldɪŋ] *n* állvány(zat)

scald [skɔ:ld] **1.** *n* égési seb **2.** *v* (*vegetable*) leforráz; (*milk*) forral

scalding ['skɔ:ldɪŋ] *a* forró

scale[1] [skeɪl] **1.** *n* (*instrument*) mérleg(serpenyő); (*measure*) mérce; (*on map*) léptek; (*gradation*) skálabeosztás; *mus* skála ‖ **~ of wages** bérskála; **~s** *pl* (*in kitchen*) mérleg **2.** *v* vmennyit nyom

scale down arányosan kisebbít

scale[2] [skeɪl] *n* (*of fish*) pikkely; (*in boiler, pipe*) vízkő

scale model *n* mérethű modell, makett

scallop ['skɒləp] *n zoo* fésűkagyló

scalp [skælp] *n* fejbőr, skalp

scalpel ['skælpəl] *n* szike

scamp [skæmp] *n* haszontalan gyerek, kópé

scamper ['skæmpə] *v* elillan, megugrik

scan [skæn] *v* **-nn-** (*examine*) átvizsgál; *el* letapogat

scandal ['skændl] *n* botrány

scandalous ['skændələs] *a* botrányos

Scandinavia [skændɪ'neɪvɪə] *n* Skandinávia

Scandinavian [skændɪ'neɪvɪən] *a/n* skandináv

scanner ['skænə] *n* szkenner; (bizonylat)letapogató

scanty ['skæntɪ] *a* hiányos, fogyatékos, szegényes

scapegoat ['skeɪpgəʊt] *n* bűnbak

scar [skɑː] **1.** *n* heg, sebhely, forradás **2.** *v* **-rr-** hegesedik

scarce [skeəs] *a* ritka, gyér ‖ **make oneself ~** *col* elhúzza a csíkot; elpárolog

scarcely ['skeəslɪ] *adv* alig

scarcity ['skeəsətɪ] *n* hiány

scare [skeə] **1.** *n* ijedelem, rémület **2.** *v* megijeszt, megrémít ‖ **be ~d stiff** halálra rémül

scarecrow ['skeəkrəʊ] *n also fig* madárijesztő

scaremonger ['skeəmʌŋgə] *n* rémhírterjesztő

scarf [skɑːf] *n* (*pl* **scarves** [skɑːvz]) sál, (váll)kendő

scarlet ['skɑːlət] *a/n* skarlát(vörös) ‖ **~ (-fever)** *med* skarlát

scarred [skɑːd] *a* forradásos, ragyás ‖ **~ by small pox** himlőhelyes

scarves [skɑːvz] *pl* → **scarf**

scary ['skeərɪ] *a* ijesztő

scathing ['skeɪθɪŋ] *a* (*remark*) maró

scatter ['skætə] *vt* (*disperse*) (szét)szór; (*spread*) (el)terjeszt ‖ *vi* (*light*) terjed, szóródik; (*crowd, clouds*) eloszlik, szétoszlik

scatter about (*objects*) szétszór

scatter-brain(ed) *a/n* hebehurgya, kelekótya

scavenger ['skævɪndʒə] *n* (*person*) guberáló; (*animal*) dögevő állat

scenario [sɪ'nɑːrɪəʊ] *n* (*of film, play*) szövegkönyv; (*of programme*) forgatókönyv

scene [siːn] *n* (*of play*) szín, jelenet; (*of event*) színhely ‖ **on the ~** a helyszínen

scenery ['siːnərɪ] *n theat* díszlet, színfalak; (*landscape*) panoráma

scent [sent] *n* illat; (*sense of smell*) szaglás

scent bottle *n* kölnisüveg

scepter ['septə] *n US* = **sceptre**

sceptic (*US* **skep-**) ['skeptɪk] *n* kételkedő, szkeptikus

sceptical (*US* **skep-**) ['skeptɪkl] *a* szkeptikus, kételkedő

sceptre (*US* **-ter**) ['septə] *n* jogar

schedule ['ʃedjuːl, *US* 'skedʒʊl] **1.** *n* program; (*plan*) ütemterv, ütemezés; *US* (*timetable*) menetrend ‖ **fall behind ~** *col* (*of work*) elúszik; **on ~** terv/menetrend szerint **2.** *v* beütemez

scheduled ['ʃedjuːld, *US* 'skedʒʊld] *a* menetrendszerű

scheme [skiːm] **1.** *n* séma, vázlat; (*project*) elgondolás; (*plot*) cselszövés **2.** *v* áskálódik (*against sy* vk ellen)

scheme against sy vkt fúr

scheming ['skiːmɪŋ] **1.** *a* cselszövő, intrikus **2.** *n* cselszövés, intrika

schizophrenia [ˌskɪtsəˈfriːnɪə] n tudathasadás, szkizofrénia

scholar [ˈskɒlə] n (learned person) tudós; (student) ösztöndíjas

scholarly [ˈskɒləlɪ] a (work) tudományos; (person) tudós

scholarship [ˈskɒləʃɪp] n (grant) ösztöndíj

school [skuːl] n iskola; (lessons) tanítás; (department, faculty) kar, fakultás; US (university) egyetem, főiskola ‖ **be at ~** iskolába jár

school age n iskolaköteles kor

schoolbag [ˈskuːlbæg] n iskolatáska

schoolbook [ˈskuːlbʊk] n tankönyv

schoolboy [ˈskuːlbɔɪ] n iskolás, kisdiák

school break n (óraközi) szünet

schooldays [ˈskuːldeɪz] n pl diákévek

schoolfellow [ˈskuːlfeləʊ] n = **schoolmate**

schoolgirl [ˈskuːlɡɜːl] n iskolás leány, diáklány

schooling [ˈskuːlɪŋ] n iskoláztatás, neveltetés

school-leaver n végzős

schoolmaster [ˈskuːlmɑːstə] n tanár

schoolmate [ˈskuːlmeɪt] n diáktárs, iskolatárs

schoolmistress [ˈskuːlmɪstrəs] n tanárnő

school report n (iskolai) bizonyítvány, iskolai értesítő

school teacher n tanár(nő); (primary) tanító(nő)

science [ˈsaɪəns] n (organized knowledge) tudomány; (natural ~) természettudomány(ok) ‖ **~ fic-**tion** tudományos-fantasztikus regény(irodalom), sci-fi

scientific [ˌsaɪənˈtɪfɪk] a tudományos

scientist [ˈsaɪəntɪst] n (of natural, physical sciences) kutató, tudós

sci-fi [ˈsaɪfaɪ] n sci-fi

scintillating [ˈsɪntɪleɪtɪŋ] a szikrázó, csillogó, sziporkázó

scissors [ˈsɪzəz] n pl **(a pair of)** ~ olló

scoff [skɒf] (mock) v kigúnyol, kicsúfol (at vmt, vkt)

scold [skəʊld] v (meg)szid

scone [skɒn] n approx pogácsa

scoop [skuːp] **1.** n (shovel) lapát; (for ice cream) adagolókanál; kanál; (news) szenzációs hír **2.** v ~ **out** kimártogat ‖ **~ sg out of sg** vmt vmből kimer

scooter [ˈskuːtə] **1.** n (motor cycle) robogó; (toy) roller **2.** v rollerozik

scope [skəʊp] n (extent) kiterjedés; (range of activity) működési kör; terület

scorch [skɔːtʃ] v (sun) éget, perzsel; (earth) kiszárít

scorching [ˈskɔːtʃɪŋ] a (sun) tűző

score [skɔː] **1.** n (points) pont, pontszám; (football etc.) gólarány; mus partitúra; (twenty) húsz (darab) ‖ **on what ~?** milyen alapon?, mi okból?; **what's the ~?** mi az eredmény? **2.** v sp (give points) pontoz; (get points) pontot ér el ‖ **~ a goal** gólt rúg/lő

scoreboard [ˈskɔːbɔːd] n eredményhirdető tábla

scoreless [ˈskɔːlɪs] a gól nélküli

scorer [ˈskɔːrə] n (judge) pontozó; (of point) pontszerző; (of goal) góllövő

scorn [skɔːn] **1.** *n* lenézés, megvetés **2.** *v* lenéz, megvet

scornful ['skɔːnfəl] *a* megvető, fitymáló, gúnyos

scornfully ['skɔːnflɪ] *adv* megvetően, lenézően, gőgösen

scorpion ['skɔːpɪən] *n* skorpió

Scot [əkɒt] *n* (*person*) skót

Scotch [skɒtʃ] *n* skót whisky

scotch [skɒtʃ] *v* (*end*) véget vet (vmnek), leállít (vmt)

Scotch tape *n US* cellux

scot-free [skɒt'friː] *adv* (*unpunished*) büntetlenül; (*unharmed*) sértetlenül

Scotland ['skɒtlənd] *n* Skócia

Scots [skɒts] *a* skót

Scotsman ['skɒtsmən] *n* (*pl* **-men**) skót férfi

Scotswoman ['skɒtswʊmən] *n* (*pl* **-women**) skót nő

Scottish ['skɒtɪʃ] *a* skót

scoundrel ['skaʊndrəl] *n* gazember, gazfickó

scour ['skaʊə] *v* (*clean*) súrol

scourer ['skaʊərə] *n* súrolókefe, „dörzsike"

scourge [skɜːdʒ] *n* korbács

scout [skaʊt] **1.** *n* felderítő, járőr || **S~** cserkész **2.** *v* felderít

Scouting ['skaʊtɪŋ] *n* cserkészet

scoutmaster ['skaʊtmaːstə] *n* cserkészparancsnok, -tiszt

scowl [skaʊl] **1.** *n* dühös tekintet **2.** *v* ~ **at sy** dühösen néz vkre

scrabble ['skræbl] *v* négykézláb keres

Scrabble ['skræbl] *n* kirakós játék, játék a betűkkel

scraggy ['skrægɪ] *a* vézna, csenevész

scram [skræm] *v* ~! kotródj innen!, ki innen!

scramble ['skræmbl] *v* ~ **for sg** vmért tülekedik

scrambled eggs ['skræmbld] *n pl* rántotta

scrap[1] [skræp] **1.** *n* (*bit*) darabka; (*waste*) hulladék; (*of iron*) ócskavas || **not a** ~ semmi **2.** *v* szemétre dob; → **scraps**

scrap[2] [skræp] *col* **1.** *n* (*fight*) verekedés, bunyó **2.** *v* verekedik, bunyózik

scrape [skreɪp] **1.** *n* kaparás; (*sound*) nyekergetés **2.** *v* (*scratch*) kapar, (meg)karcol; (*make clean*) vakar; (*rub*) ledörzsöl

scrape through átcsúszik (*vizsgán*)

scrape up *col* (*money*) kiizzad

scraper ['skreɪpə] *n* (*tool*) vakaró; (*person*) zsugori

scrap heap *n* ócskavasdomb

scrappy ['skræpɪ] *a* hiányos, szedett-vedett

scraps [skræps] *n pl* ócskavas; → **scrap**[1]

scratch [skrætʃ] **1.** *n* karcolás || **be up to** ~ *col* megüti a mértéket; **start from** ~ semmiből kezdi **2.** *v* (meg)karcol || ~ **a living** eldegél

scratchpad ['skrætʃpæd] *n US* jegyzettömb

scrawl [skrɔːl] **1.** *n* irkafirka, rossz kézírás **2.** *v* csúnyán ír; kapar

scream [skriːm] **1.** *n* sikoltás, sikoly **2.** *v* sikolt, rikácsol

screech [skriːtʃ] *v* rikácsol, sikolt

screen [skriːn] **1.** *n* (*for fire*) ellenző; (*for film*) (vetítő)vászon; *TV* (kép)ernyő **2.** *v* (*hide, protect*) fedez, elfed; (*filter*) szűr; (*show*) vetít; *med* (meg)szűr

screening ['skri:nɪŋ] *n* (*sifting*) szűrés; (*of film*) vetítés ‖ ~ **for cancer** rákszűrés

screenplay ['skri:npleɪ] *n* (*of film*) szövegkönyv, forgatókönyv

screw [skru:] **1.** *n* csavar; (*propeller*) hajócsavar ‖ **have a ~ loose** *col* hiányzik egy kereke **2.** *vt* becsavar ‖ *vi* csavarodik ‖ ~ **tight** csavart meghúz

screwball ['skru:bɔ:l] *n* *US* *col* őrült/dilis (alak)

screwdriver ['skru:draɪvə] *n* csavarhúzó

scribble ['skrɪbl] **1.** *n* ákombákom, irkafirka **2.** *v* firkál, irkál

script [skrɪpt] **1.** *n* (*scenario*) szövegkönyv, forgatókönyv; (*text*) szöveg; (*handwriting*) kézírás; (*alphabet*) írás; (*examination paper*) vizsgadolgozat

Scriptures, the ['skrɪptʃəz] *n pl rel* a Szentírás

scroll [skrəʊl] *n* kézirattekercs

scrounge [skraʊndʒ] *v col* elcsen, „szerez" (*from* vktől)

scrub [skrʌb] **1.** *n* bozót **2.** *v* **-bb-** (*floor*) felmos, felsúrol ‖ ~ **sg clean** tisztára súrol vmt

scruff [skrʌf] *n* tarkó(bőr)

scruffy ['skrʌfɪ] *a col* ápolatlan, koszos

scrum(mage) ['skrʌm(ɪdʒ)] *n sp* (*in rugby*) csomó

scruple ['skru:pl] *n* (lelkiismereti) aggály; skrupulus

scrupulous ['skru:pjʊləs] *a* lelkiismeretes, aggályos(kodó)

scrutinize ['skru:tɪnaɪz] *v* (meg)vizsgál, átvizsgál

scrutiny ['skru:tɪnɪ] *n* alapos vizsgálat

scuff [skʌf] *v* csoszog

scuffle ['skʌfl] *n* dulakodás

sculptor ['skʌlptə] *n* szobrász

sculpture ['skʌlptʃə] *n* (*art*) szobrászat; (*statue*) szobor

scum [skʌm] *n* (*on liquid*) hab; *fig* söpredék

scurf [skɜ:f] *n* (*on scalp*) korpa

scurry ['skʌrɪ] *v* surran

scurvy ['skɜ:vɪ] *n* skorbut

scuttle[1] ['skʌtl] *n* (*coal* ~) szenesvödör

scuttle[2] ['skʌtl] *n* (*on ship*) fedélzeti lejáró

scythe [saɪð] *n* kasza

SE = south-east(ern)

sea [si:] *n* tenger ‖ **across the ~** tengeren túl; **by the ~** a tenger mellett; **by ~** tengeri úton, hajóval, hajón; **be all at ~** *col* nem ismeri ki magát

seaboard ['si:bɔ:d] *n* tengerpart

sea breeze *n* tengeri szél

seafood ['si:fu:d] *n* tengeri hal/rák és kagyló

sea front *n* (*of town*) tengerparti rész

seagoing ['si:gəʊɪŋ] *a* tengerjáró

seagull ['si:gʌl] *n* (tengeri) sirály

seal[1] [si:l] **1.** *n* (*of wax*) pecsét **2.** *v* (*letter*) leragaszt

seal[2] [si:l] *n* (*animal*) fóka

sea level *n* tengerszint ‖ **100 metres above** ~ 100 méterre a tengerszint fölött

sea-lion *n* oroszlánfóka

seam [si:m] *n* varrat, varrás

seaman ['si:mən] *n* (*pl* **-men**) tengerész, hajós

seamy ['si:mɪ] *a* mocskos ‖ **the ~ side of life** az élet árnyoldala

seaplane ['si:pleɪn] n hidroplán
seaport ['si:pɔ:t] n tengeri kikötő
sear [sɪə] v kiéget
search [sɜ:tʃ] 1. n kutatás/keresés (for vm után) ‖ **be in ~ of sg** kutatva keres vmt 2. v (look for) keres, kutat; (examine) átvizsgál
search for sg (look for) keres, (look up) kikeres
search through átkutat
searcher ['sɜ:tʃə] n (person) kutató; (device) szonda
searching ['sɜ:tʃɪŋ] a kutató; (look) fürkésző
searchlight ['sɜ:tʃlaɪt] n (reflector) fényszóró; (beam) fénykéve
search party n mentőosztag
search warrant n házkutatási parancs
sea shell n tengeri kagyló
seashore ['si:ʃɔ:] n tengerpart
seasick ['si:sɪk] a tengeribeteg
seasickness ['si:sɪknɪs] n tengeribetegség
seaside ['si:saɪd] n/a tengerpart(i) ‖ **~ resort** tenger(part)i üdülőhely
season ['si:zn] 1. n (of year) évszak; (for activity) idény, szezon ‖ **off ~** holt szezon; **the ~'s greetings!** kellemes ünnepeket (kívánunk)! 2. v (food) fűszerez
seasonal ['si:zənl] a idényjellegű, idény-
seasoned ['si:znd] a (food) fűszeres
seasoning ['si:znɪŋ] n fűszer(ezés)
season ticket n bérlet(jegy)
seat [si:t] 1. n ülés, (ülő)hely; (in Parliament) képviselői mandátum; (buttock) ülep ‖ **take a ~** helyet foglal 2. v **please be ~ed** (kérem,) foglaljon helyet; **the hall**

~s 500 people á terem befogadóképessége 500 személy
seat belt n biztonsági öv
seat reservation n helyfoglalás
sea water n tengeri víz
seaweed ['si:wi:d] n tengeri hínár
seaworthy ['si:wɜ:ðɪ] a hajózásra alkalmas
sec = *second* másodperc, s
secession [sɪ'seʃn] n (from state) elszakadás
secluded [sɪ'klu:dɪd] a félreeső, magányos
seclusion [sɪ'klu:ʒn] n **live in ~** elvonultan él
second ['sekənd] 1. a második ‖ **~ floor** GB második emelet; US első emelet 2. n másodperc, pillanat; (gear) kettes, második sebesség ‖ **just this ~** ebben a percben 3. v (support) támogat
secondary ['sekəndrɪ] a (subordinate) másodlagos; (less important) mellékes
secondary school n középiskola
second-class a másodosztályú
second hand n másodpercmutató
second-hand 1. a használt, antikvár 2. adv másodkézből, használtan
secondly ['sekəndlɪ] adv másodszor, másodsorban
second-rate a másodrendű, silány
Second World War, the n a második világháború
secrecy ['si:krəsɪ] n titoktartás
secret ['si:krɪt] 1. a titkos 2. n titok ‖ **in ~** titokban
secretarial [sekrə'teərɪəl] a titkári, titkárnői
secretary ['sekrətrɪ] n titkár, titkárnő ‖ **S~** miniszter; GB államtitkár;

S~-General n főtitkár; **S~ of Defense** n US védelmi miniszter; **S~ of State** GB miniszter; US külügyminiszter; **S~ of the Treasury** US pénzügyminiszter
secretly ['si:krətlı] adv titkon
sect [sekt] n rel szekta
sectarian [sek'teərıən] a szektariánus, szektás
section ['sekʃn] n (part) rész; (department) osztályrészleg; (at conference) szekció; (of book, law) szakasz, paragrafus
sector ['sektə] n (branch) szektor; (of circle) körcikk
secular ['sekjʊlə] a világi
secure [sı'kjʊə] **1.** a biztonságos ‖ ~ **job** biztos állás/megélhetés **2.** v (make safe) biztosít, megvéd; (obtain) kieszközöl
securities n pl értékpapír(ok), kötvény(ek)
security [sı'kjʊərətı] n (safety) biztonság; (money) biztosíték; → **securities**
security forces n pl állambiztonsági erők/rendőrség
sedan [sı'dæn] n US négyajtós (nagy)kocsi
sedation [sı'deıʃn] n med nyugtatás, szedálás, csillapítás
sedative ['sedətıv] n nyugtató(szer)
sedentary ['sedntrı] a ~ **job** ülő foglalkozás
sedge [sedʒ] n sás
sediment ['sedımənt] n üledék
seditious [sı'dıʃəs] a államellenes, lázító
seduce [sı'dju:s] v elcsábít
seducer [sı'dju:sə] n csábító
seduction [sı'dʌkʃn] n (el)csábítás
seductive [sı'dʌktıv] a csábító

see [si:] v (pt saw [sɔ:], pp seen [si:n]) lát; (understand) felfog; (meg)ért; (visit) meglátogat; (receive) fogad; (take care) gondoskodik, utánanéz ‖ **I ~!** értem!; **I'll/we'll ~** majd meglátjuk!; **you have to ~ a doctor** orvoshoz kell fordulni; **~ you** (soon) (mielőbbi) viszontlátásra
see about vmnek utánanéz
see sy off kikísér (állomásra)
see sy out kikísér (ajtóhoz)
see through sy/sg átlát vkn, vmn
see to sg (or **doing sg**) intézkedik, utánanéz (vmnek)
seed [si:d] n bot mag
seeded player ['si:dıd] n kiemelt játékos
seedless ['si:dlıs] a (fruit) mag nélküli
seedy ['si:dı] a (fruit) magvas, sokmagvú; col (shabby) topis, rongyos, ágrólszakadt
seeing ['si:ıŋ] **1.** conj ~ (that) tekintettel arra(, hogy) ... **2.** n látás
seek [si:k] v (pt/pp sought [sɔ:t]) keres
seem [si:m] v látszik, tűnik ‖ **it ~s as if ...** úgy tűnik, mintha
seemingly ['si:mıŋlı] adv látszólag
seen [si:n] pp → **see**
seep [si:p] v szivárog
see-saw n mérleghinta, libikóka
segment ['segmənt] n math (of circle) szelet; (of orange) gerezd
segregate ['segrıgeıt] v elkülönít
segregation [segrı'geıʃn] n faji elkülönítés
seismic ['saızmık] a földrengési, szeizmikus

seize [siːz] v (*grasp*) megfog, megragad; (*take hold of*) elvesz; (*take legally*) lefoglal ‖ **be ~d with sg** vm rájön vkre, elfogja vm
seize on/upon kapva kap vmn
seize up (*engine*) besül
seizure ['siːʒə] n *law* lefoglalás, elkobzás, *med* roham
seldom ['seldəm] *adv* ritkán
select [sɪ'lekt] v kiválogat
selection [sɪ'lekʃn] n válogatás, (ki)választás
self [self] n (*pl* **selves** [selvz]) (saját) maga
self-adhesive a öntapadó(s)
self-assured a magabiztos
self-catering a (*holiday flat*) ellátás nélkül; önkiszolgálással
self-centred (*US* **-centered**) a önző, egocentrikus
self-confidence n önbizalom
self-conscious a öntudatos
self-contained a (*person*) zárkózott; *GB* (*flat*) külön bejáratú
self-contented a önelégült
self-defence (*US* **-se**) n önvédelem
self-denial n önmegtagadás
self-discipline n önfegyelem
self-employed a önálló, maszek
self-government n önkormányzat, autonómia
self-interest n önérdek
selfish ['selfɪʃ] a önző
selfishness ['selfɪʃnɪs] n önzés
selfless ['selflɪs] a önzetlen
selflessly ['selflɪslɪ] *adv* önzetlenül
self-made man n (*pl* **men**) aki a maga erejéből lett azzá, ami
self-pity n önsajnálat
self-portrait n önarckép
self-possessed a nagy önuralommal rendelkező

self-possession n önuralom
self-reliant a magabízó, önmagában bízó
self-respect n önbecsülés
self-sacrifice n önfeláldozás
selfsame ['selfseɪm] a ugyanaz
self-satisfied a öntelt
self-serve a *US* önkiszolgáló
self-service 1. a önkiszolgáló **2.** n (*in restaurant*) önkiszolgálás
sell [sel] v (*pt/pp* **sold** [səʊld]) *vt* árul, árusít, elad ‖ *vi* ‖ **be ~ing** (*goods*) fogy; **be ~ing like hot cakes** veszik, mint a cukrot
sell off kiárusít
sell out mindent elad
seller ['selə] n eladó
selling ['selɪŋ] n eladás
selling price n eladási ár
Sellotape ['seləʊteɪp] n cellux
sell-out n (*event*) telt ház, „minden jegy elkelt"; *col* (*betrayal*) (el)árulás
selves [selvz] *pl* → **self**
semaphore ['seməfɔː] n szemafor
semblance ['sembləns] n (*appearance*) látszat
semester [sɪ'mestə] n *school* félév, szemeszter
semi ['semɪ] n = **semidetached house**
semicircle ['semɪsɜːkl] n félkör
semicolon [semɪ'kəʊlən] n pontosvesszző
semiconductor [semɪkən'dʌktə] n *el* félvezető
semi-detached house n ikerház
semifinal [semɪ'faɪnl] n középdöntő; előfdöntő
seminar ['semɪnɑː] n (*class*) szeminárium
seminarist ['semɪnərɪst] n kispap

seminary ['semɪnərɪ] *n rel* szeminárium

semi-official *a* félhivatalos

semiskilled [semɪ'skɪld] *a* (*worker*) betanított

senate ['senɪt] *n* szenátus

senator ['senətə] *n* szenátor

send [send] *v* (*pt/pp* **sent** [sent]) (el)küld, továbbít ‖ ~ **(sy) sg by post** postán küld vmt

send away vkt vhonnan elküld

send down (*from university*) eltanácsol, kizár

send for (*thing*) hozat; (*person*) (oda)hívat

send off (*goods*) elküld; *GB sp* (*player*) leküld a pályáról, kiállít

send out (to) vhová kiküld

sender ['sendə] *n* küldő

send-off *n sp* kiállítás

senior ['siːnɪə] **1.** *a* (*higher in rank*) rangidős; (*older*) idősebb, öregebb; (*after name*) idős(b), id. ‖ **he is two years my ~** két évvel öregebb nálam **2.** *n* (*at university*) *US* végzős; *US* felsőéves

senior citizen *n* nyugdíjas

senior high school *n US approx* általános iskola felső tagozata

seniority [siː'nɪ'ɒrətɪ] *n* (*in rank*) rangidősség, magasabb rang

sensation [sen'seɪʃn] *n* (*sense*) érzékelés; (*physical feeling*) érzés, érzet; (*event*) szenzáció

sensational [sen'seɪʃnəl] *a* szenzációs

sense [sens] **1.** *n* (*organ*) érzékszerv; (*understanding*) értelem, ész; (*meaning*) jelentés, értelem ‖ ~ **of duty** kötelességérzet; ~ **of humour** humorérzék **2.** *v* érzékel, érez

senseless ['senslɪs] *a* értelmetlen; (*unconscious*) öntudatlan, eszméletlen

sensibility [sensə'bɪlətɪ] *n* érzékenység

sensible ['sensəbl] *a* bölcs, okos; (*reasonable*) ésszerű

sensibly ['sensəblɪ] *adv* okosan; (*reasonably*) ésszerűen

sensitive ['sensətɪv] *a* érzékeny (*to* vmre)

sensitivity [sensə'tɪvətɪ] *n* érzékenység

sensual ['senʃʊəl] *a* érzéki, testi

sensuality [senʃʊ'ælətɪ] *n* érzékiség

sensuous ['senʃʊəs] *a* érzéki

sent [sent] *pt/pp* → **send**

sentence ['sentəns] **1.** *n law* ítélet; *gram* mondat **2.** *v* elítél (*to* vmre) ‖ ~ **sy to death** halálra ítél

sentiment ['sentɪmənt] *n* érzelem, érzés

sentimental [sentɪ'mentl] *a* érzelmes, szentimentális

sentry ['sentrɪ] *n mil* őr(szem)

separable ['seprəbl] *a* elválasztható

separate 1. ['seprət] *a* elkülönített; különálló ‖ **under ~ cover** külön levélben **2.** ['sepəreɪt] *vt* elválaszt ‖ *vi* elválik ‖ **they are ~d** (*couple*) külön élnek; elváltak

separately ['seprətlɪ] *adv* külön, külön-külön

separation [sepə'reɪʃn] *n* (*separating*) elválasztás; (*being separated*) elkülönülés; *law* különélés

September [sep'tembə] *n* szeptember; → **August**

septic ['septɪk] *a go* ~ elgennyed, elmérgesedik

sequel ['siːkwəl] *n* folytatás

sequence ['si:kwəns] *n* sorrendi következés, sorrend

sequential [sɪ'kwenʃl] *a* (*events*) egymás utáni; *comput* szekvenciális

Serbian ['sɜːbɪən] *a/n* szerb

serenade [serə'neɪd] *n* szerenád

serene [sɪ'riːn] *a* derűs, nyugodt; (*unclouded*) derült

serenity [sɪ'renətɪ] *n* derű, nyugalom; (*of sky*) derültség

sergeant ['sɑːdʒənt] *n* őrmester

sergeant-major *n* törzsőrmester

serial ['sɪərɪəl] **1.** *a* (*novel*) folytatásos; *comput* soros **2.** *n* (*novel*) folytatásos regény; (*series*) tv-sorozat

serial number *n* sorszám; sorozatszám, gyártási szám

series ['sɪəriːz] *n* (*pl* ~) sorozat, széria; *TV* tévésorozat

serious ['sɪərɪəs] *a* komoly; (*illness,' injury*) súlyos

seriously ['sɪərɪəslɪ] *adv* komolyan; (*hurt*) súlyosan **|| take sg ~** vkt/vmt komolyan vesz

seriousness ['sɪərɪəsnɪs] *n* komolyság; súlyosság

sermon ['sɜːmən] *n* igehirdetés, prédikáció, szentbeszéd

serum ['sɪərəm] *n* (*pl* -**rums** *or* -**ra** [-rə]) szérum, védőoltás

servant ['sɜːvənt] *n* szolga **|| ~s** *pl* házi személyzet

serve [sɜːv] *vt* szolgál; (*customer*) kiszolgál; (*food*) felszolgál | *vi* szolgál (*as* vmül/vmként); (*in tennis*) adogat **|| ~ for (sg)** vmre szolgál; **are you being ~d?** (*in restaurant*) tetszett már rendelni?; **it ~s him right** úgy kell neki!; megérdemelte!; **~ in the army**

katonai szolgálatot teljesít; **~ one's sentence** büntetését (ki)tölti

serve up tálal

server ['sɜːvə] *n* (*in restaurant*) felszolgáló; (*in tennis player*) adogató; (*tray*) tálca; *comput* szerver

service ['sɜːvɪs] **1.** *n* (*help, work*) szolgálat; (*of car*) átvizsgálás, szerviz; (*trains, buses*) viszonylat; járat; (*in church*) istentisztelet; (*in tennis*) adogatás; (*set of dishes*) szerviz; (*of food*) felszolgálás **|| ~s** *pl* szolgáltatások **|| at your ~!** parancsára!; **~ included** kiszolgálással együtt; → **Services 2.** *v* átvizsgál; (*car*) szervizel

serviceable ['sɜːvɪsəbl] *a* használható, hasznos

service area *n* (*on motorway*) pihenőhely (szervizzel)

service charge *n* kiszolgálási díj

serviceman ['sɜːvɪsmən] *n* (*pl* -**men**) sorkatona, kiskatona

Services, the ['sɜːvɪsɪz] *n pl* a fegyveres erők

service station *n* benzinkút szervizállomással

serviette [sɜːvɪ'et] *n* szalvéta

servile ['sɜːvaɪl] *a* szolgai

session ['seʃn] *n* (*at university*) tanév, *US* évharmad; (*period of discussion*) ülés, ülésszak **|| be in ~** ülést tart, ülésezik

set [set] **1.** *a* (*rigid*) szilárd; (*fixed*) kötött; (*arranged*) megállapított; (*prescribed*) kötelező (*olvasmány*) **|| ~ phrase** állandósult szókapcsolat **2.** *n* (*of cutlery, garment*) készlet, szerviz, szett; *tech* (*apparatus*) készülék; (*in tennis*) játszma, szett; (*in theatre*) díszlet; (*of* *hair*) berakás ‖ ~ **of china** porcelán étkészlet; ~ **of furniture** szobaberendezés **3.** *v* (*pt/pp* **set; -tt-**) *vt* (*place*) helyez, tesz, rak; (*adjust*) beállít; beszabályoz; (*fix*) kijelöl, kitűz; (*give a task*) felad (*leckét*); *print* (ki)szed ǀ *vi* (*solidify*) megköt; megmerevedik; ´(*join*) összeforr ‖ ~ **in motion** (*machine*) elindít; ~ **sail for** vhová elhajózik; ~ **free** (*sy*) szabadon enged, szabadjára enged (*sg*); ~ **sg on fire** lángra lobbant, felgyújt; ~ **the table** megterít

set about (doing) sg vmnek nekilát, vmhez hozzáfog

set aside (*hostilities*) félretesz, eltesz; (*money*) szán

set (sg) back (*put back*) visszatesz; (*retard*) visszavet ‖ ~ **the clock back one hour** egy órával visszaállítja az órát

set off (*start*) útra kel, elindul; (*break out*) kirobbant ‖ ~ **off to do sg** vmhez hozzáfog

set out elindul, útnak indul ‖ ~ **out to do sg** elhatározza magát vmre

set to (*work*) vmnek nekilát; (*fight*) összeverekedik

set up (*institution*) létesít; (*building*) felépít; (*statue*) emel; (*committee*) alakít; (*business*) elindít ‖ ~ **up a record** csúcsot felállít

set-back *n* balsiker, kudarc

settee [se'ti:] *n* kanapé

setter ['setə] *n* (hosszú szőrű) vizsla, szetter

setting ['setɪŋ] *n* (*of jewel*) foglalat; (*scene*) színhely; *tech* beállítás

settle ['setl] *vt* (*arrange*) elintéz, lezár; (*decide*) megold; (*bill*) kie-

gyenlít, kifizet ǀ *vi* (*make home*) letelepedik, megállapodik; megtalálja a helyét; (*sink down*) leülepedik ‖ **the matter is** ~**d** az ügy el van intézve; **be** ~**d** rendben van

settle down letelepedik; *fig* (*calm down*) megállapodik, rendbe jön ‖ ~ **(oneself) down in a chair** székbe letelepedik

settle on (*dust*) rászáll, rárakódik

settle up (*bill*) elintéz, kiegyenlít

settlement ['setlmənt] *n* (*arrangement*) elintézés; (*payment*) kiegyenlítés; (*making home*) letelepedés; (*village*) település

settler ['setlə] *n* betelepülő, telepes

set-up *n* (*of committee*) összetétel; (*of organization*) felépítés

seven ['sevn] *num* hét ‖ **at** ~ hét órakor, hétkor; **by** ~ hétre; ~ **hundred** hétszáz; ~ **of them** heten; ~ **times** hétszer

seventeen [sevn'ti:n] *num* tizenhét

seventeenth [sevn'ti:nθ] *num/a* tizenhetedik

seventh ['sevnθ] **1.** *num/a* hetedik **2.** *n* heted

seventieth ['sevntɪəθ] *num a* hetvenedik

seventy ['sevntɪ] *num* hetven ‖ **the seventies** (*or* **the 70s** *or* **the 1970s**) a hetvenes évek

sever ['sevə] *v* leválaszt, kettéválaszt

several ['sevrəl] *a/pron* (*some*) néhány, több; (*separate*) különféle, különböző ‖ ~ **of them** többen (közülük); ~ **times** többször

severally ['sevrəlɪ] *adv* külön-külön

severance ['sevərəns] *n* (*of relations*) megszakítás ‖ ~ **pay** végkielégítés

severe [sɪ'vɪə] *a* szigorú; *(serious)* súlyos

severity [sɪ'verətɪ] *n* szigor; *fig (seriousness)* súlyosság

sew [səʊ] *v (pt* **sewed**, *pp* **sewn** [səʊn] *or* **sewed**) *(garment)* (meg)varr; *(book)* fűz

sew sg on rávarr, felvarr

sewage ['suːɪdʒ] *n* szennyvíz

sewer ['səʊə] *n* szennycsatorna

sewing ['səʊɪŋ] *n* varrás || **~ ma-chine** varrógép

sewn [səʊn] *pp* → **sew**

sex [seks] **1.** *n* a nemi, szexuális **2.** *n (condition)* szex, nemiség; *(act)* szex; *(gender)* nem || **have ~ with sy** *col* vkvel közösül, lefekszik

sex act *n* nemi aktus

sexpot ['sekspɒt] *n* szexbomba

sextet [seks'tet] *n* szextett

sexual ['sekʃʊəl] *a* nemi, szexuális || **~ intercourse** nemi közösülés

sexually ['sekʃʊəlɪ] *adv* nemileg, szexuálisan || **~ transmitted dis-ease** nemi úton terjedő betegség

sexy ['seksɪ] *a col* szexi(s)

SF [es 'ef] = **science fiction**

shabby ['ʃæbɪ] *a (dress)* kopott, ócska; *col (person)* topis

shack [ʃæk] *n* putri, viskó

shackles ['ʃæklz] *n pl* bilincs

shade [ʃeɪd] **1.** *n* árnyék; *(for lamp)* lámpaernyő; *(colour)* (szín)árnyalat || **a ~ better** egy árnyalattal jobb; **~ of colour** árnyalat; **in the ~ of sg** vmnek az árnyékában **2.** *v* megvéd, árnyékot csinál *(nap ellen)*

shadow ['ʃædəʊ] **1.** *n* árnyék || **cast a ~ (on/over sy/sg)** árnyékot vet **2.** *v* **~ sy** (észrevétlenül) követ vkt

shadow cabinet *n* árnyékkormány

shadowy ['ʃædəʊɪ] *a* árnyékos, árnyas

shady ['ʃeɪdɪ] *a* árnyas, árnyékos; *(transaction)* kétes, gyanús

shaft [ʃɑːft] *n (of tool)* nyél; *(of wheel)* tengely; *(in a mine)* akna

shaggy ['ʃægɪ] *a* bozontos

shake [ʃeɪk] **1.** *n* rázás; rázkódás; *(drink)* turmix **2.** *v (pt* **shook** [ʃʊk], *pp* **shaken** ['ʃeɪkən]) *vt* (meg)ráz | *vi (quake)* reng; *(tremble)* (meg)rázkódik, reszket || **to be ~n before use** használat előtt felrázandó; **~ hands with sy** kezet fog vkvel; **~ one's head** fejét rázza

shake off *(apple, snow)* leráz

shake (sy) up *also fig* felráz

shaken ['ʃeɪkən] *pp* → **shake**

shaky ['ʃeɪkɪ] *a* remegő; *(building)* rozoga

shall [ʃæl] *v (auxiliary verb for future tense)* fog || **I ~** *(or* **I'll) go** el fogok menni, elmegyek; **I ~ not** *(or* **shan't) stay** nem fogok maradni, nem maradok

shallow ['ʃæləʊ] *a (water)* sekély; *(person)* felületes, felszínes

shallows ['ʃæləʊz] *n pl* sekély víz

sham [ʃæm] **1.** *a* tettetett **2.** *v* tettet, színlel

shambles ['ʃæmblz] *n sing.* rendetlenség, „kupi"

shame [ʃeɪm] *n* szégyen || **bring ~ on sy** szégyent hoz vkre; **for ~!** szégyelld magad!, pfuj!; **what a ~!** milyen kár!

shameful ['ʃeɪmfəl] *a* szégyenletes, gyalázatos

shameless ['ʃeɪmlɪs] *a* szégyentelen, szemérmetlen

shampoo [ʃæm'puː] *n* sampon; (*washing*) hajmosás

shan't [ʃɑːnt] = shall not

shantytown ['ʃæntɪtaʊn] *n* viskótelep, kalibanegyed

shape [ʃeɪp] 1. *n* alak, forma ‖ be in bad ~ rossz bőrben van; take ~ alakot/testet ölt, kialakul 2. *vt* (meg)formál, (ki)alakít ǀ *vi* fejlődik, (ki)alakul
shape up alakul, fejlődik ‖ be shaping up formába lendül/jön

-shaped [ʃeɪpt] *a* alakú

shapeless ['ʃeɪplɪs] *a* alaktalan

shapely ['ʃeɪplɪ] *a* formás, jó alakú

share [ʃeə] 1. *n* (osztály)rész; (*stock*) részvény 2. eloszt ‖ ~ a room with sy megosztozik vkivel a szobán
share in sg vmben részesül
share out vmt szétoszt/kioszt

shareholder ['ʃeəhəʊldə] *n* részvényes

share-out *n* osztozkodás

shark [ʃɑːk] *n* cápa; *pejor* (*swindler*) csaló

sharp [ʃɑːp] 1. *a* (*knife, pain, wits, eyes*) éles ‖ *mus* C ~ minor ciszmoll; ~ bend éles kanyar 2. *adv* pontosan ‖ at five (o'clock) ~ pontban ötkor 3. *n mus* kereszt

sharpen ['ʃɑːpən] *v* (*knife*) (meg)-élesít; (*pencil*) kihegyez

sharpener ['ʃɑːpənə] *n* (*pencil* ~) hegyező

sharp-eyed *a also fig* éles látású/szemű

sharply ['ʃɑːplɪ] *adv* élesen; (*stop*) hirtelen

sharpshooter ['ʃɑːpʃuːtə] *n* mesterlövész

shatter ['ʃætə] *vt* darabokra tör; *fig* letör

shave [ʃeɪv] 1. *n* borotválás ‖ have a ~ megborotválkozik; he had a very close ~ egy hajszálon múlt, hogy elkerülte a bajt 2. *vt* megborotvál ǀ *vi* megborotválkozik
shave off leborotvál

shaven ['ʃeɪvn] *a* borotvált

shaver ['ʃeɪvə] *n* villanyborotva

shaving cream *n* borotvakrém

shaving soap *n* borotvaszappan

shawl [ʃɔːl] *n* kendő

she [ʃiː] *pron* (*feminine*) ő; (*animal*) nőstény

she- *pref* nőstény

sheaf [ʃiːf] *n* (*pl* sheaves [ʃiːvz]) kéve

shear [ʃɪə] *v* (*pt* sheared, *pp* shorn [ʃɔːn] *or* sheared) (*sheep*) (meg)-nyír ‖ be shorn of sg megfosztanak vkt vmtől

shears [ʃɪəz] *n pl* nyíróolló

sheath [ʃiːθ] *n* (*of sword*) hüvely; (*condom*) óvszer

sheave *v* kévét köt

sheaves [ʃiːvz] *pl* → sheaf

shed [ʃed] 1. *n* fészer, szín, pajta 2. *v* (*pt/pp* shed [ʃed]; -dd-) (*leaves, tears, blood*) hullat ‖ ~ its coat vedlik; ~ its leaves leveleit hullatja

she'd [ʃiːd] = she had; she would; she should

sheen [ʃiːn] *n* ragyogás, fény(esség)

sheep [ʃiːp] *n* (*pl* ~) juh, birka

sheepdog ['ʃiːpdɒg] *n* juhászkutya

sheepish ['ʃiːpɪʃ] *a* szégyenlős

sheepskin ['ʃiːpskɪn] *n* báránybőr, birkabőr

sheer [ʃɪə] *a* teljes, tiszta, igazi ‖ by ~ accident puszta véletlenségből

sheet [ʃiːt] n (of linen) lepedő; (of paper) (papír)lap, ív; (of metal) lemez

shelf [ʃelf] n (pl **shelves** [ʃelvz]) polc, állvány

shell [ʃel] 1. n (of egg, nut) héj; zoo (shellfish) kagyló; mil gránát 2. v (peas) (ki)fejt, lehánt; (enemy) ágyúz, (gránátokkal) lő/lövet
shell out kiguberál

she'll [ʃiːl] = she will

shellfish [ˈʃelfiʃ] n zoo kagyló

shelter [ˈʃeltə] 1. n menedék(ház); (at station, stop) váróhely, bódé; (in war) óvóhely 2. v behúzódik (from vm elől)

sheltered [ˈʃeltəd] a védett

shelve [ʃelv] v ad acta tesz

shelves [ʃelvz] pl → shelf

shepherd [ˈʃepəd] n (birka)pásztor, juhász

sheriff [ˈʃerif] n seriff

she's [ʃiːz] = she has; she is

shield [ʃiːld] 1. n (armour) pajzs; el árnyékolás 2. v (protect) megvéd (from vmtől); el árnyékol

shift [ʃift] 1. n eltolódás; (working period) műszak, turnus 2. vi elmozdul, eltolódik | vt megmozdít

shift key n váltóbillentyű

shift work n műszakban végzett munka, műszakmunka

shifty [ˈʃifti] a sunyi, hamis

shilling [ˈʃiliŋ] n (coin) shilling

shimmer [ˈʃimə] 1. n pislákolás 2. v pislákol

shin [ʃin] n lábszár (elülső része); (bone) sípcsont
shin up (tree) felkúszik

shin-bone n sípcsont

shine [ʃain] 1. n fény, ragyogás || **take a ~ to** col „csíp" vkt 2. vi

(pt/pp **shone** [ʃɒn]) ragyog; (sun) süt | vt (pt/pp **shined**) (shoe) kifényesít; kipucol

shingle [ˈʃiŋgl] n (on beach) kavics

shingles [ˈʃiŋglz] n sing. med övsömör

shiny [ˈʃaini] a fényes

ship [ʃip] 1. n hajó 2. v -pp- (put in ship) hajóba/hajóra rak; (transport) fuvaroz, szállít

shipbuilding [ˈʃipbildiŋ] n hajóépítés, hajógyártás

shipment [ˈʃipmənt] n (transportation) fuvarozás, szállítás; (goods) szállítmány

shipper [ˈʃipə] n tengeri szállító

shipping [ˈʃipiŋ] n (ships) hajózás; (transportation) szállítás

shipshape [ˈʃipʃeip] 1. a rendes, kifogástalan 2. adv rendesen, kifogástalanul

shipwreck [ˈʃiprek] 1. n (accident) hajótörés; (wreckage) hajóroncs 2. v be ~ed hajótörést szenved

shipyard [ˈʃipjaːd] n hajógyár

shire [ˈʃaiə] n GB grófság, megye

shirk [ʃɜːk] v kitér (vm elől)

shirt [ʃɜːt] n ing || **keep one's ~ on** col megőrzi hidegvérét

shirty [ˈʃɜːti] a col ideges, ingerült

shiver [ˈʃivə] v borzong; reszket

shivers [ˈʃivəz] n pl hidegrázás

shoal [ʃəʊl] n (sandbank) (homok)-zátony

shock [ʃɒk] 1. n ütődés, lökés; (emotional) megrázkódtatás, sokk; el áramütés; med sokk 2. v megdöbbent, megráz; sokkol

shock absorber n lengéscsillapító

shocking [ˈʃɒkiŋ] a botrányos, felháborító

shod [ʃɒd] pt/pp → shoe

shoddiness [ˈʃɒdɪnɪs] n gyenge minőség

shoddy [ˈʃɒdɪ] a gyenge minőségű, vacak

shoe [ʃuː] 1. n (fél)cipő; (of horse) patkó ‖ **a pair of ~s** cipő; **I should not like to be in his ~s** nem szeretnék a bőrében lenni 2. v (pt/pp **shod** [ʃɒd]) megpatkol

shoe brush n cipőkefe

shoelace [ˈʃuːleɪs] n cipőfűző

shoe polish n cipőkrém

shoe shop (US **store**) n cipőbolt

shoestring [ˈʃuːstrɪŋ] n US cipőfűző

shone [ʃɒn] pt/pp → **shine**

shook [ʃʊk] pt → **shake**

shoot [ʃuːt] 1. n (plant) hajtás, sarj; (party) vadásztársaság 2. v (pt/pp **shot** [ʃɒt]) vt/vi (with gun) lő; (animal) kilő; (hunt) vadászik (sg vmre); (film) forgat ‖ vi (plant) hajt, sarjad ‖ ~ **a goal** gólt lő

shoot at sy vkre rálő

shoot forth a branch ágat hajt

shoot off eliramodik

shooting [ˈʃuːtɪŋ] 1. a (pain) éles, nyilalló 2. n (film)felvétel, forgatás

shooting star n hullócsillag, meteor

shop [ʃɒp] 1. n bolt, üzlet; (workshop) műhely 2. v -pp- vásárol ‖ **go ~ping** (be)vásárol

shop around col körülnéz az üzletekben

shop assistant n bolti eladó

shop-floor, the n col az üzem dolgozói

shopkeeper [ˈʃɒpkiːpə] n boltvezető, tulajdonos

shoplifting [ˈʃɒplɪftɪŋ] n (áruházi) lopás

shopper [ˈʃɒpə] n vásárló

shopping [ˈʃɒpɪŋ] n vásárlás ‖ **do one's/the ~** bevásárol

shopping bag n bevásárlószatyor

shopping centre (US **-ter**) n bevásárlóközpont

shopping precinct (US **mall**) n vásárlóutca, bevásárlóközpont

shop-soiled a összefogdosott

shop window n kirakat

shore [ʃɔː] 1. n part 2. v ~ **up** aládúcol, feltámaszt

short [ʃɔːt] 1. a rövid; (person) alacsony ‖ **I am 10 dollars ~** 10 dollárom hiányzik; **in ~** röviden, mindent összevéve; ~ **of money** pénztelen; **sg is in ~ supply** kevés van belőle; **a ~ time ago** kevéssel/röviddel ezelőtt; **after a ~ while** egy kis idő múlva 2. adv röviden; (suddenly) hirtelen ‖ **stop ~** hirtelen megáll; **fall ~ of sg** nem üti meg a kívánt mértéket; ~ **of...** hacsak (vm nem történik)..., vmn kívül; **run ~ (of)** kifogy, elfogy (vm); → **shorts**

shortage [ˈʃɔːtɪdʒ] n (of goods) hiány ‖ ~ **of cash** pénzzavar

shortbread [ˈʃɔːtbred] n approx omlós (vajas)keksz

short circuit n rövidzárlat

shortcomings [ˈʃɔːtkʌmɪŋz] n pl fogyatékosság

short cut n (way) átvágás

short drinks n pl rövid italok

shorten [ˈʃɔːtn] vt (meg)rövidít; (clothes) felhajt ‖ vi (meg)rövidül

shorter [ˈʃɔːtə] a **become ~** megrövidül

shortest [ˈʃɔːtɪst] a legrövidebb

shortfall [ˈʃɔːtfɔːl] n hiány, deficit

shorthand ['ʃɔːthænd] *n GB* gyors-
írás || ~ **typist** gép- és gyorsíró-
(nő)
shortly ['ʃɔːtlɪ] *adv* rövidesen || ~
after kevéssel azután
shorts [ʃɔːts] *n pl* rövidnadrág, sort
short-sighted *a also fig* rövidlátó
short story *n* novella
short-tempered *a* indulatos
short-term *a* rövid távú/lejáratú
short wave *n* rövidhullám
shot[1] [ʃɔt] *n (shooting)* lövés; *(of
film)* filmfelvétel; *(projectile)* lö-
vedék, sörét; *(kick)* rúgás, lövés;
(injection) injekció; *sp* súly || **like
a ~** mintha puskából lőtték volna
ki
shot[2] [ʃɔt] *pt/pp* → **shoot**
shotgun ['ʃɔtɡʌn] *n* vadászpuska
should [ʃəd, ʃʊd] *v (auxiliary verb)*
kellene; volna || **I ~ like to...** szc-
retnék...; ~ **he come** abban az
esetben, ha eljönne; **I ~ think so**
meghiszem azt!; **you ~ not** (*or*
shouldn't) **drink** nem kellene (*v.*
nem lenne szabad) innod
shoulder ['ʃəʊldə] *n* váll || **give sy
the cold** ~ *col* ridegen elutasít
vkt; ~ **to** ~ vállvetve
shoulder bag *n* oldaltáska
shoulder blade *n* lapocka
shoulder-high *a* vállmagasságú
shoulder strap *n* vállszíj
shouldn't ['ʃʊdnt] = **should not**
shout [ʃaʊt] **1.** *n* kiáltás || **give a** ~
felkiált **2.** *v* kiált, kiabál, ordít
shout at sy rákiált vkre
shout sy down lehurrog
shouting ['ʃaʊtɪŋ] *n* kiabálás
shove [ʃʌv] **1.** *n* taszítás, tolás,
lökés **2.** *v (push)* lök, tol; *(jostle)*
lökdösődik, furakodik

shove aside félrelök
shovel ['ʃʌvl] *n* lapát
show [ʃəʊ] **1.** *n (performance)* elő-
adás, show; *(exhibition)* kiállítás;
col (business) vállalkozás, üzlet,
buli || **the ~ is on** az előadás fo-
lyik; **put up a good** ~ szép tel-
jesítményt ér el; **a poor** ~ *col*
gyenge dolog/szereplés **2.** *v (pt
showed, pp **shown** [ʃəʊn]) (let
be seen)* (meg)mutat; *(present)* be-
mutat; *(display)* kiállít; *(indicate)*
vmre rámutat; *(appear)* látszik, ki-
látszik || ~ **one's hands** nyílt
kártyával játszik
show in bevezet
show off nagyzol, fitogtat
show sy out *(to door)* kikísér
show up *vt (reveal)* felmutat | *vi
(appear)* látszik, mutatkozik
showbiz ['ʃəʊbɪz] *n* = **show busi-
ness**
show business *n* szórakoztatóipar
showcase ['ʃəʊkeɪs] *n* tárló, vitrin
shower ['ʃaʊə] **1.** *n (rain)* zápor,
zivatar; *(bath)* zuhany || **have/
take a** ~ (le)zuhanyozik **2.** *v* elá-
raszt, záporoz || ~ **sy with sg** vkt
vmvel elhalmoz
showerproof ['ʃaʊəpruːf] *n* esőálló
showing ['ʃəʊɪŋ] *n (film)*vetítés
show jumping *n* díjugratás
shown [ʃəʊn] *pp* → **show**
show-off *n* hencegő, felvágós
(alak)
showpiece ['ʃəʊpiːs] *n (látványos)*
kiállítási darab
showroom ['ʃəʊrum] *n* bemutatóte-
rem, mintaterem
showy ['ʃəʊɪ] *a (clothes)* mutatós,
feltűnő; *(person)* hatásvadász(ó)
shrank [ʃræŋk] *pt* → **shrink**

shred [ʃred] **1.** n (of cloth) rongy-darab(ka) **2.** v **-dd-** darabokra tép ‖ **~ vegetables** zöldséget gyalul

shredder ['ʃredə] n (for vegetables) gyalu

shrewd [ʃruːd] a éles eszű, okos

shriek [ʃriːk] **1.** n sikoltás, sikoly **2.** v rikácsol, sikít

shrine [ʃraɪn] n szentély

shrink [ʃrɪŋk] v (pt **shrank** [ʃræŋk]; pp **shrunk** [ʃrʌŋk] or **shrunken** ['ʃrʌŋkən]) tex összemegy, (össze)-zsugorodik

shrinkage ['ʃrɪŋkɪdʒ] n (shrinking) zsugorodás, összemenés; (in hot water) beavatás

shrivel ['ʃrɪvl] v **-ll-** (US **-l-**) össze-zsugorodik, (el)fonnyad

Shrove Tuesday [ʃrəʊv] n húsha-gyó kedd

shrub [ʃrʌb] n bokor, cserje

shrubbery ['ʃrʌbərɪ] n bozót, bok-rok

shrug [ʃrʌg] **1.** n ~ **(of the shoul-ders)** vállrándítás **2.** v **-gg- ~ one's shoulders** vállat von

shrunk [ʃrʌŋk] pp → **shrink**

shrunken ['ʃrʌŋkən] pt → **shrink**

shudder ['ʃʌdə] v borzong, resz-ket

shudder at sg irtózik vmtől

shuffle ['ʃʌfl] **1.** n csoszogás **2.** v (cards) (meg)kever

shun [ʃʌn] v **-nn-** vkt (szándékosan) elkerül

shunt [ʃʌnt] v vasút tolat

shut [ʃʌt] v (pt/pp **shut** [ʃʌt]; **-tt-**) vt becsuk, (be)zár ǀ vi (be)csukódik, (be)záródik ‖ **~ one's eyes to sg** szemet huny vm fölött

shut down (lid) becsuk

shut in bezár, elzár

shut out (person, noise) kizár, vmből kirekeszt, kicsuk

shut up vmt vhová elzár ‖ **~ up!** fogd be a szád!, csend legyen!

shutdown ['ʃʌtdaʊn] n (in factory) üzemszünet

shutter ['ʃʌtə] n photo zár

shutters ['ʃʌtəz] n pl zsalu ‖ **put up the ~** lehúzza a redőnyt

shuttle ['ʃʌtl] **1.** n (train etc) ingajá-rat; (space ~) űrkomp **2.** v (by train, plane) ingázik

shuttlecock ['ʃʌtlkɒk] n (game) tollaslabda

shuttle service n ingajárat

shy [ʃaɪ] a félénk, szégyenlős

shyster ['ʃaɪstə] n US zugügyvéd

sibling ['sɪblɪŋ] n testvér

sick [sɪk] **1.** a (ill) beteg; (humour) fekete ‖ **be ~** (vomiting) hány; **fall ~** megbetegszik (with vmben); **feel ~** betegnek érzi magát; **be ~ of sg** col torkig van vmvel, un vmt **2.** n **the ~** a betegek

sickbay ['sɪkbeɪ] n betegszoba, gyengélkedő

sicken ['sɪkn] v émelyít

sickening ['sɪkənɪŋ] a émelyítő; fig gusztustalan, undorító

sickle ['sɪkl] n sarló

sick leave n betegszabadság ‖ **be on ~** táppénzen van

sickly ['sɪklɪ] a beteges, vézna

sickness ['sɪknɪs] n betegség ‖ **~ benefit** táppénz

sick pay n táppénz

sick-room n betegszoba

side [saɪd] **1.** n (of body, mountain, subject) oldal ‖ **~ by ~** egymás mellett; **on this ~ of sg** vmin in-nen; **from all ~s** mindenfelől; **take ~s** (in dispute) állást foglal

vm ügyben; **take ~s against sy** állást foglal vk ellen 2. *a* mellék-
3. *v* **~ with sy** vknek az oldalára áll

side-aisle *n archit* mellékhajó

sideboard ['saɪdbɔːd] *n* tálaló

sideboards ['saɪdbɔːdz] *n pl* oldal-szakáll

sideburns ['saɪdbɜːnz] *n pl US* ol-dalszakáll

side-car *n* oldalkocsi

side-effect *n* mellékhatás

side-issue *n* másodrendű kérdés, mellékszempont, mellékes dolog

sidelight ['saɪdlaɪt] *n* oldalvilágítás; *GB (on car)* helyzetjelző

sideline ['saɪdlaɪn] *n (extra job)* mellékfoglalkozás; *sp* oldalvonal

sidelong ['saɪdlɒŋ] **1.** *a* ferde, ol-dalsó **2.** *adv* oldalra, oldalt

side road *n* bekötőút, mellékút

side-show *n (exhibition)* mellék-kiállítás; *(amusement)* vurstli, mu-tatványosbódé

side street *n* mellékutca

sidewalk [saɪdwɔːk] *n US* járda

sidewards *(US* **sideward)** ['saɪd-wəd(z)] *adv =* **sideways**

sideways ['saɪdweɪz] *adv* (fél)ol-dalt, oldalról

siding ['saɪdɪŋ] *n* kitérővágány

sidle ['saɪdl] *v* oldalaz

siege [siːdʒ] *n* ostrom

sieve [sɪv] **1.** *n* szita, rosta **2.** *v (sift)* (át)szitál

sift [sɪft] *v* átszitál; *also fig* (meg)-rostál

sigh [saɪ] **1.** *n* sóhaj, sóhajtás ‖ **give a ~** sóhajt egyet **2.** *v* (fel)sóhajt

sight [saɪt] *n (power of seeing)* látás; *(view)* látvány, látványos-ság; *(of gun)* irányzék ‖ **at first ~,**

on ~ első látásra; **within ~** látótá-volságon belül; **~s** *pl* látnivalók, nevezetességek

-sighted ['saɪtɪd] *a* -látású, -látó

sightless ['saɪtlɪs] *a* világtalan

sightseer ['saɪtsiːə] *n* városnéző, turista

sightseeing ['saɪtsiːɪŋ] *n* városné-zés ‖ **go ~** megnézi a látnivalókat, városnézésre megy

sign [saɪn] **1.** *n* jel; *(indication)* tünet; *(traffic)* jelzőtábla ‖ **make a ~** jelt ad; **show no ~ of life** nem ad életjelt **2.** *v* aláír

sign in *(at hotel)* bejelentkezik

sign on *(for work)* munkát vállal

sign out *(of hotel)* kijelentkezik

sign up *(worker)* (le)szerződtet

signal ['sɪgnəl] **1.** *n* jel, jelzés; *(device)* szemafor ‖ **give a ~** jelt ad **2.** *v* **-ll-** *(US* **-l-)** jelt ad, jelez

signal-box *n railw* őrház

signature ['sɪgnətʃə] *n* aláírás

signboard ['saɪnbɔːd] *n* cégtábla

significance [sɪg'nɪfɪkəns] *n* jelen-tőség, fontosság

significant [sɪg'nɪfɪkənt] *a* jelentős, fontos

signify ['sɪgnɪfaɪ] *v* jelent vmt *(vm jelentése van)*

signpost ['saɪnpəʊst] *n* jelzőtábla

silence ['saɪləns] **1.** *n* csend; *(of person)* hallgatás ‖ **in ~** csendben; **~ please!** csendet kérek!; **reduce sy to ~** elhallgattat vkt **2.** *v* (el)-csendesít, elhallgattat

silencer ['saɪlənsə] *n (of gun)* hang-tompító; *GB (of car)* kipufogódob

silent ['saɪlənt] *a (quiet)* csendes, szótlan; *(mute)* néma ‖ **remain ~** nem szól, hallgat

silent film *n* némafilm

silhouette [sɪluː'et] n árnykép, sziluett

silk [sɪlk] n selyem

silky ['sɪlkɪ] a selymes

sill [sɪl] n ablakpárkány

silly ['sɪlɪ] a buta, ostoba ‖ **don't be** ~ ne légy csacsi!

silt [sɪlt] n hordalék, iszap

silver ['sɪlvə] n ezüst; (*tablewear*) ezüst; evőeszköz(ök); (*coin*) ezüstpénz

silver paper n ezüstpapír

silver-plated a ezüstözött

silversmith ['sɪlvəsmɪθ] n ezüstműves

silverware ['sɪlvəweə] n ezüsttárgyak

silvery ['sɪlvərɪ] a ezüstös

similar ['sɪmɪlə] a (*resembling*) hasonló; (*like*) ugyanolyan ‖ **be ~ to sg** hasonlít vkhez/vmhez *or* vkre/vmre

similarity [sɪmɪ'lærətɪ] n hasonlóság

similarly ['sɪmələlɪ] adv ugyanúgy

simile ['sɪmɪlɪ] n hasonlat

simmer ['sɪmə] vi lassú tűzön fő ‖ vt lassú tűzön főz

simple ['sɪmpl] a egyszerű, szimpla; *math* elsőfokú ‖ **it's not so ~ ez** nem olyan egyszerű

simple-minded a naiv, hiszékeny

simpleton ['sɪmpltən] n együgyű ember, mulya

simplicity [sɪm'plɪsətɪ] n egyszerűség; (*foolishness*) együgyűség

simplify ['sɪmplɪfaɪ] v (le)egyszerűsít

simply ['sɪmplɪ] adv egyszerűen

simulate ['sɪmjʊleɪt] v színlel; *tech* szimulál

simulation [sɪmjʊ'leɪʃn] n színlelés; *tech* szimuláció

simultaneous [sɪml'teɪnɪəs] a egyidejű, szimultán (*with* vmvel) ‖ ~ **translation** szinkrón tolmácsolás

simultaneously [sɪml'teɪnɪəslɪ] adv egyidejűleg, szimultán

sin [sɪn] **1.** n rel bűn, vétek **2.** v **-nn-** ~ **against sy/sg** vétkezik vk/vm ellen

since [sɪns] **1.** adv/prep (*from that time*) azóta, hogy; (*after*) óta, attól fogva, -tól, -től ‖ ~ **Monday** hétfő óta; **ever** ~ azóta is, amióta csak... **2.** conj (*because*) mivel, minthogy, mert

sincere [sɪn'sɪə] a őszinte

sincerely [sɪn'sɪəlɪ] adv őszintén ‖ **Yours** ~ (*or US* **S~ yours**) szívélyes üdvözlettel

sincerity [sɪn'serətɪ] n őszinteség

sinew ['sɪnjuː] n ín

sinful ['sɪnfəl] a bűnös, vétkes

sing [sɪŋ] v (*pt* **sang** [sæŋ], *pp* **sung** [sʌŋ]) énekel, dalol

singe [sɪndʒ] v (*pres p* **singeing**) (meg)perzsel, pörköl

singer ['sɪŋə] n énekes

single ['sɪŋgl] **1.** a (*sole*) egyes, egyedüli; (*happening once*) egyszeri; (*unmarried*) egyedülálló, (*woman*) hajadon, (*man*) nőtlen ‖ **in ~ file** sorban egyesével **2.** n (*ticket*) egyszeri utazásra szóló jegy ‖ ~**(s** *pl*) *sp* egyes; **men's** ~ férfi egyes **3.** v ~ **out** kiválogat

single bedroom n egyágyas szoba

single-breasted a (*coat*) egysoros

single-handed a/adv egyedül

single-minded a (*purposeful*) céltudatos; (*frank*) őszinte, nyílt

single room n egyágyas szoba

single-sided a egyoldalú; *comput* egyoldalas

single-storey *a* földszintes
singlet ['sɪŋglɪt] *n* atlétatrikó
single ticket *n* egyszeri utazásra szóló jegy
singly ['sɪŋglɪ] *adv* (*solely*) egyedül; (*one by one*) egyenként
singular ['sɪŋgjʊlə] **1.** *a gram* egyes számú; (*strange*) különös, furcsa **2.** *n gram* egyes szám
sinister ['sɪnɪstə] *a* vészjósló
sink [sɪŋk] **1.** *n* (konyhai) mosogató; kiöntő **2.** *v* (*pt* **sank** [sæŋk], *pp* **sunk** [sʌŋk]) *vi* (*ship*) (el)süllyed | *vt* elsüllyeszt; (*hole, voice*) mélyít ‖ ~ **or swim** vagy megszokik, vagy megszökik
  sink into belemerül, belesüpped ‖ ~ **into oblivion** feledésbe merül
sinner ['sɪnə] *n rel* bűnös
sip [sɪp] **1.** *n* korty **2.** *v* **-pp-** kortyol(gat)
siphon ['saɪfn] **1.** *n* (*tube*) szívócső; (*stink-trap*) bűzelzáró; (*bottle*) autoszifon **2.** *v* ~ **off/out** szívócsővel elvezet/kiszív
sir [sɜː] *n* (*in addressing*) uram!; (*teacher*) tanár úr (kérem), (*at lower school*) tanító bácsi (kérem); *GB* (*knight*) ‖ **yes** ~ igenis (uram); (*in letter*) **Dear S~(s)** Tisztelt Uram/Uraim; **S~ Winston (Churchill)** (*lovag címe, mindig keresztnévvel együtt*)
siren ['saɪərən] *n* sziréna
sirloin ['sɜːlɔɪn] *n* bélszín, hátszín
sister ['sɪstə] *n* (*daughter of the same parents*) (lány)testvér, (*elder*) nővér; (*younger*) húg; (*nun*) nővér; (*nurse*) (ápoló)nővér
sister-in-law *n* (*pl* **sisters-in-law**) sógornő

sit [sɪt] *v* (*pt/pp* **sat** [sæt]; **-tt-**) ül; (*hold meeting*) ülésezik ‖ ~ **an exam** vizsgázik
  sit down (*on chair*) leül ‖ **will you** ~ **down please** tessék helyet foglalni!
  sit for (*exam*)) jelentkezik ‖ ~ **for an exam** vizsgázni megy, vizsgázik
  sit in on (*discussion*) részt vesz
  sit up (*not go to bed*) fenn marad; (*in bed*) felül
sit-down strike *n* ülősztrájk
site [saɪt] *n* telek, házhely ‖ **on the** ~ a helyszínen
sit-in *n* ülősztrájk
siting ['saɪtɪŋ] *n* elhelyezés
sitting ['sɪtɪŋ] *n* (*of committee*) ülés ‖ ~ **room** nappali (szoba)
situated ['sɪtjʊeɪtɪd] *a* **be** ~ (*town, building*) fekszik, elterül
situation [sɪtjʊ'eɪʃn] *n* (*position*) helyzet; fekvés; (*condition*) szituáció; (*job*) állás; (*in advertisement*) ~**s vacant** felvesszük:
six [sɪks] *num* hat ‖ **at six (o'clock)** hatkor
sixteen [sɪk'stiːn] *num* tizenhat
sixteenth [sɪk'stiːnθ] *num a* tizenhatodik
sixth [sɪksθ] **1.** *num a* hatodik **2.** *n* hatod
sixtieth ['sɪkstɪəθ] *num a* hatvanadik
sixty ['sɪkstɪ] *num* hatvan ‖ **the sixties** (*or* **the 60s** *or* **1960s**) a hatvanas évek
size[1] [saɪz] **1.** *n* (*extent*) terjedelem; (*of clothing*) méret; nagyság, szám ‖ ~ **15 collar** 39-es nyakbőség **2.** *v* felmér, felbecsül ‖ ~ **up the situation** felméri a helyzetet

size[2] [saɪz] *n* (*glue*) csiriz

sizzle ['sɪzl] **1.** *n* sercegés **2.** *v* serceg

skate [skeɪt] **1.** *n* korcsolya ‖ **get/put one's ~s on** *col* vedd föl a nyúlcipőt **2.** *v* korcsolyázik

skateboard ['skeɪtbɔːd] *n* gördeszka

skater ['skeɪtə] *n* korcsolyázó

skating ['skeɪtɪŋ] *n* korcsolyázás ‖ **~ rink** műjég(pálya)

skeet [skiːt] *n* agyaggalamb-lövészet

skeleton ['skelɪtn] *n* csontváz ‖ **a ~ in the cupboard** titkolt (családi) szégyenfolt

skeleton key *n* álkulcs

skeptic ['skeptɪk] *US* → **sceptic**

sketch [sketʃ] **1.** *n* vázlat, skicc; *theat* szkeccs **2.** *v* (fel)vázol, leskiccel

sketch-block *n* vázlattömb

sketchy ['sketʃɪ] *a* vázlatos

skewer ['skjʊə] *n* kis nyárs, pecek

ski [skiː] **1.** *n* (*pl* **skis** *or* **ski**) sí ‖ **a pair of ~s** sí **2.** *v* (*pt/pp* **ski'd** *or* **skied**; *pres p* **skiing**) síel, sízik

ski boot(s) *n* (*pl*) sícipő

ski course *n* sípálya

skid [skɪd] **1.** *n* (*for brake*) féksaru; (*sliding*) farolás, (meg)csúszás **2.** *v* **-dd-** (*vehicle*) megcsúszik, megfarol

skiing ['skiːɪŋ] *n* síelés, sízés

ski-jumping *n* síugrás

skilful (*US* **skillful**) ['skɪlfəl] *a* (*adroit*) ügyes; (*skilled*) szakképzett

ski-lift *n* sífelvonó, sílift

skill [skɪl] *n* jártasság; szakértelem, ügyesség

skilled [skɪld] *a* képzett, gyakorlott, (szak)képzett, hozzáértő ‖ **~ worker** szakmunkás

skim [skɪm] *v* **-mm-** lefölöz, leszed ‖ **~ the cream off sg** leszedi vmnek a javát
  skim over/through átnéz, átolvas, átfut

skimp [skɪmp] *v* (*work*) gyorsan összecsap

skimpy ['skɪmpɪ] *a* hiányos, szegényes, snassz

skin [skɪn] **1.** *n* bőr; (*of fruit*) héj; (*of milk*) bőr, föl **2.** *v* (*animal*) megnyúz; (*wound*) lehorzsol

skin cream *n* (kozmetikai) krém

skin-deep *a* felületes, felszínes; (*knowledge*) sekélyes

skin-diver *n* könnyűbúvár

skinhead ['skɪnhed] *n* bőrfejű

skinny ['skɪnɪ] *a* sovány

skintight [skɪn'taɪt] *a* (*dress*) tapadó(s), testhezálló

skip [skɪp] *v* **-pp-** (*jump*) szökdécsel; szökell; (*jump over*) átugrik; (*omit*) kihagy

ski pole *n* síbot

skipper ['skɪpə] *n* *sp* (csapat)kapitány

skipping-rope *n* ugrókötél

ski resort *n* téli üdülőhely, síparadicsom

skirt [skɜːt] *n* szoknya

ski suit *n* síruha, síöltöny

skit [skɪt] *n* (rövid) tréfás jelenet, paródia

skittle ['skɪtl] *n* tekebábu; → **skittles**

skittles ['skɪtlz] *n sing.* kugli, tekejáték (9 *fával*)

skive [skaɪv] *v* *col* (*from school*) lóg

skulk [skʌlk] **1.** *n* lógós **2.** *v* leselkedik

skull [skʌl] *n* koponya

sky [skaɪ] *n* ég(bolt), mennybolt

skylight ['skaɪlaɪt] *n* tetőablak

skyscraper [skaɪskreɪpə] *n* felhőkarcoló

slab [slæb] *n* kőlap

slack [slæk] **1.** *a* (*skin*) petyhüdt; (*muscles*) ernyedt; (*business*) lanyha, gyenge **2.** *v* (*rope*) lazán lóg; (*person*) lazít, lazsál

slacken ['slækn] *vi* (meg)lazul; (*careless*) hanyag | *vt* bevág

slacks [slæks] *n pl* (hosszú)nadrág

slag [slæg] *n* salak

slain [sleɪn] *pp* → **slay**

slalom ['slɑːləm] **1.** *n* műlesiklás, szlalom **2.** *v* szlalomozik

slam [slæm] **-mm-** *v* (*door*) *vi* becsapódik | *vt* bevág

slander ['slɑːndə] **1.** *n* rágalmazás, rágalom **2.** *v* (meg)rágalmaz

slang [slæŋ] *n* szleng

slant [slɑːnt] **1.** *n* (*slope*) lejtő, dőlés; (*presentation*) vmlyen beállítás ‖ **on the ~** ferdén **2.** *v* (*lean*) dől; (*slope*) lejt; (*distort*) elferdít, vmlyen beállításban ad elő

slanting ['slɑːntɪŋ] *a* ferde

slap [slæp] **1.** *n* könnyed ütés, legyintés; (*on face*) pofon **2.** *v* **-pp-** (meg)üt, (meg)legyint

slapdash ['slæpdæʃ] *a* felületes ‖ **in a ~ manner** felületesen, felibeharmadába

slash [slæʃ] *v* (*face*) összeszabdal; (*expenditure*) radikálisan csökkent

slate [sleɪt] **1.** *n* (*rock* or *roof cover*) pala; (*board*) palatábla **2.** *v* (*cover*) palával fed; *col* (*criticize*) lehúz

slaughter ['slɔːtə] *v* (*animal*) levág; (*people*) lemészárol

slaughterhouse ['slɔːtəhaʊs] *n* vágóhíd

Slav [slɑːv] *a/n* szláv

slave [sleɪv] **1.** *n* rabszolga ‖ **be a ~ of/to sg** rabja vmnek **2.** *v* **~ away** *fig* robotol

slavery ['sleɪvəri] *n* rabszolgaság

slavish ['sleɪvɪʃ] *a* szolgai

Slavonic [slə'vɒnɪk] **1.** *a* szláv **2.** *n* szláv nyelv

slay [sleɪ] *v* (*pt* **slew** [sluː], *pp* **slain** [sleɪn]) (meg)öl

sled [sled] *n*; *v* **-dd-** *US* = **sledge**

sledge [sledʒ] **1.** *n* szán(kó) **2.** *v* szánkózik

sleek [sliːk] *a* (*hair*) sima, fényes; (*person*) sima (modorú)

sleep [sliːp] **1.** *n* alvás **2.** *v* (*pt/pp* **slept** [slept]) alszik ‖ **go to ~** (*person*) elalszik; (*leg*) elzsibbad; **~ well!** szép álmokat!

sleep in *US* (jó) sokáig alszik

sleep with sy *col* lefekszik vkvel

sleeper ['sliːpə] *n* (*person*) (jó/rossz) alvó; *railw* (*car*) hálókocsi; (*on track*) talpfa

sleepily ['sliːpɪlɪ] *adv* álmosan

sleeping ['sliːpɪŋ] *a* alvó ‖ **~ bag** hálózsák; **~ car** hálókocsi; **~ pill** altató(szer)

sleepless ['sliːplɪs] *a* álmatlan

sleeplessness ['sliːplɪsnɪs] *n* álmatlanság

sleepwalker ['sliːpwɔːkə] *n* alvajáró, holdkóros

sleepy ['sliːpɪ] *a* álmos; (*inactive*) unalmas, álmosító

sleet [sliːt] *n* havas eső, dara

sleeve [sliːv] *n* ruhaujj; (*for record*) hanglemezborító

sleeveless ['sliːvlɪs] *a* ujjatlan

sleigh [sleɪ] *n* szán(kó)

sleight [slaɪt] *n* ~ **of hand** bűvészmutatvány

slender ['slendə] *a* karcsú; (*not enough*) csekély

slept [slept] *pt/pp* → **sleep**

slew[1] [sluː] *v* csavarodik

slew[2] [sluː] *pt* → **slay**

slice [slaɪs] **1.** *n* (*of fruit*) gerezd; (*of bread*) szelet **2.** *v* szel(etel)

sliced bacon [slaɪst] *n* (szeletelt) angolszalonna

slick [slɪk] **1.** *a* (*skilful*) ügyes; (*smart*) elegáns; (*sly*) ravasz, „dörzsölt" **2.** *n* (oil) ~ (*on sea*) olajréteg **3.** *v* (*hair*) lenyal

slid [slɪd] *pt/pp* → **slide**

slide [slaɪd] **1.** *n* (*sliding*) csúszás; (*in playground*) csúszda; (*picture*) dia **2.** *v* (*pt/pp* **slid** [slɪd]) csúszik, siklik

slide projector *n* diavetítő

sliding door ['slaɪdɪŋ] *n* tolóajtó

slight [slaɪt] **1.** *a* (*small*) csekély, kevés; (*trivial*) jelentéktelen ‖ **not in the ~est (degree)** a legcsekélyebb mértékben sem **2.** megbánás, sértés **3.** *v* (*offend*) megbánt, megsért

slightly ['slaɪtlɪ] *adv* kissé, némiképp(en), valamivel

slim [slɪm] **1.** *a* karcsú **2.** *v* **-mm-** fogyó(kúrá)zik

slime [slaɪm] *n* (*mud*) iszap; (*mucus*) nyálka

slimming cure ['slɪmɪŋ] *n* fogyókúra

slimy ['slaɪmɪ] *a* nyálkás

sling [slɪŋ] **1.** *n* parittya **2.** *v* (*pt/pp* **slung** [slʌŋ]) (*stone*) hajít, parittyáz

slingshot ['slɪŋʃɒt] *n US* parittya

slip [slɪp] **1.** *n* (*slipping*) (meg)csúszás; (*mistake*) hiba, botlás; (*of paper*) cédula; (*of pillow*) (párna)huzat; (*undergarment*) kombiné ‖ ~ **of the tongue** nyelvbotlás, *col* baki **2.** *v* **-pp-** (*glide*) megcsúszik; (*escape*) kicsúszik (*from* vmből, vhonnan) ‖ **let** ~ (*chance*) elszalaszt; ~ **sy (money)** *col* jattot ad; **sg ~s one's mind** kiesik az emlékezetéből

slip away búcsú nélkül (*or* angolosan) távozik

slip in beoson, besomfordál

slip into/on (*garment*) bebújik

slip up *col* bakizik

slipped disc [slɪpt] *n med* porckorongsérv

slippers ['slɪpəz] *n pl* papucs

slippery ['slɪpərɪ] *a* csúszós

slipping ['slɪpɪŋ] *a* csúszó

slip-road *n* (*off/onto motorway*) leágazás, bekötőút, ráhajtóút

slipshod ['slɪpʃɒd] *a* (*work*) trehány; (*style*) pongyola

slip-up *n col* baki

slipway ['slɪpweɪ] *n* sólya(pálya)

slit [slɪt] **1.** *n* rés, nyílás **2.** *v* (*pt/pp* **slit; -tt-**) felvág, metsz

slither ['slɪðə] *v* (meg)csúszik

slithery ['slɪðərɪ] *a* síkos

sliver ['slɪvə] *n* (*of wood*) forgács; (*of glass*) szilánk **2.** *vt* leszakít, lerepeszt (vmről); *vi* leszakad, lehasad

slog [slɒg] **1.** *n col* (*effort*) nagy hajtás **2.** *v* **-gg-** *v* (*work*) erőlködik; ~ **away at** *col* hajt

slogan ['sləʊgən] *n* jelszó; szlogen

slop [slɒp] **1.** *n* (*dish-water*) mosogatólé; szennyvíz; (*swill*) moslék

2. v **-pp-** vi kiloccsan I vt kilocs-
csant

slope [sləʊp] **1.** n (*slant*) lejtő,
emelkedő; (*direction*) lejtés **2.** v
lejt

sloping [ˈsləʊpɪŋ] a lejtős

sloppily [ˈslɒpɪlɪ] col rendetlenül

sloppy [ˈslɒpɪ] a col (*work*) rendet-
len, trehány; (*style*) pongyola

slot [slɒt] n (*for coins, letters*) nyí-
lás; col (*place*) lehetőség, alka-
lom, hely

slot machine n (*for tickets, ciga-
rettes*) (pénzbedobós) automata;
(*for gambling*) játékautomata

slouch [slaʊtʃ] v lomhán csoszog/
áll/ül II **don't ~!** húzd ki magad!

Slovak [ˈsləʊvæk] **1.** a szlovák **2.** n
(*language, person*) szlovák

Slovakia [sləˈvækɪə] n Szlovákia

Slovakian [sləˈvækɪən] a szlovák

Slovene [ˈsləʊviːn] n (*language*)
szlovén

Slovenia [sləˈviːnɪə] n Szlovénia

Slovenian [sləˈviːnɪən] a szlovén

slovenly [ˈslʌvnlɪ] a elhanyagolt
(külsejű), slampos

slow [sləʊ] **1.** a lassú; (*stupid*) ne-
hézfejű; (*dull*) vontatott II **be ~**
(*watch*) késik; **his watch is five
minutes ~** öt percet késik az órája
2. adv lassan **3.** v (*vk, vm*) lassít

slow down (*vehicle*) (le)lassít, le-
fékez; (le)lassul

slow up (*vehicle*) lelassít

slowly [ˈsləʊlɪ] adv lassan II **~!** (*road
sign*) lassan!

slowness [ˈsləʊnɪs] n lassúság

slow-witted a lassú észjárású

sludge [slʌdʒ] n lucsok

slug[1] [slʌg] n (*animal*) meztelen
csiga; (*bullet*) (puska)golyó

slug[2] [slʌg] v **-gg-** US col (erősen)
üt, püföl

sluggish [ˈslʌgɪʃ] a lomha, rest

sluice [sluːs] n zsilip

slum [slʌm] n szegénynegyed

slumber [ˈslʌmbə] **1.** n szendergés
2. v szendereg

slump [slʌmp] n gazdasági válság,
depresszió II **~ in prices** árzuha-
nás

slung [slʌŋ] pt/pp → **sling**

slunk [slʌŋk] pt/pp → **slink**

slur [slɜː] **1.** n (*stain*) gyalázat,
szégyenfolt; (*bad pronounciation*)
nem tiszta (ki)ejtés, hadarás **2.** v
-rr- (*disregard*) átsiklik (*over*
vmn), semmibe vesz; (*depreciate*)
becsmérel; (*pronounce indis-
tinctly*) hibásan/hadarva beszél

slush [slʌʃ] n csatak, latyak

slushy [ˈslʌʃɪ] a (*ice*) kásás, latyakos

sly [slaɪ] a alattomos, ravasz II **on
the ~** alattomban

slyness [ˈslaɪnɪs] n ravaszság, alat-
tomosság

smack[1] [smæk] **1.** n (*on face*) po-
fon **2.** v megüt II **~ one's lips**
csettint

smack[2] [smæk] v **~ of** vm érzik
vmn

small [smɔːl] a a kis, kicsi, kevés;
(*short*) alacsony, kicsi II **~ ads** pl
apróhirdetések; **~ change** apró-
pénz

smaller [ˈsmɔːlə] a kisebb

smallest [ˈsmɔːlɪst] a legkisebb

smallholder [ˈsmɔːlhəʊldə] n kis-
gazda

smallholding [ˈsmɔːlhəʊldɪŋ] n
kisbirtok

small hours n pl **the ~** a kora
hajnali órák

smallish ['smɔ:lɪʃ] *a* meglehetősen kicsi

small-minded *a* (szellemileg) korlátolt

smallpox ['smɔ:lpɒks] *n* himlő

small talk *n* bájcsevegés

small-time *a US col* kisszerű, kisstílű, piti

smart [smɑ:t] **1.** *a* csinos, elegáns; (*clever*) okos, eszes; (*quick*) gyors ‖ **the ~ set** az előkelő/elegáns világ **2.** *v* **my eyes are ~ing** ég a szemem

smarten (oneself) up ['smɑ:tn] *v* csinosítja magát

smash [smæʃ] **1.** *n* (*noise*) csattanás; (*collision*) (súlyos) összeütközés, szerencsétlenség; (*in tennis*) lecsapás **3.** *v* (*crash*) (össze)tör, összezúz, eltör; (*break*) betör; (*in tennis*) lecsap
smash up összetör, összezúz, összerombol, szétzúz ‖ **my car got ~ed up** összetörték a kocsimat

smash-hit *n col* bombasiker

smashing ['smæʃɪŋ] *a col* bomba jó, klassz

smattering ['smætərɪŋ] *n* **a ~ of knowledge** *col* csekélyke tudás

smear [smɪə] **1.** *n med* kenet **2.** *v* elken, elmaszatol

smear campaign *n* (politikai) rágalomhadjárat

smell [smel] **1.** *n* szag; (*sense*) szaglás ‖ **~ of gas** gázszag **2.** *v* (*pt/pp* **smelt** [smelt]) (meg)szagol, szimatol ‖ **~ good** jó szaga van; **~ of sg** vmlyen szaga van

smelly ['smelɪ] *a* büdös

smelt[1] [smelt] *v* (*metal*) olvaszt

smelt[2] [smelt] *pt/pp* → **smell**

smelter ['smeltə] *n* olvasztár

smile [smaɪl] **1.** *n* mosoly **2.** *v* mosolyog ‖ **keep smiling** légy mindig derűs

smite [smaɪt] *v* (*pt* **smote** [sməʊt], *pp* **smitten** ['smɪtn]) megüt, rásújt ‖ **smitten with** vmvel sújtott

smith [smɪθ] *n* kovács

smitten ['smɪtn] *pp* → **smite**

smog [smɒg] *n* füstköd, szmog

smoke [sməʊk] **1.** *n* füst ‖ **have a ~** elszív egy cigarettát **2.** *vi* (*chimney*) füstöl; (*smoker*) dohányzik, cigarettázik ‖ *vt* (*a cigarette*) elszív; (*cigarettes*) dohányzik; (*food*) füstöl

smoked [sməʊkt] *a* (*meat*) füstölt

smoker ['sməʊkə] *n* (*person*) dohányos; *railw* dohányzó szakasz ‖ **heavy ~** erős dohányos

smoking ['sməʊkɪŋ] *n* dohányzás ‖ **no ~** tilos a dohányzás!

smoky ['sməʊkɪ] *a* füstös

smooth [smu:ð] **1.** *a* sima **2.** *v* (le)simít
smooth out kisimít; (*difficulty*) áthidal

smote [sməʊt] *pt* → **smite**

smother ['smʌðə] *v* (*choke*) megfojt; (*stifle*) elfojt

smoulder (*US* **-ol-**) ['sməʊldə] *v* hamvad, parázslik

smudge [smʌdʒ] **1.** *n* folt, pecsét **2.** *vt* elmaszatol ‖ *vi* elkenődik

smudged [smʌdʒd] *a* maszatos

smug [smʌg] *a* önelégült

smuggle ['smʌgl] *v* csempész(ik)

smuggler ['smʌglə] *n* csempész

smuggling ['smʌglɪŋ] *n* csempészés

snack [snæk] *n* gyors ebéd, harapnivaló ‖ **let's have a ~** *col* harapjunk valamit!

snack bar *n* ételbár, gyorsbüfé

snag [snæg] *n* (*difficulty*) váratlan akadály

snail [sneɪl] *n* csiga

snake [sneɪk] *v* kígyó

snap [snæp] **1.** *n* (*sound*) csattanás; (*photo*) (gyors)fénykép **2.** *v* **-pp-** *vi* (*break*) elpattan; (*make sound*) csattan I *vt col* (*take photo*) lekap II ~ **at sy's heels** (*kutya*) belekap (vk lábába); ~ **shut** (*lock*) bekattan
  snap up elkapkod (*árut*)

snap-fastener *n* patentkapocs

snappy ['snæpɪ] *a* talpraesett, szellemes; (*smart*) csinos, divatos

snapshot ['snæpʃɒt] *n* (*fény*)kép

snare [sneə] *n* (*for catching animals*) hurok, csapda

snarl [snɑ:l] *v* ~ **at sy** rávicsorog/ráförmed vkre

snatch [snætʃ] **1.** *n* (*seizing*) odakapás; (*portion*) töredék **2.** *v* (*seize*) elkap, vm után kap; (*grab*) megkaparint

sneak [sni:k] *vi* (*go quietly*) settenkedik I *vt* (*steal*) elcsen
  sneak in besurran
  sneak out (of) vhonnan kisomfordál

sneakers ['sni:kəz] *n pl US* edzőcipő, szabadidőcipő

sneaky ['sni:kɪ] *a* sunyi

sneer [snɪə] **1.** *n* gúnyos mosoly **2.** *v* gúnyosan mosolyog (*at* vmn)

sneeze [sni:z] **1.** *n* tüsszentés **2.** *v* tüsszent

snide [snaɪd] *a* rosszindulatú, epés

sniff [snɪf] **1.** *n* (*of air*) szippantás **2.** *v* (*air*) szippant; (*flower*) vmbe beleszagol

snip [snɪp] **1.** *n* (lemetszett) darab; (*cutting*) (le)metszés; *col* (*bar-*

gain) olcsó dolog II **it's a** ~ megéri! **2.** *v* **-pp-** lemetsz

sniper ['snaɪpə] *n* orvlövész

snivelling (*US* **-l-**) ['snɪvlɪŋ] *a col* (*snotty*) taknyos; (*crying*) bőgő, siránkozó

snob [snɒb] *n* sznob

snooker ['snu:kə] *n* sznúker (*biliárdféle*)

snoop [snu:p] *v US col* szimatol, spicliskedik

snooty ['snu:tɪ] *a col* felvágós, beképzelt

snooze [snu:z] *col* **1.** *n* szundikálás **2.** *v* szundít

snore [snɔ:] *v* horkol

snorkel ['snɔ:kl] *n* (*for diver*) légzőcső

snout [snaʊt] *n* (*of animal*) orr

snow [snəʊ] **1.** *n* hó **2.** *v* havazik II **be ~ing** havazik

snowball ['snəʊbɔ:l] *n* hógolyó

snow-bank *n* hófúvás, hóakadály

snow-bound *a* behavazott, hóban elakadt

snow-chain *n* hólánc

snowdrift ['snəʊdrɪft] *n* hóakadály, hófúvás

snowdrop ['snəʊdrɒp] *n* hóvirág

snowfall ['snəʊfɔ:l] *n* havazás, hóesés

snowflake ['snəʊfleɪk] *n* hópehely

snow goggles *n pl* hószemüveg

snowman ['snəʊmæn] *n* (*pl* **-men**) hóember

snowplough (*US* **-plow**) ['snəʊplaʊ] *n* hóeke

snow-tyre (*US* **-tire**) *n* téli gumi

snowy ['snəʊɪ] *a* havas; (*white*) hófehér

snub [snʌb] **1.** *n* visszautasítás **2.** *v* **-bb-** visszautasít

snub-nosed *a* fitos (orrú), pisze

snuffle ['snʌfl] *v* (*from flu*) szipog, szipákol

snug [snʌg] *a* **-gg-** kényelmes; lakályos

so [səʊ] *adv/conj* (*to such extent*) olyan, ilyen, annyira; (*in this manner*) úgy, így; (*therefore*) úgyhogy, tehát ‖ **isn't it** ~ vagy nem?; ~ **as to** abból a célból, hogy ...; úgy ..., hogy; **not** ~ **bad** *col* megjárja; ~ **did I** én is (*így tettem*); ~ **far** (mind) a mai napig; **in** ~ **far as** már amennyire; ~ **long!** *int* viszontlátásra!; ~ **many** úgy sok; annyi; ~ **much** olyan nagyon; úgy, annyi; **and** ~ **on** és így tovább; ~ **that** úgy ..., hogy; ~ **to say** hogy úgy mondjam; ~ **what?** na és (aztán)?

soak [səʊk] *vt* (*wet*) áztat; (*saturate*) átitat *vmvel* | *vi* (*become wet*) ázik ‖ **be ~ed through** teljesen átázott

soaking (wet) ['səʊkɪŋ] *a* bőrig ázott, csuromvizes

so-and-so ['səʊənsəʊ] *n* X. Y.

soap [səʊp] **1.** *n* szappan; *US* (*money*) csúszópénz **2.** *v* szappanoz

soap-flakes *n pl* szappanpehely

soap opera *n* (*in TV, radio*) családsorozat, „szappanopera"

soapy ['səʊpɪ] *a* szappanos

soar [sɔː] *v* szárnyal

soaring ['sɔːrɪŋ] *a* szárnyaló

sob [sɒb] *v* **-bb-** zokog

sober ['səʊbə] **1.** *a* józan, higgadt **2.** *v* ~ **up** kijózanodik

sobriety [sə'braɪətɪ] *n* józanság

so-called *a* úgynevezett

soccer ['sɒkə] *n col* futball, foci

sociable ['səʊʃəbl] *a* barátságos

social ['səʊʃl] *a* szociális, társas

social democrat *n* szociáldemokrata

socialism ['səʊʃəlɪzəm] *n* szocializmus

socialist ['səʊʃəlɪst] *n* szocialista

social security *n* társadalombiztosítás

social work *n* szociális (gondozói) munka

social worker *n* szociális munkás/szervező

society [sə'saɪətɪ] *n* társadalom; (*company*) társaság; (*organization*) egyesület

sociologist [səʊsɪ'ɒlədʒɪst] *n* szociológus

sociology [səʊsɪ'ɒlədʒɪ] *n* szociológia

sock [sɒk] → **socks**

socket ['sɒkɪt] *n el* dugaszolóaljzat; (*of eye*) szemgödör

socks [sɒks] *n pl* **(a pair of)** ~ zokni

soda (water) ['səʊdə] *n* szódavíz

sodden ['sɒdn] *a* átitatott

sodium ['səʊdɪəm] *n* nátrium

sofa ['səʊfə] *n* pamlag, szófa

soft [sɒft] *a* lágy, puha; (*not loud*) halk ‖ ~ **boiled egg** lágy tojás; ~ **drink** alkoholmentes ital, üdítő ital; ~ **drugs** *pl* enyhébb kábítószer

soften ['sɒfn] *vt* (meg)puhít, (meg)lágyít; (*tone down*) letompít, lehalkít | *vi also fig* (meg)puhul, (meg)lágyul

softener ['sɒfnə] *n* vízlágyító (szer)

soft-hearted *a* vajszívű

softly ['sɒftlɪ] *adv* lágyan; halkan

softness ['sɒftnɪs] *n* lágyság, puhaság

soft-spoken *a* csendes szavú

software ['sɒftweə] *n* szoftver

soggy ['sɒgɪ] *a* átázott, nedves

soil [sɔɪl] **1.** *n* talaj **2.** *v* bepiszkít

soiled [sɔɪld] *a* piszkos

solar ['səʊlə] *a astr* nap-, szoláris ‖ ~ **cell** napelem

solarium [sə'leərɪəm] *n* (*pl* **-lums** *or* **-ia** [-ɪə]) szolárium

sold [səʊld] *pt/pp* → **sell**

solder ['səʊldə] *v* (meg)forraszt

soldier ['səʊldʒə] *n* katona

sole[1] [səʊl] *a* egyedüli, egyetlen, kizárólagos ‖ ~ **agent/trader** *comm* kizárólagos képviselő, önálló üzletember

sole[2] [səʊl] *n* (*of shoe*) (cipő)talp; (*fish*) nyelvhal, szól

solely ['səʊllɪ] *adv* egyedül, kizárólag

solemn ['sɒləm] *a* ünnepélyes

solicitor [sə'lɪsɪtə] *n GB* (*lawyer*) ügyvéd; *US* (*attorney*) városi tiszti ügyész; *US comm* (*agent*) ügynök

solid ['sɒlɪd] **1.** *a* (*hard*) szilárd; (*of same material*) tömör; (*reliable*) megbízható, szolid **2.** *n math, phys* test

solidarity [sɒlɪ'dærətɪ] *n* szolidaritás

solidify [sə'lɪdɪfaɪ] *vi* megszilárdul ‖ *vt* megszilárdít

solid-state physics *n* szilárdtestfizika

solitaire [sɒlɪ'teə] *n* (*game*) egyedül játszható játék; *US* passziánszjáték

solitary ['sɒlɪtrɪ] *a* (*sole*) magában álló; (*lonely*) magányos

solitude ['sɒlɪtjuːd] *n* magány

solo ['səʊləʊ] *n mus* szóló

soloist ['səʊləʊɪst] *n mus* szólista

solstice ['sɒlstɪs] *n* napforduló

soluble ['sɒljʊbl] *a* (*substance*) oldható; (*problem*) megoldható

solution [sə'luːʃn] *n* (*dissolving*) (fel)oldás; (*solving*) megoldás, megfejtés; (*liquid*) oldat

solve [sɒlv] *v also math* megold

solvent ['sɒlvənt] **1.** *a fin* fizetőképes **2.** *n chem* oldószer

sombre (*US* **-ber**) ['sɒmbə] *a* komor

some [səm, sʌm] **1.** *a/pron* (*certain*) némely, valami, (egy) bizonyos; (*a few, little*) (egy)néhány, egy kis/kevés, némi; egypár ‖ ~ **day** (*in future*) egyszer, egy szép napon; **in ~ places** helyenként; **in ~ way or (an)other** akár így, akár úgy; **can I have ~ more?** kérek még!; ~ **more (soup)? no more(,) thank you** parancsol még (levest)? köszönöm, elég!; ~ **years ago** néhány évvel ezelőtt **2.** *adv* mintegy, körülbelül

somebody ['sʌmbədɪ] *pron* valaki ‖ ~ **else** másvalaki; ~ **I know** egy ismerősöm

someday ['sʌmdeɪ] *adv US* majd egyszer/valamikor, egy napon

somehow ['sʌmhaʊ] *adv* valahogy(an)

someone ['sʌmwʌn] *pron* = **somebody**

somersault ['sʌməsɔːlt] **1.** *n* bukfenc **2.** *v* bukfencezik

something ['sʌmθɪŋ] *pron* valami ‖ ~ **to read** olvasnivaló

sometime ['sʌmtaɪm] **1.** *adv* (*in past*) egykor, valamikor; (*in future*) (majd) valamikor, egyszer majd **2.** *a* egykori, hajdani

sometimes ['sʌmtaɪmz] *adv* néha

someway ['sʌmweɪ] *adv US col* = **somehow**

somewhat ['sʌmwɒt] *adv* némileg, némiképp, egy kissé

somewhere ['sʌmweə] *adv* (*at some place*) valahol; (*to some place*) valahova || **from ~** valahonnan

son [sʌn] *n* **sy's ~** (vk) fia

song [sɒŋ] *n* ének, dal

sonic ['sɒnɪk] *a* hang- || **~ boom** hangrobbanás

son-in-law *n* (*pl* **sons-in-law**) vő

sonnet ['sɒnɪt] *n* szonett

sonny ['sʌnɪ] *n* **~!** kisfiam!, fiam!

soon [suːn] *adv* hamar, nemsokára || **~ after** röviddel azután; **as ~ as possible** minél előbb, amint lehet

sooner ['suːnə] *adv* (*time*) korábban; (*preference*) inkább || **~ or later** előbb vagy utóbb; **the ~ the better** minél előbb, annál jobb

soot [sʊt] *n* korom

soothe [suːð] *v* (*relieve pain*) enyhít; (*quiet*) lecsendesít; (*calm*) megnyugtat

sophisticated [sə'fɪstɪkeɪtɪd] *a* (*person*) igen művelt; (*machine, method*) (igen) bonyolult

soporific [sɒpə'rɪfɪk] *a* altató (hatású)

sopping (wet) ['sɒpɪŋ] *a* alaposan átázott

soppy ['sɒpɪ] *a* (*wet*) átázott, nedves; *col* (*sentimental*) érzelgős

soprano [sə'prɑːnəʊ] *n* (*pl* **-nos** *or* **-ni** [-niː]) szoprán

sorcerer ['sɔːsərə] *n* varázsló

sorceress ['sɔːsərɪs] *n* varázslónő, boszorkány

sordid ['sɔːdɪd] *a also fig* (*dirty*) piszkos; (*vile*) aljas

sore [sɔː] **1.** *a* fájó(s), sebes || **one's ~ point** érzékeny pontja vknek; **have a ~ throat** fáj a torka **2.** *n* seb

sorely ['sɔːlɪ] *adv* súlyosan, nagyon

sorrow ['sɒrəʊ] **1.** *n* szomorúság, bánat **2.** *v* bánkódik (*about/for/over* vm miatt, vk után)

sorrowful ['sɒrəʊfəl] *a fig* fájó, bánatos, bús

sorry ['sɒrɪ] **1.** *int* (**I'm**) **~!** (*apology*) elnézést (kérek)!, bocsánat!; **~?** (*pardon*) tessék?, kérem? **2.** *adv* **be ~ to** sajnál vmt, sajnálja, hogy...; **be/feel ~ for** vkt sajnál, sajnálkozik vk/vm miatt **3.** *a* sajnálatos, szomorú

sort [sɔːt] **1.** *n* fajta, féle || **what ~ of...?** milyen?, kiféle?, miféle? **2.** *v* **~ (out)** rendez, kiválogat; **~ out** *col* (*arrange*) elrendez, elintéz

SOS [es əʊ 'es] *n* vészjel, SOS

so-so *adv* csak-csak, úgy-ahogy

soufflé ['suːfleɪ] *n* felfújt, szuflé

sought [sɔːt] *pt/pp* → **seek**

soul [səʊl] *n* lélek || **~ (music)** soul-zene; **with all my ~** teljes szívemből

soulful ['səʊlfəl] *a* (*person*) mélyen érző; (*eyes*) kifejezésteljes

sound¹ [saʊnd] **1.** *n* (*noise*) hang **2.** *vi* (*be heard*) hangzik, hallatszik | *vt* (*produce sound*) megszólaltat, megfúj; (*pronounce*) hangoztat, kimond || **it ~s true** igaznak hangzik; **~ a horn** kürtöl; **~ the horn** (*in car*) kürtöl

sound² [saʊnd] *a* (*healthy*) ép, egészséges; (*thorough*) alapos || **be ~ asleep** mélyen alszik; **of ~ mind** épeszű

sound³ [saʊnd] **1.** *n med, naut* szonda **2.** *v (measure depth)* mélységet mér; *tech (test)* szondáz; *med (examine)* meghallgat, megkopogtat

sounding¹ ['saʊndɪŋ] **1.** *a* hangzó **2.** *n* hangzás

sounding² ['saʊndɪŋ] *n (of patient)* kopogtatás, hallgatózás; *(of depth)* mélységmérés, szondázás

sound insulation *n* hangszigetelés

soundly ['saʊndlɪ] *adv (beat)* alaposan; *(sleep)* mélyen

soundproof ['saʊndpruːf] *a* hangszigetelt

sound-track *n* hangsáv; *(music)* film zenéje

sound-wave *n* hanghullám

soup [suːp] *n* leves ‖ **be in the ~** *col* benne van a pácban

soup plate *n* levesestányér

soup spoon *n* leveseskanál

sour ['saʊə] *a fig* savanyú ‖ **~ grapes** savanyú a szőlő!

source [sɔːs] *n* forrás, eredet ‖ **~ of a river** forrásvidék; **~ of energy** energiaforrás

sour cream *n* tejföl, tejfel

sour milk *n* aludttej

south [saʊθ] **1.** *a* déli, dél- **2.** *adv* délre, dél felé **3.** *n geogr* dél

South Africa *n* Dél-Afrika

South-African *a* dél-afrikai

South America *n* Dél-Amerika

South-American *a* dél-amerikai

southbound ['saʊθbaʊnd] *a* dél felé haladó/tartó, délnek tartó

south-east *n* délkelet

south-eastern *a* délkeleti

southerly ['sʌðəlɪ] *a geogr* déli

southern ['sʌðən] *a* déli

South Pole, the *n* Déli-sark

South Sea, the *n* a Csendes-óceán déli része

southward(s) ['saʊθwəd(z)] *adv* délre, déli irányba(n)

south-west *n* délnyugat

south-western *a* délnyugati

souvenir [suːvəˈnɪə] *n* emlék-(tárgy), *(gift)* ajándék(tárgy)

sovereign ['sɒvrɪn] **1.** *a* a szuverén **2.** *n* uralkodó; államfő

sovereignty ['sɒvrəntɪ] *n (autonomy)* szuverenitás; *(rights)* felségjog

Soviet ['səʊvɪət] *a/n hist* szovjet

Soviet Union *n hist* Szovjetunió

sow¹ [saʊ] *n* koca

sow² [səʊ] *v (pt* **sowed**, *pp* **sown** [səʊn] *or* **sowed**) *(seed)* elvet ‖ **~ the seeds of sg** elveti/elhinti vmnek a magvát

sown [səʊn] *pp →* **sow²**

soya ['sɔɪə], *US* **soy** [sɔɪ] *n* szója

soya bean, *US* **soybean** ['sɔɪbiːn] *n* szójabab

spa [spɑː] *n* gyógyfürdő, fürdőhely

space [speɪs] **1.** *n* tér, táv; *(room)* férőhely; *(between lines)* sorköz; *(between letters)* betűköz; *(universe)* (világ)űr; *(interval)* időköz ‖ **in the ~ of 5 weeks** öt hét leforgása alatt **2.** *v* – **(out)** *(spread)* feloszt

space bar *n (on keyboard)* szóközbillentyű

spacecraft ['speɪskrɑːft] *n* űrhajó

spaceman ['speɪsmæn] *n (pl* **-men**) űrhajós

spaceship ['speɪsʃɪp] *n* űrhajó

space shuttle *n* űrrepülőgép, űrkomp

spacesuit ['speɪssuːt] *n* űrruha

space vehicle *n* űrhajó

spacing ['speisiŋ] *n* sorköz

spacious ['speiʃəs] *a* terjedelmes, kiterjedt, tágas

spade[1] [speid] *n* (*tool*) ásó

spade[2] [speid] *n*, **spades** [speidz] *n pl* (*in cards*) pikk

spaghetti [spə'geti] *n* spagetti

Spain [spein] *n* Spanyolország

span [spæn] 1. *n* (*of bridge*) fesztáv(olság); (*measurement*) arasz 2. *v* -**nn-** (*bridge*) áthidal

Spaniard ['spænjəd] *n* spanyol (*ember*)

Spanish ['spæniʃ] 1. *a* spanyol 2. *n* spanyol (nyelv) ‖ **the ~** *pl* a spanyolok

spank [spæŋk] *v* elfenekel

spanner ['spænə] *n* csavarkulcs, villáskulcs

spare [speə] 1. *a* tartalék-, pót- 2. *n* (*tyre*) pótkerék ‖ **~s** *pl* (*parts*) (pót)alkatrészek 3. *v* (*time, energy*) megtakarít ‖ **can you ~ me a cigarette?** tudsz adni egy cigarettát?

spare part(s) *n* (*pl*) alkatrész(ek), pótalkatrész(ek)

spare time *n* szabad idő

spare wheel *n* pótkerék

sparing ['speəriŋ] *a* takarékos

sparingly ['speəriŋli] *adv* takarékosan

spark [spɑːk] 1. *n* szikra 2. *v* (*engine*) gyújt

spark(ing) plug *n* (*in car*) gyertya

sparkle ['spɑːkl] 1. *n* ragyogás, szikrázás 2. *v* (*diamond, eyes*) szikrázik, ragyog

sparkling ['spɑːkliŋ] *a* (*eyes, lights*) szikrázó, ragyogó; (*drink*) szénsavas

sparrow ['spærəʊ] *n* veréb

sparse [spɑːs] *a* ritka, gyér

spasm ['spæzəm] *n* görcs

spasmodic [spæz'mɒdik] *a med* görcsös; (*growth*) rapszodikus, lökésszerű

spat [spæt] *pt/pp* → **spit**[1]

spate [speit] *n* árvíz, áradás ‖ **a ~ of...** rengeteg

spatter ['spætə] *v* **~ sg on/with sg** (vmt vmre) fröccsent

spatula ['spætʃʊlə] *n* spatula, nyelvlapoc

spawn [spɔːn] 1. *n* (hal)ikra 2. *v* ívik

speak [spiːk] *v* (*pt* **spoke** [spəʊk], *pp* **spoken** ['spəʊkən]) (*talk*) beszél, szól; (*make a speech*) beszédet mond; (*use a language*) beszél, tud ‖ **can you ~ English?** tud(sz) angolul?; **can I ~ to Judith?** Juditot kérem a telefonhoz

speak about sg beszél vmről

speak of beszél vkről/vmről

speak to vkvel/vkhez beszél, vknek/vkhez szól

speak up hangosa(bba)n beszél ‖ **~ up!** beszéljen hangosabban!

speaker ['spiːkə] *n* (*person*) szónok, előadó; (*loudspeaker*) hangfal ‖ **~ of English** angol anyanyelvű

Speaker, the *n GB* a képviselőház elnöke

spear [spiə] *n* dárda, lándzsa

spec [spek] *n col* **on ~** próbaképpen, próba szerencse; → **specs**

special ['speʃl] *a* különös, különleges, speciális ‖ **~ delivery letter** *US* expresszlevél

specialist ['speʃəlist] *n* szakember, szakértő (*in* vmben); (*doctor*) specialista, szakorvos

speciality [speʃɪ'ælətɪ] n specialitás, különlegesség

specialization [speʃələɪ'zeɪʃn] n (*specializing*) specializálódás; (*field*) szakterület

specialize ['speʃəlaɪz] v specializálja magát (*in sg* vmre)

specialized ['speʃəlaɪzd] a szakosított

specially ['speʃlɪ] adv különösen

specialty ['speʃltɪ] n *US* = **speciality**

species ['spi:ʃi:z] n (*pl* ~) *biol* faj

specific [spə'sɪfɪk] a (*particular*) különleges, specifikus; (*definite*) meghatározott

specifically [spə'sɪfɪklɪ] adv kifejezetten, speciálisan

specification [spesɪfɪ'keɪʃn] n részletezés, műleírás; (*stipulation*) kikötés ‖ ~s *pl tech* műszaki adatok

specify ['spesɪfaɪ] v (*determine*) pontosabban meghatároz; *comm* (*stipulate*) előír

specimen ['spesəmən] n minta(példány), mutatvány

speck [spek] n homokszem; porszem

speckled ['spekld] a pettyes, piszkos

specs [speks] n *pl col* szemüveg

spectacle ['spektəkl] n látvány; *theat* előadás ‖ ~s *pl* szemüveg

spectacular [spek'tækjʊlə] a látványos

spectator [spek'teɪtə] n néző ‖ ~s *pl* nézőközönség, nézők

spectre (*US* **specter**) ['spektə] n kísértet

speculate ['spekjʊleɪt] v elmélkedik, tűnődik ‖ ~ **in** sg *comm* vmvel spekulál

speculation [spekjʊ'leɪʃn] n elmélkedés, spekuláció; *comm* spekuláció, üzérkedés

sped [sped] *pt/pp* → **speed**

speech [spi:tʃ] n (*faculty*) beszéd (képessége); (*oration*) beszéd, szónoklat

speed [spi:d] **1.** n sebesség; (*gear*) sebesség(fokozat) **2.** v (*pt/pp* **sped** [sped] *or* **speeded**) vi (*move quickly*) siet; (*drive fast*) gyorsan hajt ‖ vt (*urge*) siettet; (*take quickly*) gyorsan (oda)szállít

speed up vt felgyorsít ‖ vi felgyorsul

speedboat ['spi:dbəʊt] n (gyorsasági) motorcsónak

speedily ['spi:dɪlɪ] adv gyorsan

speeding ['spi:dɪŋ] n gyorshajtás

speed limit n sebességkorlátozás

speedometer [spɪ'dɒmɪtə] n sebességmérő

speedway ['spi:dweɪ] n (*race*) salakpályaverseny

speedy ['spi:dɪ] a sebes, gyors

spell[1] [spel] n (*magic*) varázslat, bűvölet

spell[2] [spel] v (*pt/pp* **spelt** [spelt] *or* **spelled** [speld]) (*letters*) betűz; (*word*) lebetűz ‖ **he can't** ~ nem tud helyesen írni; **how do you** ~ **it?** hogyan írjuk (ezt a szót)?

spell[3] [spel] n (*period*) időszak

spellbound ['spelbaʊnd] a **hold sy** ~ lenyűgöz

spelling ['spelɪŋ] **1.** a helyesírási ‖ ~ **checker** *comput* helyesírás-ellenőrző (program) **2.** n helyesírás

spelt [spelt] *pt/pp* → **spell**[2]

spend [spend] v (*pt/pp* **spent** [spent]) (*time*) tölt; (*money*) (el)-

költ (*on* vmre) ‖ **how do you ~ your leisure?** mivel töltöd szabadidődet?

spending money *n* költőpénz

spendthrift ['spendθrıft] *n* költekező, pazarló

spent [spent] *a* fáradt, kimerült; → **spend**

sperm [spɜːm] *n* sperma, ondó

sperm-whale *n* ámbráscet

spew [spjuː] *v* (*flame, smoke*) okád

sphere [sfıə] *n* (*globe*) gömb; (*of activity*) (működési) kör, szféra, terület

spice [spaıs] **1.** *n* fűszer **2.** *v* fűszerez

spick-and-span [spıkən'spæn] *a* ragyogó tiszta, tipp-topp

spicy ['spaısı] *a* fűszeres; *also fig* pikáns

spider ['spaıdə] *n zoo* pók

spider's web *n* pókháló

spike [spaık] *n* (*pointed metal*) (vas)hegy; (*on shoe*) szeg; *bot* kalász

spiky ['spaıkı] *a* (*flower, leaf*) hegyes, szúrós; *fig* (*person*) tüskés

spill [spıl] **1.** *n* bukás, (le)esés **2.** *v* (*pt/pp* **spilt** [spılt] *or* **spilled**) *vt* kiönt, kilöttyent ǀ *vi* kiloccsan, kicsordul ‖ **it is no use crying over spilt milk** késő bánat ebgondolat

spilt [spılt] *pt/pp* → **spill**

spin [spın] **1.** *n* (*of wheel*) pörgés, forgás; (*trip in car*) autózás; *aviat* dugóhúzó **2.** *v* (*pt/pp* **spun** [spʌn]; **-nn-**) (*thread*) fon, sodor, sző; (*ball*) pörget

spin out (*meeting, story*) elhúz, elnyújt

spinach ['spınıdʒ] *n* spenót

spinal ['spaınl] *a* gerinc- ‖ **~ column** gerincoszlop, hátgerinc; **~ cord** gerincvelő

spindle ['spındl] *n tech* orsó

spindly ['spındlı] *a* **having ~ legs** pipaszárlábú

spin-drier *n* (háztartási) centrifuga

spine [spaın] *n* (hát)gerinc; (*of plant*) tüske, tövis; (*of book*) gerinc

spine-chilling *a* (*story*) hátborzongató, horror

spineless ['spaınlıs] *a* gerinctelen

spinning ['spınıŋ] *n* (*of thread*) fonás; (*of ball*) pörgés, forgás ‖ **~ top** (*toy*) csiga; **~ wheel** rokka

spinster ['spınstə] *n* hajadon, vénkisasszony, vénlány

spiral ['spaıərəl] **1.** *a* csigavonalú, spirális **2.** *n* csigavonal, spirál

spiral staircase *n* csigalépcső

spirit ['spırıt] *n* szellem, lélek; (*mood*) kedély, kedv; (*alcohol*) szesz, alkohol ‖ **in the ~ of sg** vmnek a jegyében; **~s** *pl* rövidítalok; **in good ~s** jókedvű

spirited ['spırıtıd] *a* élénk, talpraesett

spiritual ['spırıtʃʊəl] *a* szellemi, lelki ‖ **~ life** szellemi élet

spit[1] [spıt] **1.** *n* (*saliva*) köpés, köpet **2.** *v* (*pt/pp* **spat** [spæt]; **-tt-**) köp; (*rain*) szemerkél; (*oil*) serceg

spit[2] [spıt] *n* (*for roasting*) nyárs

spite [spaıt] *n* rosszakarat, rosszindulat ‖ **in ~ of** ellenére

spiteful ['spaıtfəl] *a* gyűlölködő

spittle ['spıtl] *n* köpés, köpet

splash [splæʃ] **1.** *n* (*noise*) loccsanás; (*spot*) folt ‖ **make a ~** nagy szenzációt kelt **2.** *vt* (le)fröcsköl, befröcsköl ǀ *vi* (ki)loccsan

splash down (spaceship) leszáll
splash-down n (of spaceship) vízre szállás
spleen [spliːn] n (organ) lép
splendid ['splendɪd] a fig ragyogó, pompás
splendour (US -or) ['splendə] n ragyogás, pompa
splint [splɪnt] 1. n med rögzítőkötés, sín 2. v (broken bone) rögzít
splinter ['splɪntə] n szilánk, szálka; (of bomb) repesz
split [splɪt] 1. a kettévágott, (kettéhasított || in a ~ second egy másodperc ezredrésze alatt 2. n (el)hasadás; (in wall) rés, hasadék; (of party) pártszakadás 3. v (pt/pp split; -tt-) (tear) vi (el)hasad, beszakad; (break) repedezik, bereped, szétreped, szétszakad | vt (cleave) felhasít, széthasít; (divide) eloszt || ~ in two kettéhasít; kettéhasad
split up vt széthasít | vi szétválnak
splitting ['splɪtɪŋ] a (pain) hasogató
spoil [spɔɪl] v (pt/pp spoilt [spɔɪlt] or spoiled) (vi) megromlik | vt (child) (el)kényeztet; (plan) elront, felborít
spoils [spɔɪlz] n (pl) (stolen goods) zsákmány
spoilsport ['spɔɪlspɔːt] n ünneprontó
spoilt [spɔɪlt] pt/pp → spoil
spoke[1] [spəʊk] n küllő
spoke[2] [spəʊk] pt → speak
spoken ['spəʊkən] pp → speak
spoken language n a beszélt nyelv
spokesman ['spəʊksmən] n (pl -men) szóvivő

spokeswoman ['spəʊkswʊmən] n (pl -women) szóvivő(nő)
sponge [spʌndʒ] 1. n szivacs 2. v col ~ on sy vkn élősködik || ~ (up) (liquid) felitat
sponge-cake n piskótatészta
spongy ['spʌndʒɪ] a szivacsos
sponsor ['spɒnsə] 1. n szponzor; (godfather) keresztapa || ~s pl keresztszülők 2. v szponzorál, finanszíroz, pénzel
sponsorship ['spɒnsəʃɪp] n támogatás, szponzorálás
spontaneous [spɒnˈteɪnɪəs] a akarátlan, spontán
spooky ['spuːkɪ] a kísérteties
spool [spuːl] 1. n orsó, tekercs 2. v felteker(csel)
spoon [spuːn] n kanál
spoon-feed v (pt/pp -fed) (feed) kanállal etet; fig (supply, teach) szájába rág
spoonful ['spuːnfʊl] n kanálnyi || a level ~ egy csapott kanállal
sport [spɔːt] n (game) sport; (branch) sportág; (amusement) szórakozás, tréfa; → sports
sportcast ['spɔːtkɑːst] n US sportközvetítés
sporting ['spɔːtɪŋ] a sport-; (person) sportos; (fair) sportszerű
sports [spɔːts] n pl sport, sportolás || ~ car sportkocsi
sportsman ['spɔːtsmən] n (pl -men) sportoló, sportember
sportsmanlike ['spɔːtsmənlaɪk] a sportszerű
sportsmanship ['spɔːtsmənʃɪp] n sportszerűség
sportswear ['spɔːtsweə] n sportöltözet

sportswoman ['spɔːtswʊmən] n (pl -**women**) női sportoló

sporty ['spɔːtɪ] a (clothes) sportos; (person) sportkedvelő

spot [spɒt] **1.** n (mark, stain) folt; (locality) vidék, hely; (on face) pattanás; (announcement) reklám ‖ ~**s** pl pörsenés; **on the** ~ a helyszínen **2.** v -**tt**- észrevesz, „kiszúr"

spot check n szúrópróba

spotlight ['spɒtlaɪt] n (light) reflektorfény; (lamp) reflektor

spotted ['spɒtɪd] a (pattern) pettyes

spotty ['spɒtɪ] a (face) pattanásos

spouse [spaʊz] n házastárs

spout [spaʊt] **1.** n (of jug) csőr, kifolyó; (stream) vízsugár **2.** v ~ **out** (of/from) sugárban ömlik (vmből)

sprain [spreɪn] **1.** n ficam **2.** v kificamít

sprained ankle n bokaficam

sprang [spræŋ] pt → **spring**

sprawl [sprɔːl] v terpeszkedik

spray [spreɪ] **1.** n (liquid) permet; (atomizer) permetezőpalack, spray **2.** v (plant) permetez; (hair) vmvel befúj; (paint) szór (on/over vmre), fényez (autót)

spread [spred] **1.** n (extent) kiterjedés, terjedelem; (dispersion) (szét)-szórás; (advertisements) egész oldalas hirdetés ‖ **what a** ~! micsoda terülj-terülj asztalkám! **2.** v (pt/pp **spread** [spred]) vi (extend) terjed, elterjed, szóródik | vt (distribute) (el)terjeszt; (bread) megken (vmvel)
  spread abroad/around (news) elterjeszt
  spread out (arms) széttár; (map) szétterít

spreadsheet ['spredʃiːt] n comput táblázatkezelő (program)

spree [spriː] n col muri ‖ **go on the** ~ col lumpol, kirúg a hámból

sprig [sprɪg] n gally

sprightly ['spraɪtlɪ] a vidám, fürge, élénk

spring [sprɪŋ] **1.** n (source) forrás; (piece of metal) rugó; (leap) ugrás; (season) tavasz ‖ **in (the)** ~ tavasszal **2.** v (pt **sprang** [spræŋ], pp **sprung** [sprʌŋ]) (leap) ugrik; (arise) fakad, ered ‖ ~ **a leak** léket kap
  spring up fig keletkezik, támad

springboard ['sprɪŋbɔːd] n ugródeszka ‖ ~ **diving** műugrás

spring-cleaning n tavaszi nagytakarítás

springtime ['sprɪŋtaɪm] n tavasz

sprinkle ['sprɪŋkl] v (with salt) meghint, (be)szór; (with liquid) permetez, meglocsol

sprinkler ['sprɪŋklə] n szórófej

sprint [sprɪnt] **1.** n vágta, hajrá **2.** v vágtázik, sprintel

sprinter ['sprɪntə] n sp rövidtávfutó, vágtázó, sprinter ‖ ~ **(in freestyle)** gyorsúszó

sprite [spraɪt] n tündér, manó

sprout [spraʊt] bot **1.** n hajtás, sarj **2.** v (grow) sarjad, kihajt; (produce) vmt hajt

spruce[1] [spruːs] n lucfenyő

spruce[2] [spruːs] a takaros, csinos

sprung [sprʌŋ] pp → **spring**

spry [spraɪ] a virgonc, fürge

spume [spjuːm] n (of sea) hab, tajték

spun [spʌn] a fonott; → **spin**

spur [spɜː] **1.** n sarkantyú **2.** v -**rr**-megsarkantyúz

spur sy on *fig* sarkantyúz || **~ sy on to** vkt vmre sarkall, ösztönöz

spurious ['spjʊərɪəs] *a* hamis, ál-

spurn [spɜːn] 1. *n* elutasítás 2. *v* elutasít, kiadja az útját

spurt [spɜːt] 1. *n* (*jet*) sugár; (*burst*) kitörés; (*run*) hajrá(zás) 2. *v* ~ **(out)** kifröccsen, kilövell

spy [spaɪ] 1. *n* kém 2. *v* kémkedik (*on* vk után; *for* vknek)

spying ['spaɪɪŋ] *n* kémkedés

sq = **square**

Sq = *Square* tér

squabble ['skwɒbl] *v* ~ **(with sy) about sg** (*apróságok miatt*) veszekszik (vkvel)

squad [skwɒd] *n mil* raj, szakasz, osztag; *sp* (*sportsmen*) keret

squadron ['skwɒdrən] *n* (*of aircrafts*) repülőszázad; (*of warships*) hajóraj; (*of cavalry*) lovasszázad

squalid ['skwɒlɪd] *a* (*dirty*) mocskos; (*mean*) hitvány

squall [skwɔːl] 1. *n* sikoltás 2. *v* sikolt, sikít

squander ['skwɒndə] *v* elpazarol, elherdál

square [skweə] 1. *a* négyszögletes, négyzet alakú || **we are now ~** kvittek vagyunk; **~ metre** négyzetméter; **a ~ meal** *col* kiadós étkezés 2. *n math* (*shape or number*) négyzet; (*area*) tér 3. *v math* négyzetre emel

squash[1] [skwɒʃ] 1. *n* (*crowd*) tolongás, tumultus; (*drink*) szörp, üdítőital; *sp* (*game*) fallabda 2. *v* szétnyom

squash[2] [skwɒʃ] *n US bot* sütőtök

squat [skwɒt] 1. *a* tömzsi, zömök 2. *v* **-tt- ~ down** leguggol

squatter ['skwɒtə] *n* (*of flat*) (jogcím nélküli) beköltöző

squawk [skwɔːk] *v* (*bird*) vijjog, rikolt

squeak [skwiːk] 1. *n* (*of door*) nyikorgás; (*of mouse*) cincogás; (*of floor*) reccsenés 2. *v* nyikorog; reccseg, (*mouse*) cincog

squeal [skwiːl] *v* visít, rikolt

squeeze [skwiːz] 1. *n* összenyomás; (*juice*) (kipréselt) gyümölcslé; *col* (*restriction*) korlátozás, megszorítás 2. *v* (*press*) összenyom, összeprésel; (*get juice*) kicsavar, kinyom

squeeze in belepréshel, vmt be(le)nyom, begyömöszöl

squeeze out (*fruit*) kinyom

squid [skwɪd] *n* tintahal

squint [skwɪnt] 1. *n* kancsalság || **have a ~** kancsalít, kancsal 2. *v* kancsalít

squint-eyed *a* kancsal

squire [skwaɪə] *n GB* földesúr

squirrel ['skwɪrəl] *n* mókus

squirt [skwɜːt] *v* spriccel

St = **Saint; Street**

stab [stæb] 1. *n* szúrás; (*wound*) szúrt seb 2. *v* **-bb-** átszúr; (*with knife*) megszúr || **~ sy (to death)** vkt leszúr

stability [stə'bɪlətɪ] *n* állandóság, stabilitás

stabilization [steɪbəlaɪ'zeɪʃn] *n* állandósulás, stabilizáció

stabilize ['steɪbəlaɪz] *vt* állandósít, stabilizál | *vi* állandósul, stabilizálódik

stable[1] ['steɪbl] *a* állandó; stabil

stable[2] ['steɪbl] *n* (*building*) (ló)istálló

stack [stæk] 1. *n* boglya, kazal 2. *v* boglyába/kazalba rak

stadium ['steɪdɪəm] *n* (*pl* **-diums** *or* **-dia** [-dɪə]) stadion

staff [stɑːf] *n* (*stick*) bot, rúd; *mil* (*officers*) törzs(kar); (*personnel*) személyzet, az alkalmazottak ‖ **teaching** ~ tantestület, tanári kar

staff cuts *n pl* létszámcsökkentés

staff room *n* tanári szoba

stag [stæg] *n* szarvas(bika)

stage [steɪdʒ] **1.** *n* színpad; (*period*) szakasz; (*degree*) fokozat; (*point*) stádium, fázis ‖ **the** ~ színművészet, színészi pálya; **at this** ~ ezen a ponton; **travel by easy ~s** megszakításokkal utazik **2.** *v* színpadra állít vmt

stage door *n* színészbejáró

stage-manager *n theat* ügyelő

stagger ['stægə] *v* tántorog, botladozik ‖ **was ~ed to hear** megdöbbenve hallotta, hogy...

staggering ['stægərɪŋ] *a* döbbenetes, megdöbbentő

stagnant ['stægnənt] *a* pangó, stagnáló ‖ ~ **water** állóvíz

stagnate [stæg'neɪt] *v* stagnál

stain [steɪn] **1.** *n also fig* folt **2.** *v* bepiszkít ‖ ~ **sg/sy with blood** összevérez vmt/vkt

stained [steɪnd] *a* foltos, pecsétes ‖ ~ **glass window** festett/színes üvegablak

stainless ['steɪnlɪs] *a* (*steel*) rozsdamentes

stain remover *n* folttisztító (szer)

stair [steə] *n* lépcsőfok; → **stairs**

staircase ['steəkeɪs] *n* lépcsőház

stairs [steəz] *n pl* lépcső ‖ **up/down the ~s** fel/le a lépcsőn

stairway ['steəweɪ] *n* lépcsőház

stake [steɪk] *n* (*post*) karó, cölöp; (*bet*) tét ‖ **be at** ~ kockán forog

stale [steɪl] *a* (*not fresh*) áporodott, állott; (*bread*) száraz; (*air*) elhasznált

stalemate ['steɪlmeɪt] *n* (*in chess*) patt

stalk [stɔːk] *n bot* szár

stall [stɔːl] **1.** *n* (*in stable*) állás, rekesz; (*in market*) bódé; → **stalls 2.** *vi* leáll, bedöglik | *vt* leállít

stalls [stɔːlz] *n pl theat* földszint, zsöllye

stamina ['stæmɪnə] *n* jó erőnlét, állóképesség

stammer ['stæmə] *v* dadog, hebeg

stamp [stæmp] **1.** *n* (*postage* ~) bélyeg; (*on document*) bélyegző, pecsét **2.** *v* (*stick a stamp on*) bélyeget ragaszt vmre, felbélyegez; (*mark by pressing*) lepecsétel, felülbélyegez; (*one's foot*) dobbant

stance [stæns] *n* (*posture*) állás, helyzet; (*attitude*) beállítottság, álláspont

stand [stænd] **1.** *n* (*support*) állvány; (*stall*) bódé, árusítóhely; (*station*) taxiállomás, stand; *sp* tribün ‖ **come to a** ~ megáll; **take a ~ on sg** állást foglal vm ügyben **2.** *v* (*pt/pp* **stood** [stʊd]) *vi* (*be erect*) áll, megáll; (*be valid*) érvényes | *vt* (*place*) tesz, állít; (*withstand*) elvisel, (ki)bír, tűr ‖ **it ~s to reason** magától értetődik; ~ **sy a drink** vknek fizet egy pohárral

stand by (*move uninvolved*) (csak) áll (és tétlenül néz); (*be ready*) készenlétben áll ‖ ~ **by (one's evidence)** vallomását fenntartja

stand down (*candidate*) visszalép

stand for (*signify*) vmt jelent; (*be candidate*) jelölteti magát ‖ ~ **for (Parliament) election** képviselő-jelöltként lép fel

stand in for sy vkt helyettesít ‖ ~ **in line** *US* sorba(n) áll (*for* vmért)

stand out vm vmből kiáll

stand up (*from sitting*) felkel, feláll

stand up for sg/sy kiáll vmért/vkért *or* vm/vk mellett

stand up to (*person*) szembeszáll vkvel; (*pressure*) ellenáll vmnek

standard ['stændəd] **1.** *a* szabványos, szabvány- **2.** *n* szabvány; (*flag*) zászló

standardize ['stændədaɪz] *v* szabványosít, egységesít

standard lamp *n* állólámpa

standard of living *n* életszínvonal

standard time *n* zónaidő

stand-by *n* (*reserve*) tartalék; (*help*) segítség ‖ ~ **(passenger)** helyre váró utas; ~ **ticket** olcsóbb jegy helyre váróknak

stand-in *n* dublőr, dublőz

standing ['stændɪŋ] **1.** *a* (*erect*) álló; (*permanent*) állandó; (*established*) fennálló, (még) érvényes ‖ ~ **crops** lábon álló termés **2.** *n* állás, pozíció, rang ‖ **of high** ~ magas állású/rangú

standing committee *n* állandó bizottság

standing room *n* állóhely

stand-offish [stænd'ɒfɪʃ] *a* tartózkodó, hideg

standpoint ['stændpɔɪnt] *n* álláspont, nézőpont

standstill ['stændstɪl] *n* nyugalmi állapot, leállás ‖ **be at a** ~ nyugalmi állapotban van; (*machine*, *trade*) áll; **come to a** ~ leáll, holtpontra jut

stank [stæŋk] *pt* → **stink**

staple[1] ['steɪpl] **1.** *n* (*for papers*) fűzőkapocs, kapocs **2.** *v* összefűz

staple[2] ['steɪpl] *n* (*article*) főtermék

stapler ['steɪplə] *n* (*irodai*) fűzőgép

star [stɑː] **1.** *n* (*celestial body*) csillag; (*person*) sztár ‖ **the S~s and Stripes** *US* csillagos-sávos lobogó **2.** *v* **-rr-** ~**ring...** a főszerepben...

starboard ['stɑːbəd] *n* (*of ship*, *aircraft*) jobb oldal

starch [stɑːtʃ] *n* keményítő

stardom ['stɑːdəm] *n* sztárok világa

stare [steə] **1.** *n* merev tekintet **2.** *v* mered, bámul

stare at sy megbámul, rábámul

starfish ['stɑːfɪʃ] *n* tengeri csillag

stark [stɑːk] **1.** *a* merev **2.** *adv* teljesen ‖ ~ **naked** anyaszült meztelen(ül), pucér(an)

starless ['stɑːlɪs] *a* csillagtalan

starling ['stɑːlɪŋ] *n* seregély

starring [stɑːrɪŋ] *a* → **star 2.**

starry ['stɑːrɪ] *a* (*sky*) csillagos

start [stɑːt] **1.** *n* (*beginning*) kezdet; (*departure*) indulás; *sp* (*of race*) rajt, start **2.** *vt* (*set off*) elindít; (*ignite*) begyújt; (*frighten*) megijeszt | *vi* (*leave*) (el)indul; (*ignite*) beindul; (*begin*) megkezdődik, elkezdődik; (*begin to do*) kezd, vmbe belefog; *sp* rajtol, startol ‖ **be about to** ~ indulóban/induló-félben van; **it** ~**ed raining** esni kezdett; ~ **again** elölről kezdi, újrakezd; ~ **doing sg** vmhez hozzáfog

start off útnak ered

starter ['stɑːtə] n col (meal) előétel; (device) indítómotor

starting block ['stɑːtɪŋ] n rajtgép

starting point n kiindulási pont

startle ['stɑːtl] v (frighten) felriaszt, megijeszt; (astonish) megdöbbent, meghökkent

startling ['stɑːtlɪŋ] a meglepő, megdöbbentő

starvation [stɑːˈveɪʃn] n éhezés, koplalás

starve [stɑːv] vi éhezik, koplal | vt éheztet

starving ['stɑːvɪŋ] a éhező

state [steɪt] 1. n (condition) állapot; (nation) állam || ~ of emergency szükségállapot, rendkívüli állapot; → States 2. v (express) kijelent, megállapít; (quote) megad || ~ one's case kifejti az álláspontját

State Department n US külügyminisztérium

stately ['steɪtlɪ] a (dignified) mutatós, reprezentatív; (lofty) büszke

statement ['steɪtmənt] n (of facts) állítás, megállapítás, kijelentés, nyilatkozat || ~ of account számlakivonat

statesman ['steɪtsmən] n (pl -men) államférfi(ú)

States, the n pl Amerikai Egyesült Államok, az USA

static ['stætɪk] 1. a (stationary) nyugvó, statikus; (of statics) statikai 2. n légköri zavarok

statics ['stætɪks] n sing. statika

station ['steɪʃn] 1. n (for train or bus) állomás, pályaudvar; (stop) megállóhely 2. v állomásoztat

stationary ['steɪʃənrɪ] a (not moving) álló; (car) parkoló

stationer ['steɪʃnə] n papírkereskedő || ~'s (shop) papírkereskedés

stationery ['steɪʃənrɪ] n levélpapír, írószerek

station wagon n kombi

statistical [stəˈtɪstɪkl] a statisztikai

statistics [stəˈtɪstɪks] n sing. (science) statisztika; pl (data) statisztika(i adatok)

statue ['stætʃuː] n szobor

stature ['stætʃə] n (of person) alak, termet

status ['steɪtəs] n állapot, helyzet, státus

status symbol n státusszimbólum

statute ['stætʃuːt] n szabályrendelet, törvény

statute law n írott jog

statutory ['stætʃʊtrɪ] a törvényen alapuló, törvényes || ~ law tételes jog

staunch [stɔːntʃ] a ragaszkodó

stave [steɪv] n (of barrel) hordódonga

stay [steɪ] 1. n (staying) tartózkodás, időzés || during her ~ ottléte alatt 2. v vhol ideiglenesen tartózkodik, marad || ~ put mozdulatlan marad

stay at (hotel) megszáll

stay in (at hotel) otthon marad

stay off (food, work) tartózkodik; távoltart

stay on (remain after) tovább marad

stay out (of house) kimarad, nem megy haza

stay with sy vknél megszáll

staying power ['steɪɪŋ] n állóképesség, jó erőnlét

STD [es ti: 'di:] = **sexually transmitted disease**; *GB* **subscriber trunk dialling**

STD call *n* belföldi távhívás

stead [sted] *n* **in sy's ~ vk** helyett

steadfast ['stedfa:st] *a* állhatatos, kitartó

steadily ['stedəlɪ] *adv* (*firmly*) szilárdan; (*regularly*) egyenletesen; (*constantly*) állandóan

steady ['stedɪ] **1.** *a* (*firm*) szilárd, biztos; (*regular*) egyenletes, szabályos; (*constant*) állandó; (*reliable*) állhatatos || **~!** csak nyugodtan! **2.** *adv* **go ~ with** *col* jár vkvel

steak [steɪk] *n* (hús)szelet, bifsztek

steal [sti:l] *v* (*pt* **stole** [stəʊl], *pp* **stolen** ['stəʊlən]) (el)lop || **~ a glance at** vmt lopva megnéz

stealth [stelθ] *n* **by ~** lopva, titkon,suttyomban

stealthy ['stelθɪ] *a* titkos, rejtett, óvatos

steam [sti:m] **1.** *n* gőz **2.** *vi* gőzölög, párolog | *vt* párol
 steam up (he)párásodik

steamed [sti:md] *a* párolt

steam-engine *n* gőzgép

steamer ['sti:mə] *n* gőzhajó

steam iron *n* gőzölős vasaló

steam-roller *n* úthenger

steamy ['sti:mɪ] *a* gőzös, párás

steed [sti:d] *n* paripa

steel [sti:l] **1.** *n* acél **2.** *v* (*iron*) edz; (*heart*) megacéloz; *fig* (*person*) edz

steel blade *n* acélpenge

steelworks [sti:lwɜ:ks] *n pl or sing.* acélmű(vek)

steely ['sti:lɪ] *a* acélos

steep[1] [sti:p] *a* (*slope*) meredek; (*price*) magas, csillagászati

steep[2] [sti:p] *vt* (be)áztat | *vi* ázik

steeple ['sti:pl] *n* (*of church*) torony

steer [stɪə] *v* (*ship, car*) irányít, vezet, kormányoz

steering ['stɪərɪŋ] *n* (*of car*) kormányzás || **~ lock** kormányzár; **~ wheel** kormánykerék

stem [stəm] *n* (*of pipe*) (pipa)szár; (*of plant*) szár; (*of word*) szótő

stench [stentʃ] *n* bűz

stencil ['stensl] **1.** *n* (*metal*) sablon, betűrajzoló minta; (*paper*) stencil **2.** *v* **-ll-** (*US* **-l-**) sablonnal sokszorosít; stencilez

step [step] **1.** *n* (*pace*) lépés; (*stair*) lépcsőfok, lépcső || **~s** *pl* utaslépcső; **~ by** fokozatosan **2.** *v* **-pp-** lép

step aside (*out of way*) félreáll

step in közbelép

step out kilép

step up növel, fokoz

stepbrother ['stepbrʌðə] *n* mostohatestvér

stepchild ['steptʃaɪld] *n* (*pl* **-children**) mostohagyermek

stepdaughter ['stepdɔ:tə] *n* mostohaleány

stepfather ['stepfɑ:ðə] *n* mostohaapa

stepladder ['steplædə] *n* szobalétra

stepmother ['stepmʌðə] *n* mostohaanya

stepping stone ['stepɪŋ] *n* gázlókő; *fig* ugródeszka

stepsister ['stepsɪstə] *n* mostohanővér, mostohatestvér

stepson ['stepsʌn] *n* mostohafiú

stereo ['stenəʊ] **1.** *n* (*pl* **~s**) **(system)** sztereó berendezés/készülék || **in ~** sztereóban **2.** *a* sztereo(-)

stereophonic [ˌsterɪəˈfɒnɪk] *a* sztereofonikus, sztereo

stereo radio cassette recorder *n* sztereó magnós rádió

stereotype [ˈsterɪətaɪp] *n print* klisé, nyomódúc; *fig (phrase, idea)* sablon

sterile [ˈsteraɪl] *a* csíramentes, steril; *(person)* meddő

sterility [stəˈrɪlətɪ] *n* sterilitás, meddőség

sterilization [ˌsterəlaɪˈzeɪʃn] *n (of instrument)* fertőtlenítés, sterilizálás

sterling [ˈstɜːlɪŋ] 1. *a (silver)* törvényes finomságú 2. *n* sterling

stern[1] [stɜːn] *a* zord, szigorú

stern[2] [stɜːn] *n naut* tat; far

stew [stuː] 1. *n* párolt hús, ragu 2. *v (meat, vegetables)* párol, főz; gőzöl

steward [ˈstjuːəd] *n (on estate)* (gazdasági) gondnok; *(in ship)* (hajó)pincér

stewardess [ˈstuːədɪs] *n* légi utaskísérő (nő), stewardess

stick [stɪk] 1. *n (staff)* bot; *(for hockey)* ütő; *col (glue)* ragasztó 2. *v (pt/pp stuck* [stʌk]*) vt (pierce)* szúr, döf; *(glue)* (oda)ragaszt, összeragaszt | *vi (get stuck)* (össze)ragad; *(jam)* (meg)akad; → **stuck**

stick in beragaszt vmbe

stick on felragaszt

stick out *(point)* kiáll; *(ears)* eláll

stick up *(poster)* kifüggeszt; *(hair)* feltűz

sticker [ˈstɪkə] *n* matrica

sticking plaster [ˈstɪkɪŋ] *n (waterproof)* sebtapasz

stickler [ˈstɪklə] *n* szőrszálhasogató

stick-up *n col* (fegyveres) rablótámadás

sticky [ˈstɪkɪ] *a* ragadós

stiff [stɪf] *a* merev; *(hard)* kemény; *(difficult)* nehéz; *(drink)* erős

stiffen [ˈstɪfn] *vt* (meg)merevít | *vi* (meg)merevedik, (meg)keményedik

stiffening [ˈstɪfnɪŋ] 1. *a* zsibbasztó 2. *n* zsibbadás

stiffness [ˈstɪfnɪs] *n* merevség, keménység; *(numbness)* zsibbadtság

stifle [ˈstaɪfl] *v* elnyom, elfojt

stifling [ˈstaɪflɪŋ] *a* fullasztó

stigma [ˈstɪɡmə] *n (of shame)* szégyenbélyeg; *(of flower)* bibe

stile [staɪl] *n (over fence)* lépcsős átjáró; *(turnstile)* forgókereszt

stiletto (heel) [stɪˈletəʊ] *n* tűsarok

still [stɪl] 1. *a* csendes, nyugodt 2. *adv* még mindig; *(de azért)* mégis || **be ~ to come** még hátravan 3. *n (quietness)* nyugalom 4. *v* csendesít, elcsendesít

stillborn [ˈstɪlbɔːn] *a* halva született

still life *n (pl lifes)* csendélet

stilts [stɪlts] *n pl* gólyalábak

stimulant [ˈstɪmjʊlənt] *n* dopping-szer, serkentőszer

stimulate [ˈstɪmjʊleɪt] *v* élénkít, stimulál, serkent

stimulation [ˌstɪmjʊˈleɪʃn] *n* ösztönzés, buzdítás, biztatás

stimulus [ˈstɪmjʊləs] *n (pl -li* [-laɪ]*) (of senses)* inger

sting [stɪŋ] 1. *n* csípés, szúrás; *(organ)* fullánk 2. *v (pt/pp stung* [stʌŋ]*) (insect)* (meg)csíp, megszúr; *(nettle)* éget

stinginess [ˈstɪndʒɪnɪs] *n col* fösvénység, fukarság

stingy ['stɪndʒɪ] *a col* fösvény, zsugori, smucig, sóher

stink [stɪŋk] **1.** *n* bűz **2.** *v* (*pt* **stank** [stæŋk] *or* **stunk** [stʌŋk], *pp* **stunk** [stʌŋk]) bűzlik

stinking ['stɪŋkɪŋ] *a* büdös; *fig* (*person*) ellenszenves

stint [stɪnt] **1.** *n* (*limlt*) korlátozás; (*work*) előírt munka(feladat) ‖ **do one's daily ~** végzi a napi robotot, melózik **2.** *v* fukarkodik vmivel

stipulate ['stɪpjʊleɪt] *v* feltételeket szab, kiköt

stipulation [stɪpjʊ'leɪʃn] *n* kikötés, feltétel

stir [stɜ:] **1.** *n* (*stirring*) kavarás, keverés; (*excitement*) kavarodás, sürgölődés; (*sensation*) szenzáció ‖ **create a general ~** közfeltűnést kelt **2.** *v* **-rr-** *vt* (*with spoon*) (meg)kever, (meg)kavar; (*excite*) felkavar ‖ *vi* (*move*) moccan
stir up (*fire*) felpiszkál; (*person*) felkavar; (*revolt*) szít

stitch [stɪtʃ] **1.** *n* (*in knitting*) szem; *also med* öltés; (*pain*) szúrás, szúró fájdalom **2.** *v* (ossze)varr; ölt

stoat [stəʊt] *n* hermelin

stock [stɒk] **1.** *n* (*of goods*) készlet; *comm* raktár; (*of animals*) állatállomány; (*of rifle*) puskatus; (*shares*) részvény(tőke); (*capital*) alaptőke ‖ **be out of ~** kifogyott; elfogyott **2.** *v* tárol, raktáron tart
stock with (*supplies*) ellát

stockade [stɒ'keɪd] *n* (*of fortress*) cölöpkerítés

stockbroker ['stɒkbrəʊkə] *n* tőzsdeügynök, alkusz

stock exchange *n* (érték)tőzsde

stocking ['stɒkɪŋ] *n* harisnya ‖ **a pair of ~s** harisnya

stockkeeper ['stɒkki:pə] *n* raktáros

stock market *n* (érték)tőzsde

stock phrase *n* közhely, klisé

stockpile ['stɒkpaɪl] **1.** *n* tartalékkészlet, árukészlet **2.** *v* felhalmoz

stocktaking ['stɒktoɪkɪŋ] *n* leltározás

stocky ['stɒkɪ] *a* zömök, köpcös

stodgy ['stɒdʒɪ] *a* (*food*) nehéz, nehezen emészthető

stole[1] [stəʊl] *n* stóla

stole[2] [stəʊl] *pt* → **steal**

stolen ['stəʊlən] *pp* → **steal**

stolid ['stɒlɪd] *a* közönyös

stomach ['stʌmək] **1.** *n* gyomor; (*belly*) has ‖ **his ~ is upset** gyomorrontása van **2.** *v fig* eltűr, lenyel ‖ **I can't ~ it** ezt nem veszi be a gyomrom

stomach ache *n* gyomorfájás ‖ **have (a) ~** fáj a gyomra

stone [stəʊn] *n also med* kő; (*of fruit*) (gyümölcs)mag

stone-cold *a* jéghideg

stone-deaf *a* teljesen süket

stone-hard *a* kőkemény

stonework ['stəʊnwɜ:k] *n* kőfal

stony ['stəʊnɪ] *a* kőkemény

stood [stʊd] *pt/pp* → **stand**

stool [stu:l] *n* (támla nélküli) szék ‖ **~(s** *pl*) *med* széklet

stoop [stu:p] *v* lehajol

stop [stɒp] **1.** *n* (*stopping*) megállás; (*place*) megálló; (*in punctuation*) pont **2.** *v* **-pp-** *vi* (*halt*) megáll; (*cease*) eláll, megszűnik ‖ *vt* megállít; (*bring to end*) megszüntet, véget vet (vmnek); (*block*) eltöm, betöm ‖ **~! állj!; it (has) ~ped raining** az eső elállt;

~ **doing** *sg* vmvel felhagy, abba-hagy; ~ **it!** elég volt!, hagyd már abba!

stop at (*train, bus*) megáll

stop up (*hole*) eldugaszol, tömít ‖ ~ **up a gap** lyukat betöm

stoplight ['stɒplait] *n* (*US traffic light*) tilos jelzés; (*brakelight*) féklámpa, stoplámpa

stopover ['stɒpəʊvə] *n* útmegszakítás

stoppage ['stɒpidʒ] *n* megállás; (*in traffic*) torlódás; (*in work*) munkabeszüntetés

stopper ['stɒpə] *n* dugó

stop sign *n* stoptábla

stop-watch ['stɒpwɒtʃ] *n* stopper(óra)

storage ['stɔːridʒ] *n* (*of goods*) tárolás, raktározás; *comput* tár

store [stɔː] 1. *n* (áru)készlet; (*warehouse*) raktár; *GB* (*large shop*) áruház; *US* (*shop*) üzlet, bolt ‖ **keep in** ~ készenlétben tart 2. *v* (el)raktároz, *also comput* tárol

storekeeper ['stɔːkiːpə] *n US* = **shopkeeper**

storey (*US* **story**) ['stɔːri] *n* emelet

stork [stɔːk] *n zoo* gólya

storm [stɔːm] *n* vihar ‖ ~ **in a teacup** vihar egy pohár vízben

stormy ['stɔːmi] *a* viharos

story[1] ['stɔːri] *n* elbeszélés, történet ‖ **that is quite another** ~ ez más lapra tartozik

story[2] ['stɔːri] *n US* = **storey**

storybook ['stɔːribʊk] *n* mesekönyv

stout [staʊt] 1. *a* (*fat*) vaskos, testes 2. *n* (*beer*) barna sör

stove [stəʊv] *n* (*for cooking*) tűzhely; (*for heating*) kályha

stow [stəʊ] *v* megrak, megpakol

stowaway ['stəʊəwei] *n col* (*on ship, aircraft*) potyautas

straddle ['strædl] *v* (*stand*) terpeszállásban áll; (*sit*) lovaglóülésben ül vmn ‖ ~ **(one's legs)** szétterpeszti a lábát, szétterpesztett lábbal áll/ül

straggle ['strægl] *v* (*stray*) (el)csatangol; (*lag behind*) lemaradozik

straight [streit] 1. *a* egyenes; (*honest*) becsületes, egyenes; (*drink*) tiszta 2. *adv* egyenesen; (*directly*) közvetlenül; (*frankly*) őszintén, egyenesen ‖ ~ **from the horse's mouth** első kézből; ~ **off** azonnal; ~ **on** egyenesen előre/tovább; ~ **out** egyenesen, nyíltan; ~ **up?** *GB col* komolyan?

straightaway [streitə'wei] *adv* azonnal, rögtön

straighten ['streitn] *v* ~ **(out)** egyenlővé tesz; (*misunderstanding*) elsimít

straight-faced *a* pléhpofájú

straightforward [streit'fɔːwəd] *a* őszinte, egyenes

strain[1] [strein] 1. *n* feszültség; (*effort*) erőlködés; (*sprain*) húzódás; (*overstressing*) túlterhelés 2. *v* (*stretch*) megfeszít; (*overstrain*) (meg)erőltet; (*filter*) (le)szűr

strain[2] [strein] *n* (*tendency*) hajlam, vonás; (*breed*) fajta

strained [streind] *a* (*relations*) feszült; (*smile*) erőltetett; (*person*) agyonhajszolt

strainer ['streinə] *n* szűrő

strait [streit] *n* (tenger)szoros

straitjacket ['streitdʒækit] *n* kényszerzubbony

strait-laced *a pej* prűd

strand[1] [strænd] **1.** *n* (*of thread*) szál, fonal; (*of hair*) hajtincs **2.** *v* (kötelet) ver

strand[2] [strænd] *v* **be ~ed** megfeneklett, zátonyra futott, vesztegel

strange [streɪndʒ] *a* különös, furcsa; (*unusual*) szokatlan, (*foreign*) idegen || **~ to say...** fura módon

stranger ['streɪndʒə] *n* idegen, külföldi

strangle ['stræŋgl] *v* megfojt

stranglehold ['stræŋglhəʊld] *n* **have a ~ on sy** markában tart vkt

strap [stræp] **1.** *n* szíj; (*on clothes*) pánt **2.** *v* **-pp-** beszíjaz

strapping ['stræpɪŋ] *a* jókötésű; *col* stramm

strata ['strɑːtə] *n pl* → **stratum**

strategic [strəˈtiːdʒɪk] *a* hadászati, stratégiai

strategy ['strætɪdʒɪ] *n* hadászat, *also fig* stratégia

stratum ['strɑːtəm] *n* (*pl* **-ta** [-tə]) *geod, also fig* réteg

straw [strɔː] *n* szalma; (*for drinking*) szívószál || **a ~ in the wind** vmnek előszele

strawberry ['strɔːbrɪ] *n* (földi)eper || **~ jam** eperdzsem

stray [streɪ] **1.** *a* (*animal*) kóbor **2.** *v* (*animal*) kóborol, bitangol || **~ (from)** elkalandozik

streak [striːk] **1.** *n* (*stripe*) csík, sáv; (*ore*) ér || **a ~ of** (van benne) valami... **2.** *vt* csíkoz | *vi col* (*run away*) elhúzza a csíkot

streaky ['striːkɪ] *a* csíkos, sávos || **~ bacon** szeletelt császárszalonna

stream [striːm] **1.** *n* (*current*) áramlás; (*river*) folyam, folyó **2.** *v* áramlik, özönlik

stream in beömlik, beözönlik

stream out kiárad, kizúdul

streamer ['striːmə] *n* (*flag*) (szalag)lobogó; (*of paper*) szerpentin (szalag); *comput* sztrímer

streamline ['striːmlaɪn] *n* áramvonal

street [striːt] *n* utca || **across the ~** az utca túloldalán; **not up my ~** *col* nem az én asztalom

streetcar ['striːtkɑː] *n US* villamos

street-walker *n* utcalány

street-wise *a col* dörzsölt

strength [streŋθ] *n* erő, erősség

strengthen ['streŋθən] *vt* (meg)erősít | *vi* megerősödik

strenuous ['strenjʊəs] *a* (*energetic*) fáradhatatlan, kitartó

stress [stres] **1.** *n* feszültség; *gram* hangsúly; (*mental, nervous*) sztressz || **lay (great) ~ on sg** súlyt helyez vmre **2.** *v* hangsúlyoz, kiemel

stretch [stretʃ] **1.** *n* (*stretching*) nyúlás, rugalmasság || **at a ~** egyhuzamban; **the home ~** a célegyenes **2.** *vt* (*strain*) (ki)nyújt, (ki)feszít; (*widen*) kitágít | *vi* nyúlik, kifeszül || **~ as far as** vmeddig ér; **~ (oneself)** nyújtózkodik

stretch out *vt* kinyújt | *vi* vmeddig nyúlik

stretcher ['stretʃə] *n* hordágy

strew [struː] *v* (*pt* **strewed** [struːd], *pp* **strewed** *or* **strewn** [struːn]) (el)hint, szór

strewn [struːn] *pp* → **strew**

stricken ['strɪkn] *a* vmvel sújtott

strict [strɪkt] *a* (*severe*) szigorú; (*precise*) pontos

strictly ['strɪktlɪ] *adv* szigorúan || **~ speaking** az igazat megvallva

stridden ['strɪdn] *pp* → **stride**

stride [straɪd] **1.** *n* (nagy) lépés **2.** *v*
(*pt* **strode** [strəʊd], *pp* **stridden**
['strɪdn]) ~ **(along)** nagyokat lép

strident ['straɪdnt] *a* (*sound*) fül-
hasogató, csikorgó; (*colour*) har-
sány

strife [straɪf] *n* küzdelem

strike [straɪk] **1.** *n* (*stopping of
work*) sztrájk; (*attack*) csapás ‖ **go
(out) on** ~ sztrájkba lép **2.** *v*
(*pt/pp* **struck** [strʌk]) *vt* (*hit*)
megüt; (*knock against*) (neki)ütő-
dik; (*lightning*) becsap; (*find*) talál
‖ *vi* (*clock*) üt; (*stop working*)
sztrájkol (*for* vmért, *against* vm
ellen) ‖ **it struck me that** az jutott
eszembe, hogy; ~ **camp** tábort
bont; ~ **a match** gyufát gyújt
strike down leüt, lever
strike out töröl, kihúz
strike up a tune énekre, zenére
rákezd ‖ ~ **up a conversation
with sy** beszélgetésbe kezd vkvel

strikebound ['straɪkbaʊnd] *a*
sztrájktól megbénított

striker ['straɪkə] *n* (*worker*) sztráj-
koló

striking ['straɪkɪŋ] *a* (*appearance*)
feltűnést keltő; (*worker*) sztrájko-
ló

string [strɪŋ] **1.** *n* spárga, madzag;
(*of beads*) (gyöngy)sor; *mus* húr;
comput (karakter)sorozat ‖ **the ~s**
mus a vonósok; **pull ~s** protekciót
vesz igénybe **2.** *v* (*pt/pp* **strung**
[strʌŋ]) (*beads*) felfűz; (*beans*)
megtisztít
string up *col* (*vkt*) felköt, fela-
kaszt

string beans *n pl US* zöldbab

stringed instrument [strɪŋd] *n* hú-
ros/vonós hangszer

stringent ['strɪndʒənt] *a* (*rules*) szi-
gorú; (*market*) pénzszűkében lévő

string quartet *n* vonósnégyes

strip [strɪp] **1.** *n* szalag, csík; *sp*
mez; (*of clothes*) vetkőzés ‖ **a ~ of
land** földsáv **2.** *v* **-pp-** *vt* (*deprive
of*) (le)hánt, lehámoz; (*clothes*)
levet ‖ *vi* (*undress*) (le)vetkőzik

strip cartoon *n* (*in newspaper*)
(tréfás) képregény

stripe [straɪp] **1.** *n* csík, sáv ‖ **~s** *pl*
rangjelzés **2.** *v* csíkoz

striped [straɪpt] *a* csíkos

strip light *n* fénycső

stripper ['strɪpə] *n* sztriptíztáncosnő

striptease ['strɪptiːz] *n* sztriptíz

strive [straɪv] *v* (*pt* **strove** [strəʊv],
pp **striven** ['strɪvn]) ~ **after/for** (*or
to do*) *sg* törekszik vmre

striven ['strɪvn] *pp* → **strive**

strode [strəʊd] *pt* → **stride**

stroke [strəʊk] **1.** *n* (*blow*) ütés;
csapás; (*of clock*) (óra)ütés; *med*
agyvérzés, szélütés; (*of piston*) lö-
ket, ütem; (*caress*) simogatás;
(*rowing person*) vezérevezős ‖ **at
a** ~ egy csapásra/csapással; **on
the ~ of 6** pontosan 6 órakor **2.** *v*
simogat

stroll [strəʊl] **1.** *n* séta **2.** *v* sétál,
kószál

strong [strɒŋ] *a* erős ‖ **a 30-~
delegation** 30 fős küldöttség; ~
language durva szavak

stronghold ['strɒŋhəʊld] *n* erőd; *fig*
védőbástya

strongly ['strɒŋlɪ] *adv* erősen, nyo-
matékosan

strong-minded *a* erélyes, határo-
zott

strong-room *n* páncélszoba

strove [strəʊv] *pt* → **strive**

struck [strʌk] *pt/pp* → **strike**

structural ['strʌktʃərəl] *a* szerkezeti, strukturális

structure ['strʌktʃə] *n* szerkezet, struktúra, felépítés

struggle ['strʌgl] **1.** *n* küzdelem, harc ‖ ~ **for life** küzdelem a létért **2.** *v* küzd, harcol

strung [strʌŋ] *pt/pp* → **string**

stub [stʌb] **1.** *n* (*of cheque*) (ellenőrző) szelvény; (*of cigarette*) csikk **2.** *v* **-bb-** (*foot*) beleüt (*lábat kőbe*)

stub out (*cigarette*) elolt

stubbly ['stʌblɪ] *a col* (*chin*) borostás

stubborn ['stʌbən] *a* makacs

stubby ['stʌbɪ] *a* köpcös, zömök

stuck [stʌk] *a* (*jammed*) elakadt ‖ **be/get** ~ elakad(t) (*in* vmben); (**be**) ~ **on** *col* bele van esve vkbe; → **stick**

stuck-up *a col* elkapatott

stud[1] [stʌd] **1.** *n* (*button*) inggomb; (*on boots*) stopli **2.** *v* **-dd-** szeggel kirak/kiver

stud[2] [stʌd] *n* (*of horses*) ménes; (*stallion*) csődör; *fig col* (*mun*) bika

studded ['stʌdɪd] *a* szegekkel kivert ‖ ~ **with diamonds** gyémántokkal kirakott

student ['stju:dənt] *n* (*at school*) tanuló, diák; (*at university, college*) hallgató; főiskolás ‖ **medical** ~ orvostanhallgató; ~ **majoring in English** angol szakos hallgató

student driver *n US* tanulóvezető

studied ['stʌdɪd] *a* (*deliberate*) szándékolt; (*sophisticated*) keresett; → **study 2.**

studio ['stju:dɪəʊ] *n* stúdió; (*of artist*) műterem; ~ (**flat**, *US* **apartment**) szoba-konyhás lakás, garzonlakás

studious ['stju:dɪəs] *a* (*diligent*) szorgalmas, igyekvő

studiously ['stju:dɪəslɪ] *adv* (*diligently*) szorgalmasan; (*painstakingly*) gondosan

study ['stʌdɪ] **1.** *n* (*studying*) tanulás; (*examination*) vizsgálat; (*essay*) tanulmány; *mus* etűd; (*room*) dolgozószoba ‖ **one's studies** (*at school*) vk tanulmányai **2.** *vt* tanul vmt; (*examine*) (át)tanulmányoz, vizsgál / *vi* tanul, tanulmányokat folytat ‖ ~ **law** jogi tanulmányokat folytat; ~ **at the university** egyetemre jár

stuff [stʌf] **1.** *n* (*substance, material*) anyag, dolog; *tex* (*fabrics*) szövet, anyag; *col* cucc **2.** *v* (ki)-töm (*with* vmvel); (*food*) tölt ‖ **get ~ed!** *col* menj a fenébe!

stuffed shirt *n col* nagyképű alak

stuffing ['stʌfɪŋ] *n* töltelék

stuffy ['stʌfɪ] *a* (*room*) fülledt, levegőtlen; (*person*) begyepesedett fejű

stumble ['stʌmbl] **1.** *n* botlás **2.** *v* (meg)botlik ‖ ~ (**up)on** *sg* vmre akad

stumbling block *n* botránykő

stump [stʌmp] *n* (fa)tönk, (fa)tuskó

stun [stʌn] *v* **-nn-** (*make unconscious*) elkábít; (*stock*) megdöbbent ‖ **I was ~ned to hear/learn** elképedve hallottam

stung [stʌŋ] *pt/pp* → **sting**

stunk [stʌŋk] *pt/pp* → **stink**

stunning ['stʌnɪŋ] *a* elképesztő; (*success*) szédítő

stunt [stʌnt] *n* (nyaktörő) mutatvány, kunszt

stunted [ˈstʌntid] *a* csenevész

stuntman [stʌntmən] *n* (*pl* **-men**) kaszkadőr

stupefy [ˈstjuːpɪfaɪ] *v* (*dazzle*) elkábít; (*amaze*) elképeszt

stupendous [stjuːˈpendəs] *a* óriási, elképesztő(en nagy)

stupid [ˈstjuːpɪd] *a* buta, hülye

stupidity [stjuːˈpɪdətɪ] *n* butaság, hülyeség

stupor [ˈstjuːpə] *n* kábulat

sturdy [ˈstɜːdɪ] *a* erős, izmos, stramm

sturgeon [ˈstɜːdʒən] *n* tok(hal)

stutter [ˈstʌtə] **1.** *n* dadogás, hebegés **2.** *v* dadog, hebeg

sty[1] [staɪ] *n* (*for pigs*) disznóól

sty[2] *or* **stye** [staɪ] *n* (*on eye*) árpa

style [staɪl] *n* stílus; (*fashion*) divat

stylish [ˈstaɪlɪʃ] *a* divatos

stylist [ˈstaɪlɪst] *n* (*hair ~*) fodrász(nő)

stylus [ˈstaɪləs] *n* (lejátszó)tű

subconscious [sʌbˈkɒnʃəs] **1.** *a* tudat alatti **2.** *n* tudatalatti

subdue [səbˈdjuː] *v* leigáz; (*lighting*) tompít ‖ **in a ~d voice** halkan

subject 1. [ˈsʌbdʒɪkt] *a* ~ **to sg** vm alá eső; ~ **to taxation** adóköteles **2.** [ˈsʌbdʒɪkt] *n* (*topic*) tárgy, téma; (*discipline*) tantárgy; *gram* alany; (*of kingdom*) alattvaló; (*citizen*) állampolgár ‖ **change the ~** témát vált **3.** [səbˈdʒekt] *v* ~ **sg to sg** vmit vmnek alávet

subjective [səbˈdʒektɪv] *a* egyéni, szubjektív

subject matter *n* (*of book*) téma

subjunctive [səbˈdʒʌŋktɪv] *n* kötőmód

sublime [səbˈlaɪm] *a* fennkölt, emelkedett

submachine gun [sʌbməˈʃn] *n* géppisztoly

submarine [sʌbməˈriːn] *n* tengeralattjáró

submerge [səbˈmɜːdʒ] *vt* elmerít; (*food*) eláraszt ‖ *vi* elmerül

submission [səbˈmɪʃn] *n* beadvány, felterjesztés

submissive [səbˈmɪsɪv] *a* beletörődő; lemondó

submit [səbˈmɪt] *v* **-tt-** *vt* bead; benyújt; (*plan*) előterjeszt ‖ *vi* behódol (*to* vknek)

subordinate [səˈbɔːdɪnət] *a* vknek, vmnek alárendelt

subordination [səbɔːdɪˈneɪʃn] *n* függő helyzet/viszony, függőség

subscribe [səbˈskraɪb] *v* aláír; (*to newspaper*) előfizet (*to* vmre) ‖ **I do not ~ to it** nem azonosítom magam vele, ezt én nem írom alá

subscriber [səbˈskraɪbə] *n* aláíró; (*to newspaper*) előfizető

subscriber trunk dialling *n* GB távhívás

subscription [səbˈskrɪpʃn] *n* előfizetés; (*money*) előfizetési díj; (*for membership*) tagdíj

subsequent [ˈsʌbsɪkwənt] *a* későbbi, utólagos

subsequently [ˈsʌbsɪkwəntlɪ] *adv* pótlólag, utólag

subside [səbˈsaɪd] *v* (*flood*) apad; (*pain, wind*) enyhül

subsidiary [səbˈsɪdɪərɪ] *a* mellékes

subsidy [ˈsʌbsədɪ] *n* szubvenció, dotáció, (pénzbeli) támogatás

subsistence [səb'sıstəns] *n* létfenntartás || ~ **level** létminimum

substance ['sʌbstəns] *n* (*material*) anyag; (*essence*) lényeg

substantial [səb'stænʃl] *a* lényeges; (*considerable*) tekintélyes; (*meal*) kiadós

substantiate [səb'stænʃıeıt] *v* mcg indokol

substitute ['sʌbstıtjuːt] **1.** *n* (*person*) helyettes; *sp* csere(játékos); (*thing*) pótszer, pótlék **2.** *v* ~ **for sy** vkt helyettesít; ~ **sg for sg** vmt vmvel helyettesít

substitution [sʌbstı'tjuːʃn] *n* helyettesítés

subtitle ['sʌbtaıtl] *n* alcím || **with ~s** (*film*) feliratos

subtle ['sʌtl] *a* árnyalt, finom

subtract [səb'trækt] *v* math kivon, levon

subtraction [səb'trækʃn] *n* math kivonás

suburb ['sʌbɜːb] *n* külváros

suburban [sə'bɜːbən] *a* külvárosi, kültelki

subversive [səb'vɜːsıv] *a* felforgató, diverzáns

subway ['sʌbweı] *n GB* (*passage*) (gyalogos-)aluljáró; *US* (*railway*) metró

succeed [sək'siːd] *v* sikert ér el, érvényesül || ~ **sy** (**as...**) helyébe lép, követ (vkt); ~ **in doing sg** (vknek vm, vmt megtenni) sikerül; **(s)he ~ed** sikerült neki; ~ **to the throne** követ(kezik) a trónon

succeeding [sək'siːdıŋ] *a* következő, egymást követő

success [sək'ses] *n* siker || **have a ~** sikert arat

successful [sək'sesfl] *a* sikeres

successfully [sək'sesfəlı] *adv* eredményesen

succession [sək'seʃn] *n* (*following*) sorrend, egymásután; (*to title, property*) öröklés, utódlás

successive [sək'sesıv] *a* egymásra következő

successor [sək'sesə] *n* utód

succinct [sək'sıŋkt] *a* tömör, rövid

succulent ['sʌkjʊlənt] *a* (*fruit*) leves; (*meat*) szaftos

succumb [sə'kʌm] *v* megadja magát; enged (*to* vmnek)

such [sʌtʃ] *a/pron* olyan, ilyen || **in ~ a manner (that/as)** oly módon; ~ **a(n)** (egy) olyan..., ilyen ...; ~ **as** úgymint, mint például; ~ **is life** ilyen az élet; **at ~ times** olyankor

such-and-such *a* ilyen és ilyen

suck [sʌk] *v* szív; (*baby*) szopik

sucker ['sʌkə] *n zoo* szívóka; *col* (*person*) balek

suction ['sʌkʃn] *n* szívás

sudden ['sʌdn] *a* hirtelen, váratlan || **all of a ~** hirtelen, egyszer csak

suddenly ['sʌdnlı] *adv* hirtelen

suds [sʌdz] *n pl* szappanlé, szappanhab

sue [suː] *v law* perel vmt/vkt

suede [sweıd] *n* szarvasbőr, őzbőr

suet ['suːıt] *n* faggyú

suffer ['sʌfə] *vi* szenved | *vt* (*tolerate*) elszenved, elvisel || ~ **defeat** *sp* vereséget szenved; ~ **from** vmben/vmtől szenved

suffering ['sʌfərıŋ] *n* szenvedés

suffice [sə'faıs] *v* ~ **it to say** *kif* elég az hozzá(, hogy)

sufficient [sə'fıʃnt] *a* elég, elegendő

sufficiently [sə'fıʃntlı] *adv* eléggé

suffix ['sʌfıks] *n gram* rag, képző

suffocate ['sʌfəkeɪt] *vt* (meg)fojt I *vi* megfullad

suffocating ['sʌfəkeɪtɪŋ] *a* fojtó

suffocation [sʌfə'keɪʃn] *n* fuldoklás, (meg)fulladás

sugar ['ʃʊgə] **1.** *n* cukor **2.** *v* (meg)cukroz

sugar cane *n* cukornád

sugary ['ʃʊgəri] *a* édes(kés)

suggest [sə'dʒest] *v* (*propose*) javasol, ajánl; (*indicate*) vmre utal II **this would ~ that** ez amellett szól, hogy ...

suggestion [sə'dʒestʃən] *n* javaslat, indítvány

suggestive [sə'dʒestɪv] *a* emlékeztető/utaló (*of* vmre); (*indecent*) kétértelmű

suicide ['suːɪsaɪd] *n* (*act*) öngyilkosság; (*person*) öngyilkos

suit [suːt] **1.** *n* (*man's*) öltöny; (*woman's*) kosztüm; (*in cards*) szín; *law* per(es eljárás); kereset **2.** *v* **~ sy** (*be convenient*) alkalmas/megfelel vknek; (*fit*) jól áll vknek II **~ sg well** jól illik vmhez; **it does not ~ me** nem felel meg nekem

suitable ['suːtəbl] *a* jó/alkalmas (*for* vmre)

suitably ['suːtəblɪ] *adv* megfelelően; (*for occasion*) az alkalomhoz illőcn

suitcase ['suːtkeɪs] *n* bőrönd, koffer

suite [swiːt] *n* (*of furniture*) garnitúra; *US* (*of rooms*) lakosztály; *mus* szvit; *comput* összefüggő programok készlete

suitor ['suːtə] *n* (*of woman*) kérő

sulf... *US* = **sulph...**

sulk [sʌlk] *v* duzzog

sulky ['sʌlkɪ] *a* duzzogó, durcás

sullen ['sʌlən] *a* mogorva

sully ['sʌlɪ] *v* bepiszkít

sulphur ['sʌlfə] *n* kén

sultana [sʌl'tɑːnə] *n* mazsola

sultry ['sʌltrɪ] *a* (*weather*) fullasztó, fülledt

sum [sʌm] **1.** *n* (*pénz*)összeg; (*problem*) számtanpélda **2.** *v* **mm- ~ up** (*add up*) összead, öszszesít; (*summarize*) összefoglal

summarize ['sʌməraɪz] *v* összegez, összefoglal

summary ['sʌmərɪ] **1.** *n* összefoglalás; (*account*) összesítés **2.** *a law* **~ court** rögtönítélő bíróság

summer ['sʌmə] *n* nyár II **in (the) ~** nyáron; **this ~** ezen a nyáron

summer-house *n* nyári lak

summer-time *n* (*daylight-saving time*) nyári időszámítás

summit ['sʌmɪt] *n* csúcs, hegycsúcs; (~ *meeting*) csúcs(találkozó)

summon ['sʌmən] *v law* (*gather*) összehív, behív

summons ['sʌmənz] *law* **1.** *n* (*pl* -ses) idézés, beidézés **2.** *v* beidéz

sump [sʌmp] *n GB* olajteknő

sumptuous ['sʌmptʃʊəs] *a* pompás

sun [sʌn] *n* nap (*égitest*)

sunbathe ['sʌnbeɪð] *v* napozik

sunburn ['sʌnbɜːn] *n* lesülés; (*painful*) leégés

sunburned ['sʌnbɜːnd], **sunburnt** ['sʌnbɜːnt] *a* napbarnított; (*painful*) leégett

Sunday ['sʌndɪ] *n* vasárnap II **(on) ~** vasárnap; **one's ~ best** ünneplő(ruha); → **Monday**

Sunday school *n* vasárnapi iskola

sun-dial *n* napóra

sundown ['sʌndaʊn] *n* naplemente

sundries ['sʌndrɪz] *n pl* vegyes kiadások/tételek

sundry ['sʌndrɪ] *a* különböző, különféle ‖ **all and ~** kivétel nélkül mind

sunflower ['sʌnflaʊə] *n* napraforgó

sung [sʌŋ] *pp* → **sing**

sun-glasses *n pl* napszemüveg

sunk [sʌŋk] *pp* → **sink**

sunken ['sʌŋkən] *a* elsüllyedt

sunlight ['sʌnlaɪt] *n* napfény

sunlit ['sʌnlɪt] *a* napfényes, napsütötte

sunny ['sʌnɪ] *a* napos; (*cheerful*) derűs ‖ **it is ~** süt a nap

sunny-side up *n US* tükörtojás

sunrise ['sʌnraɪz] *n* napkelte

sunset ['sʌnset] *n* naplemente

sunshade ['sʌnʃeɪd] *n* (*over table*) napernyő

sunshine ['sʌnʃaɪn] *n* napsütés

sunstroke ['sʌnstrəʊk] *n* napszúrás

suntan ['sʌntæn] *n* lesülés, barnaság ‖ **~ lotion** napolaj

super ['suːpə] *a col* nagyszerű, szuper

superannuation [ˌsuːpərænjʊ'eɪʃn] *n* (*pensioning*) nyugdíjazás; (*pension*) nyugdíj

superb [suː'pɜːb] *a* nagyszerű, remek, gyönyörű

supercilious [ˌsuːpə'sɪlɪəs] *a* fölényes, fennhéjázó

superficial [ˌsuːpə'fɪʃl] *a* felületi; *fig, pej* felületes, felszínes

superfluous [suː'pɜːflʊəs] *a* feleslees, nélkülözhető

superimpose [ˌsuːpərɪm'pəʊz] *v* egymásra rak

superintendent [ˌsuːpərɪn'tendənt] *n* felügyelő

superior [suː'pɪərɪə] **1.** *a* felsőbb; (*better*) jobb minőségű **2.** *n* elöljáró, felettes

superiority [səˌpɪərɪ'ɒrətɪ] *n* felsőbbség, fölény

superlative (degree) [suː'pɜːlətɪv] *n gram* felsőfok

superman ['suːpəmən] *n* (*pl* **-men**) felsőbbrendű ember

supermarket ['suːpəmɑːkɪt] *n* ABC-áruház, szupermarket

supernatural [ˌsuːpə'nætʃrəl] *a* természetfölötti

superpower ['suːpəpaʊə] *n* szuperhatalom

supersede [ˌsuːpə'siːd] *v* (*exceed*) helyettesít, pótol

supersonic [ˌsuːpə'sɒnɪk] *a* szuperszonikus

superstition [ˌsuːpə'stɪʃn] *n* babona

superstitious [ˌsuːpə'stɪʃəs] *a* babonás

supervise ['suːpəvaɪz] *v* ellenőriz, felügyel

supervision [ˌsuːpə'vɪʒn] *n* felügyelet, ellenőrzés

supervisor ['suːpəvaɪzə] *n* ellenőr, felügyelő

supper ['sʌpə] *n* vacsora ‖ **have (one's) ~** (meg)vacsorázik

supple ['sʌpl] *a* hajlékony; *also fig* rugalmas

supplement 1. ['sʌplɪmənt] *n* pótlás, kiegészítés; (*of book*) pótkötet **2.** [ˌsʌplɪ'ment] *v* kiegészít

supplementary [ˌsʌplɪ'mentrɪ] *a* kiegészítő, járulékos, pót-

supplier [sə'plaɪə] *n* szállító

supply [sə'plaɪ] **1.** *n* (*supplying*) ellátás, szállítás; (*stock*) készlet ‖ **supplies** *pl* raktári készlet; **~ and demand** kereslet és kínálat **2.** *v* (*electricity, gas*) szolgáltat; (*goods*) szállít (*sg to sy* vmt vknek)

support [sə'pɔːt] **1.** *n* (*aid, maintenance*) támasz, támogatás; *tech* támasz **2.** *v* (*sustain*) alátámaszt; (*uphold*) támogat, patronál; (*family*) fenntart, eltart || ~ **(a team)** *col* szurkol (csapatnak)

supporter [sə'pɔːtə] *n pl* támogató; *sp* szurkoló

suppose [sə'pəʊz] *v* feltételez; (*imagine*) gondol || let's ~ tegyük fel; **he is ~d (to)** az a kötelessége/dolga(, hogy)

supposedly [sə'pəʊzɪdlɪ] *adv* állítólag, feltehetően

supposing [sə'pəʊzɪŋ] *conj* ~ **(that)** feltéve, hogy

supposition [sʌpə'zɪʃn] *n* feltételezés, feltevés

suppository [sə'pɒzɪtrɪ] *n* (végbél)-kúp

suppress [sə'pres] *v* lever, elnyom; (*yawn*) elfojt

suppression [sə'preʃn] *n* elnyomás, elfojtás

supremacy [sʊ'preməsɪ] *n* felsőbbrendűség, fennhatóság

supreme [sʊ'priːm] *a* legfelső, legfelsőbb

surcharge ['sɜːtʃɑːdʒ] *n* pótdíj, pótilleték

sure [ʃʊə] *a* biztos, bizonyos || **make ~ of sg** meggyőződik vmről; **be ~ to write!** feltétlenül írj(on)!; ~! *US* hogyne!, persze!

sure-fire *a col* holtbiztos, tuti

sure-footed *a* biztos járású; *fig* céltudatosan haladó

surely ['ʃʊəlɪ] *adv* bizonyára, biztosan, hogyne; *US col* ~! (*in answer*) hogyne!, persze!

surety ['ʃʊərətɪ] *n* jótállás, kezesség; (*person*) kezes

surf [sɜːf] **1.** *n* (*foam*) hab; tajték; (*waves*) hullámverés **2.** *v* **go ~ing** szörfözik

surface ['sɜːfɪs] **1.** *n* felszín, felület **2.** *v* (*road*) burkol; (*submarine*) felmerül

surface mail *n* sima posta (*nem légi*)

surfboard ['sɜːfbɔːd] *n* szörf

surfeit ['sɜːfɪt] *n* csömör, undor

surfer ['sɜːfə] *n* hullámlovas, szörföző

surfing ['sɜːfɪŋ] *n* hullámlovaglás, szörfözés

surge [sɜːdʒ] **1.** *n* nagy hullám **2.** *v* hullámzik, hömpölyög

surgeon ['sɜːdʒən] *n* sebész

surgery ['sɜːdʒərɪ] *n* sebészet; (*operation*) műtét; (*room*) orvosi rendelő; (*time*) rendelés || **undergo ~** műtéten esik át

surgery hours *n pl* rendelési idő

surgical ['sɜːdʒɪkl] *a* sebészeti, műtéti || ~ **ward** sebészeti osztály, sebészet

surly ['sɜːlɪ] *a* mogorva, barátságtalan

surmount [sə'maʊnt] *v* legyőz, leküzd

surname ['sɜːneɪm] *n* családi név, vezetéknév

surpass [sə'pɑːs] *v* felülmúl, túlszárnyal

surplus ['sɜːpləs] **1.** *a* fölös(leges), többlet- **2.** *n* felesleg, többlet

surprise [sə'praɪz] **1.** *n* meglepetés || **much to my ~** legnagyobb meglepetésemre **2.** *v* meglep || **be ~d at sg** meglepődik vmn

surprising [sə'praɪzɪŋ] *a* meglepő

surprisingly [sə'praızıŋlı] *adv* meglepően

surrender [sə'rendə] 1. *n* fegyverletétel, kapituláció 2. *v* megadja magát, kapitulál

surreptitious [sʌrəp'tıʃəs] *a* titkos, lopva tett

surrogate ['sʌrəgəl] *n* pótszer, pótlék || ~ **mother** pótanya

surround [sə'raʊnd] *v* körülvesz, körülfog

surrounding [sə'raʊndıŋ] *a* környező

surroundings [sə'raʊndıŋz] *n pl* környék; (*environment*) környezet

surveillance [sɔ'veıləns] *n* felügyelet, őrizet

survey 1. ['sɜ:veı] *n* áttekintés; (*inquiry*) felmérés; szemle 2. [sə'veı] *v* felmér, áttekint

surveyor [sə'veıə] *n* földmérő, geodéta

survival [sə'vaıvl] *n* túlélés || ~ **kit** mentőláda

survive [sə'vaıv] *v* (*person*) vmt túlél, életben marad; (*custom*) fennmarad

survivor [sə'vaıvə] *n* túlélő

susceptible [sə'septəbl] *a* érzékeny, fogékony, hajlamos (*to* vmre)

suspect 1. ['sʌspekt] *a* gyanús 2. ['sʌspekt] *n* gyanúsított 3. [sə'spekt] *v* sejt, gyanít || ~ **sy of (doing) sg** (meg)gyanúsít vkt vmvel

suspend [sə'spend] *v* (*from work*) felfüggeszt; (*hang*) felakaszt; (*stop*) leállít

suspended [sə'spendıd] *a* (*sentence*) felfüggesztett; (*activity*) félbeszakadt

suspender (belt) [sə'spendə] *n* harisnyatartó

suspenders [sə'spendəz] *n pl US* (*for trousers*) nadrágtartó

suspense [sə'spens] *n* bizonytalanság, izgatott várakozás

suspension [sə'spenʃn] *n* (*from work*) felfüggesztés; (*of vehicle*) rugózás, felfüggesztés; (*of payment*) letiltás || ~ **of sentence** ítélet felfüggesztése

suspicion [sə'spıʃn] *n* gyanú, gyanakvás

suspicious [sə'spıʃəs] *a* (*causing suspicion*) gyanús; (*feeling suspicion*) gyanakvó

sustain [sə'steın] *v* (*maintain*) (fenn)tart; (*endure*) (el)szenved; *law* (*uphold*) helyt ad (vmnek)

sustained [sə'steınd] *a* (*effort*) kitartó

sustenance ['sʌstınəns] *n* (*food*) táplálék

SW = south-west(ern)

swab [swɒb] *n med* tampon

swaggerer ['swægərə] *n* szájhős

swallow[1] ['swɒləʊ] *n* (*bird*) fecske

swallow[2] ['swɒləʊ] *v* nyel; *also fig* lenyel

swam [swæm] *pt* → **swim**

swamp [swɒmp] *n* mocsár

swan [swɒn] *n* hattyú

swap [swɒp] *v* **-pp-** *col* kicserél, elcserél, becserél

swarm [swɔ:m] 1. *n* (*of insects, people*) raj 2. *v* nyüzsög (*with* vmtől)

swarthy ['swɔ:ðı] *a* sötét bőrű

swat [swɒt] *v* agyoncsap

swatter ['swɒtə] *n* légycsapó

sway [sweı] 1. *n* ringás, himbálás 2. *vt* ring, lebeg | *vi* himbál

swear [sweə] *v* (*pt* **swore** [swɔ:], *pp* **sworn** [swɔ:n]) (*take an oath*) (meg)esküszik (*to* vmre); (*curse*) káromkodik, átkozódik

swearword ['sweəwɜ:d] *n* káromkodás

sweat [swet] **1.** *n* izzadság, veríték **2.** *v* izzad, verítékezik

sweatband ['swetbænd] *n* (*of sportsman*) homlokpánt

sweater ['swetə] *n* pulóver

sweatsuit ['swetsu:t] *n* tréningruha, melegítő

sweaty ['sweti] *a* izzadt

Swede [swi:d] *n* svéd

Sweden ['swi:dn] *n* Svédország

Swedish ['swi:dɪʃ] **1.** *a* svéd **2.** *n* svéd (*language, person*) ‖ **the ~** a svédek

sweep [swi:p] **1.** *n* (*sweeping*) söprés; (*curve*) nagy kanyar/ív; (*range*) átfogóképesség; *col* (*chimney ~*) kéményseprő **2.** *v* (*pt/pp* **swept** [swept]) (*clean*) (le)söpör; (*move quickly*) végigsöpör **sweep away** elsodor, félresöpör

sweeping ['swi:pɪŋ] **1.** *a* rohanó, elsöprő **2.** **~s** *n pl* összesöpört szemét/hulladék

sweet [swi:t] **1.** *a* édes; (*charming*) aranyos **2.** *n* ~(**s** *pl*) édesség, cukorka; desszert

sweet corn *n* csemegekukorica

sweeten ['swi:tn] *v also fig* (meg)-édesít, cukroz

sweetener ['swi:tnə] *n* édesítőszer

sweetheart ['swi:thɑ:t] *n* **sy's ~** vknek a szerelme(se)

sweetness ['swi:tnɪs] *n* (*taste*) édesség

sweet pea *n* szagosbükköny

swell [swel] **1.** *a US col* elegáns, csinos, klassz **2.** *n* (*of sea*) hullámzás **3.** *v* (*pt* **swelled** [sweld], *pp* **swollen** ['swəʊlən] *or* **swelled**) (*wood*) (meg)dagad, (meg)-duzzad; (*river*) árad

swelling ['swelɪŋ] *n* (*of body*) daganat, duzzanat

sweltering ['sweltərɪŋ] *a* tikkasztó

swept [swept] *pt/pp* → **sweep**

swerve [swɜ:v] *v* (*car*) farol, megfarol

swift [swɪft] *a* gyors, fürge

swig [swɪg] *n* (*of drink*) slukk

swill [swɪl] *n* moslék

swim [swɪm] **1.** *n* úszás ‖ **go for a ~** úszik (egyet) **2.** *v* (*pt* **swam** [swæm], *pp* **swum** [swʌm]; **-mm-**) *vi* úszik ‖ *vt* (*cross*) átúszik ‖ **~ with the tide** úszik az árral

swim float *n* úszódeszka

swimmer ['swɪmə] *n* úszó

swimming ['swɪmɪŋ] *n* úszás ‖ **~ cap** úszósapka; **~ costume** fürdőruha; **~ pool** uszoda; **~ trunks** *pl* fürdőnadrág

swimsuit ['swɪmsu:t] *n* fürdőruha, úszódressz

swindle ['swɪndl] **1.** *n* csalás **2.** *v* rászed, becsap

swindler ['swɪndlə] *n* csaló, szélhámos

swine [swaɪn] *n* (*pl* ~) (*pig*) disznó ‖ **you ~** utolsó gazember!

swing [swɪŋ] **1.** *n* (*movement*) kilengés; (*children's*) hinta; *mus* szving ‖ **be in full ~** javában folyik **2.** *v* (*pt/pp* **swung** [swʌŋ]) *vi* leng, kileng; (*child*) hintázik ‖ *vt* lenget, lóbál

swing door *n* lengőajtó

swingeing ['swɪndʒɪŋ] *a col* igen nagy, hatalmas, erős

swinging ['swɪŋɪŋ] *n sp* (*on bar*) lengés

swipe [swaɪp] *v* (*strike*) üt, csap, odavág (*at* -ra/-re); *col* (*steal*) zsebre tesz/vág vmt

swirl [swɜːl] **1.** *n* örvény **2.** *v* örvénylik

swish [swɪʃ] **1.** *n* zizegés, suhogás **2.** *v* suhog, zizeg

Swiss [swɪs] **1.** *a* svájci **2.** *n* the ~ a svájciak

switch [swɪtʃ] **1.** *n el* (villany)kapcsoló; (*change*) áttérés, átállás **2.** *v* (*turn on, off*) (át)kapcsol; (*change*) átvált, áttér (*to* vmre)
    switch off kikapcsol; (*light*) leolt
    switch on bekapcsol (*light*) meggyújt

switchboard ['swɪtʃbɔːd] *n* (*of institution*) telefonközpont, házi központ

Switzerland ['swɪtsələnd] *n* Svájc

swivel ['swɪvl] *n* forgattyú **2.** *v* -**ll**- (*US* -**l**-) forog

swollen ['swəʊlən] *a med* dagadt, duzzadt; → **swell**

swoon [swuːn] **1.** *n* ájulás **2.** *v* elájul

swoop [swuːp] **1.** *n* rajtaütés **2.** *v* ~ **down on** (*enemy*) lecsap

swop [swɒp] *v* -**pp**- = **swap**

sword [sɔːd] *n* kard

swore [swɔː] *pt* → **swear**

sworn [swɔːn] *a* esküt tett, hites ‖ ~ **enemy** esküdt ellenség; → **swear**

swot [swɒt] *col* **1.** *n* magoló **2.** *v* -**tt**- magol

swum [swʌm] *pp* → **swim**

swung [swʌŋ] *pt/pp* → **swing**

sycamore ['sɪkəmɔː] *n* szikomorfa, hegyi juhar; *US* platán(fa)

sycophantic [sɪkə'fæntɪk] *a* hízelgő

syllable ['sɪləbl] *n* szótag

syllabus ['sɪləbəs] *n* (*pl* -**buses** or -**bi** [-baɪ]) tanterv; tanmenet

symbol ['sɪmbl] *n* jel(kép), szimbólum

symbolic [sɪm'bɒlɪk] *a* jelképes, szimbolikus

symbolize ['sɪmbəlaɪz] *v* jelképez

symmetrical [sɪ'metrɪkl] *a* szimmetrikus

symmetry ['sɪmətrɪ] *n* szimmetria

sympathetic [sɪmpə'θetɪk] *a* együttérző, rokonszenvező

sympathetically [sɪmpə'θetɪklɪ] együttérzően

sympathize ['sɪmpəθaɪz] *v* ~ **with** együtt érez vkvel; azonosul vmvel

sympathy ['sɪmpəθɪ] *n* szimpátia; (*pity*) együttérzés ‖ **be in ~ with sy** szimpatizál

symphonic [sɪm'fɒnɪk] *a* szimfonikus

symphony ['sɪmfənɪ] *n* szimfónia

symposium [sɪm'pəʊzɪəm] *n* szimpózium

symptom ['sɪmptəm] *n* tünet, szimptóma

synagogue (*US* -**gog**) ['sɪnəgɒg] *n* zsinagóga

synchronize ['sɪŋkrənaɪz] *v* (*clocks*) összeigazít, szinkronizál

synchronous ['sɪŋkrənəs] *a* szinkrón, egyidejű

syndicate ['sɪndɪkət] *n* (*of firms*) egyesülés, szindikátus

syndrome ['sɪndrəʊm] *n* tünetcsoport, szindróma

synonym ['sɪnənɪm] *n* rokon értelmű szó, szinonima

synonymous [sɪ'nɒnɪməs] *a* rokon értelmű, szinonim

synopsis [sɪ'nɒpsɪs] *n* (*pl* **-ses** [-siːz]) összegzés, szinopszis

syntactic [sɪn'tæktɪk] *a* mondattani

syntax ['sɪntæks] *n* mondattan

synthesis ['sɪnθəsɪs] *n* (*pl* **-ses** [-siːz]) szintézis

synthesizer ['sɪnθəsaɪzə] *n* szintetizátor

synthetic [sɪn'θetɪk] *a* szintetikus

syphilis ['sɪfəlɪs] *n* szifilisz

syringe ['sɪrɪndʒ] *n* fecskendő

syrup ['sɪrəp] *n* szörp

system ['sɪstəm] *n* rendszer

systematic [sɪstə'mætɪk] *a* rendszeres, szisztematikus

systemic [sɪs'temɪk] *a* rendszerszerű

T

ta [tɑː] *int GB col* köszönöm

tab[1] [tæb] *n* (*on coat*) akasztó; (*label*) címke ‖ **keep a ~** (*or* **~s**) **on** figyelemmel kísér

tab[2] [tæb] = **tabulator**

table ['teɪbl] **1.** *n* asztal; (*list*) táblázat ‖ **be at the ~** asztalnál ül **2.** *v* előterjeszt

tablecloth ['teɪblklɒθ] *n* abrosz, terítő

table d'hôte [tɑːbl'dəʊt] *n* ~ (**dinner**) menü

table salt *n* konyhasó

tablespoon ['teɪblspuːn] *n* leveseskanál, evőkanál

tablespoonful ['teɪblspuːnfʊl] *n* evőkanálnyi

tablet ['tæblɪt] *n* tabletta, pirula

table tennis *n* asztalitenisz

table wine *n* asztali bor

taboo [təˈbuː] *n* tabu ‖ **~ words** tabu szavak

tabulator ['tæbjuleɪtə] *n* tabulátor

tacit ['tæsɪt] *a* hallgatólagos

taciturn ['tæsɪtɜːn] *a* hallgatag

tack [tæk] **1.** *n* (*nail*) kis rövid szeg; (*drawing pin*) rajzszeg; (*stitch*) hosszú öltés; *naut* lavírozás; (*course*) irányhelyzet **2.** *vt* (*nail*) odaszögez; (*stitch*) összefércel, tűz ‖ *vi naut* lavíroz; (*change course*) irányt változtat

tackle ['tækl] **1.** *n naut* kötélzet; (*for lifting*) csigasor; *sp* (*with ball*) szerelés; (*fishing ~*) (horgász)felszerelés **2.** *v* (*seize*) (le)szerel; (*deal with*) megbirkózik; *sp* szerel

tacky ['tæki] *a* (*sticky*) ragacsos; *col* (*worthless*) ócska

tact [tækt] *n* tapintat

tactful ['tæktfl] *a* tapintatos

tactical ['tæktɪkl] *a* harcászati, taktikai

tactics ['tæktɪks] *n sing.* harcászat, taktika

tactless ['tæktlɪs] *a* tapintatlan

tadpole ['tædpəʊl] *n* ebihal

taffy ['tæfɪ] *n US* (*food*) karamella; *col* (*flattery*) hízelgés

tag [tæg] **1.** *n* (*label*) (függő)címke; (*with price*) árcédula; (*question*) utókérdés; (*phrase*) elcsépelt szólás **2.** *v* **-gg-** (fel)címkéz ‖ **~ along** vkvel (*együtt*) megy

tail [teɪl] **1.** *n* farok; (*end*) vég ‖ **~s** *pl* frakk **2.** *v* (*person*) szorosan követ; (*fruit*) lecsutkáz

tail away/off (*become smaller*) elritkul, lecsökken; (*fall behind*) lemarad

tailback ['teɪlbæk] *n* forgalmi torlódás, autósor

tailcoat ['teɪlkəʊt] *n* frakk

tailgate ['teɪlgeɪt] *n* (*of car*) hátsó ajtó

tailor ['teɪlə] *n* szabó

tailor-made *a* mérték után készült

tail wind *n* hátszél

tainted ['teɪntɪd] *a* (*food*) romlott; (*water*) szennyezett

take [teɪk] **1.** *n cine* felvétel **2.** *v* (*pt* **took** [tʊk], *pp* **taken** ['teɪkən]) *vt* vesz, fog; (*grasp*) elvesz, megragad; (*carry*) elvisz, (oda)visz; *mil* (*capture*) elfoglal; (*catch*) elfog; (*consume*) eszik/iszik vmt; (*rent*) bérel, kivesz; (*need time*) tart (vmeddig); (*understand*) megért | *vi* (*plant, vaccination*) megered ‖ **this will ~ time** ehhez idő kell; **what do you ~ for a headache?** mit szedsz fejfájás ellen?; **~ a bath** megfürdik; **~ a bus (to)** buszra száll; **~ a cab (to)** taxin/taxival megy (vhová); **~ a flat** (*US* **an apartment**) lakást bérel/kivesz; **~ a paper** újságot járat; **~ it from me** én mondom neked!; **~ lunch** ebédel; **~ place** végbemegy, lebonyolódik, lejátszódik, lezajlik; **~ sy by car** kocsin visz; **~ tea** (*or* **a cup of tea**) teázik; **~ it easy** csak nyugodtan!, lassan!; **~ your time** ne siesd el a dolgot!

take after sy vkre hasonlít

take apart szétszerel, szétszed

take away (*seize*) elvesz; (*carry off*) elvisz

take away from levon vmből

take back (*get back*) visszavesz; (*return*) visszavisz

take down (*get down*) levesz; (*lower*) levisz (*to* vhová); (*write down*) leír

take for tart vmnek ‖ **what do you ~ me for?** minek nézel (te engem)?

take in (*receive in his home*) befogad; (*make narrower*) bevesz; *col* (*deceive*) rászed, becsap

take off *vi* (*start*) felszáll; *col* vk „eltűz" | *vt* (*clothing*) levet; (*imitate*) utánoz

take on (*employee*) felvesz; (*work*) vállal; (*opponent*) megküzd vkvel

take out (*book*) kivesz, kikölcsönöz; (*remove*) kivesz, eltávolít; (*accompany*) elvisz vkt ‖ **~ out insurance** biztosítást köt; **~ sg out of sg** (*pocket, drawer*) elővesz vmt vmből

take over (*power*) átveszi a hatalmat; (*goods*) átvesz

take to rákap/rászokik vmre

take up (*raise*) vmt fölemel/felvesz; (*start doing*) vmbe/vmhez fog ‖ **~ up a lot of room** sok helyet foglal el (*or* vesz igénybe)

take-away (*US* **~-out**) *n* kifőzés ‖ **~ lunch/meal** ebéd/vacsora elvitelre

taken ['teɪkən] *pp* → take

take-off *n* (*leaving*) felszállás; (*imitation*) utánzás

take-out *n US* = take-away

take-over *n* (*of power*) hatalomátvétel; (*of business*) átvétel

takings ['teɪkɪŋz] *n pl comm* bevétel

talc [tælk] *n* hintőpor

talcum powder ['tælkəm] n hintő-por

tale [teɪl] n (*story*) elbeszélés; törté-net, mese; (*fiction*) kitalálás ‖ **tell ~s** árulkodik, fecseg

talent ['tælənt] n tehetség

talented ['tæləntɪd] a tehetséges

talisman ['tælɪsmən] n talizmán

talk [tɔ:k] **1.** n (*conversation*) be-szélgetés; megbeszélés; (*speech*) előadás; (*gossip*) csevegés ‖ **have a ~ with sy** megbeszélése van vkvel; **~s** pl pol tárgyalás(ok) **2.** v (*speak*) beszél; (*chatter*) beszélget ‖ **~ turkey** US nyíltan beszél

talk about beszél vmről/vkről

talk sy into (doing) sg rábeszél vkt vmre

talk (sg) over megvitat (*with* vkvel vmt)

talkative ['tɔ:kətɪv] a beszédes

talk shaw n „telefere"

tall [tɔ:l] a magas, nagy ‖ **he is ~ for his age** korához képest ma-gas; **a ~ story** col képtelen törté-net

tallboy ['tɔ:lbɔɪ] n GB fiókos szek-rény

tally ['tælɪ] **1.** n (*account*) jegyzék **2.** v egybevág (*with* vmvel)

talon ['tælən] n (*claw*) karom; (*cards*) talon

tame [teɪm] **1.** a (*animal*) szelídí-tett; col (*story*) unalmas, lapos **2.** v megszelídít

tamper with ['tæmpə] v (*meddle*) babrál vmt, bütyköl

tampon ['tæmpən] n med tampon

tan [tæn] **1.** a sárgásbarna **2.** vt **-nn-** (le)barnít ‖ vi lebarnul, lesül

tandem ['tændəm] n (*bicycle*) két-üléses kerékpár, tandem

tang [tæŋ] n erős/csípős íz/szag

tangent ['tændʒənt] n math érintő, tangens

tangerine [tændʒə'ri:n] n manda-rin

tangible ['tændʒəbl] a kézzelfogha-tó

tangle ['tæŋgl] **1.** n összevisszaság; (*difficulty*) bonyodalom **2.** v **~ up** összegubancol ‖ **get ~d up** össze-gubancolódik

tank [tæŋk] n (*container*) tartály, tank; (*vehicle*) harckocsi, tank

tankard ['tæŋkəd] n söröskancsó

tanker ['tæŋkə] n (*ship*) tartályhajó; (*truck*) tartálykocsi

tanned [tænd] a (*face*) napbarnított

tantamount ['tæntəmaʊnt] a egyér-telmű (*to* vmvel)

tap [tæp] **1.** n (*of pipe*) csap; (*plug*) dugasz; col (*of telephone*) lehall-gatókészülék **2.** v **-pp-** (*liquid*) le-csapol; (*on shoulder*) megveget; (*telephone*) lehallgat ‖ **~ sy for money** megpumpol

tape [teɪp] **1.** n szalag; (*magnetic*) (magnó)szalag; (*adhesive*) ragasz-tószalag; (*on racetrack*) célszalag **2.** v (*record*) felvesz vmt

tape measure n mérőszalag

taper ['teɪpə] v csúcsban végződik

tape recorder n magnó

tapestry ['tæpɪstrɪ] n faliszőnyeg

tar [tɑ:] n kátrány

tardy ['tɑ:dɪ] a (*late*) elkésett; (*slow*) lassú, nehézkes

target ['tɑ:gɪt] n cél; (*board*) céltáb-la ‖ **miss the ~** célt téveszt

target practice n céllövészet

tariff ['tærɪf] n díjszabás, vámtarifa

tarmac ['tɑ:mæk] n (beton)kifutó. felszállópálya

tarnish ['tɑːnɪʃ] *also fig vt* elhomályosít I *vi* elhomályosul

tarpaulin [tɑː'pɔːlɪn] *n* vízhatlan ponyva

tarry ['tærɪ] *a* kátrányos

tart[1] [tɑːt] *a* (*taste*) fanyar; *fig* (*remark*) csipős, éles

tart[2] [tɑːt] *n* (*pastry*) gyümölcstorta

tart[3] [tɑːt] *col* **1.** *n* (*woman*) lotyó **2.** *v* ~ **up** felcicomáz II ~ **oneself** kicsípi magát

tartan ['tɑːtən] *n* skótkockás szövet/ anyag, tartán

tartar ['tɑːtə] *n* (*of wine*) borkő; (*on teeth*) fogkő II ~ **sauce** tartármártás

task [tɑːsk] *n* feladat II **take sy to** ~ felelősségre von vkt vmért

tassel ['tæsl] *n* bojt, rojt

taste [teɪst] **1.** *n* (*flavour*) íz; (*sense*) ízlés; (*liking*) gusztus II **be to sy's** ~ ínyére van, szája íze szerinti **2.** *v* ízlel, (meg)kóstol II ~ **good** ízlik; ~ **like** sg, ~ **of** sg vmlyen íze van

tasteful ['teɪstfl] *a* ízléses

tasteless ['teɪsləs] *a* (*food*) ízetlen; (*joke*) ízléstelen

tasty ['teɪstɪ] *a* (*food*) jóízű

tatters ['tætəz] *n pl* rongy, foszlány

tattoo[1] ['tætuː] *n mil* (*show*) parádé

tattoo[2] ['tætuː] **1.** *n* (*on skin*) tetoválás **2.** *v* tetovál

tatty ['tætɪ] *a GB col* topis

taught [tɔːt] *pt/pp* → **teach**

taunt [tɔːnt] **1.** *n* gúnyos megjegyzés **2.** *v* kigúnyol

taut [tɔːt] *a* feszes, kifeszített

tavern ['tævən] *n* kocsma

tawdry ['tɔːdrɪ] *a* csiricsáré, csicsás

tawny ['tɔːnɪ] *a* homokszínű; (*világos*) sárgásbarna

tax [tæks] **1.** *n* adó II **pay** ~ **(on sg)** adót fizet (vm után) **2.** *v* megadóztat; *fig* (*strain*) próbára tesz

taxable ['tæksəbl] *a* adóköteles, adó alá eső

taxation [tæk'seɪʃn] *n* adózás, (meg)adóztatás

tax avoidance *n* adófizetés alóli (legális) kibújás

tax fraud *n* adócsalás

tax-free *a* adómentes

taxi ['tæksɪ] **1.** *n* taxi II **take a** ~ **(to)** taxin/taxival megy (vhová) **2.** *v* (*pt/pp* **taxied**; *pres p* **taxiing** *or* **taxying**) (*aircraft*) gurul

taxicab ['tæksɪkæb] *n* = **taxi**

taxi driver *n* taxisofőr, taxis

taximeter ['tæksɪmiːtə] *n* viteldíjmérő, taxaméter

taxi rank *n* taxiállomás

taxi stand *n* taxiállomás

taxpayer ['tækspeɪə] *n* adófizető

tax relief *n* adókedvezmény

tax return *n* adóbevallás

tea [tiː] *n* tea II **have** ~ (*or* **a cup of tea**) teázik

tea bag *n* filteres/zacskós tea

tea break *n* teaszünet

teacake ['tiːkeɪk] *n* teasütemény

teach [tiːtʃ] *v* (*pt/pp* **taught** [tɔːt]) *vi* tanít, oktat I *vt* ~ **sy sg**, ~ **sg to sy** megtanít vkt vmre

teacher ['tiːtʃə] *n* (*in primary school*) tanító, tanítónő; (*in secondary school*) tanár, tanárnő II ~ **of English, English** ~ angoltanár

teacher training college, *US* **teachers college** *n US* tanárképző főiskola

teaching ['tiːtʃɪŋ] *n* tanítás; (*doctrine*) vknek a tanításai/tanai II ~ **staff** tanári kar, tantestület

tea cosy *n* teababa
teacup ['tiːkʌp] *n* teáscsésze
teak [tiːk] *n* tíkfa, indiai tölgyfa
tea kettle *n* teáskanna (*forraláshoz*)
tea-leaf *n* (*pl* **-leaves**) *n* tealevél
team [tiːm] *n sp* csapat; (*workers*) (munka)csoport, team; (*of animals*) fogat
team game *n* csapatjáték
teamwork ['tiːmwɜːk] *n* csapatmunka, összjáték
tea party *n* tea
teapot ['tiːpɒt] *n* teáskanna
tear[1] [teə] 1. *n* szakadás, repedés 2. *v* (*pt* **tore** [tɔː], *pp* **torn** [tɔːn]) *vt* (el)tép, (el)szakít, elrepeszt I *vi* elszakad, elreped II ~ **open** (*letter*) kibont, felszakít, feltép
tear along *fig col* (*on motorcycle*) tép, repeszt, dönget
tear out kitép
tear up (*paper*) összetép
tear[2] [tɪə] *n* könny II **burst into ~s** könnyekre fakad
tearful ['tɪəfl] *a* könnyes
teargas ['tɪəgæs] *n* könnygáz
tearoom ['tiːrʊm] *n* teázóhelyiség
tease [tiːz] *v* bosszant, ugrat
tea set *n* teákészlet, teáskészlet
teaspoon ['tiːspuːn] *n* kávéskanál, kiskanál
teaspoonful ['tiːspuːnfʊl] *n* kávéskanálnyi
teat [tiːt] *n* (*of woman*) mellbimbó; (*of bottle*) cumi
tea time *n* teaidő, teázás ideje
tea towel *n* konyharuha, törlőruha
technical ['teknɪkl] *a* (*mechanical, practical*) technikai, műszaki, gyakorlati; (*of profession or technique*) szakmai, szak- II ~ **college** *col tech GB* műszaki/

iparművészeti stb. főiskola; ~ **term** szakkifejezés
technically ['teknɪklɪ] *adv* gyakorlatilag, technikailag II ~ **speaking** a szó szoros értelmében
technician [tek'nɪʃn] *n* (*mechanic*) műszerész, technikus; (*skilled worker*) szakember
technique [tek'niːk] *n art, sp* technika
technological [teknə'lɒdʒɪkl] *a* technikai, műszaki, technológiai
technology [tek'nɒlədʒɪ] *n* (*science*) műszaki tudományok, technika; (*methods*) technológia
teddy (bear) ['tedɪ] *n* (játék)mackó, maci
tedious ['tiːdɪəs] *a* egyhangú, unalmas
tedium ['tiːdɪəm] *n* unalom, unalmasság
tee[1] [tiː] *n* (*letter*) T-betű, té; (*pipe*) T alakú cső, T idom
tee[2] [tiː] *n* (*in golf*) elütési hely, „tee"
teem [tiːm] *v* ~ **with** (*insects*) nyüzsög vmtől; (*mistakes*) hemzseg vmtől
teenage ['tiːneɪdʒ] *a* tizenéves, tinédzser
teenager ['tiːneɪdʒə] *n col* tinédzser, tizenéves, tini
teens [tiːnz] *n pl* **be in one's ~** tizenéves
tee-shirt *n* póló(ing)
teeter ['tiːtə] *v* ingadozik, imbolyog
teeth [tiːθ] *pl* → **tooth**
teethe [tiːð] *v* fogzik
teething troubles ['tiːðɪŋ] *n pl* kezdeti nehézségek
teetotal [tiː'təʊtl] *a* absztinens, antialkoholista

teetotaller (*US* **-taler**) [tiːˈtəʊtlə] *n* absztinens, antialkoholista

telecommunications [telɪkəmjuːnɪˈkeɪʃnz] *n pl* távközlés, híradástechnika

telefax [ˈtelɪfæks] *n* telefax

telegram [ˈtelɪɡræm] *n* távirat

telepathy [tɪˈlepəθɪ] *n* telepátia

telephone [ˈtelɪfəʊn] [ˈtelɪfəʊn] **1.** *n* telefon(készülék) ‖ **answer the ~** felveszi a telefont/kagylót **2.** *v* telefonál (vknek)

telephone answering equipment *n* üzenetrögzítő

telephone box/booth *n* telefonfülke

telephone call *n* telefonbeszélgetés, hívás

telephone directory *n* telefonkönyv

telephone number *n* telefonszám

telephonist [tɪˈlefənɪst] *n* telefonkezelő

telephoto lens [telɪˈfəʊtəʊ] *n* teleobjektív

teleprinter [ˈtelɪprɪntə] *n* telexgép

telescope [ˈtelɪskəʊp] **1.** *n* (*monocular*) távcső, teleszkóp **2.** *v* ~ **(together)** (*vehicles*) egymásba fúródnak

teletext [ˈtelɪteks] *n* (*in TV*) képújság

televise [ˈtelɪvaɪz] *v* tévében közvetít/ad

television [ˈtelɪvɪʒn] *n* (*broadcasting, set*) televízió, tévé, tv ‖ **on (the)** ~ a televízióban

telex [ˈteleks] **1.** *n* telex **2.** *v* telexezik

tell [tel] *v* (*pt/pp* **told** [təʊld]) (el)mond, (el)mesél ‖ **I** ~ **sy sg** vknek megmond vmt, közöl vkvel vmt; **I**

can't ~ nem tudom; ~ **him to wait** mondd meg neki, hogy várjon; **can you** ~ **me the time?** hány óra van?; **I was told that ...** nekem azt mondták, hogy ...

tell sg from sg/sy vmt/vkt vmtől/vktől megkülönböztet

tell sy off *col* jól beolvas vknek, leszid vkt

tell on sy beárul, megmond; *school* árulkodik

teller [ˈtelə] *n* (bank)pénztáros

telling [ˈtelɪŋ] *a* hatásos

telling-off *n col* (le)szidás, letolás

telltale [ˈtelteɪl] *a/n* (*sign*) áruló; (*person*) árulkodó

telly [ˈtelɪ] *n GB col* tévé

temerity [tɪˈmerətɪ] *n* vakmerőség

temper [ˈtempə] **1.** *n* (*disposition*) hangulat, kedv; (*anger*) düh ‖ **be in a bad/good** ~ rossz/jó kedvében van; **lose one's** ~ kijön a sodrából **2.** *v* (*metal*) edz; (*passion*) enyhít, mérsékel

temperament [ˈtempərəmənt] *n* vérmérséklet, temperamentum

temperamental [ttemprəˈmentl] *a* (*passionate*) temperamentumos; (*changeable*) szeszélyes

temperance [ˈtempərəns] *n* (*moderation*) mértékletesség; (*abstinence*) alkoholtól tartózkodás

temperate [ˈtempərət] *a* mértéktartó, mértékletes, józan; (*climate*) mérsékelt égöv

temperature [ˈtemprətʃə] *n* hőmérséklet; (*degree of body*) láz ‖ **have you got a ~?** van láza(d)?; **have/run a** ~ hőemelkedése/láza van

tempest [ˈtempɪst] *n* vihar

tempestuous [temˈpestʃʊəs] *a* viharos

tempi ['tempi:] *pl* → **tempo**

template ['templɪt] *n* sablon

temple[1] ['templ] *n rel* templom

temple[2] ['templ] *n med* halánték

tempo ['tempəʊ] *n* (*pl* **-pos**, *mus* **-pi** [-piː]) sebesség; *also mus* tempó, ütem

temporal ['tempərəl] *a* (*of time*) időbeli; (*secular*) világi

temporary ['temprərɪ] *a* ideiglenes, átmeneti

tempt [tempt] *v* (meg)kísért, csábít ‖ ~ **sy into doing sg** rávesz vkt, hogy csináljon vmt

temptation [temp'teɪʃn] *n* kísértés, csábítás

tempting ['temptɪŋ] *a* csábító ‖ ~ **offer** csábító ajánlat

temptress ['temptrɪs] *n* (*woman*) csábító

ten [ten] *num* tíz ‖ ~ **at** ~ **(o'clock) in the morning** délelőtt tízkor

tenacious [tɪ'neɪʃəs] *a* kitartó, szívós

tenaciously [tɪ'neɪʃəslɪ] *adv* kitartóan, szívósan

tenacity [tɪ'næsətɪ] *n* kitartás, szívósság, kitartás, makacsság; (*of memory*) megbízhatóság

tenancy ['tenənsɪ] *n* bérleti viszony

tenant ['tenənt] *n* (*of tenement*) lakó; (*of flat, land*) bérlő

tend[1] [tend] *v* (*sick person*) ápol, gondoz, ellát

tend[2] [tend] *v* (*be directed to*) irányul (*to* vmre) ‖ ~ **to do sg** hajlamos/hajlik vm megtételére

tendency ['tendənsɪ] *n* irányzat, tendencia; (*of person*) hajlam (*to* vmre)

tender[1] ['tendə] *a* lágy, puha; (*person, sore*) érzékeny; (*voice*)

szelíd; (*affectionate*) gyengéd ‖ ~ **spot** sebezhető pont

tender[2] ['tendə] **1.** *n* árajánlat ‖ **invite** ~**s** versenytárgyalást hirdet; **legal** ~ törvényes fizetőeszköz **2.** *v* felajánl, felkínál ‖ ~ **one's resignation** benyújtja lemondását

tenderloin ['tendəlɔɪn] *n US* ~ **(steak)** bélszínjava, vesepecsenye

tendon ['tendən] *n* ín

tenement ['tenɪmənt] *n* bérház

tenet ['tenɪt] *n* tan, hittétel

tennis ['tenɪs] *n* tenisz ‖ **play** ~ teniszezik

tennis ball *n* teniszlabda

tennis court *n* teniszpálya

tennis racket *n* teniszütő

tennis shoes *n pl* teniszcipő, tornacipő

tenor ['tenə] *n mus* (*voice*) tenor (hang); (*person*) tenorista

tenpins ['tenpɪnz] *n sing. US* teke(játék), kugli

tense[1] [tens] *n gram* (ige)idő

tense[2] [tens] *a* (*rope*) feszes; (*nerves*) feszült, megfeszített

tension ['tenʃn] *n* (*stretching*) feszesség; (*voltage*) feszültség

tent [tent] *n* sátor

tentative ['tentətɪv] *a* (*experimental*) kísérleti, próbaképpen tett; (*hesitant*) óvatos

tentatively ['tentətɪvlɪ] *adv* (*experimentally*) próbaképpen; (*hesitantly*) óvatosan, puhatolódzva

tenth [tenθ] **1.** *num* tizedik **2.** *n* tized

ten thousand *num* tízezer

tent peg *n* sátorcövek

tent rope *n* sátorkötél

tenuous ['tenjʊəs] *a* gyenge; (*thread*) vékony, finom

tenure ['tenjʊə] n (*period of office*) hivatali idő; (*holding a job*) megbízatás

tepid ['tepɪd] a langyos

term [tɜːm] **1.** n (*period of time*) időtartam; (*limit*) határidő; *school* (év)harmad; félév; (*word*) szakkifejezés, szakszó; (*condition*) feltétel; (*of session*) ülésszak; *math* tag, kifejezés || **come to ~s with sg** megalkuszik/kiegyezik vmvel; **in ~s of** vmnek az értelmében, szempontjából, tekintetében; **~s of payment** fizetési feltételek; **be on good/bad ~s with sy** jó/rossz viszonyban van vkvel **2.** v ~ **sg sg** nevez vmt vmnek

terminal ['tɜːmɪnl] **1.** a végső; (*disease*) halálos **2.** n *comput, aviat* terminál; (*of rail, bus*) végállomás

terminate ['tɜːmɪneɪt] vt megszüntet | vi lezáródik

terminus ['tɜːmɪnəs] n (pl **-ni** [-naɪ] or **-nuses**) végállomás

terrace ['terəs] n terasz; (*row of houses*) sorház || **~s** pl lelátók

terraced ['terəst] a teraszos, lépcsőzetes || **~ house** GB sorház

terrain [tə'reɪn] n terep

terrestrial [tə'restrɪəl] a földi

terrible ['terəbl] a borzalmas, borzasztó, rettenetes

terribly ['terəblɪ] adv szörnyen, rettenetesen

terrific [tə'rɪfɪk] a rettentő, félelmetes

terrify ['terɪfaɪ] v megfélemlít

territorial [terɪ'tɔːrɪəl] a területi

territory ['terɪtrɪ] n also fig terület

terror ['terə] n (*fear*) rémület; *pol* terror, rémuralom

terrorism ['terərɪzəm] n terrorizmus

terrorist ['terərɪst] n terrorista

terrorize ['terəraɪz] v rettegésben tart, terrorizál

terse [tɜːs] a tömör

test [test] **1.** n próba; *med* vizsgálat; *isk* (*examination*) vizsga; (*paper*) teszt; (*of scouts*) cserkészpróba; *psych* teszt **2.** v (*knowledge*) felmér, tesztel; (*person*) (meg)vizsgál

testament ['testəmənt] n végrendelet || **New T~** Újszövetség; **Old T~** Ószövetség

test case n próbaper

test drive n (*of car*) próbaút

testicle ['testɪkl] n here

testify ['testɪfaɪ] v ~ **to sg** (*or that ...*) tanúsít vmt

testimony ['testɪmənɪ] n tanúság(tétel); *law* (tanú)vallomás

test match n *sp* nemzetközi mérkőzés (*krikett*)

test tube n kémcső

test-tube baby n lombikbébi

testy ['testɪ] a ingerlékeny

tetanus ['tetənəs] n tetanusz

tetchy ['tetʃɪ] a ingerlékeny

tether ['teðə] **1.** n **at the end of one's ~** elfogyott a cérnája, nem bírja (tovább) idegekkel **2.** v kipányváz/kiköt (*to* vmhez)

text [tekst] n szöveg

textbook ['tekstbʊk] n tankönyv

textile ['tekstaɪl] n szövet, textil

texture ['tekstʃə] n (*tissue*) szövet; (*structure*) szerkezet

Thames [temz] n the ~ a Temze

than [ðən, ðæn] conj (*comparison*) mint, -nál, -nél || **I know you better ~ he does** én jobban ismerlek, mint ő

thank [θæŋk] v ~ **sy (for sg)** megköszön vknek vmt, köszönetet mond (vknek vmért) ‖ ~ **you very much** köszönöm szépen; ~ **you in advance** előre is hálásan köszönöm

thankful ['θæŋkfl] a hálás (for vmért)

thankless ['θæŋklɪs] a hálátlan

thanks [θæŋks] n pl köszönet ‖ **no** ~ (to offering) nem kérek; **many** ~ köszönöm szépen; ~ **to ...** vknek/vmnek köszönhető; → **thank**

Thanksgiving (Day) ['θæŋksgɪvɪŋ] n US hálaadó ünnep (november negyedik csütörtöke)

that¹ [ðæt] **1.** pron/a (pl **those** [ðəʊz]) az(t); aki(t); amelyik(et) ‖ ~ **is (to say)** azaz; **who's** ~? ki az?; **at** ~ **time** abban az időben, az idő tájt; **in those days** azokban a napokban; **the watch** ~ **you gave me...** (az) az óra, amelyiket tőled kaptam; **those present** a jelenlevők; ~**'s all** ez minden, ez/ennyi az egész; ~**'s it!** ez az; ~**'s why** éppen azért/ezért **2.** adv ennyire, annyira ‖ **it isn't all** ~ **cold** azért nincs annyira hideg; ~ **much** ennyi(t), nagyon sokat

that² [ðæt] conj hogy ‖ **she said** ~ **the book...** azt mondta, hogy a könyv...

thatch [θætʃ] n zsúpfedél, nádfedél

thatched [θætʃt] a zsúpfedelű, nádfedeles ‖ ~ **roof** zsúpfedél

thaw [θɔ:] **1.** n olvadás; fig (of person, weather) enyhülés **2.** v (ice) (el)olvad; (food) felolvad; fig (weather) (meg)enyhül; (person) felenged

the [ðə; before vowel: ðɪ:] **1.** (definite article) a, az **2.** adv (in comparisons) ~ **...** ~ minél ..., annál ...; ~ **sooner** ~ **better** mennél hamarabb, annál jobb

theatre (US **-ter**) ['θɪətə] n színház; (for lectures) előadóterem; (for operations) műtő

theatre-goer n színházlátogató

theatrical [θɪ'ætrɪkl] a színházi; (behaviour) színpadias, teátrális

theft [θeft] n lopás, tolvajlás

their [ðeə] pron (az ő...) --(j)uk, -(j)ük, -(j)aik, -(j)eik ‖ ~ **house** a(z ő) házuk; ~ **houses** a(z ő) házaik

theirs [ðeəz] pron övé(i)k ‖ **our house is bigger than** ~ a mi házunk nagyobb, mint az övék

them [ðem, ðəm] pron (accusative) őket, azokat; (dative) nekik; ‖ **with** ~ velük, náluk

thematic [θɪ'mætɪk] a tematikus

theme [θi:m] n also mus téma ‖ ~ **song** födal (filmé)

themselves [ðəm'selvz] pron (ők) maguk; (accusative) (őket) magukat; (dative) (nekik) maguknak

then [ðen] **1.** adv (at that time) akkor; (next) majd, azután ‖ **by** ~ akkorára, akkorra; **since** ~ attól fogva, azóta; ~ **and there** azon nyomban **2.** a akkori ‖ **the** ~ **prime minister** az akkori miniszterelnök

theologian [θɪə'ləʊdʒən] n hittudós, teológus

theological [θɪə'lɒdʒɪkl] a teológiai

theology [θɪ'ɒlədʒɪ] n teológia, hittudomány

theorem ['θɪərəm] n tétel, szabály

theoretical [θɪə'retɪkl] a elméleti

theory ['θɪərɪ] *n* elmélet

therapist ['θerəpɪst] *a* specialista (*vmlyen gyógymódban*)

therapy ['θerəpɪ] *n* kezelés, terápia

there [ðeə] *adv* (*at a place*) ott; (*to a place*) oda; (*grammatical subject:*) ~ **is ...** van; ~ **are ...** vannak; ~ **is a book on the table** az asztalon van egy könyv; ~ **you are!** na ugye!, nem megmondtam?; **from** ~ onnan

thereafter [ðeər'ɑ:ftə] *adv* azután, attól kezdve

therefore [ðeəfɔ:] *adv* ezért, azért

thereof [ðeər'ɒv] *adv* arról, abbólm

there's = **there is; there has**

thermal ['θɜ:ml] *a* termál-, hő- ‖ ~ **baths** *pl* termálfürdő; ~ **waters** *pl* hévíz

thermometer [θə'mɒmɪtə] *n* hőmérő

Thermos (flask) (*US* **bottle**) ['θɜ:mɒs] *n* termosz

thesaurus [θɪ'sɔ:rəs] *n* *gram* (*dictionary*) tezaurusz; fogalomköri szótár

these [ði:z] *pl* → **this**

thesis ['θi:sɪs] *n* (*pl* **theses** ['θi:si:z]) (*theory*) (tan)tétel, tézis; (*dissertation*) értekezés, disszertáció

they [ðeɪ] *pron* (*persons*) ők; (*things*) azok; (*general subject*) az emberek ‖ ~ **say ...** azt mondják ...

they'd [ðeɪd] = **they had; they would**

they'll [ðeɪl] = **they shall; they will**

they're [ðeɪə] = **they are**

they've [ðeɪv] = **they have**

thick [θɪk] **1.** *a* (*not thin*) vastag; (*dense*) sűrű; *col* (*stupid*) ostoba ‖ **it's 5 cm** ~ 5 cm vastag **2.** *n*

vmnek a közepe ‖ **in the** ~ **of** vmnek a kellős közepén

thicken ['θɪkən] *vt* besűrít ‖ *vi* (be)sűrűsödik, megsűrűsödik

thickness ['θɪknɪs] *n* (*of wall, line*) vastagság; (*of forest, liquid*) sűrűség

thickset [θɪk'set] *a* (*person*) zömök; (*hedge*) sűrűn ültetett

thick-skinned *a also fig* vastagbőrű, érzéketlen

thief [θi:f] *n* (*pl* **thieves** [θi:vz]) tolvaj

thieving ['θi:vɪŋ] *n* lopás, tolvajlás

thigh [θaɪ] *n* comb

thighbone ['θaɪbəʊn] *n* combcsont

thimble ['θɪmbl] *n* gyűszű

thin [θɪn] **1.** *a* **-nn-** (*not thick*) vékony; (*watery*) híg; (*sparse*) ritka, gyér; (*slim*) sovány **2.** *v* **-nn-** *vt* (el)vékonyít; (*liquid*) hígít ‖ *vi* (el)vékonyodik; (*fog, hair*) megritkul

thing [θɪŋ] *n* (*object*) dolog; (*affair*) ügy ‖ ~**s** *pl* dolgok, holmi ‖ **the** ~ **is (that)** a helyzet az, hogy; **how do** ~**s stand?** hogy áll a dolog?

think [θɪŋk] *v* (*pt/pp* **thought** [θɔ:t]) gondolkodik; (*consider, believe*) gondol/tart vmnek ‖ **don't you** ~? nem gondolja/gondolod?; **I** ~ **úgy** hiszem/vélem/látom; **I should** ~ **so** meghiszem azt!; **I** ~ **so!** azt hiszem, igen; ~ **better of sg** meggondolja magát; **what do you** ~ **(of it)?** mit szólsz hozzá?

think about (*have in mind*) vkre/vmre gondol; (*reflect on*) gondolkodik vmn

think of (*have in mind*) gondol vmre/vkre ‖ ~ **of doing sg** szándékozik vmt tenni

think out kigondol

think over (*plan*) átgondol, végiggondol

think up kigondol, kiagyal

third [θɜːd] **1.** *num* harmadik || ~ **floor** harmadik emelet; *US* második emelet; **be in the ~ form** (*US* **grade**) *school* harmadikba jár; ~ **gear** hármas, harmadik sebesség **2.** *n* harmadrész, (egy)harmad

Third Age, the *n* az öregkor

third-degree *a* harmadfokú

thirdly [ˈθɜːdlɪ] *adv* (*enumeration*) harmadszor

third-party insurance *n* kötelező (gépjármű-)felelősségbiztosítás

third-rate *a* harmadrangú, gyenge minőségű

Third World, the *n* a harmadik világ

thirst [θɜːst] **1.** *n* szomj(úság) || ~ **for power** hatalomvágy **2.** *v* szomjazik

thirsty [ˈθɜːstɪ] *a* szomjas || **I'm ~** szomjas vagyok; **get ~** megszomjazik

thirteen [θɜːˈtiːn] *num* tizenhárom

thirty [ˈθɜːtɪ] *num* harminc || ~ **of us** harmincan; ~ **years old** harmincéves; **the thirties** (30s *or* 1930s) a harmincas évek

this [ðɪs] **1.** *pron* (*pl* **these** [ðiːz]) ez || **what's ~?** mi ez?; **who is ~?** ki ez?; ~ **morning** ma reggel/délelőtt; ~ **is Mr Brown** bemutatom Brown urat; **in these days** manapság **2.** *adv* ~ **much** ennyi (se több, se kevesebb); ~ **far** eddig, mind ez ideig

thistle [ˈθɪsl] *n* bogáncs

thong [θɒŋ] *n* szíj

thorn [θɔːn] *n* tüske, tövis

thorny [ˈθɔːnɪ] *a* tüskés, tövises || ~ **question** fogas kérdés

thorough [ˈθʌrə] *a* alapos, tüzetes

thoroughbred [ˈθʌrəbred] *a/n* telivér

thoroughfare [ˈθʌrəfeə] *n* (*road*) főútvonal || **"no ~"** mindkét irányból behajtani tilos!

thoroughly [ˈθʌrəlɪ] *adv* alaposan, behatóan

those [ðəʊz] *pl* → **that**

though [ðəʊ] *conj/adv* habár, (ám)bár, noha || **strange ~ it may appear** bármily különösnek tűnik is

thought [θɔːt] *n* (*thinking*) gondolkodás; (*idea*) gondolat; (*consideration*) megfontolás || **a ~ better** valamicskével jobb(an); → **think**

thoughtful [ˈθɔːtfl] *a* (*thinking*) (el)gondolkodó; (*considerate*) megfontolt; (*attentive*) figyelmes

thoughtless [ˈθɔːtlɪs] *a* meggondolatlan; (*inattentive*) figyelmetlen

thousand [ˈθaʊznd] *num* ezer || **by the** ~ ezrével; **~s of** ezernyi

thousandth [ˈθaʊzənθ] *num a* ezredik

thrash [θræʃ] *v col* elpáhol, elver **thrash out** *fig* (*discuss*) kitárgyal

thread [θred] **1.** *n* fonal, cérna; (*on screw*) (csavar)menet **2.** *v* (*needle*) befűz || ~ **one's way through the crowd** átfurakszik a tömegen

threadbare [ˈθredbeə] *a* kopott, elnyűtt, viseltes

threat [θret] *n* fenyegetés

threaten [ˈθretn] *v* (meg)fenyeget (*with sg* vmivel)

three [θriː] *num* három

three-course dinner *n* háromfogásos ebéd

three-dimensional, three-D *a* háromdimenziós

three-piece *a* (*suit*) háromrészes

three-quarter *a* háromnegyedes

three-storeyed (*US* **storied**) *a* (*house*) háromszintes

three-wheeler *n* háromkerekű jármű; tricikli

thresh [θreʃ] *v* (gabonát) csépel

threshold ['θreʃhəʊld] *n* küszöb

threw [θruː] *pt* → **throw**

thrice [θraɪs] *adv* háromszor

thrift [θrɪft] *n* takarékosság

thrifty ['θrɪftɪ] *a* (*saving*) takarékos; (*economical*) gazdaságos

thrill [θrɪl] *v* felvillanyoz, izgalomba hoz

thriller ['θrɪlə] *n* izgalmas olvasmány, krimi

thrilling ['θrɪlɪŋ] *a* izgalmas, érdekfeszítő; (*news*) szenzációs

thrive [θraɪv] *v* (*pt* **thrived** *or* **throve** [θrəʊv], *pp* **thrived** *or* **thriven** ['θrɪvn]) boldogul, jól megy (neki), prosperál

thriven ['θrɪvn] *pp* → **thrive**

thriving ['θraɪvɪŋ] *a* virágzó, jól menő, prosperáló

throat [θrəʊt] *n* torok, gége

throb [θrɒb] **1.** *n* dobbanás **2.** *v* **-bb-** (*heart*) dobog

throes [θrəʊz] *n pl* **in the ~ of** folyamán, közepette

thrombosis [θrɒm'bəʊsɪs] *n* (*pl* **-ses** [-siːz]) trombózis

throne [θrəʊn] *n* trón

throng [θrɒŋ] **1.** *n* tolongás, tömeg **2.** *v* (*crowd*) tolong

throttle ['θrɒtl] **1.** *n* (*valve*) fojtószelep; (*of motorcycle*) gázkar **2.** *v* (*throat*) fojtogat, megfojt; (*feelings*) elfojt

through [θruː] **1.** *prep*/*adv* (*place*) át, keresztül; (*time*) alatt; (*means*) vmnek a révén, vmnek az útján ‖ **drive ~ the red light** áthajt a piroson; **you are ~ now** *GB* (*connected*) tessék beszélni; *US* (*finished*) bontok, befejezték? **2.** *a* (*traffic*) átmenő; (*train*) közvetlen ‖ **No ~ road!** Behajtani tilos!

throughout [θruː'aʊt] *adv*/*prep* (*place, time*) át, keresztül; (*in every part*) mindenütt ‖ **~ the country** országszerte; **~ the week** egész héten át

throve [θrəʊv] *pt* → **thrive**

throw [θrəʊ] **1.** *n* dobás, hajítás **2.** *v* (*pt* **threw** [θruː], *pp* **thrown** [θrəʊn]) dob, vet, (el)hajít, repít ‖ **~ a party** vendégeket hív (vacsorára); **~ light on sg** fényt vet vmre

throw away kidob, eldob

throw back visszadob

throw off one's coat ledobja a kabátját

throw out (*rubbish*) kidob; (*chest*) kifeszít; (*suggestion*) elvet

throw (sg) together *col* (*food, also essay*) összecsap

throw up *col* (ki)hány, rókázik

throwaway ['θrəʊəweɪ] *a* (*wrapping*) eldobható

thrower ['θrəʊə] *n* dobó

throw-in *n sp* bedobás

thrown [θrəʊn] *pp* → **throw**

thru [θruː] *US* = **through**

thrush [θrʌʃ] *n* rigó

thrust [θrʌst] **1.** *n* (*push*) lökés; (*stab*) szúrás **2.** *v* (*pt*/*pp* **thrust**) (*push*) lök; (*stab*) szúr

thrusting ['θrʌstɪŋ] *a* tolakodó

thruway ['θruːweɪ] *n US* autópálya

thud [θʌd] n puffanás, koppanás
thumb [θʌm] 1. n hüvelykujj ‖ a rule of ~ (durva) ökölszabály 2. (a book) lapozgat ‖ ~ a lift/ride (in car) stoppol
thumb-index n élregiszter (könyvön)
thumbtack [ˈθʌmtæk] n US rajzszeg
thump [θʌmp] 1. n (blow) ütés; (sound) puffanás 2. vt (strike) üt, ver ‖ vi (fall loudly) puffan ‖ ~ sy (one) col vkre nagyot húz, egyet rásóz vkre; ~! zsupsz!
thunder [ˈθʌndə] 1. n (menny)dörgés 2. v dörög
thunderbolt [ˈθʌndəbəʊlt] n villámcsapás
thunderclap [ˈθʌndəklæp] n mennydörgés
thunderstorm [ˈθʌndəstɔːm] n zivatar mennydörgéssel
thunderstruck [ˈθʌndəstrʌk] a megdöbbent
thundery [ˈθʌndəri] a viharos, viharra hajló
Thursday [ˈθɜːzdi] n csütörtök; → Monday
thus [ðʌs] adv (in this way) így, ily módon; (therefore) következésképpen, tehát
thwart [θwɔːt] v meghiúsít, keresztülhúz
thyme [taɪm] n kakukkfű
thyroid (gland) [ˈθaɪrɔɪd] n pajzsmirigy
tibia [ˈtɪbɪə] n (pl -biae [-biiː]) sípcsont
tic [tɪk] n arcrángás
tick[1] [tɪk] 1. n (of clock) ketyegés; col (moment) pillanat; (on list) pipa ‖ on the ~ hajszálpontosan;

wait a ~! col várj egy percig! 2. vi (clock) ketyeg ‖ vt (name) kipipál
tick off kipipál ‖ get ~ed off col letolják
tick over (engine) alapjáratban jár
tick[2] [tɪk] n zoo kullancs
ticket [ˈtɪkɪt] n (entrance) (belépő)jegy; (travel) (menet)jegy; (label) cédula; US (of party) pártprogram; (parking ~) bírság(cédula); (permission) parkolójegy ‖ single ~ egyszeri utazásra szóló jegy
ticket collector n jegyellenőr, kalauz
ticket office n jegypénztár
tickle [ˈtɪkl] vi (throat) kapar ‖ vt csiklandoz; (amuse) megnevettet, mulattat
ticklish [ˈtɪklɪʃ] a csiklandós; (question) rázós ‖ ~ situation col ciki
tidal [ˈtaɪdl] a árapály- ‖ ~ wave szökőár
tidbit [ˈtɪdbɪt] n US = titbit
tide [taɪd] 1. n (of sea, feeling) ár, áradat ‖ against the ~ ár ellen
tidy [ˈtaɪdi] 1. a rendes 2. v ~ oneself (up) rendbe hozza magát; ~ up the room kitakarítja a szobát
tie [taɪ] 1. n (necktie) nyakkendő; (rope) kötél, madzag; (fastening) csomó; kötés; sp (equality) holtverseny; döntetlen; (match) kupamérkőzés ‖ ~s pl kapcsolatok 2. v (pt/pp tied; pres p tying) (fasten) (meg)köt; átköt; (knot) megkötöz ‖ ~ a knot in one's handkerchief csomót köt a zsebkendőjére
tie down leköt
tie on ráköt(öz)

tie up (*dog*) megköt; (*parcel*) átköt; (*boat*) kiköt ‖ **I'm ~d up** el vagyok (teljesen) foglalva

tie-break(er) *n sp* rövidített játék

tier [tɪə] *n* üléssor ‖ **a wedding cake with three ~s** háromemeletes menyasszonyi torta

tie-up *n* (*partnership*) társulás; *US* (*stoppage*) megbénulás

tiff [tɪf] *n* összezördülés

tiger ['taɪgə] *n* tigris

tight [taɪt] **1.** *a* (*close*) szoros, szűk; (*programme*) feszített zsúfolt; (*control*) szigorú; (*airtight, watertight*) légmentes, vízhatlan; (*difficult to obtain*) nehezen megszerezhető ‖ **a bit ~** *col* spicces; **be in a ~ corner/spot** *col* szorult/ nehéz helyzetben van **2.** *adv* szorosan, feszesen; → **tights**

tighten ['taɪtn] *vt* megszorít; megfeszít, szűkít; (*screw*) meghúz; (*rope*) kifeszít | *vi* (meg)feszül, szűkül

tight-fisted *a* szűkmarkú

tightly ['taɪtlɪ] *adv* (*closely*) szorosan, feszesen; (*airtight, watertight*) légmentesen, vízhatlanul

lightrope ['taɪtrəʊp] *n* kötél ‖ **~ walker** kötéltáncos

tights [taɪts] *n pl* (*on legs*) harisnyanadrág; (*on body*) trikó

tigress ['taɪgrɪs] *n* nőstény tigris

tile [taɪl] *n* (*on wall, floor*) csempe, (burkoló)lap; (*on roof*) (tető)cserép

till[1] [tɪl] *prep, conj* = **until**

till[2] [tɪl] *n* pénztár(fiók)

tiller ['tɪlə] *n naut* kormányrúd

tilt [tɪlt] **1.** *n* billenés **2.** *vi* (meg)billen, (meg)dől | *vt* (meg)billent, megdönt

timber ['tɪmbə] *n* (épület)fa, faanyag

time [taɪm] **1.** *n* idő; (*moment*) időpont; (*period*) időszak, kor(szak) ‖ **at the same ~** ugyanakkor; **at a ~** egyszerre, egy alkalommal; **be on ~** pontosan érkezik; **have you got the ~?** hány óra van?; **do one's ~** *col* kitölti a büntetését; **in due ~** kellő/megfelelő időben; **in no ~** *col* egy perc alatt; **in ~** megfelelő időben; **just in ~** éppen jókor; **since that ~** azóta; **this ~** ezúttal; **at what ~?** mikor?, hány órakor?; **we had a good/glorious ~** remekül éreztük magunkat; **for the ~ being** egyelőre, ideiglenesen; **it is ~ I went** ideje, hogy hazamenjek; **this ~ tomorrow** holnap ilyenkor; **from this ~ on** ezentúl, ettől az időtől kezdve; **from ~ to ~** időnként; **what ~ is it?** hány óra? **2.** *v* (*measure time*) mér, megállapít; *sp* stoppol, idejét méri; (*choose time*) időzít; → **times**

time bomb *n* időzített bomba

time clock *n* bélyegzőóra

time-lag *n* (*delay*) késés, lemaradás; (*interval*) időkülönbség

timeless ['taɪmlɪs] *a* időtlen

time limit *n* határidő

timely ['taɪmlɪ] *a* időszerű, (megfelelő) időben történő

time off *n* szabadidő

timer ['taɪmə] *n* (*person, watch*) időmérő; (*with sand*) homokóra; (*switch*) időkapcsoló

times [taɪmz] *n pl* -szor, -szer, -ször ‖ **how many ~?** hányszor; **five ~ two is/equals ten** ötször kettő (az) tíz

time-saving *a* időt megtakarító, időkímélő

time switch *n* időkapcsoló

timetable ['taɪmteɪbl] *n school* tanrend, órarend; *(in transport)* menetrend; *(schedule)* időbeosztás, program

time zone *n* időzóna, óraövezet

timid ['tɪmɪd] *a* félős, félénk

timidity [tɪ'mɪdətɪ] *n* félénkség

timing ['taɪmɪŋ] *n* időzítés; *sp* időmérés

tin [tɪn] *n* (*metal*) ón, cin; (*container*) konzerv || ~ **foil** alufólia

tinge [tɪndʒ] **1.** *n* (*halvány*) árnyalat **2.** *v* (*colour*) árnyal, színez; (*affect*) kissé befolyásol

tingle ['tɪŋgl] **1.** *n* bizsergés **2.** *v* bizsereg

tinker ['tɪŋkə] **1.** *n* (*worker*) (vándorló) üstfoltozó, bádogos; (*amateur*) kontár **2.** *v* (*mend*) megfoltoz, kijavít; (*patch up*) összeeszkábál

tinker with sg *col* (*patch*) bütyköl vmvel; (*fuss*) vacakol

tinkle ['tɪŋkl] **1.** *n* csengés **2.** *v* cseng, csilingel

tinned [tɪnd] *a* (*food*) -konzerv || ~ **fish** halkonzerv

tin opener *n* konzervnyitó

tint [tɪnt] *n* (*szín*)árnyalat, tónus

tiny ['taɪnɪ] *a* kicsi, apró, pici

tip[1] [tɪp] *n* (*pointed end*) hegy, hegyes vég || **have sg on the ~ of one's tongue** a nyelve hegyén van

tip[2] [tɪp] **1.** *n* (*money*) borravaló, jatt; *col* (*piece of advice*) tipp **2.** *v* **-pp-** (*give money*) borravalót ad (vknek); (*tilt*) (meg)billent, felborít

tip-off *n col* (*information*) „füles"

tipped [tɪpt] *a* (*cigarette*) filteres

tipsy ['tɪpsɪ] *a col* spicces

tiptoe ['tɪptəʊ] *n* lábujjhegy || **on** ~ lábujjhegyen

tiptop [tɪp'tɒp] *a* legjobb, elsőrendű, tipp-topp

tire[1] ['taɪə] *vt* (ki)fáraszt | *vi* elfárad (*of* vmben); ~ **out** elfáraszt, kifáraszt, kimerít, lestrapál; ~ **sy to death** agyoncsigáz; → **tired**

tire[2] ['taɪə] *n US* = **tyre**

tired ['taɪəd] *a* fáradt || **I am (very)** ~ (nagyon) fáradt vagyok, elfáradtam; **get** ~ **of (sg)** belefárad/beleun vmbe; → **tire**[1]

tireless ['taɪəlɪs] *a* fáradhatatlan

tiresome ['taɪəsəm] *a* (*tiring*) fárasztó; (*boring*) unalmas

tiring ['taɪərɪŋ] *a* (*exhausting*) fárasztó, kimerítő; (*boring*) unalmas

tissue ['tɪʃuː] *n biol* szövet; (*handkerchief*) papírzsebkendő

tit[1] [tɪt] *n* (*bird*) cinege, cinke

tit[2] [tɪt] *n col* (*breast*) cici

titbit (*US* **tidbit**) ['tɪtbɪt] *n* (*of food*) ínyencfalat, csemege, nyalánkság; (*information*) füles

tit for tat *kif* szeget szeggel

titillate ['tɪtɪleɪt] *v* csiklandoz

title ['taɪtl] *n* (*of book*) cím; (*rank*) cím; *sp* bajnoki cím; (*right*) jog (*to* vmhez) || ~ **deed** birtoklevél; ~ **role** címszerep

titter ['tɪtə] **1.** *n* kuncogás, vihogás **2.** *v* kuncog, vihog

titular ['tɪtjʊlə] *a* címzetes

to[1] [tuː, tə] **1.** *prep* (*direction*) -hoz, -hez, -höz; -ra, -re, -nak, -nek; -ba, -be; (*time*) -ig || **the road ~ London** a Londonba vezető út; ~ **this**

day a mai napig; ~ **her** őhozzá, őneki

to² [tʊ, tə] *prep (infinitive)* -ni || ~ **be or not** ~ **be** lenni vagy nem lenni; ~ **be had** (*with verb*) kapható, beszerezhető

toad [təʊd] *n* varangy(os béka)

toast [təʊst] **1.** *n* (*bread*) pirítós (kenyér); (*drinking*) pohárköszöntő **2.** *vt* (meg)pirít; (*drink*) iszik vk egészségére | *vi* (meg)pirul

toaster ['təʊstə] *n* kenyérpirító

tobacco [tə'bækəʊ] *n* dohány

tobacconist [tə'bækənɪst] *n* trafikos || ~**'s** dohánybolt, trafik

toboggan [tə'bɒgən] **1.** *n sp* szánkó, tobogán **2.** *v* szánkózik, tobogánozik

tocsin ['tɒksɪn] *n* (*bell*) vészharang; (*signal*) vészjel

today [tə'deɪ] *adv/n* ma || **from** ~ mától fogva; **a week** ~ mához egy hétre

toddler ['tɒdlə] *n* (totyogós) kisgyerek

to-do *n col* hűhó, felhajtás

toe [təʊ] **1.** *n* lábujj; (*of shoe*) (cipő)orr **2.** *v* ~ **the line** (*or US* **mark**) rajthoz áll

toenail ['təʊneɪl] *n* lábujjköröm

toffee ['tɒfɪ] *n* (tej)karamella

together [tə'geðə] *adv* együtt || ~ **with** vmvel/vkvel együtt

togs [tɒgz] *n pl col* szerelés

toil [tɔɪl] **1.** *n* nehéz munka, robot **2.** *v* erőlködik

toilet ['tɔɪlɪt] *n* vécé, WC, toalett || ~ **articles** *pl* piperecikkek; ~ **bowl** vécékagyló; ~ **paper** vécépapír, toalettpapír; ~ **soap** piperzappan; ~ **water** (gyenge) kölnivíz

token ['təʊkən] *n* (*sign*) jel(kép); *fig* zálog; (*coin*) zseton || **book** ~ könyvutalvány

told [təʊld] *pt/pp* → **tell**

tolerable ['tɒlərəbl] *a* (*bearable*) elviselhető; (*fairly good*) tűrhető

tolerance ['tɒlərəns] *n* türelem, tolerancia

tolerate ['tɒləreɪt] *v* eltűr, elvisel

toll¹ [təʊl] *n* (*of road*) autópályadíj; (*tax*) vám

toll² [təʊl] **1.** *n* (*of bell*) harangszó **2.** *vi* (*bell*) szól | *vt* (*bell*) kongat

tomato [tə'mɑ:təʊ] *n* (*pl* -**toes**) *bot* paradicsom || ~ **soup** paradicsomleves

tomb [tu:m] *n* sír, sírbolt, kripta

tombola [tɒm'bəʊlə] *n* tombola

tomboy ['tɒmbɔɪ] *n* fiús lány

tombstone ['tu:mstəʊn] *n* sírkő

tomcat ['tɒmkæt] *n* kandúr

tome [təʊm] *n* (vastag) kötet

tomorrow [tə'mɒrəʊ] *adv* holnap || ~ **evening** holnap este; ~ **week** holnaphoz egy hétre

tomtit ['tɒmtɪt] *n GB* (kék) cinege

ton [tʌn] *n* tonna (*GB* **long** ~ = 2240 font = 1016 kg; *US* **short** ~ = 2000 font = 907,18 kg) || **do a** ~ *col* (*vehicle*) repeszt, dönget

tone [təʊn] **1.** *n* modor, hangnem **2.** *v* színez, árnyal

tone down (*sound*) lehalkít; (*colour*) árnyal

tone up felélénkít

tone-deaf *a* botfülű

tongs [tɒŋz] *n pl* (*for coal, sugar*) fogó; (*for hair*) hajsütő vas

tongue [tʌŋ] *n* nyelv || **hold one's** ~ befogja a száját; **put out one's** ~ **at sy** kinyújtja a nyelvét vkre

tongue-lashing *n col* letolás

tongue-tied *a* kuka ‖ **he was ~** meg sem tudott mukkanni

tongue-twister *n* nyelvtörő

tonic ['tɒnɪk] *n* (*medicine*) erősítő(szer); (*drink*) tonik

tonight [tə'naɪt] *adv* ma este/éjjel

tonne [tʌn] *n* (*metric ton*) tonna (1000 kg)

tonsil ['tɒnsɪl] *n* med mandula

tonsillitis [tɒnsɪ'laɪtɪs] *n* mandulagyulladás

too [tu:] *conj* (*also*) szintén, is; (*very*) túl ‖ **I went ~** én is elmentem; **~ bad** de kár!, ez pech!

took [tʊk] *pt* → **take**

tool [tu:l] *n* szerszám; (*also person*) eszköz

toolkit ['tu:lkɪt] *n* szerszámkészlet

toot [tu:t] *v* **~ one's/the horn** (*driver*) dudál

tooth [tu:θ] *n* (*pl* **teeth** [ti:θ]) *med*, *tech* fog ‖ **have a ~ (pulled) out** kihúzatja a fogát; **in the teeth of sg** vmnek ellenére

toothache ['tu:θeɪk] *n* fogfájás

toothbrush ['tu:θbrʌʃ] *n* fogkefe

toothpaste ['tu:θpeɪst] *n* fogkrém

toothpick ['tu:θpɪk] *n* fogpiszkáló

top [tɒp] *n* **1.** *a* (*leg*)felső; (*in rank*) magas rangú, vezető; (*best*) menő ‖ **at ~ speed** teljes sebességgel; **~ dog** *fig* nagykutya, fejes **2.** *n* (*upper surface*) tető; (*summit*) csúcs; hegy; (*highest point*) tetőpont; (*toy*) pörgettyű ‖ **on ~ of it all** *col* tetejébe; **at the ~ of the hill** a hegy tetején; **from ~ to toe** tetőtől talpig **3.** *v* **-pp-** (*be at top*) első a listán

top up feltölt, utánatölt ‖ **can I ~ you up?** tölthetek még neked?

top hat *n* cilinder

top-heavy *a* fejnehéz

topic ['tɒpɪk] *n* (*beszéd*)téma; tárgy

topical ['tɒpɪkl] *a* időszerű, aktuális

topless ['tɒplɪs] *a* (*dress*) felsőrész nélküli

top-level *a* legmagasabb szintű

topmost ['tɒpməʊst] *a* legmagasabb; legfelső

topping ['tɒpɪŋ] *a col* remek, klassz

topple ['tɒpl] *vi* billen; (*fall*) ledől ‖ *vt* billent; ledönt; (*overturn*) megbuktat

top-secret *a* szigorúan bizalmas

topsy-turvy ['tɒpsɪ'tɜːvɪ] *a* **everything is ~** minden a feje tetején áll

top-up *n* **would you like a ~?** (*drink*) kér még egyet?

torch [tɔːtʃ] *n* (*wood*) fáklya; (*lamp*) zseblámpa

tore [tɔː] *pt* → **tear**[1]

torment 1. ['tɔːment] *n* kín, gyötrelem **2.** [tɔː'ment] *v* (*meg*)kínoz, (*meg*)gyötör

torn [tɔːn] *a* szakadt; → **tear**[1]

tornado [tɔː'neɪdəʊ] *n* (*pl* **~es**) tornádó

torpedo [tɔː'piːdəʊ] *n* (*pl* **~es**) torpedó

torrent ['tɒrənt] *n* áradat, özön

torrential [tə'renʃl] *a* (*rain*) zuhogó, szakadó, ömlő

torrid ['tɒrɪd] *a* perzselő

torso ['tɔːsəʊ] *n* (*trunk*) (emberi) felsőtest; (*statue*) torzó

tortoise ['tɔːtəs] *n* (szárazföldi) teknős(béka)

tortuous ['tɔːtʃʊəs] *a* tekervényes, görbe

torture ['tɔːtʃə] **1.** *n* (*pain*) kín; (*torturing*) kínvallatás, kínzás **2.** *v* (*meg*)kínoz

Tory ['tɔːrɪ] *a/n* *GB* konzervatív (párti), tory

toss [tɒs] **1.** *n* lökés || ~ **of a coin** pénzfeldobás **2.** *v* (*throw*) lök; (*ship*) hány(kol)ódik || ~ **and turn** (*in bed*) forgolódik; ~ **a coin,** ~ **up for sg** pénzfeldobással sorsot húz

toss-up *n* pénzfeldobás

tot [tɒt] *n* tiny ~ (*child*) csöppség; *col* (*drink*) (egy) kupica pálinka

total ['təʊtl] **1.** *a* egész, teljes, összes, globális || ~ **consumption** összfogyasztás **2.** *n* (vég)összeg **3.** *v* **-ll-** (*US* **-l-**) (*amount to*) kitesz; (*add up*) összead

totalitarian [təʊˈtælɪˈteərɪən] *a* totalitárius állam

totally ['təʊtəlɪ] *adv* teljesen

totter ['tɒtə] *v* tántorog

touch [tʌtʃ] **1.** *n* (*touching*) fogás, érintés; (*sense of feeling*) tapintás || **be in** ~ **with sy** kapcsolatban van vkvel **2.** *v* (meg)tapint; (*handle*) (meg)érint; (*refer to*) érint; (*affect*) meghat || **don't** ~ (**it**)**!** ne nyúlj hozzá!

touch down (*aircraft*) leszáll

touch on (*subject*) érint

touch up (*photo*) retusál; (*picture*) kiszínez

touch-and-go *a col* **it was** ~ csak egy hajszálon múlt

touchdown ['tʌtʃdaʊn] *n* (*of aircraft*) földetérés

touched [tʌtʃt] *v* (*moved*) meghatódott

touching ['tʌtʃɪŋ] *a* megható

touch-line ['tʌtʃlaɪn] *n sp* partvonal

touchstone ['tʌtʃstəʊn] *n fig* próbakő

touchy ['tʌtʃɪ] *a* (*person*) sértődős, érzékeny

tough [tʌf] **1.** *a* edzett, szívós; (*difficult, hard*) kemény, nehéz; (*meat*) rágós || **that's** ~! ez kellemetlen/ciki! **2.** *n col* vagány, huligán

toughen ['tʌfn] *vt* megkeményít; szívóssá tesz; (*make hard*) megszigorít | *vi* *also fig* megkeményedik

tour [tʊə] **1.** *n* (*journey*) utazás; (*round trip*) körutazás; (*package tour*) társasutazás; (*guided*) megtekintés(e vmnek), vezetés; (*of theatre*) turné **2.** *vi* körutazást tesz; *theat* turnézik | *vt* (*country*) beutazik

touring ['tʊərɪŋ] *n* (*journey*) (kör)utazás; (*tourism*) turizmus; *theat* turné || ~ **by car** autótúra

tourism ['tʊərɪzəm] *n* turizmus, idegenforgalom

tourist ['tʊərɪst] *n* kiránduló, utazó, turista

tourist office *n* idegenforgalmi iroda

tournament ['tʊənəmənt] *n sp* verseny, torna

tousled ['taʊzld] *a* (*hair*) kusza, kócos

tout [taʊt] **1.** *n* ticket ~ jegyüzér **2.** *v* ~ (**for**) (*tickets*) üzérkedik; ~ **for customers** vevőket hajt fel

tow [təʊ] **1.** *n* vontatás **2.** *v* (*vehicle*) vontat

toward(s) [təˈwɔːd(z)] *prep* (*time, direction*) felé, vmlyen irányba; (*of attitude*) iránt

towel ['taʊəl] *n* törülköző || **throw in the** ~ *col* bedobja a törülközőt

towelling (*US* **-l-**) ['tauǝliŋ] *a* frottír || ~ **socks** frottírzokni

towel rail (*US* **-rack**) *n* törülközőtartó

tower ['tauǝ] *n* torony || ~ **block** toronyház

towering ['tauǝriŋ] *a* (*building*) toronymagasságú; (*rage*) heves

town [taun] *n* város || ~ **centre** (*US* **-ter**) városközpont, belváros; ~ **clerk** (városi) főjegyző; ~ **hall** városháza; ~ **plan** várostérkép

towrope [tǝurǝup] *n* vontatókötél

tow truck *n US* autómentő

toxic ['tɒksik] *a* toxikus, mérgező

toy [tɔi] **1.** *n* játék(szer) **2.** *v* ~ (**with**) játszadozik (vmivel)

toyboy ['tɔibɔi] *n* selyemfiú

toyshop ['tɔiʃɒp] *n* játékbolt

trace [treis] **1.** *n* nyom **2.** *v* (*find*) kinyomoz; (*copy*) átmásol

trace element *n biol* nyomelem

track [træk] **1.** *n* (*trail*) nyom, keréknyom; (*path*) ösvény, csapás; (*course*) (futó)pálya; (*rails*) sínpár, vágány; (*gauge*) nyomtáv || **keep ~ of sy** nyomon követ vkt; ~ **events** *sp* futószámok **2.** *v* ~ (**down**) kinyomoz, felkutat

track suit *n* melegítő, tréningruha

tract[1] [trækt] *n* (*of land*) terület

tract[2] [trækt] *n* (*pamphlet*) értekezés

traction ['trækʃn] *n* vontatás

tractor ['træktǝ] *n also comput* traktor

trade [treid] **1.** *n* (*commerce*) kereskedelem; (*job*) szakma, foglalkozás; *comm* (*business*) forgalom **2.** *v* kereskedik, foglalkozik (*in* vmivel) **trade in sg** *vt* (*new one*) kicserél | *vi* (*business*) kereskedik/foglalkozik vmvel

trademark ['treidmɑːk] *n* védjegy, márka

trade name *n* márkanév, cégnév

tradesman ['treidzmǝn] *n* (*pl* **-men**) kereskedő

trade union *n* szakszervezet

trading ['treidiŋ] *a* kereskedelmi || ~ **estate** ipari negyed, gyárnegyed

tradition [trǝ'diʃn] *n* hagyomány, tradíció

traditional [trǝ'diʃnǝl] *a* hagyományos

traffic ['træfik] **1.** *n* forgalom, közlekedés || ~ **in drugs** kábítószer-kereskedelem **2.** *v* (*pt/pp* **trafficked**) kereskedik, üzérkedik (*in* vmvel)

traffic circle *n US* körforgalom

traffic island *n* járdasziget

traffic jam *n* (forgalmi) torlódás, dugó

traffic lane *n* forgalmi sáv

traffic-light(s) *n* (*pl*) (forgalmi) jelzőlámpa

traffic sign *n* közúti jelzőtábla, KRESZ-tábla

traffic warden *n GB approx* közterületi felügyelő

tragedy ['trædʒǝdi] *n* tragédia

tragic ['trædʒik] *a* tragikus

trail [treil] **1.** *n* (*track*) nyom; (*path*) ösvény; (*of dust*) porfelhő || **be on sy's** ~ vk nyomában van **2.** *v* üldöz, követ || ~ **after sy** vk után kullog; ~ **along** (*skirt*) a földet söpri; ~ **along behind** kullog vk után

trailer ['treilǝ] *n* utánfutó, pótkocsi; *US* (*caravan*) lakókocsi; (*of film*) (film)előzetes

train [trein] **1.** *n* vonat, szerelvény; (*of people*) kíséret; (*of dress*) uszály || **go by** ~ vonaton utazik

2. v (*teach*) tanít, képez; *sp* (*prepare*) edz; előkészít; (*animals*) idomít
train on sg (*telescope*) ráirányít
train attendant n US hálókocsikalauz
trained [treɪnd] a tanult, (szak)képzett
trainee [treɪ'niː] n szakmunkástanuló, (bolti) tanuló, gyakornok
trainer ['treɪnə] n *sp* edző, oktató; (*of animals*) idomító ‖ ~**(s** *pl*) edzőcipő
training ['treɪnɪŋ] n (*education*) oktatás, képzés; *sp* edzés; *mil* (*drill*) gyakorlatozás ‖ ~ **college** tanárképző főiskola; ~ **shoe(s)** (*pl*) edzőcipő; ~ **teacher** US tanárjelölt
trait [treɪt] n jellemvonás, jellegzetesség
traitor ['treɪtə] n hazaáruló
tram(car) ['træm(kɑː)] n villamos
tramline ['træmlaɪn] n villamosjárat, villamosvonal
tramp [træmp] **1.** n (*vagabond*) csavargó; (*homeless person*) hajléktalan **2.** v (*hike*) kóborol; (*walk*) kutyagol
trample ['træmpl] v ~ **(down)** sg letipor, eltapos
trance [trɑːns] n révület, transz
tranquil ['træŋkwɪl] a nyugalmas, nyugodt, békés
tranquillity (US **-l-**) [træŋ'kwɪlətɪ] n nyugalom; békesség
tranquillizer (US **-l-**) ['træŋkwəlaɪzə] n nyugtató(szer)
transact [træn'zækt] v *comm* (le)bonyolít
transaction [træn'zækʃn] n tranzakció, üzletkötés

transatlantic [trænzət'læntɪk] a tengeren túli
transcendent [træn'sendənt] a páratlan, kitűnő
transcribe [træn'skraɪb] v átír
transcript ['trænskrɪpt] n (*transcription*) átírás; (*copy*) leírás, másolat
transcription [træn'skrɪpʃn] n leírás; (*phonetic*) átírás; (*broadcast*) (hang)felvétel
transept ['trænsept] n *archit* kereszthajó
transfer 1. ['trænsfɜː] n (*of person*) áthelyezés; (*of money*) átutalás; *sp* átigazolás; (*design*) levonókép, matrica; *comput* (adat)átvitel **2.** [træns'fɜː] v **-rr-** áthelyez; (*money*) átutal; *sp* átigazol; *comput* (*data*) átvisz
transform [træns'fɔːm] v átalakít, átváltoztat (*into* vmvé); újjávarázsol ‖ **be ~ed** átalakul, átváltozik (*into* vmvé)
transformation [trænsfə'meɪʃn] n átalakítás, átalakulás
transformer [træns'fɔːmə] n transzformátor
transfusion [træns'fjuːʒn] n vérátömlesztés, transzfúzió
transient ['trænzɪənt] a átmeneti
transistor [træn'zɪstə] n tranzisztor; (*radio*) tranzisztoros rádió
transit ['trænzɪt] **1.** a átutazó, tranzit- **2.** n átutazás, tranzit
transition [træn'zɪʃn] n átmenet
transitional [træn'zɪʃənl] a átmeneti
transitive verb ['trænzətɪv] n tárgyas ige
transit lounge n tranzitváró
transitory ['trænsɪtrɪ] a mulandó, átmeneti

transit passanger *n* tranzitutas

transit visa *n* átutazóvízum

translate [trænz'leɪt] *v* (le)fordít; (*interpret*) tolmácsol ‖ ~ **from English into Hungarian** angolból magyarra fordít

translation [trænz'leɪʃn] *n* fordítás; (*interpretation*) tolmácsolás

translator [trænz'leɪtə] *n* fordító

transmission [trænz'mɪʃn] *n* (*of news*) átadás, továbbítás; (*of power*) átvitel; (*radio, TV*) adás; közvetítés; (*of vehicle*) sebességváltó

transmit [trænz'mɪt] *v* **-tt-** (*message*) átad, továbbít; (*radio, TV*) sugároz, közvetít

transmitter [trænz'mɪtə] *n* (*person*) átadó; *el* (*station*) adó

transom ['trænsəm] *n* szemöldökfa

transparency [træn'spærənsɪ] *n* átlátszóság; *photo* dia

transparent [træn'spærənt] *a* átlátszó

transpire [træn'spaɪə] *v* (*plant*) kipárologtat; (*become known*) kitudódik, kiszivárog; *col* (*happen*) (meg)történik

transplant 1. ['trænsplɑːnt] *n* szervátültetés; (*organ*) átültetett szerv **2.** [træns'plɑːnt] *v* (*plant, organ*) átültet

transport 1. ['trænspɔːt] *n* szállítás, fuvarozás; (*traffic*) közlekedés ‖ ~ **by road** tengelyen történő szállítás **2.** [træns'pɔːt] *v* (el)szállít, fuvaroz

transportation [trænspɔː'teɪʃn] *n* *US* = **transport 1.**

transport café *n* *GB* autósbisztró

transversal [trænz'vɜːsl] *a* átlós, haránt

trap [træp] **1.** *n* csapda **2.** *v* **-pp-** csapdával fog

trapdoor ['træpdɔː] *n* *theat* süllyesztő

trapeze [trə'piːz] *n* (*in circus*) trapéz

trapezium [trə'piːzɪəm] *n* *math GB* trapéz; *US* négyszög

trapezoid ['træpɪzɔɪd] *n* *math GB* négyszög; *US* trapéz

trapper ['træpə] *n* *US* (csapdaállító) prémvadász

trappings ['træpɪŋz] *n* *pl* (*uniform*) ünnepi díszruha

trash [træʃ] *n* *lit* ponyvairodalom, giccs; (*goods*) bóvli

trashcan ['træʃkæn] *n* *US* kuka, szemétláda

trauma ['trɔːmə] *n* (*pl* **-mas**) sérülés, trauma

travel ['trævl] **1.** *n* utazás **2.** *v* **-ll-** (*US* **-l-**) *vi* (*person*) utazik; (*vehicle*) halad | *vt* (*distance*) megtesz; (*country*) beutazik ‖ ~ **by sea** hajóval megy

travel agency *n* utazási iroda

travel documents *n* *pl* úti okmányok

traveler *US* = **traveller**

traveler's check *n* *US* utazási csekk

traveller (*US* **-l-**) ['trævlə] *n* utazó, utas

traveller's cheque *n* utazási csekk

travelogue (*US* **-log**) ['trævəlɒg] *n* útleírás, útirajz

travel-sickness *n* útibetegség

travesty ['trævɪstɪ] *n* paródia

tray [treɪ] *n* tálca

treacherous ['tretʃərəs] *a* áruló

treachery ['tretʃən] *n* árulás
tread [tred] **1.** *n* lépés; (*walking*) járás; (*of tyre*) futófelület **2.** *v* (*pt* **trod** [trɒd], *pp* **trodden** ['trɒdn]) (*walk*) lép(ked); (*step*) tapos
tread on sg rátapos
treason ['triːzn] *n* (haza)árulás ‖ **high** ~ felségárulás
treasure ['treʒə] **1.** *n* kincs **2.** *v* nagy becsben tart
treasurer ['treʒərə] *n* (*of society*) pénztáros
treasury ['treʒən] *n* kincstár ‖ **the T** ~ pénzügyminisztérium
treat [triːt] **1.** *n* (*pleasure*) csemege, (ritka) élvezet **2.** *vt* bánik vkvel; (*cure*) gyógykezel; (*deal with*) foglalkozik vmvel, tárgyal ‖ ~ **sy badly** rosszul bánik vkvel
treatise ['triːtɪz] *n* értekezés
treatment ['triːtmənt] *n* (*of person*) bánásmód, elbánás; *med* kezelés
treaty ['triːtɪ] *n* nemzetközi szerződés
treble ['trebl] **1.** *a* háromszoros **2.** *v* megháromszoroz
treble clef *n mus* G-kulcs
tree [triː] *n* fa (*élő*) ‖ ~ **top** (fa)korona; ~ **trunk** fatörzs
trek [trek] *n* utazás, nagy út
tremble ['trembl] **1.** *n* reszketés, remegés **2.** *v* reszket, remeg; (*ground*) reng
tremendous [trɪ'mendəs] *a* félelmetes, óriási, szédítő
tremor ['tremə] *n* remegés; (*of earth*) földrengés
trench [trentʃ] *n* árok; *mil* lövészárok ‖ ~**es** *pl* fedezék
trend [trend] *n* irányzat, tendencia
trendy ['trendɪ] *a* divatos, menő

trepidation [trepɪ'deɪʃn] *n* izgalom, felindulás; remegés
trespass ['trespəs] *v* tilosban jár, megszegi a törvényt ‖ ~ **on sy's estate** birtokháborítást követ el; **"no ~ing"** magánterület, belépni tilos
trestle ['tresl] *n* állvány, bak
trial ['traɪəl] *n* (*test*) próba; (*attempt*) kísérlet; *law* (bírósági) tárgyalás; (*hardship*) megpróbáltatás ‖ **on ~** próbaképpen
trial-and-error method *n math* fokozatos megközelítés módszere, találgatós módszer
triangle ['traɪæŋgl] *n* háromszög; *mus* triangulum
triangular [traɪ'æŋgjʊlə] *a* háromszögletű, háromszögű
tribal ['traɪbl] *a* törzsi
tribe [traɪb] *n* (nép)törzs
tribulation [trɪbjʊ'leɪʃn] *n* csapás, megpróbáltatás
tribunal [traɪ'bjuːnl] *n* bíróság
tributary ['trɪbjʊtrɪ] *n* (*river*) mellékfolyó
tribute ['trɪbjuːt] *n* (*admiration*) (köteles) tisztelet ‖ **pay ~ to sy** elismeréssel adózik vknek
trice [traɪs] *n* **in a ~ col** egy szempillantás alatt
trick [trɪk] **1.** *n* trükk, csel; (*in cards*) ütés ‖ **play ~s on sy** megtréfál, bolonddá tesz vkt; **play sy a dirty ~** rútul becsap vkt **2.** *v* ~ **sy into sg** vkt vmbe beugrat
trickery ['trɪkərɪ] *n* csalás, szemfényvesztés
trickster ['trɪkstə] *n col* szélhámos
tricky ['trɪkɪ] *a col* (*problem*) nehéz; (*situation*) cikis

tricolour (*US* **-or**) ['trɪkələ] *n* háromszínű (nemzeti) lobogó/zászló, trikolór

tricycle ['traɪsɪkl] *n* tricikli

trifle ['traɪfl] **1.** *n* csekélység, apróság; *approx* (*food*) somlói galuska ‖ **a ~** egy kicsit **2.** *v* **~ with sy** vkvel packázik

trifling ['traɪflɪŋ] *a* jelentéktelen

trigger ['trɪgə] **1.** *n* (*of gun*) ravasz; (*of machine*) kioldógomb **2.** *v* (*effect*) kivált

trigger off (*war*) kirobbant

trim [trɪm] **1.** *a* rendes, csinos; *col* nett **2.** *v* **-mm-** (*cut*) levág; (*trees*) stuccol; (*decorate*) díszít; (*border*) szegélyez (*with* vmvel)

trimming ['trɪmɪŋ] *n* (*cutting*) stuccolás; (*border*) szegély(dísz) ‖ **~s** *pl* (*pieces cut off*) levágott darabok; (*for car*) extrák; (*for dish*) köret

trinity ['trɪnəti] *n* **the T~** a Szentháromság

trinket ['trɪŋkɪt] *n* (apró) dísztárgy, csecsebecse

trio ['triːəʊ] *n* trió

trip [trɪp] **1.** *n* utazás; (*outing*) kirándulás; (*stumble*) megbotlás ‖ **go on a ~** túrát tesz, túrázik **2.** *v* **-pp-** (*stumble*) megbotlik

trip over sg vmben megbotlik

trip (sy) up *vi* megbotlik; *fig* hibázik ‖ *vt* elgáncsol

tripe [traɪp] *n* (*food*) pacal; (*refuse*) ócskaság, vacakság

triple ['trɪpl] *a* hármas, háromszoros

triplets ['trɪplɪts] *n pl* hármas ikrek

tripod ['traɪpɒd] *a* háromlábú állvány

tripper ['trɪpə] *n* kiránduló

trite [traɪt] *a* elcsépelt, banális

triumph ['traɪəmf] **1.** *n* diadal **2.** *v* **~ (over)** vk/vm felett, vkn/vmn diadalmaskodik

triumphal [traɪˈʌmfl] *a* diadalmi, győzelmi

triumphant [traɪˈʌmfənt] *a* győzelmes, diadalmas

trivial ['trɪvɪəl] *a* jelentéktelen, elcsépelt, triviális

trod [trɒd] *pt* → **tread**

trodden ['trɒdn] *pp* → **tread**

trolley ['trɒlɪ] *n* *el* áramszedő; (*handcart*) targonca; (*for luggage*) kofferkuli; (*in shop*) bevásárlókocsi ‖ **~ bus** trolibusz; **~ car** *US* villamos

trombone [trɒmˈbəʊn] *n* harsona

troop [truːp] **1.** *n* csapat ‖ **~s** *pl mil* csapatok, katonák; **in ~s** csapatosan **2.** *v* csoportosan vonul ‖ **~ in/out** betódul/kitódul; **~ing the colour** *GB* zászlós díszszemle

trooper ['truːpə] *n* (*soldier*) lovas katona; *US* (*policeman*) (lovas/motoros) rendőr

trophy ['trəʊfɪ] *n* trófea

tropic ['trɒpɪk] *n* **T~ of Cancer** Ráktérítő; **T~ of Capricorn** Baktérítő; → **tropics**

tropical ['trɒpɪkl] *a* tropikus, trópusi

tropics, the *n pl* a forró égöv, a trópusok

trot [trɒt] **1.** *n* (*pace*) ügetés; (*race*) ügetőverseny ‖ **on the ~** *GB* *fig col* egymás után **2.** *v* **-tt-** üget

trouble ['trʌbl] **1.** *n* (*difficulty*) baj, nehézség; (*effort*) fáradság, vesződség; (*distress*) bánat; (*illness*) bántalom; (*defect*) üzemzavar ‖ **get sy into ~** bajba kever vkt;

take the ~ (to do sg) veszi magának a fáradságot, hogy; **What's the ~?** mi a baj? **2.** *v (worry)* nyugtalanít; *(distress)* zavar, bánt; *(disturb)* zaklat ‖ **may I ~ you for ... kérem szépen a ...; may I ~ you for the salt** szabad a sót, kérem?

troubled [trʌbld] *a (person)* nyugtalan; *(life)* mozgalmas; *(water)* zavaros

trouble-free *a* üzembiztos

troublemaker ['trʌblmeɪkə] *n* rendbontó

troublemaking ['trʌblmeɪkɪŋ] *n* zavarkeltés

troubleshooter ['trʌblʃuːtə] *n* hibakereső (szerelő); *pol (mediator)* közvetítő

troublesome ['trʌblsəm] *a (problem)* vesződséges; *(person)* zavaró

trough [trɒf] *n (for animals)* vályú; *(of baker)* teknő; *(channel)* csatorna

trouser press ['traʊzə] *n* éltartósító nadrágakasztó

trousers ['traʊzəz] *n pl (a pair of)* ~ (hosszú)nadrág

trouser suit *n* nadrágkosztüm

trousseau ['truːsəʊ] *n (pl* **-seaux** *or* **-seaus** [-səʊz]*) (of bride)* kelengye, stafírung

trout [traʊt] *n* pisztráng

truant ['truːənt] *n* iskolakerülő ‖ **play ~** *(from school)* lóg

truce [truːs] *n* fegyverszünet

truck [trʌk] *n US (lorry)* teherautó, kamion; *GB (wagon)* pőrekocsi

trucker ['trʌkə] *n US* kamionvezető, kamionos

truck farm *n US* bolgárkertészet, konyhakertészet

truckload ['trʌkləʊd] *n* teherkocsirakomány

trudge [trʌdʒ] *v* ballag, kutyagol

true [truː] *a* igaz; *(real)* igazi, valódi; *(accurate)* hiteles, pontos ‖ **it can't be ~!** (ez) lehetetlen!

truly ['truːlɪ] *adv (really)* valóban ‖ **Yours ~** *(in letter)* őszinte tisztelettel

trump [trʌmp] *n* ütőkártya, adu

trump-card *n (fig is)* ütőkártya

trumped-up ['trʌmptʌp] *a (story)* kitalált; *(charge)* koholt

trumpet ['trʌmpɪt] *n* trombita

trumpeter ['trʌmpɪtə] *n* trombitás; *mil* kürtös

truncated [trʌŋkeɪtɪd] *a* megcsonkított

truncheon ['trʌntʃən] *n* gumibot

trunk [trʌŋk] *n (of tree, person)* törzs; *(of elephant)* ormány; *(case)* bőrönd; *US (in car)* csomagtartó ‖ **~ call** távolsági beszélgetés; **~s** *pl* fürdőnadrág

trust [trʌst] **1.** *n (confidence)* bizalom; *(property)* őrizet, letét; *(company)* tröszt ‖ **in ~ for sy** vk részére letétben **2.** *v* (vkben/vmben) (meg)bízik ‖ **~ sy with sg** vkre bíz vmt

trust in sy/sg bízik/bizakodik vkben/vmben

trusted ['trʌstɪd] *a* megbízható, bizalmas

trustee [trʌ'stiː] *n law* vagyonkezelő; *school* gondnok

trustful ['trʌstfl] *a* bizakodó

trustworthy ['trʌstwɜːðɪ] *a* megbízható, hitelt érdemlő

trusty ['trʌstɪ] *a* megbízható, becsületes

truth [truːθ] *n* igazság ‖ **to tell the ~** az igazat megvallva

truthful [ˈtruːθfl] *a* (*person*) őszinte; (*description*) hű

try [traɪ] **1.** *n* kísérlet ‖ **have a ~ at** megkísérel/megpróbál vmt **2.** *v* (*attempt*) kipróbál, (meg)próbál; (*test*) próbára tesz; (*examine a case*) tárgyal ‖ **~ one's best to (do sg)** azon igyekszik, hogy

try on (*dress*) felpróbál

try sg out vmt kipróbál

trying [ˈtraɪɪŋ] *a* fárasztó

T-shirt [ˈtiː ʃɜːt] *n* póló

T-square [ˈtiː skweə] *n* fejes vonalzó

tub [tʌb] *n* dézsa; (*bath*) fürdőkád

tubby [ˈtʌbɪ] *a col* köpcös

tube [tjuːb] *n* (*pipe*) cső; (*for water*) tömlő; (*container*) tubus; (*for tyre*) tömlő, belső; *GB* (*underground railway*) földalatti

tuberculosis [tjuːbɜːkjʊˈləʊsɪs] *n* gümőkór, tuberkulózis, tbc

tubular [ˈtjuːbjələ] *a* csővázas

TUC [tiː juː ˈsiː] = *GB Trades Union Congress approx* Szakszervezeti Szövetség

tuck [tʌk] **1.** *n* (*fold*) felhajtás, szegély; *GB col* (*food*) nyalánkság **2.** *v* (*fold*) behajt; begyűr; (*pleat*) ráncol, redőz

tuck away *col* (*person*) zabál, burkol

tuck in (*cover*) betakar; (*fold*) begyűr; *col* (*eat*) burkol

tuck up (*child*) bebugyolál

Tuesday [ˈtjuːzdɪ] *n* kedd; → **Monday**

tuft [tʌft] *n* (*of bird*) bóbita

tug [tʌg] **1.** *n* (*ship*) vontatóhajó **2.** *v* **-gg-** (*ship*) vontat

tug-of-war *n* kötélhúzás

tuition [tjuːˈɪʃn] *n* (*teaching*) oktatás, tanítás; (*fee*) tandíj ‖ **private ~** magántanítás, magánórák

tulip [ˈtjuːlɪp] *n* tulipán

tumble [ˈtʌmbl] **1.** *n* (le)esés, (le)bukfenc(ezés) **2.** *v* (le)esik, bukik

tumble down lezuhan, ledől, lezúg

tumble-down [ˈtʌmbldaʊn] *a col* düledező, rozoga

tumbler [ˈtʌmblə] *n* (*glass*) vizespohár

tummy [ˈtʌmɪ] *n col* has, poci

tumour (*US* **-or**) [ˈtjuːmə] *n* daganat, tumor

tumult [ˈtjuːmʌlt] *n* csődület

tumultuous [tjuːˈmʌltʃʊəs] *a* zajos, lármás

tuna [ˈtjuːnə] *n* tonhal

tune [tjuːn] **1.** *n* dallam, melódia ‖ **sing out of ~** hamisan énekel **2.** *v mus* (fel)hangol; (*radio, TV, car*) beállít

tune in (the radio) to a station vmlyen állomásra beállítja a rádiót

tune up (*orchestra*) hangol

tuneful [ˈtjuːnfl] *a* dallamos

tuner [ˈtjuːnə] *n* (*person*) (zongora)hangoló; (*radio*) tuner

tungsten [ˈtʌŋstən] *n* volfrám

tunic [ˈtjuːnɪk] *n* zubbony

tuning [ˈtjuːnɪŋ] *n mus* hangolás; (*radio, TV, car*) beállítás ‖ **~ fork** hangvilla

tunnel [ˈtʌnl] **1.** *n* alagút **2.** *v* **-ll-** (*US* **-l-**) alagutat fúr

turbojet [tɜːbəʊˈdʒet] *n* gázturbinás sugárhajtómű; (*plane*) turbó-sugárhajtású repülőgép

tureen [tjʊˈriːn] *n* (leveses)tál
turf [tɜːf] *n* gyep, pázsit; (*square of grass*) gyeptégla ‖ the ~ a (*racecourse*) lóversenypálya, turf; (*horse-racing*) lóversenyzés
turgid [ˈtɜːdʒɪd] *a* dagadt; (*style*) dagályos
Turk [tɜːk] *n* török
Turkey [ˈtɜːkɪ] *n* Törökország
turkey [ˈtɜːkɪ] *n* pulyka
Turkish [ˈtɜːkɪʃ] **1.** *a* török **2.** *n* (*person, language*) török ‖ ~ bath gőzfürdő
turmoil [ˈtɜːmɔɪl] *n* forrongás, lázongás, izgalom
turn [tɜːn] **1.** *n* (*turning*) (meg)fordítás; (*turn around*) körfordulat, (meg)fordulás; *fig* (*change*) fordulat; (*bend*) kanyar(odás); (*shift*) váltás, műszak ‖ by ~s felváltva; in ~ egyik a másik után, sorban; it's his ~ ő következik, ő van soron; "no left ~" balra kanyarodni tilos; do sy a good ~ vkvel jót tesz; ~ of mind gondolkodásmód; ~ of the century századforduló **2.** *vt* (*revolve*) forgat; (*once*) (meg)fordít ‖ *vi* (*move round*) forog; (*once*) (meg)fordul; (*bend*) kanyarodik; (*milk*) összemegy; (*become*) lesz/válik vmivé ‖ ~ a page (egyet) lapoz; ~ cool hűvösödik; ~ left balra kanyarodik; ~ pale elsápad; ~ the corner befordul a sarkon; *fig* túljut a nehezén; ~ twenty huszadik évébe lép
turn away elfordul; (*refuse*) vkt elutasít
turn back *vi* visszafordul ‖ *vt* visszafordít; (*clock*) visszaállít

turn down (*collar*) lehajt, kihajt; (*radio*) lehalkít; (*invitation*) visszaszautasít
turn in *vi col* (*go to bed*) lefekszik ‖ *vt* (*fold*) behajt
turn off (*radio, TV*) kikapcsol; (*gas*) elolt, elzár; (*light*) elolt; (*road*) letér, lekanyarodik
turn on (*radio, TV*) bekapcsol; (*gas*) meggyújt, kinyit; (*light*) felgyújt; (*vehicle*) kivilágít
turn out (*light, gas*) elolt ‖ ~ out that ..., ~ out to be ..., ~ out sg kiderül, hogy ..., vmnek/vmlyennek bizonyul
turn over (*car*) felborul, felbillen ‖ please ~ over fordíts!
turn round (*car*) (meg)fordul; (*rotate*) forog
turn up (*collar*) felhajt; (*arrive*) megjelenik, eljön, beállít; (*lost object*) előkerül ‖ ~ up (the radio) (fel)hangosít
turn upside down fenekestül felforgat
turncoat [ˈtɜːnkəʊt] *n* köpönyegforgató
turned-up [ˈtɜːndʌp] *n* (*nose*) pisze
turning [ˈtɜːnɪŋ] *n* (*of car*) kanyarodás; (*in road*) kanyar ‖ ~ point fordulópont
turnip [ˈtɜːnɪp] *n* (fehér)répa
turn-out [ˈtɜːn aʊt] *n* (*attendance*) megjelenés, részvétel ‖ there was a good ~ szép számmal voltak jelen
turnover [ˈtɜːnəʊvə] *n comm* forgalom ‖ apple ~ almáspite
turnpike [ˈtɜːnpaɪk] *n US* fizetőautópálya

turnstile ['tɜːnstaɪl] *n* (útelzáró) forgókereszt, forgósorompó

turntable ['tɜːnteɪbl] *n* (*on record player*) lemeztányér

turn-up(s) *n* (*pl*) (*of trousers*) felhajtás

turpentine ['tɜːpəntaɪn] *n* terpentin

turquoise ['tɜːkwɔɪz] **1.** *a* türkiz(kék) **2.** *n* (*gem*) türkiz

turret ['tʌrɪt] *n* (*tower*) tornyocska

turtle ['tɜːtl] *n* (tengeri) teknős(béka)

turtle-neck *n* garbó(nyak)

tusk [tʌsk] *n* agyar

tussle ['tʌsl] *n* verekedés, birkózás

tutor ['tjuːtə] **1.** *n* (*at university*) *approx* konzultáló tanár, (egyetemi) oktató, tutor **2.** *v* korrepetál, instruál, tutora vknek

tutorial [tjuːˈtɔːrɪəl] *n* GB (*at university*) *approx* szeminárium (*max. 1-2 hallgatónak*)

tuxedo [tʌkˈsiːdəʊ] *n* US szmoking

TV [tiː ˈviː] = **television** TV, tv, tévé

twang [twæŋ] **1.** *n* pengés **2.** *v* peng

'twas [twɒz, twəz] = **it was**

tweed [twiːd] *n* gyapjúszövet, tweed ‖ **~s** *pl* tweedöltöny

tweezers ['twiːzəz] *n pl* csipesz

twelfth [twelfθ] *num a* tizenkettedik

twelve [twelv] *num* tizenkettő, tizenkét ‖ **at ~ o'clock** (*midday*) délben; (*midnight*) éjfélkor

twentieth ['twentɪəθ] *num a* huszadik ‖ **in the ~ century** a XX. században

twenty ['twentɪ] *num* húsz ‖ **~ of them** húszan; **the twenties** (**20s** *or* **1920s**) a húszas évek

twice [twaɪs] *num adv* kétszer ‖ **~ a day** napjában kétszer

twig [twɪg] *n* gally, ág

twilight ['twaɪlaɪt] *n* alkony, szürkület

twin [twɪn] **1.** *a* kettős, páros; iker- **2.** *n* iker ‖ **my ~ brother/sister** az ikertestvérem; **~s** *pl* ikerpár, ikrek

twin-bedded room *n* kétágyas szoba

twine [twaɪn] *v* (*thread*) sodor

twinge [twɪndʒ] **1.** *n* szúró fájdalom, szúrás **2.** *v* szúr

twinkle ['twɪŋkl] *v* (*homályosan*) csillámlik, pislog; (*eyes*) csillog

twirl [twɜːl] **1.** *n* pörgés **2.** *vt* (*moustache*) sodor, pödör ‖ *vi* (*person*) megperdül

twist [twɪst] **1.** *n* (*turning*) (meg)csavarás; (*bend*) kanyar; (*in story*) (váratlan) fordulat; (*tendency*) (különös) hajlam, fonákság **2.** *vt* (*head, key*) (el)csavar, elfordít; (*thread*) sodor ‖ *vi* (*plant*) elcsavarodik; (*road*) kanyarog ‖ **you can ~ him round your little finger** az ujja köré csavarhatja

twit [twɪt] *n col* kis hülye, béna, tökfej

twitch [twɪtʃ] **1.** *n* rángás **2.** *v* (*face*) rángató(d)zik

two [tuː] *num* kettő, két ‖ **not ~ alike** ahány, annyiféle; **the ~ of them** ők ketten

two-door *a* kétajtós

two-faced *a* kétarcú, kétszínű

two-piece *a* kétrészes ‖ **~ swimsuit** kétrészes fürdőruha

two-seater *n* kétüléses autó

twosome ['tuːsəm] *n* (*people*) kettős

two-way *a* (*traffic*) kétirányú

tying ['taɪɪŋ] → **tie**

tycoon [taɪ'ku:n] *n col* iparmágnás

type [taɪp] **1.** *n* (*kind*) jelleg, típus; (*letter*) betű(típus) ‖ **she is not my** ~ nem a zsánerem **2.** *vi* írógéppel ír ‖ *vt* (le)gépel

type-cast *a* (*actor*) beskatulyázott

typescript ['taɪpskrɪpt] *n* gépelt kézirat

typewriter ['taɪpraɪtə] *n* írógép

typhoid (fever) ['taɪfɔɪd] *n* (has)tífusz

typhoon [taɪ'fu:n] *n* tájfun, forgószél

typhus ['taɪfəs] *n* kiütéses tífusz

typical ['tɪpɪkl] *a* jellemző, tipikus ‖ ~ **of sy** vkre jellemző

typify ['tɪpɪfaɪ] *v* megtestesít

typing ['taɪpɪŋ] *n* (*on typewriter*) gépelés

typist ['taɪpɪst] *n* gépíró(nő)

tyrannical [tɪ'rænɪkl] *a* zsarnoki

tyranny ['tɪrənɪ] *n* zsarnokság

tyrant ['taɪrənt] *n* zsarnok

tyre (*US* **tire**) [taɪə] *n* (autó)gumi, köpeny ‖ ~ **pressure** abroncsnyomás

U

ubiquitous [ju:'bɪkwɪtəs] *a* mindenütt jelenvaló

udder ['ʌdə] *n* tőgy

UFO ['ju:fəʊ] = **unidentified flying object**

ugh! [ɜ:h] *int* jaj!, au!, pfuj!

ugliness ['ʌglɪnɪs] *n* csúnyaság

ugly ['ʌglɪ] *a* csúnya, ronda

UK [ju: 'keɪ] = **United Kingdom**

ulcer ['ʌlsə] *n med* fekély

Ulster ['ʌlstə] *n* Ulster

ulterior [ʌl'tɪərɪə] *a* (*later*) későbbi; (*further*) túlsó ‖ ~ **motive** hátsó gondolat

ultimate ['ʌltɪmət] *a* utolsó, legvégső ‖ ~ **object** végső cél

ultimately ['ʌltɪmɪtlɪ] *adv* végtére, végül is

ultrasound ['ʌltrəsaʊnd] *n* ultrahang ‖ ~ **scan** ultrahangos vizsgálat

ultraviolet [ʌltrə'vaɪəlet] *a* ibolyántúli

umbilical cord [ʌm'bɪlɪkl 'kɔ:d] *n* köldökzsinór

umbrage ['ʌmbrɪdʒ] *n* **take** ~ **at sg** neheztel vm miatt

umbrella [ʌm'brelə] *n* esernyő

umpire ['ʌmpaɪə] **1.** *n sp* mérkőzésvezető, bíró **2.** *v* (*match*) (le)vezet

umpteen [ʌmpti:n] *num a/n col* kismillió

umpteenth ['ʌmpti:nθ] *a* sokadik ‖ **for the** ~ **time** x-szer

UN [ju: 'en] = **United Nations**

unabashed [ʌnə'bæʃt] *a* anélkül, hogy zavarba jönne

unabated [ʌnə'beɪtɪd] *a* nem csökkent, változatlan

unable [ʌn'eɪbl] *a* képtelen (*to* vmre) ‖ **be** ~ **to do sg** nem képes vmre

unaccompanied [ʌnə'kʌmpənɪd] *a* kíséret nélkül(i)

unaccountable [ʌnə'kaʊntəbl] *a* megmagyarázhatatlan, rejtélyes

unaccustomed [ʌnə'kʌstəmd] *a* szokatlan ‖ **be** ~ **to sg** vmben járatlan, vmhez nem szokott

un-American a (*activity*) Amerikaellenes

unanimous [ju:'næniməs] a egyhangú; egyetelmű

unarmed [ʌn'ɑ:md] a fegyvertelen

unashamed [ʌnə'ʃeimd] a nem szégyenlős; *pejor* pofátlan

unattached [ʌnə'tætʃt] a (*not engaged*) egyedül élő, önálló

unattainable ['ʌnə'teinəbl] a *fig* elérhetetlen

unattended [ʌnə'tendid] a őrizetlenül hagyott

unauthorized [ʌn'ɔ:θəraizd] a illetéktelen, jogosulatlan ‖ **no ~ parking** csak parkolási engedélylyel

unavoidable [ʌnə'vɔidəbl] a elkerülhetetlen

unaware [ʌnə'weə] a **be ~ of sg** nincs tudomása vmről

unawares [ʌnə'weəz] adv váratlanul

unbalanced [ʌn'bælənst] a kiegyensúlyozatlan; (*mentally*) megháborodott

unbearable [ʌn'beərəbl] a kibírhatatlan

unbeatable [ʌn'bi:təbl] a verhetetlen; legyőzhetetlen

unbelievable [ʌnbi'li:vəbl] a hihetetlen

unbend [ʌn'bend] v (*pt/pp* **unbent** [ʌn'bent]) vt kiegyenesít ǀ vi felenged, felszabadul

unbent [ʌn'bent] *pt/pp* → **unbend**

unbias(s)ed [ʌn'baiəst] a elfogulatlan, tárgyilagos

unbreakable [ʌn'breikəbl] a törhetetlen

unbroken [ʌn'brəʊkn] a (*intact*) ép, egész; (*continuous*) folytonos, összefüggő

unbuilt [ʌn'bilt] a beépítetlen

unburden [ʌn'bɜ:dn] v **~ oneself (to sy)** kiönti a szívét

unbutton [ʌn'bʌtn] v kigombol

uncalled-for [ʌn'kɔ:ld fɔ:] a szükségtelen; (*unjustified*) indokolatlan

uncanny [ʌn'kæni] a szokatlan, rejtélyes

unceasing [ʌn'si:siŋ] a szakadatlan, szüntelen

uncertain [ʌn'sɜ:tn] a bizonytalan; (*doubtful*) kétséges

uncertainty [ʌn'sɜ:tnti] n bizonytalanság

unchanged [ʌn'tʃeindʒd] a változatlan

uncharted [ʌn'tʃɑ:tid] a térképen nem szereplő, fel nem kutatott

unchecked [ʌn'tʃekt] a ellenőrizetlen; (*not stopped*) akadálytalan

uncivilized [ʌn'sivəlaizd] a műveletlen, kulturálatlan

uncle ['ʌŋkl] n (*brother of father, mother*) nagybácsi; (*old man*) bácsi ‖ **U~ John** János bácsi

uncock [ʌn'kɒk] v (*gun*) biztosít

uncomfortable [ʌn'kʌmftəbl] a kényelmetlen

uncommon [ʌn'kɒmən] a rendkívüli, kivételes, szokatlan

uncompromising [ʌn'kɒmprəmaiziŋ] a meg nem alkuvó

unconcealed [ʌnkən'si:ld] a leplezetlen

unconcerned [ʌnkən'sɜ:nd] a (*indifferent*) közönyös; (*not involved*) semleges

unconditional [ʌnkən'dıʃənl] *a* feltétlen, feltétel nélküli

unconscious [ʌn'kɒnʃəs] *a* öntudatlan, eszméletlen || **be ~ of sg** nincs tudatában vmnek

unconsciousness [ʌn'kɒnʃəsnıs] *n* eszméletlenség, önkívület

uncooperative [ʌnkəʊ'ɒpərətıv] *a* nem segítőkész

uncork [ʌn'kɔːk] *v* ~ **a bottle** kihúzza a dugót az üvegből

uncouth [ʌn'kuːθ] *a* (*behaviour*) durva

uncover [ʌn'kʌvə] *v* kitakar; felfed; (*scandal*) leleplez

unctuous [ʌŋktʃʊəs] *a* kenetteljes, kenetes

undaunted [ʌn'dɔːntıd] *a* rettenthetetlen

undecided [ʌndı'saıdıd] *a* eldöntetlen

undeclared war [ʌndı'kleəd] *n* hadüzenet nélküli háború

undeniable [ʌndı'naıəbl] *a* megcáfolhatatlan, tagadhatatlan

under ['ʌndə] **1.** *a* alsó **2.** *prep*/*adv* alatt(a), alá, alul, lenn || **from ~ alulról; see ~** l. ... alatt; ~ **the circumstances** az adott körülmények között

underage [ʌndər'eıdʒ] *a law* fiatalkorú, kiskorú

undercarriage ['ʌndəkærıdʒ] *n* futómű

underclothes ['ʌndəkləʊðz] *n pl* (testi) fehérnemű, alsónemű

undercoat ['ʌndəkəʊt] *n* (*paint*) alapozófesték, alapozóréteg

undercover [ʌndə'kʌvə] *a* titkos || ~ **agent** beépített ügynök

undercurrent ['ʌndəkʌrənt] *n* rejtett/ellentétes áramlat

undercut [ʌndə'kʌt] **1.** *n* ~ **(of sirloin)** hátszínszelet **2.** *v* (*pt*/*pp* **undercut**) olcsóbb áron ad

underdeveloped [ʌndədı'veləpt] *a* (fejlődésben) elmaradt

underdog ['ʌndədɒg] *n* esélytelenebb fél

underdone [ʌndə'dʌn] *a* (*meat*) félig (át)sült || **I want it** ~ angolosan kérem

underestimate [ʌndər'estımeıt] *v* alábecsül, lebecsül

underexposed [ʌndərık'spəʊzd] *a* alexponált

underfed [ʌndə'fed] *a* rosszul táplált, alultáplált

underfoot [ʌndə'fʊt] *adv* láb alatt, alul, lent || **be/get** ~ útban van, lábatlankodik

undergo [ʌndə'gəʊ] *v* (*pt* **underwent** [ʌndə'went], *pp* **undergone** [ʌndə'gʌn]) *fig* átél vmt, keresztülmegy vmn || ~ **an operation** aláveti magát egy műtétnek

undergone [ʌndə'gʌn] *pp* → **undergo**

undergraduate [ʌndə'grædjʊət] *n* (*of university*) (egyetemi) hallgató, egyetemista; (*of college*) főiskolás

underground ['ʌndəgraʊnd] **1.** *a* föld alatti **2.** *n* földalatti, metró

undergrowth ['ʌndəgrəʊθ] *n* bozót, haraszt, aljnövényzet

underhand [ʌndə'hænd] *a* (*business*) gyanús

underlie [ʌndə'laı] *v* (*pt* **underlay** [ʌndə'leı], *pp* **underlain** [ʌndə'leın]; *pres p* **underlying**) vmnek alapját alkotja

underline [ʌndə'laın] *v* aláhúz; (*emphasize*) aláhúz, hangsúlyoz

underling ['ʌndəlɪŋ] *n* alantas, alárendeltje vknek

undermine [ʌndə'maɪn] *v also fig* alááss

underneath [ʌndə'niːθ] *adv/prep* alul, alatt; (*direction*) alá ‖ **from ~** alulról

undernourished [ʌndə'nʌrɪʃt] *a* rosszul táplált, alultáplált

underpaid [ʌndə'peɪd] *a* rosszul fizetett; → **underpay**

underpants ['ʌndəpænts] *n pl GB* alsónadrág

underpass ['ʌndəpɑːs] *n* aluljáró

underpay [ʌndə'peɪ] *v* (*pt/pp* underpaid [ʌndə'peɪd]) rosszul fizet

underprice [ʌndə'praɪs] *v* leáraz

underprivileged [ʌndə'prɪvɪlɪdʒd] *a* hátrányos helyzetben levő

underrate [ʌndə'reɪt] *v* alábecsül, aláértékel

undersecretary [ʌndə'sekrətərɪ] *n* államtitkár

undershirt ['ʌndəʃɜːt] *n US* alsóing, trikó

undershorts ['ʌndəʃɔːts] *n pl US* alsónadrág

underside [ʌndə'saɪd] *n* alsó lap/rész

undersigned [ʌndə'saɪnd] *a/n* alulírott

underskirt ['ʌndəskɜːt] *n* alsószoknya

understand [ʌndə'stænd] *v* (*pt/pp* understood [ʌndə'stʊd]) (*comprehend*) (meg)ért; (*learn*) értesül ‖ **give sy to ~** értésére ad vknek vmt; **I ~! értem!**; **I ~ he is in Paris** úgy értesültem/tudom, hogy Párizsban van; **make oneself understood** megérteti magát

understandable [ʌndə'stændəbl] *a* érthető

understanding [ʌndə'stændɪŋ] **1.** *a* megértő **2.** *n* ész, felfogás, megértés

understood [ʌndə'stʊd] *a* közismert, tudott; → **understand**

understudy ['ʌndəstʌdɪ] *n* helyettesítő/beugró színész(nő)

undertake [ʌndə'teɪk] *v* (*pt* undertook [ʌndətʊk], *pp* undertaken [ʌndə'teɪkən]) elvállal, felvállal, vmre vállalkozik ‖ **~ (a piece of work)** (munkát) (el)vállal; **~ odd jobs** alkalmi munkát vállal

undertaker ['ʌndəteɪkə] *n* temetkezési vállalkozó

undertaking [ʌndə'teɪkɪŋ] *n* (*enterprise*) vállalkozás; (*promise*) kötelezettség

undertook [ʌndə'tʊk] *pt* → **undertake**

underwater ['ʌndəwɔːtə] **1.** *a* víz alatti **2.** *adv* víz alatt

underwear ['ʌndəweə] *n* fehérnemű, alsónemű

underwent [ʌndə'went] *pt* → **undergo**

underworld ['ʌndəwɜːld] *n* (*criminals*) alvilág

underwriter ['ʌndəraɪtə] *n* (*in insurance*) a biztosító fél

undesirable [ʌndɪ'zaɪərəbl] *a* nem kívánatos

undid [ʌn'dɪd] *pt* → **undo**

undies ['ʌndɪz] *n pl col* (női) fehérnemű/alsónemű

undisciplined [ʌn'dɪsɪplɪnd] *a* fegyelmezetlen

undisputed [ʌndɪ'spjuːtɪd] *a* vitathatatlan

undo [ʌn'duː] *v* (*pt* **undid** [ʌn'dɪd], *pp* **undone** [ʌn'dʌn]) (*unfasten*) kinyit, kibont; (*untie*) kiold; (*unstitch*) felfejt; (*reverse*) visszacsinál

undoing [ʌn'duːɪŋ] *n* **sy's** ~ vknek a veszte

undone [ʌn'dʌn] *pp* → **undo**

undoubted [ʌn'daʊtɪd] *a* kétségtelen

undoubtedly [ʌn'daʊtɪdlɪ] *adv* kétségkívül, tagadhatatlanul

undress [ʌn'dres] **1.** *n* **in** ~ negligében **2.** *vi* (le)vetkőzik I *vt* levetkőztet

undue [ʌn'djuː] *a* (*excessive*) túlzott; (*improper*) helytelen

undulate ['ʌndjʊleɪt] *v* hullámzik

undulating ['ʌndjʊleɪtɪŋ] *a* hullámzó; (*countryside*) dimbes-dombos

unduly [ʌn'djuːlɪ] *adv* (*excessively*) túlzottan, túlságosan; (*impropely*) helytelenül, indokolatlanul

unearth [ʌn'ɜːθ] *v* kiás; *fig* kibányász, előkotor

unearthly [ʌn'ɜːθlɪ] *a* (*beauty*) földöntúli; (*hour*) lehetetlenül korai

uneasy [ʌn'iːzɪ] *a* (*worried*) nyugtalan; (*feeling*) kényelmetlen, kínos

uneconomic [ʌniːkə'nɒmɪk] *a* gazdaságtalan

unemployed [ʌnɪm'plɔɪd] *a* (*person*) munkanélküli II **the** ~ a munkanélküliek

unemployment [ʌnɪm'plɔɪmənt] *n* munkanélküliség; ~ **benefit** (*US* **compensation**) munkanélkülisegély

unenjoyable [ʌnɪn'dʒɔɪəbl] *a* élvezhetetlen

unequivocal [ʌnɪ'kwɪvəkl] *a* egyértelmű, világos

unerring [ʌn'ɜːrɪŋ] *a* tévedhetetlen

uneven [ʌn'iːvn] *a* (*road surface*) göröngyös, hepehupás; (*quality*) egyenetlen

unexpected [ʌnɪk'spektɪd] *a* váratlan

unexplained [ʌnɪk'spleɪnd] *a* rejtélyes, tisztázatlan

unfailing [ʌn'feɪlɪŋ] *a* (*endless*) kifogyhatatlan; (*sure*) csalhatatlan; biztos

unfair [ʌn'feə] *a comm* tisztességtelen, sportszerűtlen

unfaithful [ʌn'feɪθfl] *a* hűtlen (*to* vkhez)

unfamiliar [ʌnfə'mɪlɪə] *a* (*unknown*) idegen, ismeretlen; (*strange*) szokatlan

unfashionable [ʌn'fæʃənəbl] *a* divatjamúlt

unfasten [ʌn'fɑːsn] *v* (*belt*) leold, kiold, kikapcsol

unfavourable (*US* **-or-**) [ʌn'feɪvərəbl] *a* kedvezőtlen

unfeeling [ʌn'fiːlɪŋ] *a* (*hardhearted*) lelketlen; (*indifferent*) érzéketlen

unfinished [ʌn'fɪnɪʃt] *a* befejezetlen

unfit [ʌn'fɪt] *a* képtelen, alkalmatlan (*for* vmre); (*ill*) beteg

unflappable [ʌn'flæpəbl] *a col* rendíthetetlen nyugalmú

unfold [ʌn'fəʊld] *vt* kinyit;*fig* felfed I *vi* kibomlik

unforeseeable [ʌnfɔː'siːəbl] *a* előre nem látható

unforeseen [ʌnfɔː'siːn] *a* váratlan, előre nem látott

unforgettable [ʌnfə'getəbl] *a* feledhetetlen

unforgivable [ʌnfəˈgɪvəbl] *a* megbocsáthatatlan

unfortunate [ʌnˈfɔːtʃənɪt] *a* szerencsétlen, sajnálatra méltó

unfortunately [ʌnˈfɔːtʃənətlɪ] *adv* sajnos

unfounded [ʌnˈfaʊndɪd] *a* alaptalan

unfriendly [ʌnˈfrendlɪ] *a* barátságtalan

unfurnished [ʌnˈfɜːnɪʃt] *a* bútorozatlan

ungainly [ʌnˈgeɪnlɪ] *a* esetlen, idétlen, otromba

ungodly [ʌnˈgɒdlɪ] *a* istentelen ‖ **at an ~ hour** lehetetlen időpontban

ungrateful [ʌnˈgreɪtfəl] *a* hálátlan

unguarded [ʌnˈgɑːdɪd] *a* (*moment*) óvatlan

unhappy [ʌnˈhæpɪ] *a* boldogtalan ‖ **~ with** (*arrangements etc*) elégedetlen vmvel

unharmed [ʌnˈhɑːmd] *a* ép, sértetlen

unhealthy [ʌnˈhelθɪ] *a* egészségtelen; (*person*) beteges

unheard-of [ʌnˈhɜːd əv] *a* soha nem hallott, hallatlan

unhinged [ʌnˈhɪndʒd] *a* megzavarodott, meghibbant (elméjű)

unhook [ʌnˈhʊk] *v* (*dress*) kikapcsol; (*from wall*) leakaszt

unhoped-for [ʌnˈhəʊpt fɔː] *a* nem remélt

unhurt [ʌnˈhɜːt] **1.** *a* ép, sértetlen **2.** *adv* épen, sértetlenül

unidentified [ʌnaɪˈdentɪfaɪd] *a* ismeretlen ‖ **~ flying object** UFO, ufó

uniform [ˈjuːnɪfɔːm] **1.** *a* egyforma, egységes **2.** *n* egyenruha

uniformity [juːnɪˈfɔːmətɪ] *n* egyformaság

unify [ˈjuːnɪfaɪ] *v* egységesít

unilateral [juːnɪˈlætərəl] *a* egyoldalú

unimaginable [ʌnɪˈmædʒɪnəbl] *a* elképzelhetetlen

uninhabited [ʌnɪnˈhæbɪtɪd] *a* lakatlan

unintelligible [ʌnɪnˈtelɪdʒəbl] *a* értelmetlen, érthetetlen

unintentional [ʌnɪnˈtenʃənl] *a* akaratlan, önkéntelen

union [ˈjuːnɪən] *n* (*uniting*) egyesítés; (*being united*) egyesülés; (*unity*) egység; (*association*) unió; (*trade ~*) szakszervezet ‖ **the U~ Jack** az angol zászló

unique [juːˈniːk] *a* egyedülálló, páratlan ‖ **~ of its kind** páratlan a maga nemében

unisex [ˈjuːnɪseks] *a* uniszex

unison [ˈjuːnɪsn] **1.** *a* egyszólamú **2.** *n* (*singing*) egyszólamú éneklés ‖ **in ~** *mus* egy szólamban, uniszónó; *fig* egyetértésben (*with* vkvel)

unit [ˈjuːnɪt] *n* (*measure*) egység; *mil* (*troop*) alakulat, egység

unite [juːˈnaɪt] *vi* egyesül ‖ *vt* egyesít; (*bones*) összeilleszt

united [juːˈnaɪtɪd] *a* egyesített, egyesült ‖ **the U~ Kingdom** az Egyesült Királyság; **the U~ Nations Organization, the U~ Nations** *sing. or pl* az Egyesült Nemzetek Szervezete, az ENSZ; **U~ States of America** *sing. or pl* Amerikai Egyesült Államok, az USA

unit furniture *n* elemes bútor

unity [ˈjuːnətɪ] *n* egység, egységesség

universal [juːnɪˈvɜːsl] *a* egyetemes, univerzális

universality [ju:nıvɜ:'sælətı] *n*
egyetemesség

universally [ju:nı'vɜ:slı] *adv* általá-
nosan, egyetemesen

universe ['ju:nıvɜ:s] *n* világegye-
tem, univerzum

university [ju:nı'vɜ:sətı] *n* egyetem
‖ ~ **degree** egyetemi végzettség

unjust [ʌn'dʒʌst] *a* méltatlan, igaz-
ságtalan; *(claim)* jogtalan

unjustifiable [ʌndʒʌstı'faıəbl] *a*
nem igazolható/menthető

unkempt [ʌn'kempt] *a* ápolatlan,
fésületlen, kócos

unkind [ʌn'kaınd] *a* *(person)* nem
kedves/szíves; *(fate)* mostoha

unknown [ʌn'nəʊn] *a* ismeretlen

unlace [ʌn'leıs] *v* kifűz

unlawful [ʌn'lɔ:fl] *a* törvénytelen,
törvényellenes

unleaded [ʌn'ledıd] *a* ólommentes

unleash [ʌn'li:ʃ] *v* ~ **war** háborút ki-
robbant

unless [ən'les] *conj* hacsak ... nem;
kivéve, ha ‖ ~ **I am (very much)
mistaken** ha nem tévedek; ~
something happens hacsak vala-
mi közbe nem jön

unlicensed [ʌn'laısnst] *a* *GB*
(restaurant) alkoholt nem árusító
étterem

unlike [ʌn'laık] *a*/*prep* eltérő, más ‖
it's very ~ him... ez egyáltalán
nem jellemző rá

unlikely [ʌn'laıklı] *a* *(not likely)*
valószínűtlen ‖ **he's ~ to come**
nem valószínű, hogy eljön

unlimited [ʌn'lımıtıd] *a* határtalan,
korlátlan

unlined [ʌn'laınd] *a* béleletlen

unlisted [ʌn'lıstıd] *a* *US* *(telephone
number)* titkos

unload [ʌn'ləʊd] *vt* kirak ‖ *vi* kira-
kodik

unlock [ʌn'lɒk] *v* *(door)* kinyit

unlucky [ʌn'lʌkı] *a* szerencsétlen;
col peches; *(omen)* baljós

unmarried [ʌn'mærıd] *a* egyedül
élő; *(woman only)* hajadon, *(man
only)* nőtlen, egyedül élő

unmerciful [ʌn'mɜ:sıfl] *a* könyörte-
len, kíméletlen

unmistakable [ʌnmı'steıkəbl] *a*
félreérthetetlen

unmitigated [ʌn'mıtıgeıtıd] *a* teljes,
abszolút ‖ **an ~ scoundrel** hét-
próbás gazember

unnatural [ʌn'nætʃərəl] *a* termé-
szetellenes; *(affected)* mesterkélt,
erőltetett

unnecessary [ʌn'nesəsrı] *a* szük-
ségtelen, felesleges

UNO ['ju:nəʊ] = **United Nations
Organization**

unobserved [ʌnəb'zɜ:vd] *a*/*adv*
észrevétlen(ül)

unobtainable [ʌnəb'teınəbl] *a* be-
szerezhetetlen

unofficial [ʌnə'fıʃl] *a* félhivatalos,
nem hivatalos

unopened [ʌn'əʊpənd] *a* felbontat-
lan

unpack [ʌn'pæk] *v* kicsomagol

unpalatable [ʌn'pælətəbl] *a* *(food)*
rossz ízű; *(fact, truth)* kellemetlen

unparalleled [ʌn'pærəleld] *a* párat-
lan, hasonlíthatatlan

unpick [ʌn'pık] *v* szétbont, felfejt

unpleasant [ʌn'plezənt] *a* kelle-
metlen

unplug [ʌn'plʌg] *v* **-gg-** falidugót
kihúz

unpopular [ʌn'pɒpjʊlə] *a* népsze-
rűtlen

unpredictable [ʌnprɪ'dɪktəbl] *a* kiszámíthatatlan, előre meg nem mondható

unprepared [ʌnprɪ'peəd] *a* készületlen

unpretentious [ʌnprɪ'tenʃəs] *a* szerény, igénytelen

unqualified [ʌn'kwɒlɪfaɪd] *a* szakképzetlen, képesítés nélküli; (*success*) teljes

unravel [ʌn'rævl] *v* **-ll-** (*US* **-l-**) *also fig* kibogoz; megfejt ‖ be ~led (*plot*) kibontakozik

unreadable [ʌn'ri:dəbl] *a* élvezhetetlen, olvashatatlan

unreasonable [ʌn'ri:zənəbl] *a* ésszerűtlen

unrelated [ʌnrɪ'leɪtɪd] *a* **be ~ to** (*event*) nincs összefüggésben vmvel; (*person*) nincs rokonságban vkvel

unrelenting [ʌnrɪ'lentɪŋ] *a* kérlelhetetlen, könyörtelen

unreliable [ʌnrɪ'laɪəbl] *a* megbízhatatlan, komolytalan

unremitting [ʌnrɪ'mɪtɪŋ] *a* szüntelen, lankadatlan

unrepentant [ʌnrɪ'pentənt] *a* dacos

unresolved [ʌnrɪ'zɒlvd] *a* megoldatlan

unrest [ʌn'rest] *n* (*discontent*) nyugtalanság; (*fighting*) zavargások

unroll [ʌn'rəʊl] *v* (*carpet*) kigöngyöl

unruly [ʌn'ru:lɪ] *a* (*child*) izgága, nehezen kezelhető; (*hair*) fésülhetetlen

unsafe [ʌn'seɪf] *a* nem biztonságos

unsaid [ʌn'sed] *a* ki nem mondott

unsatisfied [ʌn'sætɪsfaɪd] *a* kielégítetlen

unsavoury (*US* **-ory**) [ʌn'seɪvərɪ] *a* (*food*) rossz ízű; (*person, district*) rossz hírű

unscathed [ʌn'skeɪðd] *a* ép, sértetlen

unscrew [ʌn'skru:] *v* (*screw*) kicsavar; (*lid*) lecsavar; (*tap*) kinyit

unseen [ʌn'si:n] *a* (*unobserved*) látatlan; (*invisible*) láthatatlan

unsettled [ʌn'setld] *a* (*undecided*) kialakulatlan; (*unpaid*) rendezetlen, fizetetlen; (*weather*) bizonytalan, változékony

unsightly [ʌn'saɪtlɪ] *a* csúnya

unskilled [ʌn'skɪld] *a* (*untrained*) szakképzetlen; (*inexperienced*) járatlan (*in* vmben) ‖ **~ worker** segédmunkás

unsold [ʌn'səʊld] *a* eladatlan

unspeakable [ʌn'spi:kəbl] *a* (*joy*) kimondhatatlan; (*crime*) szörnyű

unstable [ʌn'steɪbl] *a* ingatag, labilis, bizonytalan

unsteady [ʌn'stedɪ] *a* labilis, ingatag, nem állandó

unstuck [ʌn'stʌk] *a* **come ~** leválik, lejön; *fig* kútba esik

unsuccessful [ʌnsək'sesfl] *a* sikertelen

unsuitable [ʌn'su:təbl] *a* ncm meg felelő; (*person*) alkalmatlan (*for* vmre)

unsurpassable [ʌnsə'pɑ:səbl] *a* felülmúlhatatlan

unsuspecting [ʌnsə'spektɪŋ] *a* gyanútlan

untangle [ʌn'tæŋgl] *v* (*mystery*) kibogoz; (*hair*) kifésül

unthinkable [ʌn'θɪŋkəbl] *a* elképzelhetetlen

untidy [ʌn'taɪdɪ] *a* rendetlen
untie [ʌn'taɪ] *v* (*pres p* **untying**) kibont
until [ən'tɪl] **1.** *prep* (*time*) -ig ‖ ~ **5 o'clock** 5 óráig **2.** *conj* addig, amíg; **not** ~ mindaddig nem, amíg
untimely [ʌn'taɪmlɪ] *a* korai, idő előtti
untold [ʌn'təʊld] *a* elmondatlan; (*suffering*) leírhatatlan; (*wealth*) mérhetetlen
untouched [ʌn'tʌtʃt] *a* érintetlen
untoward [ʌntə'wɔːd] *a* kellemetlen, kínos
untrue [ʌn'truː] *a* nem igaz, valótlan
untrustworthy [ʌn'trʌstwɜːðɪ] *a* megbízhatatlan
unused [ʌn'juːzd] *a* használatlan
unusual [ʌn'juːʒəl] *a* különös, szokatlan
unutterable [ʌn'ʌtərəbl] *a* kimondhatatlan
unveil [ʌn'veɪl] *v* (*statue*) leleplez
unwanted [ʌn'wɒntɪd] *a* nem kívánatos
unwashed [ʌn'wɒʃt] *a* (*person*) mosdatlan; (*clothes*) mosatlan
unwavering [ʌn'weɪvərɪŋ] *a* megingathatatlan
unwell [ʌn'wel] *a* **be/feel** ~ nem érzi jól magát, nincs jól
unwieldy [ʌn'wiːldɪ] *a* otromba
unwilling [ʌn'wɪlɪŋ] *a* vonakodó ‖ **be ~ to do sg** nem akar vmt tenni, vmtől húzódozik
unwillingly [ʌn'wɪlɪŋlɪ] *adv* kelletlenül, vonakodva
unwind [ʌn'waɪnd] *v* (*pt/pp* **unwound** [ʌn'waʊnd]) *vt* letekercsel ‖ *vi* legombolyodik; (*relax*) kikapcsolódik

unwise [ʌn'waɪz] *a* esztelen
unwitting [ʌn'wɪtɪŋ] *a*/*adv* szándékolatlan, akaratlan
unworthy [ʌn'wɜːðɪ] *a* (*person*) méltatlan (*of* vmre)
unwound [ʌn'waʊnd] *pt/pp* → **unwind**
unwrap [ʌn'ræp] *v* **-pp-** kicsomagol, kibont
unwritten [ʌn'rɪtn] *a* íratlan
unzip [ʌn'zɪp] *v* **-pp-** cipzárját kinyitja/lehúzza (vmnek), kicipzároz
up [ʌp] **1.** *a* felfelé haladó ‖ **the ~ train** a főváros felé menő vonat **2.** *adv* fenn, fent; (*direction*) fel, felfelé ‖ **be ~** fenn van; **be ~ and about** (*patient*) már fenn van, kijár; ~ **and down** fel és alá, lefel; ~ **there** odafenn, ott fenn/fent; ~ **to this day** (mind) a mai napig; **what's ~?** *col* (na) mi az?, mi baj?; **it's ~ to him** ez tőle függ **3.** *n* ~**s and downs** az élet viszontagságai
up-and-coming *a* *col* (*person*) sikeres
upbringing [ʌpbrɪŋɪŋ] *n* neveltetés
update [ʌp'deɪt] *v* korszerűsít, naprakész állapotba hoz
upgrade [ʌp'greɪd] *v* (*soil*) feljavít; (*person*) előléptet
upheaval [ʌp'hiːvl] *n* forrongás, kavarodás
upheld [ʌp'held] *pt/pp* → **uphold**
uphill [ʌp'hɪl] **1.** *a* (*sloping upward*) felfelé haladó; (*difficult*) nehéz **2.** *adv* hegynek fel, lejtőn felfelé, hegymenetben
uphold [ʌp'həʊld] *v* (*pt/pp* **upheld** [ʌp'held]) (*decision*) fenntart, megerősít, jóváhagy

upholstery [ʌp'həʊlstərɪ] n (trade) kárpitozás; (cover) kárpit; üléshuzat, bútorhuzat

upkeep ['ʌpkiːp] n üzemeltetési költségek

upon [ə'pɒn] prep -on, -en, -ön, -n; (direction) -ra, -re || **once ~ a time** egyszer volt, hol nem volt

upper ['ʌpə] a felső || **get the ~ hand over sy** fölébe kerekedik vknek; **~ arm** felsőkar; **the U~ Chamber/House** a felsőház; **the ~ crust** a felső tízezer; → **uppers**

uppermost ['ʌpəməʊst] a legfelső, legmagasabb

uppers ['ʌpəz] n pl (cipő)felsőrész

uppish ['ʌpɪʃ] a fölényes, fennhéjázó

upright ['ʌpraɪt] 1. a függőleges, egyenes; (honest) tisztességes, becsületes || **~ (piano)** pianínó 2. adv egyenesen; felfelé

uprising ['ʌpraɪzɪŋ] n (nép)felkelés

uproar ['ʌprɔː] n kavarodás, felfordulás

uproot [ʌp'ruːt] v gyökerestől kitép

upset 1. [ʌp'set] (person) feldúlt, zaklatott || **easily ~** sértődős, érzékeny; **have an ~ stomach** gyomorrontása van 2. [ʌp'set] v (pt/pp **upset; -tt-**) (knock over) felborít, felforgat; (excite) felkavar, felzaklat; (disturb) felborít || **~ one's stomach** felkavarja/elrontja a gyomrát, émelyít; **~ sy's plans** keresztülhúzza vk számításait 3. ['ʌpset] n (excitement) felfordulás, izgalom; (indigestion) gyomorrontás

upshot ['ʌpʃɒt] n következmény, eredmény

upside-down [ʌpsaɪd'daʊn] adv fejjel lefelé; fig összevissza

upstairs [ʌp'steəz] 1. a emeleti, fenti 2. adv (fenn) az emeleten, (oda)fent; (go) fel az emeletre

upstart ['ʌpstɑːt] n parvenü

upstream [ʌp'striːm] adv folyón felfelé

upsy-daisy [ʌpsɪ'deɪzɪ] int (for child) hoppá

uptake ['ʌpteɪk] n értelem, felfogás || **quick/slow on the ~** gyors/lassú felfogású

uptight [ʌp'taɪt] a feszült, ideges

up-to-date a mai, korszerű, modern || **bring sg up to date** col naprakész állapotba hoz, korszerűsít, modernizál

upturn ['ʌptɜːn] n fellendülés

upward ['ʌpwəd] 1. a felfelé irányuló || **~ tendency** emelkedő irányzat 2. adv felfelé

upwards ['ʌpwədz] adv felfelé

uranium [jʊ'reɪnɪəm] n urán

urban ['ɜːbən] a városi, városias

urbane [ɜː'beɪn] a udvarias, finom modorú

urbanization [ɜːbənaɪ'zeɪʃn] n elvárosiasodás, urbanizáció

urchin ['ɜːtʃɪn] n csibész

urge [ɜːdʒ] 1. n belső kényszer/késztetés 2. v ~ **sy to do sg** ösztönöz/sarkall vkt vmre

urgency ['ɜːdʒənsɪ] n sürgősség

urgent ['ɜːdʒənt] a (letter) sürgős; (tone) sürgető || **~ need** égető szükség

urinate ['jʊərɪneɪt] v vizel

urine ['jʊərɪn] n vizelet || **pass ~** vizel

urn [ɜːn] n (for ashes) urna; (voting) szavazás

urology [ju'rɒlədʒɪ] *n* urológia
us [əs, ʌs] *pron* (*accusative*) minket; bennünket; (*dative*) nekünk; *col* (*we*) mi II **to ~** hozzánk; **with ~** velünk; (*at home*) nálunk
US [ju 'es] = *United States* (*of America*) az Egyesült Államok
USA[1] [ju: es 'eɪ] = **United States of America**
USA[2] [ju: es 'eɪ] = *United States Army* az USA hadserege
usable ['ju:zəbl] *a* (fel)használható
USAF [ju: es 'eɪ ef] = *United States Air Force* az USA légiereje
usage ['ju:sɪdʒ] *n* használat; (*of language*) nyelvhasználat, szóhasználat
use 1. [ju:s] *n* (*employment*) felhasználás, használat; (*usefulness*) haszon, hasznosság II **be of no ~** hasznavehetetlen; **be of ~** hasznos, vm vknek használ; **what's the ~ of it?** mire való ez?; **what's the ~ of...?** mi értelme van (annak)?; **it's no ~ talking to him** neki ugyan beszélhetsz **2.** [ju:z] *v* (fel)használ II **~ sg for/as sg** vmely célra felhasznál vmt; **what is it ~d for?** mire való?; → **used**[2]; **used to**
use up (*utilize*) felhasznál; (*consume*) elhasznál, felél
useable ['ju:zəbl] *a* (fel)használható
used[1] [ju:zd] *a* (*car*) használt
used[2] [ju:st] *a* vmhez hozzászokott II **be ~ to sg** hozzá van szokva; **get ~ to sg** hozzászokik vmhez, megszokik vmt
used to ['ju:st tə] (*auxiliary verb*) **there ~ be a house here** azelőtt

volt itt egy ház; **it ~ be ...** régente szokás volt ...
useful ['ju:sfl] *a* hasznos II **be ~ for sy** használ vknek
usefulness ['ju:sfəlnɪs] *n* hasznosság
useless ['ju:slɪs] *a* hasznavehetetlen, haszontalan
user ['ju:zə] *n* használó, felhasználó II **~s instructions** használati utasítás
user-friendly *a comput* felhasználóbarát
usher ['ʌʃə] **1.** *n theat* jegyszedő **2.** *v* betessékel, bevezet
usherette [ʌʃə'ret] *n theat* jegyszedőnő
USN [ju: es 'en] = *United States Navy* az USA haditengerészete
USS [ju: es 'es] = *United States Ship* az USA hadihajója
USSR [ju: es es 'ɑ:] *n* the ~ *hist* a SZU
usual ['ju:ʒʊəl] *a* szokásos II **as ~** a szokásos módon
usually ['ju:ʒʊəlɪ] *adv* rendszerint, szokás szerint II **he ~ comes this way** erre szokott jönni
usurp [ju:'zɜ:p] *v* bitorol
usury ['ju:ʒərɪ] *n* uzsora
utensil [ju:'tensl] *n* (háztartási) eszköz II **kitchen ~s** konyhaedények
uterus ['ju:tərəs] *n* (*pl* **-ruses**) *med* (anya)méh
utility [ju:'tɪlətɪ] *n* hasznosság, használhatóság II **public ~ company** közmű, szolgáltató vállalat
utilization [ju:tɪlaɪ'ʒeɪʃn] *n* felhasználás
utilize ['ju:tɪlaɪʒ] *v* felhasznál, hasznosít

utmost ['ʌtməʊst] *a/n* (*furthest*) (leg)végső; (*greatest*) a lehető legnagyobb ‖ **do one's** ~ mindent elkövet, minden tőle telhetőt megtesz; **to the** ~ a végsőkig

utter[1] ['ʌtə] *a* (*complete*) teljes, tökéletes; (*total*) végső ‖ **in ~ despair** végső kétségbeesésében

utter ['ʌtə] *v* (*word*) kimond ‖ **doesn't ~ a sound/word** egy kukkot sem szól, mélységesen hallgat

utterance ['ʌtərəns] *n* (*in words*) megnyilatkozás

utterly ['ʌtəlɪ] *adv col* teljesen; tisztára

U-turn ['juː tɜːn] *n* **make a ~** (*car*) megfordul; **no ~s** megfordulni tilos!

V

v = versus

vacancy ['veɪkənsɪ] *n* (*job*) álláskínálat; (*room*) szabad szoba ‖ **no vacancies** nincs üres/kiadó szoba

vacant ['veɪkənt] *a* (*empty*) üres; (*unoccupied*) szabad; (*to be let*) kiadó; szabad ‖ **~ look** kifejezéstelen arc; **~ lot** US beépítetlen telek

vacate [veɪ'keɪt] *v* (*room*) kiürít ‖ **~ the room** (*in hotel*) elhagyja a szobát

vacation [və'keɪʃn] *n school US* (nyári) szünet, vakáció; (*of worker*) szabadság

vacationist [və'keɪʃnɪst] *n* nyaraló, üdülő, vakációzó

vaccinate ['væksɪneɪt] *v med* beolt

vaccination [væksɪ'neɪʃn] *n* (védő)-oltás

vaccine ['væksiːn] *n med* oltóanyag, vakcina

vacillate ['væsɪleɪt] *v* tétovázik, ingadozik, meginog

vacuum ['vækjʊəm] **1.** *n* légüres tér, vákuum ‖ **~ bottle** *US* termosz; **~ cleaner** porszívó; **~ flask** termosz **2.** *v* (ki)porszívóz

vacuum-packed ['vækjʊəmpækt] *a* vakuumcsomagolású

vagary ['veɪɡərɪ] *n* szeszély, hóbort

vagina [və'dʒaɪnə] *n* hüvely, vagina

vagrant ['veɪɡrənt] *n* csavargó

vague [veɪɡ] *a* (*idea*) bizonytalan, ködös; (*person*) szórakozott

vaguely ['veɪɡlɪ] *adv* határozatlanul, bizonytalanul

vain [veɪn] *a* (*person*) hiú; (*attempt*) hasztalan, hiábavaló ‖ **in ~** hiába

valentine ['væləntaɪn] *n* (*card*) Bálint napi üdvözlet

valet ['vælɪt] *n* komornyik

valiant ['vælɪənt] *a* bátor

valid ['vælɪd] *a* érvényes; (*law*) hatályos; (*argument*) elfogadható ‖ **~ until further notice** visszavonásig érvényes

validate ['vælɪdeɪt] *v* (*document*) érvényesít

validity [və'lɪdətɪ] *n* érvényesség

valley ['vælɪ] *n* völgy

valour (*US* **-or**) ['vælə] *n* vitézség

valuable ['væljʊəbl] **1.** *a* (*jewel*) értékes; (*time*) drága **2.** *n* **~s** *pl* értéktárgyak

value ['væljuː] **1.** *n* érték ‖ **of no ~** értéktelen **2.** *v* (*fix price*) értékel;

(estimate) megbecsül, méltányol ‖ ~ **added tax (VAT)** általános forgalmi adó, ÁFA, értéktöbbletadó

valued ['vælju:d] *a* értékes, becses

valueless ['vælju:lls] *a* értéktelen, hitvány

valve [vælv] *n (in engine)* szelep; *(in heart)* (szív)billentyű; *(in radio)* elektroncső

vamp [væmp] *n (woman)* csábító, démon

van [væn] *n* (zárt) teherautó; *railw* (zárt) tehervagon

vandal ['vændl] *a/n* vandál

vandalism ['vændəlizəm] *n* vandalizmus ‖ **piece of** ~ vandál pusztítás/rombolás

vanguard ['vængɑːd] *n* élvonal, élgárda ‖ **in the** ~ a csapat élén

vanilla [və'nilə] *n* vanília

vanish ['væniʃ] *v (hope)* szertefoszlik, eltűnik

vanity ['vænəti] *n* hiúság ‖ ~ **bag/ case** piperetáska

vanquish ['væŋkwiʃ] *v (enemy)* legyőz, (meg)hódít

vantage ['vɑːntidʒ] *n* előny ‖ ~ **point** jó kilátást nyújtó pont; *fig* előnyös helyzet, helyzeti előny

vaporize ['veipəraiz] *vi* elpárolog ǀ *vt* elpárologtat

vapour *(US -or)* ['veipə] *n* gőz, pára

variable ['veəriəbl] *a/n* változó

variance ['veəriəns] *n* különbség ‖ **be at** ~ nézeteltérése van vkivel

variant ['veəriənt] *n* változat, variáns

variation [veəri'eiʃn] *n (varying)* változás; *mus* változat, variáció; *math* variáció

varicose veins ['værikəus] *n pl col* visszértágulat ‖ **have** ~ visszeres a lába, *col* visszere van

varied ['veərid] *a* változatos, tarka

variety [və'raiəti] *n (sort)* fajta; *(diversity)* változatosság ‖ ~ **show** varietéműsor, revü

various ['veəriəs] *a* különböző, különféle

varnished ['vɑːniʃt] *a* fényezett, politúrozott

vary ['veəri] *v* változik; *(price)* ingadozik; *(differ)* eltér, különbözik ‖ ~ **from ... to ...** *(between limits)* váltakozik

vase [vɑːz] *n* váza

vast [vɑːst] *a* kiterjedt, mérhetetlen; *(amount)* hatalmas

vastly ['vɑːstli] *adv* mérhetetlenül

vat [væt] *n* erjesztőkád

VAT [væt] = **value added tax**

vaudeville ['vɔːdəvil] *n US* varieté(színház)

vault [vɔːlt] **1.** *n (arch)* boltív, boltozat; *(in bank)* páncélterem; *(leap)* ugrás **2.** *v* ~ **(over)** átugrik

vaulted ['vɔːltid] *a* boltíves, bolthajtásos

vaulting horse ['vɔːltiŋ] *n (for gymnastics)* bak

vaunt [vɔːnt] henceg; büszkélkedik vmvel

vaunted ['vɔːntid] *a* feldicsért, magasztalt ‖ **much-~** agyondicsért

V-belt *n* ékszíj

VCR [viː siː 'ɑː] = **video cassette recorder**

VD [viː 'diː] = **venereal disease**

VDU [viː diː 'juː] = **visual display unit**

've [-v] = **have**

veal [viːl] *n* borjúhús ‖ ~ **cutlet/ escalope** natúrszelet; ~ **fillet** borjúszelet

veer [vɪə] *v* (el)kanyarodik ‖ ~ **back** visszakanyarodik; ~ **round** megfordul

vegetable ['vedʒtəbl] **1.** *a* (*of dish*) zöldség-; (*of plant*) növényi ‖ ~ **oil** növényi olaj **2.** *n* ~**s** *pl* zöldségfélék; főzelékfélék

vegetarian [vedʒɪ'teərɪən] *a/n* vegetáriánus

vegetate ['vedʒɪteɪt] *v* (*plant*) tenyészik; (*person*) vegetál

vegetation [vedʒɪ'teɪʃn] *n* növényzet, vegetáció

vehemence ['viːəməns] *n* (*of person, character*) hevesség

vehement ['viːəmənt] *a* vehemens

vehicle ['viːɪkl] *n* jármű ‖ **motor** ~ gépjármű, gépkocsi; ~ **licence** (*US* **-se**) forgalmi engedély

veil [veɪl] *n* fátyol

vein [veɪn] *n* biol véna, gyűjtőér; visszér; (*of ore*) telér; (*mood*) hajlam, véna

velcro ['velkrəʊ] *n* tépőzár

velocity [vɪ'lɒsəti] *n* sebesség

velour(s) [və'lʊə] *n* (*fabric*) velúr

velvet ['velvɪt] *n* bársony

vendetta [ven'detə] *n* vérbosszú

vending machine ['vendɪŋ] *n* (*of cigarette, food*) automata

vendor ['vendə] *n* (utcai) árus

veneer [vɪ'nɪə] *n* furnér

venerable ['venərəbl] *a* (*aged*) tiszteletre méltó

venereal disease [vɪnɪərɪəl dɪ'ziːz] *n* nemi betegség

Venetian [vɪni:ʃn] *a* velencei; ~ **blind** ablakredőny, *approx* reluxa

vengeance ['vendʒəns] *n* bosszú ‖ **take** ~ **(up)on sy for sg** bosszút áll vkn vmért

vengeful ['vendʒfl] *a* bosszúálló

Venice ['venɪs] *n* Velence

venison ['venɪzn] *n* (*of deer*) őzhús; vadhús, vadpecsenye

venom ['venəm] *n* (kígyó)méreg

venomous ['venəməs] *a* (*snake*) mérges; *fig* (*tone*) epés, dühös

vent [vent] **1.** *n* szellőztetőnyílás; (*in coat*) hasíték ‖ **give** ~ **to one's rage** kiadja a mérgét **2.** *v* (*one's feelings*) szabadjára enged

ventilate ['ventɪleɪt] *v* kiszellőztet

ventilation [ventɪ'leɪʃn] *n* szellőzés

ventilator ['ventɪleɪtə] *n* szellőztetőkészülék, ventilátor

ventriloquist [ven'trɪləkwɪst] *n* hasbeszélő

venture ['ventʃə] **1.** *n* (kockázatos) vállalkozás **2.** *v* (*risk*) megkockáztat ‖ **nothing** ~, **nothing gain/ win** aki mer, az nyer; próba szerencse

venue ['venjuː] *n* (*of meeting, contest*) helyszín

veranda(h) [və'rændə] *n* tornác, veranda

verb [vɜːb] *n gram* ige

verbal ['vɜːbl] *a* (*of verb*) igei; (*of words*) szóbeli

verbally ['vɜːbəli] *adv* (*in spoken words*) élőszóban

verbatim [vɜː'beɪtɪm] **1.** *a* szó szerinti **2.** *adv* szó szerint

verbose [vɜː'bəʊs] *a* szószátyár

verdict ['vɜːdɪkt] *n* ítélet

verge [vɜːdʒ] **1.** *n* (*edge*) szél; *fig* (*border*) határ ‖ **on the** ~ **of sg**

vmnek a szélén/határán 2. *v* ~ **on sg** vmnek a határán mozog, vmvel határos

verification [verɪfɪˈkeɪʃn] *n* (*proof*) igazolás; hitelesítés; (*check*) öszszeegyeztetés

verify [ˈverɪfaɪ] *v* ellenőriz; (*statement*) igazol, hitelesít; (*accounts*) összeegyeztet

veritable [ˈverɪtəbl] *a* valóságos, igaz

vermilion [vəˈmɪlɪən] *a* élénkpiros, cinóberpiros

vermin [ˈvɜːmɪn] *n pl* kártevők; (*insects*) férgek

vermouth [ˈvɜːməθ] *n* vermut

vernacular [vəˈnækjʊlə] **1.** *a* anyanyelvi **2.** *n* anyanyelv

versatile [ˈvɜːsətaɪl] *a* sokoldalú

verse [vɜːs] *n* (*poetry*) vers; költemény; (*stanza*) versszak ‖ **in** ~ versben

versed [vɜːst] *a* (**well** ~) járatos, verzátus (*in sg* vmben)

versify [ˈvɜːsɪfaɪ] *v* versel

version [ˈvɜːʃn] *n* változat, verzió; (*of car*) modell

verso [ˈvɜːsəʊ] *n* (*pl* **-sos**) (*of book*) bal/páros oldal; (*of coin*) hátlap

versus [ˈvɜːsəs] *prep* ellen, kontra

vertebra [ˈvɜːtɪbrə] *n* (*pl* **-brae** [-briː]) (hát)csigolya ‖ **the vertebrae** a hátgerinc

vertebral column [ˈvɜːtɪbrəl] *n* gerincoszlop

vertebrate [ˈvɜːtɪbrət] *a/n biol* gerinces

vertical [ˈvɜːtɪkl] *a* függőleges

vertigo [ˈvɜːtɪgəʊ] *n* szédülés

verve [vɜːv] *n* lendület

very [ˈverɪ] *adv/a* (*extremely*) nagyon; (*itself*) maga a... ‖ ~ **much so** nagyon is; ~ **soon** rövidesen; ~ **well** (nagyon) helyes!; **the ~ idea** maga a gondolat; **this ~ afternoon** még ma délután; **at the ~ back of sg** leghátul; **at the ~ best** a legjobb esetben; **the ~ same** egy és ugyanaz, pontosan ugyanaz

vespers [ˈvespəz] *n pl* vecsernye

vessel [ˈvesl] *n* (*ship*) hajó; (*bowl*) edény

vest [vest] **1.** *n GB* (*undergarment*) trikó, atlétatrikó; *US* (*waistcoat*) mellény **2.** *v* felruház (*with* vmvel); ráruház (*in* vmt)

vestibule [ˈvestɪbjuːl] *n* (*hall*) előcsarnok; (*of house*) előszoba

vestige [ˈvestɪdʒ] *n* (*trace*) nyom; (*remainder*) maradvány; (*rudiment*) csökevény

vestry [ˈvestrɪ] *a* (*office*) lelkészi hivatal; (*for vestment*) sekrestye

vet [vet] **1.** *n col* állatorvos **2.** *v* **-tt-** (*check*) ellenőriz; (*person*) átvilágít

veteran [ˈvetərən] *n* veterán ‖ ~ **car** (*of the years before 1916*) veterán autó

veterinarian [vetərɪˈneərɪən] *n US* állatorvos

veterinary [ˈvetrɪnrɪ] *a* állatorvosi ‖ ~ **surgeon** állatorvos

veto [ˈviːtəʊ] **1.** *n* (*pl* **vetoes**) vétó **2.** *v* (*pt/pp* **vetoed;** *pres p* **vetoing**) megvétóz

vex [veks] *v* vm vkt bosszant, ingerel ‖ **be ~ed with sg** *vm miatt* bosszankodik

vexation [vekˈseɪʃn] *n* bosszúság, méreg

via [vaɪə] *prep* (*travelling*) ...-n át/ keresztül ‖ ~ **Vienna** Bécsen keresztül

viable ['vaɪəbl] *a* (*plant*) életképes; *also fig* (*way*) járható; (*plan*) megvalósítható

viaduct ['vaɪədʌkt] *n* viadukt

vial [vaɪəl] *n* fiola

vibrant ['vaɪbrənt] *a* rezgő, vibráló

vibrate [vaɪ'breɪt] *v* rezeg, vibrál

vibration [vaɪ'breɪʃn] *n* rezgés

vicar ['vɪkə] *n* (*clergyman*) (anglikán) lelkész, vikárius; (*parson*) plébános

vicarage ['vɪkərɪdʒ] *n* lelkészlakás, parókia, paplak

vice[1] [vaɪs] *n* (*evil*) bűn, vétek

vice[2] (*US* **vise**) [vaɪs] *n tech* satu

vice- [vaɪs-] *pref* al-

vice-admiral *n* altengernagy

vice versa [vaɪsə 'vɜ:sə] *adv* és viszont

vicinity [vɪ'sɪnəti] *n* szomszédság ‖ **in the** ~ a közelben

vicious ['vɪʃəs] *a* (*remark*) rosszindulatú; (*attack*) brutális ‖ **a ~ circle** circulus vitiosus, ördögi kör

vicissitude [vaɪ'sɪsətjuːd] *n* viszontagság

victim ['vɪktɪm] *n* áldozat ‖ **fall a ~ to sg** áldozatul esik vmnek

victimize ['vɪktɪmaɪz] *v* feláldoz; (*after strike*) megtorlást gyakorol

victor ['vɪktə] *n* győztes, győző

Victorian [vɪk'tɔːrɪən] *a* viktoriánus; Viktória korabeli

victorious [vɪk'tɔːrɪəs] *a* győztes

victory ['vɪktəri] *n* győzelem ‖ **gain a ~** győzelmet arat

video ['vɪdɪəʊ] **1.** *n* (*pl* **videos**) (*system*) videó; (*act*) videózás;

(*cassette*) videokazetta; (*recorder*) videó, videomagnó; (*recording*) videofelvétel **2.** *v* (*pt/pp* **videoed**; *pres p* **videoing**) videóra felvesz vmt, videózik

video camera *n* videokamera

video cassette *n* videokazetta

video (cassette) recorder *n* videomagnó, videó

videoclip ['vɪdɪəʊklɪp] *n* videoklip

videodisc ['vɪdɪəʊdɪsk] *n* videolemez

video game *n* videojáték

videotape ['vɪdɪəʊteɪp] *n* videoszalag

videotext ['vɪdɪəʊtekst] *n* videotex(t), képújság

videotheque ['vɪdɪəʊtek] *n* videotéka, videokölcsönző

vie [vaɪ] *v* (*pres p* **vying** ['vaɪɪŋ]) verseng (*with sy* vkvel)

Vienna [vɪ'enə] *n* Bécs

Viennese [vɪə'niːz] *a/n* bécsi

view [vjuː] **1.** *n* (*sight*) látvány, kilátás; (*landscape*) látkép, tájkép; (*opinion*) vélemény ‖ **give one's ~s** kifejti nézeteit; **in my ~** véleményem szerint; **in ~ of** tekintetbe véve, tekintettel ...-ra, -re; **on ~** megtekinthető; **with a ~ to** abból a célból, hogy... **2.** *v* (meg)néz, megtekint

viewdata ['vjuːˌdeɪtə] *n* videotext, képújság

viewer ['vjuːə] *n* (*person*) (tévé)néző; (*apparatus for slides*) dianéző (készülék)

viewfinder ['vjuːfaɪndə] *n photo* kereső

viewpoint ['vjuːpɔɪnt] *n* szempont, álláspont

vigil ['vɪdʒɪl] *n* virrasztás, vigília

vigilance ['vɪdʒɪləns] n éberség

vigilant ['vɪdʒɪlənt] a éber

vigorous ['vɪgərəs] a viruló, életerős; (protest) élénk, heves

vigour (US -or) ['vɪgə] n életerő, energia; (of protest) hevesség

vile [vaɪl] a (person) alávaló, aljas; (weather) pocsék

villa ['vɪlə] n nyaraló, villa

village ['vɪlɪdʒ] n falu, község

villager ['vɪlɪdʒə] n falubeli, falusi

villain ['vɪlən] n gazember, gazfickó

vindicate ['vɪndɪkeɪt] v (justify) igazol; (uphold) megvéd

vindictive [vɪn'dɪktɪv] a bosszúálló, haragtartó

vine [vaɪn] n szőlőtő(ke), szőlő; (climbing plant) kúszónövény

vinegar ['vɪnɪgə] n ecet

vine-grower n szőlősgazda

vine-stock n szőlőtőke, szőlőtő

vineyard ['vɪnjəd] n szőlő(hegy)

vintage ['vɪntɪdʒ] n (harvesting) (szőlő)szüret; (wine) bortermés; (year) évjárat || ~ **wine** márkás bor; ~ **year** jó bortermésű év

vinyl ['vaɪnɪl] n pévécé, PVC

viola [vɪ'əʊlə] n brácsa

violate ['vaɪəleɪt] v (law) (meg)sért, megszeg; (woman) megerőszakol

violation [vaɪə'leɪʃn] n ~ **of (a) contract** szerződésszegés; ~ **of the law** törvénysértés

violence ['vaɪələns] n (brutality) erőszak; (force) hevesség || **use** ~ erőszakoskodik

violent ['vaɪələnt] a (forceful) erőszakos; (vehement) heves

violet ['vaɪələt] **1.** a ibolyaszínű **2.** n (plant) ibolya; (colour) ibolyaszín

violin [vaɪə'lɪn] n hegedű || **play the** ~ hegedül

violinist [vaɪə'lɪnɪst] n hegedűművész, hegedűs

violoncellist [vaɪələn'tʃelɪst] n gordonkaművész, csellista

violoncello [vaɪələn'tʃeləʊ] n cselló, gordonka

VIP [vi: aɪ 'pi:] n = very important person fontos személyiség

viper ['vaɪpə] n vipera

VIP lounge n aviat kormányváró, VIP-váró

viral ['vaɪərəl] a vírusos

virgin ['vɜ:dʒɪn] a szűz || ~ **forest** őserdő

virginity [və'dʒɪnəti] n szüzesség

virile ['vɪraɪl] a férfias

virility [vɪ'rɪləti] n férfiasság

virtual ['vɜ:tʃʊəl] a tényleges, tulajdonképpeni

virtue ['vɜ:tʃu:] n erény || **by** ~ **of** azon a jogcímen

virtuosity [vɜ:tʃʊ'ɒsəti] n bravúr

virtuous ['vɜ:tʃʊəs] a erényes, erkölcsös

virulent ['vɪrʊlənt] a (poison) erős, halálos

virus ['vaɪərəs] n (pl ~es) vírus

visa ['vi:zə] n vízum || **apply for a** ~ vízumot kér

vis-à-vis [vi:zə'vi:] a szemközti

viscount ['vaɪkaʊnt] n (rank) vicomte

vise [vaɪs] n US = **vice**[2]

visibility [vɪzə'bɪləti] n látási viszonyok pl

visible ['vɪzəbl] a látható

visibly ['vɪzəblɪ] adv szemmel láthatólag

vision ['vɪʒn] n (power of sight) látás; (dream, imagination) látomás, vízió || **man of** ~ nagy koncepciójú ember

visit ['vizit] **1.** *n* látogatás, vizit || **pay a ~ (to sy), pay sy a ~** vkhez ellátogat, vkt meglátogat **2.** *v* (*go to see*) vkt meglátogat || **~ the places of interest** megnézi a látnivalókat

visiting ['vizitiŋ] *a* vendég- || **~ card** névjegy; **~ hours** *pl* (*in hospital etc*) látogatási idő; **~ professor** vendégtanár

visitor ['vizitə] *n* (*in house*) látogató; (*in hotel*) vendég || **~s' book** vendégkönyv

visor ['vaizə] *n* (*of cap*) napellenző, szemellenző; (*of helmet*) (sisak)rostély

vista ['vistə] *n* *also fig* kilátás, távlat || **open up new ~s** új perspektívákat nyit

visual ['viʒʊəl] *a* látási, vizuális || **~ aid** szemléltetőeszköz; **~ display unit** *comput* képernyős megjelenítő, képernyő

visualize ['viːʒʊəlaiz] *v* megjelenít, elképzel

vital ['vaitl] *a* életbevágó, létfontosságú || **of ~ importance** életbevágóan fontos

vitality [vai'tæləti] *n* életerő, vitalitás

vitally ['vaitəli] *adv* életbevágóan

vitamin ['vitəmin] *n* vitamin

vivacious [vi'veiʃəs] *a* élénk

vivacity [vi'væsəti] *n* élénkség

vivid ['vivid] *a* (*colour, imagination*) élénk; (*light*) erős

vivify ['vivifai] *v* felélénkít

vixen ['viksn] *n* (*fox*) nőstény róka; *col* (*woman*) (női) sárkány

viz [viz] (= *Latin: videlicet, kimondva még: namely*) nevezetesen; tudniillik; ti.

V-neck ['viː-] *n* hegyes kivágás (*ruhán*)

vocabulary [və'kæbjʊləri] *n* (*of language*) szókincs; (*list of words*) szójegyzék, szószedet

vocal ['vəʊkl] *a* hang-; (*music*) vokális || **~ cords** *pl* hangszálak

vocation [vəʊ'keiʃn] *n* hivatás

vocational [vəʊ'keiʃnl] *a* hivatásszerű, szakmai || **~ guidance** pályaválasztási tanácsadás

vociferous [və'sifərəs] *a* lármás, zajos

vogue [vəʊg] *n* divat || **be in ~** divatban van; **come into ~** divatba jön

voice [vɔis] **1.** *n* hang (*emberé*) ; *gram* igealak || **active/passive ~** aktív/passzív igealak; **give ~ to sg** hangot ad vmnek **2.** *v* kifejez, kimond || **~ one's opinion** hallatja véleményét

voiced ['vɔist] *a* *gram* zöngés

voiceless ['vɔislis] *a* *gram* zöngétlen

void [vɔid] *a* (*empty*) üres; (*invalid*) érvénytelen || **(be) ~ of sg** mentes vmtől **2.** *n* *űr* **3.** *v* (*agreement*) érvénytelenít, felbont

volatile ['vɒlətail] *a* illanó, illékony; *chem* illó

volcanic [vɒl'kænik] *a* vulkáni, vulkanikus

volcano [vɒl'keinəʊ] *n* (*pl* **-noes**) tűzhányó, vulkán

vole [vəʊl] *n* *zoo* pocok

volley ['vɒli] *n* (*of shots*) sortűz; *sp* (*in tennis*) röpte

volleyball ['vɒlibɔːl] *n* röplabda

volt [vəʊlt] *n el* volt

voltage ['vəʊltɪdʒ] *n el* feszültség

voluble ['vɒljʊbl] *a* beszédes

volume ['vɒljuːm] *n* (*space*) térfogat; (*book*) kötet; (*of newspapers*) évfolyam; (*of sound*) hangerő || ~ **oontrol** hangerő-szabályozó

voluminous [vəˈluːmɪnəs] *a* (*in space*) terjedelmes

voluntarily ['vɒləntrəli] *adv* önként, önszántából

voluntary ['vɒləntrɪ] *a* önkéntes; spontán

volunteer [vɒlənˈtɪə] **1.** *n mil* önkéntes **2.** *v* ~ **for sg** (*or* **to do sg**) önként jelentkezik vmre

voluptuous [vəˈlʌptʃʊəs] *a* érzéki, kéjes; buja

vomit ['vɒmɪt] *v* (*food*) (ki)hány, (ki)okád; (*smoke*) okád

voracious [vəˈreɪʃəs] *a* telhetetlen, mohó

vote [vəʊt] **1.** *n* szavazat, voks; (*right to* ~) (aktív) választójog || **give one's ~ for sy** leadja szavazatát vkre **2.** *v* (le)szavaz

voter ['vəʊtə] *n pol* választó, szavazó

voting ['vəʊtɪŋ] *n* választás, szavazás

vouch [vaʊtʃ] *v* ~ **for** felelősséget vállal (*or* felel) vkért/vmért, vmiért jótáll

voucher ['vaʊtʃə] *n* (*document*) bon, bizonylat; (*receipt*) nyugta; (*token*) utalvány

vow [vaʊ] **1.** *n* fogadalom; eskü **2.** *v* (meg)fogad, szentül ígér vmt

vowel ['vaʊəl] *n* magánhangzó

voyage ['vɔɪdʒ] *n* (tengeri) utazás, hajóút

vs = **versus**

vulgar ['vʌlgə] *a pejor* közönséges, alantas, vulgáris

vulnerable ['vʌlnərəbl] *a* sebezhető || ~ **point** gyenge pontja (vmnek)

vulture ['vʌltʃə] *n* keselyű

vying ['vaɪɪŋ] *pres p* → **vie**

W

W = **west(ern)**

wad [wɒd] *n* (*cotton-wool*) vatta(-csomó); (*tampon*) tampon; (*banknotes*) bankjegyköteg

waddle ['wɒdl] *v* tipeg

wade [weɪd] *v* ~ **through** (*river*) átgázol

wader ['weɪdə] *n* gázlómadár

wafer ['weɪfə] *n also rel* ostya

waffle[1] ['wɒfəl] *n US approx* gofri

waffle[2] ['wɒfəl] *col* **1.** *n* (*empty talk*) süket duma **2.** *v* ~ **on** nyomja a sódert

waft [wɒft] **1.** *n* (*breeze*) fuvallat; (*floating*) lebegés **2.** *v* fúj, sodor; (*on water*) lebegtet

wag [wæg] *v* -**gg**- (*tail*) (meg)csóvál

wage [weɪdʒ] **1.** *n* ~(**s** *pl*) munkabér, kereset **2.** *v* ~ **war on/against sy** hadat visel vk ellen

wage scale *n* bérskála

waggle ['wægl] *v* = **wag**

wag(g)on ['wægən] *n railw* (teher)vagon; (*horse-drawn*) kocsi, szekér; *col* (*car*) kombi

wail [weɪl] **1.** *n* jajgatás, siránkozás **2.** *v* siránkozik, jajgat

waist [weɪst] *n* (*of person*) derék ‖ **to the** ~ derékig érő

waistcoat ['weɪskəʊt, *US* 'weskət] *n* (*for men*) mellény

waistline ['weɪstlaɪn] *n* derékbőség

wait [weɪt] **1.** *n* várakozás ‖ **lie in ~ for sy** leselkedik vkre **2.** *v* vár; várakozik ‖ ~ **a minute!** várj egy kicsit
wait at table felszolgál
wait for sg vár vkre/vmre, (meg)-vár vkt/vmt ‖ **what are you ~ing for?** mire vársz?
wait on (*in restaurant*) kiszolgál

waiter ['weɪtə] *n* felszolgáló, pincér

waiting ['weɪtɪŋ] **1.** *a* váró, várakozó **2.** *n* (*staying, expectation*) várakozás; (*serving*) felszolgálás, kiszolgálás ‖ ~ **list** várólista; ~ **room** váróterem

waitress ['weɪtrɪs] *n* felszolgálónő, pincérnő

waive [weɪv] *vt* lemond vmről

wake [weɪk] **1.** *n* virrasztás **2.** *v* (*pt* **woke** [wəʊk], *pp* **woken** ['wəʊkən]) (*also* ~ **up**) *vi* felébred | *vt* felébreszt ‖ ~ **up with a start** felriad álmából

waken ['weɪkən] *vt* felébreszt | *vi* felébred

Wales [weɪlz] *n* Wales

walk [wɔːk] **1.** *n* séta; (*way of walking*) járás; (*journey*) gyalog-túra; (*path*) sétaút ‖ **go for a ~, take a ~** elmegy sétálni; **it is only an hour's** ~ egy óra járásnyira van **2.** *vi* megy; jár, megy; (*stroll*) sétál; (*tour*) túrázik | *vt* (*distance*) megtesz; (*dog*) sétáltat ‖ ~ **home** gyalog megy haza
walk off with meglóg vmvel
walk out on *col* cserbenhagy

walker ['wɔːkə] *n* gyalogos, sétáló; (*hiker*) természetjáró, turista

walkie-talkie [wɔːkɪ'tɔːkɪ] *n* walkie-talkie, adó-vevő (készülék)

walking ['wɔːkɪŋ] **1.** *a* sétáló **2.** *n* gyaloglás, járás; (*hiking*) túrázás ‖ ~ **stick** sétabot

Walkman ['wɔːkmən] *n* (*pl* **-mans**) sétálómagnó, walkman

walkout ['wɔːkaʊt] *n* munkabeszüntetés, sztrájk

walkover ['wɔːkəʊvə] *n* fölényes győzelem

walkway ['wɔːkweɪ] *n* (*in park*) sétány; (*in factory*) kezelőhíd, járó

wall [wɔːl] **1.** *n* fal **2.** *v* ~ **up** befalaz

walled [wɔːld] *a* fallal körülvett, -falú

wallet ['wɒlɪt] *n* pénztárca, levéltárca

wallow ['wɒləʊ] *v* fetreng, hentereg

wallpaper ['wɔːlpeɪpə] **1.** *n* tapéta **2.** *v* tapétáz

wally ['wɒlɪ] *n col* hülye

walnut ['wɔːlnʌt] *n* (*nut*) dió; (*tree, wood*) diófa

walrus ['wɔːlrəs] *n* rozmár

waltz [wɔːls] **1.** *n* keringő, valcer **2.** *v* keringőzik

wan [wɒn] *a* **-nn-** hal(o)vány, sápadt (arcú)

wand [wɒnd] *n* (*magic* ~) varázspálca

wander ['wɒndə] *v* vándorol, kószál; (*thoughts*) csapong

wanderer ['wɒndərə] *n* vándor

wane [weɪn] *v* (*moon*) fogy

want [wɒnt] **1.** *n* (*lack*) hiány; (*need*) nélkülözés ‖ **live in** ~ nélkülözések között él; **for ~ of sg** vmnek hiányában/híján **2.** *vt* (*desire*) akar, kíván; (*need*) szüksége van vmre, kell neki vm || **what do you ~?** mit akarsz?; **I don't ~** (*food*) nem kérek belőle; **sg is ~ed** szükség van vmre; **he ~s to leave** el akar menni; **be ~ing** nincs meg, hiányzik; **~s for nothing** semmiben nem szenved hiányt; **~ed...** (*in advertisement*) felveszünk; (*by police*) körözött

want ad(s) *n* (*pl*) *US col* apróhirdetés

wanting ['wɒntɪŋ] **1.** *a* (*missing*) hiányzó, hiányos; (*needly*) szűkölködő (*in* vmben) **2.** *prep* nélkül, híján

wanton ['wɒntən] **1.** *a* (*motiveless*) oktalan, értelmetlen; (*licentious*) szabados; (*capricious*) játékos, szeszélyes; (*luxuriant*) buja

war [wɔ:] *n* háború || **between the ~s** a két világháború közt; **make ~ (on)** háborút indít, hadat visel (*on/against sy* vk ellen)

ward [wɔ:d] **1.** *n* (*in hospital*) osztály, kórterem; *pol* választókerület; (*person*) gyámolt **2.** *v* **~ off** elhárít

warden ['wɔ:dn] *n* (*of museum*) (múzeumi) teremőr; (*of hostel*) gondnok; *US* (*of prison*) börtönigazgató

warder ['wɔ:də] *n* börtönőr

wardrobe ['wɔ:drəʊb] *n* (*cupboard*) ruhásszekrény; (*clothes*) vknek a ruhatára

ware [weə] *n* áru

warehouse ['weəhaʊs] *n* (áru)raktár

warfare ['wɔ:feə] *n* háborúskodás; hadviselés

warhead ['wɔ:hed] *n* robbanófej, robbanótöltet

warily ['weərɪlɪ] *adv* óvatosan

warlike ['wɔ:laɪk] *a* harcias

warm [wɔ:m] **1.** *a/n* meleg || **~ welcome** meleg fogadtatás; **I'm ~** melegem van; **it is ~** meleg van **2.** *vt* melegít | *vi* melegszik; *col* (*voice*) megélénkül

warm up *vt* (*food*) felmelegít, megmelegít; (*engine*) bemelegít | *vi* felmelegszik; (*sportsman*) bemelegít

warm-hearted *a* melegszívű, szívélyes, jóságos

warmly ['wɔ:mlɪ] *adv* (*clothe*) melegen; (*welcome*) szívélyesen; (*thank*) hálásan

warmonger ['wɔ:mʌŋgə] *n* háborús uszító

warmth [wɔ:mθ] *n* *also fig* melegség

warn [wɔ:n] *v* figyelmeztet; óv (*of/against* vmtől)

warning ['wɔ:nɪŋ] *n* figyelmeztetés || **~ light** figyelmeztető jelzőlámpa

warp [wɔ:p] **1.** *n* (*in wood*) vetemedés **2.** *v* megvetemedik

warrant ['wɒrənt] **1.** *n* (*order*) elfogatóparancs; (*voucher*) bizonylat **2.** *v* garantál, szavatol

warranty ['wɒrəntɪ] *n* garancia, jótállás, szavatosság

warrior ['wɒrɪə] *n* harcos

Warsaw ['wɔ:sɔ:] *n* Varsó

warship ['wɔ:ʃɪp] *n* hadihajó

wart [wɔ:t] *n* bibircsók, szemölcs

wartime ['wɔ:taɪm] **1.** háborús **2.** *n* háborús évek *pl* || **in ~** háború idején

warty ['wɔ:tɪ] *a* bibircsókos, szemölcsös

wary ['weərɪ] *a* óvatos, körültekintő

was [wɒz, wəz] → **be**

wash [wɒʃ] **1.** *n* (*of body*) mosdás, mosakodás; (*of clothes*) mosás ǁ **give sy/sg a ~** megmosdat; lemos; **have a ~** megmosdik **2.** *vt* (*clothes*) (ki)mos; (*child*) megmosdat | *vi* mosakszik; (*do washing*) mos ǁ **~ one's hair** hajat mos; **~ the dishes** elmosogat
  wash away (*shore*) kimos
  wash up *GB* (el)mosogat; *US* mosakszik; kezet mos
washable ['wɒʃəbl] *a* mosható
washbasin ['wɒʃbeɪsn], *US* **washbowl** ['wɒʃbəʊl] *n* mosdókagyló
wash-down *n* (*of car*) lemosás
washer ['wɒʃə] *n* (*ring*) tömítőgyűrű; *US* (*machine*) mosógép
washing ['wɒʃɪŋ] *n* mosás; (*dirty clothes*) szennyes; (*clean clothes*) kimosott ruha ǁ **~ machine** mosógép; **~ powder** mosópor
Washington ['wɒʃɪŋtən] *n* Washington
washing-up *n* mosogatás ǁ **do the ~** (el)mosogat
wash-out *n col* leégés, csőd
washroom ['wɒʃrʊm] *n US* illemhely (mosdóval), mosdó
wasn't ['wɒznt] = was not
wasp [wɒsp] *n* darázs ǁ~'s **nest** darázsfészek
wastage ['weɪstɪdʒ] *n* (*rejects*) hulladék; (*loss*) veszteség; (*wasting*) pazarlás
waste [weɪst] **1.** *a* (*useless*) selejt; (*left over*) fölösleges; (*land*) puszta ǁ **lay sg ~** letarol vmt **2.** *n* (*wasting*) pazarlás; (*refuse*) hulladék, szemét; (*wasteland*) puszta-

ság ǁ **~ of time** időpocsékolás **3.** *v* (*time, money*) elveszteget, elpocsékol ǁ **~ effort on sg** fáradságot pazarol vmre; hiába beszél; **(s)he ~d no time in sg** nem sokat teketóriázott
wastebasket ['weɪstbɑːskɪt] *n US* papírkosár, szemétkosár
waste bin *GB n* szemétkosár, szemétvödör
waste disposal unit *n* konyhamalac, (konyhai) hulladékőrlő (és -nyelő) berendezés
wasteful ['weɪstfl] *a* pazarló, könnyelmű
waste ground *n* (*in town*) üres/beépítetlen telek
waste oil *n* fáradt olaj
waste-paper basket *n* papírkosár
watch [wɒtʃ] **1.** *n* (*guard*) őr; (*duty*) őrség őrszolgálat; (*timepiece*) óra ǁ **keep a close ~ on sg/sy** éberen figyel/őriz vmt/vkt; **the ~ is (ten minutes) slow/fast** az óra (tíz percet) késik/siet **2.** *v* néz; (*observe*) figyel; (*guard*) őriz ǁ **~ television** tévét néz
  watch out vigyáz ǁ **~ out!** vigyázz!
watchdog ['wɒtʃdɒg] *n* házőrző kutya
watchful ['wɒtʃfl] *a* éber
watchmaker ['wɒtʃmeɪkə] *n* órás
watchman ['wɒtʃmən] *n* (*pl* **-men**) őr; (*night ~*) éjjeliőr
watch strap *n* óraszíj
water ['wɔːtə] **1.** *n* víz ǁ **by ~** vízen, vízi úton; **make ~** (*leak*) ereszt; **make/pass ~** (*urinate*) vizel **2.** *vt* (*animal*) megitat; (*garden*) (meg)locsol; (*wine*) vizez | *vi* (*eye*) könnyezik

water-bottle n kulacs
water closet n vécé
watercolour (US **-or**) ['wɔːtəkʌlə] n (picture) akvarell; (paint) vízfesték
watercourse ['wɔːtəkɔːs] n (stream) vízfolyás; (bed) folyómeder
watercress ['wɔːtəkres] n vízitorma
waterfall ['wɔːtəfɔːl] n vízesés
water heater n vízmelegítő
watering can ['wɔːtərɪŋ] n öntözőkanna
water level n vízszint, vízállás
water lily n tavirózsa
waterline ['wɔːtəlaɪn] n (of ship) vízvonal, merülési vonal
waterlogged ['wɔːtəlɒgd] a vízzel teleivódott
water main n vízvezetéki főnyomócső
watermark ['wɔːtəmɑːk] n (on paper) vízjel
watermelon ['wɔːtəmelən] n görögdinnye
water polo n vízilabda
waterproof ['wɔːtəpruːf] a vízálló, vízhatlan
watershed ['wɔːtəʃed] n also fig vízválasztó
water-skis n pl vízisí
watertight ['wɔːtətaɪt] a vízhatlan
water tower n víztorony
waterway ['wɔːtəweɪ] n vízi út
waterworks ['wɔːtəwɜːks] n pl vízművek
watery ['wɔːtərɪ] a vizes; (coffee) gyenge, híg; (colour) fakó; (eyes) könnyes
wave [weɪv] **1.** n hullám; (with hand) integet **2.** vt (flag) lobogtat; (handkerchief) integet | vi

(person) integet; (flag) lobog || ~ **sy goodbye** búcsút int vknek
wave down leint, leállít
waveband ['weɪvbænd] n hullámsáv
wavelength ['weɪvleŋθ] n hullámhossz
waver ['weɪvə] v fig vk meginog, ingadozik
wavy ['weɪvɪ] a (hair) hullámos
wax [wæks] n viasz
waxworks ['wækswɜːks] n pl panoptikum
way [weɪ] n (road, route) út; (direction) irány; (method) módszer, mód || **this ~ please!** erre tessék!; **be on one's ~** útba esik; **be on the ~ to** útban van vhova; **on the ~** útközben, menet közben; **be under ~** folyamatban van; **by the ~** erről jut eszembe, apropó; **give ~** megadja az elsőbbséget (to vknek); **in one ~ or (an)other** akár így, akár úgy; **in this ~** ily módon; **no ~!** semmi esetre (sem)!, semmi szín alatt!; **in what ~?** milyen módon?; **by ~ of** vmlyen útvonalon, vmn át/keresztül; fig gyanánt, -képpen; **by ~ of introduction** bevezetésképpen; ~ **of life** életforma
way in n bejárat
waylay ['weɪleɪ] v (pt/pp **waylaid** [weɪ'leɪd]) (bandit) feltartóztat
way out n kijárat
wayward ['weɪwəd] a akaratos, önfejű, csökönyös
WC [dʌblju: 'siː] n vécé, WC
we [wiː] pron mi
weak [wiːk] a gyenge || **be ~ at mathematics** gyenge a matematikában

weaken ['wi:kən] vt (le)gyengít | vi (le)gyengül

weakling ['wi:klıŋ] n vézna (ember); pejor nyápic

weakly ['wi:klı] **1.** a gyenge; (sickly) beteges **2.** adv gyengén; betegesen

weakness ['wi:knıs] n (of body, character) gyengeség; (liking) vknek a gyengéje

wealth [welθ] n gazdagság, vagyon

wealthy ['welθı] a jómódú, vagyonos, gazdag

weapon ['wepən] n fegyver

wear [weə] **1.** n (use) használat; (damage caused by use) kopás; (clothing) viselet || ~ **and tear** kopás; **ladies'** ~ női ruha/divatáru **2.** v (pt **wore** [wɔ:], pp **worn** [wɔ:n]) vt (have on) visel, hord | vi (become used) (el)kopik; (last) tart

wear away vt elkoptat | vi elkopik

wear down (shoes) elkoptat

wear (sg) into holes kilyukad

wear off vt lekoptat | vi lekopik

wear out vt nyúz, lestrapál (vmt, vkt); (exhaust) kimerít, kifáraszt | vi elkopik, elrongyolódik

wearily ['wıərılı] adv fáradtan

weariness ['wıərınıs] n fáradtság, kimerültség

weary ['wıərı] **1.** a (tired) fáradt; (dispirited) csüggedt || ~ **of life** életunt **2.** v kimerít, fáraszt

weasel ['wi:zl] n menyét

weather ['weðə] n idő(járás) || **what is the ~ like?** milyen az idő?; **be under the ~** fig col maga alatt van

weather-beaten a (person) viharedzett; (building) viharvert; (skin) cserzett (arcbőrű)

weather forecast n időjárás-jelentés, (időjárási) előrejelzés

weave [wi:v] **1.** n szövés(mód) **2.** v (pt **wove** [wəʊv], or **weaved**, pp **woven** ['wəʊvn] or **weaved**) sző || ~ **a plot against sy** összeesküvést sző vk ellen

web [web] n (of spider) (pók)háló; fig szövedék; (of duck) úszóhártya

wed [wed] v (pt/pp **wedded** ['wedıd] or **wed** [wed]) vt összeesket | vi megesküszik

we'd [wi:d] = **we had**; **we would**; **we should**

wedded ['wedıd] pt/pp → **wed**

wedding ['wedıŋ] n esküvő || ~ **breakfast** esküvői ebéd; ~ **dress** menyasszonyi ruha; ~ **night** nászéjszaka; ~ **present** nászajándék; ~ **ring** jegygyűrű

wedge [wedʒ] **1.** n (of wood) ék; (of cake) szelet **2.** v kiékel

wedlock ['wedlɒk] n házasság

Wednesday ['wenzdı] n szerda; → **Monday**

wee [wi:] a col kicsike, pici

weed [wi:d] **1.** n gyom, gaz **2.** v (ki)gyomlál

weed out fig gyomlál; kihajigál

weed-killer n gyomirtó (szer)

weedy ['wi:dı] a (ground) gyomos; (person) vézna, vékonydongájú || **become** ~ elburjánzik

week [wi:k] n hét || **for a** ~ egy hétre; **this** ~ ezen a héten; **a** ~ **(ago) today** ma egy hete; **a** ~ **(from) today, today** ~ mához egy hétre; ~ **in** ~ **out** hétről hétre; **a** ~ **later** rá egy hétre, egy héttel később

weekday ['wi:kdeı] n hétköznap

weekend [wi:k'end] *n* hétvég(e), víkend ‖ **spend the ~ at** vhol tölti a hétvégét; **at the ~** a hétvégén

weekend cottage *n* hétvégi ház; víkendház

weekly ['wi:klɪ] **1.** *a* heti ‖ **~ pass** hetijegy; **~ pay** hetibér **2.** *n* hetilap

weep [wi:p] **1.** *n* have a good **~** jól kisírja magát **2.** *v* (*pt/pp* **wept** [wept]) sír ‖ **~ for/over** megsírat

weeping willow ['wi:pɪŋ] *n* szomorúfűz

weepy ['wi:pɪ] *a* sírós

weigh [weɪ] *vt* (*find the weight of*) (meg)mér, lemér; *fig* (*consider*) mérlegel | *vi* (*have weight*) nyom (vmennyit) ‖ **how much does it ~?** hány kiló?; **~ anchor** horgonyt felszed; **it ~s 5 kilos** a súlya 5 kiló

weigh down nyomaszt(ólag hat vkre)

weigh up latolgat, megfontol ‖ **~ things up** felméri a helyzetet

weight [weɪt] *n* (*heaviness*) súly; *fig* (*importance*) súly, nyomaték ‖ **~s** *pl* súlymértékek; **put on ~** hízik

weighting ['weɪtɪŋ] *n* (*allowance*) pótlék, pótdíj

weightlessness ['weɪtlɪsnɪs] *n* súlytalanság

weight-lifting *n* súlyemelés

weighty ['weɪtɪ] *a* súlyos; (*argument*) nyomós

weir [wɪə] *n* duzzasztómű

weird [wɪəd] *a* (*unearthly*) természetfölötti; (*strange*) furcsa

welcome ['welkəm] **1.** *a* szívesen látott ‖ **~ news** örvendetes hír; **you're ~!** (*answer to "thanks"*) kérem!, szívesen! **2.** *n* fogadtatás ‖

give sy a warm ~ meleg/szívélyes fogadtatásban részesít vkt **3.** *v* (*greet*) üdvözöl, köszönt; (*receive*) fogad ‖ **~ sy** szívesen lát vkt **4.** *int* **~!** isten hozott!

weld [weld] **1.** *n* hegesztés(i varrat) **2.** *v* hegeszt

welder ['weldə] *n* hegesztő

welfare ['welfeə] *n* jólét ‖ **~ state** jóléti állam; **~ worker** szociális gondozó

well[1] [wel] **1.** *n* kút **2.** *v* ömlik, bugyog

well out from (*blood*) dől belőle

well up (*tear*) kibuggyan; (*water*) feltör

well[2] [wel] **1.** *a* jó, szerencsés; (*in good health*) egészséges ‖ **be ~** jól érzi magát; **get ~!** gyógyulj meg!; **all's ~ that ends ~** minden jó, ha jó a vége! **2.** *adv* jól; **as ~** szintén; **do sg ~** *col* jól csinálja (művész); **be doing ~** (*school, business*) jól megy (neki); (*health*) szépen javul; **be ~ off** jólétben él, jól megy neki; **as ~ as** továbbá, valamint; **~ done!** ez pompás!, bravó!; **be ~ up in sg** ért vmhez, vmben jártas; **you'd do ~ to** jól tennéd, ha... **2.** *int* (*resuming*) nos, szóval, hát; (*question*) na!? ‖ **~ I never!** (no) de ilyet!, na hallod!

we'll [wi:l] = **we shall/we will**

well-behaved *a* jó magaviseletű

well-being *n* jólét

well-built *a* jó felépítésű, jókötésű

well-deserved *a* megérdemelt

well-dressed *a* jól öltözött

well-fed *a* jól táplált

well-groomed *a* ápolt (külsejű), jól öltözött

well-heeled *a col* jómódú, pénzes

wellingtons ['weliŋtənz] *n pl* gumicsizma, hócsizma

well-kept *a* jól ápolt/gondozott

well-known *a* közismert, híres ‖ **it is ~ that** tudvalevő, hogy

well-matched *a* összeillő

well-meaning *a* jó szándékú

wellnigh ['welnaɪ] *adv* majdnem

well-off *a* jómódú

well-timed *a* jól időzített

well-to-do *a* jómódú

Welsh [welʃ] **1.** *a* walesi **2.** *n* walesi nyelv ‖ **the ~** a walesiek

Welshman ['welʃmən] *n* (*pl* **-men**) walesi (férfi)

Welsh rarebit *n* (sajtos) meleg szendvics

Welshwoman ['welʃwʊmən] *n* (*pl* **-women**) walesi nő

went [went] *pt* → **go**

wept [wept] *pt/pp* → **weep**

were [wɜː] → **be**

we're [wɪə] = **we are**

weren't [wɜːnt] = **were not**

west [west] **1.** *a* nyugati **2.** *adv* nyugatra, nyugat felé ‖ **~ of London** Londontól nyugatra **3.** *n* nyugat ‖ **in the ~** nyugaton; **the W~** *pol* a Nyugat

westerly ['westəlɪ] *a* (*wind*) nyugati

western ['westən] **1.** *a* nyugati **2.** *n* vadnyugati film, western

Western Europe *n* Nyugat-Európa

West Indian *a/n* nyugat-indiai

West Indies, the *n pl* Nyugat-India

westward(s) ['westwəd(z)] *adv* nyugat felé, nyugatra

wet [wet] **1.** *a* (*road*) vizes, nedves; (*weather*) nyirkos, esős; (*baby*) pisis ‖ **~ through** (*person*) csuromvizes; **get ~** *vk* megázik; **~ blanket** *col* ünneprontó, savanyú

alak/ember; **~ paint!** vigyázat, mázolva! **2.** *v* **-tt-** megvizez, benedvesít ‖ **~ one's pants, ~ oneself** *col* bepisil; **~ the bed** (*ágyba*) bevizel; **~ through** átnedvesít

wet suit *n* szörfruha

we've [wiːv] = **we have**

whack [wæk] *v col* megver

whale [weɪl] *n* bálna

wharf [wɔːf] *n* (*pl* **wharfs** *or* **wharves** [wɔːvz]) rakpart

what [wɒt] **1.** *pron* (*interrogative*) (*thing or things*) mi?, mit?; (*what kind of?*) milyen? ‖ **for ~?** mire?; **~ about a cup of tea?** mit szólnál/szólna egy csésze teához?; **~ am I to do?** mit tegyek?; **~ can I do for you?** (*in shop*) mi tetszik?; **~ for?** mi célból/végett?, miért?; **~'s this (thing) for?** ez (meg) mire való?; **~ is he talking about?** miről beszél?; **~ is it about?** miről szól?; **~ is ... like?** milyen?; **~ next?** (hát) még mit nem!, mi lesz?; **so ~?** hát aztán?, na és (aztán)?; **~ shall I do?** mit tegyek?; **~ size?** (*shoe*) hányas?; **~ time is it?** hány óra van?; **~ will you have?** (*to eat*) mit parancsol?; **~'s on (the) TV?** mi megy a tévében?; **~'s up?** mi történt/baj?; **~ a(n) ...** (*exclamation*) micsoda, mekkora; **~ a mess!** micsoda zsibvásár!; **~ an idea!** micsoda ötlet! **2.** *pron* (*relative*) ami(t), amely(et); az ami; ami csak; azt amit ‖ **I like is music** a zene az, amit szeretek; **and ~ is more** sőt mi több

whatever [wɒt'evə] *pron* (*anything that*) akármi(t), bármi(t), ami(t)

csak; *(of any sort)* bármilyen ‖
from ~ **direction** akármerről; ~
happens bármi történjék is
wheat [wi:t] *n* búza
wheatgerm ['wi:tdʒɜ:m] *n* búzacsíra
wheel [wi:l] **1.** *n* kerék; *(steering* ~)
volán, kormány(kerék) **2.** *v US*
biciklizik, bringázik, kerekezik
wheelbarrow ['wi:lbærəʊ] *n* talics-
ka
wheelchair ['wi:ltʃeə] *n* tolószék
wheel clamp *n* kerékbilincs
wheeze [wi:z] **1.** *n (breath)* zihálás
2. *v* liheg, zihál
when [wen] **1.** *adv (interrogative)*
mikor? ‖ **since** ~? mióta?; **till/**
until ~? *(time)* meddig?; **since** ~
have you been living here?
mióta lakik itt? **2.** *adv (relative)*
mikor, amikor **3.** *conj* (amikor)
pedig, amikor, ha ‖ **just** ~ éppen
akkor, amikor; ~ **due** esedékes-
ségkor
whenever [wen'evə] *adv* valahány-
szor, amikor csak ‖ ~ **you like**
amikor csak akarsz/akarja
where [weə] **1.** *adv (interrogative)*
hol?; *(direction)* hova? ‖ **from** ~
honnan?; ~ **do you live?** hol
laksz? **2.** *adv (relative)* ahol;
(direction) ahova ‖ **from** ~ ahon-
nan; **this is** ~ **I live** itt lakom
whereabouts ['weərəbaʊts] **1.** *n*
hollét, tartózkodási hely **2.** *adv*
(interrogative) hol?; *(direction)*
merre?
whereas [weər'æz] *conj (while)*
míg, ezzel szemben; *(although)*
noha; *(since)* minthogy
wherever [weər'evə] *adv* akárhol;
(direction) akárhova, akármerre ‖
from ~ akárhonnan, ahonnan csak

whet [wet] *v* **-tt-** (meg)fen, kiélesít ‖
~ **sy's appetite** étvágyat csinál
vknek
whether ['weðə] *conj* vajon, -e ‖ **I**
don't know ~ **he's gone** nem
tudom, hogy elment-e; ~ **... or ...**
akár ..., akár ...; ~ **you like it or**
not akár tetszik, akár nem; ~ **or**
no(t) mindenképpen
whetstone ['wetstəʊn] *n* fenőkő
which [wɪtʃ] **1.** *pron (interrogative)*
melyik(et)?, mely(et)?; melye-
k(et)? ‖ **from** ~ melyiktől?; ~
bus? hányas busz?; ~ **one?**
melyiket?; ~ **way?** merre?, ho-
va? **2.** *pron (relative)* amely(et),
amelyek(et); azt, amit ‖ **from**
among ~ amelyek közül; **that** ~
az, ami
whichever [wɪtʃ'evə] *pron* akárme-
lyik(et)
whiff [wɪf] *n (puff)* fuvallat; *(smell)*
illat, beszippantás
while [waɪl] **1.** *conj* amíg, mialatt;
(whereas) míg (viszont), ezzel
szemben ‖ ~ **I was there** amíg ott
voltam; ~ **playing** játék közben **2.**
n (kis) idő ‖ **after a** ~ kis idő múl-
va **3.** *v* ~ **away the time** időt el-
tölt, agyonüt
whim [wɪm] *n* szeszély, hóbort
whimper ['wɪmpə] *v (baby)* bőg,
nyafog; *(dog)* nyüszít
whimsical ['wɪmzɪkl] *a* szeszélyes,
hóbortos
whine [waɪn] **1.** *n (of child)* nyafo-
gás; *(of dog)* nyüszítés **2.** *v (child)*
nyafog; *(dog)* nyüszít
whip [wɪp] **1.** *n (lash)* korbács; *(for*
riding) ostor, pálca; *pol (person)*
fegyelmi elöljáró **2.** *v* **-pp-** osto-
roz; korbácsol

whip out (*sword*) előránt; (*dust*) felkavar

whipped cream [wɪpt] *n* tejszínhab

whip-round *n col* (*collection*) gyűjtés

whirl [wɜ:l] 1. *n* forgás, pörgés; (*of water*) örvény 2. *vt* megperdít | *vi* megperdül; (*water*) örvénylik

whirlpool [ˈwɜ:lpu:l] *n* örvény

whirlwind [ˈwɜ:lwɪnd] *n* forgószél

whirr (*US* whir) [wɜ:] 1. *n* zúgás, búgás 2. *v* (*machine*) zúg, búg

whisk [wɪsk] *v* (*eggs*) felver

whiskers [ˈwɪskəz] *n pl* (*of cat*) bajusz

whisky (*US* whiskey) [ˈwɪskɪ] *n* whisky

whisper [ˈwɪspə] 1. *n* suttogás || in a ~ suttogva, halkan 2. *v* suttog

whistle [ˈwɪsl] 1. *n* (*sound*) fütty; (*instrument*) síp 2. *v* (*with lips*) fütyül; (*with a ~*) sípol

white [waɪt] 1. *a* fehér || ~ coffee tejeskávé 2. *n* (*colour*) fehér (szín); (*person*) fehér (ember); (*in chess*) világos; (*of egg*) tojásfehérje

white-collar worker *n* értelmiségi/szellemi dolgozó

white elephant *n* haszontalan vagyontárgy

white lie *n* füllentés

whiten [ˈwaɪtn] *vi* elfehéredik | *vt* fehérít

white pudding *n GB* májas hurka

whitewash [ˈwaɪtwɒʃ] *v* kimeszel

Whitsun [ˈwɪtsn] *n* pünkösd

whiz(z) [wɪz] *v* (*sword*) suhog; (*arrow*) süvít, (el)zúg

whiz(z)-kid *n col* sikerember, menő

who [hu:] 1. *pron* (*interrogative*) ki?; kik? || ~ can tell? ki tudja?; ~ is it? ki az? 2. *pron* (*relative*) aki, akik; azok, akik || he ~ az, aki; it was he ~ invented it ezt ő ötlötte ki

whodunit [hu:ˈdʌnɪt] *n col* bűnügyi regény, krimi

whoever [hu:ˈevə] *pron* aki csak, akárki || ~ could that be? ki lehetett az?

whole [həʊl] 1. *a* (*complete*) egész, teljes; (*unbroken*) ép, hiánytalan || go the ~ hog ha (már) lúd, legyen kövér 2. *n* the ~ az egész; on the ~ egészében véve, nagyjából

whole food(s) *n* (*pl*) természetes étel(ek)

whole-hearted [həʊlˈhɑ:tɪd] *a* szívből jövő; (*support*) teljes mértékű

wholemeal [ˈhəʊlmi:l] *a* (*bread, flour*) korpás (*kenyér*)

wholesale [ˈhəʊlseɪl] *comm* 1. *a* nagybani 2. *adv* nagyban 3. *n* nagybani árusítás

wholesaler [ˈhəʊlseɪlə] *n* nagykereskedő

wholesome [ˈhəʊlsəm] *a* (*food*) egészséges

whole-wheat *a* = wholemeal

wholly [ˈhəʊllɪ] *adv* egészen, teljesen

whom [hu:m] 1. *pron* (*interrogative*) kit? || to ~ kinek? 2. *pron* (*relative*) akit || to ~ akinek

whooping cough [ˈhu:pɪŋ] *n* szamárköhögés

whopper [ˈwɒpə] *n col* irtó nagy dolog; (*lie*) bődületes hazugság

whopping [ˈwɒpɪŋ] *a col* óriási

whore [hɔ:] *n vulg* kurva, szajha
who're ['hu:ə] = **who are**
who's [hu:z] = **who is/who has**
whose [hu:z] **1.** *pron (interrogative)* kié?, kinek a...? || ~ **book is this?** kié ez a könyv? **2.** *pron (relative)* akié, akinek a... || **the boy ~ father is abroad** a fiú, akinek az apja külföldön van
who've [hu:v] = **who have**
why [waɪ] **1.** *adv (interrogative)* miért? || ~ **did you go?** miért mentél el? **2.** *adv (relative)* amiért, ami miatt || **that's the reason ~ ...** ezért **3.** *int (surprise)* no de, nocsak; *(certainty)* hát (persze); *(protest)* hiszen
wick [wɪk] *n* (gyertya)bél, kanóc
wicked ['wɪkɪd] *a* gonosz, bűnös; *(mischievious)* rosszindulatú; *(smile)* gúnyos
wicker basket *n* vesszőkosár
wicket ['wɪkɪt] *n* (krikett)kapu
wide [waɪd] **1.** *a* széles; *(knowledge)* széles körű; *(choice)* bő, bőséges || **18 inches ~** két arasz széles; **too ~** *(dress)* bő; **a ~ selection** széles választék **2.** *adv* szélesen || **be ~ open** szélesre tárt, tárva-nyitva van
wide-angle lens *n* nagy látószögű objektív
wideawake [waɪdə'weɪk] *a* szemfüles
wide-boy *n* vagány
widely ['waɪdlɪ] *adv* széleskörűen || ~ **read** igen olvasott; **it is ~ known** széles körben ismert
widen ['waɪdn] *vi* kiszélesedik, kibővül | *vt* kiszélesít, kibővít
wide-open *a (gate)* szélesre tárt; *(eye)* tágra nyílt

widespread ['waɪdspred] *a* széleskörűen elterjedt; általános
widow ['wɪdəʊ] *n* özvegy(asszony)
widower ['wɪdəʊə] *n* özvegyember
width [wɪdθ] *n* szélesség
wield [wi:ld] *v (sword, pen)* forgat; *(power)* gyakorol
wife [waɪf] *n (pl wives* [waɪvz]) feleség
wig [wɪg] *n* paróka
wild [waɪld] *a (animal, anger)* vad, szilaj; *(violent)* heves
wild cat *n* vadmacska
wilderness ['wɪldənɪs] *n* vadon, pusztaság
wild-goose chase *n fig* hiábavaló vállalkozás, ábrándkergetés
wildlife ['waɪldlaɪf] *n* vadvilág; állatvilág; állat- és növényvilág
wildly ['waɪldlɪ] *adv* vadul, féktelenül
Wild West, the *n* vadnyugat
wilful *(US* **willful)** ['wɪlfl] *a (person)* akaratos, önfejű; *(action, crime)* szándékos
will [wɪl] **1.** *n* akarat; *(testament)* végrendelet || **at ~** tetszés szerint **2.** *v (auxiliary verb for future tense)* **he ~ come** el fog jönni; **you won't tell her, ~ you?** ugye nem mondod el neki? **3.** *v* akar || **call it what you ~** nevezd, aminek akarod; → **would**
willful ['wɪlfl] *a US* = **wilful**
willing ['wɪlɪŋ] *a* készséges, segítőkész || **be ~ to do sg** hajlandó vmre
willingly ['wɪlɪŋlɪ] *adv* önként, készséggel
willingness ['wɪlɪŋnɪs] *n* hajlandóság, jóakarat
willow ['wɪləʊ] *n* fűzfa

willpower ['wɪlpaʊə] n akaraterő

willy-nilly [wɪlɪ'nɪlɪ] adv akarva-akaratlan; ha tetszik, ha nem

wily ['waɪlɪ] a rafinált, furfangos, ravasz

win [wɪn] 1. n sp győzelem ‖ **easy ~** fölényes győzelem 2. v (pt/pp **won** [wʌn]; **-nn-**) (be victorious) győz, nyer; (gain) elnyer ‖ **~ a scholarship** elnyer/kap egy ösztöndíjat
win sy over/round rábeszéléssel megnyer

wince [wɪns] v (face) megvonaglik, megrándul

winch [wɪntʃ] n csörlő

wind[1] [wɪnd] 1. n szél; med felfúvódás ‖ **before the ~** széliránybá(n) 2. v (pt/pp **~ed** ['wɪndɪd]) (running) kifullaszt; (dog) megszimatol ‖ **be ~ed** eláll a lélegzete, kifulladt

wind[2] [waɪnd] v (pt/pp **wound** [waʊnd]) (river, road) vi kígyózik, kanyarog | vt (wool) csévél, tekercsel; (watch) felhúz
wind off legombolyít, leteker
wind up (debate) bezár; (company) felszámol; col (emotionally) felizgat

windbreaker ['wɪndbreɪkə] n US széldzseki

windfall ['wɪndfɔːl] n talált pénz ‖ **have a ~** pénz áll a házhoz

winding ['waɪndɪŋ] a kanyargó(s)

wind instrument n fúvós hangszer

windmill ['wɪndmɪl] n szélmalom

window ['wɪndəʊ] n ablak; (in shop) kirakat; (in bank) pénztár ‖ **~ cleaner** (person, agent) ablaktisztító; **~ glass** ablaküveg; **~ seat** ablak melletti ülés

window-sill n ablakpárkány

windpipe ['wɪndpaɪp] n légcső

windscreen ['wɪndskriːn] n (of car) szélvédő (üveg) ‖ **~ washer** (of car) ablakmosó; **~ wiper** ablaktörlő

windshield(-) ['wɪndʃiːld] n US = **windscreen(-)**

windsurf ['wɪndsɜːf] v be/go **~ing** szörfözik

windsurfer ['wɪndsɜːfə] n (board) szörf; (person) szörföző

windsurfing ['wɪndsɜːfɪŋ] n szörfözés

windswept ['wɪndswept] a (place) szeles, széljárta; (hair) összeborzolódott

windy ['wɪndɪ] a (weather) szeles ‖ **it is ~** fúj a szél

wine [waɪn] n bor ‖ **~ cellar** borospince

wineglass ['waɪnglɑːs] n borospohár

wine list n borárjegyzék, borlap

wine tasting n borkóstolás

wine waiter n italpincér

wing [wɪŋ] n also mil, pol szárny; (of building) szárnyépület; sp szélső ‖ **the ~s** theat kulisszák

winger ['wɪŋə] n sp szélső

wing mirror n (oldalsó) visszapillantó tükör

wink [wɪŋk] 1. n **~ of the eye** szemvillanás 2. v hunyorít, kacsint
wink at sy vkre kacsint

winner ['wɪnə] n nyertes; sp győztes ‖ **~ of a Nobel prize** Nobel-díjas

winning ['wɪnɪŋ] a nyerő; sp győztes; (goal) döntő → **winnings**

winning post n céloszlop

winnings ['wɪnɪŋz] *n pl* nyeremény
winter ['wɪntə] **1.** *n* tél || **in** ~ télen; **this** ~ e télen **2.** *v* telel
winter clothes *n pl* téli ruha
winter sports *n pl* télisportok
wintry ['wɪntrɪ] *a* (*weather*) fagyos, télies
wipe [waɪp] **1.** *n* (le)törlés, feltörlés **2.** *v* (le)töröl, megtöröl || ~ **one's feet (on the mat)** megtörli a lábát
wipe (sg) down (*window*) letöröl
wipe off (*tears*) kitöröl
wipe out (*bowl*) kitöröl; (*debt*) kifizet, rendez; (*annihilate*) megsemmisít
wipe up feltöröl
wire [waɪə] **1.** *n* drót, huzal; (*telegram*) távirat || **by** ~ távirati úton, táviratilag **2.** *v* (*telegraph*) (meg)táviratoz
wireless ['waɪəlɪs] *n GB* rádió(készülék)
wire-tapping *n* (*of telephone*) lehallgatás
wiry ['waɪərɪ] *a* (*wire-like*) drótszerű, drót-; (*sinewy*) szívós és izmos (de sovány)
wisdom ['wɪzdəm] *n* bölcsesség || ~ **tooth** (*pl* -**teeth**) bölcsességfog
wise[1] [waɪz] *a* bölcs, okos
wise[2] [waɪz] *adv* **in no** ~ sehogy(an)
wisecrack ['waɪzkræk] *n* beköpés, bemondás
wish [wɪʃ] **1.** *n* kívánság, óhaj || **best** ~**es** (*on birthday etc*) jókívánságok; (*in letter*) szívélyes üdvözlettel **2.** *v* kíván, óhajt, akar || ~ **sy sg** vknek vmt kíván; **as you** ~ ahogy akarod/tetszik; **I** ~ **he were here** (bár)csak itt lenne már!

wish for (*desire*) óhajt; (*long for*) vmt megkíván
wishy-washy ['wɪʃɪwɒʃɪ] *a* (*coulour*) halvány, elmosódott; (*food*) híg; se íze, se bűze
wisp [wɪsp] *n* (*of straw*) csutak, szalmacsomó; (*of hair*) hajfürt; (*of smoke*) füstfelhő
wistful ['wɪstfl] *a* vágyakozó, sóvárgó
wit [wɪt] *n* (~**s** *pl*) elme, ész; (*humour*) szellemesség || **I am at my** ~**'s end** megáll az eszem(, amikor...)
witch [wɪtʃ] *n* boszorkány
witchcraft ['wɪtʃkrɑːft] *n* boszorkányság
with [wɪð, wɪθ] *prep* (*connection*) -val, -vel; (*nearness*) -nál, -nél || **I am** ~ **you** benne vagyok!; ~ **her** vele, nála; ~ **sy** vkvel együtt
withdraw [wɪð'drɔː] *v* (*pt* **withdrew** [wɪð'druː], *pp* **withdrawn** [wɪð'drɔːn]) *vt* visszavon; (*money*) kivesz, felvesz | *vi* (*retire*) visszavonul, visszahúzódik; (*retract*) visszaszalép (*from* vmtől) || ~ **from circulation** forgalomból kivon
withdrawal [wɪð'drɔːəl] *n* (*of troops, coins*) visszavonás; (*of money, drug*) megvonás; (*from bank*) kivét; (*of work*) visszavonulás || ~ **symptoms** *pl med* elvonási tünetek
withdrawn [wɪð'drɔːn] *a* (*person*) zárkózott, visszavonult; → **withdraw**
withdrew [wɪð'druː] *pt* → **withdraw**
wither ['wɪðə] *v* (el)hervad
withhold [wɪð'həʊld] *v* (*pt/pp* **withheld** [wɪð'held]) (*truth, wage*) visszatart; (*money*) levon || ~

sg/sy from sg visszatart vkt/vmt vmtől; **~ sg from sy** *vmt vk elől* elhallgat

within [wɪ'ðin] *prep* benn; (*also in time, distances*) belül ‖ **~ the week** még a héten

without [wɪ'ðaʊt] *prep* nélkül ‖ **~ that/this** e nélkül; **~ you** nélküled, nélkületek

withstand [wɪð'stænd] *v* (*pt/pp* **withstood** [wɪð'stʊd]) vmnek ellenáll

witness ['wɪtnɪs] **1.** *n* (*person*) tanú; (*evidence*) tanúbizonyság ‖ **bear false ~** hamis tanúvallomást tesz **2.** *v* (*sign*) tanúsít, tanúként aláír; (*see*) szemtanúja vmnek

witness box (*US* **stand**) *n* tanúk padja

witticism ['wɪtɪsɪzəm] *n* elmés mondás, aranyköpés

witty ['wɪtɪ] *a* elmés, szellemes

wives [waɪvz] → **wife**

wizard ['wɪzəd] *n* varázsló

wobble ['wɒbl] *v* inog

woe [wəʊ] *n* szomorúság, bánat, baj ‖ **~ is me!** jaj nekem!

woeful ['wəʊfl] *a* szánalmas

woke [wəʊk] *pt* → **wake**

woken ['wəʊkən] *pp* → **wake**

wolf [wʊlf] *n* (*pl* **wolves** [wʊlvz]) farkas

woman ['wʊmən] *n* (*pl* **women** ['wɪmɪn]) asszony, nő ‖ **~ doctor** orvosnő; **~ friend** barátnő

womanish ['wʊmənɪʃ] *a* (*man*) nőies

womb [wuːm] *n* (*organ*) méh

women ['wɪmɪn] *pl* → **woman**

women's lib, women's liberation *n* nőmozgalom

women's room *n US* női vécé, toalett, „nők"

won [wʌn] *pt/pp* → **win**

wonder ['wʌndə] **1.** *n* (*marvel*) csoda; (*surprise*) csodálkozás; (*admiration*) csodálat ‖ **it's no ~ that** nem csoda, hogy **2.** *v* **~ at** vmn csodálkozik/meglepődik ‖ **I ~ if ...** szeretném tudni, vajon ...; **I ~!** erre aztán kíváncsi vagyok!

wonderful ['wʌndəfl] *a* csodálatos, bámulatos

wonderfully ['wʌndəfəlɪ] *adv* csodálatosan

wonderland ['wʌndəlænd] *n* csodaország, tündérország

won't [wəʊnt] = **will not**

woo [wuː] *v* (*pt/pp* **~ed**) **~ sy** csapja a szelet vknek, udvarol vknek

wood [wʊd] *n* fa(anyag); (*firewood*) tüzelő, tűzifa; (*forest*) erdő ‖ **~ carving** fafaragás

woodcut ['wʊdkʌt] *n* fametszet

wooded ['wʊdɪd] *a* (*area*) fás, erdős

wooden ['wʊdn] *a* fából készült, fa-; *fig* (*look*) kifejezéstelen

woodland ['wʊdlənd] *n* erdőség

woodpecker ['wʊdpekə] *n* harkály

woodwind ['wʊdwɪnd] *n pl mus* fafúvósok

woodwork ['wʊdwɜːk] *n* (*craft, subject*) famunka ‖ **do the ~** ácsol

woodworm ['wʊdwɜːm] *n* szú

woody ['wʊdɪ] *a* (*area*) erdős, fás; (*plant*) pudvás, fás

wool [wʊl] *n* gyapjú

woollen (*US* **woolen**) ['wʊlən] *a* gyapjú-

woolly (*US* **wooly**) ['wʊlɪ] **1.** *a* gyapjas; *fig* (*mind*) zavaros, ködös

word [wɜːd] **1.** *n* szó; (*message*) üzenet ‖ **~s** *pl* dalszöveg; **~ for ~** szó szerint; **in other ~s** más szóval; **keep one's ~** ígéretét megtartja; **the last ~ (in)** a legutolsó divat (vmben); **upon my ~** szavamra!; **the W~ (of God)** Isten igéje, az Ige **2.** v megfogalmaz, szövegez

wording ['wɜːdɪŋ] n megfogalmazás, szövegezés

word-perfect a kifogástalan, hibátlan

word processor n szövegszerkesztő

wordy ['wɜːdɪ] a terjengős, bőbeszédű

wore [wɔː] pt → **wear**

work [wɜːk] **1.** n munka; (product, composition) mű, munka ‖ **be at ~** munkában van; **be out of ~** munka nélkül van, nincs munkája; **~ of art** műalkotás; → **works 2.** v dolgozik; (function) üzemel; működik; (medicine) hat ‖ **it did not ~** nem vált be; **~ hard** keményen dolgozik; **~ (itself) loose** (screw) meglazul
work on tovább dolgozik ‖ **~ on sg** vmn dolgozik
work out vt (method) kidolgoz l vi (problem) megoldódik; sp edz ‖ **It didn't ~ out** col (ez) nem jött össze
work up (theme) feldolgoz ‖ **get ~ed up** col indulatba jön

workable ['wɜːkəbl] a (plan) kivitelezhető, megvalósítható

workaholic [wɜːkə'hɒlɪk] a col a munka megszállottja, munkamániás

workday ['wɜːkdeɪ] n US = **working day**

worked up a col (fel)izgatott

worker ['wɜːkə] n munkás

working ['wɜːkɪŋ] **1.** a (person) dolgozó; (machine) működő **2.** n (of person) dolgozás; (of machine) működés ‖ **~ class** munkásosztály; **~ day** munkanap; **be in ~ order** üzemképes állapotban van; **~ time** munkaidő

workman ['wɜːkmən] n (pl -men) munkás, col melós

work-out n sp edzés

workplace ['wɜːkpleɪs] n US munkahely

works [wɜːks] n sing. or pl (factory) gyár, üzem; (plant) telep; (product) művek ‖ **the ~** (establishment) mű, művek; (moving parts) szerkezet

workshop ['wɜːkʃɒp] n műhely; (discussion) műhelymunka

workteam ['wɜːktiːm] n munkacsoport

work-to-rule n munkalassítás

world [wɜːld] n világ, föld ‖ **all over the ~** az egész világon, világszerte

world-famous a világhírű

worldly ['wɜːldlɪ] a földi, világi

world record n világcsúcs, világrekord

world war n világháború

world-wide a világméretű

worm [wɜːm] n kukac, hernyó

wormy ['wɜːmɪ] a férges, kukacos

worn [wɔːn] a használt, kopott, nyűtt; → **wear**

worn-out a (clothes) ócska, elnyűtt; (person) kimerült, nyúzott

worried ['wʌrɪd] a aggódó, gondterhelt

worry ['wʌrɪ] **1.** n aggodalom, gond **2.** vi aggódik, nyugtalankodik (*about* vm miatt) | *vt* aggaszt, nyugtalanít || **don't ~!** ne aggódj!, ne izgulj!

worrying ['wʌrɪɪŋ] *a* nyugtalanító, kínzó

worse [wɜːs] **1.** *a* rosszabb || **2.** *adv* rosszabbul || **get ~** rosszabbodik; **~ and ~** egyre rosszabb(ul) **3.** *n* rosszabb dolog/állapot || **change for the ~** rosszra fordul

worsen ['wɜːsn] *v* (*situation*) rosszszabbodik, súlyosbodik; (*health*) romlik

worship ['wɜːʃɪp] **1.** *n* (*adoration*) imádás; (*religious service*) istentisztelet || **Your W~** méltóságod **2.** *v* **-pp-** *vt* (*God*) imád | *vi* (*in church*) istentiszteleten vesz részt (vhol)

worshipper (*US* **-p-**) ['wɜːʃɪpə] *n* **the ~s** a hívek, istentiszteleten részt vevők

worst [wɜːst] **1.** *a* legrosszabb **2.** *adv* legrosszabbul; **~ of all** legesleg-rosszabb(ul) **3.** *n* **at (the) ~** a legrosszabb (*or* végső) esetben; **the ~ is over** a nehezén már túl vagyunk

worsted ['wʊstɪd] *n* fésűsgyapjú fonal/szövet, kamgarn(szövet)

worth [wɜːθ] **1.** *a* értékű || **what is it ~?** mennyit ér?; **is it ~ it?** *col* megéri?, érdemes?; **be ~ one's while** megéri a fáradságot; **it isn't ~ the trouble** nem éri meg a fáradságot **2.** *n* érték || **10 pounds' ~ of ...** 10 font értékű ...

worthless ['wɜːθlɪs] *a* értéktelen, haszontalan

worthy ['wɜːðɪ] *a* érdemes, méltó (*of* vmre); **(be) ~ of credit** hitelt érdemel

would [wʊd] *v* (*auxiliary verb*) **1.** (*future in the past:* **will** *pt* **-e**) **he thought it ~ rain** azt hitte, esni fog **2.** (*request*) **~ you please...**, **~ you kindly...** lenne/legyen olyan szíves... **3.** (*wish*) **I ~ like to...** szeretnék..., szeretném... **4.** (*conditional*) **if I dropped it, it ~ explode** ha leejteném, felrobbanna **5.** (*habit*) **he ~ get up very early** nagyon korán szokott felkelni (régebben); → **will**

would-be *a* jövendőbeli; leendő

wouldn't ['wʊdnt] = **would not**

wound[1] [wuːnd] **1.** *n* seb **2.** *v* megsebesít

wound[2] [waʊnd] *pp* → **wind**[2]

wounded ['wuːndɪd] **1.** *a* (*person*) sebesült; (*pride*) sebzett **2.** *n* **the ~** a sebesültek

wove [wəʊv] *pt* → **weave**

woven ['wəʊvən] *a* fonott, szövött; → **weave**

wow[1] [waʊ] *int* hű!

wow[2] [waʊ] *n* nagy siker

WP [dʌblju: 'pi:] = **word processor**

WPC ['dʌblju: pi: si:] = *woman police constable* női rendőr, rendőrnő

wrangle ['ræŋgl] **1.** *n* veszekedés, huzakodás **2.** *v* veszekedik, huzakodik

wrap [ræp] **1.** *n* (*shawl*) sál; (*dressing-gown*) pongyola **2.** *v* **-pp-** (be)csomagol, beburkol

wrap up (*cover*) becsomagol || **~ oneself up** betakaródzik

wrapper ['ræpə] *n* csomagolóanyag, göngyöleg; (*of book*) burkoló

wrapping paper [ˈræpɪŋ] *n* csoma-
golópapír
wrath [rɒθ] *n* harag
wreath [riːθ] *n* koszorú
wreathe [riːð] *v* (meg)koszorúz
wreck [rek] **1.** *n* roncs **2.** *v* szétron-
csol; szétver ‖ **be ~ed** hajótörést
szenved
wreckage [ˈrekɪdʒ] *n* (*of ship*)
roncs
wrecker [ˈrekə] *a US* autómentő
wren [ren] *n* (*bird*) ökörszem
wrench [rentʃ] *n US* villáskulcs,
csavarkulcs
wrestle [ˈresl] *v* ~ **with** birkózik
vkvel; (*with problem etc*) megbir-
kózik vmivel
wrestler [ˈreslə] *n* birkózó
wrestling [ˈreslɪŋ] *n* birkózás
wretched [ˈretʃɪd] *a* (*very poor*)
nyomorúságos; (*unhappy*) szeren-
csétlen; (*weather, holiday*) po-
csék
wriggle [ˈrɪgl] *v* vonaglik, vergődik
‖ ~ **(about)** fészkelődik, izeg-mo-
zog
  wriggle out of *sg* kibújik vm
  alól, kihúzza magát vmből; ~
  oneselt out (of) (*difficulty*) kie-
  vickél
wring [rɪŋ] **1.** *n* facsarás **2.** *v* (*pt/pp*
wrung [rʌŋ]) kiteker; (*clothes*)
kifacsar ‖ ~ *sg* **from** *sy* vkből vmt
kicsikar
wringer [ˈrɪŋə] *n* facsarógép
wringing (wet) [ˈrɪŋɪŋ] *a* csuromvíz,
csöpög belőle a víz
wrinkle [ˈrɪŋkl] **1.** *n* (*in dress*) gyű-
rődés, ránc; (*on face*) ránc **2.** *vt*
ráncol, gyűr ‖ *vi* ráncolódik, gyű-
rődik
wrist [rɪst] *n* (*of hand*) csukló

wristband [ˈrɪstbænd] *n sp* csukló-
védő
wristwatch [ˈrɪstwɒtʃ] *n* karóra
writ [rɪt] *n* bírói idézés
write [raɪt] *v* (*pt* **wrote** [rəʊt], *pp*
written [ˈrɪtn]) ír, megír ‖ ~ **sy a
letter** ír vknek egy levelet; ~ **in
ink** tintával ír; ~ **in pencil** ceru-
zával ír
  write down leír
  write off megír (és elküld); (*debt*)
  leír
  write out (*cheque*) kiállít
  write up (*event*) feldolgoz;
  (*diary*) napra kész állapotba hoz
write-off *n* **the car is/was a
(complete)** ~ totálkáros (a) (gép)-
kocsi, leírták (a kocsit)
writer [ˈraɪtə] *n* író, szerző
writing [ˈraɪtɪŋ] *n* írás ‖ **in** ~ írásban
writing pad *n* (író)mappa
writing paper *n* levélpapír
written [ˈrɪtn] *pp* → **write**
wrong [rɒŋ] **1.** *a* rossz, téves ‖ **be ~**
téved; **he is** ~ nincs igaza; **what's
~ with you?** mid fáj?, mi bajod
van?; **you've got the ~ number**
rossz számot hívott, téves kapcso-
lás; **it's in thc ~ place** nincs a
helyén **2.** *adv* helytelenül, tévesen
‖ **get it** ~ elhibáz; **go ~** hibázik,
téved; (*machine*) meghibásodik,
elromlik **3.** *n* (*injustice*) igazságta-
lanság, méltatlanság; (*error*) hiba,
tévedés
wrongful [ˈrɒŋfl] *a* jogtalan, igaz-
ságtalan, törvénytelen
wrongly [ˈrɒŋli] *adv* (*incorrectly*)
rosszul, tévesen; (*unjustly*) ártat-
lanul, jogtalanul
wrote [rəʊt] *pt* → **write**
wrought iron [rɔːt] *n* kovácsoltvas

wrung [rʌŋ] *pt/pp* → **wring**
wry [raɪ] *a* (*smile*) kényszeredett; (*face*) savanyú
wt = **weight**

X

xerox ['zɪərɒks] 1. *n* (*copy, machine*) xerox 2. *v* fénymásol, xeroxoz
Xmas ['krɪsmes, 'eksmes] = **Christmas**
X-ray ['eks reɪ] 1. *a* röntgen- 2. *n* (*process*) (meg)röntgenezés; (*photograph*) röntgenfelvétel 3. *v* (meg)röntgenez
xylophone ['zaɪləfəʊn] *n* xilofon

Y

yacht [jɒt] 1. *n* jacht, luxushajó; (*for racing*) versenyvitorlás 2. *v* vitorlázik
yachting ['jɒtɪŋ] *n sp* vitorlázás
yachtsman ['jɒtsmən] *n* (*pl* **-men**) vitorlázó, jachtozó
yak [jæk] *v* **-kk-** *col* szövegel
Yank [jæŋk] *n col* jenki
Yankee ['jæŋkɪ] *n col* jenki
yap [jæp] *v* **-pp-** (*dog*) vakkant
yard[1] [jɑːd] *n* (*measure*) yard (*0,91 m*)
yard[2] [jɑːd] *n* (*enclosed area*) udvar; ‖ **the Y~** *col* a Scotland Yard
yardstick ['jɑːdstɪk] *n* egy yardos mérőrúd; *fig* mérce, etalon

yarn [jɑːn] *n* (*thread*) fonal; *col* (*tale*) mese
yawn [jɔːn] 1. *n* ásítás 2. *v* ásít
yawning ['jɔːnɪŋ] *a* (*person*) ásítozó; (*hole*) tátongó
yd(s) = **yard(s)**
yeah [jeə] *int US col* igen
year [jɪə] *n* év; *school* évfolyam ‖ **this ~** (az) idén; **last ~** tavaly; **~ by ~** évről évre; **be ten ~s old** tízéves; **a ten-~-old child** egy tízéves gyerek
year-long *a* egy évig tartó
yearly ['jɪəlɪ] 1. *a* évi 2. *adv* évenként, évente
yearn [jɜːn] *v* áhítozik (*for* vmre), sóvárog (vk után)
yearning ['jɜːnɪŋ] *n* sóvárgás
yeast [jiːst] *n* élesztő
yell [jel] 1. *n* felordítás, felkiáltás 2. *v* felordít, rivall, sípít
yellow ['jeləʊ] *a/n* sárga
yelp [jelp] *v* csahol, vakkant
Yeoman of the Guard ['jəʊmən] *n* (*pl* **Yeomen**) (*at the Tower*) testőr
yes [jes] 1. *int* igen ‖ **~ indeed** hogyne!, de igen!; **~ (sir)!** igenis! 2. *n* (*answer, vote*) igen
yesterday ['jestədɪ, -deɪ] *adv* tegnap ‖ **~ evening** tegnap este; **the day before ~** tegnapelőtt
yet [jet] 1. *adv* (*in negatives*) még; (*in questions*) már ‖ **Has Peter come home ~? — No, not ~.** Hazajött már Péter? — Még nem.; **as ~** mind ez ideig 2. *conj* (*nevertheless*) mégis; de azért
yew [juː] *n* tiszafa
Yiddish ['jɪdɪʃ] *a/n* jiddis
yield [jiːld] 1. *n* hozam, termés 2. *vt agr* (*crop*) hoz, megterem; (*interest*) kamatozik; (*profit*) hoz;

(*concede*) átenged, felad I *vi* enged (*to* vknek/vmnek); *mil* megadja magát II ~ **(to)** *US* elsőbbséget ad; ~! *US* elsőbbségadás kötelező!

Y-junction *n* Y-elágazás

yoga ['jəʊɡə] *n* jóga

yog(h)urt ['jɒɡət] *n* joghurt

yoke [jəʊk] *n* iga, járom

yolk [jəʊk] *n* tojássárgája

yonder ['jɒndə] *adv* amott; (*direction*) amoda

you [ju:] *pron* te; (*pl*) ti; (*polite form*) ön, maga; (*pl*) önök, maguk; (*accusative*) téged; (*pl*) titeket; önt, magát; (*pl*) önöket, magukat; (*indefinite pronoun*) az ember II **to** ~ neked; (*pl*) nektek; önnek, magának; (*pl*) önöknek, maguknak II **here's to ~!** (*drinking*) egészségére!; ~ **never can tell** nem lehet tudni, az ember sose tudja

you'd [ju:d] = **you had; you should; you would**

you'll [ju:l] = **you shall; you will**

young [jʌŋ] **1.** *a* fiatal, ifjú II ~ **man** (*pl* **-men**) fiatalember, ifjú; ~ **people today** a mai fiatalok **2.** *n* fióka, kölyök II **the** ~ a fiatalok/fiatalság

younger ['jʌŋɡə] *a* fiatalabb, ifjabb II **my** ~ **brother** öcsém

youngish ['jʌŋɡɪʃ] *a* fiatalos

youngster ['jʌŋstə] *n* ifjú

your [jɔː] *pron* (a te) -d; (az ön) -(j)a, -(j)e; (a ti) -atok, -etek; az önök -(j)a/-(j)e II ~ **bid** te licitálsz; **this is** ~ **book** ez a te könyved, ez az ön(ök) könyve; ~ **car** a (te) kocsid, az ön kocsija

you're [jɔː] = **you are**

yours [jɔːz] *pron* a tied, az öné, a magáé; a tietek, az önöké, a ma-

guké II **this is** ~ ez az ön(ök)é; **Y~ sincerely, ...** (*in letter*) szívélyes üdvözlettel; **Y~ truly, ...** őszinte tisztelettel

yourself [jɔː'self] *pron* (*pl* **yourselves** [jɔː'selvz]) **you** ~ (te) magad, (ti) magatok; **(all) by** ~ egyedül, egymagad, magadtól; **you can be proud of** ~ büszkék lehettek magatokra

youth [ju:θ] *n* (*period, state*) fiatalság, ifjúság; (*young*) fiatal, fiatalember II ~ **s** *pl* [ju:ðz] fiatalok

youthful ['ju:θfəl] *a* (*mistake*) fiatalkori; (*appearance*) fiatalos

youth hostel *n* ifjúsági (turista)-szálló, turistaház

you've [ju:v] = **you have**

Yugoslav ['ju:ɡəʊslɑːv] *a/n hist* jugoszláv

Yugoslavia [ju:ɡəˈslɑːvɪə] *n hist* Jugoszlávia

Z

zany ['zeɪnɪ] *a* dilis

zap [zæp] *v* **-pp-** *comput* töröl

zeal [zi:l] *n* lelkesedés, buzgalom

zealous ['zeləs] *a* buzgó, lelkes

zebra ['zi:brə] *n zoo* zebra II ~ **crossing** *GB* (kijelölt) gyalogátkelőhely, zebra

zenith ['zenɪθ] *n also fig* zenit; delelő

zero ['zɪərəʊ] *n* nulla, zéró; (*on scale*) nullapont II **below** ~ fagypont alatt

zest [zest] *n* (*enthusiasm*) lelkesedés; (*flavour*) zamat

zigzag ['zıgzæg] **1.** *a* zegzugos **2.** *n* cikcakk, zegzug **3.** *v* **-gg-** (*lightning*) cikázik; (*path*) cikcakkban halad

zinc [zıŋk] *n* cink, horgany

zip [zıp] **1.** *n* (*sound*) fütyülés; *GB* (*fastener*) cipzár **2.** *v* **-pp-** *vi* (*bullet*) fütyül | *vt* (*dress*) cipzárt behúz || ~ **sg open** (*bag*) kinyit
zip up *vt* cipzárt behúz | *vi* cipzárral záródik

zip code ['zıp kəʊd] *n US* (postai) irányítószám

zip-fastener (*US* **zipper** ['zıpə]) *n* cipzár

zodiac ['zəʊdıæk] *n* állatöv

zombie ['zɒmbı] *n* zombi || **like a** ~ *fig* gépiesen

zone [zəʊn] *n* övezet, zóna; *geogr* égöv || ~ **time** zónaidő

zoo [zu:] *n* állatkert

zoological [zəʊə'lɒdʒıkı] *a* állattani, zoológiai || ~ **gardens** *pl* állatkert

zoologist [zəʊ'ɒlədʒıst] *n* zoológus

zoology [zəʊ'ɒlədʒı] *n* állattan, zoológia

zoom [zu:m] *v* ~ **in on (sg)** *photo* vmt (gumiobjektívvel) behoz

zoom lens *n* gumiobjektív

zucchini [zu:'ki:nı] *n US* cukkini

A kiadásért felelős az Akadémiai Kiadó Rt., 2000
Felelős vezető: Dr. Sós Péter János elnök-igazgató
A szerkesztésért felelős: Puster János
Produkciós menedzser: Kiss Zsuzsa
A fedélterv Németh Zsuzsa munkája
Terjedelem 12,6 (A/5) ív

Akadémiai Nyomda, Martonvásár
Felelős vezető: Reisenleitner Lajos